# 中国诚信法律通览

COMPILATION OF
CHINESE CREDIT LAWS

类延村　主编

社会科学文献出版社
SOCIAL SCIENCES ACADEMIC PRESS (CHINA)

## 主编简介

**类延村**　法学博士，西南政法大学副教授，硕士生导师，MPA 教育中心副主任，主要研究领域为政府诚信、诚信法治等。主持国家社科基金项目 1 项、省部级项目 9 项，发表"诚信"主题论文 11 篇，多篇被《中国社会科学文摘》、《人大复印报刊资料》全文转载，并获得省部级科研奖项 3 项。

# ▶ 序 言 ◀

诚信是社会治理的重要命题。在古代社会，诚信是王朝治事的重要准则，是评价人们行为的礼之规范，更是士人达于天下的基础。如《中庸》所云，只有格物致知、诚其意，才可平天下。在现代社会，诚信与市场和法治休戚相关，诚信社会有赖于信用市场的建构和法治的保障。特别是随着社会主义市场经济体制的确立，新问题不断涌现，亟须道德规则体系来规范日益严重的社会失信问题。

在加强和创新社会治理的过程中，国家对诚信治理进行了持续不断的探索，取得了长足进步。首先，是诚信治理的战略化。2001 年，随着《公民道德建设实施纲要》的出台，"明礼诚信"被确立为基本道德规范。这是改革开放后国家首次从战略高度关注道德（诚信）问题。其次，是诚信治理的政策化。自 2003 年党的十六届三中全会通过的《中共中央关于完善社会主义市场经济体制若干问题的决定》第一次从国家视野提出"建立健全社会信用体系"的主张以来，国家开启了诚信治理的政策议程，出台了《国务院办公厅关于社会信用体系建设的若干意见》（2007 年），提出"建立健全社会诚信制度"[中共中央、国务院《关于加强和创新社会管理的意见》（2011 年）]，明确"加强政务诚信、商务诚信、社会诚信和司法公信建设"的内容（"十八大报告"，2012 年），最终制定《社会信用体系建设规划纲要（2014—2020 年）》，作为社会诚信治理的行动指南和重要纲领。最后，是诚信治理的法治化。2016 年 12 月，印发实施的《关于进一步把社会主义核心价值观融入法治建设的指导意见》为"诚信"的法律文本实践提供了依据性标准；作为"国内第一部社会信用建设的综合性立法"，《上海市社会信用条例》（2017 年）的出台标志着信用立法开始由单项立法进入综合性立法阶段；2018 年 5 月，中共中央印发的《社会主义核心价值观融入法治建设立法修法规划》，明确要求"研究制定信用方面的法律"；9 月，社会信用立法列入"十三届全国人大常委会立法规划"的"第三类项目"。社会信用立法进入快车道，国家和地方层面的信用立法实践如火如荼地展开，社会信用基础性法律法规的颁布实施更成为可预期实现的愿景。

《中国诚信法律通览》正是对社会主义核心价值观融入法治建设和社会信用立法进

入快车道的真切回应，极具现实意义和参考价值。作为一本工具书，经过主编的认真思索和斟酌，该书编纂遵循了几个重要原则。一是信息要全。所收集的诚信法律规范要争取涵盖行政法规、部门规章、地方性法规、地方政府规章等各种法源形式；全面收集享有国家立法权和地方立法权的主体出台的法律法规，包括全国人大及其常务委员会、国务院及其部委机关，以及 354 个享有地方立法权的主体 [包括大陆 31 个省（自治区、直辖市）、49 个较大的市、240 个设区的市、30 个自治州和 4 个未设区的地级市]。二是实用性强。为能够有效地增进社会信用立法，为立法提供更加全面的政策依据和参考性标准，在法律法规之外，本书还收集了国务院，最高人民法院，中央办公厅及相关党的机构，国务院办公厅、部委、直属机构、直属事业单位，中央层面代表性群团组织，31 个省级地方和 43 个信用城市（城区）发布的社会信用体系建设政策文件名录。三是体例要新。在编辑体例上，分设正文和附录。正文部分是按效力等级排列的法规规章；附录分为附录 1 和附录 2，分别是地方信用综合立法征求意见稿和社会信用体系建设政策文件名录 [含信用建设（立法）规划、综合性制度规范、政务诚信建设规范、司法公信建设规范、商务诚信建设规范、社会诚信建设规范与个人诚信建设规范（红头文件）的文件名录]。四是兼顾特色，增列信用城市（区）的制度成果。

截至 2020 年 4 月，《中国诚信法律通览》共收录 1522 件法规规章政策文件，形成了一个庞大的诚信法规政策体系，成为国内首部系统性收集和整理诚信法律法规的工具用书，也是迄今为止全面、权威的诚信法律规章政策汇编。其中，收录 63 件法规规章全文，具体包括 2 件行政法规、5 件部门规章、13 件地方性法规（省级 8 件、市级 5 件）、43 件地方政府规章（省级 21 件、市级 22 件）。收录 3 件省级地方信用综合立法征求意见稿全文，1456 件社会信用体系建设政策文件名录 [主要是国务院及其部门的 162 件、最高人民法院 3 件、中央办公厅及相关党的机构 4 件、群团组织（共青团）1 件、31 个省级地方的 638 件和 43 个信用城市（城区）的 648 件诚信政策规范]，以附录形式体现。毋庸置疑，该书集中展现了中国社会诚信（信用）体系建设的立法进程，勾勒出诚信（信用）法律体系的基本轮廓，有助于推动中国特色社会主义法律体系的不断完善。

当然，通过诚信法律法规的梳理，我们也可以发现社会信用立法存在的一些问题，比如诚信治理范畴泛化的争议、政策内容侵蚀法律权利的质疑、地方诚信立法入规同质化的难题、文本结构需要科学性规范化的主张等。正视问题是完善立法的前提。只有对问题的研究越发成熟，地方的立法经验才能真正实现"由下到上"的过程，为诚信的国家基础性立法贡献智慧。

在全面推进依法治国和社会主义核心价值观融入法治建设的时代背景下，作为工具书，《中国诚信法律通览》既能为我们呈现问题，亦能够贡献重要的立法经验。这必将为专家学者和实务工作者从事诚信体系的研究与实践、诚信价值观入法以及信用城市（区）的规范建设，提供材料支撑和理路借鉴！只要我们以问题为向标，就能够在社会信用立法的道路上披荆斩棘，推动社会信用体系建设融入法治建设的宏观视野，达到新境界。

# 目 录
## CONTENTS

# 地方政府规章

# 附　录

行政法规

# 征信业管理条例

（中华人民共和国国务院令第 631 号）

《征信业管理条例》已经 2012 年 12 月 26 日国务院第 228 次常务会议通过，现予公布，自 2013 年 3 月 15 日起施行。

总理　温家宝

2013 年 1 月 21 日

## 征信业管理条例

### 第一章 ‖ 总则

**第一条** 为了规范征信活动，保护当事人合法权益，引导、促进征信业健康发展，推进社会信用体系建设，制定本条例。

**第二条** 在中国境内从事征信业务及相关活动，适用本条例。

本条例所称征信业务，是指对企业、事业单位等组织（以下统称企业）的信用信息和个人的信用信息进行采集、整理、保存、加工，并向信息使用者提供的活动。

国家设立的金融信用信息基础数据库进行信息的采集、整理、保存、加工和提供，适用本条例第五章规定。

国家机关以及法律、法规授权的具有管理公共事务职能的组织依照法律、行政法规和国务院的规定，为履行职责进行的企业和个人信息的采集、整理、保存、加工和公布，不适用本条例。

**第三条** 从事征信业务及相关活动，应当遵守法律法规，诚实守信，不得危害国家秘密，不得侵犯商业秘密和个人隐私。

**第四条** 中国人民银行（以下称国务院征信业监督管理部门）及其派出机构依法对征信业进行监督管理。

县级以上地方人民政府和国务院有关部门依法推进本地区、本行业的社会信用体系建设，培育征信市场，推动征信业发展。

# 第二章 ‖ 征信机构

**第五条** 本条例所称征信机构，是指依法设立，主要经营征信业务的机构。

**第六条** 设立经营个人征信业务的征信机构，应当符合《中华人民共和国公司法》规定的公司设立条件和下列条件，并经国务院征信业监督管理部门批准：

（一）主要股东信誉良好，最近 3 年无重大违法违规记录；

（二）注册资本不少于人民币 5000 万元；

（三）有符合国务院征信业监督管理部门规定的保障信息安全的设施、设备和制度、措施；

（四）拟任董事、监事和高级管理人员符合本条例第八条规定的任职条件；

（五）国务院征信业监督管理部门规定的其他审慎性条件。

**第七条** 申请设立经营个人征信业务的征信机构，应当向国务院征信业监督管理部门提交申请书和证明其符合本条例第六条规定条件的材料。

国务院征信业监督管理部门应当依法进行审查，自受理申请之日起 60 日内作出批准或者不予批准的决定。决定批准的，颁发个人征信业务经营许可证；不予批准的，应当书面说明理由。

经批准设立的经营个人征信业务的征信机构，凭个人征信业务经营许可证向公司登记机关办理登记。

未经国务院征信业监督管理部门批准，任何单位和个人不得经营个人征信业务。

**第八条** 经营个人征信业务的征信机构的董事、监事和高级管理人员，应当熟悉与征信业务相关的法律法规，具有履行职责所需的征信业从业经验和管理能力，最近 3 年无重大违法违规记录，并取得国务院征信业监督管理部门核准的任职资格。

**第九条** 经营个人征信业务的征信机构设立分支机构、合并或者分立、变更注册资本、变更出资额占公司资本总额 5% 以上或者持股占公司股份 5% 以上的股东的，应当经国务院征信业监督管理部门批准。

经营个人征信业务的征信机构变更名称的，应当向国务院征信业监督管理部门办理备案。

**第十条** 设立经营企业征信业务的征信机构，应当符合《中华人民共和国公司法》规定的设立条件，并自公司登记机关准予登记之日起 30 日内向所在地的国务院征信业监督管理部门派出机构办理备案，并提供下列材料：

（一）营业执照；

（二）股权结构、组织机构说明；

（三）业务范围、业务规则、业务系统的基本情况；

（四）信息安全和风险防范措施。

备案事项发生变更的，应当自变更之日起30日内向原备案机构办理变更备案。

**第十一条** 征信机构应当按照国务院征信业监督管理部门的规定，报告上一年度开展征信业务的情况。

国务院征信业监督管理部门应当向社会公告经营个人征信业务和企业征信业务的征信机构名单，并及时更新。

**第十二条** 征信机构解散或者被依法宣告破产的，应当向国务院征信业监督管理部门报告，并按照下列方式处理信息数据库：

（一）与其他征信机构约定并经国务院征信业监督管理部门同意，转让给其他征信机构；

（二）不能依照前项规定转让的，移交给国务院征信业监督管理部门指定的征信机构；

（三）不能依照前两项规定转让、移交的，在国务院征信业监督管理部门的监督下销毁。

经营个人征信业务的征信机构解散或者被依法宣告破产的，还应当在国务院征信业监督管理部门指定的媒体上公告，并将个人征信业务经营许可证交国务院征信业监督管理部门注销。

## 第三章 ‖ 征信业务规则

**第十三条** 采集个人信息应当经信息主体本人同意，未经本人同意不得采集。但是，依照法律、行政法规规定公开的信息除外。

企业的董事、监事、高级管理人员与其履行职务相关的信息，不作为个人信息。

**第十四条** 禁止征信机构采集个人的宗教信仰、基因、指纹、血型、疾病和病史信息以及法律、行政法规规定禁止采集的其他个人信息。

征信机构不得采集个人的收入、存款、有价证券、商业保险、不动产的信息和纳税数额信息。但是，征信机构明确告知信息主体提供该信息可能产生的不利后果，并取得其书面同意的除外。

**第十五条** 信息提供者向征信机构提供个人不良信息，应当事先告知信息主体本人。但是，依照法律、行政法规规定公开的不良信息除外。

第十六条　征信机构对个人不良信息的保存期限，自不良行为或者事件终止之日起为 5 年；超过 5 年的，应当予以删除。

在不良信息保存期限内，信息主体可以对不良信息作出说明，征信机构应当予以记载。

第十七条　信息主体可以向征信机构查询自身信息。个人信息主体有权每年两次免费获取本人的信用报告。

第十八条　向征信机构查询个人信息的，应当取得信息主体本人的书面同意并约定用途。但是，法律规定可以不经同意查询的除外。

征信机构不得违反前款规定提供个人信息。

第十九条　征信机构或者信息提供者、信息使用者采用格式合同条款取得个人信息主体同意的，应当在合同中作出足以引起信息主体注意的提示，并按照信息主体的要求作出明确说明。

第二十条　信息使用者应当按照与个人信息主体约定的用途使用个人信息，不得用作约定以外的用途，不得未经个人信息主体同意向第三方提供。

第二十一条　征信机构可以通过信息主体、企业交易对方、行业协会提供信息，政府有关部门依法已公开的信息，人民法院依法公布的判决、裁定等渠道，采集企业信息。

征信机构不得采集法律、行政法规禁止采集的企业信息。

第二十二条　征信机构应当按照国务院征信业监督管理部门的规定，建立健全和严格执行保障信息安全的规章制度，并采取有效技术措施保障信息安全。

经营个人征信业务的征信机构应当对其工作人员查询个人信息的权限和程序作出明确规定，对工作人员查询个人信息的情况进行登记，如实记载查询工作人员的姓名、查询的时间、内容及用途。工作人员不得违反规定的权限和程序查询信息，不得泄露工作中获取的信息。

第二十三条　征信机构应当采取合理措施，保障其提供信息的准确性。

征信机构提供的信息供信息使用者参考。

第二十四条　征信机构在中国境内采集的信息的整理、保存和加工，应当在中国境内进行。

征信机构向境外组织或者个人提供信息，应当遵守法律、行政法规和国务院征信业监督管理部门的有关规定。

## 第四章 ‖ 异议和投诉

第二十五条　信息主体认为征信机构采集、保存、提供的信息存在错误、遗漏的，有权向征信机构或者信息提供者提出异议，要求更正。

征信机构或者信息提供者收到异议，应当按照国务院征信业监督管理部门的规定对相关信息作出存在异议的标注，自收到异议之日起 20 日内进行核查和处理，并将结果书面答复异议人。

经核查，确认相关信息确有错误、遗漏的，信息提供者、征信机构应当予以更正；确认不存在错误、遗漏的，应当取消异议标注；经核查仍不能确认的，对核查情况和异议内容应当予以记载。

**第二十六条** 信息主体认为征信机构或者信息提供者、信息使用者侵害其合法权益的，可以向所在地的国务院征信业监督管理部门派出机构投诉。

受理投诉的机构应当及时进行核查和处理，自受理之日起 30 日内书面答复投诉人。

信息主体认为征信机构或者信息提供者、信息使用者侵害其合法权益的，可以直接向人民法院起诉。

## 第五章 ‖ 金融信用信息基础数据库

**第二十七条** 国家设立金融信用信息基础数据库，为防范金融风险、促进金融业发展提供相关信息服务。

金融信用信息基础数据库由专业运行机构建设、运行和维护。该运行机构不以营利为目的，由国务院征信业监督管理部门监督管理。

**第二十八条** 金融信用信息基础数据库接收从事信贷业务的机构按照规定提供的信贷信息。

金融信用信息基础数据库为信息主体和取得信息主体本人书面同意的信息使用者提供查询服务。国家机关可以依法查询金融信用信息基础数据库的信息。

**第二十九条** 从事信贷业务的机构应当按照规定向金融信用信息基础数据库提供信贷信息。

从事信贷业务的机构向金融信用信息基础数据库或者其他主体提供信贷信息，应当事先取得信息主体的书面同意，并适用本条例关于信息提供者的规定。

**第三十条** 不从事信贷业务的金融机构向金融信用信息基础数据库提供、查询信用信息以及金融信用信息基础数据库接收其提供的信用信息的具体办法，由国务院征信业监督管理部门会同国务院有关金融监督管理机构依法制定。

**第三十一条** 金融信用信息基础数据库运行机构可以按照补偿成本原则收取查询服务费用，收费标准由国务院价格主管部门规定。

**第三十二条** 本条例第十四条、第十六条、第十七条、第十八条、第二十二条、第二十三条、第二十四条、第二十五条、第二十六条适用于金融信用信息基础数据库运行机构。

## 第六章 ‖ 监督管理

**第三十三条** 国务院征信业监督管理部门及其派出机构依照法律、行政法规和国务院的规定，履行对征信业和金融信用信息基础数据库运行机构的监督管理职责，可以采取下列监督检查措施：

（一）进入征信机构、金融信用信息基础数据库运行机构进行现场检查，对向金融信用信息基础数据库提供或者查询信息的机构遵守本条例有关规定的情况进行检查；

（二）询问当事人和与被调查事件有关的单位和个人，要求其对与被调查事件有关的事项作出说明；

（三）查阅、复制与被调查事件有关的文件、资料，对可能被转移、销毁、隐匿或者篡改的文件、资料予以封存；

（四）检查相关信息系统。

进行现场检查或者调查的人员不得少于 2 人，并应当出示合法证件和检查、调查通知书。

被检查、调查的单位和个人应当配合，如实提供有关文件、资料，不得隐瞒、拒绝和阻碍。

**第三十四条** 经营个人征信业务的征信机构、金融信用信息基础数据库、向金融信用信息基础数据库提供或者查询信息的机构发生重大信息泄露等事件的，国务院征信业监督管理部门可以采取临时接管相关信息系统等必要措施，避免损害扩大。

**第三十五条** 国务院征信业监督管理部门及其派出机构的工作人员对在工作中知悉的国家秘密和信息主体的信息，应当依法保密。

## 第七章 ‖ 法律责任

**第三十六条** 未经国务院征信业监督管理部门批准，擅自设立经营个人征信业务的征信机构或者从事个人征信业务活动的，由国务院征信业监督管理部门予以取缔，没收违法所得，并处 5 万元以上 50 万元以下的罚款；构成犯罪的，依法追究刑事责任。

**第三十七条** 经营个人征信业务的征信机构违反本条例第九条规定的，由国务院征信业监督管理部门责令限期改正，对单位处 2 万元以上 20 万元以下的罚款；对直接负责的主管人员和其他直接责任人员给予警告，处 1 万元以下的罚款。

经营企业征信业务的征信机构未按照本条例第十条规定办理备案的，由其所在地的国务院征信业监督管理部门派出机构责令限期改正；逾期不改正的，依照前款规定处罚。

**第三十八条** 征信机构、金融信用信息基础数据库运行机构违反本条例规定，有下列行为之一的，由国务院征信业监督管理部门或者其派出机构责令限期改正，对单位处 5 万元以上 50 万元以下的罚款；对直接负责的主管人员和其他直接责任人员处 1 万元以上 10 万元以下的罚款；有违法所得的，没收违法所得。给信息主体造成损失的，依法承担民事责任；构成犯罪的，依法追究刑事责任：

（一）窃取或者以其他方式非法获取信息；

（二）采集禁止采集的个人信息或者未经同意采集个人信息；

（三）违法提供或者出售信息；

（四）因过失泄露信息；

（五）逾期不删除个人不良信息；

（六）未按照规定对异议信息进行核查和处理；

（七）拒绝、阻碍国务院征信业监督管理部门或者其派出机构检查、调查或者不如实提供有关文件、资料；

（八）违反征信业务规则，侵害信息主体合法权益的其他行为。

经营个人征信业务的征信机构有前款所列行为之一，情节严重或者造成严重后果的，由国务院征信业监督管理部门吊销其个人征信业务经营许可证。

**第三十九条** 征信机构违反本条例规定，未按照规定报告其上一年度开展征信业务情况的，由国务院征信业监督管理部门或者其派出机构责令限期改正；逾期不改正的，对单位处 2 万元以上 10 万元以下的罚款；对直接负责的主管人员和其他直接责任人员给予警告，处 1 万元以下的罚款。

**第四十条** 向金融信用信息基础数据库提供或者查询信息的机构违反本条例规定，有下列行为之一的，由国务院征信业监督管理部门或者其派出机构责令限期改正，对单位处 5 万元以上 50 万元以下的罚款；对直接负责的主管人员和其他直接责任人员处 1 万元以上 10 万元以下的罚款；有违法所得的，没收违法所得。给信息主体造成损失的，依法承担民事责任；构成犯罪的，依法追究刑事责任：

（一）违法提供或者出售信息；

（二）因过失泄露信息；

（三）未经同意查询个人信息或者企业的信贷信息；

（四）未按照规定处理异议或者对确有错误、遗漏的信息不予更正；

（五）拒绝、阻碍国务院征信业监督管理部门或者其派出机构检查、调查或者不如实提供有关文件、资料。

第四十一条　信息提供者违反本条例规定，向征信机构、金融信用信息基础数据库提供非依法公开的个人不良信息，未事先告知信息主体本人，情节严重或者造成严重后果的，由国务院征信业监督管理部门或者其派出机构对单位处 2 万元以上 20 万元以下的罚款；对个人处 1 万元以上 5 万元以下的罚款。

第四十二条　信息使用者违反本条例规定，未按照与个人信息主体约定的用途使用个人信息或者未经个人信息主体同意向第三方提供个人信息，情节严重或者造成严重后果的，由国务院征信业监督管理部门或者其派出机构对单位处 2 万元以上 20 万元以下的罚款；对个人处 1 万元以上 5 万元以下的罚款；有违法所得的，没收违法所得。给信息主体造成损失的，依法承担民事责任；构成犯罪的，依法追究刑事责任。

第四十三条　国务院征信业监督管理部门及其派出机构的工作人员滥用职权、玩忽职守、徇私舞弊，不依法履行监督管理职责，或者泄露国家秘密、信息主体信息的，依法给予处分。给信息主体造成损失的，依法承担民事责任；构成犯罪的，依法追究刑事责任。

## 第八章 ‖ 附则

第四十四条　本条例下列用语的含义：

（一）信息提供者，是指向征信机构提供信息的单位和个人，以及向金融信用信息基础数据库提供信息的单位。

（二）信息使用者，是指从征信机构和金融信用信息基础数据库获取信息的单位和个人。

（三）不良信息，是指对信息主体信用状况构成负面影响的下列信息：信息主体在借贷、赊购、担保、租赁、保险、使用信用卡等活动中未按照合同履行义务的信息，对信息主体的行政处罚信息，人民法院判决或者裁定信息主体履行义务以及强制执行的信息，以及国务院征信业监督管理部门规定的其他不良信息。

第四十五条　外商投资征信机构的设立条件，由国务院征信业监督管理部门会同国务院有关部门制定，报国务院批准。

境外征信机构在境内经营征信业务，应当经国务院征信业监督管理部门批准。

第四十六条　本条例施行前已经经营个人征信业务的机构，应当自本条例施行之日起 6 个月内，依照本条例的规定申请个人征信业务经营许可证。

本条例施行前已经经营企业征信业务的机构，应当自本条例施行之日起 3 个月内，依照本条例的规定办理备案。

第四十七条　本条例自 2013 年 3 月 15 日起施行。

# 企业信息公示暂行条例

## （中华人民共和国国务院令第 654 号）

《企业信息公示暂行条例》已经 2014 年 7 月 23 日国务院第 57 次常务会议通过，现予公布，自 2014 年 10 月 1 日起施行。

总理　李克强

2014 年 8 月 7 日

## 企业信息公示暂行条例

**第一条**　为了保障公平竞争，促进企业诚信自律，规范企业信息公示，强化企业信用约束，维护交易安全，提高政府监管效能，扩大社会监督，制定本条例。

**第二条**　本条例所称企业信息，是指在工商行政管理部门登记的企业从事生产经营活动过程中形成的信息，以及政府部门在履行职责过程中产生的能够反映企业状况的信息。

**第三条**　企业信息公示应当真实、及时。公示的企业信息涉及国家秘密、国家安全或者社会公共利益的，应当报请主管的保密行政管理部门或者国家安全机关批准。县级以上地方人民政府有关部门公示的企业信息涉及企业商业秘密或者个人隐私的，应当报请上级主管部门批准。

**第四条**　省、自治区、直辖市人民政府领导本行政区域的企业信息公示工作，按照国家社会信用信息平台建设的总体要求，推动本行政区域企业信用信息公示系统的建设。

**第五条**　国务院工商行政管理部门推进、监督企业信息公示工作，组织企业信用信息公示系统的建设。国务院其他有关部门依照本条例规定做好企业信息公示相关工作。

县级以上地方人民政府有关部门依照本条例规定做好企业信息公示工作。

**第六条**　工商行政管理部门应当通过企业信用信息公示系统，公示其在履行职责过程中产生的下列企业信息：

（一）注册登记、备案信息；

（二）动产抵押登记信息；

（三）股权出质登记信息；

（四）行政处罚信息；

（五）其他依法应当公示的信息。

前款规定的企业信息应当自产生之日起 20 个工作日内予以公示。

**第七条** 工商行政管理部门以外的其他政府部门（以下简称其他政府部门）应当公示其在履行职责过程中产生的下列企业信息：

（一）行政许可准予、变更、延续信息；

（二）行政处罚信息；

（三）其他依法应当公示的信息。

其他政府部门可以通过企业信用信息公示系统，也可以通过其他系统公示前款规定的企业信息。工商行政管理部门和其他政府部门应当按照国家社会信用信息平台建设的总体要求，实现企业信息的互联共享。

**第八条** 企业应当于每年 1 月 1 日至 6 月 30 日，通过企业信用信息公示系统向工商行政管理部门报送上一年度年度报告，并向社会公示。

当年设立登记的企业，自下一年起报送并公示年度报告。

**第九条** 企业年度报告内容包括：

（一）企业通信地址、邮政编码、联系电话、电子邮箱等信息；

（二）企业开业、歇业、清算等存续状态信息；

（三）企业投资设立企业、购买股权信息；

（四）企业为有限责任公司或者股份有限公司的，其股东或者发起人认缴和实缴的出资额、出资时间、出资方式等信息；

（五）有限责任公司股东股权转让等股权变更信息；

（六）企业网站以及从事网络经营的网店的名称、网址等信息；

（七）企业从业人数、资产总额、负债总额、对外提供保证担保、所有者权益合计、营业总收入、主营业务收入、利润总额、净利润、纳税总额信息。

前款第一项至第六项规定的信息应当向社会公示，第七项规定的信息由企业选择是否向社会公示。

经企业同意，公民、法人或者其他组织可以查询企业选择不公示的信息。

**第十条** 企业应当自下列信息形成之日起 20 个工作日内通过企业信用信息公示系统向社会公示：

（一）有限责任公司股东或者股份有限公司发起人认缴和实缴的出资额、出资时间、出资方式等信息；

（二）有限责任公司股东股权转让等股权变更信息；

（三）行政许可取得、变更、延续信息；

（四）知识产权出质登记信息；

（五）受到行政处罚的信息；

（六）其他依法应当公示的信息。

工商行政管理部门发现企业未依照前款规定履行公示义务的，应当责令其限期履行。

**第十一条** 政府部门和企业分别对其公示信息的真实性、及时性负责。

**第十二条** 政府部门发现其公示的信息不准确的，应当及时更正。公民、法人或者其他组织有证据证明政府部门公示的信息不准确的，有权要求该政府部门予以更正。

企业发现其公示的信息不准确的，应当及时更正；但是，企业年度报告公示信息的更正应当在每年 6 月 30 日之前完成。更正前后的信息应当同时公示。

**第十三条** 公民、法人或者其他组织发现企业公示的信息虚假的，可以向工商行政管理部门举报，接到举报的工商行政管理部门应当自接到举报材料之日起 20 个工作日内进行核查，予以处理，并将处理情况书面告知举报人。

公民、法人或者其他组织对依照本条例规定公示的企业信息有疑问的，可以向政府部门申请查询，收到查询申请的政府部门应当自收到申请之日起 20 个工作日内书面答复申请人。

**第十四条** 国务院工商行政管理部门和省、自治区、直辖市人民政府工商行政管理部门应当按照公平规范的要求，根据企业注册号等随机摇号，确定抽查的企业，组织对企业公示信息的情况进行检查。

工商行政管理部门抽查企业公示的信息，可以采取书面检查、实地核查、网络监测等方式。工商行政管理部门抽查企业公示的信息，可以委托会计师事务所、税务师事务所、律师事务所等专业机构开展相关工作，并依法利用其他政府部门作出的检查、核查结果或者专业机构作出的专业结论。

抽查结果由工商行政管理部门通过企业信用信息公示系统向社会公布。

**第十五条** 工商行政管理部门对企业公示的信息依法开展抽查或者根据举报进行核查，企业应当配合，接受询问调查，如实反映情况，提供相关材料。

对不予配合情节严重的企业，工商行政管理部门应当通过企业信用信息公示系统公示。

**第十六条** 任何公民、法人或者其他组织不得非法修改公示的企业信息，不得非法获取企业信息。

**第十七条** 有下列情形之一的，由县级以上工商行政管理部门列入经营异常名录，通过企业信用信息公示系统向社会公示，提醒其履行公示义务；情节严重的，由有关主管部门依照有关法律、行政法规规定给予行政处罚；造成他人损失的，依法承担赔偿责任；构成犯罪的，依法追究刑事责任：

（一）企业未按照本条例规定的期限公示年度报告或者未按照工商行政管理部门责令的期限公示有关企业信息的；

（二）企业公示信息隐瞒真实情况、弄虚作假的。

被列入经营异常名录的企业依照本条例规定履行公示义务的，由县级以上工商行政管理部门移出经营异常名录；满3年未依照本条例规定履行公示义务的，由国务院工商行政管理部门或者省、自治区、直辖市人民政府工商行政管理部门列入严重违法企业名单，并通过企业信用信息公示系统向社会公示。被列入严重违法企业名单的企业的法定代表人、负责人，3年内不得担任其他企业的法定代表人、负责人。

企业自被列入严重违法企业名单之日起满5年未再发生第一款规定情形的，由国务院工商行政管理部门或者省、自治区、直辖市人民政府工商行政管理部门移出严重违法企业名单。

**第十八条** 县级以上地方人民政府及其有关部门应当建立健全信用约束机制，在政府采购、工程招投标、国有土地出让、授予荣誉称号等工作中，将企业信息作为重要考量因素，对被列入经营异常名录或者严重违法企业名单的企业依法予以限制或者禁入。

**第十九条** 政府部门未依照本条例规定履行职责的，由监察机关、上一级政府部门责令改正；情节严重的，对负有责任的主管人员和其他直接责任人员依法给予处分；构成犯罪的，依法追究刑事责任。

**第二十条** 非法修改公示的企业信息，或者非法获取企业信息的，依照有关法律、行政法规规定追究法律责任。

**第二十一条** 公民、法人或者其他组织认为政府部门在企业信息公示工作中的具体行政行为侵犯其合法权益的，可以依法申请行政复议或者提起行政诉讼。

**第二十二条** 企业依照本条例规定公示信息，不免除其依照其他有关法律、行政法规规定公示信息的义务。

**第二十三条** 法律、法规授权的具有管理公共事务职能的组织公示企业信息适用本条例关于政府部门公示企业信息的规定。

**第二十四条** 国务院工商行政管理部门负责制定企业信用信息公示系统的技术规范。

个体工商户、农民专业合作社信息公示的具体办法由国务院工商行政管理部门另行制定。

**第二十五条** 本条例自2014年10月1日起施行。

部门规章

# 个人信用信息基础数据库管理暂行办法

（中国人民银行令〔2005〕第3号）

根据《中华人民共和国中国人民银行法》等有关法律规定，中国人民银行制定了《个人信用信息基础数据库管理暂行办法》，经 2005 年 6 月 16 日第 11 次行长办公会议通过，现予发布，自 2005 年 10 月 1 日起实施。

行长　周小川

二〇〇五年八月十八日

## 个人信用信息基础数据库管理暂行办法

### 第一章 ‖ 总则

**第一条**　为维护金融稳定，防范和降低商业银行的信用风险，促进个人信贷业务的发展，保障个人信用信息的安全和合法使用，根据《中华人民共和国中国人民银行法》等有关法律规定，制定本办法。

**第二条**　中国人民银行负责组织商业银行建立个人信用信息基础数据库（以下简称个人信用数据库），并负责设立征信服务中心，承担个人信用数据库的日常运行和管理。

**第三条**　个人信用数据库采集、整理、保存个人信用信息，为商业银行和个人提供信用报告查询服务，为货币政策制定、金融监管和法律、法规规定的其他用途提供有关信息服务。

**第四条**　本办法所称个人信用信息包括个人基本信息、个人信贷交易信息以及反映个人信用状况的其他信息。

前款所称个人基本信息是指自然人身份识别信息、职业和居住地址等信息；个人信贷交易信息是指商业银行提供的自然人在个人贷款、贷记卡、准贷记卡、担保等信用活动中形成的交易记录；反映个人信用状况的其他信息是指除信贷交易信息之外的反映个人信用状况的相关信息。

**第五条** 中国人民银行、商业银行及其工作人员应当为在工作中知悉的个人信用信息保密。

## 第二章 ‖ 报送和整理

**第六条** 商业银行应当遵守中国人民银行发布的个人信用数据库标准及其有关要求，准确、完整、及时地向个人信用数据库报送个人信用信息。

**第七条** 商业银行不得向未经信贷征信主管部门批准建立或变相建立的个人信用数据库提供个人信用信息。

**第八条** 征信服务中心应当建立完善的规章制度和采取先进的技术手段确保个人信用信息安全。

**第九条** 征信服务中心根据生成信用报告的需要，对商业银行报送的个人信用信息进行客观整理、保存，不得擅自更改原始数据。

**第十条** 征信服务中心认为有关商业银行报送的信息可疑时，应当按有关规定的程序及时向该商业银行发出复核通知。

商业银行应当在收到复核通知之日起 5 个工作日内给予答复。

**第十一条** 商业银行发现其所报送的个人信用信息不准确时，应当及时报告征信服务中心，征信服务中心收到纠错报告应当立即进行更正。

## 第三章 ‖ 查询

**第十二条** 商业银行办理下列业务，可以向个人信用数据库查询个人信用报告：

（一）审核个人贷款申请的；

（二）审核个人贷记卡、准贷记卡申请的；

（三）审核个人作为担保人的；

（四）对已发放的个人信贷进行贷后风险管理的；

（五）受理法人或其他组织的贷款申请或其作为担保人，需要查询其法定代表人及出资人信用状况的。

**第十三条** 除本办法第十二条第（四）项规定之外，商业银行查询个人信用报告时应当取得被查询人的书面授权。书面授权可以通过在贷款、贷记卡、准贷记卡以及担保申请书中增加相应条款取得。

**第十四条** 商业银行应当制定贷后风险管理查询个人信用报告的内部授权制度和查询管理程序。

**第十五条** 征信服务中心可以根据个人申请有偿提供其本人信用报告。

征信服务中心应当制定相应的处理程序，核实申请人身份。

## 第四章 ‖ 异议处理

**第十六条** 个人认为本人信用报告中的信用信息存在错误（以下简称异议信息）时，可以通过所在地中国人民银行征信管理部门或直接向征信服务中心提出书面异议申请。

中国人民银行征信管理部门应当在收到异议申请的 2 个工作日内将异议申请转交征信服务中心。

**第十七条** 征信服务中心应当在接到异议申请的 2 个工作日内进行内部核查。

征信服务中心发现异议信息是由于个人信用数据库信息处理过程造成的，应当立即进行更正，并检查个人信用数据库处理程序和操作规程存在的问题。

**第十八条** 征信服务中心内部核查未发现个人信用数据库处理过程存在问题的，应当立即书面通知提供相关信息的商业银行进行核查。

**第十九条** 商业银行应当在接到核查通知的 10 个工作日内向征信服务中心作出核查情况的书面答复。异议信息确实有误的，商业银行应当采取以下措施：

（一）应当向征信服务中心报送更正信息；

（二）检查个人信用信息报送的程序；

（三）对后续报送的其他个人信用信息进行检查，发现错误的，应当重新报送。

**第二十条** 征信服务中心收到商业银行重新报送的更正信息后，应当在 2 个工作日内对异议信息进行更正。

异议信息确实有误，但因技术原因暂时无法更正的，征信服务中心应当对该异议信息作特殊标注，以有别于其他异议信息。

**第二十一条** 经过核查，无法确认异议信息存在错误的，征信服务中心不得按照异议申请人要求更改相关个人信用信息。

**第二十二条** 征信服务中心应当在接受异议申请后 15 个工作日内，向异议申请人或转交异议申请的中国人民银行征信管理部门提供书面答复；异议信息得到更正的，征信服务中心同时提供更正后的信用报告。

异议信息确实有误，但因技术原因暂时无法更正异议信息的，征信服务中心应当在书面答复中予以说明，待异议信息更正后，提供更正后的信用报告。

第二十三条　转交异议申请的中国人民银行征信管理部门应当自接到征信服务中心书面答复和更正后的信用报告之日起 2 个工作日内，向异议申请人转交。

第二十四条　对于无法核实的异议信息，征信服务中心应当允许异议申请人对有关异议信息附注 100 字以内的个人声明。个人声明不得包含与异议信息无关的内容，异议申请人应当对个人声明的真实性负责。

征信服务中心应当妥善保存个人声明原始档案，并将个人声明载入异议人信用报告。

第二十五条　征信服务中心应当对处于异议处理期的信息予以标注。

## 第五章 ‖ 安全管理

第二十六条　商业银行应当根据中国人民银行的有关规定，制定相关信用信息报送、查询、使用、异议处理、安全管理等方面的内部管理制度和操作规程，并报中国人民银行备案。·

第二十七条　商业银行应当建立用户管理制度，明确管理员用户、数据上报用户和信息查询用户的职责及操作规程。

商业银行管理员用户、数据上报用户和查询用户不得互相兼职。

第二十八条　商业银行管理员用户应当根据操作规程，为得到相关授权的人员创建相应用户。管理员用户不得直接查询个人信用信息。

管理员用户应当加强对同级查询用户、数据上报用户与下一级管理员用户的日常管理。查询用户工作人员调离，该用户应当立即予以停用。

第二十九条　商业银行管理员用户、数据上报用户和查询用户须报中国人民银行征信管理部门和征信服务中心备案。

前款用户工作人员发生变动，商业银行应当在 2 个工作日内向中国人民银行征信管理部门和征信服务中心变更备案。

第三十条　商业银行应当制定管理员用户和查询用户的口令控制制度，并定期检查口令控制执行情况。

第三十一条　商业银行应当建立保证个人信用信息安全的管理制度，确保只有得到内部授权的人员才能接触个人信用报告，不得将个人信用报告用于本办法第十二条规定以外的其他用途。

第三十二条　征信服务中心应当制定信用信息采集、整理、保存、查询、异议处理、用户管理、安全管理等方面的管理制度和操作规程，明确岗位职责，完善内控制度，保障个人信用数据库的正常运行和个人信用信息的安全。

第三十三条　征信服务中心及其工作人员不得违反法律、法规及本办法的规定，篡改、毁损、泄露或非法使用个人信用信息，不得与自然人、法人、其他组织恶意串通，提供虚假信用报告。

第三十四条　征信服务中心应当建立个人信用数据库内部运行和外部访问的监控制度，监督个人信用数据库用户和商业银行用户的操作，防范对个人信用数据库的非法入侵。

第三十五条　征信服务中心应当建立灾难备份系统，采取必要的安全保障措施，防止系统数据丢失。

第三十六条　征信服务中心应当对商业银行的所有查询进行记录，并及时向商业银行反馈。

第三十七条　商业银行应当经常对个人信用数据库的查询情况进行检查，确保所有查询符合本办法的规定，并定期向中国人民银行及征信服务中心报告查询检查结果。

征信服务中心应当定期核查商业银行对个人信用数据库的查询情况。

## 第六章 ‖ 罚则

第三十八条　商业银行未按照本办法规定建立相应管理制度及操作规程的，由中国人民银行责令改正，逾期不改正的，给予警告，并处以三万元罚款。

第三十九条　商业银行有下列情形之一的，由中国人民银行责令改正，并处一万元以上三万元以下罚款；涉嫌犯罪的，依法移交司法机关处理：

（一）违反本办法规定，未准确、完整、及时报送个人信用信息的；

（二）违反本办法第七条规定的；

（三）越权查询个人信用数据库的；

（四）将查询结果用于本办法规定之外的其他目的的；

（五）违反异议处理规定的；

（六）违反本办法安全管理要求的。

第四十条　商业银行有本办法第三十八条至第三十九条规定情形的，中国人民银行可以建议商业银行对直接负责的董事、高级管理人员和其他直接责任人员给予纪律处分；涉嫌犯罪的，依法移交司法机关处理。

第四十一条　征信服务中心工作人员有下列情形之一的，由中国人民银行依法给予行政处分；涉嫌犯罪的，依法移交司法机关处理：

（一）违反本办法规定，篡改、毁损、泄露或非法使用个人信用信息的；

（二）与自然人、法人、其他组织恶意串通，提供虚假信用报告的。

第四十二条　中国人民银行其他工作人员有违反本办法规定的行为，造成个人信用信息被泄露的，依法给予行政处分；涉嫌犯罪的，依法移交司法机关处理。

# 第七章 ‖ 附则

第四十三条　本办法所称商业银行，是指在中华人民共和国境内设立的商业银行、城市信用合作社、农村信用合作社以及经国务院银行业监督管理机构批准的专门从事信贷业务的其他金融机构。

第四十四条　本办法由中国人民银行负责解释。

第四十五条　本办法自 2005 年 10 月 1 日起施行。

# 征信机构管理办法

（中国人民银行令〔2013〕第 1 号）

根据《中华人民共和国中国人民银行法》、《征信业管理条例》等法律法规，中国人民银行制定了《征信机构管理办法》，经 2013 年 9 月 18 日第 14 次行长办公会议通过，现予发布，自 2013 年 12 月 20 日起施行。

行长 周小川

2013 年 11 月 15 日

# 征信机构管理办法

## 第一章 ‖ 总则

**第一条** 为加强对征信机构的监督管理，促进征信业健康发展，根据《中华人民共和国中国人民银行法》、《中华人民共和国公司法》、《征信业管理条例》等法律法规，制定本办法。

**第二条** 本办法所称征信机构，是指依法设立、主要经营征信业务的机构。

**第三条** 中国人民银行依法履行对征信机构的监督管理职责。中国人民银行分支机构在总行的授权范围内，履行对辖区内征信机构的监督管理职责。

**第四条** 征信机构应当遵守法律、行政法规和中国人民银行的规定，诚信经营，不得损害国家利益、社会公共利益，不得侵犯他人合法权益。

## 第二章 ‖ 机构的设立、变更与终止

**第五条** 设立个人征信机构应当经中国人民银行批准。

**第六条** 设立个人征信机构，除应当符合《征信业管理条例》第六条规定外，还

应当具备以下条件：

（一）有健全的组织机构；

（二）有完善的业务操作、信息安全管理、合规性管理等内控制度；

（三）个人信用信息系统符合国家信息安全保护等级二级或二级以上标准。

《征信业管理条例》第六条第一项所称主要股东是指出资额占公司资本总额 5% 以上或者持股占公司股份 5% 以上的股东。

**第七条** 申请设立个人征信机构，应当向中国人民银行提交下列材料：

（一）个人征信机构设立申请表；

（二）征信业务可行性研究报告，包括发展规划、经营策略等；

（三）公司章程；

（四）股东关联关系和实际控制人说明；

（五）主要股东最近 3 年无重大违法违规行为的声明以及主要股东的信用报告；

（六）拟任董事、监事和高级管理人员任职资格证明；

（七）组织机构设置以及人员基本构成说明；

（八）已经建立的内控制度，包括业务操作、安全管理、合规性管理等；

（九）具有国家信息安全等级保护测评资质的机构出具的个人信用信息系统安全测评报告，关于信息安全保障措施的说明和相关安全保障制度；

（十）营业场所所有权或者使用权证明文件；

（十一）工商行政管理部门出具的企业名称预先核准通知书复印件。

中国人民银行可以通过实地调查、面谈等方式对申请材料进行核实。

**第八条** 中国人民银行在受理个人征信机构设立申请后公示申请人的下列事项：

（一）拟设立征信机构的名称、营业场所、业务范围；

（二）拟设立征信机构的资本；

（三）拟设立征信机构的主要股东名单及其出资额或者所持股份；

（四）拟任征信机构的董事、监事和高级管理人员名单。

**第九条** 中国人民银行自受理个人征信机构设立申请之日起 60 日内对申请事项进行审查，并根据有利于征信业公平竞争和健康发展的审慎性原则作出批准或者不予批准的决定。决定批准的，依法颁发个人征信业务经营许可证；决定不予批准的，应当作出书面决定。

**第十条** 经批准设立的个人征信机构，凭个人征信业务经营许可证向公司登记机关办理登记，领取营业执照；个人征信机构应当自公司登记机关准予登记之日起 20 日内，向中国人民银行提交营业执照复印件。

**第十一条** 个人征信机构拟合并或者分立的，应当向中国人民银行提出申请，说明申请和理由，并提交相关证明材料。

中国人民银行自受理申请之日起 20 日内，作出批准或者不予批准的书面决定。

**第十二条** 个人征信机构拟变更资本、主要股东的，应当向中国人民银行提出申请，说明变更事项和变更理由，并提交相关证明材料。

中国人民银行自受理申请之日起 20 日内，作出批准或者不予批准的书面决定。

**第十三条** 个人征信机构拟设立分支机构的，应当符合以下条件：

（一）对拟设立分支机构的可行性已经进行充分论证；

（二）最近 3 年无受到重大行政处罚的记录。

**第十四条** 个人征信机构申请设立分支机构，应当向中国人民银行提交下列材料：

（一）个人征信机构分支机构设立申请表；

（二）个人征信机构上一年度经审计的财务会计报告；

（三）设立分支机构的可行性论证报告，包括拟设立分支机构的 3 年业务发展规划、市场分析和经营方针等；

（四）针对设立分支机构所作出的内控制度安排和风险防范措施；

（五）个人征信机构最近 3 年未受重大行政处罚的声明；

（六）拟任职的分支机构高级管理人员履历材料。

中国人民银行自受理申请之日起 20 日内，作出批准或者不予批准的书面决定。

**第十五条** 个人征信机构变更机构名称、营业场所、法定代表人的，应当向中国人民银行申请变更个人征信业务经营许可证记载事项。

个人征信机构应当在个人征信业务经营许可证记载事项变更后，向公司登记机关申办变更登记，并自公司登记机关准予变更之日起 20 日内，向中国人民银行备案。

**第十六条** 个人征信业务经营许可证应当在个人征信机构营业场所的显著位置公示。

**第十七条** 个人征信机构应当妥善保管个人征信业务经营许可证，不得涂改、倒卖、出租、出借、转让。

**第十八条** 个人征信业务经营许可证有效期为 3 年。有效期届满需要续展的，应当在有效期届满 60 日前向中国人民银行提出申请，换发个人征信业务经营许可证。

有效期届满不再续展的，个人征信机构应当在个人征信业务经营许可证有效期届满 60 日前向中国人民银行报告，并依照本办法第二十条的规定，妥善处理信息数据库，办理个人征信业务经营许可证注销手续；个人征信机构在个人征信业务经营许可证有效期届满 60 日前未提出续展申请的，中国人民银行可以在个人征信业务经营许可证有效期届满之日注销其个人征信业务经营许可证，并依照《征信业管理条例》第十二条的规定处理信息数据库。

**第十九条** 设立企业征信机构，应当符合《中华人民共和国公司法》规定的公司设立条件，自公司登记机关准予登记之日起 30 日内向所在地的中国人民银行省会（首府）城市中心支行以上分支机构办理备案，并提交下列材料：

（一）企业征信机构备案表；

（二）营业执照复印件；

（三）股权结构说明，包括资本、股东名单及其出资额或者所持股份；

（四）组织机构设置以及人员基本构成说明；

（五）业务范围和业务规则基本情况报告；

（六）业务系统的基本情况，包括企业信用信息系统建设情况报告和具有国家信息安全等级保护测评资质的机构出具的企业信用信息系统安全测评报告；

（七）信息安全和风险防范措施，包括已经建立的内控制度和安全管理制度。

企业征信机构备案事项发生变更的，应当自变更之日起 30 日内向备案机构办理变更备案。

**第二十条** 个人征信机构因解散或者被依法宣告破产等原因拟终止征信业务的，应当在拟终止之日前 60 日向中国人民银行报告退出方案，并依照《征信业管理条例》第十二条第一款规定处理信息数据库。

个人征信机构终止征信业务的，应当自终止之日起 20 日内，在中国人民银行指定的媒体上公告，并办理个人征信业务经营许可证注销手续，将许可证缴回中国人民银行；逾期不缴回的，中国人民银行应当依法收缴。

**第二十一条** 企业征信机构因解散或者被依法宣告破产等原因拟终止征信业务的，应当在拟终止之日前 60 日向中国人民银行报告退出方案，并依照《征信业管理条例》第十二条第一款规定处理信息数据库。

## 第三章 ‖ 高级任职人员管理

**第二十二条** 个人征信机构的董事、监事、高级管理人员，应当在任职前取得中国人民银行核准的任职资格。

**第二十三条** 取得个人征信机构董事、监事和高级管理人员任职资格，应当具备以下条件：

（一）正直诚实，品行良好；

（二）具有大专以上学历；

（三）从事征信工作 3 年以上或者从事金融、法律、会计、经济工作 5 年以上；

（四）具有履行职责所需的管理能力；

（五）熟悉与征信业务相关的法律法规和专业知识。

**第二十四条** 有下列情形之一的，不得担任个人征信机构董事、监事和高级管理人员：

（一）因贪污、贿赂、侵占财产、挪用财产或者破坏社会主义市场经济秩序，被判处刑罚，或者因犯罪被剥夺政治权利，执行期满未逾5年的；

（二）最近3年有重大违法违规记录的。

本办法所称重大违法违规记录，是指除前款第一项所列之外的犯罪记录或者重大行政处罚记录。

**第二十五条** 个人征信机构向中国人民银行申请核准董事、监事和高级管理人员的任职资格，应当提交下列材料：

（一）董事、监事和高级管理人员任职资格申请表；

（二）拟任职的董事、监事和高级管理人员的个人履历材料；

（三）拟任职的董事、监事和高级管理人员的学历证书复印件；

（四）拟任职的董事、监事和高级管理人员最近3年无重大违法违规记录的声明；

（五）拟任职的董事、监事和高级管理人员的个人信用报告。

个人征信机构应当如实提交前款规定的材料，个人征信机构以及拟任职的董事、监事和高级管理人员应对材料的真实性、完整性负责。中国人民银行根据需要对材料的真实性进行核实，并对申请任职资格的董事、监事和高级管理人员进行考察或者谈话。

**第二十六条** 中国人民银行依法对个人征信机构董事、监事和高级管理人员的任职资格进行审查，作出核准或者不予核准的书面决定。

**第二十七条** 企业征信机构的董事、监事、高级管理人员，应当由任职的征信机构自任命之日起20日内向所在地的中国人民银行省会（首府）城市中心支行以上分支机构备案，并提交下列材料：

（一）董事、监事、高级管理人员备案表；

（二）董事、监事、高级管理人员的个人履历材料；

（三）董事、监事、高级管理人员的学历证书复印件；

（四）董事、监事、高级管理人员的备案材料真实性声明。

企业征信机构的董事、监事、高级管理人员发生变更的，应当自变更之日起20日内向备案机构办理变更备案。

## 第四章 ‖ 监督管理

**第二十八条** 个人征信机构应当在每年第一季度末，向中国人民银行报告上一年度征信业务开展情况。

企业征信机构应当在每年第一季度末，向备案机构报告上一年度征信业务开展情况。

报告内容应当包括信用信息采集、征信产品开发、信用信息服务、异议处理以及信用信息系统建设情况，信息安全保障情况等。

**第二十九条** 个人征信机构应当按规定向中国人民银行报送征信业务统计报表、财务会计报告、审计报告等资料。

企业征信机构应当按规定向备案机构报送征信业务统计报表、财务会计报告、审计报告等资料。

征信机构应当对报送的报表和资料的真实性、准确性、完整性负责。

**第三十条** 征信机构应当按照国家信息安全保护等级测评标准，对信用信息系统的安全情况进行测评。

征信机构信用信息系统安全保护等级为二级的，应当每两年进行测评；信用信息系统安全保护等级为三级以及以上的，应当每年进行测评。

个人征信机构应当自具有国家信息安全等级保护测评资质的机构出具测评报告之日起 20 日内，将测评报告报送中国人民银行，企业征信机构应当将测评报告报送备案机构。

**第三十一条** 征信机构有下列情形之一的，中国人民银行及其分支机构可以将其列为重点监管对象：

（一）上一年度发生严重违法违规行为的；

（二）出现可能发生信息泄露征兆的；

（三）出现财务状况异常或者严重亏损的；

（四）被大量投诉的；

（五）未按本办法第二十八条、第二十九条、第三十条规定报送相关材料的；

（六）中国人民银行认为需要重点监管的其他情形。

征信机构被列为重点监管对象的，中国人民银行及其分支机构可以酌情缩短征信机构报告征信业务开展情况、进行信用信息系统安全情况测评的周期，并采取相应的监管措施，督促征信机构整改。

整改后第一款中所列情形消除的，中国人民银行及其分支机构可不再将其列为重点监管对象。

**第三十二条** 中国人民银行及其分支机构可以根据监管需要，约谈征信机构董事、监事和高级管理人员，要求其就征信业务经营、风险控制、内部管理等有关重大事项作出说明。

## 第五章 ‖ 罚则

**第三十三条** 申请设立个人征信机构的申请人隐瞒有关情况或者提供虚假材料的，中国人民银行依照《中华人民共和国行政许可法》的相关规定进行处罚。

**第三十四条** 个人征信机构的个人信用信息系统未达到国家信息安全保护等级二级或者二级以上要求的，中国人民银行可以责令整顿；情节严重或者拒不整顿的，中国人民银行依照《征信业管理条例》第三十八条的规定，吊销其个人征信业务经营许可证。

**第三十五条** 申请个人征信机构的董事、监事、高级管理人员任职资格的申请人隐瞒有关情况或者提供虚假材料的，中国人民银行不予受理或者不予核准其任职资格，并给予警告；已经核准的，取消其任职资格。

禁止上述申请人3年内再次申请任职资格。

**第三十六条** 个人征信机构任命未取得任职资格董事、监事、高级管理人员的，由中国人民银行责令改正并给予警告；情节严重的，处1万元以上3万元以下罚款。

企业征信机构任命董事、监事、高级管理人员未及时备案或者变更备案，以及在备案中提供虚假材料的，由中国人民银行分支机构责令改正并给予警告；情节严重的，处1万元以上3万元以下罚款。

**第三十七条** 征信机构违反本办法第二十九条、第三十条规定的，由中国人民银行及其分支机构责令改正；情节严重的，处1万元以上3万元以下罚款；涉嫌犯罪的，依法移交司法机关追究其刑事责任。

## 第六章 ‖ 附则

**第三十八条** 本办法由中国人民银行负责解释。

**第三十九条** 本办法自2013年12月20日起施行。

# 社会组织信用信息管理办法

（中华人民共和国民政部令第 60 号）

《社会组织信用信息管理办法》已经 2018 年 1 月 12 日民政部部务会议通过，现予公布，自公布之日起施行。

部长　黄树贤
2018 年 1 月 24 日

## 社会组织信用信息管理办法

**第一条**　为加强社会组织信用信息管理，推进社会组织信用体系建设，促进社会组织健康有序发展，依据有关法律法规和国家有关规定，制定本办法。

**第二条**　本办法适用于社会组织登记管理机关（以下简称登记管理机关）在依法履行职责过程中形成或者获取的与社会组织信用状况有关信息的管理。

政府其他有关部门以及司法机关在履行职责过程中形成的与社会组织信用状况有关的信息，依法依规纳入社会组织信用信息进行管理。

**第三条**　国务院民政部门指导全国社会组织信用信息管理工作。

国务院民政部门和县级以上地方各级人民政府民政部门负责在本机关登记的社会组织信用信息管理工作。

**第四条**　社会组织信用信息的管理应当遵循依法公开、统一管理、分级负责、信息共享、动态更新的原则。

**第五条**　登记管理机关开展社会组织信用信息管理工作，应当依法保守国家秘密、商业秘密和个人隐私。

**第六条**　社会组织信用信息包括基础信息、年报信息、行政检查信息、行政处罚信息和其他信息。

**第七条**　基础信息是指反映社会组织登记、核准和备案等事项的信息。

年报信息是指社会组织依法履行年度工作报告义务并向社会公开的信息。

行政检查信息是指登记管理机关及政府有关部门对社会组织开展监督检查形成的结论性信息。

行政处罚信息是指社会组织受到的行政处罚种类、处罚结果、违法事实、处罚依据、处罚时间、作出行政处罚的部门等信息。

其他信息是指社会组织评估等级及有效期限、获得的政府有关部门的表彰奖励、承接政府购买服务或者委托事项、公开募捐资格、公益性捐赠税前扣除资格等与社会组织信用有关的信息。

**第八条** 登记管理机关应当在信息形成或者获取后 5 个工作日内将应予记录的社会组织信用信息采集录入到社会组织信息管理系统。尚未建立社会组织信息管理系统的登记管理机关，应当采取适当方式及时采集、记录相关信息。

登记管理机关应当加强对信用信息的管理和维护，保证信息安全。

**第九条** 登记管理机关依据社会组织未依法履行义务或者存在违法违规行为的有关信用信息，建立社会组织活动异常名录和严重违法失信名单制度。

**第十条** 因非行政处罚事项被列入活动异常名录或者严重违法失信名单的社会组织，登记管理机关在作出决定前，应当向社会组织书面告知列入的事实、理由、依据及其依法享有的权利。通过登记的住所无法取得联系的，可以通过互联网公告告知。

社会组织对被列入活动异常名录或者严重违法失信名单有异议的，可以在收到告知书之日起 10 个工作日内向登记管理机关提出书面陈述申辩意见并提交相关证明材料。通过公告方式告知的，社会组织自公告之日起 30 日内未提交陈述申辩意见的，视为无异议。

登记管理机关应当自收到陈述申辩意见之日起 10 个工作日内进行核实，作出是否列入活动异常名录或者严重违法失信名单的决定，并书面告知申请人。

**第十一条** 登记管理机关应当将有下列情形之一的社会组织列入活动异常名录：

（一）未按照规定时限和要求向登记管理机关报送年度工作报告的；

（二）未按照有关规定设立党组织的；

（三）登记管理机关在抽查和其他监督检查中发现问题，发放整改文书要求限期整改，社会组织未按期完成整改的；

（四）具有公开募捐资格的慈善组织，存在《慈善组织公开募捐管理办法》第二十一条规定情形的；

（五）受到警告或者不满 5 万元罚款处罚的；

（六）通过登记的住所无法与社会组织取得联系的；

（七）法律、行政法规规定应当列入的其他情形。

登记管理机关在依法履职过程中通过邮寄专用信函向社会组织登记的住所两次邮

寄无人签收的，视作通过登记的住所无法与社会组织取得联系。两次邮寄间隔时间不得少于 15 日，不得超过 30 日。

**第十二条** 社会组织存在第十一条所列情形，但由业务主管单位或者其他有关部门书面证明该社会组织对此不负直接责任的，可以不列入活动异常名录。

**第十三条** 社会组织在被列入活动异常名录期间，再次出现应当列入活动异常名录情形的，列入时限重新计算。

**第十四条** 被列入活动异常名录的社会组织按照规定履行相关义务或者完成整改要求的，可以向登记管理机关申请移出活动异常名录，登记管理机关应当自查实之日起 5 个工作日内将其移出活动异常名录；如不存在应当整改或者履行相关义务情形的，自列入活动异常名录之日起满 6 个月后，由登记管理机关将其移出活动异常名录。

**第十五条** 登记管理机关应当将有下列情形之一的社会组织列入严重违法失信名单：

（一）被列入活动异常名录满 2 年的；

（二）弄虚作假办理变更登记，被撤销变更登记的；

（三）受到限期停止活动行政处罚的；

（四）受到 5 万元以上罚款处罚的；

（五）三年内两次以上受到警告或者不满 5 万元罚款处罚的；

（六）被司法机关纳入"失信被执行人"名单的；

（七）被登记管理机关作出吊销登记证书、撤销成（设）立登记决定的；

（八）法律、行政法规规定应当列入的其他情形。

**第十六条** 社会组织在被列入严重违法失信名单期间，出现应当列入活动异常名录或者严重违法失信名单情形的，列入时限重新计算。

**第十七条** 依照本办法第十五条第（一）项被列入严重违法失信名单的社会组织，登记管理机关应当自列入之日起，将其移出活动异常名录；自被列入严重违法失信名单之日起满 2 年，且按照规定履行相关义务或者完成整改要求的，可以向登记管理机关提出移出申请，登记管理机关应当自查实之日起 5 个工作日内将其移出严重违法失信名单。

依照本办法第十五条第（二）项至第（六）项规定被列入严重违法失信名单的社会组织，自被列入严重违法失信名单之日起满 2 年，可以向登记管理机关提出移出申请，登记管理机关应当自查实之日起 5 个工作日内将其移出严重违法失信名单。

依照本办法第十五条第（七）项规定被列入严重违法失信名单的，登记管理机关应当自该组织完成注销登记之日起 5 个工作日内将其移出严重违法失信名单。

**第十八条** 列入严重违法失信名单所依据的行政处罚决定、撤销登记决定或者

"失信被执行人"名单被依法撤销或者删除的，社会组织可以向登记管理机关提出移出申请，登记管理机关应当自查实之日起5个工作日内将其移出严重违法失信名单。

**第十九条** 社会组织的信用信息、活动异常名录和严重违法失信名单应当向社会公开。登记管理机关通过互联网向社会提供查询渠道。

**第二十条** 社会组织对自身信用信息、活动异常名录和严重违法失信名单有异议的，可以向负责的登记管理机关提出书面申请并提交相关证明材料。登记管理机关应当在30个工作日内进行核实，发现存在错误的，应当自核实之日起5个工作日内予以更正；经核实后作出不予更改决定的，应当书面告知申请人并说明理由。

**第二十一条** 各级登记管理机关根据国家和本行政区域内信用体系建设的相关规定，通过全国信用信息共享平台向有关部门提供社会组织信用信息，实现部门信息共享。

**第二十二条** 各级登记管理机关协调配合相关部门，在各自职权范围内，依据社会组织信用信息采取相应的激励和惩戒措施，重点推进对失信社会组织的联合惩戒。

**第二十三条** 对信用良好的社会组织，登记管理机关可以采取或者建议有关部门依法采取下列激励措施：

（一）优先承接政府授权和委托事项；

（二）优先获得政府购买社会组织服务项目；

（三）优先获得资金资助和政策扶持；

（四）优先推荐获得相关表彰和奖励等；

（五）实施已签署联合激励备忘录中各项激励措施。

**第二十四条** 对被列入严重违法失信名单的社会组织，登记管理机关可以采取或者建议有关部门依法采取下列惩戒措施：

（一）列入重点监督管理对象；

（二）不给予资金资助；

（三）不向该社会组织购买服务；

（四）不授予相关荣誉称号；

（五）作为取消或者降低社会组织评估等级的重要参考；

（六）实施已签署联合惩戒备忘录中各项惩戒措施。

**第二十五条** 登记管理机关工作人员在开展社会组织信用信息管理工作中滥用职权、徇私舞弊、玩忽职守的，视其情节轻重给予批评教育或者行政处分；构成犯罪的，依法追究其刑事责任。

**第二十六条** 本办法自发布之日起施行。

# 中华人民共和国海关企业信用管理办法

（中华人民共和国海关总署令第 237 号）

《中华人民共和国海关企业信用管理办法》已于 2018 年 1 月 29 日经海关总署署务会议审议通过，现予公布，自 2018 年 5 月 1 日起施行。

署长　于广洲

2018 年 3 月 3 日

## 中华人民共和国海关企业信用管理办法

### 第一章 ‖ 总则

**第一条**　为推进社会信用体系建设，建立企业进出口信用管理制度，促进贸易安全与便利，根据《中华人民共和国海关法》《中华人民共和国海关稽查条例》《企业信息公示暂行条例》以及其他有关法律、行政法规的规定，制定本办法。

**第二条**　海关注册登记和备案企业以及企业相关人员信用信息的采集、公示，企业信用状况的认定、管理等适用本办法。

**第三条**　海关根据企业信用状况将企业认定为认证企业、一般信用企业和失信企业。认证企业分为高级认证企业和一般认证企业。

海关按照诚信守法便利、失信违法惩戒原则，对上述企业分别适用相应的管理措施。

**第四条**　海关根据社会信用体系建设有关要求，与国家有关部门实施守信联合激励和失信联合惩戒，推进信息互换、监管互认、执法互助（以下简称"三互"）。

**第五条**　认证企业是中国海关经认证的经营者（AEO）。中国海关依据有关国际条约、协定以及本办法，开展与其他国家或者地区海关的 AEO 互认合作，并且给予互认企业相关便利措施。

中国海关根据国际合作的需要，推进"三互"的海关合作。

## 第二章 ‖ 信用信息采集和公示

**第六条** 海关可以采集能够反映企业信用状况的下列信息：

（一）企业注册登记或者备案信息以及企业相关人员基本信息；

（二）企业进出口以及与进出口相关的经营信息；

（三）企业行政许可信息；

（四）企业及其相关人员行政处罚和刑事处罚信息；

（五）海关与国家有关部门实施联合激励和联合惩戒信息；

（六）AEO 互认信息；

（七）其他能够反映企业信用状况的相关信息。

**第七条** 海关建立企业信用信息管理系统，对有关企业实施信用管理。企业应当于每年 1 月 1 日至 6 月 30 日通过企业信用信息管理系统向海关提交《企业信用信息年度报告》。

当年注册登记或者备案的企业，自下一年度起向海关提交《企业信用信息年度报告》。

**第八条** 企业有下列情形之一的，海关将其列入信用信息异常企业名录：

（一）未按照规定向海关提交《企业信用信息年度报告》的；

（二）经过实地查看，在海关登记的住所或者经营场所无法查找，并且无法通过在海关登记的联系方式与企业取得联系的。

列入信用信息异常企业名录期间，企业信用等级不得向上调整。

本条第一款规定的情形消除后，海关应当将有关企业移出信用信息异常企业名录。

**第九条** 海关应当在保护国家秘密、商业秘密和个人隐私的前提下，公示下列信用信息：

（一）企业在海关注册登记或者备案信息；

（二）海关对企业信用状况的认定结果；

（三）海关对企业的行政许可信息；

（四）海关对企业的行政处罚信息；

（五）海关与国家有关部门实施联合激励和联合惩戒信息；

（六）海关信用信息异常企业名录；

（七）其他依法应当公示的信息。

海关对企业行政处罚信息的公示期限为 5 年。

海关应当公布上述信用信息的查询方式。

**第十条** 自然人、法人或者非法人组织认为海关公示的信用信息不准确的，可以向海关提出异议，并且提供相关资料或者证明材料。

海关应当自收到异议申请之日起 20 日内进行复核。自然人、法人或者非法人组织提出异议的理由成立的，海关应当采纳。

## 第三章 ‖ 企业信用状况的认定标准和程序

**第十一条** 认证企业应当符合海关总署制定的《海关认证企业标准》。

《海关认证企业标准》分为高级认证企业标准和一般认证企业标准。

**第十二条** 企业有下列情形之一的，海关认定为失信企业：

（一）有走私犯罪或者走私行为的；

（二）非报关企业 1 年内违反海关监管规定行为次数超过上年度报关单、进出境备案清单、进出境运输工具舱单等相关单证总票数千分之一且被海关行政处罚金额累计超过 100 万元的；

报关企业 1 年内违反海关监管规定行为次数超过上年度报关单、进出境备案清单、进出境运输工具舱单等相关单证总票数万分之五且被海关行政处罚金额累计超过 30 万元的；

（三）拖欠应缴税款或者拖欠应缴罚没款项的；

（四）有本办法第八条第一款第（二）项情形，被海关列入信用信息异常企业名录超过 90 日的；

（五）假借海关或者其他企业名义获取不当利益的；

（六）向海关隐瞒真实情况或者提供虚假信息，影响企业信用管理的；

（七）抗拒、阻碍海关工作人员依法执行职务，情节严重的；

（八）因刑事犯罪被列入国家失信联合惩戒名单的；

（九）海关总署规定的其他情形。

当年注册登记或者备案的非报关企业、报关企业，1 年内因违反海关监管规定被海关行政处罚金额分别累计超过 100 万元、30 万元的，海关认定为失信企业。

**第十三条** 企业有下列情形之一的，海关认定为一般信用企业：

（一）在海关首次注册登记或者备案的企业；

（二）认证企业不再符合《海关认证企业标准》，并且未发生本办法第十二条规定情形的；

（三）自被海关认定为失信企业之日起连续 2 年未发生本办法第十二条规定情

形的。

**第十四条** 企业申请成为认证企业，应当向海关提交《适用认证企业管理申请书》。海关按照《海关认证企业标准》对企业实施认证。

**第十五条** 海关应当自收到《适用认证企业管理申请书》之日起 90 日内对企业信用状况是否符合《海关认证企业标准》作出决定。特殊情形下，海关认证时限可以延长 30 日。

**第十六条** 通过认证的企业，海关制发《认证企业证书》；未通过认证的企业，海关制发《不予适用认证企业管理决定书》。《认证企业证书》《不予适用认证企业管理决定书》应当送达申请人，并且自送达之日起生效。

企业主动撤回认证申请的，视为未通过认证。

未通过认证的企业 1 年内不得再次向海关提出认证申请。

**第十七条** 申请认证期间，企业涉嫌走私被立案侦查或者调查的，海关应当终止认证。企业涉嫌违反海关监管规定被立案调查的，海关可以终止认证。

申请认证期间，企业被海关稽查、核查的，海关可以中止认证。中止时间超过 3 个月的，海关终止认证。

**第十八条** 海关对高级认证企业每 3 年重新认证一次，对一般认证企业不定期重新认证。

重新认证前，海关应当通知企业，并且参照企业认证程序进行重新认证。对未通过重新认证的，海关制发《企业信用等级认定决定书》，调整企业信用等级。《企业信用等级认定决定书》应当送达企业，并且自送达之日起生效。

重新认证期间，企业申请放弃认证企业管理的，视为未通过认证。

**第十九条** 认证企业被海关调整为一般信用企业管理的，1 年内不得申请成为认证企业。认证企业被海关调整为失信企业管理的，2 年内不得成为一般信用企业。

高级认证企业被海关调整为一般认证企业管理的，1 年内不得申请成为高级认证企业。

**第二十条** 自被海关认定为失信企业之日起连续 2 年未发生本办法第十二条规定情形的，海关应当将失信企业调整为一般信用企业。

失信企业被调整为一般信用企业满 1 年，可以向海关申请成为认证企业。

**第二十一条** 企业有分立合并情形的，海关对企业信用状况的认定结果按照以下原则作出调整：

（一）企业发生存续分立，分立后的存续企业承继分立前企业的主要权利义务的，适用海关对分立前企业的信用状况认定结果，其余的分立企业视为首次注册登记或者备案企业；

（二）企业发生解散分立，分立企业视为首次注册登记或者备案企业；

（三）企业发生吸收合并，合并企业适用海关对合并后存续企业的信用状况认定结论；

（四）企业发生新设合并，合并企业视为首次注册登记或者备案企业。

**第二十二条**　海关或者企业可以委托社会中介机构就企业认证相关问题出具专业结论。

## 第四章 ‖ 管理措施

**第二十三条**　一般认证企业适用下列管理措施：

（一）进出口货物平均查验率在一般信用企业平均查验率的50%以下；

（二）优先办理进出口货物通关手续；

（三）海关收取的担保金额可以低于其可能承担的税款总额或者海关总署规定的金额；

（四）海关总署规定的其他管理措施。

**第二十四条**　高级认证企业除适用一般认证企业管理措施外，还适用下列管理措施：

（一）进出口货物平均查验率在一般信用企业平均查验率的20%以下；

（二）可以向海关申请免除担保；

（三）减少对企业稽查、核查频次；

（四）可以在出口货物运抵海关监管区之前向海关申报；

（五）海关为企业设立协调员；

（六）AEO互认国家或者地区海关通关便利措施；

（七）国家有关部门实施的守信联合激励措施；

（八）因不可抗力中断国际贸易恢复后优先通关；

（九）海关总署规定的其他管理措施。

**第二十五条**　失信企业适用下列管理措施：

（一）进出口货物平均查验率在80%以上；

（二）不予免除查验没有问题企业的吊装、移位、仓储等费用；

（三）不适用汇总征税制度；

（四）除特殊情形外，不适用存样留像放行措施；

（五）经营加工贸易业务的，全额提供担保；

（六）提高对企业稽查、核查频次；

（七）国家有关部门实施的失信联合惩戒措施；

（八）海关总署规定的其他管理措施。

**第二十六条**　高级认证企业适用的管理措施优于一般认证企业。

因企业信用状况认定结果不一致导致适用的管理措施相抵触的，海关按照就低原则实施管理。

**第二十七条**　认证企业涉嫌走私被立案侦查或者调查的，海关应当暂停适用相应管理措施。认证企业涉嫌违反海关监管规定被立案调查的，海关可以暂停适用相应管理措施。海关暂停适用相应管理措施的，按照一般信用企业实施管理。

**第二十八条**　企业有本办法规定的向下调整信用等级情形的，海关停止适用相应管理措施，按照调整后的信用等级实施管理。

## 第五章　‖　附则

**第二十九条**　作为企业信用状况认定依据的走私犯罪，以司法机关相关法律文书生效时间为准进行认定。

作为企业信用状况认定依据的走私行为、违反海关监管规定行为，以海关行政处罚决定书作出时间为准进行认定。

企业主动披露且被海关处以警告或者 5 万元以下罚款的行为，不作为海关认定企业信用状况的记录。

**第三十条**　本办法下列用语的含义是：

"企业相关人员"，指企业法定代表人、主要负责人、财务负责人、关务负责人等管理人员。

"处罚金额"，指因发生违反海关监管规定的行为，被海关处以罚款、没收违法所得或者没收货物、物品价值的金额之和。

"拖欠应纳税款"，指自缴纳税款期限届满之日起超过 3 个月仍未缴纳进出口货物、物品应当缴纳的进出口关税、进口环节海关代征税之和，包括经海关认定违反海关监管规定，除给予处罚外，尚需缴纳的税款。

"拖欠应缴罚没款项"，指自海关行政处罚决定书规定的期限届满之日起超过 6 个月仍未缴纳海关罚款、没收的违法所得和追缴走私货物、物品等值价款。

"日"，指自然日。

"1 年"，指连续的 12 个月。

"年度"，指 1 个公历年度。

"以上""以下"，均包含本数。

"经认证的经营者（AEO）"，指以任何一种方式参与货物国际流通，符合本办法规定的条件以及《海关认证企业标准》并且通过海关认证的企业。

**第三十一条** 本办法由海关总署负责解释。

**第三十二条** 本办法自 2018 年 5 月 1 日起施行。2014 年 10 月 8 日海关总署令第225 号公布的《中华人民共和国海关企业信用管理暂行办法》同时废止。

# 证券期货市场诚信监督管理办法

## （中国证券监督管理委员会令第 139 号）

《证券期货市场诚信监督管理办法》已经 2017 年 11 月 2 日中国证券监督管理委员会 2017 年第 7 次主席办公会议审议通过，现予公布，自 2018 年 7 月 1 日起施行。

中国证券监督管理委员会主席　刘士余

2018 年 3 月 28 日

## 证券期货市场诚信监督管理办法

（根据 2020 年 3 月 20 日中国证券监督管理委员会《关于修改部分证券期货规章的决定》修正）

### 第一章 ‖ 总则

**第一条**　为了加强证券期货市场诚信建设，保护投资者合法权益，维护证券期货市场秩序，促进证券期货市场健康稳定发展，根据《证券法》等法律、行政法规，制定本办法。

**第二条**　中国证券监督管理委员会（以下简称中国证监会）建立全国统一的证券期货市场诚信档案数据库（以下简称诚信档案），记录证券期货市场诚信信息。

**第三条**　记入诚信档案的诚信信息的界定、采集与管理，诚信信息的公开、查询，诚信约束、激励与引导等，适用本办法。

**第四条**　公民（自然人）、法人或者其他组织从事证券期货市场活动，应当诚实信用，遵守法律、行政法规、规章和依法制定的自律规则，禁止欺诈、内幕交易、操纵市场以及其他损害投资者合法权益的不诚实信用行为。

**第五条**　中国证监会鼓励、支持诚实信用的公民、法人或者其他组织从事证券期货市场活动，实施诚信约束、激励与引导。

**第六条** 中国证监会可以和国务院其他部门、地方人民政府、国家司法机关、行业组织、境外证券期货监管机构建立诚信监管合作机制，实施诚信信息共享，推动健全社会信用体系。

## 第二章 ‖ 诚信信息的采集和管理

**第七条** 下列从事证券期货市场活动的公民、法人或者其他组织的诚信信息，记入诚信档案：

（一）证券业从业人员、期货从业人员和基金从业人员；

（二）证券期货市场投资者、交易者；

（三）证券发行人、上市公司、全国中小企业股份转让系统挂牌公司、区域性股权市场挂牌转让证券的企业及其董事、监事、高级管理人员、主要股东、实际控制人；

（四）区域性股权市场的运营机构及其董事、监事和高级管理人员，为区域性股权市场办理账户开立、资金存放、登记结算等业务的机构；

（五）证券公司、期货公司、基金管理人、债券受托管理人、债券发行担保人及其董事、监事、高级管理人员、主要股东和实际控制人或者执行事务合伙人，合格境外机构投资者、合格境内机构投资者及其主要投资管理人员，境外证券类机构驻华代表机构及其总代表、首席代表；

（六）会计师事务所、律师事务所、保荐机构、财务顾问机构、资产评估机构、投资咨询机构、信用评级机构、基金服务机构、期货合约交割仓库以及期货合约标的物质量检验检疫机构等证券期货服务机构及其相关从业人员；

（七）为证券期货业务提供存管、托管业务的商业银行或者其他金融机构，及其存管、托管部门的高级管理人员；

（八）为证券期货业提供信息技术服务或者软硬件产品的供应商；

（九）为发行人、上市公司、全国中小企业股份转让系统挂牌公司提供投资者关系管理及其他公关服务的服务机构及其人员；

（十）证券期货传播媒介机构、人员；

（十一）以不正当手段干扰中国证监会及其派出机构监管执法工作的人员；

（十二）其他有与证券期货市场活动相关的违法失信行为的公民、法人或者其他组织。

**第八条** 本办法所称诚信信息包括：

（一）公民的姓名、性别、国籍、身份证件号码，法人或者其他组织的名称、住所、统一社会信用代码等基本信息；

（二）中国证监会、国务院其他主管部门等其他省部级及以上单位和证券期货交易场所、证券期货市场行业协会、证券登记结算机构等全国性证券期货市场行业组织（以下简称证券期货市场行业组织）作出的表彰、奖励、评比，以及信用评级机构、诚信评估机构作出的信用评级、诚信评估；

（三）中国证监会及其派出机构作出的行政许可决定；

（四）发行人、上市公司、全国中小企业股份转让系统挂牌公司及其主要股东、实际控制人、董事、监事和高级管理人员，重大资产重组交易各方，及收购人所作的公开承诺的未履行或者未如期履行、正在履行、已如期履行等情况；

（五）中国证监会及其派出机构作出的行政处罚、市场禁入决定和采取的监督管理措施；

（六）证券期货市场行业组织实施的纪律处分措施和法律、行政法规、规章规定的管理措施；

（七）因涉嫌证券期货违法被中国证监会及其派出机构调查及采取强制措施；

（八）违反《证券法》第一百七十一条的规定，由于被调查当事人自身原因未履行承诺的情况；

（九）到期拒不执行中国证监会及其派出机构生效行政处罚决定及监督管理措施，因拒不配合中国证监会及其派出机构监督检查、调查被有关机关作出行政处罚或者处理决定，以及拒不履行已达成的证券期货纠纷调解协议；

（十）债券发行人未按期兑付本息等违约行为、担保人未按约定履行担保责任；

（十一）因涉嫌证券期货犯罪被中国证监会及其派出机构移送公安机关、人民检察院处理；

（十二）以不正当手段干扰中国证监会及其派出机构监管执法工作，被予以行政处罚、纪律处分，或者因情节较轻，未受到处罚处理，但被纪律检查或者行政监察机构认定的信息；

（十三）因证券期货犯罪或者其他犯罪被人民法院判处刑罚；

（十四）因证券期货侵权、违约行为被人民法院判决承担较大民事赔偿责任；

（十五）因违法开展经营活动被银行、保险、财政、税收、环保、工商、海关等相关主管部门予以行政处罚；

（十六）因非法开设证券期货交易场所或者组织证券期货交易被地方政府行政处罚或者采取清理整顿措施；

（十七）因违法失信行为被证券公司、期货公司、基金管理人、证券期货服务机构以及证券期货市场行业组织开除；

（十八）融资融券、转融通、证券质押式回购、约定式购回、期货交易等信用交易中的违约失信信息；

（十九）违背诚实信用原则的其他行为信息。

**第九条** 诚信档案不得采集公民的宗教信仰、基因、指纹、血型、疾病和病史信息以及法律、行政法规规定禁止采集的其他信息。

**第十条** 本办法第八条第（二）项所列公民、法人或者其他组织所受表彰、奖励、评比和信用评级、诚信评估信息，由其自行向中国证监会及其派出机构申报，记入诚信档案。

公民、法人或者其他组织按规定向中国证监会及其派出机构申报前款规定以外的其他诚信信息，记入诚信档案。

公民、法人或者其他组织申报的诚信信息应当真实、准确、完整。

**第十一条** 本办法第八条第（一）项、第（三）项至第（十二）项诚信信息，由中国证监会及其派出机构、证券期货市场行业组织依其职责采集并记入诚信档案；第（十七）项、第（十八）项诚信信息，由相关证券期货市场行业组织、证券期货经营机构采集并记入诚信档案；其他诚信信息由中国证监会及其派出机构通过政府信息公开、信用信息共享等途径采集并记入诚信档案。

**第十二条** 记入诚信档案的诚信信息所对应的决定或者行为经法定程序撤销、变更的，中国证监会及其派出机构相应删除、修改该诚信信息。

**第十三条** 本办法第八条规定的违法失信信息，在诚信档案中的效力期限为3年，但因证券期货违法行为被行政处罚、市场禁入、刑事处罚和判决承担较大侵权、违约民事赔偿责任的信息，其效力期限为5年。

法律、行政法规或者中国证监会规章对违法失信信息的效力期限另有规定的，国务院其他主管部门对其产生的违法失信信息的效力期限另有规定的，从其规定。

前款所规定的效力期限，自对违法失信行为的处理决定执行完毕之日起算。

超过效力期限的违法失信信息，不再进行诚信信息公开，并不再接受诚信信息申请查询，公民、法人或者其他组织根据本办法第十七条申请查询自己信息的除外。

## 第三章 ‖ 诚信信息的公开与查询

**第十四条** 本办法第八条第（二）、（三）、（四）、（六）项信息和第（五）项的行政处罚、市场禁入信息依法向社会公开。

中国证监会在其网站建立证券期货市场违法失信信息公开查询平台，社会公众可通过该平台查询本办法第八条第（五）项行政处罚、市场禁入决定信息，第（六）项信息等违法失信信息。

第十五条　中国证监会对有下列严重违法失信情形的市场主体，在证券期货市场违法失信信息公开查询平台进行专项公示：

（一）因操纵市场、内幕交易、欺诈发行、虚假披露信息、非法从事证券期货业务、利用未公开信息交易以及编造、传播虚假信息被中国证监会及其派出机构作出行政处罚；

（二）被中国证监会及其派出机构采取市场禁入措施；

（三）因证券期货犯罪被人民法院判处刑罚；

（四）因拒不配合中国证监会及其派出机构监督检查、调查被有关机关作出行政处罚或者处理决定；

（五）到期拒不执行中国证监会及其派出机构生效行政处罚决定；

（六）经责令改正仍逾期不履行《证券法》第八十四条规定的公开承诺；

（七）严重侵害投资者合法权益、市场反应强烈的其他严重违法失信情形。

严重违法失信主体的专项公示期为一年，自公示之日起算。

中国证监会对有第（五）、（六）项情形的市场主体，统一归集至全国信用信息共享平台安排公示的，按照相关规定办理。

第十六条　除本办法第十四条、第十五条规定之外的诚信信息，公民、法人或者其他组织可以根据本办法规定向中国证监会及其派出机构申请查询。

第十七条　公民、法人或者其他组织提出诚信信息查询申请，符合以下条件之一的，中国证监会及其派出机构予以办理：

（一）公民、法人或者其他组织申请查询自己的诚信信息的；

（二）发行人、上市公司申请查询拟任董事、监事、高级管理人员的诚信信息的；

（三）发行人、上市公司申请查询拟参与本公司并购、重组的公民、法人或者其他组织的诚信信息的；

（四）发行人、上市公司申请查询拟委托的证券公司、证券服务机构及其相关从业人员的诚信信息的；

（五）证券公司、债券受托管理人、证券服务机构申请查询其所提供专业服务的发行人、上市公司及其董事、监事、高级管理人员、控股股东和实际控制人以及债券发行担保人的诚信信息的；

（六）证券公司、期货公司、基金管理人、证券期货服务机构申请查询已聘任或者拟聘任的董事、监事、高级管理人员或者其他从业人员的诚信信息的；

（七）中国证监会规定的其他条件。

第十八条　公民、法人或者其他组织提出诚信信息查询申请，应当如实提供如下材料：

（一）查询申请书；

（二）身份证明文件；

（三）办理本办法第十七条第（二）项至第（六）项查询申请的，查询申请书应经查询对象签字或者盖章同意，或者有查询对象的其他书面同意文件。

**第十九条** 公民、法人或者其他组织提出的查询申请，符合条件，材料齐备的，中国证监会及其派出机构自收到查询申请之日起 5 个工作日内反馈。

**第二十条** 公民、法人或者其他组织申请查询的诚信信息属于国家秘密，其他公民、法人或者其他组织的商业秘密及个人隐私的，中国证监会及其派出机构不予查询，但应当在答复中说明。

**第二十一条** 记入诚信档案的公民、法人或者其他组织，认为其诚信信息具有本办法第十二条规定的应予删除、修改情形的，或者具有其他重大、明显错误的，可以向中国证监会及其派出机构申请更正。

中国证监会及其派出机构收到公民、法人或者其他组织的信息更正申请后，应当在 15 个工作日内进行处理，并将处理结果告知申请人。确有本办法第十二条规定的应予删除、修改情形的，或者其他重大、明显错误情形的，应予更正。

**第二十二条** 公民、法人或者其他组织通过申请查询获取诚信信息的，不得泄露或者提供他人使用，不得进行以营利为目的的使用、加工或者处理，不得用于其他非法目的。

## 第四章 ‖ 诚信约束、激励与引导

**第二十三条** 中国证监会建立发行人、上市公司、全国中小企业股份转让系统挂牌公司、证券公司、期货公司、基金管理人、证券期货服务机构、证券期货基金从业人员等主要市场主体的诚信积分制度，实行诚信分类监督管理。

诚信积分和诚信分类监督管理具体办法另行制定。

**第二十四条** 向中国证监会及其派出机构申请行政许可，申请人以及申请事项涉及的有关当事人应当书面承诺其所提交的申请材料真实、准确、完整，并诚信合法地参与证券期货市场活动。

**第二十五条** 中国证监会及其派出机构审查行政许可申请，应当查阅申请人以及申请事项所涉及的有关当事人的诚信档案，对其诚信状况进行审查。

证券期货市场行业组织在履行登记、备案、注册、会员批准等工作职责时，应当按照前款规定办理。

证券交易场所依法审核公开发行证券及上市交易或挂牌转让申请时，应当按照第一款规定办理。

**第二十六条** 中国证监会及其派出机构审查行政许可申请，发现申请人以及有关当事人有本办法第八条第（四）项中的未履行或者未如期履行承诺信息，或者第（五）项至第（十八）项规定的违法失信信息的，可以要求申请人或者受申请人委托为行政许可申请提供证券期货服务的有关机构提供书面反馈意见。

书面反馈意见应就如下事项进行说明：

（一）诚信信息所涉及相关事实的基本情况；

（二）有关部门所作决定、处理的执行及其他后续情况，并提供证明材料；

（三）有关证券期货服务机构关于诚信信息对行政许可事项是否构成影响的分析。

申请人或者有关证券期货服务机构应在规定期限内提交书面反馈意见。

**第二十七条** 申请人或者有关证券期货服务机构的书面反馈意见不明确，有关分析、说明不充分的，中国证监会及其派出机构可以直接或者委托有关机构对有关事项进行核查。

**第二十八条** 根据本办法第二十六条、第二十七条提供书面反馈意见或者进行核查的时间，不计入行政许可法定期限。

**第二十九条** 行政许可申请人以及申请事项所涉及的有关当事人有本办法第八条第（四）项中的未履行或者未如期履行承诺信息，或者第（五）项至第（十八）项规定的违法失信信息之一，属于法定不予许可条件范围的，中国证监会及其派出机构应当依法作出不予许可的决定。

申请人以及申请事项所涉及的有关当事人的诚信信息虽不属于法定不予许可条件范围，但有关法律、行政法规和规章对行政许可法定条件提出诚实信用要求、作出原则性规定或者设定授权性条款的，中国证监会及其派出机构可以综合考虑诚信状况等相关因素，审慎审查申请人提出的行政许可申请事项。

**第三十条** 业务创新试点申请人有本办法第八条第（四）项中的未履行或者未如期履行承诺信息，或者第（五）项至第（十八）项规定的违法失信信息之一的，中国证监会及其派出机构、证券期货市场行业组织可以暂缓或者不予安排，但申请人能证明该违法失信信息与业务创新明显无关的除外。

**第三十一条** 中国证监会及其派出机构审查行政许可，对符合以下条件的，在受理后，即时进行审查：

（一）近三年没有违反证券期货法律、行政法规和中国证监会规定的失信记录；

（二）近三年没有因违法开展经营活动被银行、保险、税收、环保、海关等相关主管部门予以行政处罚；

（三）没有因证券期货犯罪或者其他犯罪被人民法院判处刑罚。

中国证监会及其派出机构审查行政许可，可以在同等条件下对诚信积分较高的申请人优先审查。

**第三十二条** 中国证监会及其派出机构、证券期货市场行业组织在业务创新试点安排中，可以在法律、行政法规规定的范围内，对于同等条件下诚信状况较好的申请人予以优先安排。

**第三十三条** 中国证监会及其派出机构在对公民、法人或者其他组织进行行政处罚、实施市场禁入和采取监督管理措施中，应当查阅当事人的诚信档案，在综合考虑当事人违法行为的性质、情节、损害投资者合法权益程度和当事人诚信状况等因素的基础上，依法作出处理。

**第三十四条** 中国证监会及其派出机构在开展监督检查等日常监管工作中，应当查阅被监管机构的诚信档案，根据被监管机构的诚信状况，有针对性地进行现场检查和非现场检查，或者适当调整、安排现场检查的对象、频率和内容。

**第三十五条** 证券登记结算机构、证券公司、期货公司等机构在为投资者、客户开立证券、期货相关账户时，应当查询投资者、客户的诚信档案，按照规定办理相关账户开立事宜。

**第三十六条** 证券公司在办理客户证券质押式回购、约定式购回以及融资融券业务申请时，可以查阅客户的诚信档案，根据申请人的诚信状况，决定是否予以办理，或者确定和调整授信额度。

证券金融公司在开展转融通业务时，可以查阅证券公司的诚信档案，根据证券公司的诚信状况，决定是否对其进行转融通，或者确定和调整授信额度。

**第三十七条** 发行人、上市公司、全国中小企业股份转让系统挂牌公司、证券公司、期货公司、基金管理人、证券期货服务机构拟聘任董事、监事、高级管理人员以及从业人员的，应当查询拟聘任人员的诚信档案，并将其诚信状况作为决定是否聘任的依据。

**第三十八条** 证券公司、证券服务机构受托为发行人、上市公司、全国中小企业股份转让系统挂牌公司等提供证券服务的，应当查询委托人的诚信档案，并将其诚信状况作为决定是否接受委托、确定收费标准的依据。

**第三十九条** 公民、法人或者其他组织公开发布证券期货市场评论信息，所述事实内容与实际情况不相符合的，或者存在其他显著误导公众情形的，中国证监会及其派出机构可以对其出具诚信关注函，记入诚信档案，并可将有关情况向其所在工作单位、所属主管部门或者行业自律组织通报。

证券期货投资咨询机构及其人员公开发布证券期货市场评论信息违反规定的，依照有关规定处理、处罚。

公民、法人或者其他组织利用公开发布证券期货市场评论信息进行操纵市场等违法行为的，依法予以处罚；构成犯罪的，由司法机关依法追究刑事责任。

第四十条　证券期货市场行业组织应当教育和鼓励其成员以及从业人员遵守法律，诚实信用。对遵守法律、诚实信用的成员以及从业人员，可以给予表彰、奖励。

中国证监会鼓励证券期货市场行业组织等建立证券期货市场诚信评估制度，组织开展对有关行业和市场主体的诚信状况评估，并将评估结果予以公示。

中国证券业协会、中国期货业协会、中国上市公司协会、中国证券投资基金业协会建立年度诚信会员制度。具体办法由相关协会制定，报中国证监会备案。

第四十一条　上市公司、全国中小企业股份转让系统挂牌公司、证券公司、期货公司、基金管理人和证券期货服务机构等应当不断完善内部诚信监督、约束制度机制，提高诚信水平。

中国证监会及其派出机构对前款规定机构的内部诚信监督、约束制度机制建设情况进行检查、指导，并可以将检查情况在行业和辖区内进行通报。

第四十二条　对有本办法第八条第（四）项中的未履行或者未如期履行承诺信息，或者第（五）项至第（十八）项规定的违法失信信息的公民，中国证监会及其派出机构、证券期货市场行业组织可以不聘任其担任下列职务：

（一）中国证监会股票发行审核委员会委员；

（二）中国证监会上市公司并购重组审核委员会委员；

（三）中国证监会及其派出机构、证券期货市场行业组织成立的负有审核、监督、核查、咨询职责的其他组织的成员。

第四十三条　中国证监会与国务院其他部门、地方人民政府、国家司法机关和有关组织建立对证券期货市场参与主体的失信联合惩戒和守信联合激励制度机制，提供证券期货市场主体的相关诚信信息，依法实施联合惩戒、激励。

## 第五章 ‖ 监督与管理

第四十四条　中国证监会诚信监督管理机构履行下列职责：

（一）界定、组织采集证券期货市场诚信信息；

（二）建立、管理诚信档案，组织、督促诚信信息的记入；

（三）组织办理诚信信息的公开、查询和共享；

（四）建立、协调实施诚信监督、约束与激励机制；

（五）中国证监会规定的其他诚信监督管理与服务职责。

第四十五条　中国证监会各派出机构负责接收、办理公民、法人或者其他组织根据本办法规定提出的诚信信息记入申报、诚信信息查询申请、诚信信息更正申请等事项。

**第四十六条** 中国证监会及其派出机构、证券期货市场行业组织，未按照本办法规定及时、真实、准确、完整地记入诚信信息，造成不良后果的，按照有关规定对相关责任人员进行行政处分；情节严重的，依法追究法律责任。

**第四十七条** 违反本办法第十条、第十八条、第二十二条、第三十五条、第三十七条、第三十八条规定的，中国证监会及其派出机构可以采取责令改正、监管谈话、出具警示函、责令公开说明、在一定期限内不予接受其诚信信息申报和查询申请等监督管理措施；情节严重的，依法追究法律责任。

## 第六章 ‖ 附则

**第四十八条** 中国证监会及其派出机构办理诚信信息查询，除可以收取打印、复制、装订、邮寄成本费用外，不得收取其他费用。

**第四十九条** 证券期货市场行业组织在履行自律管理职责中，查询诚信档案，实施诚信约束、激励的，参照本办法有关规定执行。

**第五十条** 本办法自 2018 年 7 月 1 日起施行。《证券期货市场诚信监督管理暂行办法》（证监会令第 106 号）同时废止。

地方性法规

# （一）省级人大及其常务委员会制定公布的地方性法规

## 河北省社会信用信息条例

（河北省第十二届人民代表大会常务委员会公告第 122 号）

《河北省社会信用信息条例》已经河北省第十二届人民代表大会常务委员会第三十二次会议于 2017 年 9 月 28 日通过，现予公布，自 2018 年 1 月 1 日起施行。

河北省人民代表大会常务委员会

2017 年 9 月 28 日

## 河北省社会信用信息条例

### 第一章 ‖ 总则

**第一条** 为规范社会信用信息的归集、披露、使用，加强社会信用信息管理，维护社会信用信息安全，实现社会信用信息资源共享，保障自然人、法人和非法人组织的合法权益，推进社会信用体系建设，根据有关法律、行政法规，结合本省实际，制定本条例。

**第二条** 本条例适用于本省行政区域内社会信用信息的归集、披露、使用及其管理活动。

**第三条** 本条例所称社会信用信息是指可用以识别、分析、判断具有完全民事行为能力的自然人、法人和非法人组织（以下简称信用主体）遵守法律、法规和规章，履行法定义务或者约定义务状况的客观数据和资料，包括公共信用信息和市场信用信息。

公共信用信息是指国家机关以及法律、法规授权的具有管理公共事务和服务职能的组织等公共信用信息提供单位（以下简称信息提供单位），在其依法履行职责过程中产生或者获取的，可用于识别信用主体信用状况的数据和资料。

市场信用信息是指信用服务机构及其他类型企业事业单位等市场信用信息提供单位，在生产经营和社会服务活动中产生的反映信用主体信用状况的数据和资料。

**第四条** 社会信用信息的归集、披露、使用应当遵循合法、安全、及时、真实的原则，维护信用主体的合法权益，不得泄露国家秘密，不得侵犯商业秘密和个人隐私。

任何组织和个人不得非法收集、使用、加工、传输自然人的社会信用信息，不得非法买卖、提供或者公开自然人的社会信用信息。

**第五条** 县级以上人民政府应当加强对社会信用信息工作的领导，建立社会信用信息工作协调机制，协调解决社会信用信息工作中出现的重大问题。

省人民政府发展改革部门是本省社会信用信息工作主管部门，负责本行政区域社会信用信息综合协调和监督管理工作。

省人民政府教育、工信、公安、环保、住建、商务、民政、质监、工商等部门，省高级人民法院、省人民检察院、中国人民银行石家庄中心支行应当在各自职责范围内做好社会信用信息相关管理工作。

设区的市、县（市、区）人民政府参照本条第二款规定确定本行政区域的社会信用信息工作主管部门，负责社会信用信息管理工作；设区的市、县（市、区）人民政府其他有关部门在各自职责范围内做好社会信用信息相关管理工作。

**第六条** 省人民政府应当建设全省统一的社会信用信息平台，汇集有关部门、组织和地方建立的信用信息服务系统，实现社会信用信息跨部门、跨领域、跨地区互联互通、共享使用。

省人民政府发展改革部门社会信用信息管理机构，具体负责省社会信用信息平台的建设、运行和维护工作。省社会信用信息平台是本省社会信用体系建设的基础平台，发挥信用信息互联互通的枢纽作用，对接国家信用信息平台和其他省（市、自治区）信用信息平台。

**第七条** 各级人民政府应当加强政务诚信建设，建立健全政务诚信记录，推进政务信息公开。国家机关及其工作人员应当依法履行职责，提高守法履约的意识和水平，在社会信用体系建设中发挥示范表率作用。

信用服务机构、行业协会、平台企业应当遵守行业信用规约和职业道德准则，开展宣传培训、政策建议以及行业信息发布等，提升行业服务能力和公信力。

企业应当建立信用管理制度，强化信用自律，防范信用风险。

社会公众应当守信自律，提高诚信意识，参与诚信教育和信用监督活动。

第八条　各级国家机关可以与企业事业单位等开展信息合作，建立公共信用信息和市场信用信息的互通、共享机制，实现公共信用信息和市场信用信息的共同应用。

第九条　鼓励在各类教育和培训中开展社会公德、职业道德、家庭美德和个人品德教育。

各类媒体应当宣传诚实守信的典型，报道、披露各种失信行为和事件。

## 第二章 ‖ 信用信息归集

第十条　省人民政府社会信用信息工作主管部门按照国家有关规定和标准，制定本省社会信用信息标准规范。

第十一条　公共信用信息实行目录管理。公共信用信息目录由省人民政府社会信用信息工作主管部门会同有关部门根据国家有关规定和标准组织编制，编制时应当向社会公开征求意见。目录报省人民政府批准后向社会公布，每年公布一次，公布后当年变更事项，纳入下一年度目录管理。

有关部门提出将相关事项纳入或者撤出本省公共信用信息目录的，应当说明理由，对存在较大分歧意见或者可能造成较大社会影响的，还应当会同省人民政府社会信用信息工作主管部门按照国家有关规定组织评估，听取相关群体代表、专家等方面的意见。

公共信用信息的信用目录代码、提供单位、项目名称、数据格式、使用权限、归集范围、归集程序、归集路径、归集时限、公布方式、更新周期和安全级别等要素由公共信用信息目录规定。

第十二条　信用主体的下列信息应当纳入公共信用信息目录：

（一）公共管理和服务中反映信用主体基本情况的登记类信息；

（二）行政许可、行政处罚、行政强制、行政确认、行政检查、行政征收、行政奖励、行政给付等行政行为中反映信用主体信用状况的信息；

（三）拒不履行生效法律文书的信息；

（四）法律法规授权的具有管理公共事务和服务职能的组织在履行职责过程中产生或者掌握的信用主体受表彰奖励以及参加社会公益、志愿服务等信息；

（五）其他依法应当纳入目录管理的信息。

第十三条　自然人公共信用信息的归集以身份证或者其他有效身份证件作为关联匹配信用信息的唯一标识；法人和非法人组织公共信用信息的归集以统一社会信用代码作为关联匹配信用信息的唯一标识。

第十四条　信息提供单位应当按照公共信用信息目录的规定，及时、准确地向社会信用信息平台报送信息。

社会信用信息平台可以按照约定归集信用服务机构、行业协会和平台企业采集的市场信用信息。

第十五条　信息提供单位、信用服务机构、行业协会和平台企业应当对其提供的信用信息的真实性、准确性负责，不得篡改、虚构信用信息。

第十六条　信用服务机构和其他类型企业事业单位等归集的市场信用信息属于个人信息的，应当经本人同意并约定用途，未经本人同意不得归集，依法公开的信息除外。

禁止归集个人的宗教信仰、基因、指纹、血型、疾病和病史信息以及法律、行政法规规定禁止归集的其他个人信息。除明确告知信用主体提供该信息可能产生的不利后果，并取得其书面同意外，不得归集个人的收入、存款、有价证券、商业保险、不动产的信息和纳税额的信息。法律、行政法规另有规定的除外。

第十七条　企业事业单位等可以记录自身经营管理活动中产生的市场信用信息；行业协会和平台企业可以根据管理和服务需要依法记录会员企业、入驻商户等的市场信用信息。

第十八条　鼓励信用主体以声明、自主申报、社会承诺等形式，向省社会信用信息平台提供自身社会信用信息，并保证社会信用信息的合法、真实、完整。

## 第三章 ‖ 信用信息披露

第十九条　公共信用信息通过依法公开、政务共享、授权查询的方式在社会信用信息平台进行披露。

公共信用信息的披露方式由信息提供单位在公共信用信息目录中予以明确。

第二十条　依法公开信息是依照法律、法规和规章规定应当主动公开的信息，无需信用主体授权即可公开发布。

政务共享信息供国家机关以及法律、法规授权的具有管理公共事务和服务职能的组织在依法履行职责过程中共享使用。

授权查询信息经信用主体的授权方可进行查询，并按照约定的用途使用。

第二十一条　公共信用信息属于依法公开的，各级国家机关应当依照有关规定，通过政府公报、新闻发布会、互联网及报刊、广播和电视等方式发布；属于政务共享、授权查询的，应当依法通过提供复制件、安排查阅相关资料等适当形式提供。

第二十二条　市场信用信息除依法公开的之外，也可以通过信用主体主动公布、信用服务机构依法提供或者约定的其他方式披露。

第二十三条　社会信用信息平台可以按照与市场信用信息提供单位的约定，依法披露市场信用信息。

## 第四章 ‖ 信用信息查询

第二十四条　省社会信用信息管理机构应当制定并公布服务规范，设立信用信息查询窗口，为社会无偿提供公共信用信息查询服务。

省社会信用信息平台应当通过互联网、手机软件等向社会提供便捷的查询服务。

省、设区的市人民政府社会信用信息工作主管部门应当与有关部门加强合作，推动设置综合查询窗口，向社会提供公共信用信息和市场信用信息便捷的查询服务。

第二十五条　查询社会信用信息应当按照社会信用信息工作主管部门规定的程序进行。

查询自然人非公开的社会信用信息的，应当经被查询人书面授权，自然人查询本人信息的须进行实名认证。

查询法人和非法人组织非公开的社会信用信息的，应当经被查询单位书面授权，法人和非法人组织查询本单位信息的须出具本单位书面证明。法律、行政法规另有规定的除外。

第二十六条　公共信用信息中的失信信息披露期限为五年，超过五年的转为档案保存。披露期限届满的公共信用信息中的失信信息采用授权方式查询。法律、行政法规另有规定的除外。

第二十七条　社会信用信息平台应当如实记录社会信用信息查询情况，并自该记录生成之日起保存三年。

## 第五章 ‖ 信用信息使用

第二十八条　县级以上人民政府应当建立多部门、跨地区的守信激励和失信惩戒联合奖惩机制，加强对守信主体的激励、奖励和对失信主体的约束、惩戒，促进信用信息的合理使用以及信用资源优化配置。

第二十九条　信息提供单位应当加强信用记录建设，建立守信和失信名单制度，按照国家有关规定，根据市场监管、社会治理和公共服务职责制定守信行为和失信行为认定标准和程序，通过社会信用信息平台、政府门户网站及本单位网站及时向社会公布。

第三十条　信息提供单位会同社会信用信息工作主管部门应当依照法律、法规和国家有关规定确定联合激励和惩戒事项，明确激励惩戒的对象和措施、实施主体等内容，并向社会公布。

**第三十一条** 对守信主体应当采取下列激励、奖励措施：

（一）在行政管理和公共服务过程中给予优先办理等便利；

（二）在政府性资金安排和项目支持中，列为优先选择对象；

（三）在公共资源交易中，采取信用加分等措施；

（四）在日常监管中，优化抽检和检查频次；

（五）依照国家和本省有关规定授予相关荣誉称号；

（六）法律、行政法规规定可以采取的其他措施。

**第三十二条** 对失信主体应当加强监督管理，采取下列约束、惩戒措施：

（一）在日常监管中列为重点监管对象，增加检查频次，加强现场核查；

（二）限制享受政府性资金安排等政策扶持；

（三）在行政管理中取消已享受的便利化措施；

（四）在公共资源交易中，采取信用减分等措施；

（五）限制参加政府组织的表彰奖励活动；

（六）法律、行政法规规定可以采取的其他措施。

**第三十三条** 行业协会应当加强行业信用管理建设，与信用服务机构进行合作，开展信用等级分类和信用评价，依据协会章程对守信主体采取重点推荐、提升会员级别等激励措施，对失信主体采取业内警告、通报批评、降低会员级别、取消会员资格等惩戒措施。

**第三十四条** 市场主体可以根据交易对象的信用状况，对守信主体采取优惠便利、增加交易机会等降低市场交易成本的措施；对失信主体采取取消优惠、提高保证金等增加交易成本的措施。

**第三十五条** 县级以上人民政府及其有关部门应当在行政许可、行政检查、行政处罚、资质认定、政府采购、招标投标、评先评优、公共资源交易、国有土地使用权出让、融资项目审批、政府性资金安排、招商引资、劳动就业、社会保障等行政管理工作中使用信用信息。

**第三十六条** 行政机关、企业事业等单位可以通过查询社会信用信息或者购买信用服务机构的信用服务，识别信用主体的信用状况。

鼓励信用服务机构应用大数据等技术开发和创新具有自主知识产权的信用产品，扩大信用产品的使用范围。

**第三十七条** 信用主体应当在开展金融活动、市场交易、企业治理、行业管理、社会公益等活动中使用信用信息，防范交易风险。

**第三十八条** 金融机构可以对守信主体在融资授信、利率费率、还款方式等方面给予优惠或者便利；按照风险定价方法，对失信主体提高贷款利率和财产保险费率，或者限制向其提供贷款、保荐、承销、保险等服务。

## 第六章 ‖ 权益保障

**第三十九条** 省人民政府社会信用信息工作主管部门应当会同有关部门建立和健全社会信用信息安全保护制度和信用主体权益保护机制，建立信用信息侵权责任追究机制、信用信息异议处理和信用修复机制，保障信用主体合法权益。

**第四十条** 信息提供单位应当建立健全信用信息安全管理制度，采取必要的技术手段和管理措施，确保公共信用信息安全。

社会信用信息平台和其他各类信用信息服务系统应当符合国家计算机信息系统安全等级保护要求，有完善的信息安全监控体系、备份系统和灾难恢复机制，保障社会信用信息系统正常运行和信用信息安全。

**第四十一条** 社会信用信息平台应当根据信用主体的变化情况，及时更新或者注销信用主体的信用信息。

**第四十二条** 信用主体有权知晓自身信用信息的归集、使用等情况，以及本人信用报告载明的信息来源和变动理由。

**第四十三条** 信用主体认为社会信用信息工作主管部门披露的信息与事实不符或者侵犯其商业秘密、个人隐私的，可以向社会信用信息工作主管部门提出书面异议申请，并提交相关证明材料。

**第四十四条** 社会信用信息工作主管部门应当在收到异议申请之日起两个工作日内，进行信息比对。

社会信用信息平台记载的信息与信息提供单位提供的信息不一致的，社会信用信息工作主管部门应当在收到异议申请之日起七个工作日内予以更正，并通知信用主体。

社会信用信息平台记载的信息与信息提供单位提供的信息一致的，社会信用信息工作主管部门应当通知信息提供单位进行核查，信息提供单位自收到核查通知之日起十五个工作日内回复核查结果，核查需要进行检验、检测、检疫、鉴定和专家评审的，所需时间不计算在规定的期限内。社会信用信息工作主管部门应当自收到核查结果七个工作日内将处理结果告知信用主体。信用主体对处理结果有异议的，可以向人民法院提起行政诉讼。

**第四十五条** 社会信用信息工作主管部门处理异议申请期间，应当对异议信息进行标注。对经信息提供单位确认无法核实真实性的异议信息，社会信用信息工作主管部门应当予以删除。

第四十六条　信用主体依法纠正失信行为、消除不利影响，可以向信用信息提供单位提出信用修复的申请。经审查符合信用修复条件的，信用信息提供单位应当在三个工作日内作出信用修复决定并报社会信用信息工作主管部门。信用主体的信用信息修复后，按照规定不再作为联合惩戒对象。

第四十七条　信用主体向省社会信用信息管理机构申请删除其表彰奖励、志愿服务和慈善捐赠等信息的，省社会信用信息管理机构应当及时删除。

## 第七章 ‖ 法律责任

第四十八条　国家机关及其工作人员违反本条例规定，有下列行为之一的，由社会信用信息工作主管部门或者法律、法规规定的部门责令改正；情节严重的，对直接负责的主管人员和其他直接责任人员依法给予行政处分；构成犯罪的，依法追究刑事责任：

（一）未按照规定编制公共信用信息目录；

（二）未履行报送、归集和披露信用信息职责；

（三）未根据履职需要查询信用信息、使用信用报告；

（四）未履行异议信息处理、信用修复职责；

（五）未落实守信联合激励和失信联合惩戒措施；

（六）未建立社会信用信息安全管理制度，未履行保障信息安全职责；

（七）其他未按照本条例规定履行职责的行为。

第四十九条　信用服务机构、行业协会和平台企业及其工作人员，违反本条例规定，有下列行为之一的，由社会信用信息工作主管部门或者法律、法规规定的部门责令限期改正，没收违法所得，对单位并处五万元以上十万元以下罚款，情节严重的，处十万元以上三十万元以下罚款；对个人并处一万元以上三万元以下罚款，情节严重的，处三万元以上十万元以下罚款；构成犯罪的，依法追究刑事责任：

（一）违法归集信用信息；

（二）违法获取和出售信用信息；

（三）篡改、虚构、泄露信用信息。

第五十条　违反本条例规定在信用信息归集、披露、使用等过程中损害信用主体合法权益的，依法承担相应的民事责任。

## 第八章 ‖ 附则

第五十一条　本条例所称信用服务机构，是指依法设立，从事信用评级、咨询、风险控制等相关经营性活动，向社会提供信用产品的专业服务机构。

**第五十二条** 省人民政府可以根据本条例有关规定制定具体实施办法。

**第五十三条** 社会征信机构及其获取的信用信息的管理，适用国务院《征信业管理条例》。

**第五十四条** 本条例自 2018 年 1 月 1 日起施行。

# 辽宁省公共信用信息管理条例

（辽宁省第十三届人民代表大会常务委员会公告第 43 号）

《辽宁省公共信用信息管理条例》已由辽宁省第十三届人民代表大会常务委员会第十四次会议于 2019 年 11 月 28 日通过，现予公布，自 2020 年 2 月 1 日起施行。

辽宁省人民代表大会常务委员会

2019 年 11 月 28 日

## 辽宁省公共信用信息管理条例

### 第一章 ‖ 总则

**第一条** 为了加强公共信用信息管理，保障信息主体合法权益，营造社会诚信环境，推进社会信用体系建设，根据有关法律、行政法规和国家有关规定，结合本省实际，制定本条例。

**第二条** 本省行政区域内公共信用信息的归集、披露、使用和管理，适用本条例。

**第三条** 本条例所称公共信用信息，是指行政机关、司法机关以及法律、法规授权的具有管理公共事务职能的组织以及群团组织等（以下简称信息提供主体）在履行职责过程中产生的反映法人和非法人组织、具有完全民事行为能力的自然人（以下统称信息主体）公共信用状况的记录。

**第四条** 公共信用信息的归集、披露、使用和管理，应当遵循合法、客观、公正、审慎的原则，依法维护国家利益、社会公共利益和信息主体合法权益，保守国家秘密、商业秘密，保护个人隐私。

**第五条** 省、市、县（含县级市、区，下同）人民政府发展改革部门是公共信用信息主管部门，负责本行政区域内公共信用信息的归集、披露、使用和管理工作。

省、市、县人民政府负责公共信用信息工作的单位（以下统称公共信用信息工作机构），在公共信用信息主管部门的指导下具体承担本行政区域内公共信用信息的归集、披露以及公共信用信息共享平台和"信用中国（辽宁）"网站相关工作。

其他有关部门和单位应当在各自职责范围内做好公共信用信息的相关工作。

**第六条** 鼓励行政机关开展市场主体守法诚信教育。适时开展标准化、规范化、便捷化的法律知识和信用知识教育，提高经营者依法诚信经营意识。开展诚信教育不得收费，不得作为市场准入的必要条件。

鼓励信用行业组织、信用行业从业人员以及相关专家、志愿者通过进社区、进企业等形式，开展诚信文化宣传和信用知识教育。

鼓励各单位建立信用管理和教育制度，组织签署入职信用承诺书，开展信用知识培训和诚信创建活动，培育单位信用文化。

**第七条** 广播、电视、报刊和新媒体等应当发挥舆论宣传引导作用，弘扬诚信文化和契约精神。

## 第二章 ‖ 公共信用信息的归集和披露

**第八条** 公共信用信息主管部门应当会同公共信用信息工作机构建立以统一社会信用代码为标识的信息主体信用档案。信用档案的内容包括基础信息、失信信息和其他信息。

**第九条** 基础信息主要包括下列内容：

（一）自然人身份识别信息和职业信息；

（二）法人和非法人组织的登记注册基本情况，法定代表人、董事、监事以及其他主要经营管理者的基本情况，认证认可信息，行政许可或者资质信息；

（三）法律、法规规定的其他与信用状况有关的应当作为基础信息予以归集的信息。

**第十条** 失信信息主要包括下列内容：

（一）违反信用承诺制度受到责任追究的信息；

（二）涉及信用的欠缴税费信息；

（三）以欺骗、贿赂等不正当手段取得行政许可、行政确认、行政给付、行政奖励的信息；

（四）在法定期限内未提起行政复议、行政诉讼，或者经行政复议、行政诉讼最终维持原决定的行政处罚信息，但适用简易程序作出的除外；

（五）不履行行政决定而被依法行政强制执行的或者不履行人民法院判决、裁定等的信息；

（六）经人民法院生效判决认定构成犯罪的信息；

（七）经依法认定的违反法律、法规和规章规定的其他失信信息。

**第十一条** 其他信息主要包括下列内容：

（一）受到的荣誉表彰、奖励等信息；

（二）参与志愿服务、慈善捐赠活动等信息；

（三）信用承诺信息；

（四）股权出质登记、商标注册、知识产权出质登记等反映信用主体履约能力和信用状况的信息；

（五）国家和省规定的其他与信用状况有关的公共信用信息。

**第十二条** 省公共信用信息主管部门应当会同信息提供主体和公共信用信息工作机构按照法律、行政法规和国家有关规定，制定公共信用信息目录，明确各行业、各领域需要记入信用档案的公共信用信息具体项目。

公共信用信息目录形成后，由省公共信用信息主管部门向社会公布。

**第十三条** 信息提供主体应当按照公共信用信息目录，及时、准确、完整地向公共信用信息工作机构提供公共信用信息，并实时更新。

信息提供主体应当保证所提供的信息真实有效，发现提供的信息不准确时，应当及时通报公共信用信息工作机构。

**第十四条** 公共信用信息工作机构除通过信息提供主体归集公共信用信息外，可以采取下列方式归集信息：

（一）从媒体公告上获取；

（二）按照约定从行业组织、公共事业单位和社会中介组织有偿或者无偿获取；

（三）按照约定从信息主体有偿或者无偿获取；

（四）法律、法规允许的其他方式。

**第十五条** 公共信用信息工作机构不得归集自然人的婚姻状况、宗教信仰、基因、指纹、血型、疾病和病史以及法律、行政法规禁止采集的其他自然人信息。

公共信用信息工作机构不得归集自然人的收入、存款、有价证券、商业保险、不动产的信息和纳税数额信息。

**第十六条** 公共信用信息工作机构应当加强公共信用信息共享平台建设，并与一体化在线政务服务平台、企业信用信息公示系统和金融信用信息基础数据库等相关信息系统互联互通，将信息主体的公共信用信息与相关部门业务系统按需共享，在信用监管等过程中加以应用，支撑形成数据同步、措施统一、标准一致的信用监管协同机制。

**第十七条** 公共信用信息主管部门应当会同信息提供主体和公共信用信息工作机

构，加强信用信息安全基础设施和安全防护能力建设，强化数据加密和智能终端加固等技术手段，保障大数据背景下的信息安全。

**第十八条** 公共信用信息主管部门采取公开、查询和政务共享三种方式通过"信用中国（辽宁）"网站等渠道免费向社会披露公共信用信息。

**第十九条** 建立严重失信名单制度。信息主体有下列行为之一的，应当按照国家有关规定将其列入严重失信名单，通过"信用中国（辽宁）"网站向社会披露：

（一）严重危害人民群众身体健康和生命安全的行为；

（二）严重破坏市场公平竞争秩序和社会正常秩序的行为；

（三）拒不履行法定义务，严重影响司法机关、行政机关公信力的行为；

（四）拒不履行国防义务，拒绝、逃避兵役，拒绝、拖延民用资源征用或者阻碍对被征用的民用资源进行改造，危害国防利益，破坏国防设施等行为；

（五）法律、法规规定的其他应当列入严重失信名单的行为。

信息提供主体应当按照国家有关规定，制定严重失信名单认定管理办法，明确认定依据、标准、程序、异议申诉和退出机制，并报送省公共信用信息主管部门核准后公布。

**第二十条** 失信信息的保存和披露期限一般为 5 年，自失信行为或者事件终止之日起计算，但依法被判处剥夺人身自由的刑罚的，自该刑罚执行完毕之日起计算。信息主体依照本条例规定被列入严重失信名单，其失信信息保存和披露期限届满时尚未被移出严重失信名单的，该失信信息保存和披露期限延至被移出严重失信名单之日。法律、法规和国家有关规定对披露期限另有规定的，从其规定。

失信信息保存和披露期限届满后应当及时删除，法律、法规另有规定的除外。

**第二十一条** 公共信用信息主管部门应当会同公共信用信息工作机构制定公共信用信息查询服务规范，合理设置查询窗口，通过公共信用信息共享平台、"信用中国（辽宁）"网站、手机 APP 等向社会提供查询服务。

信息主体查询本单位或者本人非公开公共信用信息的，应当出具有效证明。

查询其他信息主体非公开的公共信用信息，还应当同时出具被查询信息主体的书面同意证明，并按照与被查询信息主体约定的用途使用信息，不得用作约定以外的用途；未经被查询信息主体同意，不得向第三方提供。

**第二十二条** 行政机关根据履行职责的需要，可以在下列事项中查询公共信用信息和使用信用服务：

（一）市场准入、行政审批、资质认定、享受财政补贴和税收优惠政策、企业法定代表人和负责人任职资格审查、政府采购、政府购买服务、银行信贷、招标投标、国有土地出让、企业上市、货物通关、税收征缴、社保缴费、外汇管理、价格制定、电子商务、产品质量、食品药品安全、消费品安全、知识产权、环境保护；

（二）居住证管理、落户管理、居民身份证异地受理和出入境管理；

（三）国家工作人员招录、职务任用、职务晋升；

（四）授予荣誉称号；

（五）其他涉及公共利益的事项。

其他机关和法律、法规授权的具有管理公共事务职能的组织以及群团组织等，参照前款规定查询公共信用信息和使用信用服务。

**第二十三条** 公共信用信息主管部门、信息提供主体和公共信用信息工作机构应当履行下列信息安全管理职责：

（一）建立信息安全管理机制，确定责任人员；

（二）建立信息管理保密审查制度；

（三）遵守国家和省有关信息安全的其他规定。

**第二十四条** 公共信用信息主管部门、信息提供主体和公共信用信息工作机构及其工作人员不得实施下列行为：

（一）越权查询公共信用信息；

（二）篡改、虚构、违规删除公共信用信息；

（三）违反规定泄露、披露、使用公共信用信息；

（四）违反规定获取或者出售公共信用信息；

（五）法律、法规禁止的其他行为。

## 第三章 ‖ 守信激励和失信惩戒

**第二十五条** 省公共信用信息主管部门应当会同有关部门依照法律、法规和国家有关规定，编制信用奖惩措施清单，明确守信联合激励和失信联合惩戒的依据、措施等具体事项。

信用奖惩措施清单实行动态管理，并及时向社会公布，未经公布的惩戒措施不得实施。

**第二十六条** 对信用状况良好的信息主体，行政机关和法律、法规授权的具有管理公共事务职能的组织以及群团组织等在法定权限范围内可以采取下列激励措施：

（一）在行政管理和公共服务过程中，实施绿色通道、容缺受理等便利化措施；

（二）在实施财政性资金项目安排、招商引资配套优惠政策等各类政府优惠政策中，同等条件下列为优先选择对象；

（三）在有关公共资源交易活动中，依法依约采取信用加分等措施；

（四）在教育、就业、创业、社会保障等领域，给予重点支持和优先便利；

（五）在日常检查、专项检查中优化检查频次；

（六）在"信用中国（辽宁）"网站或者相关媒体上宣传推介；

（七）国家和省规定的其他措施。

**第二十七条** 行政机关以及法律、法规授权的具有管理公共事务职能的组织对本领域失信行为实施的信用惩戒措施，应当与信息主体失信行为的性质、情节和社会危害程度相适应。

**第二十八条** 对违反法定义务或者约定义务的失信信息主体，行政机关以及法律、法规授权的具有管理公共事务职能的组织在法定权限范围内，可以在行政管理和日常监督检查中采取监管措施。

**第二十九条** 信息提供主体可以根据监管需要建立重点关注对象名单制度，对失信程度尚未达到列入严重失信名单的信息主体，实施与其失信程度相对应的严格监管措施。

**第三十条** 公共信用信息主管部门应当会同公共信用信息工作机构按照国家有关规定建立失信联合惩戒对象名单制度，将信息提供主体报送的严重失信名单纳入失信联合惩戒对象名单。

**第三十一条** 对被列入失信联合惩戒对象名单的信息主体，行政机关和法律、法规授权的具有管理公共事务职能的组织以及群团组织等应当依法依规实施限制股票发行、招标投标、申请财政性资金项目、享受税收优惠等行政性惩戒措施；限制获得授信、乘坐飞机、乘坐高等级列车和席次等市场性惩戒措施；以及通报批评、公开谴责等行业性惩戒措施。

**第三十二条** 建立违法失信责任追究机制。对被列入失信联合惩戒对象名单的法人或者非法人组织，应当将其法定代表人或者主要负责人、实际控制人相关失信行为记入其个人信用档案，依法依规进行失信惩戒。

**第三十三条** 鼓励市场主体在进行生产经营、交易谈判等经济活动中参考使用公共信用信息。

对信用状况良好的信息主体，市场主体可以采取优惠便利、增加交易机会等降低市场交易成本的措施；金融机构可以在融资授信、利率费率、还款方式等方面给予优惠或者便利。

## 第四章 ‖ 信息主体权益保护

**第三十四条** 省公共信用信息主管部门应当会同信息提供主体和公共信用信息工

作机构建立信息主体权益保护制度和公共信用信息异议处理以及信用修复等机制，保护信息主体合法权益。

第三十五条　信息主体有权知晓与其自身公共信用信息相关的归集、使用等情况，以及自身信用报告载明的信息来源和变动理由。

向信息主体提供相关服务的，不得将该服务与自然人公共信用信息归集相捆绑，强迫或者变相强迫信息主体接受。

第三十六条　信息提供主体将信息主体列入严重失信名单前，应当书面告知信息主体列入严重失信名单的理由、依据和列入严重失信名单后采取惩戒措施的理由、依据、救济途径以及解除惩戒措施的条件。信息主体有权进行陈述和申辩。

第三十七条　信息主体认为公共信用信息工作机构披露的公共信用信息存在下列情形的，可以向公共信用信息工作机构提出书面异议申请，并提交证据：

（一）存在错误、遗漏信息的；

（二）侵犯其商业秘密、个人隐私或者其他合法权益的；

（三）不符合列入严重失信名单具体条件而被列入或者未被移出严重失信名单的；

（四）超过本条例规定期限仍在披露的；

（五）法律、法规规定不得披露的信息。

第三十八条　公共信用信息工作机构收到异议申请后，应当在 3 个工作日内进行核查。因公共信用信息工作机构原因造成错误的，应当立即更正，并将更正结果在 2 个工作日内告知申请人；对非因公共信用信息工作机构原因造成的异议信息，应当通知信息提供主体核查，信息提供主体应当自收到核查通知之日起 5 个工作日内回复，公共信用信息工作机构应当在收到核查回复后 2 个工作日内将核查结果书面告知申请人；申请人仍有异议的，由公共信用信息工作机构移交信息提供主体处理。

第三十九条　信息主体提出异议的，公共信用信息工作机构应当作出异议标注。对无法核实真实性的异议信息，应当及时予以删除并记录删除原因。

第四十条　失信信息主体在规定期限内纠正失信行为、消除不良影响的，可以通过作出信用承诺、完成信用整改、通过信用核查、接受专题培训、提交信用报告、参加公益慈善活动等方式开展信用修复。修复完成后，公共信用信息主管部门、信息提供主体和公共信用信息工作机构应当按照程序及时停止披露，终止实施联合惩戒措施。

## 第五章 ‖ 法律责任

第四十一条　信息提供主体未按照本条例规定提供公共信用信息的，由公共信用信息主管部门责令限期改正；逾期未改正的，由公共信用信息主管部门提请本级人民政府给予通报批评。

**第四十二条** 公共信用信息主管部门、信息提供主体、公共信用信息工作机构及其工作人员，违反本条例规定，有下列行为之一的，由有权机关对直接负责的主管人员和其他直接责任人员依法给予处分：

（一）以骗取、窃取或者以胁迫等不正当手段获取公共信用信息的；

（二）篡改、虚构、违规删除公共信用信息的；

（三）未按规定免费向社会披露公共信用信息的；

（四）公开披露未经信息主体同意公开的公共信用信息的；

（五）违反规定泄露涉及国家秘密、商业秘密和个人隐私的公共信用信息的；

（六）因故意或者重大过失造成披露的公共信用信息存在错误、遗漏的；

（七）越权查询公共信用信息的；

（八）违反规定出售公共信用信息的；

（九）未按规定履行信息安全管理职责的；

（十）应当删除、变更公共信用信息而未予删除、变更的；

（十一）违反规定对信息主体采取惩戒措施的；

（十二）未按规定处理和答复异议信息的；

（十三）其他滥用职权、玩忽职守、徇私舞弊的行为。

**第四十三条** 违反本条例规定，未按照与信息主体约定的用途使用公共信用信息，以及未经信息主体同意向第三方提供公共信用信息，由公共信用信息主管部门责令改正，没收违法所得，对单位处一万元以上十万元以下罚款，对个人处一千元以上一万元以下罚款。因未按照与信息主体约定的用途使用公共信用信息给他人造成损失的，依法承担民事责任；涉嫌犯罪的，依法移送有关机关处理。

## 第六章 ‖ 附则

**第四十四条** 本条例自 2020 年 2 月 1 日起施行。

# 上海市社会信用条例

## （上海市第十四届人民代表大会常务委员会公告第 54 号）

《上海市社会信用条例》已由上海市第十四届人民代表大会常务委员会第三十八次会议于 2017 年 6 月 23 日通过，现予公布，自 2017 年 10 月 1 日起施行。

上海市人民代表大会常务委员会

2017 年 6 月 23 日

## 上海市社会信用条例

### 第一章 ‖ 总则

**第一条** 为了完善社会主义市场经济体制，创新社会治理机制，提高社会信用水平，增强诚信意识，根据有关法律、行政法规，结合本市实际，制定本条例。

**第二条** 本条例所称社会信用，是指具有完全民事行为能力的自然人、法人和非法人组织（以下统称信息主体），在社会和经济活动中遵守法定义务或者履行约定义务的状态。

本条例所称社会信用信息，是指可用以识别、分析、判断信息主体守法、履约状况的客观数据和资料。

**第三条** 本市行政区域内社会信用信息的归集、采集、共享和使用，信用激励与约束，信息主体权益保护，信用服务行业规范与发展等活动，适用本条例。

法律、行政法规另有规定的，从其规定。

**第四条** 市和区人民政府应当设立社会信用体系建设议事协调机构，将社会信用体系建设纳入国民经济和社会发展规划，统筹推进本行政区域社会信用体系建设工作。

市和区社会信用管理部门负责社会信用工作的综合协调和监督管理，组织拟订各项政策措施并负责协调实施。市和区人民政府其他部门应当在职权范围内，协同做好社会信用工作。

**第五条** 本市鼓励社会各方共同参与社会信用建设，提高诚实守信意识，加强合作，共同推动信用联合奖惩，弘扬守信光荣、失信可耻的社会风气。

**第六条** 社会信用信息的归集、采集、共享和使用等活动，应当遵循合法、客观、必要的原则，确保信息安全，不得侵犯国家秘密、商业秘密、个人隐私和其他个人信息。

任何组织和个人不得非法收集、使用、加工、传输自然人的社会信用信息，不得非法买卖、提供或者公开自然人的社会信用信息。

**第七条** 本市应当根据国家总体部署，完善社会信用体系建设运行机制和地方信用信息系统信息归集功能，开展各项社会信用建设工作。

本市应当配合国家有关部门做好信用信息互联互通和信息共享工作；建立区域信用合作机制，推动与其他省（自治区、直辖市）的信用信息共享和信用评价结果互认，加强重点领域跨区域联合激励和惩戒。

## 第二章 ‖ 社会信用信息

**第八条** 本条例所称社会信用信息分为公共信用信息和市场信用信息。

公共信用信息是指行政机关、司法机关、公共企业事业单位等公共信用信息提供单位，在履行职责、提供服务过程中产生或者获取的社会信用信息。

市场信用信息是指信用服务机构及其他企业事业单位等市场信用信息提供单位，在生产经营活动中产生、采集或者获取的社会信用信息。

**第九条** 市社会信用管理部门应当遵循合法、审慎、必要的原则，组织编制本市公共信用信息目录。

列入目录的失信信息包括下列事项：

（一）欠缴依法应当缴纳的税款、社会保险费、行政事业性收费、政府性基金的；

（二）提供虚假材料、隐瞒真实情况，侵害社会管理秩序和社会公共利益的；

（三）拒不执行生效法律文书的；

（四）适用一般程序作出的行政处罚信息，但违法行为轻微或者主动消除、减轻违法行为危害后果的除外；

（五）被监管部门处以市场禁入或者行业禁入的；

（六）法律、法规和国家规定的其他事项。

法律、法规对违法事项纳入目录已作出规定的，该法律、法规规定的其他违法事项不得纳入。

第十条 有关单位提出将相关事项纳入本市公共信用信息目录的，应当说明理由，拟纳入的事项存在较大分歧意见或者可能造成较大社会影响的，该单位还应当会同市社会信用管理部门组织评估，听取相关群体代表、专家等方面的意见。

市社会信用管理部门汇总有关单位提出的拟纳入目录的事项后，形成本市公共信用信息目录草案，并将目录草案向社会公开征求意见，报经议事协调机构审议通过后及时公布。

第十一条 市公共信用信息服务中心负责建设、运行和维护市公共信用信息服务平台。公共信用信息提供单位应当按照本市公共信用信息目录要求及时、准确、完整地提供公共信用信息，并提供该单位认定信息主体遵守法定义务、履行约定义务情况的判决书、裁定书、行政处罚决定书等生效法律文书。未纳入目录的公共信用信息不得向市公共信用信息服务平台归集。

公共信用信息的具体归集程序、标准和实施办法，由市社会信用管理部门会同有关部门共同制定，并向社会公布。

第十二条 市公共信用信息服务平台是本市社会信用体系建设的基础平台，承担信用信息互联互通的枢纽作用，对接国家信用信息共享平台和其他省（自治区、直辖市）信用信息平台，做好公共信用信息共享、发布和服务工作。

第十三条 企业事业单位、行业协会等可以依法记录自身业务活动中产生的社会信用信息，或者根据管理和服务需要依法记录其会员、入驻经营者等的社会信用信息。

鼓励信息主体以声明、自主申报、社会承诺等形式，向市公共信用信息服务平台、信用服务机构、行业协会等提供自身社会信用信息，并保证社会信用信息的合法、真实、完整。

采集市场信用信息，应当按照真实、客观、必要的原则依法进行，涉及征信业务的，还应当遵守征信管理等相关法律、法规的规定。

第十四条 采集市场信用信息，涉及个人信息的，应当经信息主体本人同意，但是依照法律、行政法规规定公开的信息除外。

不得采集自然人的收入、存款、有价证券、商业保险、不动产的信息和纳税数额信息，但是明确告知信息主体提供该信息可能产生的不利后果并取得其书面同意的除外。

禁止采集自然人的宗教信仰、基因、指纹、血型、疾病和病史信息以及法律、行政法规规定禁止采集的其他个人信息。

第十五条 行政机关应当依照国家和本市规定及时公示企业的有关信息。企业应当按照法律、法规的要求通过企业信用信息公示系统主动公示自身信息。企业信用信息公示系统公示的信息向社会公开，任何组织和个人可以查询、使用。法律、法规另有规定的除外。

公共信用信息属于主动公开的政府信息的，各级行政机关应当依照国家和本市规定，通过政府公报、新闻发布会、互联网及报刊、广播和电视等方式发布；属于依申请公开的，应当依法通过提供复制件、安排查阅相关资料等适当形式提供。

**第十六条** 市社会信用管理部门应当与司法机关、中央驻沪单位等加强沟通与协作，推动市公共信用信息服务平台与金融信用信息基础数据库等相关信用信息系统的开放合作，与本市网上政务大厅、事中事后综合监管平台、企业信用信息公示系统等信息系统的互通共享，满足社会应用需求。

本市建立公共信用信息和市场信用信息的互通、共享机制，鼓励各级行政机关与企业事业单位等开展信息合作，实现公共信用信息和市场信用信息的共同应用。

**第十七条** 信息主体享有查询自身社会信用信息的权利。

行政机关、司法机关可以依法查询社会信用信息。行政机关查询社会信用信息应当遵循合理行政的原则，根据行政管理的需要确定关联的社会信用信息查询事项，并向社会公布。

未经本人书面授权，不得查询信息主体非公开的社会信用信息。法律、行政法规另有规定的除外。

**第十八条** 市公共信用信息服务中心应当制定并公布服务规范，合理设置公共信用信息查询窗口，向社会提供便捷的查询服务。

市公共信用信息服务平台、企业信用信息公示系统等应当通过互联网、手机软件等向社会提供便捷的查询服务。

市社会信用管理部门应当与有关部门加强合作，推动设置综合查询窗口，向社会提供公共信用信息和金融信用信息基础数据库信息等信用信息便捷的查询服务。

**第十九条** 行政机关、市公共信用信息服务中心和其他企业事业单位等应当履行以下信息安全管理职责：

（一）建立信息安全管理机制，确定责任人员；

（二）建立信息查询制度规范，明确本单位工作人员的查询权限和查询程序；

（三）建立信息管理保密审查制度；

（四）遵守国家和本市有关信息安全的其他规定。

**第二十条** 行政机关、市公共信用信息服务中心和其他企业事业单位及其工作人员不得实施以下行为：

（一）越权查询公共信用信息；

（二）篡改、虚构、违规删除公共信用信息；

（三）泄露未经授权公开的公共信用信息；

（四）泄露涉及国家秘密、商业秘密、个人信息的公共信用信息；

（五）法律、法规禁止的其他行为。

## 第三章 ‖ 信用激励与约束

**第二十一条** 本市建立行政机关、司法机关、市场主体共同参与的跨部门、跨领域、跨地区的社会信用联合激励和惩戒机制，形成守信受益、失信受限的诚信氛围。

**第二十二条** 市社会信用管理部门应当依照法律法规和国家有关规定，编制应用清单，列明联合激励惩戒的具体事项、实施对象、实施手段、实施主体、实施依据等内容，并向社会公布。

**第二十三条** 本市鼓励各级行政机关、企业事业单位等，通过查询社会信用信息或者购买信用服务，识别、分析、判断信息主体信用状况，开展信用分类管理。

**第二十四条** 市人民政府及其部门可以根据履行市场监管、社会治理和公共服务等职责的需要，按照规定的程序确定严重失信行为的认定标准，并应当征求社会公众意见。国家有关部门对严重失信行为标准有规定的，从其规定。

**第二十五条** 行政机关根据信息主体严重失信行为的情况，可以建立严重失信主体名单。

信息主体有以下行为之一的，应当将其列入严重失信主体名单：

（一）严重损害自然人身体健康和生命安全的行为；

（二）严重破坏市场公平竞争秩序和社会正常秩序的行为；

（三）有履行能力但拒不履行、逃避执行法定义务，情节严重的行为；

（四）拒不履行国防义务，危害国防利益，破坏国防设施的行为。

行政机关公布严重失信主体名单的，应当同时公开名单的列入、移出条件和救济途径。信息主体对行政机关将其列入严重失信主体名单有权申请救济。

**第二十六条** 鼓励市场主体在进行生产经营、交易谈判等经济活动中参考使用信用信息、信用评分和信用评价结果。

鼓励市场主体根据信息主体的信用状况，对守信主体采取优惠便利、增加交易机会等降低市场交易成本的措施；对失信主体采取取消优惠、提高保证金等增加交易成本的措施。

鼓励金融机构对守信主体在融资授信、利率费率、还款方式等方面给予优惠或者便利；鼓励金融机构按照风险定价方法，对失信主体提高贷款利率和财产保险费率，或者限制向其提供贷款、保荐、承销、保险等服务。

**第二十七条** 本市各行业协会应当加强行业信用管理建设，鼓励行业协会与信用服务机构合作，开展信用等级分类和信用评价，依据协会章程对守信主体采取重点推荐、提升会员级别等激励措施，对失信主体采取业内警告、通报批评、降低会员级别、取消会员资格等惩戒措施。

**第二十八条** 各级行政机关根据履行职责的需要，在以下工作中查询信用信息和购买信用服务：

（一）实施行政许可、行政检查、监督抽验和大额行政处罚裁量；

（二）政府采购、招标投标、资金和项目支持、国有土地使用权出让、科研管理等；

（三）居住证管理、落户管理和居民身份证异地受理；

（四）国家工作人员招录、职务任用、职务晋升；

（五）表彰奖励；

（六）其他日常管理工作。

其他国家机关、法律法规授权具有管理公共事务职能的组织等，参照前款规定查询信用信息和购买信用服务。

**第二十九条** 对遵守法定义务和约定义务的守信主体，行政机关在法定权限范围内可以采取以下激励措施：

（一）在实施行政许可中，根据实际情况给予优先办理、简化程序等便利服务措施；

（二）在财政性资金和项目支持中，在同等条件下列为优先选择对象；

（三）在公共资源交易中，给予信用加分、提升信用等次；

（四）在日常监管中，对于符合一定条件的守信主体，优化检查频次；

（五）国家和本市规定可以采取的其他措施。

**第三十条** 对违反法定义务和约定义务的失信主体，行政机关在法定权限范围内就相关联的事项可以采取以下惩戒措施：

（一）在实施行政许可等工作中，列为重点审查对象，不适用告知承诺等简化程序；

（二）在财政资金资助等政策扶持中，作相应限制；

（三）在行政管理中，限制享受相关便利化措施；

（四）在公共资源交易中，给予信用减分、降低信用等次；

（五）在日常监管中，列为重点监管对象，增加监管频次，加强现场检查；

（六）国家和本市规定的其他措施。

**第三十一条** 对严重失信主体，行政机关应当严格依照法律、行政法规的规定，就相关联的事项采取以下惩戒措施：

（一）限制进入相关市场；

（二）限制进入相关行业；

（三）限制相关任职资格；

（四）限制开展相关金融业务；

（五）限制享受相关公共政策；

（六）限制获得相关荣誉称号；

（七）法律、行政法规规定的其他措施。

第三十二条　行政机关对信息主体实施信用惩戒措施的，应当与信息主体违法、违约行为的性质、情节和社会危害程度相适应，不得超越法定的许可条件、处罚种类和幅度，并告知实施的依据和理由。

未经公布的信用惩戒措施，不得实施。

第三十三条　严重失信主体是法人、非法人组织的，在记录该单位严重失信信息时，应当标明对该严重失信行为负有责任的法定代表人、主要负责人和其他直接责任人的信息。有关部门可以依法对该单位的法定代表人、主要负责人和其他直接责任人作出相应的联合惩戒措施。

## 第四章 ‖ 信息主体权益保护

第三十四条　信息主体有权知晓与其本人社会信用信息相关的采集、使用等情况，以及本人信用报告载明的信息来源和变动理由。

自然人有权每年从归集、采集其社会信用信息的机构各免费获取两次本人的信用报告。提供个人信用报告应当注明信用信息的使用、查询情况，法律、法规另有规定的除外。

向信息主体提供相关服务的，不得将该服务与个人社会信用信息采集相捆绑，强迫或者变相强迫信息主体接受。

第三十五条　向市公共信用信息服务中心、信用服务机构等申请查询信息主体失信信息的期限为五年，法律、法规和国家另有规定的除外。

前款规定的期限自失信行为或者事件终止之日起计算，失信信息查询期限届满的，市公共信用信息服务中心、信用服务机构等不得提供查询。

第三十六条　信息主体认为社会信用信息的归集、采集、保存或者提供存在错误、遗漏等情形或者侵犯其商业秘密、个人隐私和其他个人信息等合法权益的，可以向市公共信用信息服务中心、信用服务机构等提出异议。

信息主体向市公共信用信息服务中心提出异议的，市公共信用信息服务中心应当在收到异议材料之日起的一个工作日内作出异议标注，并作出以下处理：

（一）属于市公共信用信息服务中心更正范围的，应当在收到异议材料之日起的五个工作日内作出是否更正的决定；

（二）属于信用信息提供单位更正范围的，应当在收到异议材料之日起的二个工作日内转交信用信息提供单位办理，信用信息提供单位应当在收到转交的异议材料之日起的五个工作日内作出是否更正的决定并告知市公共信用信息服务中心，市公共信用信息服务中心应当及时将处理结果告知异议提出人。

信息主体向信用服务机构提出异议的，信用服务机构应当在收到异议材料之日起的一个工作日内作出异议标注，并在七个工作日内作出是否更正的决定，并及时将处理结果和信息来源书面告知异议提出人；作出不予更正决定的，应当说明理由。

第三十七条　信息主体的公共信用信息向市公共信用信息服务平台归集后，据以认定其失信状态的具体行政行为被行政机关撤销或者被复议机关决定撤销、人民法院判决撤销的，原失信信息提供单位应当及时书面告知市公共信用信息服务中心，市公共信用信息服务中心应当在收到该书面告知之日起的三个工作日内在数据库中删除该信息。

第三十八条　在失信信息查询期限内，信息主体通过主动履行义务、申请延期、自主解释等方式减少失信损失，消除不利影响的，原失信信息提供单位可以向市公共信用信息服务中心出具信用修复记录的书面证明，市公共信用信息服务平台应当在收到该书面证明之日起的三个工作日内在平台查询界面上删除该失信信息。

## 第五章 ‖ 规范和促进信用服务行业发展

第三十九条　市人民政府有关部门应当制定相关政策，规范和支持信用服务机构发展，支持信用服务机构积极参与国际合作，增强信用服务机构的国际影响力。

信用服务机构在境内采集的信用信息的整理、保存和加工，应当在境内进行；向境外组织或者个人提供信用信息，应当遵守法律、行政法规的规定。

本市设立的社会信用体系建设专项资金，应当支持信用服务行业发展。

第四十条　信用服务机构收集、处理社会信用信息、提供信用产品，应当遵循客观、公正和审慎的原则，依法接受监管。

信用服务机构对在业务过程中知悉的国家秘密、商业秘密、个人隐私和其他个人信息负有保密义务，不得妨碍国家安全、公共安全和公共利益，不得损害信息主体的合法权益。

第四十一条　各级行政机关在政府采购、招标投标、资金支持、人事管理、项目管理等环节使用信用报告的，相关费用不得由申报主体承担。

本市鼓励在重点行业管理中引入信用服务机构参与信用监管，为行业信用档案建设、备案、资质准入提供基础社会信用信息查询和核查服务，提供行业信用状况监测报告。

**第四十二条** 本市支持信用服务机构利用大数据等技术开发具有自主知识产权的信用产品，开拓用信领域，满足社会应用和行政应用需求。

本市鼓励创新示范园区、产业园区引入信用服务机构，为园区管理、入驻企业提供定制化信用产品和服务。

**第四十三条** 信用行业协会应当加强行业自律管理，组织制定并推行行业规范，编制行业统计报告，开展宣传培训、政策建议以及行业信息发布等，提升行业服务能力和公信力。

**第四十四条** 本市支持大专院校开设信用管理专业，培养信用服务专业人才；支持信用服务机构引进国内外高层次信用服务人才。

## 第六章 ‖ 社会信用环境建设

**第四十五条** 本市各级国家机关应当健全权力运行制约和监督体系，加强自身信用建设和对本单位工作人员的守信教育，建立国家机关工作人员信用档案制度。本市国家工作人员应当依法办事、诚实守信，在社会信用建设中做好示范。

**第四十六条** 本市各级行政机关应当完善决策机制和程序，提高决策透明度；依法兑现政策承诺，履行合同义务。国民经济和社会发展规划、政府工作报告中承诺事项的履行情况应当作为评价政府诚信水平的重要内容。

本市建立健全政务诚信记录，准确记录各级行政机关诚信履职情况。市和区人民政府定期对下级人民政府和派出机关等进行政务诚信监督检查，实施政务诚信考核评价，考评结果作为绩效考核的重要参考。

本市各级司法机关应当提高司法工作的科学化、制度化和规范化水平，推进司法公开，严格公正司法，维护公平正义。

**第四十七条** 本市应当制定诚信教育规划，开展社会公德、职业道德、家庭美德和个人品德教育。

教育部门应当结合对学生的思想教育课程，组织编写适合不同年龄学生特点的诚信教育教材，对学生开展诚信教育。

**第四十八条** 本市有关部门应当结合精神文明、道德模范的评选和各行业的诚信创建活动，树立诚信典范，弘扬诚实守信的传统文化和现代契约精神。

鼓励各类媒体宣传诚实守信的典型，报道、披露各种失信行为和事件。

本市报纸、广播、电视等媒体应当在公益广告中增加诚实守信内容的宣传。

# 第七章 ‖ 法律责任

**第四十九条** 违反本条例规定的行为，法律、行政法规已有处理规定的，从其规定。

**第五十条** 行政机关、法律法规授权的具有管理公共事务职能的企业事业单位的工作人员，在社会信用信息归集、使用以及实施信用激励和约束措施等过程中违反本条例规定，滥用职权、玩忽职守、徇私舞弊的，由处分机关根据情节轻重依法给予行政处分；构成犯罪的，依法追究刑事责任。

行政机关及其工作人员，未履行本条例第九条、第十条、第十一条、第十七条规定的职责的，由其上级主管部门或者市社会信用管理部门依照管理权限进行约谈，根据情节轻重给予责令改正、警告、通报批评。

**第五十一条** 市公共信用信息服务中心违反本条例第十七条规定，未尽审核义务、违规对外查询的，由市社会信用管理部门处一万元以上十万元以下罚款。

行政机关、市公共信用信息服务中心和其他企业事业单位等违反本条例第十九条规定的，由信息安全相关主管部门责令其限期改正，并依照相关管理规定予以处罚。

市公共信用信息服务中心、信用服务机构违反本条例第三十六条、第三十七条、第三十八条规定的，由市社会信用管理部门责令其限期改正，拒不改正的，可处一万元以上五万元以下罚款。

法律、行政法规对处罚主体和处罚方式另有规定的，从其规定。

**第五十二条** 市公共信用信息服务中心、企业事业单位等在社会信用信息采集、归集、使用等过程中侵犯信息主体合法权益的，应当依法承担相应的民事责任。

**第五十三条** 违反国家规定，非法获取、窃取、提供、出售个人社会信用信息，构成违反治安管理行为的，依法给予治安管理处罚；构成犯罪的，依法追究刑事责任。

# 第八章 ‖ 附则

**第五十四条** 本条例所称信用服务机构，是指依法设立，向社会提供信用产品、从事信用咨询、信用风险控制等相关经营活动的专业服务机构。

**第五十五条** 市人民政府可以根据本条例有关规定制定具体实施办法。

**第五十六条** 本条例自 2017 年 10 月 1 日起施行。

# 浙江省公共信用信息管理条例

（浙江省第十二届人民代表大会常务委员会公告第 63 号）

《浙江省公共信用信息管理条例》已于 2017 年 9 月 30 日经浙江省第十二届人民代表大会常务委员会第四十四次会议审议通过，现予公布，自 2018 年 1 月 1 日起施行。

浙江省人民代表大会常务委员会

2017 年 9 月 30 日

## 浙江省公共信用信息管理条例

### 第一章 ‖ 总则

**第一条** 为了规范公共信用信息的归集、披露、使用，激励守信、惩戒失信，营造社会诚信环境，降低社会治理和市场交易成本，根据有关法律、行政法规和国务院规定，结合本省实际，制定本条例。

**第二条** 本省行政区域内公共信用信息的归集、披露、使用及其管理活动，适用本条例。

本条例所称公共信用信息，是指国家机关、法律法规规章授权的具有管理公共事务职能的组织以及群团组织等（以下统称公共信用信息提供单位）在履行职能过程中产生的反映具有完全民事行为能力的自然人、法人和非法人组织（以下统称信息主体）信用状况的数据和资料。

**第三条** 公共信用信息的归集、披露、使用及其管理活动，应当遵循合法、安全、及时、准确的原则，不得侵犯国家秘密、商业秘密和个人隐私。

**第四条** 县级以上人民政府应当将社会信用体系建设纳入国民经济和社会发展规划，统筹推进本行政区域内各行业、领域的公共信用建设，培育和规范信用服务市场，协调解决社会信用建设中的重大问题。

第五条　省发展和改革部门负责全省公共信用信息管理的综合协调工作，其所属的公共信用工作机构（以下简称省公共信用工作机构）具体负责全省公共信用信息的处理、披露、使用、服务工作。

设区的市、县（市、区）人民政府确定的部门（以下统称公共信用建设综合部门）负责本行政区域内公共信用信息管理的综合协调工作。

县级以上人民政府确定的公共数据工作机构具体负责公共信用信息的归集工作。

第六条　国家机关及其工作人员应当依法履行职责，提高守法履约的意识和水平，在社会信用体系建设中发挥示范表率作用。

社会公众应当遵守有关法律、法规和规章，使履约践诺、诚实守信成为全民的自觉行为规范。

第七条　国家机关、行业协会（商会）、企业、学校、基层群众性自治组织等单位，应当开展公共信用的宣传、普及工作。

鼓励各单位建立信用管理和教育制度，组织签署入职信用承诺书，开展信用知识培训和诚信创建活动，培育单位信用文化。

第八条　广播、电视、报刊和新媒体等应当发挥舆论宣传引导作用，弘扬诚信文化和契约精神。

## 第二章 ‖ 信息归集与披露

第九条　省公共信用工作机构建立以统一社会信用代码为标识的信息主体的信用档案。信用档案的内容分为基础信息、不良信息和守信信息。

本条例所称不良信息，是指对信息主体信用状况构成负面影响的公共信用信息。

第十条　信息主体的下列信息应当作为基础信息记入其信用档案：

（一）法人和非法人组织（包括个体经济组织）在有关国家机关登记或者注册事项；自然人的姓名、身份证号码、出入境证件号码等身份识别信息；

（二）行政许可信息；

（三）法律、法规、规章规定应当作为基础信息予以归集的其他信息。

第十一条　信息主体的下列信息应当作为不良信息记入其信用档案：

（一）以欺骗、贿赂等不正当手段取得行政许可、行政确认、行政给付、行政奖励的信息；

（二）在法定期限内未提起行政复议、行政诉讼，或者经行政复议、行政诉讼最终维持原决定的行政处罚信息，但适用简易程序作出的除外；

（三）经司法生效判决认定构成犯罪的信息；

（四）不履行行政决定而被依法行政强制执行的信息；

（五）不履行判决、裁定等生效法律文书的信息；

（六）经依法认定的违反法律、法规和规章规定的其他不良信息。

第十二条　省发展和改革部门会同省级公共信用信息提供单位依照本条例规定共同制定并定期更新省公共信用信息目录，明确各行业、领域需要记入信用档案的公共信用信息具体项目。法律、法规规定记入信用档案的，应当纳入省公共信用信息目录。

省发展和改革部门汇总形成的省公共信用信息目录草案，应当向社会公开征求意见。拟纳入省公共信用信息目录的具体项目，存在较大分歧意见或者可能造成较大社会影响的，省发展和改革部门应当会同省级公共信用信息提供单位组织评估，听取相关群体代表、专家等方面的意见。

省公共信用信息目录形成后，由省发展和改革部门向社会公布。

第十三条　省级公共信用信息提供单位应当按照省公共信用信息目录及时、准确、完整地归集本行业、领域公共信用信息，并向省公共数据工作机构报送。公共信用信息提供单位对报送的公共信用信息的真实性、完整性负责。公共信用信息归集、报送的具体办法按照省政府有关公共数据和电子政务管理的规定执行。

省公共数据工作机构应当将归集的公共信用信息提供给省公共信用工作机构。

省公共信用工作机构应当在收到省公共数据工作机构提供的公共信用信息后五个工作日内，完成信息的比对、整合，形成或者更新信息主体的信用档案。

第十四条　禁止归集自然人的宗教信仰、基因、指纹、血型、疾病和病史信息以及法律、法规规定禁止归集的自然人的其他信息。

未经本人书面同意，不得归集自然人收入、存款、有价证券、商业保险、不动产以及纳税数额的信息。

第十五条　法人和非法人组织的公共信用信息通过公开、政务共享和查询的方式披露。

自然人的公共信用信息，通过政务共享和查询的方式披露，除法律、法规有明确规定外，不予公开。

第十六条　不良信息的保存和披露期限为五年，自不良行为或者事件认定之日起计算，但依法被判处剥夺人身自由的刑罚的，自该刑罚执行完毕之日起计算。信息主体依照本条例规定被列入严重失信名单，其不良信息保存和披露期限届满时尚未被移出严重失信名单的，不良信息保存和披露期限延至被移出严重失信名单之日。法律、法规和国家有关规定对保存和披露期限另有规定的，从其规定。

不良信息保存和披露期限届满后，应当在信用档案中及时删除该信息。法律、法规另有规定的除外。

第十七条　省公共信用工作机构应当通过省公共信用信息服务平台向社会公开依法应当公开的公共信用信息。

第十八条　省公共信用工作机构应当为设区的市、县（市、区）公共信用建设综合部门和省级公共信用信息提供单位提供适应履行其工作职能需要的公共信用信息政务共享服务。政务共享具体办法按照国务院和省人民政府有关规定执行。

第十九条　省公共信用工作机构和设区的市、县（市、区）公共信用建设综合部门应当合理设置公共信用信息查询窗口。

公共信用信息可以通过省公共信用信息服务平台以及公共信用信息查询窗口进行查询。提供查询服务不得收取费用。

查询自然人公共信用信息的，应当提供查询人有效身份证明和被查询人的授权证明。

第二十条　省公共信用工作机构，设区的市、县（市、区）公共信用建设综合部门和各级公共数据工作机构、公共信用信息提供单位，应当制定安全管理和保密制度，加强公共信用信息报送、归集、记录、披露、使用环节的安全管理。省公共信用工作机构应当如实记录公共信用信息查询情况，并自该记录生成之日起保存十年。

前款规定所涉的各单位及其工作人员，应当遵守安全管理和保密制度，不得违反规定向任何单位、个人提供信息主体的非公开披露信息，不得泄露涉及国家秘密、商业秘密和个人隐私的信息。

任何单位和个人对经依法查询或者其他途径获取的信息主体的非公开披露信息负有保密的义务，未经信息主体授权，不得擅自公开披露或者提供给第三方使用。

## 第三章 ‖ 激励与惩戒

第二十一条　各级国家机关在日常监管、行政许可、资质等级评定、政府采购、政府投资项目招标投标、资金扶持、公共资源交易、进出口管理、定期检验、国家工作人员招录、表彰奖励等工作中，应当依法查询信息主体的信用档案。

第二十二条　各级国家机关可以按照国家规定在实施行政许可、财政性资金和项目支持、公共资源交易等方面对守信主体采取激励措施。

鼓励金融机构对其认定的信用状况良好的信息主体在贷款授信、费率利率、还款方式等方面给予优惠或者便利。

鼓励其他市场主体对其认定的信用状况良好的信息主体给予优惠或者便利。

第二十三条　对不良信息主体，行政机关可以就相关联事项采取下列监管措施：

（一）在实施行政许可等工作中，列为重点审查对象；

（二）在行政管理中，取消已享受的行政便利措施；

（三）在日常监督检查中，列为重点监督检查对象，加强现场检查；

（四）国家和省规定可以采取的其他监管措施。

**第二十四条** 信息主体有下列不良信息之一的，国家机关可以将该信息主体列入严重失信名单，省公共信用工作机构应当通过省公共信用信息服务平台向社会公开严重失信名单：

（一）以欺骗、贿赂等不正当手段取得关系人身健康和生命安全的行政许可而被依法撤销的信息；

（二）因损害人身健康和生命安全的行为，严重破坏市场经济秩序和社会管理秩序的行为，或者危害国防利益的行为，而产生的本条例第十一条第二项和第三项规定的信息；

（三）有履行能力而拒不履行判决、裁定等生效法律文书的信息；

（四）法律、法规规定的其他应当将信息主体列入严重失信名单的相关信息。

前款第一项和第二项所称关系或者损害人身健康和生命安全的行政许可或者行为，包括食品药品、生态环境、工程质量、安全生产、消防安全等领域的行政许可或者违法行为。

本条第一款第二项所称严重破坏市场经济秩序和社会管理秩序的行为，包括商业贿赂、逃税骗税、恶意逃废债务、恶意欠薪、非法集资、合同诈骗、传销、无证照经营、制售假冒伪劣产品和故意侵犯知识产权、围标串标、虚假广告、聚众扰乱社会秩序等行为。

本条第一款第二项所称危害国防利益的行为，包括拒不履行国防义务，拒绝、逃避兵役，拒绝、拖延民用资源依法征用或者阻碍对被征用的民用资源进行改造等行为。

国家机关决定将信息主体列入严重失信名单的，应当制作决定书。决定书应当由本机关负责人签发。

**第二十五条** 严重失信名单列入、移出的具体条件以及披露期限，由省级有关国家机关按照国家有关规定确定和公布，并报送省发展和改革部门。

各级国家机关应当按照本行业、领域严重失信名单列入以及移出条件和信用体系建设规范要求，独立、公正、客观地确定严重失信名单。

**第二十六条** 对列入严重失信名单的信息主体，国家机关可以采取下列惩戒措施：

（一）限制参加政府采购，政府投资项目招标投标，国有土地招标、拍卖、挂牌等公共资源交易活动；

（二）实施市场和行业禁入（退出）措施；

（三）限制参与基础设施和公共事业特许经营活动；

（四）限制高消费；

（五）限制任职资格；

（六）限制享受财政资金补助等政策扶持；

（七）限制参加国家机关组织的各类表彰奖励活动；

（八）撤销相关荣誉称号；

（九）法律、法规、规章以及国家和省规定可以采取的其他惩戒措施。

前款第一项至第五项规定的惩戒措施，依据法律、行政法规的规定实施；第六项至第八项规定的惩戒措施，依据法律、法规、规章以及国家和省有关规定实施。

**第二十七条** 法人、非法人组织因严重失信行为被列入严重失信名单的，应当在严重失信名单中标明对该行为负有责任的法定代表人、主要负责人和实际控制人的信息。国家机关可以依法对该法定代表人、主要负责人和实际控制人采取相应的惩戒措施。

**第二十八条** 国家机关依照本条例规定将信息主体列入严重失信名单前，应当告知信息主体列入严重失信名单的理由和依据；决定对列入严重失信名单的信息主体采取惩戒措施的，应当告知理由、依据和救济途径以及解除惩戒措施的条件。信息主体有权进行陈述和申辩。

国家机关对信息主体采取的惩戒措施，应当与信息主体违法行为的性质、情节和社会危害程度相适应。

国家机关应当将列入严重失信名单后的相应惩戒措施向社会公布。未经公布的惩戒措施不得采取。

## 第四章 ‖ 信息主体的权益保护

**第二十九条** 禁止伪造、变造公共信用信息，禁止违反国家规定获取或者出售公共信用信息。

**第三十条** 信息主体认为省公共信用工作机构披露的公共信用信息存在错误、遗漏，已超过本条例规定的保存和披露期限仍在披露，不符合严重失信名单具体条件而被列入严重失信名单或者未被移出严重失信名单的，可以向省公共信用工作机构提出异议。信息主体提出异议的，省公共信用工作机构应当作出异议标注，经核实后按照下列规定处理：

（一）信息存在事实错误的，予以删除；

（二）信息存在文字错误的，予以更正；

（三）信息存在遗漏的，予以补充；

（四）信息超过本条例规定期限仍在披露的，终止披露；

（五）不符合严重失信名单具体条件而被列入严重失信名单或者未被移出严重失信名单的，移出严重失信名单。

信息主体对异议处理结果不服的，可以向省发展和改革部门申请复核。

省公共信用工作机构、省发展和改革部门应当公布受理异议和复核申请的电话、电子邮箱、网站等。

**第三十一条** 省公共信用工作机构、省发展和改革部门应当自受理异议或者复核申请之日起五个工作日内处理完毕；情况复杂的，经省发展和改革部门负责人批准，可以适当延长处理期限，但累计不得超过二十个工作日。

省公共信用工作机构应当建立异议处理档案。

**第三十二条** 有不良信息的信息主体具有主动改正违法行为、消除不良影响等情形的，可以向作出违法行为认定的公共信用信息提供单位提出信用修复申请；符合国家和省信用修复有关规定的，公共信用信息提供单位应当作出信用修复决定，并经由省级公共信用信息提供单位书面通知省公共信用工作机构。省公共信用工作机构应当根据信用修复决定删除该不良信息或者对修复情况予以标注。

信息主体被列入严重失信名单的，不适用前款规定。

信用修复的具体办法，由省发展和改革部门会同省级公共信用信息提供单位另行制定。

## 第五章 ‖ 法律责任

**第三十三条** 违反本条例规定的行为，法律、行政法规已有法律责任规定的，从其规定。

**第三十四条** 省发展和改革部门，省公共信用工作机构，设区的市、县（市、区）公共信用建设综合部门以及各级公共数据工作机构、公共信用信息提供单位及其工作人员，违反本条例规定，有下列行为之一的，由有权机关对直接负责的主管人员和其他直接责任人员依法给予处分：

（一）未按照本条例规定报送、归集、披露公共信用信息以及处理信用异议，造成不良后果的；

（二）伪造、变造公共信用信息的；

（三）公开披露未经信息主体同意公开的公共信用信息的；

（四）泄露涉及国家秘密、商业秘密和个人隐私的公共信用信息的；

（五）因故意或者重大过失造成披露的公共信用信息存在错误、遗漏的；

（六）出售公共信用信息的；

（七）违反规定删除、变更公共信用信息，或者应当删除、变更公共信用信息而未予删除、变更的；

（八）违反规定对信息主体采取惩戒措施的；

（九）有其他滥用职权、徇私舞弊、玩忽职守行为的。

**第三十五条** 单位和个人违反本条例规定，有下列行为之一的，由省发展和改革部门或者设区的市、县（市、区）公共信用建设综合部门没收违法所得，对单位处一万元以上十万元以下罚款，对个人处一千元以上一万元以下罚款：

（一）伪造、变造信息主体授权证明获取信息的；

（二）未经信息主体授权将非公开披露信息公开披露或者提供给第三方使用的；

（三）其他侵害信息主体合法权益的行为。

## 第六章 ‖ 附则

**第三十六条** 本条例自 2018 年 1 月 1 日起施行。

# 河南省社会信用条例

（河南省第十三届人民代表大会常务委员会公告第 27 号）

《河南省社会信用条例》已经河南省第十三届人民代表大会常务委员会第十三次会议于 2019 年 11 月 29 日审议通过，现予公布，自 2020 年 5 月 1 日起施行。

河南省人民代表大会常务委员会

2019 年 11 月 29 日

# 河南省社会信用条例

## 第一章 ‖ 总则

**第一条**　为了增强社会诚信意识，保障信用主体的合法权益，推进社会信用体系建设，加强社会信用监管，营造良好的营商环境，提高社会信用水平，根据有关法律、行政法规，结合本省实际，制定本条例。

**第二条**　本省行政区域内社会信用信息的记录、采集、归集、共享、披露、查询和使用，守信激励与失信惩戒，信用主体的权益保护，信用服务行业的规范发展以及信用环境建设等活动，适用本条例。

法律、行政法规另有规定的，从其规定。

**第三条**　本条例所称社会信用，是指具有完全民事行为能力的自然人、法人和非法人组织等信用主体，在社会和经济活动中履行法定义务或者约定义务的状态。

本条例所称社会信用信息，是指可用以识别、分析、判断信用主体守法、履约状况的客观数据和资料。

**第四条**　社会信用建设应当坚持政府推动、社会共建、统筹规划、信息共享、奖惩结合的原则。

社会信用信息的记录、采集、归集、共享、披露、查询和使用等活动，应当遵循合法、客观、及时、必要、安全的原则，不得侵犯国家秘密、商业秘密和个人隐私。

**第五条** 县级以上人民政府应当将社会信用体系建设纳入国民经济和社会发展规划，编制社会信用体系建设规划和实施方案，统筹推进本行政区域社会信用体系建设；将社会信用体系建设纳入政府目标责任制考核体系，加强工作机构和队伍建设，保障工作经费。

县级以上人民政府应当会同同级监察委员会、人民法院、人民检察院等相关单位建立联席会议制度，解决社会信用建设中的重大问题。

**第六条** 县级以上人民政府发展改革部门是本行政区域内社会信用工作主管部门，负责本行政区域社会信用建设的综合协调和监督管理工作。

县级以上人民政府其他部门按照各自职责，做好社会信用建设工作。

**第七条** 省、省辖市信用信息共享平台是本行政区域社会信用体系建设的基础平台，汇集社会信用信息，实现社会信用信息跨部门、跨领域、跨地区互联互通、共享共用。

省、省辖市社会信用信息管理服务机构具体负责本级信用信息共享平台的建设、运行和维护工作，提供社会信用信息应用和服务。

**第八条** 各级国家机关应当加强诚信建设。国家机关及其工作人员应当依法履职、守法履约，在社会信用建设中发挥示范表率作用。

信用服务机构、行业协会商会、基层群众性自治组织和其他企业事业单位应当加强自身信用管理，遵守法律法规、行业规约和职业道德准则，主动参与社会信用建设，承担社会责任。

社会公众应当守信自律，增强诚信意识，积极参与信用教育和信用监督活动。

**第九条** 广播、电视、报刊、网络等媒体应当加强诚信宣传，营造良好的社会诚信氛围。

## 第二章 ‖ 信用信息的归集整理

**第十条** 社会信用信息包括公共信用信息和市场信用信息。

公共信用信息是指国家机关、法律法规授权的具有管理公共事务职能的组织以及群团组织等公共信用信息提供单位，在依法履职、提供服务过程中产生或者获取的，可用于识别信用主体信用状况的客观数据和资料。

市场信用信息是指信用服务机构、金融机构、行业协会商会和其他企业事业单位等市场信用信息提供单位，在生产经营和提供服务过程中产生或者获取的，可用于识别信用主体信用状况的客观数据和资料。

公共信用信息和市场信用信息归集、报送办法由省人民政府制定。

**第十一条** 公共信用信息实行目录管理。公共信用信息目录由省社会信用工作主管部门会同公共信用信息提供单位，根据国家有关规定和标准组织编制，报省人民政府批准后向社会公布。

拟纳入公共信用信息目录管理的项目可能减损信用主体权利或者增加信用主体义务的，应当组织专家进行评估，并向社会公开征求意见。

公共信用信息目录应当包括数据代码、数据名称、数据格式、提供单位、主体类型、信息性质、共享属性、覆盖范围、更新周期和信息项等要素。

**第十二条** 公共信用信息提供单位应当按照公共信用信息目录记录信用主体的公共信用信息。公共信用信息记录内容主要包括：

（一）公共管理和服务中反映信用主体基本情况的登记类信息；

（二）行政许可、行政处罚、行政强制、行政确认、行政征收、行政给付、行政裁决、行政补偿、行政奖励、行政检查等行政行为中反映信用主体信用状况的信息；

（三）法律法规授权的具有管理公共事务职能的组织以及群团组织在履行公共管理职责过程中产生或者掌握的信息；

（四）受到表彰奖励以及参加社会公益、志愿服务等信息；

（五）生效判决认定构成犯罪的信息；

（六）拒不执行判决、裁定和调解书等生效法律文书的信息；

（七）法律、法规和国家规定应当记录的其他信息。

**第十三条** 公共信用信息提供单位应当按照公共信用信息目录及时、准确的归集本行业、本领域、本行政区域公共信用信息，并向同级信用信息共享平台报送。

省辖市信用信息共享平台应当及时、准确、完整推送公共信用信息至省信用信息共享平台，省信用信息共享平台应当按照规定及时处理，实现全省公共信用信息共享共用。

适用简易程序对自然人作出的行政处罚信息；自然人违法行为轻微，并主动消除或者减轻违法行为危害后果的行政处罚信息，不向同级信用信息共享平台报送，不得作为失信联合惩戒的依据。法律、行政法规另有规定的除外。

**第十四条** 市场信用信息实行目录管理。

省社会信用工作主管部门应当制定市场信用信息目录编制的基本原则和标准规范。

市场信用信息提供单位应当按照标准规范梳理、编制市场信用信息目录，并报省社会信用工作主管部门备案。

**第十五条** 市场信用信息提供单位应当按照市场信用信息目录依法记录、采集市场信用信息。

鼓励信用主体以声明、自愿注册、自主申报、社会承诺等形式向省、省辖市信用信息共享平台和市场信用信息提供单位提供自身市场信用信息，并保证信息合法、真实、准确、完整。

**第十六条** 自然人社会信用信息的归集以居民身份证号码作为关联匹配的标识；无居民身份证号码的，以其他有效身份证件号码作为关联匹配的标识。

法人和非法人组织社会信用信息的归集以统一社会信用代码作为关联匹配的唯一标识。

**第十七条** 社会信用信息提供单位应当建立健全社会信用信息审核机制，并对其提供的社会信用信息的合法性、真实性、准确性负责。

省、省辖市信用信息共享平台应当对收到的社会信用信息在五个工作日内完成数据核查。不符合要求的，通知提供单位重新提供。

## 第三章 ‖ 信用信息的披露查询

**第十八条** 社会信用信息通过公开公示、政务共享、授权查询等方式披露。

依照法律、法规、规章规定应当公开发布的社会信用信息，通过公开公示方式披露。

国家机关、法律法规授权的具有管理公共事务职能的组织以及群团组织，在依法履行职责过程中共享使用的社会信用信息，通过政务共享方式披露。

经信用主体授权可以查询，并按照约定用途使用的社会信用信息，通过授权查询方式披露。

**第十九条** 信用主体守信信息可以长期公示。

信用主体失信信息披露期限依照有关规定执行，最长不超过五年，超过披露期限的转为档案保存。

信用主体被列入失信联合惩戒对象名单，其失信信息披露期限届满时尚未被移出名单的，失信信息披露期限延至被移出名单之日。

法律、法规对社会信用信息的披露期限另有规定的，从其规定。

**第二十条** 信用主体下列信息为失信信息：

（一）以不正当手段取得行政许可、行政给付、行政奖励、行政补偿的信息；

（二）在法定期限内未提起行政复议、行政诉讼或者经行政复议、行政诉讼最终维持原决定的行政处罚信息；

（三）生效判决认定构成犯罪的信息；

（四）被依法行政强制执行的信息；

（五）拒不执行判决、裁定和调解书等生效法律文书的信息；

（六）经依法认定违反法律、法规规定的其他失信信息。

**第二十一条** 省社会信用工作主管部门应当制定并公布社会信用信息查询服务规范，通过平台网站、移动终端、服务窗口等途径向社会提供便捷的查询服务。

**第二十二条** 县级以上人民政府及有关部门根据履职需要，共享社会信用信息。

市场信用信息提供单位可以根据与有关单位签订的协议共享社会信用信息。共享非公开的社会信用信息，应当取得信用主体的书面授权。

**第二十三条** 省人民政府应当加强组织协调，推动省信用信息共享平台与金融信用信息基础数据库合作开放，与省网上政务服务平台、国家企业信用信息公示系统（河南）以及省级其他重要业务应用系统实现互联互通、信息共享。

**第二十四条** 社会信用信息提供单位以及管理和服务机构应当履行以下社会信用信息安全管理职责：

（一）建立信息安全管理机制，确定责任人员；

（二）建立信息查询制度规范，明确本单位工作人员的查询权限和查询程序；

（三）建立信息管理保密审查制度；

（四）遵守国家和本省有关信息安全的其他规定。

**第二十五条** 各级国家机关、企业事业单位和组织及其工作人员不得有以下行为：

（一）越权查询社会信用信息；

（二）篡改、虚构、隐匿、违规删除社会信用信息；

（三）泄露未经授权公开的社会信用信息；

（四）泄露涉及国家秘密、商业秘密、个人隐私的社会信用信息；

（五）违反国家规定获取或者出售社会信用信息；

（六）法律、法规禁止的其他行为。

## 第四章 ‖ 守信激励与失信惩戒

**第二十六条** 县级以上人民政府应当会同同级监察机关、审判机关、检察机关建立跨部门、跨领域、跨地区的守信联合激励和失信联合惩戒机制，加强信用分级分类监管，营造社会诚信环境。

**第二十七条** 省人民政府会同同级监察委员会、人民法院、人民检察院，根据履行社会治理、市场监管和公共服务等职责的需要，制定守信联合激励和失信联合惩戒对象认定标准，经征求社会公众意见后，由省人民政府公布实施。

未经依法确认的水电气暖、通讯、有线电视、网络等公共事业以及物业管理欠费信息，不得作为实施失信联合惩戒的依据。

国家对守信联合激励和失信联合惩戒对象标准有规定的，从其规定。

**第二十八条** 县级以上国家机关、法律法规授权具有管理公共事务职能的组织以及群团组织，可以按照认定标准认定相关领域守信联合激励和失信联合惩戒对象。

拟列入守信联合激励对象名单的，应当予以公示。经公示无异议的，认定为守信联合激励对象；有异议的，由认定机关或者组织核查处理。

拟列入失信联合惩戒对象名单的，应当以书面方式履行事前告知程序。告知内容包括纳入失信联合惩戒对象名单的依据、理由、惩戒措施、异议申请的权利等。有异议的，由认定机关或者组织核查处理。

信用主体对认定机关或者组织核查处理结果仍有异议的，可以向省社会信用工作主管部门申请复核。

**第二十九条** 省社会信用工作主管部门应当会同有关部门依照法律、法规和国家有关规定，编制信用激励和惩戒措施清单，明确守信联合激励和失信联合惩戒的具体事项、实施对象、实施手段、实施主体、实施依据等内容，并向社会公布。

**第三十条** 对列入守信联合激励对象名单的信用主体，国家机关在法定权限范围内采取以下激励措施：

（一）在实施行政许可中，应当给予优先办理、简化程序等便利服务措施；

（二）在财政性资金和项目支持中，在同等条件下应当优先列为选择对象；

（三）在公共资源交易中，给予信用加分、提升信用等级；

（四）符合规定条件的，在日常监管中减少检查频次；

（五）在教育、就业、创业、社会保障等公共服务方面给予支持和便利；

（六）依照国家和本省有关规定授予荣誉称号；

（七）优先推荐评优评先；

（八）国家和本省规定的其他激励措施。

**第三十一条** 国家机关依法对信用主体实施信用惩戒措施的，应当与信用主体违法、违约行为的事实、性质、情节和社会危害程度相适应。

**第三十二条** 对违反法定义务或者约定义务的信用主体，国家机关在法定权限范围内就相关联的事项采取以下惩戒措施：

（一）在实施行政许可等工作中，列为重点审查对象，不适用告知承诺等简化程序；

（二）在财政资金资助等政策扶持中，作相应限制；

（三）在行政管理和公共服务中，限制享受相关便利化措施；

（四）在公共资源交易中，给予信用减分、降低信用等级；

（五）在日常监管中，列为重点监管对象，按照有关规定增加监管频次，加强现场

检查;

（六）限制参加政府组织的表彰奖励活动;

（七）国家和本省规定的其他惩戒措施。

**第三十三条** 信用主体的下列行为属于严重失信行为:

（一）严重危害人民群众身体健康和生命财产安全的行为。包括食品药品、生态环境、工程质量、安全生产、消防安全、交通运输、强制性产品认证等领域的严重失信行为。

（二）严重破坏市场公平竞争秩序和社会正常秩序的行为。包括贿赂，逃税、骗税，恶意逃废债务，内幕交易，逃套骗汇，恶意欠薪，合同欺诈，故意侵犯知识产权，非法集资，组织传销，严重破坏网络空间传播秩序，严重扰乱社会公共秩序、妨碍社会治理等严重失信行为。

（三）严重侵害消费者、投资者合法权益的行为。包括制售假冒伪劣产品，虚假广告、严重误导诱导消费者，严重侵害消费者知情权，侵害证券期货及其他投资者合法权益等严重失信行为。

（四）严重违背教育和科研诚信的行为。包括国家教育考试、国家工作人员选拔考试、国家职业资格考试等作弊，抄袭、剽窃他人科研学术成果，伪造、篡改研究数据和研究结论，弄虚作假、骗取科技计划项目和科研经费以及奖励、荣誉等严重失信行为。

（五）拒不履行生效法律文书，并被人民法院纳入失信被执行人名单的。

（六）拒不履行国防义务，拒绝、逃避兵役，拒绝、拖延民用资源征用或者阻碍对被征用的民用资源进行改造，危害国防利益，破坏国防设施等行为。

（七）通过网络、报刊、信函等方式，诋毁、破坏他人声誉、信誉，造成严重后果的行为。

（八）市场主体作出公开信用承诺而不履行，造成严重后果的行为。

（九）伪造公文、证件、印章等方式提供虚假资料骗取行政许可、行政奖励、行政给付、社会保障等严重失信行为。

（十）法律、行政法规规定的其他严重失信行为。

前款规定行为可以作为列入失信联合惩戒对象名单的依据。

**第三十四条** 对列入失信联合惩戒对象名单的信用主体，国家机关除采取第三十二条惩戒措施外，还应当依照法律、行政法规的规定采取以下惩戒措施:

（一）限制参加政府采购，政府投资项目招标投标，国有土地招标、拍卖、挂牌等公共资源交易活动;

（二）实施市场和行业禁入或者退出措施;

（三）限制参与基础设施和公共事业特许经营活动；

（四）限制高消费；

（五）限制开展相关金融业务；

（六）限制相关任职资格；

（七）限制享受相关公共服务或者政策性扶持资助政策；

（八）撤销相关荣誉称号；

（九）国家和本省规定的其他惩戒措施。

**第三十五条**　列入失信联合惩戒对象的信用主体是法人、非法人组织的，应当标明对严重失信行为负有责任的法定代表人、主要负责人、实际控制人和其他直接责任人的信息。有关部门可以依法对该单位的法定代表人、主要负责人、实际控制人和其他直接责任人作出相应的失信联合惩戒措施。

**第三十六条**　省、省辖市信用信息共享平台应当向社会公开守信联合激励和失信联合惩戒对象信息。

鼓励市场主体在经营活动中使用社会信用信息和信用评价结果，对守信联合激励对象采取优惠便利、增加交易机会等降低市场交易成本的措施；对失信联合惩戒对象采取取消优惠、提高保证金等增加市场交易成本的措施。

**第三十七条**　守信联合激励对象名单的有效期由认定机关或者组织结合相关信用主体诚实守信情况确定。

失信联合惩戒对象名单的有效期、信用修复及退出方式由认定机关或者组织结合相关信用主体违法失信情况确定。

信用主体退出失信联合惩戒对象名单后，认定机关或者组织应当及时通过原发布渠道发布名单退出公告，有关部门应当停止对其实施失信联合惩戒。

## 第五章 ‖ 信用主体的权益保障

**第三十八条**　省社会信用工作主管部门应当会同有关部门建立健全信用主体权益保护制度，建立责任追究机制、异议处理机制和信用修复机制。

**第三十九条**　省社会信用信息管理服务机构、社会信用信息提供单位应当建立健全社会信用信息安全管理和应急处理制度，采取安全保密措施，设定信息系统操作权限，操作过程留痕可查，保障社会信用信息归集、查询、披露和应用全过程的安全。

省、省辖市信用信息共享平台应当符合国家网络安全及网络安全等级保护要求，保障社会信用信息系统正常运行和信用信息安全。

**第四十条**　信用主体有权知晓与其社会信用信息相关的采集、使用等情况，以及其信用报告载明的信息来源和变动理由。

信用主体有权免费查询自身社会信用信息；有权每年从归集、采集其社会信用信息的机构免费获取二次自身的信用报告。提供信用报告应当注明信用信息的使用、查询情况。法律、行政法规另有规定的除外。

向信用主体提供相关服务的，不得将该服务与社会信用信息采集相捆绑，强迫或者变相强迫信用主体接受。

省、省辖市信用信息共享平台应当向信用主体免费提供自身社会信用信息查询服务。

**第四十一条** 信用主体认为信用信息共享平台和社会信用信息提供单位在社会信用信息的采集、归集、披露、使用等过程中存在错误、遗漏等情形或者侵犯其合法权益的，可以提出异议申请，并提交相关证明材料。

信用信息共享平台收到异议申请后，应当作出异议标注，属于本单位处理范围的，应当自收到异议申请之日起三个工作日内完成处理并将结果告知异议申请人；如需向社会信用信息提供单位核查信息的，应当自收到异议申请之日起七个工作日内完成核查和处理，并将结果告知异议申请人。接到核查通知的单位应当在三个工作日内处理完毕，并将核实后的信息记录同步至信用信息共享平台。

异议处理需要进行检验、检测、检疫、鉴定或者专家评审的，所需时间不计入异议申请办理时间。

**第四十二条** 据以认定信用主体失信状态的具体行为被有关国家机关撤销的，原社会信用信息提供单位应当撤销并及时向社会信用信息归集单位和使用单位共享更新信息，相关单位应当在收到更新信息之日起一个工作日内撤销该失信信息。

**第四十三条** 在失信信息披露期限内，信用主体主动纠正失信行为、消除不良影响的，可以向信用信息共享平台或者作出失信行为认定的公共信用信息提供单位提出信用修复申请。符合信用修复规定的，信用信息共享平台或者公共信用信息提供单位应当一个工作日内修复。国家另有规定的，从其规定。

**第四十四条** 社会信用信息公示期限届满未转为档案保存的，信用主体有权要求转为档案保存。

**第四十五条** 市场信用信息提供单位采集自然人信息的，应当经本人同意并约定用途，法律、行政法规另有规定的除外。

市场信用信息提供单位不得采集自然人宗教信仰、基因、指纹、血型、疾病和病史等信息；不得采集自然人的收入、存款、有价证券、商业保险、不动产、纳税数额等信息，但是明确告知信息主体提供该信息可能产生的不利后果并取得其书面同意的除外。

第四十六条　任何单位和个人不得记录、采集、归集、披露、使用信用主体与国家和社会公共利益无关的个人隐私信息；需要获取他人个人信用信息的，应当依法或者依约取得并确保信息安全，不得非法传播、使用、买卖、提供或者公开他人的个人信息。

## 第六章 ‖ 信用行业的规范发展

第四十七条　县级以上人民政府应当制定相关信用服务行业发展规划及政策，培育、规范信用服务行业健康有序发展。

第四十八条　省社会信用工作主管部门对信用服务机构进行登记，建立信用服务机构信用承诺制度和信用服务机构及其从业人员信用评估制度，实施分类管理。

涉及征信业务的，应当遵守征信管理相关法律法规的规定。

第四十九条　信用服务机构是指依法设立，向社会提供信用产品和信用服务，从事信用评级、信用咨询管理、信用风险控制和信用数据服务等相关经营活动的专业服务机构。

第五十条　信用服务机构收集、整理社会信用信息、提供信用产品应当遵循客观、公正、审慎的原则，依照法律、法规规定接受监督管理。

信用服务机构对在业务过程中获悉的国家秘密、商业秘密、个人隐私和其他个人信息负有保密义务，不得妨碍国家安全、公共安全和公共利益，不得损害信用主体的合法权益。

第五十一条　鼓励和支持信用服务机构利用大数据等技术开发具有自主知识产权的信用产品，拓展信用应用服务领域，为政府部门、市场主体、社会组织和个人提供多样化、定制化的信用产品服务。

## 第七章 ‖ 社会信用的环境建设

第五十二条　各级国家机关应当健全权力运行制约和监督体系，加强自身信用建设和对本单位工作人员的守信教育，建立国家机关工作人员信用档案制度。

第五十三条　县级以上人民政府应当加强信用监管，创新监管机制，提高监管能力，建立健全以信用为基础的新型监管机制。

第五十四条　各级人民政府应当建立诚信督导机制，上级人民政府应当每年对下级人民政府进行政务诚信监督检查，实施政务诚信考核，考核结果作为对下级人民政府综合评价的重要参考。

第五十五条　各级监察机关应当依法公开监察工作信息，加强对监察人员执行职务和遵守法律情况的监督，并接受法律监督、民主监督和社会监督。

第五十六条　各级审判机关、检察机关应当完善监督制约机制，推进司法公开，严格公正司法，提高司法公信力，维护社会公平正义。

第五十七条　各行业行政主管部门、行业协会商会应当加强行业信用建设，建立行业信用记录，开展信用等级分类、信用评价、信用风险提示和预警监测。

征信机构、评级机构、评估机构、鉴定机构、律师事务所、会计师事务所、审计师事务所、房地产中介等中介服务机构应当建立从业人员信用档案，开展诚信教育，促进社会诚信建设。

第五十八条　市场主体可以向社会作出公开信用承诺，违背承诺自愿接受约束和惩戒。信用承诺以及履约情况纳入市场主体信用记录，接受社会监督，在办理适用信用承诺制的行政许可事项时，应当作为事中事后监管的依据。

第五十九条　县（市、区）、乡镇人民政府应当加强城市社区、农村等基层信用体系建设，建立社会信用信息记录、采集、归集、报送、查询等制度。

第六十条　省社会信用工作主管部门应当组织有关部门制定公共信用综合评价办法，报省人民政府批准后公布实施。国家已制定公共信用综合评价办法的，从其规定。

第六十一条　县级以上人民政府及其有关部门在行政许可、行政检查、行政处罚、行政裁决、行政强制、资质审核、政府采购、招标投标、公共资源交易、国有土地使用权出让、项目审批、财政性资金安排、招商引资、劳动用工等行政管理工作中应当使用社会信用信息。

第六十二条　各级人民政府及有关部门、人民团体和有关单位应当在精神文明创建、评优评先、道德模范评选和各行业的诚信创建活动中使用社会信用信息，树立诚信典范，弘扬社会主义核心价值观。

广播、电视、报刊、网络等媒体应当通过新闻报道、专题专栏、公益广告等形式，宣传和普及社会信用知识，褒扬诚实守信的先进典型，弘扬诚信文化。

第六十三条　县级以上人民政府应当制定诚信教育发展规划，在全社会开展社会公德、职业道德、家庭美德和个人品德教育。

县级以上人民政府教育部门、学校以及其他教育机构应当结合思想政治教育课程，加强学生诚信教育。

## 第八章 ‖ 法律责任

第六十四条　违反本条例规定的行为，法律、行政法规已有处罚规定的，从其规定。

**第六十五条** 违反本条例规定，国家机关和法律法规授权的具有管理公共事务职能的组织、群团组织及其工作人员，有下列行为之一的，由法律、法规规定的相关主管部门责令改正；情节严重的，对直接负责的主管人员和其他直接责任人员依法给予处分；构成犯罪的，依法追究刑事责任：

（一）未按照规定编制公共信用信息目录；

（二）未履行记录、报送、归集、共享和披露社会信用信息职责；

（三）未根据履职需要查询社会信用信息、使用信用报告；

（四）篡改、虚构、泄露、窃取和买卖社会信用信息；

（五）未履行异议信息处理、失信信息撤销、信用修复职责；

（六）未落实守信联合激励和失信联合惩戒措施；

（七）未建立社会信用信息安全管理制度，未履行保障信息安全职责；

（八）未按照规定履行告知义务；

（九）未按照本条例规定履行职责的其他行为。

违反前款规定，有关部门未予以处分的，由社会信用工作主管部门依法提请监察机关予以政务处分。

**第六十六条** 国家机关和法律法规授权的具有管理公共事务职能的组织及其工作人员滥用职权或者未按照法定程序认定失信联合惩戒对象名单，将不应当列入失信联合惩戒对象名单的信用主体列入失信联合惩戒对象名单的，应当立即从名单中予以移除，给信用主体造成名誉损害的应当赔礼道歉、消除影响、恢复名誉，造成财产损失的依法承担赔偿责任；并对直接负责的主管人员和其他直接责任人员依法给予处分，构成犯罪的依法追究刑事责任。

**第六十七条** 违反本条例规定，信用服务机构、金融机构、行业协会商会、其他企业事业单位及其工作人员，有下列行为之一的，由县级以上社会信用工作主管部门或者法律、行政法规规定的部门责令限期改正，没收违法所得，对单位并处五万元以上十万元以下罚款，情节严重的，处十万元以上三十万元以下罚款；对个人并处一万元以上三万元以下罚款，情节严重的，处三万元以上十万元以下罚款；构成犯罪的，依法追究刑事责任：

（一）违法采集、归集社会信用信息；

（二）违法获取或者出售社会信用信息；

（三）篡改、虚构、泄露社会信用信息；

（四）未按照规定对异议信息进行核查和处理；

（五）未经许可或者授权查询个人隐私、商业秘密等信息；

（六）拒绝、阻碍社会信用工作主管部门检查、调查或者不如实提供有关文件、资料；

（七）侵害信用主体合法权益的其他行为。

**第六十八条**　信用主体违背信用承诺取得行政许可的，由行政许可机关处一百万元以上二百万元以下罚款。

信用主体违背信用承诺获取非法收益的，由县级以上社会信用工作主管部门没收非法收益，并处非法收益三至五倍的罚款；构成犯罪的，依法追究刑事责任。

**第六十九条**　在社会信用信息记录、采集、归集、共享、披露、查询和使用等过程中，损害信用主体合法权益的，应当依法承担民事责任。

## 第九章 ‖ 附则

**第七十条**　本条例自 2020 年 5 月 1 日起施行。

# 湖北省社会信用信息管理条例

(湖北省第十二届人民代表大会常务委员会公告第 214 号)

《湖北省社会信用信息管理条例》于 2017 年 3 月 30 日经湖北省第十二届人民代表大会常务委员会第二十七次会议通过,自 2017 年 7 月 1 日起施行。

湖北省人民代表大会常务委员会

2017 年 3 月 30 日

## 湖北省社会信用信息管理条例

### 第一章 ‖ 总则

**第一条** 为了规范社会信用信息管理,促进社会信用体系建设,营造诚实守信的社会环境,保障社会信用信息安全和信用主体合法权益,实现社会信用信息共享,根据有关法律、行政法规,结合本省实际,制定本条例。

**第二条** 本省行政区域内社会信用信息的归集、披露、应用及其管理活动,适用本条例。

**第三条** 本条例所称社会信用信息,是指可用于识别自然人、法人和其他组织(以下简称信用主体)信用状况的数据和资料,包括公共信用信息和市场信用信息。

公共信用信息是指国家机关、法律法规授权的具有管理公共事务职能的组织以及群团组织等(以下简称公共信用信息提供单位),在依法履职、提供服务过程中产生或者获取的,可用于识别信用主体信用状况的数据和资料。

市场信用信息是指信用服务机构、行业协会、其他企业事业单位和组织,在生产经营和提供服务过程中产生或者获取的,可用于识别信用主体信用状况的数据和资料。

信用服务机构是指依法设立,从事信用评级、信用管理咨询、信用风险控制等相关经营性活动的中介服务机构。

**第四条** 社会信用信息管理应当按照社会信用体系建设和改革发展的需要,遵循合法、安全、及时、准确的原则，不得危害国家安全、泄露国家秘密，不得侵犯商业秘密和个人隐私。

**第五条** 县级以上人民政府应当成立社会信用体系建设领导小组，将社会信用体系建设纳入国民经济和社会发展规划，编制社会信用体系建设规划或者实施方案，明确工作机构和专门人员，保障工作经费，并将社会信用信息管理工作纳入目标责任制考核体系。

县级以上人民政府发展改革部门负责本行政区域内社会信用信息综合协调和监督管理工作。

社会信用体系建设领导小组成员单位以及其他有关部门和组织按照各自职责，做好相关领域社会信用信息归集、披露、应用及其管理工作。

征信业监督管理机构依照法律、行政法规的规定，做好金融信用信息和征信机构的监督管理工作。

**第六条** 省人民政府应当建立全省统一的社会信用信息服务平台，通过汇集系统与有关部门、组织和地方建立的信用信息服务系统互联互通，实现社会信用信息跨部门、跨领域、跨地区共享使用。

省人民政府设立的信用信息中心（以下简称省信用信息中心）具体负责省社会信用信息服务平台的建设、运行和维护工作，归集和管理社会信用信息，提供信息公开、查询、共享和应用等相关服务。

省社会信用体系建设领导小组成员单位以及其他有关部门和组织负责本系统信用信息服务系统的建设、运行和维护，做好与省社会信用信息服务平台的数据交换和信息共享工作。

**第七条** 国家机关及其工作人员应当依法履行职责，提高守法履约的意识和水平，在社会信用体系建设中发挥示范表率作用。

信用服务机构、行业协会、其他企业事业单位和组织应当遵守行业信用规约和职业道德准则，加强自身信用管理，提高公信力。

鼓励社会公众守信自律，提高诚信意识，参与诚信教育和信用监督活动，共同推进社会信用体系建设。

**第八条** 广播、电视、报刊、网络等媒体应当通过新闻报道、专题专栏、公益广告等形式，宣传和普及社会信用知识，弘扬诚信文化，营造诚信的舆论环境和社会氛围。

## 第二章 ‖ 信息归集

**第九条** 公共信用信息归集实行目录管理，公共信用信息的项目内容、提供单位、数据格式、使用权限、归集程序、归集路径、归集时限、披露方式等要素由公共信用信息目录规定。

公共信用信息目录由省人民政府发展改革部门会同有关部门，根据国家有关规定和标准组织编制并适时调整，经征求省社会信用体系建设领导小组成员单位意见后，报省人民政府批准并向社会公布。

拟纳入目录管理的项目内容可能减损信用主体权利或者增加信用主体义务、社会影响较大的，应当组织专家进行评估，并向社会公开征求意见。

**第十条** 信用主体的下列信息应当纳入公共信用信息目录：

（一）公共管理和服务中反映信用主体基本情况的登记类信息；

（二）行政许可、行政处罚、行政强制、行政确认、行政检查、行政征收、行政奖励、行政给付等行政行为中反映信用主体信用状况的信息；

（三）拒不履行生效法律文书的信息；

（四）群团组织在履行职责过程中产生或者掌握的信用主体受表彰奖励以及参加社会公益、志愿服务等信息；

（五）其他依法应当纳入目录管理的信息。

**第十一条** 公共信用信息提供单位应当按照公共信用信息目录的规定，及时、准确地向省信用信息中心报送信息。

**第十二条** 省人民政府发展改革部门应当会同有关部门根据国家有关规定和标准，制定和完善信用主体编码、信用信息技术规范。

向省信用信息中心提供的公共信用信息，应当符合信用信息技术规范，并载明信用主体的姓名或者法定名称及其统一社会信用代码。

**第十三条** 信用服务机构、行业协会、其他企业事业单位和组织应当按照真实、客观、全面的原则，依法采集市场信用信息。

**第十四条** 鼓励企业事业单位记录自身生产经营、提供服务过程中产生的信用信息；鼓励行业协会根据管理和服务需要记录会员的信用信息，建立会员信用档案和行业信用信息数据库。

鼓励信用主体以合法形式向省信用信息中心、信用服务机构、行业协会、其他企业事业单位和组织提供自身信用信息，并对信息的真实性、准确性负责。

**第十五条** 信用信息提供单位应当对其提供的信用信息的真实性、准确性负责，不得篡改、虚构信用信息。

省信用信息中心依法归集信用服务机构、行业协会、其他企业事业单位和组织采集的信用信息，应当按照规定或者约定对信息进行审核。

**第十六条** 省信用信息中心应当对收到的社会信用信息在三日内完成比对、录入工作；不符合要求的，反馈给信用信息提供单位复核处理后重新报送。

**第十七条**　任何单位和个人不得违法归集社会信用信息。

信用服务机构、行业协会、其他企业事业单位和组织归集市场信用信息属于自然人信息的，应当经本人同意并约定用途，未经本人同意不得归集。法律、法规另有规定的除外。

信用服务机构、行业协会、其他企业事业单位和组织不得归集自然人宗教信仰、基因、指纹、血型、疾病和病史等信息。

信用服务机构、行业协会、其他企业事业单位和组织不得归集法律、法规禁止归集的法人和其他组织的信用信息。

## 第三章 ‖ 信息披露

**第十八条**　公共信用信息通过公开公示、授权查询、政务共享等方式披露。

涉及自然人的公共信用信息通过本人实名认证查询、授权查询、政务共享的方式披露，国家另有规定的除外。

涉及法人和其他组织的公共信用信息的披露方式，由公共信用信息目录确定。

**第十九条**　公共信用信息以公开为原则，法律、法规另有规定的除外。

依法应当公开的公共信用信息，通过省社会信用信息服务平台和公共信用信息提供单位对外发布信息的平台向社会披露。

涉及商业秘密、个人隐私的公共信用信息，经信用主体书面同意公开或者国家机关认为不公开可能对公共利益造成重大影响的，可以依法公开。

依法不能公开的公共信用信息，经信用主体的书面授权可以查询，并按照约定的用途使用；未经其同意，不得将该信息向第三方提供。

**第二十条**　信用主体享有查询自身信用信息的权利。

省人民政府发展改革部门应当加强与有关部门合作，推动设立社会信用信息综合服务窗口，为社会提供查询服务。

省信用信息中心应当制定并公布公共信用信息查询服务规范，通过平台网站、移动终端、服务窗口等途径向社会提供便捷的查询服务，查询情况应当记载并自查询之日起保存三年。

**第二十一条**　县级以上人民政府及有关部门和组织根据履职需要，依法可以共享省信用信息中心归集的依法不能公开的公共信用信息。

信用服务机构、行业协会、其他企业事业单位和组织可以根据与省人民政府发展改革部门签订的协议，共享省信用信息中心归集的公共信用信息；共享依法不能公开的公共信用信息，应当取得信用主体的书面授权。

省社会信用信息服务平台与国家信用信息平台以及其他省、自治区、直辖市信用信息平台的信息共享和数据交换，依据有关规定和协议执行。

**第二十二条** 省人民政府应当建立信用信息共享机制，推动省社会信用信息服务平台与金融信用信息基础数据库以及其他各类信用信息服务系统的信息共享与数据交换。

金融信用信息基础数据库信用信息的披露和查询按照法律、行政法规的规定执行。

# 第四章 ‖ 信息应用

**第二十三条** 省人民政府发展改革部门应当组织有关部门制定公共信用信息评价规范，报省人民政府批准后向社会公布。国家已制定公共信用信息评价规范的，从其规定。

公共信用信息提供单位应当根据信用评价规范，对其履职过程中产生或者掌握的信用信息进行记录和评价，并将评价后的信息归集到省信用信息中心。

公共信用信息提供单位向归集单位报送信用主体失信信用信息前，应当书面告知信用主体。法律、法规另有规定的除外。

信用服务机构、行业协会、其他企业事业单位和组织可以依法对其获取的信用信息进行记录和评价，为社会提供专业化的信用服务。

**第二十四条** 县级以上人民政府及有关部门和组织应当根据履职需要，在下列工作中查询信用信息、使用信用报告，作为行政管理、公共服务以及人事管理和监督工作的参考依据：

（一）实施行政许可、行政处罚、行政检查；

（二）财政支持、政府采购、政府投资项目招标、国有土地出让、科研管理等；

（三）国家工作人员招录、任用和管理监督；

（四）表彰奖励；

（五）其他管理工作。

鼓励自然人、法人和其他组织在开展市场交易、企业治理、行业管理、融资信贷、社会公益等活动中，依法查询信用信息、使用信用报告。

**第二十五条** 县级以上人民政府应当支持和规范信用服务机构发展，制定促进信用服务产业发展的政策和措施，鼓励社会资本进入信用服务市场。

鼓励和支持信用服务机构开发和创新信用产品，扩大信用服务领域和范围，参与国际合作，推动信用调查、信用评估、信用担保、信用保险等信用产品和服务在行政管理、公共服务、市场交易、生产生活中的应用。

**第二十六条** 省人民政府应当建立跨部门、跨领域、跨地区的守信联合激励和失信联合惩戒机制，根据法律、法规和国家有关规定确定联合激励和惩戒事项，制定推荐性和强制性措施清单，并向社会公布。

未经依法确认的公共事业及物业管理欠费信息不得作为实施联合惩戒的依据。

**第二十七条** 对守信信用主体依法可以采取下列激励措施：

（一）在行政管理和公共服务过程中给予支持和便利；

（二）在财政支持、政府采购、政府投资项目招标、国有土地出让、融资信贷、媒体推介、荣誉评选等活动中，列为优先选择对象；

（三）国家规定的其他激励措施。

**第二十八条** 对失信信用主体在国家规定的期限内依法可以采取下列惩戒措施：

（一）在行政监管中列为重点核查对象；

（二）取消已经享受的行政便利措施；

（三）限制申请财政资金或者政策支持；

（四）国家规定的其他惩戒措施。

**第二十九条** 国家机关可以根据履职需要建立严重失信名单，规范名单纳入程序和条件，并向社会公布。

信用主体有下列行为之一的，应当纳入严重失信名单：

（一）严重损害公众身体健康和生命安全的行为；

（二）严重破坏市场公平竞争秩序和社会正常秩序的行为；

（三）有履行能力但拒不履行、逃避履行生效法律文书确定的义务的行为；

（四）拒不履行国防义务，危害国防利益的行为；

（五）国家规定的其他严重失信行为。

**第三十条** 对纳入严重失信名单的信用主体，依法可以采取下列特别惩戒措施：

（一）限制从事特定行业或者项目；

（二）限制任职资格；

（三）限制从事特殊市场交易；

（四）限制授予荣誉和融资信贷；

（五）限制高消费以及有关消费；

（六）限制出境；

（七）法律、行政法规规定的其他特别惩戒措施。

**第三十一条** 国家机关决定对失信信用主体采取惩戒措施的，应当告知实施理由、依据和救济途径以及解除惩戒措施的条件。

## 第五章 ‖ 信息安全与权益保障

**第三十二条** 省人民政府发展改革部门应当会同有关部门制定信用信息安全保护

制度，建立社会信用信息异议处理和信用修复机制，保障信用主体合法权益。

第三十三条　省信用信息中心和信用信息提供单位应当建立健全社会信用信息安全管理和应急处理制度，采取安全保密措施，保障社会信用信息归集、查询、披露和应用全过程的安全。

省社会信用信息服务平台和其他各类信用信息服务系统，应当符合国家计算机信息系统安全等级保护要求，保障社会信用信息系统正常运行和信用信息安全。

第三十四条　信用主体有权知晓自身信用信息的采集、使用等情况，以及本人信用报告载明的信息来源和变动理由。

信用服务机构、行业协会、其他企业事业单位和组织不得将个人信用信息采集与其他服务捆绑，强迫或者变相强迫信用主体同意。

第三十五条　信用信息提供单位发现其向省信用信息中心提供的信息存在错误、遗漏的，应当及时更正，并将更正后的信息及时报送省信用信息中心。

信用主体认为省信用信息中心记载的社会信用信息存在错误、遗漏或者侵犯其商业秘密、个人隐私等合法权益的，有权向省信用信息中心提出书面异议申请，并说明理由。

省信用信息中心收到异议申请后，对属于自身原因造成的，应当自收到异议申请三日内依法做出处理。对属于信用信息提供单位更正范围的，应当自收到异议申请二日内转交信用信息提供单位办理；信用信息提供单位应当在七日内依法做出处理，并将结果报送省信用信息中心，省信用信息中心在二日内将处理结果告知异议申请人。

信用信息提供单位未在规定期限内报送处理结果的，省信用信息中心应当中止披露、查询该信息。

省信用信息中心在异议申请处理期间，应当对异议信息进行标注。

第三十六条　信用主体依法纠正失信行为、消除不利影响，可以向信用信息提供单位提出信用修复的申请。

经审查符合信用修复条件的，信用信息提供单位应当在三日内做出信用修复决定并报送省信用信息中心。省信用信息中心收到信用修复决定后，应当及时删除原始失信信用信息并将修复记录归档管理。国家另有规定的除外。

信用主体的信用修复后，按照规定不再作为联合惩戒对象。

第三十七条　信用主体向省信用信息中心申请删除其表彰奖励、志愿服务和慈善捐赠等信息的，省信用信息中心应当及时删除并归档管理。

第三十八条　从事社会信用信息管理和服务的机构及其人员，不得非法提供、披露和使用信用信息，不得篡改、虚构、泄露、窃取和买卖信用信息。

## 第六章 ‖ 法律责任

**第三十九条** 违反本条例，法律、法规有规定的，从其规定。

**第四十条** 国家机关及其工作人员违反本条例规定，有下列行为之一的，由发展改革部门或者法律、法规规定的部门责令改正；情节严重的，对直接负责的主管人员和其他直接责任人员依法给予行政处分；构成犯罪的，依法追究刑事责任：

（一）未按照规定编制公共信用信息目录的；

（二）未履行报送、归集和披露信用信息职责的；

（三）未根据履职需要查询信用信息、使用信用报告的；

（四）篡改、虚构、泄露、窃取和买卖信用信息的；

（五）未履行异议信息处理、信用修复职责的；

（六）违法执行守信联合激励和失信联合惩戒措施的；

（七）未建立社会信用信息安全管理和应急处理制度，未履行保障信息安全职责的；

（八）其他未按照本条例履行职责的行为。

**第四十一条** 信用服务机构、行业协会、其他企业事业单位和组织及其工作人员违反本条例规定，有下列行为之一的，由发展改革部门或者法律、法规规定的部门责令限期改正，没收违法所得，对单位并处 5 万元以上 20 万元以下罚款，对个人并处 1 万元以上 5 万元以下罚款；逾期不改正的，责令停业整顿、依法吊销有关许可证件或者营业执照；构成犯罪的，依法追究刑事责任：

（一）归集禁止归集的自然人、法人和其他组织的信用信息或者未经同意违法归集自然人信用信息的；

（二）将个人信用信息采集与其他服务捆绑，强迫或者变相强迫信用主体同意的；

（三）未履行保密义务以及超出法定或者约定范围披露、应用信用信息的；

（四）篡改、虚构、泄露、窃取和买卖信用信息的。

**第四十二条** 违反本条例规定，在信用信息采集、归集、使用等过程中损害信用主体合法权益的，依法承担相应的民事责任。

## 第七章 ‖ 附则

**第四十三条** 本条例所称征信业监督管理机构，是指中国人民银行及其派出机构。

**第四十四条** 本条例自 2017 年 7 月 1 日起施行。

# 广东省企业信用信息公开条例

## （广东省第十届人民代表大会常务委员会公告第 79 号）

《广东省企业信用信息公开条例》于 2007 年 7 月 27 日经广东省第十届人民代表大会常务委员会第三十三次会议通过，自 2007 年 10 月 1 日起施行。

广东省人民代表大会常务委员会

2007 年 7 月 27 日

## 广东省企业信用信息公开条例

### 第一章 ‖ 总则

**第一条** 为规范政府行政部门公开企业信用信息活动，推进企业信用建设，促进企业健康发展，保障公民、法人和其他组织依法获取企业信用信息，根据有关法律法规的规定，结合本省实际，制定本条例。

**第二条** 本省行政区域内政府行政部门公开企业信用信息、企业信用信息的使用及其监督管理，适用本条例。

**第三条** 本条例所称企业信用信息，是指各级人民政府行政管理部门和依法授权行使行政管理职能的组织（以下统称行政部门）依法履行职责中掌握的可用以了解、分析企业信用状况的信息。

**第四条** 企业信用信息公开活动应当遵循合法、公正、准确、及时的原则，依法维护国家利益、社会利益和企业合法权益，保守国家秘密，保护商业秘密和个人隐私。

**第五条** 县级以上人民政府应当加强对企业信用信息公开活动的领导。

县级以上人民政府有关部门应当在各自职责范围内做好企业信用信息公开工作。

县级以上人民政府信息化行政主管部门负责企业信用信息公开活动的指导、协调和监督。

县级以上人民政府监察机关应当对行政部门开展企业信用信息公开活动的情况进行监督检查。

## 第二章 ‖ 公开

**第六条** 行政部门应当将依法履行职责中掌握的下列企业信用信息予以公开：

（一）企业的基本登记事项、组织机构代码；

（二）企业取得行政许可的情况；

（三）企业产品、服务、管理体系的认证情况和商标认定情况；

（四）企业产品质量的抽查、检验、检疫、检测情况；

（五）企业年度审计、审核情况和企业社会保险登记证年检情况；

（六）企业拖欠社会保险费和行政事业性费用的情况；

（七）企业拖欠、骗取、偷逃税款的情况；

（八）企业违法用工、拖欠员工工资等重大劳动保障违法行为的查处情况；

（九）企业重大质量、安全生产、环境污染等事故的责任追究情况；

（十）生效的行政处罚记录；

（十一）其他依法应当公开的企业信用信息。

法律法规对公开事项另有规定的，从其规定。

**第七条** 行政部门应当通过信息网络、新闻传媒、政务公开栏等方式，公开其掌握的本条例第六条规定的企业信用信息。

**第八条** 行政部门对企业信用信息数据库应当实行动态管理。

行政部门对本条例第六条规定公开的各项企业信用信息，应当自信息形成或者变更之日起十个工作日内予以公开。公开期限如下：

（一）第六条第（一）项公开至企业终止之日起三年止；

（二）第六条第（二）项、第（三）项公开至有效期届满止；

（三）第六条第（四）项至第（十）项公开的期限一般不超过三年。

企业信用信息公开期限届满的，应当终止公开发布，转为档案保存。

法律法规对企业信用信息公开期限另有规定的，从其规定。

**第九条** 行政部门公开企业信用信息应当符合法律法规规定，不得编造、篡改企业信用信息，不得收集、公开虚假信息。

**第十条** 行政部门应当依照《中华人民共和国保守国家秘密法》等法律法规和国家有关规定，对拟公开的企业信用信息及时进行审查，对涉及国家秘密、商业秘密、个人隐私以及法律法规规定不得公开的其他内容，应当采取保密措施，不得公开；行政部门不能确定是否可以公开的，应当报有关主管部门或者同级保密工作部门确定。

**第十一条** 行政部门之间公开的同一企业信用信息不一致的，有关行政部门应当自发现之日起十个工作日内共同核实，并予以公示。

有关行政部门之间对核实结果有争议的，由信息化行政主管部门协调处理。

**第十二条** 公民、法人和其他组织认为行政部门公布的企业信用信息有错误的，可以提出异议申请，并提供相关依据，有关行政部门应当受理，并自受理申请之日起十个工作日内核实，确有错误的予以更正并进行公示，核实无误的予以维持，并书面告知异议申请人。

行政部门受理异议申请期间认为需要停止公开该信息的，或者异议申请人申请停止公开，行政部门认为其要求合理的，可以暂停公开。

**第十三条** 省、地级以上市人民政府应当采取措施，实现行政部门之间的企业信用信息资源共享，并根据需要，可以指定或者委托有关单位或者部门建立企业信用信息发布系统，负责收集、整合并统一公开行政部门掌握的企业信用信息。具体规定由省人民政府制定。

## 第三章 ‖ 使用

**第十四条** 行政部门公开和提供的企业信用信息，可以作为分析企业信用状况的参考。

**第十五条** 行政部门在有关核准登记、资质认定、年检年审、招标投标、政府采购，以及向社会委托、发包政府公共服务项目等事务中，可以根据需要使用企业信用信息。

公民、法人和其他组织在项目合作、商业投资、商务采购、经营决策等活动中可以使用企业信用信息。

任何单位和个人不得歪曲、篡改公开的企业信用信息，不得以欺诈、贿赂、侵入计算机网络等方式非法获取未公开的企业信用信息。

**第十六条** 公民、法人和其他组织可以通过登录网站或者提出申请等方式，查询本条例第六条规定的企业信用信息。企业或者经企业授权的单位和个人查询其企业自身信用信息的，行政部门可以提供本条例第六条规定以外的该企业信用信息。

行政部门对申请查询的企业信用信息能够当场提供或者答复的，应当当场提供或者答复；不能当场提供或者答复的，应当自受理之日起十个工作日内提供或者答复。

**第十七条** 行政部门依照本条例规定提供的企业信用信息，可以收取复制、邮寄等成本费用，不得收取其他费用。

行政部门收取复制、邮寄等成本费用的标准，由省人民政府价格行政主管部门会同财政部门制定。

## 第四章 ‖ 监督

**第十八条** 各级人民政府应当定期对企业信用信息公开工作进行考核，并及时协调处理公开工作中的重大事项。

**第十九条** 信息化行政主管部门对企业信用信息公开工作应当进行指导和检查督促，并建立必要的制度，保障企业信用信息及时公开。

**第二十条** 监察机关对行政部门执行本条例的情况应当进行定期检查，及时查处违反本条例规定的行为。

**第二十一条** 行政部门应当加强对企业信用信息系统的建设和管理。

行政部门的企业信用信息系统发生重大运行故障或者事故、保密信用信息严重泄露以及其他重大事件，应当立即处理，并向同级信息化行政主管部门报告。信息化行政主管部门接到报告后，应当及时研究，协调解决有关行政部门处理不当的事项；涉及保密事项的，应当会同保密工作部门进行处理。

**第二十二条** 公民、法人和其他组织发现行政部门及其工作人员在企业信用信息公开活动中不依法履行义务，或者在企业信用信息公开活动中侵犯其合法权益等违法行为，可以向监察机关、上一级行政部门投诉。监察机关、上一级行政部门收到投诉后，应当及时调查处理。

## 第五章 ‖ 法律责任

**第二十三条** 行政部门违反本条例规定，有下列行为之一的，由监察机关、上一级行政主管部门责令改正；情节严重的，对该单位予以通报批评，并对直接负责的主管人员和直接责任人员依法给予处分：

（一）不按规定公开或者提供企业信用信息的；

（二）拒绝受理公民、法人和其他组织的异议申请或者查询申请的；

（三）编造、篡改企业信用信息的；

（四）违反规定收取费用的；

（五）企业信用信息系统发生重大事故和重大事件不及时报告的；

（六）违反法律法规有关规定的其他行为。

**第二十四条** 行政部门及其工作人员公布、提供虚假企业信用信息，或者公布的企业信用信息涉及国家秘密、商业秘密、个人隐私的，由监察机关、上一级行政主管部门责令改正，并对直接负责的主管人员和直接责任人员给予处分；侵犯公民、法人和其他组织的合法权益造成损害的，应当依法承担相关责任；构成犯罪的，依法追究刑事责任。

## 第六章 ‖ 附则

**第二十五条** 国家税务、海关、检验检疫、证券、银行、保险、电力、电信、邮政等驻粤机构，参照本条例开展企业信用信息公开活动。

人民法院对企业拒不执行生效判决、裁定的信息，参照本条例的有关规定公开。

**第二十六条** 本条例自 2007 年 10 月 1 日起施行。

# 陕西省公共信用信息条例

（陕西省第十一届人民代表大会常务委员会公告第 50 号）

《陕西省公共信用信息条例》于 2011 年 11 月 24 日经陕西省第十一届人民代表大会常务委员会第二十六次会议通过，现予公布，自 2012 年 1 月 1 日起施行。

陕西省人民代表大会常务委员会

2011 年 11 月 24 日

## 陕西省公共信用信息条例

### 第一章 ‖ 总则

**第一条〔立法目的〕**　为了规范公共信用信息的征集、披露和使用活动，建立社会信用体系，实现公共信用信息资源共享，为经济社会发展提供信用信息服务，促进诚信社会建设，根据本省实际，制定本条例。

**第二条〔定义〕**　本条例所称公共信用信息是指行政机关、司法机关以及行使管理公共事务职能的组织（以下简称有关机关和组织），在履行职责过程中形成的反映企业和个人信用状况的数据和资料。

**第三条〔适用范围〕**　本条例适用于本省行政区域内公共信用信息的征集、披露、使用和监督管理。

**第四条〔遵循原则〕**　公共信用信息的征集、披露和使用，应当遵循合法、客观、公正、及时原则，保守国家秘密、商业秘密，保护个人隐私。

**第五条〔政府职责〕**　省、设区的市人民政府应当编制社会信用体系建设规划，建立联席会议制度，统筹社会信用体系建设，协调解决公共信用信息工作中的重大问题。

县级人民政府按照社会信用体系建设规划，负责组织实施本行政区域内社会信用体系建设工作，协调公共信用信息的采集、上报、使用等工作。

**第六条〔主管部门及机构〕** 省人民政府发展和改革行政部门是本省公共信用信息工作主管部门，指导、管理、监督公共信用信息的征集、披露和使用。

设区的市、县（市、区）人民政府确定的公共信用信息工作主管部门，负责本行政区域内的公共信用信息工作，指导、管理、监督公共信用信息的征集、披露和使用。

省、设区的市人民政府应当设立公共信用信息工作机构，在本级公共信用信息工作主管部门的指导监督下，具体承担本行政区域内公共信用信息平台的建设、运行和维护，依法开展公共信用信息的征集、披露、使用及相关工作。

**第七条〔协同职责〕** 有关机关和组织按照各自职责协同做好公共信用信息的征集、披露、使用及相关工作。

**第八条〔健全机制〕** 各级人民政府及其有关部门应当建立守信激励和失信惩戒机制，推进信用评价、信用报告等信用服务的推广应用，提高社会管理和公共服务水平。

## 第二章 ‖ 行业信用信息建设

**第九条〔政府推动〕** 省、设区的市人民政府应当支持和协调有关机关和组织建立健全本行业、本系统信用信息体系，提供经费保障，推动行业信用建设。

**第十条〔内部责任〕** 有关机关和组织应当明确本单位信用信息工作的责任部门或者机构，负责采集、整理、保存、加工履行职责过程中形成的公共信用信息。

**第十一条〔信息整合〕** 省、设区的市有关机关和组织应当确定本行业信用信息的目录、指标和内容，利用已有的业务管理信息系统整合行业信用信息；尚未建立业务管理信息系统的，应当根据本单位实际采取建立业务管理信息系统、行业信用数据库或者电子信用档案的方式整合行业信用信息。

**第十二条〔提供责任〕** 有关机关和组织应当按照省公共信用信息工作主管部门制定的公共信用信息技术规范，及时准确地提供公共信用信息，并保证实时或者至少每月更新一次，实现公共信用信息共享。

**第十三条〔披露与服务〕** 有关机关和组织应当建立行业公共信用信息披露制度，依据信用状况实行分类监管，向社会提供公共信用信息服务。

**第十四条〔司法机关信用信息〕** 省高级人民法院、省人民检察院根据本条例规定，建立完善业务管理信息系统，制定司法机关公共信用信息征集提供的具体办法，实现公共信用信息共享。

## 第三章 ‖ 信用信息征集

**第十五条〔技术规范〕** 省公共信用信息工作主管部门按照法律、行政法规的要求和国家标准，制定本省公共信用信息技术规范。

公共信用信息工作机构按照公共信用信息技术规范征集公共信用信息，做好整理、保存、加工等工作。

公共信用信息分为基本信息和提示信息。

**第十六条〔企业基本信息〕** 公共信用信息工作机构征集的企业基本信息由有关行政机关、行使管理公共事务职能的组织依据《企业信用数据项规范》国家标准提供，包括下列信息：

（一）企业工商登记信息、税务登记信息、组织机构代码登记信息；

（二）股权结构信息，董事、监事、经理及其他主要经营管理者信息，分支机构信息，进出口信息；

（三）资产负债信息、损益信息；

（四）专项许可和资质信息；

（五）认证认可信息和商标注册信息；

（六）其他基本信息。

**第十七条〔企业提示信息〕** 公共信用信息工作机构征集的企业提示信息由有关机关和组织依据《企业信用数据项规范》国家标准提供，包括下列信息：

（一）法院生效的判决、裁定、调解和执行信息；

（二）欠缴税收信息；

（三）劳动及社会保障保险信息；

（四）行政事业性收费、政府性基金欠费信息；

（五）行政处罚信息；

（六）行政强制信息；

（七）荣誉信息；

（八）企业董事、监事、经理及其他主要经营管理者受到刑罚、行业禁入处理的信息；

（九）其他提示信息。

**第十八条〔个人信用信息系统〕** 公共信用信息工作机构可以从有关机关和组织征集企业主要经营管理者、个体工商户和具有专业执业资格等人员的信用信息，逐步建立健全个人信用信息系统。

**第十九条〔个人信用信息内容〕** 公共信用信息工作机构不得征集个人的宗教信

仰、基因、指纹、血型、疾病和病史以及法律、行政法规禁止采集的其他个人信息。

未经本人书面同意，公共信用信息工作机构不得征集个人收入、存款、纳税数额、有价证券、不动产的信息。

公共信用信息工作机构征集的个人信用信息的具体内容由省人民政府依法确定。

**第二十条〔信息提供〕** 有关机关和组织按照下列规定提供公共信用信息：

（一）县级行政机关向设区的市行政机关提供；

（二）省、设区的市行政机关、司法机关向本级公共信用信息工作机构提供；

（三）行使管理公共事务职能的组织向其行政主管部门或者省、设区的市公共信用信息工作机构提供。

设区的市公共信用信息工作机构应当将征集的公共信用信息，向省公共信用信息工作机构提供，实现全省公共信用信息共享。

**第二十一条〔真实性责任〕** 有关机关和组织对其提供的公共信用信息的真实性负责。

公共信用信息由企业或者个人直接申报，且法定条件和程序未要求接受申报的机关和组织对申报信息的实质内容进行核实的，其真实性由企业或者个人负责。

公共信用信息工作机构不得篡改、虚构公共信用信息。

**第二十二条〔安全性要求〕** 公共信用信息工作机构、有关机关和组织应当建立健全信用信息安全管理制度，采取必要的技术措施，确保公共信用信息的安全。

**第二十三条〔公共信用信息补充〕** 公共信用信息工作机构除按照本条例规定从有关机关和组织征集公共信用信息外，还可以按照双方约定，从企业事业单位、社会组织等征集信用信息，作为公共信用信息的补充。企业事业单位、社会组织等对其提供的信用信息的真实性负责。

## 第四章 ‖ 信用信息披露和使用

**第二十四条〔披露方式与期限〕** 企业信用信息通过公开、共享和查询的方式披露。个人信用信息不予公开和共享，只通过查询方式披露。

企业提示信息中的不良记录披露期限为三年，披露期限自不良行为或者事件终止之日起计算；超过三年的转为档案保存。

个人提示信息中的不良记录查询期限为五年，自不良行为或者事件终止之日起计算；超过五年的予以删除。

**第二十五条〔企业信用信息公开〕** 公共信用信息工作机构通过信用陕西网站、新闻媒体等方式向社会公开部分企业信用信息，包括下列信息：

（一）企业工商登记信息中的企业名称、住所、法定代表人姓名、经营范围；

（二）组织机构代码；

（三）专项许可和资质信息；

（四）认证认可信息和商标注册信息；

（五）逾期未履行法院生效的民事判决、裁定、调解的信息；

（六）行政处罚、刑罚信息；

（七）荣誉信息；

（八）其他应当公开的信息。

有关机关和组织向社会公开在履行职责过程中形成的企业信用信息，应当遵守前款规定。

**第二十六条〔企业信用信息共享〕** 有关机关和组织通过公共信用信息交换平台查询共享企业信用信息，但因履行职责需要查询企业股权结构信息、主要经营管理者信息、资产负债信息、损益信息的，应当经查询单位负责人批准后，按照公共信用信息工作机构规定的程序查询。

**第二十七条〔企业信用信息查询〕** 公民、法人和其他组织可以通过信用陕西网站、电话、手机短信平台等方式，或者在公共信用信息工作机构查询公开的企业信用信息。

公民、法人和其他组织查询非公开的企业信用信息的，应当经被查询企业书面同意后，在公共信用信息工作机构查询。

企业查询本企业非公开的信用信息的，应当出具企业书面证明，在公共信用信息工作机构查询。

**第二十八条〔个人信用信息查询〕** 因信贷、赊销、租赁、就业、保险、担保等事项或者其他理由需要查询个人信用信息的，应当经被查询人书面同意后，在公共信用信息工作机构查询。

个人查询本人信用信息的，应当出具本人有效身份证，在公共信用信息工作机构查询。

**第二十九条〔查询记录〕** 对需经授权或者批准方可查询的公共信用信息，公共信用信息工作机构应当如实记录查询情况，并自该记录生成之日起保存三年。

**第三十条〔保密规定〕** 公共信用信息工作机构等有关机关和组织及其工作人员不得披露或者泄露涉及国家秘密、商业秘密和个人隐私、以及本条例第二十五条规定以外的公共信用信息。

机关和组织不得披露从公共信用信息工作机构获取的非本单位或者本行业提供共享的企业信用信息。

**第三十一条〔企业信用信息使用〕** 行政机关、行使管理公共事务职能的组织在日常监督管理以及政府采购、招标投标、项目审批、专项资金安排、政府资金补贴、招商引资等涉及公共利益的领域和重点工作中，应当将企业信用信息作为行政决策的重要依据，推行企业信用评价制度，拓展企业信用评价信息的应用范围，提高社会管理和公共服务水平。

**第三十二条〔限制措施〕** 行政机关、行使管理公共事务职能的组织对提示信息中有不良记录的企业，视其情节可以采取下列措施：

（一）作为日常监督检查的重点；

（二）三年内不授予荣誉称号，已经授予的荣誉称号予以撤销；

（三）二年内限制或者取消其参加政府采购、政府投资项目资格；

（四）法律、法规、规章规定的其他措施。

本条例第十七条第一项、第二项、第三项规定的提示信息中有不良记录的企业，在未履行法定义务之前，行政机关或者司法机关应当采取措施限制该企业及其主要经营管理者以单位资产实施高额消费。

## 第五章 ‖ 异议信息处理

**第三十三条〔异议申请〕** 公民、企业事业单位和社会组织认为公共信用信息工作机构披露的公共信用信息与事实不符，或者依照有关法律、法规规定不得披露的，可以向公共信用信息工作机构提出书面异议申请，并提交证据。

**第三十四条〔异议信息处理〕** 公共信用信息工作机构收到异议申请后应当在三个工作日内进行核查，因自身原因造成错误的立即更正，并将更正结果在二个工作日内告知申请人。

对非其自身原因造成的异议信息，公共信用信息工作机构应当通知提供该信息的有关机关和组织核查，有关机关和组织自收到核查通知之日起十五个工作日内回复是否更正的核查结果，公共信用信息工作机构应当在二个工作日内将核查结果告知申请人。

**第三十五条〔处置与删除〕** 公共信用信息工作机构处理异议申请期间，应当暂停披露该异议信息。对无法核实真实性的异议信息，公共信用信息工作机构应当予以删除并记录删除原因。

## 第六章 ‖ 法律责任

**第三十六条〔行政机关提供信息责任〕** 省、设区的市行政机关未按本条例规定向公共信用信息工作机构提供公共信用信息的，由本级公共信用信息主管部门书面催促提供；经催促仍不提供的，由本级人民政府给予通报批评。

县级行政机关未按本条例规定向上级行政机关提供公共信用信息的，由上级行政机关负责催报，经催报仍不提供的，给予通报批评。

**第三十七条〔公共组织提供信息责任〕** 行使管理公共事务职能的组织未按本条例规定提供公共信用信息的，由其行政主管机关负责催报，经催报仍不提供的，给予通报批评。

**第三十八条〔违法披露责任〕** 行政机关、行使管理公共事务职能的组织披露公共信用信息时违反本条例规定的，由本级人民政府通报批评；情节严重的，由行政监察部门对直接负责的主管人员和其他直接责任人员给予行政处分。

**第三十九条〔公职人员责任〕** 行政机关、公共信用信息工作机构及其他行使管理公共事务职能的组织及其工作人员，在公共信用信息管理工作中有下列情形之一的，由主管部门或者行政监察部门责令改正；情节严重的，对直接负责的主管人员和其他直接责任人员给予行政处分；构成犯罪的，依法追究刑事责任：

（一）以不正当手段采集公共信用信息的；

（二）篡改、虚构公共信用信息的；

（三）违反规定披露或者泄露公共信用信息的；

（四）未按规定处理和答复异议信息的。

# 第七章 ‖ 附则

**第四十条〔特别适用〕** 事业单位、社会组织信用信息的征集、披露、使用及其监督管理参照本条例执行。

**第四十一条〔施行日期〕** 本条例自 2012 年 1 月 1 日起施行。

# （二）市级人大及其常务委员会制定公布的地方性法规

## 南京市社会信用条例

（南京市第十六届人民代表大会常务委员会公告第 24 号）

《南京市社会信用条例》已由南京市第十六届人民代表大会常务委员会第十九次会议于 2019 年 12 月 27 日通过，江苏省第十三届人民代表大会常务委员会第十三次会议于 2020 年 1 月 9 日批准。现予公布，自 2020 年 7 月 1 日起施行。

南京市人民代表大会常务委员会

2020 年 1 月 16 日

## 南京市社会信用条例

### 第一章 ‖ 总则

**第一条** 为了加强社会信用体系建设，创新社会治理，完善社会主义市场经济体制，弘扬和践行社会主义核心价值观，根据有关法律、法规，结合本市实际，制定本条例。

**第二条** 本条例所称社会信用，是指具有完全民事行为能力的自然人、法人和非法人组织（以下统称社会信用主体）在经济社会活动中依法履行职责、遵守法定义务、履行约定义务的状态。

本条例所称社会信用信息，是指社会信用主体依法履行职责、遵守法定义务、履行约定义务状况的客观数据和资料，包括公共信用信息和市场信用信息。

本条例所称公共信用信息，是指行政机关、司法机关、法律法规授权具有管理公共事务职能的组织等公共信用信息提供单位，在依法履行职责和提供服务过程中生成的社会信用信息。

本条例所称市场信用信息，是指信用服务机构、行业协会商会，以及其他企业事业单位等市场信用信息提供单位，在生产经营活动和提供社会服务过程中生成的社会信用信息。

**第三条** 本市行政区域内社会信用体系建设，以及社会信用信息管理和应用、社会信用主体权益保障、社会信用行业发展等相关活动，适用本条例。

法律、法规另有规定的，从其规定。

**第四条** 社会信用体系建设遵循系统推进、共建共享、强化应用、维护安全的原则，发挥政府组织引导和示范作用，培育和运用市场机制，鼓励和调动社会力量参与。

**第五条** 市人民政府应当将社会信用体系建设纳入国民经济和社会发展规划，建立健全社会信用体系建设的协调机制、目标责任制和考核制度，统筹推进本市社会信用体系建设工作，所需经费列入财政预算。

区人民政府、江北新区管理机构负责辖区内社会信用体系建设工作。

**第六条** 社会信用行政主管部门负责社会信用体系综合协调和监督管理工作。

政务数据行政主管部门负责政务数据和社会信用信息一体化建设工作。

政务服务管理部门负责在政务服务中规范应用社会信用的相关工作。

其他相关部门应当按照各自职责协助做好社会信用工作。

**第七条** 市公共信用信息管理机构负责归集、共享公共信用信息，建设、运营、管理市公共信用信息归集和服务平台，协助开展社会信用监督管理工作。

市公共信用信息归集和服务平台是本市公共信用信息归集、公开、使用和共享的统一载体。

**第八条** 归集、采集、披露、使用社会信用信息，提供信用产品，应当遵循合法、客观、准确、必要的要求，确保信息安全，维护社会信用主体合法权益，不得侵犯国家秘密、商业秘密、个人隐私。

任何组织和个人不得非法归集、采集、使用、加工、传播社会信用信息，不得篡改、虚构、非法买卖其归集、采集、存储的社会信用信息。

**第九条** 市人民政府应当加强诚信文化建设，引导诚信风尚。

电视、广播、报纸、网络等媒体应当加强诚信文化宣传，营造诚信和谐的社会氛围。

社会各方应当培育规则意识，强化契约精神，提升自律水平。

## 第二章 ‖ 社会信用体系建设

**第十条** 市、区人民政府、江北新区管理机构以及相关部门应当科学、民主、依法决策，实行决策、执行、管理、服务、结果公开，提高政府工作透明度。

市、区人民政府、江北新区管理机构以及相关部门在招商引资、政府采购、招标投标、债务融资以及开展和社会资本合作项目等方面，应当兑现依法作出的政策承诺，履行合同义务。

国民经济和社会发展规划、政府工作报告中承诺事项的履行情况应当作为评价政府诚信水平的重要内容。

**第十一条** 国家机关、法律法规授权具有管理公共事务职能的组织等以及公职人员应当依法办事、诚实守信，在社会信用体系建设中做好示范。

建立公职人员信用档案，记录有关诚信履职情况并纳入市公共信用信息归集和服务平台，加强对政务诚信情况的监督、考核、评价和应用。

公务员管理等相关部门应当将信用知识纳入领导干部和机关工作人员培训课程，加强诚信教育。

**第十二条** 司法机关应当公正司法，依法履行职能，提高司法公信力。

审判机关应当定期发布重大失信典型案例，依法披露失信被执行人信息；依法防范和查处虚假诉讼，净化诉讼环境。

检察机关应当依法通过公益诉讼等方式，加强对食品药品安全、生态环境和资源保护、国有资产保护、国有土地使用权出让、英雄烈士权益保护等重点领域违法失信行为的法律监督。

建立司法机关与相关部门的信息互通制度，对刑事犯罪案件触发信用联合惩戒的事项，司法机关应当及时通报相关部门，推进联合惩戒有效实施。

建立法官、检察官、律师、公证员、司法鉴定人等信用档案，实行执业诚信承诺制度。档案记录的信用信息应当归集到市公共信用信息归集和服务平台。

**第十三条** 市场主体应当建立内部治理机制和信用风险防范机制，诚信履约。市、区人民政府、江北新区管理机构以及相关部门应当依法引导资源要素优先向信用良好的市场主体配置，营造公平、公正、公开的市场竞争氛围，优化营商环境。

**第十四条** 市、区人民政府、江北新区管理机构以及相关部门应当建立以信用监管为基础的新型市场监管机制，提高行政效能。

加强对市场主体全生命周期的信用监管，建立市场主体信用记录，实施信用承诺、信用信息公示和信用评价制度。市场监管领域行政检查结果应当依法记入市场主体信用信息。

根据法律、法规和国家规定对社会信用主体实施信用差异评定和分级分类管理，分级分类情况可以作为行政执法确定抽查比例和频次的参考依据。

**第十五条** 加强市场重点领域信用监管。对食品药品、生态环境、工程质量、安全生产、养老托幼、城市运行安全等领域的严重违法失信行为，依法严格实施联合惩戒，维护市场经济秩序和公众生命财产安全。

**第十六条** 企业事业单位、社会团体等各类社会组织应当加强自身社会信用建设，遵守法律、法规和行业信用规约。

相关行业主管部门应当对社会中介服务、寄递运输、家政服务、慈善捐助、新闻媒体、科研教育等行业从业人员建立社会信用档案，并及时归集到市公共信用信息归集和服务平台。

完善自然人社会信用信息记录和应用，拓展南京市民卡守信激励应用领域。不得以信用分为依据对自然人实施失信惩戒，不得以低信用分为由限制自然人享有基本公共服务和法律、法规规定的权利。

**第十七条** 社会信用行政主管部门应当通过组织举办公益性培训、信用知识解读等方式宣传普及社会信用知识，提高社会信用主体的信用风险意识和信用管理能力。

教育行政主管部门应当坚持立德树人，将诚信教育作为德育的重要内容，向师生普及社会信用知识。

支持有条件的高等院校设置相关专业或者开设相关课程，开展信用建设理论、技术、标准等方面研究。

**第十八条** 市、区人民政府、江北新区管理机构应当参与长三角地区社会信用合作示范区建设，开展合作交流，推动形成相对统一的区域信用制度框架体系。

发挥在南京都市圈中的示范引领作用，会同都市圈城市建立协作机制，推进信用制度共建、信用平台共联、信用信息共享、信用产品共用，开展南京都市圈信用评价标准、评价结果互认和跨区域信用联合奖惩，加快都市圈城市信用一体化建设。

中国（江苏）自由贸易试验区南京片区应当提高信用工作标准化和国际化水平，发挥引领作用，加强制度创新，扩大对外开放合作。江北新区管理机构应当整合信用管理资源，对辖区内企业全面实行信用监管，培育、支持信用服务机构参与国内外合作，提升自贸区信用服务能力，优化营商环境。

**第十九条** 市、区人民政府、江北新区管理机构应当加强社会信用体系基础设施建设，推进社会信用信息系统标准化，与国家、省联通对接，实现信用信息公开和数据共享。利用大数据、人工智能、云计算、区块链等技术，将信用信息分析应用嵌入公共服务和行政管理各领域，促进跨地区、跨部门、跨层级业务协同，提高服务和监管效率。

## 第三章 ‖ 社会信用信息管理

**第二十条** 公共信用信息的归集实行以统一社会信用代码为基础的目录清单制度。自然人以公民身份号码等为其社会信用代码。法人和非法人组织使用统一社会信用代码。

公共信用信息目录清单内容包括公共信用信息分类、提供单位、公开属性、归集频率、使用权限、记录期限以及数据格式等。

公共信用信息分类包括基础信息、良好信息、失信信息和其他信息。

**第二十一条** 自然人的基础信息包括姓名、身份号码、婚姻状况、就业就学、资格资质等信息。

法人和非法人组织的基础信息包括统一社会信用代码、登记注册、资格资质、认证认可等信息。

**第二十二条** 自然人、法人和非法人组织的良好信息包括下列内容：

（一）国家机关、法律法规授权具有管理公共事务职能的组织等授予的表彰奖励等信息；

（二）志愿服务、慈善捐赠、见义勇为等信息；

（三）国家、省、市规定的其他良好信息。

**第二十三条** 自然人、法人和非法人组织的失信信息包括下列内容：

（一）反映社会信用状况的刑事处罚信息、行政处罚信息和不履行行政决定而被依法行政强制执行的信息；

（二）以欺骗、贿赂等不正当手段取得行政许可、行政确认、行政给付、行政奖励的信息；

（三）未履行生效法律文书确定义务并具有国家规定情形的信息；

（四）提供虚假材料、违反告知承诺制度的信息；

（五）被监管部门处以行业禁入的信息；

（六）欠缴税款、社会保险费以及经依法确认的行政事业性收费或者政府性基金，经催缴仍拒绝缴纳的信息；

（七）法律、法规和国家规定的其他失信信息。

自然人的失信信息还包括下列内容：

（一）酒后驾驶、违法饲养烈性犬或者大型犬等危害公共安全的信息；

（二）破坏医疗机构就诊秩序，侮辱、恐吓、伤害医务人员等扰乱医疗秩序的信息；

（三）冒用他人证件、使用伪造证件乘坐公共交通工具等逃票信息，辱骂、殴打正在运行中的公共交通工具驾驶人员等危害公共交通安全的信息；

（四）组织策划传销活动或者介绍、诱骗、胁迫他人参加传销，扰乱经济秩序，影响社会稳定的信息；

（五）骗取社会保险待遇，或者以欺骗手段申请办理商事登记、不动产登记以及相关业务的信息；

（六）学术不端，骗取国家荣誉、项目、专业技术资格，以及在国家、省、市组织的统一考试中作弊的信息；

（七）法律、法规和国家规定的其他失信信息。

确定失信信息应当考虑社会信用主体违法、违约的主观意图、行为情节和危害后果。

第二十四条 自然人、法人和非法人组织的其他信息包括下列内容：

（一）信用承诺以及履行承诺信息；

（二）监督检查、抽查、约谈等信用监管信息；

（三）国家、省、市规定的应当列入公共信用信息目录清单的其他信息。

第二十五条 市社会信用行政主管部门依照法律、法规和国家规定，负责组织编制公共信用信息目录清单，向社会公开征求意见，经市人民政府批准后向社会公布，并根据需要适时调整。公共信用信息目录清单应当在本条例实施一年内制定出台。

拟纳入公共信用信息目录清单的事项涉及重大利益调整或者争议较大的，市社会信用行政主管部门应当组织开展论证，听取相关群体代表、专家等方面意见。

法律、行政法规对有关违法事项纳入公共信用信息目录清单已作出规定的，该法律、行政法规规定的其他违法事项不得纳入。

第二十六条 公共信用信息提供单位负责记录本单位履行职责过程中形成的公共信用信息，并根据公共信用信息目录清单要求，向市公共信用信息归集和服务平台进行归集。

公共信用信息提供单位应当及时、准确、全面地履行归集义务，不得以业务信息系统管理权限等理由拒绝归集公共信用信息，已通过国家、省行业管理信用信息系统共享的公共信用信息除外。

第二十七条 公共信用信息属于依法主动公开的，市社会信用行政主管部门、市公共信用信息管理机构应当通过信用门户网站等信息化平台或者服务窗口及时予以公开。公共信用信息属于依申请公开的，市社会信用行政主管部门、市公共信用信息管理机构应当通过提供复制件、安排查阅等形式予以公开。

信用服务机构以及其他企业事业单位、社会组织提出共享公共信用信息的，市社会信用行政主管部门、市公共信用信息管理机构应当进行核查，符合共享条件的可以共享，并签订协议明确各方权利义务。

**第二十八条** 鼓励企业事业单位等记录自身业务活动中产生的市场信用信息。

行业协会商会、交易平台等根据管理和服务需要，可以依法依约记录其会员、成员的市场信用信息。

信用服务机构等单位采集市场信用信息，涉及征信业务的，应当遵守征信管理相关法律、法规。

**第二十九条** 采集市场信用信息应当经社会信用主体授权或者同意，涉及自然人个人信息的，应当经其本人同意；法律、法规规定应当公开的信息除外。

禁止采集自然人的收入、存款、有价证券、商业保险、不动产、纳税数额等信息。法律、法规另有规定或者明确告知社会信用主体提供该信息可能产生不利后果，并就信息用途、期限等达成书面协议的除外。

禁止采集自然人的宗教信仰、基因、指纹、血型、疾病、病史以及法律、法规禁止采集的其他个人信息。

**第三十条** 鼓励市场主体自行披露其市场信用信息。市场主体可以通过发布声明、自主申报等形式，向市公共信用信息归集和服务平台、信用服务机构、行业协会商会等提供自身市场信用信息。

信用服务机构、行业协会商会、交易平台等可以依法依约向市公共信用信息归集和服务平台提供市场信用信息和信用评级评价信息。

市场信用信息提供单位应当对信息的合法性、真实性、准确性、完整性负责，并明确告知共享和应用方式。市公共信用信息管理机构经市场信用主体授权，依法依约共享和披露市场信用信息。

**第三十一条** 市公共信用信息管理机构、公共信用信息提供单位可以依法依约与市场主体开展社会信用信息合作，建立公共信用信息和市场信用信息的互通机制。

社会信用主体在涉及公共资源使用、公共项目运作、公共利益保障领域自愿作出的社会信用承诺，作为公共信用信息予以记录和公示，接受社会监督。

## 第四章 ‖ 社会信用信息应用

**第三十二条** 行政机关、司法机关、法律法规授权具有管理公共事务职能的组织等应当共同参与，依照法律、法规规定，建立跨地区、跨行业、跨领域的社会信用联合奖惩机制，依法加强对守信行为的褒扬和激励、对失信行为的约束和惩戒。

企业事业单位、行业协会商会等可以按照合同约定或者章程规定，认定本行业相关领域信用联合奖惩对象。

**第三十三条** 实行社会信用联合奖惩清单制度。市社会信用行政主管部门依照法律、法规和国家规定，负责组织编制社会信用联合奖惩清单，向社会公开征求意见，报市人民政府批准后向社会公布，并根据需要适时调整。

社会信用联合奖惩清单应当包括实施主体、依据、条件、对象、期限、具体措施等。

**第三十四条** 对认定的社会信用联合奖惩对象，行政机关、司法机关、法律法规授权具有管理公共事务职能的组织等应当通过信息共享发起联合奖惩，相关单位应当及时将社会信用联合奖惩信息嵌入行政管理和行政审批等政务服务系统中，实现自动比对和自动反馈。不实施联合奖惩的，应当书面说明理由。

市社会信用行政主管部门应当定期通报社会信用联合奖惩实施情况，并向社会公开。

**第三十五条** 行政机关、法律法规授权具有管理公共事务职能的组织等可以在法定权限范围内，对无失信信息记录的社会信用主体采取下列激励或者便利措施：

（一）市场主体创新创业过程中，给予经费支持、孵化培育等；

（二）市场主体申请办理证照或者资质等级评定过程中，予以优先办理，适用告知承诺、容缺受理等制度；

（三）市场主体运营过程中，在电力获得、施工许可等环节享受流程简化、费用减免等待遇，优先给予财政性资金补助、项目支持等政策扶持；

（四）日常监管中，降低抽查比例，减少检查频次，更多适用非现场检查方式；

（五）市场主体退出过程中，给予简易注销、流程简化等待遇；

（六）依照国家、省、市有关规定授予相关荣誉称号；

（七）国家、省、市规定的其他措施。

**第三十六条** 对具有良好信息记录的个人，可以由行政机关、法律法规授权具有管理公共事务职能的组织等，通过南京市民卡等方式在法定权限内实施守信激励措施，享受交通出行、文旅消费、金融信贷、公共停车场收费、医疗就诊等方面优惠和便利。

鼓励企业事业单位等在南京市民卡中为良好社会信用主体加载相关便利和优惠。

**第三十七条** 建立轻微偶发失信行为信用惩戒豁免制度。市社会信用行政主管部门负责组织编制社会信用惩戒豁免行为清单。

社会信用主体发生失信行为符合下列情形之一的，免予实施惩戒，并由相关部门列入重点关注名单：

（一）初次发生且情节轻微的；

（二）没有造成社会危害后果和较大风险的；

（三）国家、省、市规定的其他情形。

相关部门对列入重点关注名单的社会信用主体，通过失信警示提醒、指导约谈等方式，督促其依法开展活动。

重点关注名单的有效期为三个月。社会信用主体在重点关注期内未再发生失信行为的，有效期届满后应当退出重点关注名单；发生失信行为的，应当转为失信主体。

**第三十八条**　社会信用主体发生失信行为不符合豁免惩戒条件，且不属于严重失信的，认定为一般失信主体。

**第三十九条**　行政机关、法律法规授权具有管理公共事务职能的组织等在法定权限范围内，对一般失信主体就相关联的事项采取下列惩戒措施：

（一）列为重点监管对象，提高抽查比例，增加检查频次，加强现场检查；

（二）行政管理中不适用告知承诺等便利化措施；

（三）政府采购、政府投资工程建设招标投标等活动中，降低信用等次或者不适用信用加分等优惠优待；

（四）申请政府补贴、政策支持事项中，给予相应限制；

（五）城市交通等公共服务中，限制享受优惠优待；

（六）表彰奖励活动中，给予相应限制；

（七）法律、法规和国家规定的其他措施。

**第四十条**　社会信用主体有下列情形之一的，属于严重失信主体：

（一）严重损害自然人身体健康和生命安全的；

（二）严重破坏市场公平竞争秩序和社会正常秩序的；

（三）被人民法院列入失信被执行人名单的；

（四）拒不履行国防义务，危害国防利益，破坏国防设施的；

（五）亵渎英烈，宣扬、美化侵略战争和侵略行为，严重损害国家和民族尊严的；

（六）法律、法规和国家规定的其他严重失信行为。

行政机关、司法机关、法律法规授权具有管理公共事务职能的组织等应当依法确定严重失信主体名单并通知相关失信主体，同时告知名单的列入、移出条件。严重失信主体名单应当向社会公布。

**第四十一条**　行政机关、司法机关、法律法规授权具有管理公共事务职能的组织等在法定权限范围内，对严重失信主体依照国家有关规定采取下列惩戒措施：

（一）限制进入相关市场；

（二）限制进入相关行业；

（三）限制相关任职资格；

（四）限制出境，限制乘坐飞机、乘坐高等级列车和席次，限制购买不动产以及国家相关主管部门规定的高消费；

（五）法律、行政法规规定的其他措施。

**第四十二条** 社会信用惩戒措施的设定，应当与社会信用主体违法、违约行为的性质和领域相关联。

社会信用惩戒措施的实施，应当与社会信用主体违法、违约行为的情节和社会危害程度相适应，不得超越法定的许可条件、处罚种类和幅度，并告知实施的依据、理由、救济途径以及解除惩戒措施的条件。

未经法定程序设定和公布的社会信用惩戒措施，行政机关、司法机关、法律法规授权具有管理公共事务职能的组织等不得实施。

不得对失信主体以外的第三人实施社会信用惩戒措施。

**第四十三条** 严重失信主体是法人、非法人组织的，在记录该单位严重失信信息时，应当同步将该严重失信行为记入负有责任的法定代表人、实际控制人、主要负责人和其他直接责任人信用档案。行政机关、司法机关、法律法规授权具有管理公共事务职能的组织等依法对上述人员实施相应的联合惩戒措施。

**第四十四条** 行政机关、法律法规授权具有管理公共事务职能的组织等应当根据履行职责的需要，在下列工作中查询和使用社会信用信息：

（一）安全生产管理、生态环境保护、食品药品监管、国有资产管理；

（二）公共资源交易、政策扶持、科研管理；

（三）公职人员招录、任用，相关人员的专业技术职称评聘；

（四）国家、省、市规定的其他工作事项。

**第四十五条** 行政许可、行政确认、行政给付以及其他审批服务事项中实行容缺受理和告知承诺制度。

无失信信息记录的申请人，申请办理符合下列情形的行政事项，并以书面形式承诺其符合行政许可、行政确认和行政给付条件的，可以简化办理程序：

（一）因客观限制，难以事先核实行政许可、行政确认、行政给付以及其他审批服务条件的；

（二）能够通过信息共享、联网核查等开展事中事后监管且风险可控的；

（三）不涉及公共安全、生态环境保护，不直接关系人身健康、生命财产安全的。

行政机关、法律法规授权具有管理公共事务职能的组织等收到申请人的承诺书以及规定的材料后，能够当场作出审批服务决定的，应当当场作出。

实施告知承诺制度的相关部门应当建立社会信用主体履行承诺的核查监管机制。申请人违反承诺的，相关部门应当依法对审批服务决定作出撤销等处理，并将该申请人列为失信主体。

第四十六条 行政机关、法律法规授权具有管理公共事务职能的组织等应当通过信用信息共享，为社会信用主体提供便利、高效的政务服务。可以通过共享方式获取的信息和其他证明材料，相关部门不得要求社会信用主体重复提供。

第四十七条 行政机关、法律法规授权具有管理公共事务职能的组织等可以依据法律、法规和国家规定，建立信用评价评分机制和分类施策标准，实施基于信用的分类监管和服务。

管理服务对象不得将本行业行政监管信用评价情况作为自身整体信用评定结果用于广告宣传等活动。

第四十八条 鼓励市场主体在生产经营、交易谈判等经济活动中参考使用社会信用信息、信用评分和信用评级评价结果。对守信主体采取优惠便利、增加交易机会等降低市场交易成本的措施；对失信主体采取取消优惠、提高保证金等增加交易成本的措施。

第四十九条 鼓励行业协会商会、交易平台与信用服务机构等合作，开展信用等级分类和信用评价，依据章程、约定对守信主体采取重点推荐、提升信用级别等激励措施，对失信主体采取警告、通报批评、降低信用级别、取消会员资格等惩戒措施，并共享相关信息。

第五十条 电子商务平台经营者应当依法建立信用评价制度，及时制止虚假交易、恶意炒信等干扰平台内经营者或者消费者信用等级的行为，履行平台经营者社会责任。

鼓励电子商务平台经营者依法依约将其平台内经营者的市场信用信息向市公共信用信息管理机构提供，并保证信息准确、真实、完整。

电子商务平台经营者向市公共信用信息管理机构申请获取平台内经营者公共信用信息的，市公共信用信息管理机构应当在合法、必要的范围内予以提供。

## 第五章 ‖ 社会信用主体权益保障

第五十一条 市社会信用行政主管部门应当制定公共信用信息归集、查询、应用等相关服务和安全管理规范。

市公共信用信息管理机构应当建立安全应急预案，保障公共信用信息安全。

第五十二条 行政机关、司法机关、法律法规授权具有管理公共事务职能的组织等应当履行下列信息安全保障职责：

（一）建立信息安全管理和应急处理机制，确定责任人员；

（二）建立信息查询制度规范，明确本部门工作人员的查询权限和查询程序，完善查询流量异常管控，建立信息查询日志并长期保存；

（三）建立信息管理保密审查制度和责任追究制度；

（四）遵守信息安全管理的其他规定。

**第五十三条** 行政机关、司法机关、法律法规授权具有管理公共事务职能的组织等及其工作人员不得实施下列行为：

（一）违反权限或者程序查询公共信用信息；

（二）篡改、虚构、违规删除公共信用信息以及查询日志；

（三）泄露、使用、买卖未经授权公开的公共信用信息；

（四）法律、法规禁止的其他行为。

**第五十四条** 社会信用主体有权按照规定向公共信用信息提供单位或者通过市信用门户网站等信息化平台、服务窗口查询公共信用信息。

向市信用门户网站等信息化平台或者服务窗口申请查询本人非公开信息的，应当提供本人有效身份证件；查询他人非公开信息的，应当提供本人有效身份证件和被查询人的书面授权材料，并按照约定的用途使用。

**第五十五条** 市公共信用信息管理机构应当制定并公布公共信用信息查询服务规范，合理设置公共信用信息查询窗口，优化查询载体，向社会提供公共信用信息自助服务终端、移动通讯端查询等便捷的查询服务。

对符合查询条件或者通过规定渠道提出的查询请求，公共信用信息提供单位、市公共信用信息管理机构应当按照相关要求提供服务。

**第五十六条** 市公共信用信息归集和服务平台对外提供社会信用主体一般失信信息查询的期限为一年，严重失信信息为三年。查询期限自失信信息被相关部门确认之日起计算。社会信用主体被列入严重失信主体名单且查询期限届满时尚处于惩戒期限内的，查询期限延长至严重失信惩戒结束之日。查询期限届满的，市公共信用信息归集和服务平台不得提供查询服务，国家、省另有规定的除外。

**第五十七条** 社会信用主体有权知晓其社会信用信息归集、采集、使用以及信息来源和变动理由等情况。公共信用信息提供单位向市公共信用信息管理机构报送社会信用主体失信信息时应当告知、提醒社会信用主体，法律、法规另有规定的除外。

自然人有权从归集、采集其社会信用信息的机构免费获取本人的信用报告。提供个人信用报告应当注明信用信息的使用、查询情况，法律、法规另有规定的除外。

向社会信用主体提供相关信用服务的单位，应当告知信用信息的采集内容、使用范围和时限等，不得超出告知事项进行信用信息采集和使用。

**第五十八条** 公共信用信息提供单位发现其提供的信息存在错误、遗漏的，应当及时更正，并将更正后的信息及时报送市公共信用信息管理机构。

社会信用主体认为社会信用信息的归集、采集、存储存在错误、遗漏或者侵犯其商业秘密、个人隐私等合法权益的，可以向市公共信用信息管理机构、公共信用信息提供单位、信用服务机构等提出书面异议申请。

市公共信用信息管理机构应当在收到异议申请之日起一个工作日内作出异议标注，并在十五个工作日内依据有关规定作出处理。对于核查确实有误的，予以更正或者删除，并告知申请人。

第五十九条　公共信用信息归集后，失信记录被原提供单位撤销，或者据以认定其失信状态的具体行政行为被生效法律文书撤销的，撤销单位应当及时向市公共信用信息管理机构推送变更信息或者书面告知，市公共信用信息管理机构应当在收到变更数据或者书面告知之日起三个工作日内作出相应处理。

第六十条　在失信信息查询期限内，社会信用主体依法纠正失信行为、消除不利影响的，可以向公共信用信息提供单位等提出社会信用修复申请。符合社会信用修复规定的，公共信用信息提供单位等应当作出修复决定，市公共信用信息管理机构应当按照规定不再对外提供失信信息的查询服务。

社会信用主体可以通过公开信用承诺、提交信用报告、承担违约责任、与权利人和解等方式修复信用。

社会信用主体存在国家规定的特定违法犯罪行为的，被处以责令停产停业、吊销许可证或者执照的，以及法律、法规规定不可修复的，不适用社会信用修复。

第六十一条　社会信用主体向市公共信用信息管理机构申请对其表彰奖励、志愿服务、慈善捐赠、见义勇为等良好信息不作公开的，市公共信用信息管理机构应当在收到申请之日起二个工作日内停止提供对外查询服务，并告知信用信息提供单位。

第六十二条　社会信用主体认为公共信用信息归集、应用等相关管理活动中的行政行为侵犯其合法权益的，可以依法申请行政复议或者提起行政诉讼。

## 第六章 ‖ 社会信用行业发展

第六十三条　市、区人民政府、江北新区管理机构应当制定社会信用服务产业发展政策，推动信用业态和信用产品创新，培育信用服务机构，发展信用经济。

鼓励创新示范园区、产业园区引入信用服务机构，为园区管理、入驻企业提供定制化信用产品和服务。

支持各类交易平台、信用服务机构依法依约应用社会信用大数据进行社会信用评分或者评级评价，提供精准服务。

第六十四条　行政机关、法律法规授权具有管理公共事务职能的组织等开展行政审批、政府采购、政府投资工程建设招标投标、政策扶持资金分配审批等业务，涉及重大资金、资源、项目的，应当依法查询公共信用信息，并可以向信用服务机构购买相关社会信用报告。

鼓励非政府资金建设项目依法查询公共信用信息，并可以向信用服务机构购买相关社会信用报告。

**第六十五条** 信用服务机构出具的下列社会信用报告应当由应用或者购买单位及时推送到市公共信用信息归集和服务平台：

（一）在行政审批、政府采购、政府投资工程建设招标投标、政策扶持资金分配审批中出具的社会信用报告；

（二）在行政管理活动中要求行政管理对象提供的社会信用报告。

**第六十六条** 鼓励信用服务机构利用大数据、人工智能、云计算、区块链等技术开发和创新具有自主知识产权的信用产品，扩大信用产品使用范围，为企业提供信用报告咨询、调查评价、风险控制、管理培训等服务。社会信用行政主管部门以及相关单位对信用服务机构开发信用产品予以扶持。

**第六十七条** 信用服务机构向市公共信用信息管理机构提出其业务需要的批量查询申请的，市公共信用信息管理机构依法依约为其提供便利化服务。

**第六十八条** 支持信用服务机构和相关单位按照国家、省有关规定，在不损害有关权利人合法权益的情况下将市公共信用信息归集和服务平台归集、存储的公共信用信息数据进行市场开发与运用。

**第六十九条** 信用服务机构采集、加工社会信用信息，提供信用产品，应当客观、公正、审慎，不得进行虚假评价。

市社会信用行政主管部门应当会同相关部门制定信用行业监管规定，促进信用行业规范发展。

社会信用行政主管部门有权对信用评级评价报告进行抽查检验，抽查检验结果向社会公布。

对出具虚假信用评级评价报告的信用服务机构，限制使用其信用评级评价产品，并依据本条例实施联合惩戒。

**第七十条** 本市依法成立的信用服务行业协会商会应当加强行业自律，根据章程组织制定并推行行业规范，建立行业内信用承诺制度，编制行业统计报告，开展宣传培训、质量评价发布等，提升行业服务能力和公信力。

## 第七章 ‖ 法律责任

**第七十一条** 违反本条例规定，法律、法规已有规定的，从其规定。

第七十二条　社会信用行政主管部门、市公共信用信息管理机构、公共信用信息提供单位及其工作人员违反本条例规定，有下列行为之一的，由上级主管部门或者所在单位责令改正；造成严重后果的，追究单位责任，对相关工作人员依法给予处分；构成犯罪的，依法追究刑事责任：

（一）未按照规定归集公共信用信息、提供查询服务的；

（二）未按照规定查询公共信用信息、使用信用产品的；

（三）未建立公共信用信息查询制度，未长期保存查询日志的；

（四）未按照规定处理异议申请或者进行社会信用修复的；

（五）未履行保密义务的；

（六）未落实或者违法实施社会信用奖惩措施的；

（七）其他滥用职权、玩忽职守、徇私舞弊的行为。

第七十三条　信用服务机构违反本条例规定，非法采集、买卖、传播社会信用信息或者出具虚假信用评级评价报告的，由社会信用行政主管部门或者法律、法规规定的部门责令限期改正，没收违法所得，处以五万元以上十万元以下罚款；情节严重的，处以十万元以上二十万元以下罚款。

第七十四条　违反本条例规定，伪造、变造社会信用主体授权材料，获取他人非公开信息，给社会信用主体造成损失的，依法承担民事责任；构成犯罪的，依法追究刑事责任。

## 第八章 ‖ 附则

第七十五条　市人民政府可以根据本条例有关规定制定具体实施办法。

第七十六条　本条例自 2020 年 7 月 1 日起施行。

# 无锡市公共信用信息条例

（无锡市第十五届人民代表大会常务委员会公告第 21 号）

《无锡市公共信用信息条例》已由无锡市第十五届人民代表大会常务委员会第二十六次会议于 2015 年 10 月 20 日制定，经江苏省第十二届人民代表大会常务委员会第十九次会议于 2015 年 12 月 4 日批准，现予公布，自 2016 年 3 月 1 日起施行。

无锡市人民代表大会常务委员会<br>2015 年 12 月 4 日

# 无锡市公共信用信息条例

## 第一章 ‖ 总则

**第一条** 为了规范公共信用信息管理，推进社会信用体系建设，根据有关法律、法规，结合本市实际，制定本条例。

**第二条** 本市行政区域内公共信用信息的采集、公开、使用和相关管理活动，适用本条例。

**第三条** 本条例所称公共信用信息，是指行政机关、司法机关以及法律、法规授权的具有管理公共事务职能的企业事业单位和社会组织（以下统称信息提供主体），在依法履行职责过程中形成的反映自然人、法人和其他组织信用状况的数据和资料。

**第四条** 公共信用信息的采集、公开、使用和相关管理活动，应当遵循合法、客观、及时、安全的原则，不得泄露国家秘密，不得侵犯商业秘密和个人隐私。

**第五条** 市人民政府应当统筹全市公共信用信息体系建设，编制公共信用信息体系建设规划，建立联席会议制度，完善绩效考核机制，落实资金保障，协调解决公共信用信息管理工作中的重大问题。

县级市、区人民政府按照全市公共信用信息体系建设规划，负责组织实施本行政区域内公共信用信息体系建设工作。

**第六条** 市信用信息主管部门负责全市公共信用信息的监督管理工作。县级市、区人民政府确定的信用信息主管部门负责本行政区域内公共信用信息的监督管理工作。

**第七条** 市、县级市公共信用信息机构在同级信用信息主管部门的指导、监督下，具体负责公共信用信息系统的建设、运行和维护，承担公共信用信息的采集、公开和使用等相关服务工作。

**第八条** 市人民政府应当建设以统一社会信用代码制度为基础，标准规范统一、数据互联共享、分级协同管理的公共信用信息系统，实现全市公共信用信息的一体化发展，应用大数据、云计算等现代信息技术提升公共信用信息系统建设和应用水平。

**第九条** 市、县级市、区人民政府及其相关部门应当健全守信激励和失信惩戒机制，促进公共信用信息综合利用。

**第十条** 培育和发展社会信用服务机构，满足全社会多层次、多样化、专业化的信用信息服务需求。

## 第二章 ‖ 信息采集

**第十一条** 市信用信息主管部门应当会同信息提供主体，按照国家有关规定和行业标准，制定和发布公共信用信息采集目录和规范。

制定公共信用信息采集目录和规范应当向社会公开征求意见。

**第十二条** 公共信用信息按照主体分为法人和其他组织信息、自然人信息；按照内容分为基本信息和信用信息。

**第十三条** 法人和其他组织基本信息包括：

（一）统一社会信用代码；

（二）注册、登记、备案、变更信息；

（三）抵押、质押登记信息；

（四）年度报告信息；

（五）其他基本信息。

法人和其他组织信用信息包括：

（一）行政许可、资质信息；

（二）纳税、缴费、信贷状态信息；

（三）社会保障信息；

（四）行政处罚、行政强制信息；

（五）产品、食品召回信息；

（六）董（监）事、高级管理人员受到刑罚、行业禁入处理的信息；

（七）法院和仲裁机构生效的判决、裁决、裁定和执行信息；

（八）荣誉表彰信息；

（九）其他信用信息。

**第十四条** 自然人基本信息包括：

（一）统一社会信用代码；

（二）职业信息；

（三）其他基本信息。

自然人信用信息包括：

（一）从业（执业）资格、技能等级信息；

（二）纳税、缴费、信贷状态信息；

（三）行政处罚、行政强制信息；

（四）法院和仲裁机构生效的判决、裁决、裁定和执行信息；

（五）荣誉表彰信息；

（六）其他信用信息。

**第十五条** 信息提供主体应当联网实时向公共信用信息机构提供公共信用信息，并实行动态更新维护；暂不具备条件的，定期向公共信用信息机构提供公共信用信息。信息提供主体应当对提供公共信用信息的真实性、准确性、完整性和时效性负责。

**第十六条** 公共信用信息机构可以通过下列方式采集公共信用信息采集目录以外的其他公共信用信息：

（一）以约定的方式向信息提供主体和社会信用服务机构采集；

（二）从公共媒体发布的信息中采集；

（三）自然人、法人和其他组织自主提供或者授权提供的方式采集；

（四）其他合法的采集方式。

**第十七条** 公共信用信息机构不得采集自然人的宗教信仰、基因、指纹、血型、疾病和病史信息，以及法律、法规规定禁止采集的其他信息。

未经自然人书面同意，公共信用信息机构不得采集其收入、存款、有价证券、商业保险、不动产、纳税和贷款数额等信息。

**第十八条** 公共信用信息按照信用状况实行分级管理，包括良好信息、一般失信信息、较重失信信息和严重失信信息等级别。

公共信用信息具体分级标准由市信用信息主管部门会同信息提供主体确定，并向社会公布。

## 第三章 ‖ 信息公开

**第十九条** 市信用信息主管部门应当会同信息提供主体制定和发布公共信用信息公开目录和规范。

制定公共信用信息公开目录和规范应当向社会公开征求意见。

**第二十条** 法人和其他组织的公共信用信息应当按照公共信用信息公开目录和规范依法公开；公开目录以外的，依申请查询。

**第二十一条** 自然人的公共信用信息依申请查询。具有准入类职业资格的自然人，其从业（执业）资格（资质）、技能等级、荣誉表彰等公共信用信息应当依法公开。

**第二十二条** 公共信用信息应当通过政府信用网站、公共信用信息服务平台、移动客户端等方式向社会公开。

**第二十三条** 依申请查询的公共信用信息通过公共信用信息机构查询。

自然人、法人和其他组织申请查询其公共信用信息的，应当提供有效身份证明；授权查询的，应当提供书面授权证明。

**第二十四条** 法人和其他组织基本信息的公开期限至法人和其他组织终止之日起满三年；自然人基本信息的公开期限至自然人死亡。

一般失信信息、较重失信信息的公开期限不超过三年；严重失信信息的公开期限不超过五年；良好信息的公开期限与其有效期一致。

一般失信信息、较重失信信息、严重失信信息的查询期限不超过七年。

失信信息的公开和查询期限自失信行为或者事件终止之日起计算，超过公开和查询期限的，应当转为档案保存。

法律、法规对公共信用信息公开和查询期限另有规定的，从其规定。

**第二十五条** 公共信用信息机构提供查询服务，除可以收取检索、复制、邮寄等成本费用外，不得收取其他费用。

## 第四章 ‖ 信息使用

**第二十六条** 建立自然人、法人和其他组织公共信用评价制度。

自然人、法人和其他组织公共信用评价由公共信用信息机构或者相关的社会信用服务机构承担。

公共信用评价标准由市信用信息主管部门或者信息提供主体制定，并向社会公开征求意见。

第二十七条　行政机关、司法机关、具有管理公共事务职能的组织以及国有企业事业单位，在政府采购、招标投标、财政补贴、评优评先或者人员招聘等活动中，应当使用信用信息、信用报告等产品；对信用状况良好的自然人、法人和其他组织，在同等条件下给予优先、优惠等待遇；对有失信记录的，视其情节可以采取限制、禁入等惩戒措施。

第二十八条　鼓励自然人、法人和其他组织在融资信贷、订立合同、劳动用工等经济社会活动中查询并使用公共信用信息。

鼓励社会信用服务机构在提供专业化的信用服务中查询并使用公共信用信息。

第二十九条　公共信用信息机构应当建立公共信用信息使用记录档案，并按照规定保存。

第三十条　自然人、法人和其他组织在其失信公共信用信息产生的规定期限内，主动履行法定义务，减轻或者消除不良行为后果的，可以向信息提供主体申请信用修复。

对符合信用修复规定的，信息提供主体应当作出书面信用修复确认，公共信用信息机构应当及时采用修复后的信用信息。信用修复后，原始失信公共信用信息应当转为档案保存。

第三十一条　自然人、法人和其他组织认为公共信用信息与事实不符或者依法不应当公开的，可以向公共信用信息机构或者信息提供主体提出书面异议申请，并提交相关证据材料。

公共信用信息机构或者信息提供主体应当自收到异议申请之日起二十日内进行核查。经核查确与事实不符或者依法不应当公开的，应当予以更正，并将更正结果告知申请人。

第三十二条　异议申请未处理结束的，公共信用信息机构提供信息查询时应当予以标注。

对无法核实真实性的异议信息，公共信用信息机构应当予以删除并记录删除原因。

## 第五章 ‖ 信息管理

第三十三条　信用信息主管部门、信息提供主体在日常监督管理中，应当对公共信用信息实行分类、分级和动态监管。

第三十四条　任何单位和个人不得以不正当手段采集公共信用信息，不得篡改、虚构公共信用信息，不得违规披露、泄露或者使用公共信用信息。

信息提供主体不得披露从公共信用信息机构获取的非本单位或者本行业提供共享的公共信用信息。

第三十五条　公共信用信息机构应当建立健全公共信用信息安全管理制度，保障公共信用信息的安全；对发生公共信用信息系统重大运行故障、公共信用信息严重泄露等情况的，应当及时处理，并向信用信息主管部门报告。

第三十六条　信用信息主管部门应当建立投诉举报制度，公布举报电话和电子信箱，及时处理投诉和举报，并将处理结果告知投诉人或者举报人。

# 第六章 ‖ 法律责任

第三十七条　违反本条例规定，信息提供主体未按照公共信用信息采集目录和规范向公共信用信息机构提供信息，或者未及时修复符合信用修复规定的信用信息的，由同级人民政府责令限期改正；逾期不改正的，给予通报批评。

第三十八条　违反本条例规定，公共信用信息机构未按照规定提供查询，未对公共信用信息使用情况进行记录，或者未按照规定采用修复后的信用信息的，由信用信息主管部门责令限期改正；逾期不改正的，给予通报批评。

第三十九条　违反本条例规定，信息提供主体、公共信用信息机构提供、公开的信息不实，或者逾期不处理异议申请，给自然人、法人和其他组织造成损失的，依法承担相应的法律责任。

第四十条　违反本条例规定，负责公共信用信息采集、公开使用和相关管理活动的工作人员有下列行为之一的，由其所在单位或者上级主管部门、监察机关对直接责任人员和主管责任人员依法给予行政处分；构成犯罪的，依法追究刑事责任：

（一）以不正当手段采集公共信用信息的；

（二）篡改、虚构公共信用信息的；

（三）违反规定公开、泄露或者使用公共信用信息的；

（四）未按规定处理异议信息的；

（五）其他滥用职权、玩忽职守、徇私舞弊的行为。

# 第七章 ‖ 附则

第四十一条　与公众利益密切相关的企业事业单位和行业组织，在提供社会公共服务过程中形成的信用信息，其采集、公开、使用和相关管理活动，参照本条例执行。

第四十二条　本条例自 2016 年 3 月 1 日起施行。

# 泰州市公共信用信息条例

（泰州市第四届人民代表大会常务委员会公告第 3 号）

《泰州市公共信用信息条例》已经泰州市第四届人民代表大会常务委员会第三十三次会议通过，江苏省第十二届人民代表大会常务委员会第二十四次会议于 2016 年 7 月 29 日批准，现予公布，自 2016 年 10 月 1 日起施行。

泰州市人民代表大会常务委员会
2016 年 8 月 23 日

# 泰州市公共信用信息条例

## 第一章 ‖ 总则

**第一条** 为了加强公共信用信息管理，增强公众诚信意识，促进公共信用信息资源整合和应用，推进社会信用体系建设，根据有关法律、法规，结合本市实际，制定本条例。

**第二条** 本市行政区域内公共信用信息的归集、披露、应用和监督管理活动，适用本条例。本条例所称公共信用信息，是指行政机关、司法机关和法律、法规授权的具有管理公共事务职能的组织以及公共企事业单位（以下统称信息提供主体），在依法履行职责、提供服务过程中产生或者获取的，可用于反映自然人、法人和其他组织信用状况的数据和资料。

**第三条** 公共信用信息的归集、披露、应用和监督管理活动，应当遵循合法、客观、及时、安全的原则，维护自然人、法人和其他组织的合法权益，不得泄露国家秘密，不得侵犯商业秘密和个人隐私。

**第四条** 市人民政府应当统筹全市公共信用信息体系建设，编制社会信用体系建设规划，保障资金投入，健全考核评价机制；建立联席会议制度，协调解决公共信用信息管理工作中的重大问题。县级市（区）人民政府应当按照全市社会信用体系建设规划，负责组织实施本行政区域内公共信用信息体系建设工作。

**第五条** 市、县级市（区）人民政府社会信用体系建设主管部门（以下简称信用建设主管部门）负责本行政区域内公共信用信息的业务指导和监督管理工作。市、县级市（区）人民政府公共信用信息工作机构（以下简称信用信息工作机构），在同级信用建设主管部门的指导、监督下，具体负责公共信用信息系统建设、运行和维护，承担公共信用信息的归集、披露和应用等工作。市、县级市（区）人民政府其他部门应当按照各自职责，做好公共信用信息的相关工作。

**第六条** 市人民政府应当运用现代信息技术组织建设以统一社会信用代码制度为基础，标准规范统一、数据互联共享、分级协同管理的公共信用信息系统，实现全市公共信用信息管理一体化发展。

## 第二章 ‖ 信息归集

**第七条** 公共信用信息归集实行目录管理。市信用建设主管部门应当会同信息提供主体，按照国家、省相关规定和标准，编制或者调整公共信用信息归集目录，报市人民政府批准后，向社会公布。

公共信用信息归集目录包括公共信用信息的具体内容、查询期限、披露方式等要素。

**第八条** 公共信用信息包括年满十八周岁的自然人、法人和其他组织的基本信息、信用信息。

**第九条** 自然人的基本信息包括：

（一）姓名、身份证号码；

（二）学历、就业状况；

（三）从业（执业）资格、专业技术（技能）等级；

（四）其他基本信息。

自然人的信用信息包括：

（一）荣誉表彰、志愿服务、慈善捐赠信息；

（二）纳税、缴费、信贷的状况等信息；

（三）参加国家或者省、市组织的统一考试作弊的信息；

（四）交通违法和不文明旅游信息；

（五）逃税骗税、恶意欠薪、传销、无证照经营、出借和借用资质投标、围标串标等扰乱市场经济秩序的信息；

（六）行政处罚信息，行政强制执行信息；

（七）不履行生效法律文书的执行信息；

（八）其他信用信息。

**第十条** 法人和其他组织的基本信息包括：

（一）名称、统一社会信用代码、住所地、法定代表人或者负责人姓名以及身份证号码信息；

（二）行政许可、资质信息；

（三）年度报告信息；

（四）其他基本信息。

法人和其他组织的信用信息包括：

（一）荣誉表彰、志愿服务、慈善捐赠信息；

（二）纳税、缴费、信贷的状况等信息；

（三）违反劳动用工、社会保险登记有关规定的信息；

（四）产品质量、安全生产、环境污染等事故信息；

（五）逃税骗税、恶意欠薪、传销、无证照经营、出借和借用资质投标、围标串标等扰乱市场经济秩序的信息；

（六）行政处罚信息，行政强制执行信息；

（七）董（监）事、高级管理人员因违法履职受到刑事处罚、行业禁入处理的信息；

（八）不履行生效法律文书的执行信息；

（九）其他信用信息。

**第十一条** 信用信息

按照信用状况实行分级管理，包括良好信息、一般失信信息、较重失信信息和严重失信信息。

信用信息的具体分级管理办法由市信用建设主管部门会同信息提供主体依据国家、省相关规定和标准确定，报市人民政府批准后，向社会公布。

**第十二条** 信用信息工作机构不得归集自然人的宗教信仰、基因、指纹、血型、疾病和病史信息，以及法律、法规规定禁止归集的其他信息。未经自然人书面同意，信用信息工作机构不得归集其收入、存款、有价证券、商业保险、不动产、纳税数额、贷款数额等信息。

**第十三条** 信息提供主体应当按照公共信用信息归集目录的要求，通过电子政务专网数据交换平台向公共信用信息系统及时提供公共信用信息。

不能通过电子政务专网数据交换平台提供公共信用信息的，信息提供主体应当按照公共信用信息归集目录的要求，通过其他方式定期向信用信息工作机构提供，并逐步实现联网报送和动态更新维护。

市信用建设主管部门可以按照平等互助、共建共享的原则与国家和省级垂直管理的信息提供主体建立公共信用信息归集机制。

信息提供主体应当对其提供信息的真实性、完整性和时效性负责。

**第十四条** 信用信息工作机构除按照本条例规定从信息提供主体归集公共信用信息外，还可以通过下列方式归集公共信用信息：

（一）以约定的方式向社会信用服务机构归集；

（二）自然人、法人和其他组织自主提供或者授权提供的方式归集；

（三）其他合法的归集方式。

## 第三章 ‖ 信息披露和应用

**第十五条** 公共信用信息的披露方式分为主动公开和申请查询。

除法律、法规另有规定的外，自然人的公共信用信息只能依申请查询。

**第十六条** 自然人、法人和其他组织可以通过政务服务窗口、政府信用网站、移动客户端等方式，获取主动公开的公共信用信息。

**第十七条** 依申请查询的公共信用信息，通过信用信息工作机构查询。

申请查询本人公共信用信息的，应当提供有效身份证明；经授权申请查询他人公共信用信息的，应当提供本人有效身份证明和被查询人的合法有效授权证明。

**第十八条** 信息提供主体因履行职责需要，可以在依法获得信用信息工作机构的审核和授权后，通过电子政务专网共享公共信用信息系统中的相关公共信用信息。

**第十九条** 信用信息工作机构应当按照公共信用信息归集目录的规定，披露公共信用信息。

自然人、法人和其他组织可以要求信用信息工作机构不予披露本人的荣誉表彰、志愿服务、慈善捐赠等良好信息。

**第二十条** 公共信用信息按照下列期限披露，但法律、法规对公共信用信息披露期限另有规定的，从其规定：

（一）自然人基本信息的披露期限至自然人死亡；

（二）法人和其他组织基本信息的披露期限至法人和其他组织终止之日起满三年；

（三）良好信息有有效期的，披露期限与有效期限一致；无有效期的，披露期限至被取消之日止；

（四）一般失信信息的披露期限不超过一年；较重失信信息的披露期限不超过三年；严重失信信息的披露期限不超过七年。披露期限自失信行为认定之日起计算。

公共信用信息披露期限届满后，该信息不得再披露。

第二十一条 市人民政府及其相关部门应当建立信用信息综合评价体系，完善守信联合激励和失信联合惩戒机制，推行信用报告、信用承诺和信用审查等信用管理制度，促进公共信用信息综合应用。

第二十二条 国家机关、国有企事业单位，在食品药品、产品质量、环境保护、安全生产、建设工程、交通运输、税收征管等市场监督管理事项以及在政府采购、招标投标、国有土地出让、财政资助、政策扶持等涉及公共资源分配事项中，应当将公共信用信息作为决策的重要参考依据。

第二十三条 对于信用信息综合评价良好的自然人、法人和其他组织，国家机关、国有企事业单位可以在同等条件下，采取下列联合激励措施：

（一）按照国家和省、市有关规定授予相关荣誉；

（二）在财政资金补助、政府采购、政府投资项目招标、国有土地出让、科技计划立项、技能人才培训、评优评先等活动中，列为优先选择或者重点推介对象；

（三）法律、法规规定可以采取的其他措施。

第二十四条 对于信用信息综合评价不良的自然人、法人和其他组织，国家机关、国有企事业单位可以在披露期限内依法采取下列联合惩戒措施：

（一）取消已经享受的行政优惠政策；

（二）限制或者取消享受财政资金补助、贷款融资、信用增进等政策扶持；

（三）限制或者取消参加政府采购、政府投资项目招标、国有土地出让等活动；

（四）限制参与基础设施和公用事业特许经营；

（五）取消参加政府组织的各类表彰奖励资格，撤销相关荣誉称号；

（六）不得担任企业法定代表人、负责人或者高级管理人员；

（七）法律、法规规定可以采取的其他措施。

第二十五条 国家机关、国有企事业单位根据履行职责的需要，对失信情节特别严重的自然人、法人和其他组织建立严重失信行为名单，除依法采取本条例第二十四条规定的联合惩戒措施外，还可以依法采取不予注册登记等市场禁入措施，或者依法采取取消资质认定、吊销营业执照等市场强制退出措施。

第二十六条 鼓励自然人、法人和其他组织在开展金融活动、市场交易、企业治理、行业管理、社会公益等活动中应用公共信用信息。鼓励社会信用服务机构应用公共信用信息，开发和创新信用产品，扩大信用产品的应用范围。

## 第四章 ‖ 信息监督管理

第二十七条 信用建设主管部门、信息提供主体在日常监督管理中，应当对公共信用信息实行分类、分级和动态监管。

第二十八条　自然人、法人和其他组织认为公共信用信息系统记载的公共信用信息存在下列情形之一的，可以向信用信息工作机构提出书面异议申请，并提交相关证明材料或者情况说明：

（一）本人公共信用信息记载存在错误或者遗漏的；

（二）侵犯其商业秘密、个人隐私的；

（三）公共信用信息超过披露期限仍继续披露的；

（四）法律、法规规定的其他情形。

第二十九条　信用信息工作机构收到异议申请之日起进行信息核查，经核查公共信用信息系统记载的信息与信息提供主体提供的信息不一致或者超过披露期限的，应当予以更正，并在五个工作日内书面告知异议申请人；公共信用信息系统记载的信息与信息提供主体提供的信息一致的，信用信息工作机构应当在五个工作日内书面通知信息提供主体核查。信息提供主体应当自收到核查通知之日起进行核查，对与事实不符或者依法不应当披露的信息予以更正，并在二十个工作日内将处理结果书面告知信用信息工作机构。信用信息工作机构应当在收到处理结果之日起，一个工作日内书面告知异议申请人。

第三十条　信用信息工作机构处理异议申请期间，应当对该异议信息予以标注。对无法核实真实性的异议信息，信用信息工作机构应当中止披露该信息。

第三十一条　自然人、法人和其他组织在其失信公共信用信息产生的规定期限内，主动履行法定义务，且减轻或者消除不良行为后果的，可以按照规定程序向信息提供主体申请信用修复。对符合信用修复规定的，信息提供主体应当在十五个工作日内作出书面信用修复确认，信用信息工作机构应当及时采用修复后的信用信息。信用修复后，原始失信公共信用信息不得再披露。

第三十二条　任何单位和个人不得篡改、虚构、隐匿公共信用信息，不得违规删除、披露或者应用公共信用信息。信息提供主体不得披露从信用信息工作机构获取的非本单位或者本行业提供共享的公共信用信息。

第三十三条　信用信息工作机构应当建立健全公共信用信息安全管理制度，记录公共信用信息归集和查询、共享日志，实行安全风险评估，保障公共信用信息的安全。信用信息工作机构应当建立公共信用信息安全应急处置机制，对发生公共信用信息系统重大运行故障、公共信用信息严重泄露等情况的，应当及时处理，并向同级信用建设主管部门报告。

第三十四条　信用建设主管部门应当建立投诉举报制度，公布举报电话和信箱，及时处理投诉举报，并将处理结果告知投诉举报人。

## 第五章 ‖ 法律责任

**第三十五条** 信用信息工作机构及其工作人员有下列情形之一的，由同级信用建设主管部门或者监察机关责令整改，情节严重的，对直接负责的主管人员和其他直接责任人员依法给予行政处分：

（一）违反本条例第十二条规定，对不得归集的自然人信息进行归集的；

（二）违反本条例第二十条第二款规定，公共信用信息披露期限届满后继续披露的；

（三）违反本条例第二十九条规定，未按照规定处理异议申请的；

（四）违反本条例第三十条规定，未进行异议标注或者未中止披露无法核实真实性的异议信息的；

（五）违反本条例第三十一条第二款规定，经信用修复后，继续披露原始失信公共信用信息的；

（六）违反本条例第三十二条第一款规定，篡改、虚构、隐匿或者违规删除、披露、应用公共信用信息的；

（七）违反本条例第三十三条规定，未履行信息安全职责的。

**第三十六条** 信息提供主体及其工作人员有下列情形之一的，由其上级主管部门或者同级监察机关责令整改，情节严重的，对直接负责的主管人员和其他直接责任人员依法给予行政处分：

（一）违反本条例第十三条第一款、第二款规定，未按照要求提供公共信用信息的；

（二）违反本条例第二十九条第二款规定，未按照规定处理异议申请的；

（三）违反本条例第三十一条第二款规定，未按照规定作出书面信用修复确认的；

（四）违反本条例第三十二条第一款规定，篡改、虚构、隐匿或者违规删除、披露、应用公共信用信息的；

（五）违反本条例第三十二条第二款规定，披露从信用信息工作机构获取的非本单位或者本行业提供共享的公共信用信息的。

**第三十七条** 违反本条例规定的行为，本条例未规定处罚，但法律、法规已有处罚规定的，从其规定。

违反本条例规定的行为，构成犯罪的，依法追究刑事责任。

## 第六章 ‖ 附则

**第三十八条** 本条例所称公共企事业单位，是指供水、供电、燃气、通信、交通、教育、医疗等与人民群众利益相关的社会公共服务的企业或者事业单位。

**第三十九条** 行业组织以及其他社会组织，在提供社会公共服务过程中形成的信用信息，其归集、披露、应用和监督管理活动，参照本条例执行。

**第四十条** 本条例自 2016 年 10 月 1 日起施行。

# 宿迁市社会信用条例

（宿迁市第五届人民代表大会常务委员会公告第 10 号）

《宿迁市社会信用条例》已由宿迁市第五届人民代表大会常务委员会第十二次会议于 2018 年 10 月 30 日通过，经江苏省第十三届人民代表大会常务委员会第六次会议于 2018 年 11 月 23 日批准，现予公布，自 2019 年 3 月 5 日起施行。

宿迁市人民代表大会常务委员会

2018 年 11 月 28 日

## 宿迁市社会信用条例

### 第一章 ‖ 总则

**第一条** 为加强社会信用管理，推进社会信用体系建设，完善社会治理和市场运行机制，根据有关法律、法规，结合本市实际，制定本条例。

**第二条** 本条例所称社会信用，是指具有完全民事行为能力的自然人、法人和非法人组织等社会信用主体，在社会和经济活动中遵守法定义务或者履行约定义务的状态。

**第三条** 本市行政区域内社会信用信息的归集、披露、使用，社会信用应用与奖惩，社会信用主体的权益保护，社会信用服务业的规范与发展等活动，适用本条例。

**第四条** 社会信用体系建设应当遵循统筹规划、有序推进、共建共享、强化应用的原则。

社会信用信息的归集、披露、使用和社会信用应用与奖惩等活动，应当遵循合法、客观、安全、必要的原则，不得侵犯国家秘密、商业秘密、个人隐私。

**第五条** 市人民政府应当将社会信用体系建设纳入国民经济和社会发展规划，编制全市社会信用体系建设规划，统筹推进本市社会信用体系建设工作。县（区）人民政府按照全市社会信用体系建设规划，负责组织实施本行政区域内社会信用体系建设工作。

市、县（区）人民政府确定的社会信用主管部门负责社会信用体系建设工作的业务指导、综合协调和监督管理，其所属的公共信用信息中心具体负责社会信用信息共享平台的建设、运行和维护工作。

市、县（区）人民政府其他部门在职权范围内，协同做好社会信用体系建设工作。

第六条　市、县（区）、乡镇人民政府应当加强政务诚信建设。国家机关及其工作人员应当依法履行职责，提高守法履约的意识和水平，在社会信用体系建设中发挥示范表率作用。

第七条　企业事业单位、社会信用服务机构、行业协会以及其他组织应当遵守行业信用规约和职业道德准则，加强自身信用管理。

各级各类学校应当结合不同年龄学生特点，对学生开展诚信教育。

广播、电视、报刊和各类新媒体应当发挥舆论的宣传、引导、监督作用，弘扬诚信文化和契约精神。

第八条　鼓励社会各方共同参与社会信用体系建设，提高诚实守信意识，营造守信光荣、失信可耻的社会环境。

## 第二章 ‖ 社会信用信息

第九条　本条例所称的社会信用信息，是指可用以识别、分析、判断社会信用主体信用状况的客观数据和资料，包括公共信用信息和市场信用信息。

公共信用信息，是指国家机关、法律法规授权具有管理公共事务职能的组织以及公共企业事业单位等公共信用信息提供单位，在依法履行职责、提供服务过程中产生或者获取的，反映社会信用主体信用状况的客观数据和资料。

市场信用信息，是指社会信用服务机构、行业协会及其他企业事业单位等市场信用信息提供单位，在生产经营活动和提供社会服务过程中产生并依法采集或者获取的，可用于识别社会信用主体信用状况的客观数据和资料。

第十条　市公共信用信息中心以统一社会信用代码为标识建立社会信用主体的信用档案。信用档案用于记录社会信用主体的基本信息、正面信息和负面信息。

第十一条　社会信用主体的身份识别信息、登记信息、户籍信息、教育信息等应当作为基本信息记入其信用档案。

第十二条　社会信用主体的下列信息，应当作为正面信息记入其信用档案：

（一）党政机关、群团组织、社会组织、行业协会商会在履行职责过程中产生或者掌握的相关主体受表彰奖励等信息；

（二）参与志愿服务、无偿献血、慈善捐赠活动等信息；

（三）经授权的市级以上行业协会、商会推荐的诚信会员信息；

（四）应当记入信用档案的其他正面信息。

**第十三条** 社会信用主体的下列信息，应当作为负面信息记入其信用档案：

（一）以欺骗、贿赂等不正当手段取得行政许可、行政确认、行政给付、行政奖励的信息；

（二）欠缴依法应当缴纳的税费、基金的信息；

（三）提供虚假材料、隐瞒真实情况，侵害社会管理秩序和社会公共利益的信息；

（四）被依法行政强制执行的信息；

（五）适用一般程序作出的行政处罚信息，但违法行为轻微或者主动消除、减轻违法行为危害后果的除外；

（六）被监管部门处以市场禁入或者行业禁入的信息；

（七）发生学术造假、考试作弊行为等被监管部门处理的信息；

（八）发生产品质量、安全生产、食品安全、环境污染等责任事故被监管部门处理的信息；

（九）拒绝、逃避兵役被军队除名、开除军籍的信息；

（十）恶意诉讼或者妨碍公务执行造成严重后果的信息；

（十一）经人民法院生效判决认定构成犯罪的信息；

（十二）不履行生效法律文书的信息；

（十三）国家、省和本市地方性法规规定的其他负面信息。

**第十四条** 公共信用信息的归集实行目录管理制度。

公共信用信息目录包括信息的具体事项、数据格式、提供单位、使用权限、归集程序、披露方式等要素。公共信用信息目录由市社会信用主管部门会同公共信用信息提供单位依照国家和省有关规定、标准以及本条例的规定编制，报市人民政府批准后，向社会公布。

法律、法规对有关违法事项纳入目录已作出规定的，该法律、法规规定的其他违法事项不得纳入。

公共信用信息目录一般每年调整一次。对具体事项是否纳入目录管理存在较大分歧意见的，市社会信用主管部门应当会同有关公共信用信息提供单位组织评估，听取相关群体代表、专家等方面的意见。

**第十五条** 公共信用信息提供单位应当及时、准确、完整地向公共信用信息中心提供公共信用信息。

公共信用信息中心可以以约定等方式归集或者购买市场信用信息。

第十六条　鼓励企业事业单位依法记录自身生产经营、提供服务过程中产生的市场信用信息；鼓励行业协会根据协会章程和管理需要记录会员企业的市场信用信息，建立会员企业信用档案和行业信用信息数据库。

鼓励社会信用主体向公共信用信息中心、社会信用服务机构、行业协会等提供自身信用信息，所提供的信用信息应当合法、真实、准确。

采集市场信用信息涉及征信业务的，应当遵守征信管理等相关法律、法规的规定。

第十七条　采集市场信用信息，涉及自然人信息的，应当经社会信用主体本人同意并约定用途，但是法律、行政法规规定应当公开的除外。

不得采集自然人的收入、存款、有价证券、商业保险、不动产的信息和纳税数额信息，但是明确告知社会信用主体提供该信息可能产生的不利后果并取得其书面同意的除外。

禁止采集自然人的宗教信仰、基因、指纹、血型、疾病和病史信息以及法律、行政法规规定禁止采集的其他信息。

第十八条　鼓励企业事业单位、行业协会等与社会信用主管部门、公共信用信息提供单位开展社会信用信息合作。

第十九条　公共信用信息通过依法公开、政务共享和查询的方式披露。

市场信用信息可以通过由社会信用主体主动公布、社会信用服务机构依照约定提供等方式披露。

第二十条　依法应当公开的公共信用信息，由公共信用信息中心通过社会信用信息共享平台、政府门户网站、新闻媒体等向社会公开。

公共信用信息提供单位应当通过自身的信息系统向社会公开相关公共信用信息。

第二十一条　涉及商业秘密、个人隐私的公共信用信息不得公开，但是经社会信用主体书面同意公开或者国家机关认为不公开可能对公共利益造成重大影响的，可以予以公开。

依法不能公开的公共信用信息，经社会信用主体书面授权可以查询，并按照约定的用途使用；除政务共享外，未经社会信用主体同意，不得将该信息向第三方提供。

第二十二条　公共信用信息中心应当制定并公布社会信用信息查询服务规范，通过平台网站、移动终端、服务窗口等途径向社会提供免费的查询服务。

公共信用信息中心应当如实记录查询情况，并自该记录生成之日起保存三年。

第二十三条　本市国家机关及其工作人员在履职过程中因违法违规、失信违约被人民法院判决、行政处罚、纪律处分、问责处理等信息，由社会信用主管部门负责采集，并依据有关规定予以公开。

**第二十四条** 公共信用信息中心、公共信用信息提供单位及其工作人员应当保障公共信用信息安全，遵守安全管理和保密制度，不得实施以下行为：

（一）越权查询公共信用信息；

（二）篡改、虚构、违规删除公共信用信息；

（三）泄露未经授权公开的公共信用信息；

（四）泄露涉及国家秘密、商业秘密、个人隐私的公共信用信息；

（五）法律、法规禁止的其他行为。

市场信用信息提供单位应当按照国家和省有关规定，建立健全和严格执行保障信息安全的规章制度，并采取有效技术措施保障信息安全。

## 第三章 ‖ 社会信用应用与奖惩

**第二十五条** 国家机关、法律法规授权具有管理公共事务职能的组织在对下列事项的管理中，应当查询相关社会信用主体的社会信用状况或者购买信用服务：

（一）行政许可、行政检查；

（二）政府采购、招标投标、产权交易、财政资助、政策扶持、国有土地使用权出让、科研项目管理；

（三）工作人员招录、职务任用晋升、职称评定；

（四）资质等级评定；

（五）评先评优、表彰奖励；

（六）应当查询社会信用信息的其他管理工作。

**第二十六条** 国家机关、法律法规授权具有管理公共事务职能的组织可以在法定权限范围内依据信用档案和有关规定、标准，采取信用积分、信用评级等方式对社会信用主体的信用状况进行评价。

**第二十七条** 社会信用主体有以下行为之一的，属于严重失信主体：

（一）严重损害自然人身体健康和生命安全的行为；

（二）严重破坏市场公平竞争秩序和社会正常秩序的行为；

（三）有履行能力但拒不履行、逃避执行法定义务，情节严重的行为；

（四）拒不履行国防义务，危害国防利益，破坏国防设施的行为；

（五）国家和省规定的其他严重失信行为。

严重失信主体名单由国家机关、法律法规授权具有管理公共事务职能的组织根据社会信用主体失信行为的情况，在法定权限范围内依据国家和省的具体规定、标准认定。

严重失信主体名单认定后，认定单位应当通知相关失信主体。严重失信主体名单、严重失信主体名单的列入、移出条件和救济途径由认定单位向社会公布。

**第二十八条**　无负面信息记录的社会信用主体作出信用承诺的，行政机关、法律法规授权具有管理公共事务职能的组织可以在行政许可、项目申报等行政活动中给予容缺受理等便利。

**第二十九条**　对信用状况被评价为守信的社会信用主体和按照国家有关规定被列为联合激励的对象，国家机关、法律法规授权具有管理公共事务职能的组织可以在法定权限范围内采取下列激励措施：

（一）在实施行政许可中，根据实际情况给予优先办理、简化程序等便利服务措施；

（二）在财政资金补助和项目支持、金融支持、评先评优中，同等条件下列为优先选择对象；

（三）在社会保障、创业、教育培训与就业、公共服务中享受便利；

（四）在日常监管中，减少对其执法检查频次；

（五）国家、省和本市地方性法规规定的其他激励措施。

**第三十条**　对信用状况被评价为失信的社会信用主体，国家机关、法律法规授权具有管理公共事务职能的组织可以在法定权限范围内，采取下列惩戒或者监管措施：

（一）进行约谈、告诫，书面警示，责令整改；

（二）在日常监管中，列为重点监管对象，增加监管频次，加强现场检查；

（三）限制已经享受的行政优惠政策；

（四）限制享受财政资金补助等政策扶持；

（五）在实施行政许可等工作中，列为重点审查对象，不适用信用承诺便利化的规定；

（六）国家、省和本市地方性法规规定的其他惩戒或者监管措施。

**第三十一条**　对严重失信的社会信用主体，国家机关、法律法规授权具有管理公共事务职能的组织应当在法定权限范围内采取下列惩戒措施：

（一）限制或者取消参加政府采购，政府投资项目招标投标，国有土地招标、拍卖、挂牌、产权交易等公共资源交易等市场活动；

（二）限制参与基础设施建设和公共事业特许经营活动；

（三）限制进入相关行业；

（四）限制非生活和经营必需的消费；

（五）限制相关任职资格；

（六）撤销相关荣誉称号；

（七）取消依据信用承诺、信用积分、信用评价获取的资格；

（八）法律、法规规定的其他惩戒措施。

前款第一项至第五项规定的惩戒措施，依据法律、行政法规的规定实施；第六项、第七项规定的惩戒措施，依据国家、省和本市地方性法规有关规定实施。

**第三十二条**　本市建立本行政区域内跨领域、跨地区的社会信用联合激励和惩戒机制，对守信主体给予激励，对失信主体进行惩戒。

**第三十三条**　社会信用联合激励和惩戒实行应用清单制度。

应用清单包括激励和惩戒的事由、对象、措施、依据、发起单位、联合实施单位等内容。应用清单由市社会信用主管部门会同公共信用信息提供单位依照国家和省有关规定、标准以及本条例的规定编制，报市人民政府批准后，向社会公布。

**第三十四条**　联合激励和惩戒参加单位对社会信用主体发起联合激励和惩戒的，联合实施单位应当在规定时限内响应，并将实施激励和惩戒情况反馈到发起单位和社会信用主管部门；在规定时间内未实施联合激励和惩戒措施的，相关联合实施单位应当书面向发起单位和社会信用主管部门说明理由。

社会信用主管部门应当定期向社会发布社会信用联合激励和惩戒实施情况。

**第三十五条**　鼓励自然人、法人和非法人组织在开展金融活动、市场交易、企业管理、行业管理、社会公益等活动中，使用社会信用信息，购买信用服务。

鼓励市场主体根据社会信用主体的信用状况，对守信主体采取降低市场交易成本的措施，对失信主体采取增加交易成本的措施。

支持金融机构对守信主体在融资授信、利率费率、还款方式等方面给予优惠或者便利；鼓励金融机构按照风险定价方法，对失信主体提高贷款利率、财产保险费率，或者限制向其提供贷款、保险等服务。

**第三十六条**　社会信用服务机构可以依法对其获取的市场信用信息进行记录并对有关社会信用主体进行评价，为社会提供专业化的信用服务。

鼓励行业协会依据协会章程对守信主体采取重点推荐、提升会员级别等激励措施，对失信主体采取业内警告、通报批评、降低会员级别、取消会员资格等惩戒措施。

**第三十七条**　严重失信的主体是法人、非法人组织的，在记录该单位严重失信信息时，应当标明对该严重失信行为负有责任的法定代表人、主要负责人和其他直接责任人的信息。有关部门可以依法对该单位的法定代表人、主要负责人和其他直接责任人作出相应的联合惩戒措施。

## 第四章 ‖ 社会信用主体权益

**第三十八条**　社会信用主体有权知晓自身社会信用信息的归集、使用等情况，以及自身信用报告或者信用状况以及相关信息的来源和变动理由。

第三十九条　社会信用主管部门应当会同公共信用信息提供单位建立社会信用信息异议处理和信用修复机制，保障社会信用主体合法权益。

第四十条　社会信用主体认为社会信用信息共享平台记载或者披露的社会信用信息存在下列情形之一的，可以向公共信用信息中心提出异议申请，并提交相关证明材料：

（一）社会信用主体的社会信用信息记载与事实不符、存在错误或者遗漏的；

（二）侵犯其商业秘密、个人隐私的；

（三）社会信用信息超过披露期限仍继续披露的；

（四）不符合严重失信主体名单的认定条件而被列入或者未被移出的；

（五）法律、法规规定的其他情形。

第四十一条　社会信用主体向公共信用信息中心提出异议的，公共信用信息中心应当在收到证明材料之日起的两个工作日内作出异议标注，并对异议申请进行核实处理。

社会信用信息共享平台记载的信息与公共信用信息提供单位提供的信息不一致的，公共信用信息中心应当在收到异议申请之日起三个工作日内予以更正，并通知社会信用主体和公共信用信息提供单位。

社会信用信息共享平台记载的信息与公共信用信息提供单位提供的信息一致的，公共信用信息中心应当转交公共信用信息提供单位进行核查。公共信用信息提供单位应当在收到核查通知之日起七个工作日内回复核查结果，核查需要进行检验、鉴定或者专家评审的，所需时间不计算在规定的期限内。经核查异议成立的，公共信用信息中心应当在收到核查结果三个工作日内予以更正；异议不成立的，不予更正并说明理由。处理结果应当通知申请异议的社会信用主体。社会信用主体对处理结果有异议的，可以依法申请行政复议或者向人民法院提起行政诉讼。

第四十二条　社会信息主体向市场信用信息提供单位提出异议的，市场信用信息提供单位应当在收到异议材料之日起的两个工作日内作出异议标注，并在七个工作日内将处理结果书面告知异议提出人；作出不予更正决定的，应当说明理由。

第四十三条　社会信用主体的公共信用信息向社会信用信息共享平台归集后，据以认定其失信状态的具体行政行为被行政机关撤销或者被复议机关决定撤销、人民法院判决撤销的，原公共信用信息提供单位应当在三个工作日内书面告知公共信用信息中心。公共信用信息中心应当在收到该书面告知之日起的三个工作日内删除该信息。

第四十四条　社会信用主体主动履行法定义务，依法纠正失信行为的，可以按照规定程序向公共信用信息提供单位申请信用修复。

符合信用修复相关规定的，公共信用信息提供单位应当作出修复决定并将修复决定文件推送到公共信用信息中心。公共信用信息中心应当及时删除该失信信用信息或者对修复情况予以标注。

社会信用主体的信用修复后，不再作为联合惩戒对象。

**第四十五条** 社会信用主体向公共信用信息中心申请删除其受到表彰奖励、参加志愿服务和进行慈善捐赠等信息的，公共信用信息中心应当通知公共信用信息提供单位删除该信息。

## 第五章 ‖ 社会信用服务业

**第四十六条** 市、县（区）人民政府应当按照国家和省的有关规定，支持、引导社会信用服务机构规范发展。

本条例所称社会信用服务机构，是指依法设立，从事信用评级、咨询、风险控制等相关经营性活动，向社会提供信用产品的专业服务机构。

**第四十七条** 鼓励社会资本进入社会信用服务市场，支持社会信用服务行业引进高层次信用服务人才。

鼓励社会信用服务机构利用大数据等技术开发具有自主知识产权的信用产品，开拓信用使用领域，满足社会治理和行政管理需求。

**第四十八条** 鼓励在重点行业管理中引入社会信用服务机构参与信用监管，为行业信用档案建设、备案、资质准入提供基础社会信用信息查询和核查服务，提供行业信用状况监测报告。

鼓励产业园区引入社会信用服务机构，为园区管理、入驻企业提供定制化信用产品和服务。

**第四十九条** 社会信用服务机构应当依法、客观和公正地采集市场信用信息。

**第五十条** 经社会信用主体和公共信用信息提供单位授权，公共信用信息中心可以向符合规定条件的社会信用服务机构提供公共信用信息。

**第五十一条** 社会信用服务行业组织应当加强行业自律管理，组织制定并推行行业规范，提升行业服务能力和信誉度。

**第五十二条** 社会信用主管部门应当根据社会信用服务市场、社会信用服务业务的不同特点，对社会信用服务机构及其执业人员实施监管。

## 第六章 ‖ 法律责任

**第五十三条** 违反本条例规定的行为，法律、行政法规已有处理规定的，从其规定。

**第五十四条** 公共信用信息中心、公共信用信息提供单位及其工作人员，违反本条例规定有下列行为之一的，由上级主管部门或者所在单位责令改正；情节严重的，对直接负责的主管人员和其他直接责任人员依法给予处分：

（一）违反本条例第十五条第一款规定，未按照要求提供公共信用信息的；

（二）违反本条例第十七条第三款规定，对禁止采集的自然人信息进行采集的；

（三）违反本条例第二十四条第一款规定，篡改、虚构或者违规查询、删除、泄露公共信用信息的；

（四）违反本条例第四十一条规定，未按照规定处理异议申请，或者未按照规定对异议信息进行核查的；

（五）违反本条例第四十三条规定，未在规定时限内删除相关信息的；

（六）违反本条例第四十四条第二款规定，未按照规定作出修复决定的。

**第五十五条** 联合激励和惩戒实施单位及其工作人员，违反本条例第三十四条第一款规定，在规定时间内无正当理由未实施联合激励和惩戒措施的，由上级主管部门或者所在单位责令改正；情节严重的，对直接负责的主管人员和其他直接责任人员依法给予处分。

# 第七章 ‖ 附则

**第五十六条** 市人民政府可以根据本条例有关规定制定相关具体实施办法。

**第五十七条** 本条例自 2019 年 3 月 5 日起施行。

# 厦门经济特区社会信用条例

（厦门市第十五届人民代表大会常务委员会公告第 14 号）

《厦门经济特区社会信用条例》已于 2019 年 4 月 26 日经厦门市第十五届人民代表大会常务委员会第二十五次会议通过，现予公布，自 2019 年 6 月 1 日起施行。

厦门市人民代表大会常务委员会

2019 年 4 月 26 日

# 厦门经济特区社会信用条例

## 第一章 ‖ 总则

**第一条** 为了规范社会信用管理，提高社会信用水平，创新社会治理机制，培育社会信用服务产业，营造诚实守信的社会环境，践行社会主义核心价值观，遵循有关法律、行政法规的基本原则，结合厦门经济特区实际，制定本条例。

**第二条** 本条例所称社会信用，是指具有完全民事行为能力的自然人、法人和非法人组织（以下统称社会信用主体）在社会和经济活动中履行法定义务或者约定义务的状况。

本条例所称社会信用信息，是指能够用于识别、分析、评判社会信用主体履行法定义务或者约定义务状况的客观数据和资料，包括公共信用信息和市场信用信息。

公共信用信息是指国家机关、法律法规授权的具有管理公共事务职能的组织以及群团组织等公共信用信息提供单位，在本行政区域内依法履行职责、提供服务过程中生成的社会信用信息。

市场信用信息是指社会信用服务机构、金融机构以及其他企事业单位、社会组织等市场信息提供单位，在提供服务过程中生成的社会信用信息。

**第三条** 市人民政府应当加强对社会信用体系建设的统一领导，将社会信用体系建设纳入国民经济和社会发展规划，建立健全社会信用体系建设的协调机制、目标责任制和考核制度，统筹推进本市社会信用体系建设工作。区人民政府应当按照市人民政府的统一部署，负责统筹做好本辖区内的社会信用体系建设工作。

市、区人民政府确定的社会信用主管部门负责社会信用体系建设的综合协调和监督管理工作，法律、行政法规另有规定的从其规定。

市、区人民政府其他有关部门在各自的职责范围内，负责相关的社会信用体系建设工作。

**第四条** 市人民政府确定的公共信用信息管理机构具体负责下列工作：

（一）市公共信用信息平台和社会信用信息资源库的建设和管理；

（二）组织起草社会信用体系建设相关规划、政策措施；

（三）公共信用信息数据的梳理、归集、整理、异议受理；

（四）提供公共信用信息查询、出具社会信用记录以及其他基础服务；

（五）推动公共信用信息的开发与运用；

（六）配合开展社会信用的监督管理工作；

（七）市社会信用主管部门确定的其他工作。

前款所称的市公共信用信息平台，是本市公共信用信息归集、公开、使用和监督管理的统一载体。

**第五条** 社会信用信息的归集、采集、共享和使用等活动，应当遵循合法、客观、及时、必要的原则，确保信息安全和准确，不得侵犯国家秘密、商业秘密、个人隐私和其他个人信息。

任何组织和个人不得非法采集、使用、加工、传输自然人的社会信用信息，不得非法买卖、提供或者公开自然人的社会信用信息。

**第六条** 鼓励社会各方共同参与社会信用体系建设，提高诚实守信意识，弘扬守信光荣、失信可耻的社会风气。

## 第二章 ‖ 社会信用信息收集与公开

**第七条** 公共信用信息的归集和使用实行统一的社会信用代码制度，其中法人和非法人组织使用统一社会信用代码，自然人以公民身份证号等身份证明为其社会信用代码，自然人的护照、居住证等其他身份证明应当与其社会信用代码关联。

法人和非法人组织的公共信用信息，与其法定代表人、主要负责人、实际控制人、财务负责人等主要管理人员以及其他直接责任人的个人公共信用信息直接关联，记入上述人员的个人公共信用信息记录。

第八条 公共信用信息的归集实行目录管理。公共信用信息的提供单位、信息分类、公开属性、归集频率、使用权限、记录期限以及数据格式等由公共信用信息目录规定。

下列信息应当纳入公共信用信息目录：

（一）用于识别社会信用主体的基础信息；

（二）刑事处罚、行政处罚、行政强制执行等反映社会信用主体信用状况的信息；

（三）行政许可、行政确认、行政检查、行政征收、行政给付等反映社会信用主体信用状况的信息；

（四）拒不履行生效法律文书确定义务的信息；

（五）受到表彰奖励以及参加社会公益、志愿服务等的信息；

（六）法律、法规以及国家有关行政主管部门规定应当纳入目录管理的其他信息。

对自然人适用简易程序作出的行政处罚信息，或者自然人违法行为轻微，主动消除、减轻违法行为危害后果的行政处罚信息，不列入公共信用信息目录，但法律、法规、规章另有规定的除外。

第九条 市社会信用主管部门组织编制公共信用信息目录草案应当向社会公开征求意见，报市人民政府批准后通过市公共信用信息平台向社会公布，并根据需要适时调整。

纳入目录管理的项目，其内容可能明显影响社会信用主体权利和义务，以及社会影响重大的，市社会信用主管部门应当组织专家进行评估，并向社会公开征求意见。

公共信用信息目录的编制办法由市人民政府另行制定。

第十条 公共信用信息提供单位应当按照公共信用信息目录及时、准确、完整地向市公共信用信息管理机构提供公共信用信息。

市公共信用信息管理机构应当及时接收公共信用信息提供单位报送的信息；对不符合公共信用信息目录要求的信息，应当及时退回信息提供单位复核处理。

公共信用信息提供、接收办法由市人民政府另行制定。

第十一条 公共信用信息提供单位应当建立轻微失信预警机制。

公共信用信息提供单位向市公共信用信息管理机构报送社会信用主体失信信息前，应当书面告知社会信用主体。但法律、法规另有规定的除外。

第十二条 公共信用信息依法需要主动公开的，市公共信用信息管理机构应当通过市公共信用信息平台及时予以公开。

第十三条 社会信用主体有权按照规定向公共信用信息提供单位或者通过市公共信用信息平台查询公共信用信息。

社会信用主体可以凭有效证件要求查询自身的公共信用信息，相关公共信用信息提供单位或者市公共信用信息管理机构应当提供有关信息。

查询非主动公开的公共信用信息，需取得被查询的社会信用主体授权后，向公共信用信息提供单位或者通过市公共信用信息平台查询。

市公共信用信息管理机构应当制定并公布公共信用信息查询服务规范，合理设置公共信用信息查询窗口，向社会提供便捷的查询服务。

**第十四条** 行政机关、法律法规授权的具有管理公共事务职能的组织，在以下工作中根据履职需要查询社会信用信息、购买社会信用服务：

（一）实施行政许可、行政检查和较大数额行政处罚；

（二）政府采购、招标投标、资金和项目支持、国有土地使用权出让、科研管理等；

（三）国家工作人员招录、职务任用、职务晋升、职称评聘；

（四）表彰奖励；

（五）涉及公共安全，需要开展综合风险分析的；

（六）国家、省、市规定的其他情形。

其他国家机关、群团组织，参照前款规定查询社会信用信息、购买社会信用服务。

**第十五条** 企事业单位以及其他社会组织可以依法记录自身业务活动中产生的市场信用信息。

采集自然人的市场信用信息，应当经本人同意，并约定信息用途和信息的更正、查询等事项；未经本人同意不得采集，但依照法律、行政法规规定公开的信息除外。

**第十六条** 禁止采集自然人的宗教信仰、基因、指纹、血型、疾病和病史信息以及法律、行政法规规定禁止采集的其他信息。

禁止采集自然人的收入、存款、有价证券、商业保险、不动产的信息和纳税数额信息，但明确告知社会信用主体提供该信息可能产生的不利后果并取得其书面同意的除外。

## 第三章 ‖ 社会信用激励与惩戒

**第十七条** 市社会信用主管部门应当组织指导公共信用信息提供单位按照规定制定守信行为和失信行为认定标准和程序，明确激励和惩戒的事项、措施、依据等，报市人民政府同意后，向社会公布。

行政机关、法律法规授权的具有管理公共事务职能的组织可以根据履职需要建立社会信用评价机制，对社会信用主体进行分级分类管理，具体办法由市人民政府另行制定。

**第十八条** 市公共信用信息管理机构依托市公共信用信息平台建立统一的守信激励和失信惩戒系统。

行政机关、法律法规授权的具有管理公共事务职能的组织应当与市公共信用信息平台建立网络链接，实现对失信的社会信用主体的自动比对、自动拦截、自动监督、自动惩戒和自动反馈。

**第十九条** 对守信的社会信用主体，公共信用信息提供单位可以在法定权限范围内采取下列激励措施：

（一）在行政管理和公共服务中给予优先办理、简化程序、降低检查频率等支持和便利；

（二）在政府采购、政府投资工程建设招标投标、政府购买服务、国有土地使用权出让、公共资源配置、荣誉评选以及其他财政性资金支持等活动中同等条件下列为优先选择对象；

（三）对于从事非营利性的民生工程项目根据有关规定给予适当的政策支持；

（四）对自然人在教育、就业、创业、社会保障等方面给予支持和便利；

（五）国家、省、市规定的其他激励措施。

**第二十条** 对失信的社会信用主体，公共信用信息提供单位应当在法定权限范围内采取下列惩戒措施：

（一）在行政管理中列为重点监管对象；

（二）在行政管理中不适用社会信用承诺等便利化措施；

（三）在政府采购、公共资源配置、政府投资工程建设招标投标等活动中作相应限制；

（四）限制其享受财政资金补助、政策支持以及参与表彰奖励；

（五）依照有关规定限制出境、限制乘坐高级交通工具、限制购买不动产以及国家有关主管部门规定的高消费等；

（六）依照国家有关规定限制进入特定市场、行业或者开展相关业务活动；

（七）国家、省、市规定可以采取的其他惩戒措施。

**第二十一条** 社会信用主体有下列行为之一的，应当纳入严重失信名单，从重适用惩戒措施：

（一）严重损害公众身体健康和生命安全的行为；

（二）严重破坏市场公平竞争秩序和社会正常秩序的行为；

（三）有履行能力但拒不履行、逃避履行生效法律文书确定的义务的行为；

（四）拒不履行国防义务，危害国防利益的行为；

（五）国家规定的其他严重失信行为。

第二十二条　对社会信用主体实施惩戒措施，应当与社会信用主体违反法定或者约定义务的性质、情节和社会危害程度相适应，与其违法事项相关联，不得超越法定条件、种类和幅度，并书面告知实施惩戒的依据、理由和救济途径以及解除惩戒措施的条件。

第二十三条　市人民政府建立联合奖惩制度，联合奖惩实行目录动态管理。

联合奖惩目录由市社会信用主管部门根据国家、省有关规定编制，包括联合奖惩行为清单、措施清单，以及联合奖惩发起单位、联合实施单位、响应反馈机制等内容。

第二十四条　对守信良好或者严重失信的，公共信用信息提供单位根据有关标准，认定相关行业、领域守信联合激励和失信联合惩戒对象初步名单，应当按照规定履行告知、公示程序。无异议或者异议理由不成立的，向社会公布，期限为五年。国家另有规定的从其规定。

守信联合激励和失信联合惩戒对象名单的认定应当执行国家统一标准或者经审定的省有关部门制定的标准；国家或者省有关部门尚未制定标准的行业、领域，市社会信用主管部门会同有关行业主管部门制定该行业、领域的地方认定标准，公开向社会征求意见后，经市人民政府批准后向社会公布。

第二十五条　对认定的守信联合激励和失信联合惩戒对象，公共信用信息提供单位应当通过激励和惩戒系统发起联合奖惩，有关单位应当在规定时限内响应，并将奖惩情况反馈发起单位；不实施联合奖惩的，应当书面说明理由。

第二十六条　社会信用主体的较为严重失信行为尚未达到联合惩戒认定标准的，公共信用信息提供单位可以将其列入重点关注名单，对其发出警示，并及时推送至市公共信用信息平台。

重点关注名单的有效期为一年。社会信用主体在有效期内未再发生失信行为的，有效期满后应当退出重点关注名单；在有效期内发生失信行为的，应当及时转入失信联合惩戒对象名单。

社会信用主体在十二个月内被列入三个以上行业、领域重点关注名单的，市公共信用信息管理机构应当告知社会信用主体后，通过市公共信用信息平台向社会发出社会信用预警，有效期为二年。

第二十七条　市、区人民政府应当建立社会信用承诺制度，组织编制社会信用承诺事项目录，实行动态管理。

社会信用主体根据自愿原则作出社会信用承诺的，应当作为公共信用信息予以记录，接受社会公开监督。

第二十八条　在行政审批过程中，申请人依照本条例第二十七条规定作出社会信用承诺的，行政审批机关可以简化行政审批流程；对申请材料不齐全，但具备主要材料的，在申请人作出社会信用承诺后容缺审批。

在行政审批中违反社会信用承诺，行政审批部门可以将其直接列入失信惩戒对象名单。

**第二十九条** 鼓励市场主体对守信的社会信用主体给予优惠或者便利，对失信的社会信用主体限制其交易或者增加其交易成本。

各行业协会应当加强行业信用管理建设。

## 第四章 ‖ 社会信用主体权益保护

**第三十条** 实行公共信用信息安全保护制度。

市社会信用主管部门应当会同有关部门针对公共信用信息的存储、比对、整理、使用等活动，制定相关服务和安全管理规范，并签订相关保密协议。

公共信用信息提供单位、市公共信用信息管理机构应当建立健全公共信用信息安全管理、应急处置和责任追究制度，采取安全保密措施，保障公共信用信息归集、存储、查询、披露和使用全过程的安全。

**第三十一条** 从事社会信用信息管理和服务的单位及其人员，不得非法提供、披露、使用和买卖社会信用信息，不得篡改、虚构、泄露和窃取社会信用信息。

**第三十二条** 社会信用主体有权知晓其社会信用信息的归集、采集、使用等相关情况，以及其社会信用评价的信息来源和变动理由。

社会信用主体有权从市公共信用信息管理机构获取自身的公共信用信息，并可以按照规定程序获得自身的社会信用评价情况。

**第三十三条** 社会信用主体认为其公共信用信息的归集、存储或者提供存在错误、遗漏等情形，或者侵犯其商业秘密、个人隐私以及其他合法权益的，可以向市公共信用信息管理机构提出异议申请。市公共信用信息管理机构应当在十日内，根据相关规定作出处理，对核查属实的，予以更正或者删除，并告知申请人。

在异议申请处理期间，市公共信用信息管理机构应当对异议信息进行标注。

**第三十四条** 在失信信息记录期限内，社会信用主体已经依法纠正失信行为、消除不利影响的，可以向公共信用信息提供单位提出社会信用修复申请。符合有关社会信用修复规定的，市公共信用信息管理机构不再对外提供失信信息的查询，但失信信息不得删除。社会信用修复的具体办法由市人民政府另行制定。

鼓励符合有关社会信用修复规定的失信社会信用主体通过参与社会公益服务等方式修复社会信用。

**第三十五条** 社会信用主体可以向市公共信用信息管理机构提出不予公开其受到

表彰奖励、志愿服务、慈善捐赠等守信信息的申请，市公共信用信息管理机构应当按照规定在市公共信用信息平台查询界面上删除并归档管理。

**第三十六条** 公共信用信息超过公共信用信息目录规定的记录期限的，不再作为对社会信用主体进行社会信用评价的依据，市公共信用信息管理机构不再对外提供该信息的查询服务。

**第三十七条** 公共信用信息提供单位、市公共信用信息管理机构应当建立健全保护社会信用主体合法权益的工作机制，向社会公布服务电话，受理公共信用信息的查询、获取、异议、社会信用修复，以及守信信息不公开申请，依法及时予以处理，并将处理结果告知申请人。

公共信用信息查询、获取、异议处理、社会信用修复，以及守信信息不公开等规定，由市人民政府另行制定。

## 第五章 ‖ 社会信用服务行业发展与规范

**第三十八条** 市、区人民政府应当制定社会信用体系建设与社会信用服务产业发展的政策，促进社会信用咨询、社会信用评价等社会信用服务行业发展以及社会信用担保、社会信用保险等金融机构产品创新，培育社会信用服务机构和社会信用服务市场。

本市财政安排社会信用服务行业发展资金，支持社会信用体系建设和社会信用服务产业的发展。

**第三十九条** 行政机关在实施行政审批、政府采购、政府投资工程建设招标投标、政策扶持资金拨付等工作中，可以向社会信用服务机构购买社会信用咨询、社会信用评价等社会信用服务、产品，所需费用由行政机关承担。

行政机关开展事中事后监督检查活动中，必要时可以向社会信用服务机构购买社会信用咨询、社会信用评价等社会信用服务、产品，所需费用由行政机关承担。

**第四十条** 鼓励行政机关、群团组织、公共企事业单位在提供公共服务过程中加强与相关企业和社会信用服务机构的合作，在社会保障卡、市民卡等公共服务凭证中根据持有人的社会信用状况加载相关企业提供的便利和优惠。

**第四十一条** 社会信用服务机构采集、处理社会信用信息、提供社会信用产品，应当遵守征信管理规定以及其他有关法律、法规，遵循客观、公正和审慎的原则，自觉接受监管。

社会信用服务机构对在业务过程中知悉的国家秘密、商业秘密、个人隐私和其他个人信息负有保密义务，不得妨碍国家安全、公共安全和公共利益，不得损害社会信用主体的合法权益。

第四十二条　社会信用服务机构出具的下列社会信用评级评价报告应当由使用单位推送到市公共信用信息平台：

（一）在政府采购、政府投资工程建设招标投标活动中出具的社会信用评级评价报告；

（二）在行政管理活动中要求行政管理相对人提供的社会信用评级评价报告。

第四十三条　市社会信用主管部门应当对本条例第四十二条规定的社会信用评级评价报告进行抽检。

社会信用服务机构经抽检被认定为出具虚假社会信用评级评价报告的，市社会信用主管部门应当通报行业主管部门将其列入失信联合惩戒对象名单，相关部门在政府采购、政府投资工程建设招标投标等活动中不得购买、使用其出具的社会信用评级评价报告。市社会信用主管部门应当制定社会信用评级评价报告认定规定。

社会信用服务机构对抽检认定结果有异议的，可以向市社会信用主管部门书面提出异议申请，市社会信用主管部门应当在十日内核实处理，并书面答复。

第四十四条　市人民政府按照国家、省有关规定，在不损害有关权利人合法权益的情况下支持有关单位将市公共信用信息平台归集、存储的公共信用信息数据进行市场开发与运用。

第四十五条　鼓励社会信用服务机构将其依法获取的市场信用信息以及对社会信用主体的社会信用评价信息按照征信管理规定以及其他有关法律、法规推送至市公共信用信息平台。

鼓励社会信用主体以声明、自主申报、社会承诺等形式，向市公共信用信息平台提供自身社会信用信息，并保证社会信用信息的合法、真实、完整。

第四十六条　鼓励社会信用服务机构与台湾地区社会信用服务机构开展合作，为两岸同胞和企业提供社会信用服务。

支持本市社会信用服务机构积极参与国际（境外）合作，增强社会信用服务机构的影响力。

## 第六章 ‖ 社会信用环境建设

第四十七条　市、区、镇（街道）人民政府应当建立健全行政权力运行制约和监督体系，充分发挥政府在社会信用体系建设工作中的表率和导向作用，提升政府公信力。

本市国家机关及其工作人员在履行职责以及其他生产、生活过程中应当依法办事、守法履约，在社会信用体系建设中发挥表率作用。

第四十八条　市、区人民政府及其有关部门应当建立健全政务诚信考核、监督、第三方评估的机制。

市、区人民政府及其有关部门应当健全决策机制，推进政务公开，加强国家机关工作人员诚信管理和教育，建立健全政务信用档案，按照法定权限和程序对有关单位和相关责任人员开展社会信用激励和惩戒工作，将政务履约和守诺服务纳入政府绩效评价体系。

加强政府采购、政府和社会资本合作、招标投标、招商投资、政府债务等领域政务诚信建设。

第四十九条　企事业单位、社会信用服务机构、行业协会（商会）、社会团体以及其他组织应当加强自身社会信用建设，遵守法律、法规，遵守行业信用规约和职业道德准则。

第五十条　加强自然人诚信体系建设，完善自然人诚信信用记录。

社会信用主管部门应当会同有关行业主管部门加强对重点行业从业人员信用建设和管理。有关行业主管部门应当对会计、评估、经纪、律师、新闻媒体、职业介绍、房地产中介、汽车客运服务等重点行业从业人员建立社会信用档案，并按照规定向社会公布。

第五十一条　市人民政府组织编制社会信用教育规划，开展社会公德、职业道德、家庭美德和个人品德教育，培育诚信意识。

教育部门应当将诚信教育纳入学生思想教育的内容，对学生开展社会信用教育。

第五十二条　市、区人民政府及其有关部门应当加强诚信文化建设，开展社会信用主题活动，宣传普及社会信用知识，传承中华传统美德。

各类媒体应当宣传和推广诚信典型、诚信事迹，披露失信行为和事件。

## 第七章 ‖ 法律责任

第五十三条　社会信用主体认为公共信用信息归集、应用等公共信用相关管理活动中的行政行为侵犯其合法权益的，可以依法申请行政复议或者提起行政诉讼。

在社会信用主体申请行政复议或者提起行政诉讼期间，公共信用信息提供单位、市公共信用信息管理机构应当及时暂停公开相关信息。

第五十四条　公共信用信息提供单位、市公共信用信息管理机构及其工作人员违反本条例规定，有下列行为之一的，由社会信用主管部门或者法律、法规规定的部门责令改正；情节严重的，对直接负责的主管人员和其他直接责任人员依法作出处置：

（一）未按照规定履行公共信用信息归集、管理、公开职责的；

（二）非法提供、披露、使用和买卖公共信用信息的；

（三）篡改、虚构、泄露和窃取公共信用信息的；

（四）未按照规定办理社会信用主体申请查询、异议处理、社会信用修复等事项的；

（五）未建立公共信用信息安全管理、应急处理和责任追究制度，未履行信息安全保护职责的；

（六）违法执行守信联合激励和失信联合惩戒措施的。

市社会信用主管部门及其工作人员，有前款规定行为之一的，由监察机关对直接负责的主管人员和其他直接责任人员依法作出处置。

## 第八章 ‖ 附则

**第五十五条**　本条例自 2019 年 6 月 1 日起施行。

地方政府规章

# （一）省级政府制定公布的地方政府规章

# 北京市公共信用信息管理办法

（北京市人民政府令第 280 号）

《北京市公共信用信息管理办法》已经 2018 年 1 月 23 日市人民政府第 177 次常务会议审议通过，现予公布，自 2018 年 5 月 1 日起施行。

市长　陈吉宁

2018 年 3 月 8 日

# 北京市公共信用信息管理办法

**第一条**　为规范行政机关归集、公布和使用公共信用信息，实现公共信用信息资源共享，推进社会信用体系建设，根据国务院《社会信用体系建设规划纲要（2014—2020 年）》等规定，结合本市实际情况，制定本办法。

**第二条**　本市各级行政机关公共信用信息的归集、公布和使用及其相关管理和服务等活动，适用本办法。

本办法所称公共信用信息，是指行政机关以及法律、法规授权的具有管理公共事务职能的组织（以下统称行政机关），在依法履行职责过程中形成或者掌握的，能够反映法人和非法人组织（以下统称单位）以及 18 周岁以上的自然人（以下简称自然人）信用状况的数据和资料，包括基本信息、良好信息和不良信息。

**第三条**　行政机关归集、公布和使用公共信用信息，应当遵循合法、客观、准确、必要和安全的原则，依法保护单位和自然人的合法权益，不得公开法律、法规规定不予公开的信息。

**第四条**　市和区人民政府应当加强对公共信用信息工作的领导，建立健全工作协调机制，统筹推进公共信用信息的归集、公布和使用工作，将所需经费纳入财政预算，并对公共信用信息工作情况进行监督考核。

**第五条** 市经济信息化部门负责组织、协调、指导和监督全市公共信用信息归集、公布和使用工作；区人民政府确定的工作部门负责组织、协调、指导和监督本行政区域内的公共信用信息归集、公布和使用工作。

市工商行政、机构编制、民政部门分别建立健全本市企业信用信息系统、事业单位信用信息系统、社会组织信用信息系统，为公共信用信息共享提供便利条件。

有关行政机关按照各自职责和本办法的规定，配合做好公共信用信息归集、公布和使用工作。

**第六条** 单位的基本信息包括下列内容：

（一）名称、法定代表人或者负责人、统一社会信用代码等登记注册信息；

（二）取得的资格、资质等行政许可信息；

（三）知识产权信息；

（四）产品、服务、管理体系的认证认可信息；

（五）其他反映单位基本情况的信息。

**第七条** 自然人的基本信息包括下列内容：

（一）姓名、身份证号码等信息；

（二）学历、学位等信息；

（三）就业状况、职称、资格等信息。

**第八条** 禁止归集自然人的宗教信仰、基因、指纹、血型、疾病和病史信息，以及法律、法规禁止采集的其他自然人信息。

**第九条** 单位和自然人的良好信息包括下列内容：

（一）各级人民政府及其部门授予的表彰信息；

（二）各级人民政府及其部门给予的奖励信息；

（三）参与各级人民政府及其部门组织的慈善活动信息；

（四）国家规定的其他良好信息。

**第十条** 单位的不良信息包括下列内容：

（一）向行政机关提供虚假材料的信息；

（二）违反向行政机关作出的书面承诺信息；

（三）行政机关适用一般程序作出的行政处罚、行政强制信息；

（四）发生安全生产、食品安全、环境污染、产品质量等责任事故被行政机关处理的信息；

（五）国家规定的其他不良信息。

第十一条　自然人的不良信息包括下列内容：

（一）向行政机关提供虚假材料的信息；

（二）违反向行政机关作出的书面承诺信息；

（三）行政机关适用一般程序作出的行政处罚、行政强制信息；

（四）国家规定的其他不良信息。

第十二条　市经济信息化部门与有关行政机关，按照本办法规定的公共信用信息范围，协商确定公共信用信息的归集内容、归集标准、归集方式和公开属性等事项，编制全市公共信用信息目录，向社会公布。

第十三条　行政机关应当自公共信用信息形成之日起 15 个工作日内，按照下列规定提供信息：

（一）单位的公共信用信息，依托本市建立的企业信用信息系统、事业单位信用信息系统、社会组织信用信息系统，分别向市工商行政、机构编制、民政部门提供；

（二）自然人的公共信用信息，向市经济信息化部门提供。

第十四条　行政机关提供的公共信用信息，应当以具备法律效力的文书或者其他有效证明文件为依据，并准确和完整。发现不准确或者不完整的，应当及时予以更正。

第十五条　行政机关应当明确本单位负责公共信用信息工作的部门或者机构，建立完善本单位公共信用信息系统，做好公共信用信息的收集、整理、保存等工作，并对公共信用信息数据实行动态管理。

第十六条　行政机关应当建立健全公共信用信息安全管理制度，采取必要的技术措施，确保公共信用信息的安全；对发生公共信用信息严重泄露等情况的，应当及时处理，并向市经济信息化部门报告。

第十七条　市安全监管、食品药品监管、质监、环保、住建等部门应当建立健全市场主体准入前的信用承诺制度，向社会公开。行政机关应当对单位和自然人违反信用承诺制度的信息进行记载。

第十八条　本市建立统一的公共信用信息服务平台，为行政机关和社会公众提供查询服务，实现单位和自然人公共信用信息的共享。

公共信用信息服务平台建设、运行、维护和管理的具体办法，由市经济信息化部门制定。

第十九条　市工商行政、机构编制、民政部门按照职责分工将归集的单位公共信用信息，共享到公共信用信息服务平台。

市经济信息化部门负责将归集的自然人公共信用信息，共享到公共信用信息服务平台。

第二十条　属于依法应当主动公开的公共信用信息，单位和自然人可以通过公共信用信息服务平台查询。主动公开以外的其他公共信用信息，单位或者自然人可以查询自身信息；查询他人信息的，应当经被查询人书面同意，但法律、法规另有规定的除外。

市经济信息化部门制定并发布公共信用信息服务平台查询服务规范，向社会提供便捷的查询服务。

第二十一条　行政机关及其工作人员不得以不正当手段归集公共信用信息，不得虚构、篡改或者违规删除公共信用信息，不得违规披露或者泄露公共信用信息；非履职需要，不得查询公共信用信息。

第二十二条　单位和自然人认为公共信用信息服务平台记载的本单位或者本人的公共信用信息与事实不符或者依法不应当公开的，可以向市经济信息化部门书面提出异议申请，并提供相关证明材料。

第二十三条　市经济信息化部门应当自收到异议申请之日起7个工作日内会同有关行政机关进行核查，并作出处理。经核查属实的，应当及时予以更正，并将更正结果书面告知申请人；经核查不属实的，应当将核查结果书面告知申请人。

第二十四条　行政机关在市场监管、行政审批、政府采购、招标投标、政策扶持、国有土地出让、科研项目申报、人员招录、职称评定和表彰奖励等工作中，应当将单位或者自然人的公共信用信息作为行政决策的重要依据，但法律、法规另有规定的除外。

第二十五条　市级行政机关应当按照职责权限和管理实际，制定本系统或者本行业的信用状况评价标准，并根据公共信用信息服务平台中记录的信息，对单位和自然人的信用状况作出良好或者不良等评价。

第二十六条　对信用状况良好的单位和自然人，在其他条件相同的情况下，行政机关可以依法采取下列措施：

（一）在办理行政许可和公共服务过程中，简化程序、优先办理；

（二）在安排日常检查和专项检查中，减少检查频次；

（三）在安排财政性资金项目以及实施各类政府优惠政策中，优先考虑和扶持；

（四）在各类公共资源交易活动中，依法依约予以加分；

（五）在就业、创业等领域，优先考虑和支持；

（六）国家规定的其他激励性措施。

第二十七条　对信用状况不良的单位和自然人，行政机关可以依法采取下列措施：

（一）在办理行政许可过程中，重点予以核查；

（二）在安排日常检查和专项检查中，增加检查频次；

（三）限制申请政府补贴资金支持；

（四）限制参与政府采购、政府购买服务、国有土地出让、政府投资项目或者主要使用财政性资金项目的招标等活动；

（五）限制担任单位的法定代表人、负责人或者高级管理人员；

（六）限制参与政府组织的表彰奖励活动；

（七）国家规定的其他惩戒性措施。

**第二十八条** 行政机关对单位和自然人实施的惩戒性措施，应当与单位和自然人的信用状况相适应、相匹配、相关联，不得超越法定的许可条件、处罚种类和幅度。

**第二十九条** 市经济信息化部门可以会同有关行政机关依照国家和本市有关规定，对单位和自然人实行守信联合激励和失信联合惩戒措施。

**第三十条** 市经济信息化部门应当与周边省、自治区、直辖市相关部门建立公共信用信息工作合作共建机制，推进公共信用信息共享，建立守信激励和失信惩戒区域联动机制，优化区域信用环境。

**第三十一条** 鼓励单位和自然人在开展金融活动、市场交易、行业管理等活动中应用公共信用信息，防范交易风险，提高全社会诚信意识。

**第三十二条** 鼓励和扶持信用服务机构应用公共信用信息，开发和创新信用产品，扩大信用产品的使用范围。

**第三十三条** 行政机关未履行本办法规定的相关职责的，由市经济信息化部门或者区人民政府确定的工作部门书面督促改正；经督促仍不改正的，提请本级人民政府给予通报批评。

**第三十四条** 行政机关工作人员有下列情形之一的，由有权机关依法处理：

（一）以不正当手段归集公共信用信息的；

（二）虚构、篡改或者违规删除公共信用信息的；

（三）擅自查询或者越权查询公共信用信息的；

（四）违规披露或者泄露公共信用信息的。

**第三十五条** 本办法自 2018 年 5 月 1 日起施行。2002 年 8 月 31 日北京市人民政府第 106 号令公布的《北京市行政机关归集和公布企业信用信息管理办法》同时废止。

# 天津市市场主体信用信息管理办法

（天津市人民政府令第 24 号）

《天津市市场主体信用信息管理办法》已于 2015 年 11 月 13 日经市人民政府第 60 次常务会议通过，现予公布，自 2016 年 1 月 1 日起施行。

市长　黄兴国
2015 年 11 月 20 日

## 天津市市场主体信用信息管理办法

### 第一章 ‖ 总则

**第一条**　为了保障公平竞争，促进市场主体诚信自律，规范市场主体信息公示，强化市场主体信用约束，提高政府监管效能，扩大社会监督，根据有关法律、法规，结合本市实际情况，制定本办法。

**第二条**　本市市场主体信用信息的归集、公示、使用和管理等活动，适用本办法。

**第三条**　本办法所称市场主体，是指在本市依法登记注册的各类企业及其分支机构、个体工商户、农民专业合作社及其他经济组织。

**第四条**　本办法所称市场主体信用信息，包括行政机关在依法履行职责过程中产生的能够反映市场主体状况的信息，以及市场主体在从事生产经营活动过程中形成的信息。

**第五条**　市场主体信用信息的归集、公示、使用和管理活动，应当遵循合法、公正、客观、及时的原则，保护国家秘密、商业秘密和个人隐私。

**第六条**　市和区县人民政府应当加强市场主体信用信息管理工作的组织领导。

市市场监管部门负责推进、监督市场主体信用信息管理工作，建立健全市场主体信用信息管理制度，承担市场主体信用信息公示系统的建设和日常管理工作，召集有关部门研究解决市场主体信用信息管理工作中的重大问题。

**第七条**　市和区县级行政机关按照职能分工负责整理、录入本机关产生的市场主体信用信息，由市级行政机关汇集后向天津市市场主体信用信息公示系统（以下简称信用信息公示系统）归集。

市级行政机关应当建立市场主体信用信息管理制度，管理本业务系统的市场主体信用信息工作，开展数据核查。

**第八条**　行政机关和市场主体应当对其公示的信用信息的完整性、准确性和真实性负责。

行政机关整理、录入、归集、公示的信用信息应当与其在履行职责过程中制作或者获取的信用信息在内容上一致，并按照数据规范要求保证数据质量。

市场主体报送、公示的信用信息应当及时、准确、真实、合法，并承担因报送、公示错误和遗漏引起的法律责任。

**第九条**　市场主体信用信息通过信用信息公示系统向社会公示，公民、法人和其他组织可以免费查询。

## 第二章 ‖ 信用信息归集

**第十条**　行政机关应当按照市场主体信用信息目录和数据规范要求，归集市场主体信用信息。

市场主体信用信息目录由市相关行政机关共同编制，市市场监管部门负责召集有关单位研究审定。

**第十一条**　行政机关之间应当共享市场主体信用信息，并可以根据需要向其他行政机关提出需求，其他行政机关应当及时提供，不能提供的应当作出明确答复并说明理由。

**第十二条**　行政机关归集的市场主体信用信息包括：

（一）主体登记信息，即市场主体设立、变更、终止等信息；

（二）行政许可信息，即行政机关根据公民、法人或者其他组织的申请，经依法审查，准予其设立市场主体并从事有关经济活动的信息；

（三）行政处罚信息，即对市场主体违法违规行为实施行政处罚的信息；

（四）业绩情况信息，即市场主体获得国家、省部级表彰的信息；

（五）其他信息，即行政备案、行政确认等市级行政机关认为应当共享或者公示的信息。

**第十三条**　行政机关应当在市场主体信用信息产生、变更后及时整理、录入、归集，并于 20 个工作日内在信用信息公示系统公示。

**第十四条** 市场主体应当于每年 1 月 1 日至 6 月 30 日，通过信用信息公示系统向市场监管部门报送上一年度年度报告，并向社会公示。

当年设立登记的市场主体，自下一年起报送并公示年度报告。

**第十五条** 市场主体应当自下列信息形成之日起 20 个工作日内通过信用信息公示系统向社会公示：

（一）有限责任公司股东或者股份有限公司发起人认缴和实缴的出资额、出资时间、出资方式等信息；

（二）有限责任公司股东股权转让等股权变更信息；

（三）行政许可取得、变更、延续信息；

（四）知识产权出质登记信息；

（五）受到行政处罚的信息；

（六）其他依法应当公示的信息。

**第十六条** 市场主体发现报送或者公示的信用信息不准确的，应当及时修改；市场主体年度报告公示信息的修改应当在每年 6 月 30 日前完成。市场主体修改信用信息的同时，应当公示修改后的信用信息以及修改时间与理由。

## 第三章 ‖ 信用信息公示

**第十七条** 行政机关、市场主体应当依照国家和本市的规定，将依法履行职责和生产经营活动中形成的信用信息及时在信用信息公示系统上公示。

**第十八条** 市场主体登记、行政备案和行政许可信用信息公示至市场主体终止时为止。行政处罚、行政确认和业绩情况信用信息的公示期限为 3 年。法律、法规、规章另有规定的，从其规定。

**第十九条** 公民、法人或者其他组织可以依法使用公示的市场主体信用信息。

经市场主体同意，公民、法人或者其他组织可以查询市场主体选择不公示的信用信息。

**第二十条** 市场主体认为行政机关公示涉及自身的信用信息不准确的，可以向公示信用信息的市级行政机关提出，并提供相关证明材料。行政机关应当自收到相关证明材料之日起 20 个工作日内书面答复申请人。

行政机关确认信用信息存在问题的，应当在 5 个工作日内予以更正。

**第二十一条** 市场主体未依照有关规定公示信用信息以及公示信用信息隐瞒真实情况、弄虚作假的，由市场监管部门列入经营异常名录或者标注为经营异常状态，通过信用信息公示系统向社会公示，提醒其履行公示义务。

被列入经营异常名录或者标注为经营异常状态的市场主体，依法经营，并在3年内依照本办法规定履行信用信息公示义务的，应当移出经营异常名录或者取消标注。

第二十二条　被列入经营异常名录的市场主体满3年未依照本办法规定履行公示义务的，由市市场监管部门列入严重违法市场主体名单，并通过信用信息公示系统向社会公示。被列入严重违法市场主体名单的市场主体的法定代表人、负责人，3年内不得担任其他市场主体的法定代表人、负责人。

市场主体自被列入严重违法市场主体名单之日起满5年未再发生不按规定公示信用信息以及公示信用信息隐瞒真实情况、弄虚作假情形的，由市市场监管部门移出严重违法市场主体名单。

第二十三条　行政机关应当对市场主体公示信用信息的情况进行监督检查。

行政机关进行监督检查时，市场主体应当配合，接受询问调查，如实反映情况，提供相关材料。对拒绝配合的市场主体，应当通过信用信息公示系统公示。

## 第四章 ‖ 信用信息使用

第二十四条　市和区县人民政府及其有关部门在经营、投融资、取得政府供应土地、进出口、出入境、注册新公司、招投标、政府采购、取得荣誉、安全许可、生产经营许可、从业任职资格、资质审核、监督检查等工作中，应当将市场主体信用信息作为重要考量因素。

第二十五条　本市建立跨部门信用激励和惩戒机制，按照守信市场主体一路绿灯、失信市场主体处处受限的原则，实施从市场主体准入到退出的全过程信用约束。对被列入经营异常名录、严重违法市场主体名单、重大税收违法案件当事人名单等的失信市场主体依法采取限制或者禁入的惩戒措施。

第二十六条　本市实行市场主体信用等级分类，以公示的信用信息为依据，将信用风险等级分为良好、警示、失信、严重失信四个类别，分别用不同颜色加以标注并向社会公示。

行政机关应当依据风险等级、监管职能和法律、法规、规章规定的其他分类，对市场主体实施分类监管。

市场主体有重大实绩的，应当酌情对其信用风险等级予以调整。

第二十七条　市和区县人民政府建立市场主体随机抽查联合检查制度，制定具体措施并加强随机抽查联合检查工作的组织和领导。

市市场监管部门根据信用风险分类，按照公平规范的原则，随机抽取检查对象和检查人员。区县市场监管部门根据市市场监管部门抽取的检查对象和检查人员，组织跨部门联合检查。

对举报投诉多、列入经营异常名录或者有严重违法违规记录等情况的市场主体，各行政机关应当加大执法检查力度。

对矿山开采、建筑施工、消防、危险化学品生产销售、道路交通运输、食品安全、特种设备、环境保护等涉及人身财产安全、公共安全的领域，各行政机关应当加强日常执法监督检查，不适用随机抽查联合检查制度。

**第二十八条** 行政机关应当依法依规使用市场主体信用信息，通过信用信息公示系统获取的市场主体信用信息，除经法律、法规、规章授权外，不得用于本办法规定以外的其他用途。行政机关不得公示非本机关收集、储存、管理、统计和分析生成的信息。

## 第五章 ‖ 法律责任

**第二十九条** 行政机关及其工作人员在市场主体信用信息管理工作中，有下列情形的，由上级主管机关给予通报批评；造成社会负面影响和市场主体重大损失的，由上级主管机关依法处理；情节严重的，对直接责任人员依法给予处分；构成犯罪的，依法追究刑事责任：

（一）不按照规定及时归集市场主体信用信息的；

（二）因工作失误造成市场主体信用信息数据错误、遗漏并产生不良影响的；

（三）以不正当手段采集市场主体信用信息的；

（四）篡改、虚构市场主体信用信息的；

（五）违反规定披露或者泄露市场主体信用信息的；

（六）未按规定对市场主体认为不准确的信用信息作出答复或者对确有错误、遗漏的市场主体信用信息不予更正的；

（七）非法利用市场主体信用信息进行商业活动的；

（八）公布非本机关收集、储存、管理、统计和分析生成的市场主体信用信息的。

**第三十条** 市场主体有下列情形的，由有关行政机关责令限期改正，并依照有关法律、法规规定追究其法律责任：

（一）未按要求公示信用信息，或者虚报、漏报、迟报信用信息的；

（二）非法修改公示的信用信息；

（三）未按照行政机关要求及时更改公示的信用信息。

**第三十一条** 公民、法人或者其他组织非法获得他人信用信息，或者将获得的他人信用信息用于非法途径的，应当依照有关法律、法规规定追究法律责任。

## 第六章 ‖ 附则

**第三十二条** 行政机关开展市场主体信用信息公示工作情况应当列入政府部门绩效考评指标体系。

**第三十三条** 法律、法规授权的具有管理公共事务职能的组织，应当适用本办法关于行政机关的规定归集、公示、使用和管理相关市场主体信用信息。

**第三十四条** 本办法自 2016 年 1 月 1 日起施行。

# 山西省行政机关归集和公布企业信用信息管理办法

（山西省人民政府令第 191 号）

《山西省行政机关归集和公布企业信用信息管理办法》已经 2006 年 8 月 18 日省人民政府第 81 次常务会议通过，现予公布，自 2006 年 10 月 1 日起施行。

省长　于幼军

二〇〇六年八月三十日

## 山西省行政机关归集和公布企业信用信息管理办法

（根据 2018 年 5 月 18 日省人民政府第 6 次常务会议通过的
《山西省人民政府关于废止和修改部分政府规章的决定》修正）

### 第一章 ‖ 总则

**第一条**　为了加强社会信用体系建设，强化企业信用监管，促进信用信息公开与共享，为社会提供信用信息服务，根据有关法律、法规，制定本办法。

**第二条**　本省行政机关对企业信用信息进行归集、公布、使用等活动，适用本办法。

**第三条**　本办法所称企业信用信息，是指在行政机关依法履行职责过程中产生的有关企业生产经营信用记录以及对判断企业信用状况有影响的客观信息。

前款所称企业包括在本省行政区域内从事经营活动的企业法人和其他经济组织。

**第四条**　省人民政府按国家统一规划建立国家企业信用信息公示系统（山西）（以下简称"信用信息公示系统"），通过计算机网络归集和公布企业信用信息。企业信用信息系统的建设，遵循统一归集、政府发布、信息共享的原则，为行政管理提供基础信息服务，为社会提供信用信息查询服务。

**第五条**　省工商行政管理机关负责本办法的组织实施。

省级有关行政机关负责确定和公布本系统有关企业信用信息的具体项目、范围和标准，收集、整理本系统的信用信息，并负责信用信息的提交、更新和管理。

## 第二章 ‖ 信用信息内容

**第六条** 企业信用信息由身份信息、业绩信息、警示信息和提示信息组成。

**第七条** 下列信息记为身份信息：

（一）企业登记注册的基本情况；

（二）企业取得的专项行政许可；

（三）企业的资质等级；

（四）行政机关依法对企业进行专项或者周期性检验检查的结果；

（五）其他有关企业身份的情况。

**第八条** 下列信息记为业绩信息：

（一）企业及其法定代表人、主要负责人受到省级以上行政机关有关表彰的情况；

（二）被认定为国家级和省级"守合同重信用"企业的；

（三）被金融机构评定为"AAA"信用等级的；

（四）被认定为"中国驰名商标"或"山西省著名商标"的；

（五）获得"中国名牌"、"地理标志产品保护"或"山西省名牌"产品的；

（六）被评为省质量信誉等级 A 级、AA 级、AAA 级企业的；

（七）通过产品、服务、管理体系认证以及产品被列入国家免检范围的；

（八）被评定为纳税信用等级 A 级的；

（九）被评为"价格诚信单位"的；

（十）被国家评为环境保护模范、先进企业的；

（十一）被列入"绿色通道"的进出口企业；

（十二）省级行政机关认为可以记入的有关企业信用的其他业绩信息。

**第九条** 下列信息记为警示信息：

（一）因违法行为被行政机关给予撤销或者吊销许可证、营业执照的；

（二）因违法行为未通过专项或者周期性检验以及经检验被判定为不合格等级的；

（三）因同一类违法行为受到罚款、没收和责令停产停业行政处罚两次以上的；

（四）因违法构成犯罪，有关人员被追究刑事责任的；

（五）其他扰乱市场经济秩序、危害交易安全的严重违法行为。

**第十条** 企业法定代表人、主要负责人的下列信息，记为警示信息：

（一）对本企业严重违法行为负有直接责任的；

（二）正在被执行刑罚的；

（三）因犯有贪污贿赂罪、侵犯财产罪或者破坏社会主义市场经济秩序罪，被判处刑罚，执行期满未逾 5 年或者因犯其他罪被判处刑罚，执行期满未逾 3 年以及因犯罪被判处剥夺政治权利，执行期满未逾 5 年的；

（四）担任破产清算的企业的法定代表人或者董事、经理，并对该企业的破产负有个人责任，自该企业破产清算完结之日起未逾 3 年的；

（五）个人负债数额较大，到期未清偿的；

（六）法律、法规、规章规定不能担任企业法定代表人、主要负责人的其他情形。

**第十一条** 下列信息记为提示信息：

（一）企业因违法行为受到罚款、没收和责令停产停业行政处罚的；

（二）企业的负债及担保状况；

（三）企业最低工资标准和拖欠工资情况；

（四）企业的欠税情况；

（五）企业社会保险费的欠缴情况；

（六）企业向行政机关提出申请许可、认证时提交的有关资料；

（七）企业法定代表人及董事、监事和高级管理人员的工作经历等基本情况；

（八）其它经省级行政机关确定可以记入的信息。

**第十二条** 提交的信息应当包括下列内容：

（一）提交信息的单位名称；

（二）被提交信息的企业名称和统一社会信用代码；

（三）信息内容；

（四）信息的有效期限。

除前款规定外，提交警示信息的，还应当同时提交下列电子或者书面文档：

（一）移送信息的通知书；

（二）行政机关的相关决定；

（三）人民法院的判决、裁定；

（四）仲裁机构的裁决；

（五）决定、判决、裁定、裁决执行情况的说明以及需要提交的其他材料。

## 第三章 ‖ 信用信息归集

**第十三条** 省级行政机关应当根据本办法第五条的规定，制定本部门传输、维护、管理、使用企业信用信息的工作程序和管理制度，并指定专门机构和人员负责本系统信用信息的审核、提交。

**第十四条** 行政机关应及时向企业信用信息系统提交真实、合法、准确、完整的企业信用信息，并承担相应的法律责任。

**第十五条** 行政机关对提交的信息数据进行追加、修改、更新和维护，对信息数据实行动态管理。

**第十六条** 企业可以向相关行政机关申请提供本企业符合提交范围的各项信用信息，并对其提供信息的真实性负责。

**第十七条** 企业信用信息记录期限按照下列规定设定：

（一）身份信息的记录期限至企业终止后 2 年为止；

（二）业绩信息的记录期限为企业受到表彰、获取称号的有效期限；

（三）提示信息的记录期限为 3 年；

（四）警示信息的记录期限为 3 年，但法律、法规或者规章规定对企业的限制期限超过 3 年的，依照该法律、法规、规章规定的期限记录。

记录期限届满后，系统自动解除记录并转为档案保存。

## 第四章 ‖ 信用信息公布和使用

**第十八条** 企业信用信息通过信用山西网站向社会公布。

公布企业信用信息应当符合法律、法规、规章的规定，对属于个人隐私、涉及企业商业秘密以及法律、法规、规章明确规定不得公开的其他内容，提交信息的行政机关应当采取保密措施，不得公布和披露。

**第十九条** 任何组织和个人均可通过登录信用信息公示系统查询企业的身份信息、业绩信息、提示信息和警示信息。

**第二十条** 行政机关在日常监督管理、行政许可、企业资质等级评定以及周期性检验和表彰评优等工作中，应当及时查阅企业信用信息记录。

**第二十一条** 行政机关对于没有任何违法行为记录或有多项业绩信息记录的企业，给予鼓励：

（一）在行政管理和公共服务过程中，实施"绿色通道"和"容缺受理"等便利措施；

（二）在日常检查、专项检查中优化检查方式或者减少检查频次；

（三）在实施财政性资金项目支持、招商引资配套优惠等各类政策措施中，给予优先考虑；

（四）在政府采购、政府投资项目招标、国有土地出让、公共资源交易等工作中，依法依约采取信用加分等措施；

（五）国家和本省规定可以采取的其他鼓励措施。

**第二十二条** 行政机关对警示信息期限内的企业应当加强监督管理，并可以采取下列惩戒措施：

（一）在日常监管中列为重点监管对象，提高随机抽查比例和频次，加强现场核查等；

（二）在行政许可、年检验证等工作中，列为重点核查对象；

（三）限制设立金融类公司、发行债券、股票发行或者挂牌转让、发起设立社会组织、参与政府投资项目或者主要使用财政性资金项目；

（四）限制申请政府补贴资金和社会保障资金支持；

（五）取消行政便利化措施；

（六）限制参加政府采购、政府投资项目招标，从事土地等不动产资源开发利用，参与国有企业资产、国有土地出让等国有产权交易；

（七）限制担任企业法定代表人、负责人或者高级管理人员、事业单位法定代表人或社会组织负责人；

（八）不予出具股份有限公司上市等所需的合法经营证明；

（九）不授予有关荣誉或称号，限制参加政府组织的各类表彰奖励活动。

**第二十三条** 行政机关使用企业信用信息，应当按照法律、法规、规章的规定运用，不得违法限制企业的正常经营活动。

## 第五章 ║ 责任追究

**第二十四条** 企业认为行政机关提供的本企业信息与事实不符的，可以向提交信息记录的行政机关申请变更或者撤销记录。信息确有错误的，行政机关应当及时变更或者解除该记录。

**第二十五条** 行政机关执行本办法的情况，作为对该机关落实政务公开以及依法行政工作考核的内容。

行政监察机关、政府法制工作机构及相关行政机关负责对本办法的执行进行检查和监督。

**第二十六条** 行政机关及其工作人员玩忽职守以及利用工作之便，违法提供、公布、利用企业信用信息，侵犯企业合法权益，损害企业信誉，情节严重或造成不良后果的，依法追究行政责任；构成犯罪的，依法追究刑事责任。

行政监察机关及相关行政机关对违反本办法不按规定提供、追加、更新信息的责任人员，依法追究行政责任。

## 第六章 ‖ 附则

**第二十七条** 行政机关对外国企业常驻代表机构、外商投资企业驻晋办事处、个体工商户以及广告媒介等单位有关信用信息的归集、公布、使用等活动，适用本办法。

其他国家机关、事业单位、社会团体和中介机构等组织，归集和公布企业信用信息，可以参照本办法。

**第二十八条** 本办法自 2006 年 10 月 1 日起施行。

# 内蒙古自治区公共信用信息管理办法

（内蒙古自治区人民政府令第 234 号）

《内蒙古自治区公共信用信息管理办法》已经 2018 年 5 月 11 日自治区人民政府第 5 次常务会议审议通过，现予公布，自 2018 年 8 月 1 日起施行。

自治区主席　布小林

2018 年 6 月 13 日

## 内蒙古自治区公共信用信息管理办法

### 第一章 ‖ 总则

**第一条**　为规范公共信用信息的归集、披露、使用和管理活动，促进社会信用体系建设，为经济社会发展营造良好的信用环境，根据国家有关法律、法规，结合自治区实际，制定本办法。

**第二条**　自治区行政区域内公共信用信息的归集、披露、使用和相关管理活动，适用本办法。

本办法所称公共信用信息，是指国家机关以及法律法规授权的具有管理公共事务职能的组织，在履行职责过程中形成的反映具有完全民事行为能力的自然人、法人和非法人组织（以下统称信息主体）信用状况的数据和资料。

**第三条**　公共信用信息的归集、披露、使用和相关管理活动，应当遵循合法、安全、客观、公正、准确、及时的原则，不得泄露国家秘密、商业秘密和个人隐私。

**第四条**　旗县级以上人民政府应当建立公共信用信息管理工作协调机制，协调解决公共信用信息管理工作中的重大问题，并将公共信用信息的归集和使用情况纳入对本级人民政府有关部门和下一级人民政府的实绩考核。

**第五条**　自治区人民政府发展和改革部门负责全区公共信用信息管理的综合协调

工作，其所属的公共信用信息工作机构负责全区公共信用信息归集、整理、加工、披露的具体工作。

盟行政公署、设区的市人民政府、旗县级人民政府确定的公共信用信息主管部门，负责本行政区域内公共信用信息管理的综合协调工作。

盟行政公署、设区的市人民政府、旗县级人民政府设立或者确定的公共信用信息工作机构，负责本行政区域内公共信用信息归集、整理、加工、披露的具体工作。

旗县级以上人民政府有关部门应当按照各自职责，做好公共信用信息相关管理工作。

第六条　自治区社会信用信息平台是全区公共信用信息归集和披露的统一平台。

盟行政公署、设区的市人民政府应当加快本行政区域社会信用信息平台建设，实现本行政区域公共信用信息的统一归集和共享。

第七条　向社会信用信息平台提供公共信用信息的国家机关以及法律法规授权的具有管理公共事务职能的组织（以下统称公共信用信息提供单位），应当依法做好本单位公共信用信息的记录、维护、报送、异议处理以及信息安全等工作。

向社会信用信息平台查询公共信用信息的国家机关、社会团体、征信机构等（以下统称公共信用信息使用单位），应当依法开展公共信用信息的查询、应用和维护活动，保护信息主体的信息安全。

第八条　国家机关及其工作人员应当依法履行职责，增强守法履约的意识，在社会信用体系建设中发挥示范表率作用。

社会公众应当遵守有关法律、法规、规章，使履约践诺、诚实守信成为全民的自觉行为规范。

第九条　国家机关、行业协会、企业、学校、基层群众性自治组织等单位，应当开展公共信用的宣传、普及工作。

鼓励各单位建立信用管理和教育制度，开展信用知识培训和诚信创建活动，培育单位信用文化。

第十条　广播、电视、报刊和新媒体等应当发挥舆论宣传引导作用，弘扬诚信文化和契约精神。

## 第二章 ‖ 信息归集

第十一条　公共信用信息包括信息主体的基本信息、不良信息和良好信息。

第十二条　法人和非法人组织的基本信息包括下列内容：

（一）名称、法定代表人或者负责人、统一社会信用代码等登记注册信息；

（二）董事、监事和高级管理人员的基本信息；

（三）行政许可信息；

（四）产品、服务、管理体系获得的认证认可信息；

（五）年检、年审、检验、检疫以及备案信息；

（六）法律、法规、规章规定的其他基本信息。

**第十三条** 法人和非法人组织的不良信息包括下列内容：

（一）税款、社会保险费欠缴信息；

（二）行政事业性收费、政府性基金欠缴信息；

（三）以欺骗、贿赂等不正当手段取得的行政许可、行政确认、行政给付、行政奖励信息；

（四）违反告知承诺制度的信息；

（五）适用一般程序作出的行政处罚信息，行政强制信息；

（六）不履行判决、裁定等生效法律文书的信息；

（七）被监督管理部门处以行业禁入的信息；

（八）被监督管理部门列入经营异常名录的信息；

（九）发生产品质量、安全生产、食品药品安全、环境污染事故等被监督管理部门处理的信息；

（十）不依法与劳动者签订劳动合同且不进行劳动用工备案，违法用工，克扣、拖欠劳动报酬等违法信息；

（十一）法定代表人、董事、监事以及高级管理人员受到刑罚、行政处罚、行业禁入处理的信息；

（十二）经依法认定的违反法律、法规、规章规定的其他不良信息。

**第十四条** 法人和非法人组织的良好信息包括下列内容：

（一）设区的市级以上国家机关授予的表彰、奖励等信息；

（二）被设区的市级以上市场监督管理部门认定为重合同、守信用的荣誉信息；

（三）被自治区税务机关认定为 A 级信用纳税人的信息；

（四）被海关认定为一般认证企业以上等级的高资信信息；

（五）被自治区人力资源和社会保障部门认定的和谐劳动关系信息；

（六）被国务院水行政主管部门评定信用等级为 A 级以上的信息；

（七）设区的市级以上相关部门开展诚信创建活动中被授予的诚信典型荣誉信息；

（八）参与各级人民政府、旗县级以上人民政府工作部门、群团组织开展的志愿服务、慈善捐赠活动等信息；

（九）国家和自治区规定应当受到褒扬的其他良好信息。

第十五条　自然人的基本信息包括下列内容：

（一）姓名、身份证号码以及能够识别个人身份的信息；

（二）学历、职业、婚姻状况信息；

（三）行政许可信息。

第十六条　自然人的不良信息，除包括第十三条第三、四、五、六、七、八项所列信息外，还包括下列内容：

（一）税款欠缴信息；

（二）以欺诈、伪造证明材料或者其他手段骗取社会保险待遇的信息；

（三）被公安交通管理部门认定的严重交通违法信息；

（四）参加国家和自治区组织的统一考试作弊的信息；

（五）法律、法规、规章规定的其他不良信息。

第十七条　自然人的良好信息包括下列内容：

（一）设区的市级以上国家机关授予的荣誉、表彰信息；

（二）参与各级人民政府、旗县级以上人民政府工作部门、群团组织开展的志愿服务、无偿献血、慈善捐赠活动等信息；

（三）国家和自治区规定应当受到褒扬的其他良好信息。

第十八条　禁止归集自然人的宗教信仰、基因、指纹、血型、疾病、病史信息以及法律、法规禁止归集的自然人其他信息。

未经本人书面同意，不得归集自然人的收入、存款、有价证券、商业保险、不动产和纳税数额等信息。

第十九条　公共信用信息工作机构应当会同公共信用信息提供单位，编制公共信用信息目录并向社会发布。

第二十条　公共信用信息提供单位应当及时、准确、完整地向社会信用信息平台提供公共信用信息，并实时更新。

第二十一条　公共信用信息提供单位应当对本单位提供的公共信用信息反映的信息主体信用状况进行分类管理，并对提供信息的真实性负责。

第二十二条　公共信用信息工作机构和公共信用信息提供单位应当建立健全信息安全管理制度，采取安全可控的技术、服务等措施，确保公共信用信息安全。

## 第三章 ‖ 信息披露

第二十三条　公共信用信息分为公开信息和非公开信息。

下列信息属于公开信息：

（一）公共信用信息提供单位已经依法通过政府公报、新闻发布会、互联网以及报刊、广播、电视等方式发布的；

（二）依据法律、法规、规章规定应当主动公开的其他信息。

前款规定以外的信息，属于非公开信息。信息主体本人或者经信息主体授权，可以查询非公开信息。

第二十四条　公共信用信息工作机构应当制定并公布服务规范，通过服务窗口、平台网站、移动终端等方式向社会提供便捷的查询服务。

信息主体申请查询本人非公开信息的，应当提供有效身份证明；授权查询的，应当提供本人有效身份证明和信息主体的书面授权证明。查询公开信息的，无需提供相关证明材料。

第二十五条　国家机关在依法履行职责时，需要使用公共信用信息的，可以按照有关程序和条件，批量共享或者查询社会信用信息平台的公共信用信息。

第二十六条　国家机关应当建立本单位公共信用信息查询制度规范，建立查询日志。

查询日志应当按照国家有关规定保存。

第二十七条　向社会披露公共信用信息应当符合法律、法规、规章的规定，对属于个人隐私、涉及商业秘密以及法律、法规、规章规定不得公开的其他内容，应当采取保密措施，不得披露。

## 第四章 ‖ 信息使用

第二十八条　国家机关在履行职责时，应当将信息主体的信用状况作为实施管理活动的重要依据。

第二十九条　自治区人民政府应当建立跨部门、跨领域、跨地区的守信联合激励和失信联合惩戒机制，根据法律、法规的规定确定联合激励和惩戒事项，并向社会公布。

第三十条　对信用状况良好的信息主体，国家机关在日常监督管理、行政许可、项目审批、资质认定、政府采购、招标投标、公共资源交易、专项资金安排、财政补贴、招商引资、融资服务、表彰奖励、公务员招录等活动中，应当依照相关法律、法规的规定，给予优先、优惠等激励措施。

第三十一条　对于信用状况不良的信息主体，行政机关应当依法采取下列监督管理措施：

（一）在日常监督检查中列为重点监督管理对象，增加检查频次，加强现场核查；

（二）不予列入各类免检、免审范围；

（三）取消已经享受的行政便利化措施；

（四）法律、法规规定可以采取的其他监督管理措施。

第三十二条 对于被相关行政主管部门列入严重失信名单的信息主体，行政机关应当依法采取下列惩戒措施：

（一）实施市场和行业禁入措施；

（二）限制新增项目审批、核准；

（三）限制参与基础设施和公用事业特许经营；

（四）限制申请财政性资金项目；

（五）限制参与有关公共资源交易活动；

（六）限制任职资格；

（七）限制高消费活动；

（八）撤销荣誉称号，取消参加评先评优资格；

（九）法律、法规规定可以采取的其他惩戒措施。

第三十三条 相关行政主管部门将信息主体列入严重失信名单前，应当告知信息主体列入严重失信名单的理由和依据；决定对列入严重失信名单的信息主体采取惩戒措施的，应当告知理由、依据、救济途径以及解除惩戒措施的条件。信息主体有权进行陈述和申辩。

行政机关对信息主体采取的惩戒措施，应当与信息主体违法行为的性质、情节和社会危害程度相适应。

第三十四条 鼓励信息主体在开展金融活动、市场交易、行业管理、社会公益等活动中依法应用公共信用信息，防范交易风险。

鼓励征信机构应用公共信用信息，开发和创新信用产品，扩大信用产品的使用范围。

## 第五章 ‖ 权益保护

第三十五条 社会信用信息平台应当建立内部信息安全管理制度规范，明确岗位职责，设定工作人员的查询权限和查询程序，建立公共信用信息归集和查询日志，并按照国家有关规定保存。

第三十六条 不良信息的披露期限为五年，自失信行为或者事件终止之日起计算，国家或者自治区另有规定的除外。披露期限届满，法人和非法人组织的不良信息转为档案保存；自然人的不良信息予以删除。

信息主体可以要求社会信用信息平台删除本人的表彰奖励、志愿服务、慈善捐赠信息。公共信用信息工作机构应当在收到申请之日起五个工作日内删除相关信息，并告知公共信用信息提供单位。

第三十七条　有不良信息的信息主体具有主动改正违法行为、消除不良影响等情形的，可以向作出违法行为认定的公共信用信息提供单位提出信用修复申请；符合国家和自治区信用修复有关规定的，公共信用信息提供单位应当作出信用修复决定，并在不良信息中予以标注。

信息主体被列入严重失信名单的，不适用前款规定。

第三十八条　信息主体认为社会信用信息平台记载的公共信用信息与事实不符、存在遗漏和错误、依法不应当公开的，有权向公共信用信息工作机构或者公共信用信息提供单位提出异议，并提交相关证据材料。

公共信用信息工作机构或者公共信用信息提供单位收到异议申请，应当对相关信息作出存在异议的标注，自收到异议申请之日起二十个工作日内进行核查和处理，并将处理结果书面告知信息主体。

第三十九条　信息主体对异议处理结果不服的，可以向自治区人民政府发展和改革部门申请复核。

自治区人民政府发展和改革部门应当自收到复核申请之日起二十个工作日内进行复核，作出复核决定，并书面告知信息主体、公共信用信息工作机构或者公共信用信息提供单位。

第四十条　禁止伪造、变造、出售公共信用信息；禁止违反国家规定获取公共信用信息。

第四十一条　公共信用信息提供单位、公共信用信息使用单位、公共信用信息工作机构及其工作人员不得实施下列行为：

（一）越权查询公共信用信息；

（二）违规删除公共信用信息；

（三）泄露未经授权公开的公共信用信息；

（四）泄露涉及国家秘密、商业秘密、个人隐私的公共信用信息；

（五）法律、法规、规章禁止的其他行为。

## 第六章 ‖ 法律责任

第四十二条　违反本办法规定的行为，有关法律、法规已经作出具体处罚规定的，从其规定。

**第四十三条**　公共信用信息提供单位及其工作人员违反本办法规定，有下列行为之一，造成不良后果的，由公共信用信息主管部门责令限期改正；逾期不改正的，由旗县级以上人民政府公共信用信息主管部门提请本级人民政府给予通报批评；情节严重的，对直接负责的主管人员和其他直接责任人员给予处分；构成犯罪的，依法追究刑事责任：

（一）违反规定报送、归集、披露公共信用信息以及处理信用异议，造成不良后果的；

（二）伪造、变造、出售公共信用信息的；

（三）公开披露未经信息主体同意公开的公共信用信息的；

（四）泄露涉及国家秘密、商业秘密、个人隐私的公共信用信息的；

（五）因故意或者重大过失造成披露的公共信用信息存在错误、遗漏的；

（六）违反规定删除公共信用信息或者应当删除公共信用信息而未予删除的；

（七）违反规定对信息主体采取惩戒措施的；

（八）其他玩忽职守、滥用职权、徇私舞弊的行为。

**第四十四条**　公共信用信息主管部门、公共信用信息工作机构及其工作人员有下列情形之一的，由有权机关对直接负责的主管人员和其他直接责任人员依法给予处分；给信息主体造成损失的，依法承担民事责任；构成犯罪的，依法追究刑事责任：

（一）归集禁止采集的自然人信息的；

（二）拒绝信息主体依法查询公开公共信用信息的；

（三）未履行信息安全责任和保密义务的；

（四）伪造、变造、出售公共信用信息的；

（五）未按照规定处理异议或者对确有错误、遗漏的信息不予更正的；

（六）其他玩忽职守、滥用职权、徇私舞弊的行为。

## 第七章 ‖ 附则

**第四十五条**　本办法自 2018 年 8 月 1 日起施行。

# 辽宁省企业信用信息征集发布使用办法

## （辽宁省人民政府令第 220 号）

《辽宁省企业信用信息征集发布使用办法》业经 2008 年 6 月 26 日辽宁省第十一届人民政府第 6 次常务会议审议通过，现予公布，自 2008 年 9 月 1 日起施行。

省长　陈政高

二〇〇八年七月五日

## 辽宁省企业信用信息征集发布使用办法

### 第一章 ‖ 总则

**第一条** 为了规范企业信用信息管理，增强企业信用意识，营造诚实守信的市场环境，推进社会信用体系建设，根据国家有关规定，结合我省实际，制定本办法。

**第二条** 本办法所称企业信用信息，是指企业和非法人营利性经济组织（以下统称企业）在经济活动和社会活动中形成的，能用以分析、判断企业信用状况的记录和数据。

**第三条** 本办法适用于本省行政区域内企业信用信息的征集、验证、披露、评估和使用活动。

**第四条** 企业信用信息的征集、发布和使用，遵循客观、准确、公正、及时和谁提供谁负责的原则，依法保护国家利益、社会公共利益和企业合法权益，不得妨害公共安全和社会秩序，不得泄露企业商业秘密。

**第五条** 建立企业信用信息共享制度。鼓励行政机关、企业事业单位和其他组织依法公开和使用企业信用信息。

**第六条** 省发展改革行政部门和市人民政府确定的企业信用信息管理部门（以下统称信用信息主管部门）主管本行政区域内企业信用信息工作。

工商、财政、税务、质监、卫生、食品药品监管、民政、劳动保障、安全监管、环保、科技、公安、教育、物价、建设、交通等行政管理部门在各自职责范围内共同做好企业信用信息征集和发布的相关工作。

金融机构依照法律、法规及国家其他有关规定，征集、披露和使用企业有关信用信息。

## 第二章 ‖ 信用信息征集

**第七条** 省、市人民政府设立的信用信息征集机构（以下简称征信机构）和依法设立的信用评估机构应当通过合法途径，征集企业信用信息。

省征信机构负责企业信用信息省级征信平台和信用信息交换中心的建设、维护和管理，整合征集到的企业信用信息，纳入信息数据库。

企业信用信息征信平台和电子政务网络平台应当相互支持，互为所用，实现信息共享。

**第八条** 企业信用信息征集范围：

（一）企业基本情况

（1）企业性质、名称、地址、设立日期；

（2）法定代表人姓名；

（3）股东成员名单；

（4）企业类型、行业归类、组织机构代码；

（5）经营（业务）范围、注册资本、实收资本、注册号码、核算方式；

（6）审批、核准、验证、换证、年检、登记；

（7）进出口经营资格；

（8）专业技术人员人数。

（二）企业经营和财务状况

（1）主要产品或者主营业务；

（2）年销售（营业）收入；

（3）企业债务情况；

（4）年纳税情况。

（三）企业交易和资信情况

（1）依法取得的资质、资格；

（2）信用等级；

（3）守合同重信用情况；

（4）商品赊销、代销及其他交易记录；

（5）企业债券的发行及其兑现记录。

（四）企业荣誉记录

（1）市级以上国家机关的表彰、奖励；

（2）驰名、著名和重点保护的商标；

（3）通过国际质量标准认证、产品列入国家和省免检范围；

（4）法定代表人的荣誉。

（五）企业不良记录

（1）发布虚假广告、生产销售假冒伪劣商品；

（2）违法超标排放或者超过总量控制指标排放污染物，造成环境污染或者生态破坏；

（3）发生重特大安全事故或者存在重大安全隐患；

（4）不依法与劳动者签订劳动合同，克扣、拖欠劳动报酬，不参加各项社会保险或者拖欠社会保险费；

（5）受到警告、罚款、没收违法所得、责令停产停业、吊销营业执照等行政处罚；

（6）法定代表人、董事、主要股东或者其他高级管理人员受到行政处罚或者刑事追究；

（7）因走私行贿、逃骗套汇、偷抗欠税、恶意逃废债务、利用合同诈骗、出具虚假资信证明材料等受到刑事处罚。

（六）企业诉讼、仲裁情况

（1）发生法律效力的民事、刑事、行政诉讼判决或者裁定记录；

（2）发生法律效力的商事仲裁裁决记录。

（七）企业信用信息查询情况

（1）他人查询记录；

（2）自我查询记录；

（3）异议记录。

（八）国家和省规定的其他信用信息

**第九条** 征信机构征集企业信用信息的方式：

（一）从媒体公告上获取；

（二）从行政机关、司法机关和具有行政管理职能的事业单位（以下统称企业信用信息数据源单位）无偿获取；

（三）按照约定从金融机构、行业组织、公共事业单位和社会中介组织有偿或无偿获取；

（四）按照约定从企业有偿或无偿获取；

（五）法律、法规允许的其他方式。

**第十条** 信用评估机构征集企业信用信息的方式：

（一）从媒体公告上获取；

（二）从征信机构有偿获取；

（三）从企事业单位或者与其交易对象有偿或者无偿获取；

（四）法律、法规允许的其他方式。

**第十一条** 征信机构、信用评估机构不得以骗取、窃取或者以胁迫等不正当手段获取企业信用信息。

**第十二条** 企业信用信息数据源单位应当及时向征信机构提供其拥有的企业信用信息。

**第十三条** 企业信用信息数据源单位提供的企业信用信息必须真实、可靠，不得提供虚假信息。

征信机构、信用评估机构对获取的企业信用信息，应当保持其原始性、真实性和完整性，并及时更新。

## 第三章 ‖ 信用信息验证

**第十四条** 征信机构应通过新闻媒体公布采集企业信息事宜，并为企业查询本单位信息提供方便。

企业查询本单位信用信息，应当凭工商营业执照副本。经查询认为征信机构征集的信用信息与事实不符的，可以提出书面验证申请，要求其更正。

**第十五条** 信用信息验证，按照下列程序进行：

（一）征信机构自收到申请之日起 10 日内进行核对，确实有误的，应当立即更正。涉及原信息是否真实的，向原信息提供单位提交书面核实申请；

（二）原信息提供单位自收到核实申请之日起 10 日内进行核对，并向征信机构提交书面处理意见；

（三）征信机构自收到原信息提供单位处理意见之日起 5 日内进行处理，提出验证报告，书面告之申请人。

原信息提供单位未在规定期限内提出处理意见的，原信息无效，由征信机构予以删除。

**第十六条** 企业对验证报告有异议的，可以向征信机构提交异议报告。征信机构应当将异议报告列入该企业信用信息档案。

**第十七条** 征信机构对验证期间的企业信用信息，未经被征集企业同意，不得披露或者提供给他人。

**第十八条** 从事信用担保、信用保险等业务的社会中介机构，对与其相关的企业信用信息有异议的，可以提出验证申请。验证程序比照本章规定执行。

## 第四章 ‖ 信用信息披露

**第十九条** 征信机构应当通过政府网站或者政府指定的其他媒体，定期向社会公开企业信用信息。

**第二十条** 企业信用信息披露，应当客观、准确、公正，保证所披露信息的合法性、真实性。

禁止披露企业商业秘密，不得将不同类型企业的同类信息集中披露。

**第二十一条** 企业信用信息披露范围：

（一）第八条第（一）项除（3）以外规定的企业基本情况；

（二）第八条第（三）项（1）（2）（3）规定的企业资信情况；

（三）第八条第（四）项规定的企业荣誉记录；

（四）第八条第（五）项规定的企业不良记录；

（五）国家和省规定的其他可以披露的信用信息。

**第二十二条** 被披露企业对披露信息有异议的，可以向征信机构提出澄清申请。征信机构对披露的信用信息应当及时予以核实，确实有误的，采取公开方式予以更正。

**第二十三条** 企业信用信息披露时限，应当与企业信用信息记录和数据留存期限一致。

**第二十四条** 除法律、法规另有规定外，有以下情形之一的，企业信用信息记录和数据，按照下列期限留存：

（一）行政、刑事处罚的信息为 10 年；

（二）走私行贿、逃骗套汇、偷抗欠税、恶意逃废债务、利用合同诈骗的信息为 10 年；

（三）注销许可、吊销营业执照的信息为 5 年；

（四）企业法定代表人、董事、主要股东或者其他高级管理人员受到行政处罚或者刑事追究的信息，为期限届满后 5 年；

（五）企业资信情况、企业荣誉记录，为有效期限内。

## 第五章 ‖ 信用信息评估

**第二十五条** 单位或者个人可以委托信用评估机构，对特定企业的信用状况进行评估。

**第二十六条** 信用信息评估，应当遵循独立、公正和审慎的原则，采用科学的评估标准、评估程序和评估方法，并对涉及企业商业秘密的信息予以保密。

评估标准、评估程序、评估方法应当向委托方公开。

**第二十七条** 信用评估机构对被评估企业应当作出信用评估报告。

信用评估报告包括下列事项：

（一）被评估企业的基本情况；

（二）采用的评估标准、评估程序、评估方法；

（三）分析被评估企业信用状况过程；

（四）被评估企业信用状况结论或者以数字、字母表示的企业信用等级；

（五）委托方委托的其他事项。

信用评估报告仅供委托评估机构评估的委托人参考。

## 第六章 ‖ 信用信息使用

**第二十八条** 单位或者个人可以通过征信机构取得相关企业信用信息，或者委托信用评估机构取得企业信用信息。

**第二十九条** 提倡企事业单位和其他经济组织在项目合作开发、商业投资、商务采购、经营决策等商务活动中，使用企业信用信息。

**第三十条** 行政机关在作出下列行政决策前，应当根据需要使用相关企业信用信息：

（一）政府采购、项目招投标和征地审批；

（二）资质认定、年审、年检、评奖；

（三）审批财政支持的项目及其资金补助；

（四）向企业出借资金或者物品；

（五）与企业签订合同；

（六）审查股票、债券发行；

（七）其他需要使用企业信用信息的。

**第三十一条** 征信机构和信用评估机构向信息使用者提供原始记录或者原始数据资料，应当征得被征集企业同意，但有下列情形之一的除外：

（一）行政机关依法履行职责；

（二）公民、法人或者其他组织对该企业进行商账追收。

**第三十二条** 因商账追收需要查询相关企业信用信息的，应当持下列之一凭证：

（一）人民法院出具的裁定书或者判决书，或者协助执行通知书；

（二）司法机关出具的协助调查通知书；

（三）行政机关制发的能够证明对该企业进行合法商账追收的文件、资料；

（四）该笔商账的到期合同书、借条和涉债企业占用物品的合法物权凭证。

**第三十三条** 信息使用者对取得的信用信息只能自己使用，不得擅自向第三方传播。

**第三十四条** 征信机构应当建立企业信用信息使用记录档案，对企业信用信息被使用情况进行记录，并自该记录生成之日起至少保存 5 年。

**第三十五条** 征信机构提供企业信用信息服务和信用评估机构提供评估服务的收费标准，按照政府指导价执行。具体标准由省物价部门会同省发展改革部门制定。

征信机构向企业信用信息数据源单位和享受最低生活保障待遇的人员提供企业信用信息服务不得收费。

征信机构提供企业信用信息服务收取的费用，实行收支两条线管理，专项用于征信平台和信用信息交换中心的建设和维护。

## 第七章 ‖ 信用信息监督

**第三十六条** 信用评估机构应当自取得工商营业执照之日起 30 日内，向省企业信用信息主管部门备案。省企业信用信息主管部门对备案的信用评估机构应当及时公告。

备案时应当提交下列材料：

（一）工商营业执照复印件；

（二）资质证明、信用状况；

（三）股权结构、组织结构说明；

（四）信息处理程序和安全防范措施；

（五）高级管理人员和专业人员的资格。

前款第（一）、第（二）项备案事项发生变更的，应当自变更之日起 30 日内向省企业信用信息主管部门备案。

**第三十七条** 企业信用信息主管部门对征集、验证、披露、评估企业信用信息活动应当进行监督检查。征信机构、企业信用信息数据源单位、信用评估机构应当予以配合，如实提供有关资料，说明有关情况。

**第三十八条** 任何单位和个人对违反本办法的行为，均有权向企业信用信息主管部门或者其他有关部门投诉或者举报。

企业信用信息主管部门和其他有关部门应当自收到投诉或者举报之日起 30 日内作

出处理决定。

## 第八章 ║ 法律责任

**第三十九条** 征信机构违反本办法，有下列行为之一的，由企业信用信息主管部门责令限期改正，并按照人事管理权限给予行政处分：

（一）拒绝被征集企业查询本企业信用信息的；

（二）未将异议信息列入企业信用信息档案的；

（三）录入、披露、提供虚假或者明显过时的信用信息的；

（四）数据库管理不善造成越权访问或者信息记录、数据被滥用的。

**第四十条** 信用评估机构违反本办法，有下列行为之一的，由企业信用信息主管部门责令改正，并按照下列规定处以罚款：

（一）明知企业信用信息虚假仍以其为基础数据进行评估的，处 1 万元以上 3 万元以下罚款；

（二）虚构、篡改、骗取、窃取企业信用信息或者采取胁迫等不正当手段获取企业信用信息的，处 5000 元以上 1 万元以下罚款；

（三）未按照规定备案，拒绝、阻挠监督检查或者不如实提供有关资料的，处 500 元以上 1000 元以下罚款。

**第四十一条** 行政机关和具有行政管理职能的事业单位未及时提供企业信用信息，或者提供虚假企业信用信息的，由企业信用信息主管部门责令改正；造成严重后果的，依法追究责任人员的行政责任。

**第四十二条** 违反本办法规定，构成治安处罚的，按照《中华人民共和国治安管理处罚法》处理；给他人造成损害的，依法承担赔偿责任；涉嫌构成犯罪的，移送司法机关依法追究刑事责任。

**第四十三条** 行政机关及其工作人员玩忽职守以及滥用职权，违法公布、利用企业信用信息，侵犯企业合法权益，损害企业信誉的，依法追究行政责任；涉嫌构成犯罪的，移送司法机关依法追究刑事责任。

## 第九章 ║ 附则

**第四十四条** 本办法自 2008 年 9 月 1 日起施行。

# 辽宁省公共信用信息管理办法

《辽宁省公共信用信息管理办法》业经 2015 年 12 月 1 日辽宁省第十二届人民政府第 68 次常务会议审议通过，现予公布，自 2016 年 1 月 12 日起施行。

省长　陈求发

2015 年 12 月 12 日

## 辽宁省公共信用信息管理办法

**第一条**　为了加强公共信用信息管理，实现公共信用信息公开与共享，推进社会信用体系建设，根据国务院《征信业管理条例》等有关法律、法规，结合我省实际，制定本办法。

**第二条**　本办法所称公共信用信息，是指行政机关以及法律、法规授权的具有管理公共事务职能的组织（以下简称信息提供主体），在履行职责过程中形成的反映企业和个人公共信用状况的记录，主要包括基本信息、不良信息和优良信息等。

**第三条**　本办法适用于我省行政区域内公共信用信息的征集、发布、使用和管理活动。

**第四条**　公共信用信息征集、发布、使用和管理，应当遵循合法、客观、公正、审慎的原则，依法维护国家利益、社会公共利益和企业、个人合法权益，保守国家秘密、商业秘密，保护个人隐私。

**第五条**　省、市、县（含县级市、区，下同）公共信用信息主管部门负责本行政区域内公共信用信息的征集、发布、使用和管理工作。

省、市公共信用信息主管部门可以指定相关机构（以下统称公共信用信息工作机构）具体承担本行政区域内公共信用信息征集等辅助性工作。

**第六条**　省、市、县人民政府及其有关部门应当建立守信激励和失信惩戒联动机制，提高社会管理和公共服务水平。

**第七条** 企业公共信用信息主要包括下列内容：

（一）基本信息。包括登记注册的基本情况，法定代表人、董事、监事以及其他主要经营管理者的基本情况，认证认可信息，专项许可或者资质信息；

（二）不良信息。包括涉及企业信用的欠缴税费信息，执行法院生效的判决、裁定信息，违反劳动用工及社会保险规定信息，发生产品质量、安全生产、环境污染等重大事件事故信息，受到重大行政处罚、行政强制信息，董事、监事及其他主要经营管理者受到刑罚、行业禁入处理的信息，对破产企业负有直接责任的法定代表人的信息；

（三）优良信息。包括受到的荣誉表彰等；

（四）其他与信用状况有关的企业公共信用信息。

**第八条** 个人公共信用信息主要包括下列内容：

（一）基本信息。包括个人身份识别信息、职业信息；

（二）不良信息。包括涉及个人信用的欠缴税费、刑事犯罪、执行民事判决和行政处罚；

（三）优良信息。包括受到的荣誉表彰等；

（四）其他与信用状况有关的个人公共信用信息。

**第九条** 省公共信用信息主管部门应当按照法律、行政法规的规定和国家标准，制定我省公共信用信息标准。

**第十条** 信息提供主体应当按照公共信用信息标准，及时、准确、完整地向公共信用信息工作机构提供公共信用信息，并实时更新。

信息提供主体应当保证所提供的公共信用信息真实有效。发现提供的公共信用信息不准确时，应当及时通报公共信用信息工作机构。

**第十一条** 公共信用信息工作机构不得征集个人的婚姻状况、宗教信仰、基因、指纹、血型、疾病和病史以及法律、行政法规禁止采集的其他个人信息。

公共信用信息工作机构不得征集个人的收入、存款、有价证券、商业保险、不动产的信息和纳税数额信息。

**第十二条** 公共信用信息主管部门采取公开、查询和共享三种方式免费向社会发布公共信用信息。

**第十三条** 公共信用信息主管部门通过"信用辽宁网站"等渠道向社会公开公共信用信息。

公共信用信息公开不得涉及个人隐私、商业秘密以及其他应予保密的内容。

**第十四条** 公共信用信息主管部门通过信用数据交换平台向社会提供公共信用信息查询服务。

企业查询本企业的公共信用信息，应当出具企业书面委托证明；个人查询本人公共信用信息，应当出具本人有效身份证件。

需要查询其他企业或者个人非公开的公共信用信息，必须同时出具被查询企业或者个人的书面同意证明，并按照与被查询企业或者个人约定的用途使用信息，不得用作约定以外的用途；未经被查询企业或者个人同意，不得向第三方提供。

第十五条 信息提供主体依法履行职责需要共享企业或者个人公共信用信息的，应当按照有关规定，通过信用数据交换平台共享。

信息提供主体应当根据需要，按照法律、法规、规章的规定使用公共信用信息，不得泄露个人隐私，不得利用公共信用信息牟利或违法限制、干扰企业的正常生产经营等活动。

第十六条 公共信用信息工作机构应当采取措施，确保公共信用信息的安全。不得篡改、虚构公共信用信息，不得违反规定泄露、发布、使用公共信用信息。

第十七条 公共信用信息中个人不良信息保存期限为 5 年，自不良行为或者事件终止之日起计算。

第十八条 公共信用信息工作机构应当建立公共信用信息使用记录档案，对公共信用信息被使用情况进行记录，并自该记录生成之日起至少保存 5 年。

第十九条 鼓励行政机关在日常监督管理以及政府采购、招标投标、项目审批、专项资金安排、政府资金补贴、招商引资等涉及公共利益的领域和重点工作中使用公共信用信息。

第二十条 公民、企业和其他组织认为公共信用信息工作机构发布的公共信用信息与事实不符的，或者依照有关法律、法规规定不得发布的，可以向公共信用信息工作机构提出书面异议申请，并提交证据。

公共信用信息工作机构收到异议申请后，应当在 3 个工作日内进行核查。因公共信用信息工作机构原因造成错误的，应当立即更正，并将更正结果在 2 个工作日内告知申请人；对非因公共信用信息工作机构原因造成的异议信息，应当通知该信息提供主体核查，信息提供主体应当自收到核查通知之日起 10 个工作日内回复，公共信用信息工作机构应当在收到核查回复后 2 个工作日内将核查结果书面告知申请人。

第二十一条 公共信用信息工作机构处理异议申请期间，应当暂停发布该异议信息。对无法核实真实性的异议信息，公共信用信息工作机构应当予以删除并记录删除原因。

第二十二条 违反本办法规定，未按照与被查询企业或者个人约定的用途使用公共信用信息，以及未经被查询企业或者个人同意向第三方提供公共信用信息，情节严重或者造成严重后果的，由公共信用信息主管部门责令改正，对单位属于非经营活动的，处 1000 元罚款；属于经营活动的，有违法所得的，处 3 万元罚款；无违法所得的，处 1 万元罚款；对个人处 1000 元罚款。

**第二十三条** 信息提供主体未按照本办法规定提供公共信用信息的，由公共信用信息主管部门责令限期改正；逾期不改的，由公共信用信息主管部门提请本级人民政府给予通报批评。

**第二十四条** 公共信用信息工作机构及其工作人员，违反本办法规定，有下列行为之一的，由其所在单位或者上级主管部门对直接负责的主管人员和其他直接责任人员依法给予处分：

（一）拒绝公民、企业和其他组织依法查询公开的公共信用信息的；

（二）违反规定泄露、发布、使用禁止公开的公共信用信息的；

（三）未按规定处理和答复异议信息的；

（四）处理异议申请期间，对无法核实真实性的异议信息，未予删除并记录删除原因的。

**第二十五条** 公共信用信息主管部门及其工作人员，违反本办法规定，有下列行为之一的，由其所在单位或者上级主管部门、监察机关对直接负责的主管人员和其他直接责任人员依法给予行政处分；构成犯罪的，依法追究刑事责任：

（一）未按规定免费向社会发布公共信用信息的；

（二）违反规定公开涉及个人隐私、商业秘密以及其他应予保密内容的；

（三）其他滥用职权、玩忽职守、徇私舞弊的行为。

**第二十六条** 本办法自 2016 年 1 月 12 日起行。

# 吉林省企业信用信息管理办法

（吉林省人民政府令第 233 号）

《吉林省企业信用信息管理办法》已经 2012 年 2 月 22 日省政府第 2 次常务会议审议通过，现予公布，自 2012 年 8 月 1 日起施行。

省长　王儒林

2012 年 7 月 3 日

## 吉林省企业信用信息管理办法

### 第一章 ‖ 总则

**第一条**　为了加强对企业信用信息征集、验证、发布和使用的管理，规范企业信用行为，改善社会信用环境，根据有关法律、法规的规定，结合本省实际，制定本办法。

**第二条**　本办法适用于本省行政区域内企业信用信息的征集、验证、发布、使用和监督管理。

**第三条**　本办法所称企业信用信息，是指企业在生产经营和服务活动中形成的，能够分析、判断企业信用状况的记录和数据。

**第四条**　省金融工作部门负责本省范围内企业信用信息的监督管理工作。各市（州）人民政府确定的信用主管部门，负责本行政区域内企业信用信息的监督管理工作。

省、市（州）人民政府其他有关部门，按照各自职责协同做好企业信用信息工作。

金融机构依照法律、法规及国家有关规定，征集和使用企业信用信息。

**第五条**　省、市（州）人民政府确定的信用信息征集机构（以下简称征信机构）负责征集、整合、处理企业信用信息工作，建立信用信息交换与共享机制，向行政机关、企业事业单位、其他组织和个人提供信用信息服务。

第六条　企业信用信息的征集、验证、发布和使用，应当合法、公正、准确、及时。依法保护国家利益、社会公共利益和企业合法权益。不得妨害公共安全和社会秩序。禁止泄露企业商业秘密。

第七条　鼓励行政机关、企业事业单位、其他组织和个人依法使用企业信用信息。

第八条　任何单位和个人对违反本办法的行为，均有权向信用主管部门或其他有关部门投诉、举报。信用主管部门和其他有关部门应当按规定及时核实处理。

## 第二章 ‖ 企业信用信息征集

第九条　征信机构应当采用下列方式获取企业信用信息：

（一）从行政机关和具有公共管理职能的事业单位征集；

（二）从金融机构、行业组织和社会中介组织征集；

（三）从企业申报的数据中获取；

（四）从媒体公告中获取；

（五）法律、法规允许的其他方式。

第十条　企业信用信息的征集包括下列事项：

（一）企业的基本情况：

1. 企业名称、地址、设立日期、组织机构代码和企业类型、行业归类；

2. 法定代表人姓名、股东成员名单；

3. 经营范围、注册资本、实收资本、注册号码和核算方式；

4. 审批、核准、验证、换证、年检和登记；

5. 进出口经营资格。

（二）企业的经营和财务状况：

1. 主要产品或主营业务；

2. 年销售（营业）收入；

3. 企业债务情况；

4. 年纳税情况。

（三）企业的交易和资信情况：

1. 依法取得的资质、资格；

2. 重合同守信用情况；

3. 信用评价情况；

4. 企业债券的发行及其兑现记录。

（四）企业的荣誉记录：

1. 市（州）以上国家机关的表彰、奖励；

2. 驰名、著名和重点保护的商标；

3. 通过质量体系认证的情况；

4. 法定代表人获得荣誉的情况；

5. 反映企业良好信用的其他信息。

（五）企业的不良记录：

1. 提供或者发布虚假信息、生产销售假冒伪劣商品以及消费者投诉属实的情况；

2. 发生重特大安全事故或者存在重大安全隐患的情况；

3. 不依法与劳动者签订劳动合同，克扣或者无故拖欠劳动者工资报酬，拒不参加各项社会保险或者拖欠社会保险费的情况；

4. 侵害职工合法权益引起群体上访事件的情况；

5. 受到警告、罚款、没收违法所得、责令停产停业和吊销许可证、营业执照等行政处罚的情况；

6. 法定代表人、董事、主要股东或者其他高级管理人员因职务原因受到行政或者刑事处罚的情况；

7. 因走私、行贿、逃骗套汇、偷抗欠税、恶意逃废债务、利用合同诈骗和出具虚假资信证明材料等受到行政或者刑事处罚的情况；

8. 其他因违反法律、法规、规章受到处理的或者列入不良记录的情况。

因不可抗力因素影响，使企业不能依法履行义务的情况不列入不良记录。

（六）企业的诉讼、仲裁情况：

1. 发生法律效力的民事、刑事、行政诉讼判决或者裁定记录；

2. 发生法律效力的民商事仲裁裁决记录。

（七）国家和省规定的企业其他信用信息。

**第十一条** 行政机关及具有公共管理职能的事业单位，应当按时向征信机构提供真实可靠的企业信用信息。

**第十二条** 征信机构征集的企业信用信息，应当保持其原始性、真实性和完整性。对发生变化的企业信用信息应当及时更新。

## 第三章 ‖ 企业信用信息验证

**第十三条** 企业对征信机构征集的信用信息有异议的，可以提出书面验证申请。

**第十四条** 验证企业信用信息，按照下列程序进行：

（一）征信机构对申请验证的信息应当进行验证，确认有错误的，应当自收到信息验证申请之日起 10 个工作日内予以更正；

（二）申请验证的信息涉及原信息是否真实的，由征信机构向原信息提供单位提出书面核实申请；

（三）原信息提供单位对于申请核实的信息应当进行核实，并在自收到核实申请之日起 5 个工作日内向征信机构提供书面核实结论；

（四）征信机构自收到原信息提供单位核实结论之日起 5 个工作日内作出验证报告，书面告知申请人。

第十五条　对验证期间的企业信用信息，未经被征集企业同意，征信机构不得向他人提供。

## 第四章 ‖ 企业信用信息发布

第十六条　征信机构应当按时向社会发布征集的企业信用信息。

第十七条　向社会发布的企业信用信息包括下列事项：

（一）本办法第十条第一项除第三目规定以外的企业基本情况；

（二）本办法第十条第三项第一目至第三目规定的企业资信情况；

（三）本办法第十条第四项规定的企业荣誉记录；

（四）本办法第十条第五项除第四目、第六目规定以外的企业不良记录；

（五）国家和省规定的其他可以发布的企业信用信息。

第十八条　发布的企业信用信息，应当是本办法第十九条规定期限内的信息。信息使用公布期限有国家相关规定的从其规定。

第十九条　以下企业信用信息记录和数据，按照下列规定的期限留存，法律、法规另有规定的从其规定：

（一）吊销许可证、营业执照的信息为 5 年；

（二）企业法定代表人、董事、主要股东或者其他高级管理人员受到行政或刑事处罚的信息，为期限届满后 5 年；

（三）本办法第十条第五项规定的其他不良记录为 10 年；

（四）企业资信情况、企业荣誉记录，为有效期限内。

## 第五章 ‖ 企业信用信息使用

第二十条　单位、组织或个人可以通过征信机构依法获取企业信用信息。

**第二十一条** 行政机关在作出下列行政决策前，应当根据需要使用企业信用信息：

（一）政府采购、项目招投标和征地审批；

（二）资质认定、年审、年检、评奖；

（三）审批财政支持的项目及其资金补助；

（四）向企业出借资金或者物品；

（五）与企业签订合同；

（六）推荐企业上市和审查债券发行；

（七）其他需要使用企业信用信息的。

**第二十二条** 征信机构向信息使用者提供原始记录或者原始数据资料，应当征得被征集企业同意，但有下列情形之一的除外：

（一）行政机关依法履行职责的；

（二）公安、司法机关和律师依法进行调查的；

（三）持有人民法院出具的裁定书、判决书或者协助执行通知书的；

（四）持有司法机关出具的协助调查通知书的；

（五）持有债务到期合同书、欠据等合法凭证的公民、法人或者其他组织，依法进行债务追索的。

**第二十三条** 信息使用者取得的信用信息只能自己使用，不得擅自向第三方传播。

**第二十四条** 征信机构应当建立企业信用信息使用记录档案，对企业信用信息被使用情况进行记录，并自该记录生成之日起至少保存 5 年。

## 第六章 ‖ 法律责任

**第二十五条** 信用主管部门及其他有关部门工作人员玩忽职守、滥用职权、徇私舞弊，违法公布、利用企业信用信息，侵犯企业合法权益，损害企业信誉的，依法追究责任。

**第二十六条** 征信机构及其人员违反本办法规定，有下列情形之一的，由信用主管部门责令改正，并可根据有关规定给予处理：

（一）以骗取、窃取或者胁迫等不正当手段获取企业信用信息的；

（二）拒绝依法查询企业信用信息的；

（三）录入、发布、提供虚假信用信息的；

（四）数据库管理不善造成越权访问或者信息记录、数据被滥用的。

**第二十七条** 信用信息提供单位违反本办法规定，未及时提供企业信用信息或者提供虚假信息，未按规定处理异议信息的，由信用主管部门责令改正。

**第二十八条** 违反本办法规定，不依法使用企业信用信息的，由信用主管部门责令改正；损害企业合法权益和信誉的，依法追究责任。

**第二十九条** 违反本办法规定，给企业造成经济损失的，应当依法赔偿。

## 第七章 ‖ 附则

**第三十条** 本办法自 2012 年 8 月 1 日起施行。

# 黑龙江省企业信用信息征集发布使用办法

## （黑龙江省人民政府令第9号）

《黑龙江省企业信用信息征集发布使用办法》业经二〇〇七年八月二十二日省人民政府第五十四次常务会议讨论通过，现予公布，自二〇〇七年十二月一日起施行。

省长　张左己

二〇〇七年十月二十四日

## 黑龙江省企业信用信息征集发布使用办法

（根据 2016 年 11 月 15 日黑龙江省人民政府令第 3 号《关于废止和修改〈黑龙江省土地复垦实施办法〉等 70 部省政府规章的决定》第一次修正，根据 2018 年 5 月 21 日 黑龙江省人民政府令第 5 号《关于修改〈黑龙江省农业植物检疫实施办法〉等 31 部省政府规章的决定》第二次修正）

第一条　为推动企业信用信息的征集，规范企业信用信息的发布和使用，促进企业增强诚信意识和信用风险防范意识，推进社会信用体系建设，根据国家有关规定，结合本省实际，制定本办法。

第二条　在本省行政区域内征集、发布和使用企业信用信息以及对其进行监督管理，适用本办法。法律、法规另有规定的，从其规定。

第三条　本办法所称企业，是指经过工商注册登记的从事生产经营和服务活动的各类经济组织。

本办法所称企业信用信息，是指本省国家机关及相关组织在依法履行职责过程中形成或者掌握的与企业信用状况有关的记录，包括企业基础信息、企业良好信息和企业失信信息。

第四条　企业信用信息的征集、发布和使用，遵循公开、及时、客观、准确、合法的原则，依法保护国家秘密、商业秘密和个人隐私，不得损害企业及其法定代表人的合法权益。

**第五条** 省工商行政管理部门是全省企业信用信息征集、发布和使用的监督管理部门，日常工作由其所属的省信用信息管理机构负责。

市（行署）工商行政管理部门负责本行政区域内企业信用信息的征集、发布和使用工作。

县（市、区）工商行政管理部门履行本办法规定的有关行政职能。

**第六条** 省信用信息管理机构负责黑龙江省信用信息省级共享交换平台的建设、维护和管理，整合征集到的企业信用信息，纳入信息数据库，为社会提供信息查询服务。信用信息共享交换市（行署）级平台，由市（行署）工商行政管理部门按照省人民政府的有关规定建设、维护和管理。信用信息共享交换平台和电子政务网络平台应当相互支持，互为所用，实现信息的互联与共享。

**第七条** 下列信息应当记入企业基础信息：

（一）依法注册登记、备案和年度报告的信息；

（二）动产抵押和股权出质登记信息；

（三）企业的资质和信贷信用等级；

（四）行政许可准予、变更、延续信息；

（五）行政机关依法对企业进行专项或者周期性检验、检测、检疫的结果；

（六）企业法定代表人或者主要负责人和股票上市交易企业的董事、高级管理人员的基本情况；

（七）反映企业生产经营和服务业绩等状况的其他基础信息。

**第八条** 下列信息应当记入企业良好信息：

（一）企业受到县级以上国家机关和其他组织表彰的；

（二）企业纳税信誉等级被县级以上税务部门评定为 A 级的；

（三）企业产品被评为中国名牌和省名牌，或者被列入国家免检和省免检范围的；

（四）企业产品通过质量认证的；

（五）企业品牌被认定为驰名商标或者著名商标的；

（六）企业被市（行署）级以上工商行政管理部门评为"守合同、重信用"的；

（七）被市（行署）级以上环境保护行政主管部门评为"环境友好"企业或者通过清洁生产审核、环境管理体系认证的；

（八）反映企业具有良好信用的其他信息。

**第九条** 下列信息应当记入企业失信信息：

（一）企业发布虚假广告、生产销售假冒伪劣商品的；

（二）企业有偷税、逃税、骗税、抗税等违法行为被税务机关查处结案的；

（三）企业未建或者停运污染防治设施，偷排污染物，造成环境污染事故的；

（四）企业不依法与劳动者签订劳动合同，不执行最低工资标准，克扣、拖欠劳动报酬，不参加各项社会保险或者欠缴社会保险费的；

（五）企业不清偿到期银行债务，经通知限期支付逾期未支付的；

（六）企业受到重大行政处罚的；

（七）企业未依法履行行政处罚决定或者被国家机关依法强制执行的；

（八）企业受到发生法律效力的刑事责任追究的；

（九）企业逾期未执行已发生法律效力的人民法院民事判决、调解、裁定或者仲裁机构的仲裁裁决的；

（十）企业法定代表人或者主要负责人受到与失信有关的行政处罚或者刑事追究的；

（十一）其他企业失信信息。

**第十条** 依法掌握企业信用信息的本省下列单位，为企业信用信息提供者：

（一）各级行政机关（含设在本省各地的金融、海关、国税等国家实行垂直领导的行政机关，下同）；

（二）经依法授权或者委托承担行政管理职能的组织；

（三）各级法院。

提供企业信用信息，应当根据依法作出的结论意见、决定或者生效法律文书；对行政处罚案件申请行政复议或者提起行政诉讼的，应当以最终生效的法律文书为准。

**第十一条** 企业信用信息应当按照下列渠道报送：

（一）县（市、区）企业信用信息提供者，向上一级主管机关报送；

（二）市（行署）和省企业信用信息提供者，向本级工商行政管理部门报送；

（三）市（行署）工商行政管理部门向省工商行政管理部门报送。

企业信用信息征集的具体操作方案，由省工商行政管理部门会同省级有关企业信用信息提供者提出，报省人民政府批准后发布实施。

**第十二条** 企业信用信息提供者对所提供的企业信用信息的合法性、真实性负责；省信用信息管理机构、市（行署）工商行政管理部门对整合后发布的企业信用信息的原始性、准确性负责。

**第十三条** 企业、行业协会、社会中介机构和新闻媒体可以自愿或者按照约定向省信用信息管理机构、市（行署）工商行政管理部门提供其掌握的企业信用信息，但应当提供相应的佐证材料，并对所提供信息的合法性、真实性负责。

省信用信息管理机构、市（行署）工商行政管理部门应当对按照前款规定提供的信息进行审核，并决定是否予以采用。不予采用的，应当向提供者说明理由。

**第十四条** 企业信用信息发生变化的，企业信用信息提供者应当在形成或者掌后的五个工作日内向信用信息共享交换平台提供更新后的企业信用信息；省信用信息管理机构、市（行署）工商行政管理部门应当于五个工作日内重新整合发布。

第十五条 本办法第七条、第八条和第九条所列信息，由省信用信息管理机构、市（行署）工商行政管理部门公开发布。

第十六条 企业信用信息公开发布的期限为：

（一）企业基础信息，至企业终止为止；

（二）企业良好信息，至企业及其法定代表人受到表彰、获取称号的有效期满后三年；

（三）企业失信信息，发布期限为五年。

企业信用信息的发布期限自首次发布之日起计算。省信用信息管理机构、市（行署）工商行政管理部门应当将发布期限届满后的企业信用信息转为企业信用档案长期保存。

第十七条 行政机关和经依法授权或者委托承担行政管理职能的组织在评比表彰、监督管理、政府采购、招投标以及向社会委托、发包政府公共服务项目等行政管理活动中，应当查询企业信用信息记录。

第十八条 任何单位和个人可以根据本办法的规定，通过信用信息共享交换平台无偿查询公开发布的企业信用信息。

第十九条 县级以上行政机关对企业失信信息较多或者情节严重的企业，可以在职权范围内作出下列处理：

（一）加强监督管理，作为重点对象进行专项检查或者抽查；

（二）限制参与有关政府公共服务项目活动；

（三）不授予该企业及其法定代表人和有关负责人相应荣誉称号；

（四）限制其参加有关评比；

（五）作出法律、法规、规章规定的其他处理决定。

第二十条 企业对省信用信息管理机构、市（行署）工商行政管理部门发布的本企业信用信息有异议的，可以向发布信息的机构、部门提出异议申请，并提供有关佐证材料。

第二十一条 省信用信息管理机构、市（行署）工商行政管理部门接受异议申请后，应当对已发布的异议信息予以标注，并与企业信用信息提供者核对。企业信用信息提供者应当在五个工作日内出具书面意见，并附佐证材料。

省信用信息管理机构、市（行署）工商行政管理部门应当自接到异议申请之日起十五个工作日内向提出异议申请的企业作出书面答复。异议信息与实际情况不一致的，应当即时更正；与实际情况一致的，不予变更。

企业对不予变更的异议申请处理决定不服的，可以依法申请行政复议或者提起行政诉讼。

第二十二条 企业信用信息提供者应当加强内部制度建设，建立健全企业信用信息提供、更新和使用的工作制度以及相应的责任追究制度。

第二十三条 企业信用信息提供者不得有下列行为：

（一）提供虚假或者错误信息；

（二）提供和公布非本单位收集、储存、管理、统计和分析生成的企业信用信息；

（三）使用经工商行政管理部门整合后的企业信用信息进行营利活动。

第二十四条 企业信用信息提供者不按照规定提供、更新企业信用信息或者企业异议信息的书面意见及其佐证材料，或者有本办法第二十三条所列行为之一的，由工商行政管理部门责令限期改正，可以给予通报批评；逾期不改正的，由有关机关按照干部管理权限对直接负责的主管人员和其他直接责任人员给予行政处分。

第二十五条 企业、行业协会、社会中介机构和新闻媒体提供虚假信息的，由工商行政管理部门责令改正，予以通报批评，并处以一千元以下罚款；已经给企业的合法权益、社会公共利益造成损害或者产生其他严重后果的，应当依法承担其他法律责任。

第二十六条 工商行政管理部门、省信用信息管理机构违反本办法规定，有下列行为之一的，由有关机关按照干部管理权限对直接负责的主管人员和其他直接责任人员给予行政处分：

（一）捏造或者擅自更改企业信用信息的；

（二）未在规定时限内整合、发布、更新或者更正企业信用信息的；

（三）违反国家有关计算机信息系统安全保障工作规定的；

（四）使用企业信用信息进行营利活动的；

（五）滥用职权或者失职、渎职的。

第二十七条 各级行政机关和经依法授权或者委托承担行政管理职能的组织执行本办法的情况，应当作为政府和上级行政机关对该机关、组织落实政务公开和行政执法责任制的考核内容。

第二十八条 中介机构和企业以外从事营利性活动的组织信用信息的征集、发布和使用，参照本办法执行。

第二十九条 本办法自二〇〇七年十二月一日起施行。

# 上海市公共信用信息归集和使用管理办法

（上海市人民政府令第 38 号）

《上海市公共信用信息归集和使用管理办法》已经 2015 年 12 月 23 日市政府第 103 次常务会议通过，现予公布，自 2016 年 3 月 1 日起施行。

市长　杨雄

2015 年 12 月 30 日

## 上海市公共信用信息归集和使用管理办法

（根据 2018 年 1 月 4 日上海市人民政府令第 62 号公布的

《上海市人民政府关于修改〈上海市公墓管理办法〉

等 9 件市政府规章的决定》修正并重新发布）

## 第一章 ‖ 总则

**第一条 （目的依据）**

为了规范公共信用信息的归集和使用，提升社会诚信水平，营造社会诚信环境，根据国务院《社会信用体系建设规划纲要（2014—2020 年）》等规定，结合本市实际，制定本办法。

**第二条 （适用范围）**

本市行政区域内公共信用信息的归集、使用和相关管理活动，适用本办法。

本办法所称公共信用信息，是指由行政机关、司法机关、法律法规授权的具有管理公共事务职能的组织以及公共企事业单位、群团组织等，在其履行职责、提供服务过程中产生或者获取的，可用于识别自然人、法人和其他组织（以下统称信息主体）信用状况的数据和资料。

第三条（原则）

公共信用信息的归集和使用应当遵循"合法、安全、及时、准确"的原则，维护信息主体的合法权益，不得泄露国家秘密，不得侵犯商业秘密和个人隐私。

第四条（管理部门）

市社会信用管理部门是本市公共信用信息归集和使用工作的主管部门，负责本办法的组织实施，履行下列职责：

（一）制定、发布与公共信用信息归集和使用有关的管理制度；

（二）指导、考核相关部门归集和使用公共信用信息的相关工作；

（三）指导、监督上海市公共信用信息服务平台（以下简称市信用平台）的建设、运行，以及上海市公共信用信息服务中心（以下简称市信用中心）的业务工作。

第五条（平台建设）

市信用平台是本市公共信用信息归集和查询的统一平台，由市信用中心负责建设、运行和维护。

公共信用信息的归集、使用应当以统一社会信用代码作为关联匹配信息主体信用信息的标识。其中，自然人的统一社会信用代码为身份证号码；法人和其他组织的统一社会信用代码为登记管理部门赋予的唯一机构编码。

第六条（市信用中心的职责）

市信用中心履行下列职责：

（一）归集、整理和保存公共信用信息；

（二）提供信息查询服务，处理异议申请；

（三）为行政机关提供统计分析、监测预警等服务；

（四）执行国家和本市信息安全相关规定。

第七条（信息提供和查询单位的责任）

向市信用平台提供公共信用信息的行政机关、法律法规授权的具有管理公共事务职能的组织以及公共企事业单位、群团组织等（以下统称信息提供单位），应当依法做好本单位公共信用信息记录、维护、报送、异议处理以及信息安全等工作，并制定相关管理制度。

向市信用平台查询公共信用信息的行政机关、群团组织、信用服务机构等（以下统称信息查询单位），应当依法开展公共信用信息查询、应用、维护活动，保护信息主体的信息安全，并制定相关管理制度。

第八条（绩效考核）

市和区人民政府应当将公共信用信息归集和使用的情况，列为对本级政府有关部门和下一级政府及其负责人考核的内容。

## 第二章 ‖ 信息归集

**第九条 （信息来源）**

信息提供单位应当通过下列方式，向市信用平台提供其产生或者获取的公共信用信息：

（一）已经向市法人信息共享和应用系统、市实有人口信息管理系统、企业信用信息公示系统等信息系统提供的，由相关信息系统与市信用平台对接；

（二）通过上述信息系统未能归集的，应当按月向市信用平台提供，并逐步实现联网实时提供和动态更新维护。

市信用中心应当与司法机关、中央驻沪单位建立公共信用信息采集机制，归集相关领域产生的公共信用信息。

**第十条 （公共信用信息的范围）**

公共信用信息包括年满18周岁的自然人、法人和其他组织的基本信息、失信信息和其他信息。

**第十一条 （基本信息）**

法人和其他组织的基本信息包括下列内容：

（一）名称、法定代表人或者负责人、统一社会信用代码等登记注册信息；

（二）取得的资格、资质等行政许可信息；

（三）产品、服务、管理体系获得的认证认可信息；

（四）其他反映企业基本情况的信息。

自然人的基本信息包括下列内容：

（一）姓名、身份证号码；

（二）就业状况、学历、婚姻状况；

（三）取得的资格、资质等行政许可信息。

**第十二条 （失信信息）**

法人和其他组织的失信信息包括下列内容：

（一）税款、社会保险费欠缴信息；

（二）行政事业性收费、政府性基金欠缴信息；

（三）提供虚假材料、违反告知承诺制度的信息；

（四）适用一般程序作出的行政处罚信息，行政强制执行信息；

（五）被监管部门责令限期拆除违法建筑但拒不拆除或者逾期不拆除，或者被监管部门作出其他责令改正决定但拒不改正或者逾期不改正的信息；

（六）发生产品质量、安全生产、食品安全、环境污染等责任事故被监管部门处理的信息；

（七）被监管部门处以行业禁入的信息；

（八）国家和本市规定的其他失信信息。

自然人的失信信息除前款第三、四、五、七项所列信息外，还包括下列内容：

（一）税款欠缴信息；

（二）乘坐公共交通工具时冒用他人证件、使用伪造证件乘车等逃票信息，在旅游活动中无正当理由滞留公共交通工具、影响其正常行驶等行为信息；

（三）以欺诈、伪造证明材料或者其他手段骗取社会保险待遇的信息，符合出院或者转诊标准无正当理由滞留医疗机构、影响正常医疗秩序等行为信息；

（四）参加国家或者本市组织的统一考试作弊的信息；

（五）国家和本市规定的其他失信信息。

**第十三条 （其他信息）**

自然人、法人和其他组织的其他信息包括下列内容：

（一）各级人民政府及其部门、群团组织授予的表彰、奖励等信息；

（二）参与各级人民政府及其部门、群团组织开展的志愿服务、慈善捐赠活动等信息；

（三）刑事判决信息，涉及财产纠纷的民商事生效判决信息，不执行生效判决的信息；

（四）拖欠水、电、燃气等公用事业费，经催告后超过 6 个月仍未缴纳的信息；

（五）国家和本市规定的其他信息。

**第十四条 （信息归集的限制）**

禁止归集自然人的宗教信仰、基因、指纹、血型、疾病和病史信息以及法律法规禁止采集的其他自然人信息。

**第十五条 （信息目录）**

市社会信用管理部门应当组织信息提供单位，按照本办法第十条至第十三条规定的信息范围，每年编制本市公共信用信息目录并向社会发布。公共信用信息目录包括公共信用信息的具体内容、录入规则、查询期限、公开程度等要素。

**第十六条 （公开程度）**

公共信用信息分为公开信息和非公开信息。

下列信息属于公开信息：

（一）信息提供单位已经依法通过政府公报、新闻发布会、互联网以及报刊、广播、电视等方式发布的；

（二）依据法律、法规和规章规定应当主动公开的其他信息。

前款规定以外的信息，属于非公开信息。信息主体本人或者经信息主体授权，可以查询非公开信息。

**第十七条 （信用信息分类分级指导目录）**

信息提供单位应当对本单位提供的公共信用信息反映的信息主体信用状况进行分类分级。市社会信用管理部门应当进行汇总，编制本市信用信息分类分级指导目录，向社会公布。

## 第三章 ‖ 信息查询

**第十八条 （政府查询）**

行政机关在依法履行下列职责时，应当查询公共信用信息：

（一）发展改革、食品药品、产品质量、环境保护、安全生产、建设工程、交通运输、工商行政管理、社团管理、治安管理、人口管理、知识产权等领域的监管事项；

（二）政府采购、政府购买服务、招标投标、国有土地出让、政策扶持、科研管理等事项；

（三）人员招录、职务任用、职务晋升、表彰奖励等事项；

（四）需要查询公共信用信息的其他事项。

行政机关应当按照合理行政原则，确定与本部门行政管理事项相关联的信用信息范围。市社会信用管理部门应当进行汇总，编制信用信息应用目录，并向社会公布。

**第十九条 （政府查询程序规范）**

行政机关应当建立本单位公共信用信息查询制度规范，设定本单位查询人员的权限和查询程序，并建立查询日志，记载查询人员姓名、查询时间、内容及用途。查询日志应当长期保存。

**第二十条 （社会查询）**

市信用中心应当制定并公布服务规范，通过服务窗口、平台网站、移动终端应用软件等方式向社会提供便捷的查询服务。

查询本人非公开信息的，应当提供本人有效身份证明；查询他人非公开信息的，应当提供本人有效身份证明和信息主体的书面授权证明。查询公开信息的，无需提供相关证明材料。

在确保信息安全的前提下，市信用中心可以通过开设端口等方式，为信用服务机构提供适应其业务需求的批量查询服务。

## 第四章 ‖ 信息应用

**第二十一条（应用标准和规范）**

行政机关应当根据行政管理职责，结合相关领域的管理实际，制定公共信用信息应用的标准和规范，并向社会公布。

行政机关应当依据应用标准和规范，基于信息主体的信用状况采取相应的激励和惩戒措施。

**第二十二条（激励措施）**

对于信用状况良好的自然人、法人和其他组织，行政机关在同等条件下，依法采取下列激励措施：

（一）在行政管理和公共服务过程中，给予简化程序、优先办理等便利；

（二）在财政资金补助、税收优惠等政策扶持活动中，列为优先选择对象；

（三）在政府采购、政府购买服务、政府投资项目招标、国有土地出让等活动中，列为优先选择对象；

（四）国家和本市规定可以采取的其他措施。

**第二十三条（惩戒措施）**

对于信用状况不良的自然人、法人和其他组织，行政机关依法采取下列惩戒措施：

（一）在日常监管中列为重点监管对象，增加检查频次，加强现场核查等；

（二）在行政许可、年检验证等工作中，列为重点核查对象；

（三）取消已经享受的行政便利化措施；

（四）限制享受财政资金补助、税收优惠等政策扶持；

（五）限制参加政府采购、政府购买服务、政府投资项目招标、国有土地出让等活动；

（六）限制参加政府组织的各类表彰奖励活动；

（七）限制担任企业法定代表人、负责人或者高级管理人员；

（八）国家和本市规定可以采取的其他措施。

**第二十四条（严重失信名单）**

行政机关应当根据履行职责的需要，对失信情况特别严重的自然人、法人和其他组织建立名录，依法采取不予注册登记等市场禁入措施，或者依法采取取消资质认定、吊销营业执照等市场强制退出措施。

行政机关应当将失信情况特别严重的认定标准向社会公布。

**第二十五条（鼓励社会应用）**

鼓励自然人、法人和其他组织在开展金融活动、市场交易、企业治理、行业管理、社会公益等活动中应用公共信用信息，防范交易风险，促进行业自律，推动形成市场化的激励和约束机制。

鼓励信用服务机构应用公共信用信息，开发和创新信用产品，扩大信用产品的使用范围。本市对信用服务机构开发信用产品予以扶持。

## 第五章 ‖ 权益保护

**第二十六条 （市信用中心的信息安全职责）**

市信用中心应当建立内部信息安全管理制度规范，明确岗位职责，设定工作人员的查询权限和查询程序，建立公共信用信息归集和查询日志并长期保存，保障市信用平台正常运行和信息安全。

**第二十七条 （信息的删除）**

失信信息的查询期限为 5 年，自失信行为或者事件终止之日起计算，国家或者本市另有规定的除外。查询期限届满，市信用中心应当将该信息从查询界面删除。

信息主体可以要求市信用平台删除本人的表彰奖励、志愿服务、慈善捐赠信息。市信用中心应当在收到通知之日起 2 个工作日内删除相关信息，并告知信息提供单位。

**第二十八条 （异议申请）**

信息主体认为市信用平台记载的公共信用信息存在下列情形的，可以向市信用中心书面提出异议申请，并提供相关证明材料：

（一）本人公共信用信息记载存在错误或者遗漏的；

（二）侵犯其商业秘密、个人隐私的；

（三）失信信息超过查询期限仍未删除的。

**第二十九条 （异议处理）**

市信用中心应当在收到异议申请之日起 2 个工作日内，进行信息比对。市信用平台记载的信息与信息提供单位提供的信息确有不一致的，市信用中心应当予以更正，并通知信息主体。市信用平台记载的信息与信息提供单位提供的信息一致的，市信用中心应当将异议申请转至信息提供单位，并通知信息主体。

信息提供单位应当在收到异议申请之日起 5 个工作日内进行核查，异议成立的，予以更正，并将核查结果告知市信用中心。市信用中心应当及时处理并通知信息主体。

**第三十条 （异议标注）**

异议申请正在处理过程中，或者异议申请已处理完毕但信息主体仍然有异议的，市信用中心提供信息查询时应当予以标注。

信息提供单位未按照规定核查异议信息并将处理结果告知市信用中心的，市信用中心应当中止向社会提供该信息的查询。

**第三十一条 （保密义务）**

信息提供单位、信息查询单位、市信用中心及其工作人员不得实施下列行为：

（一）越权查询公共信用信息；

（二）篡改、虚构、违规删除公共信用信息；

（三）泄露未经授权公开的公共信用信息；

（四）泄露涉及国家秘密、商业秘密、个人隐私的公共信用信息；

（五）法律、法规和规章禁止的其他行为。

# 第六章 ‖ 法律责任

**第三十二条 （行政责任）**

行政机关及其工作人员有下列行为之一，造成不良后果的，由所在单位或者上级主管部门对直接负责的主管人员和其他直接责任人员给予警告；情节严重的，给予记过或者记大过处分：

（一）违反本办法第九条第一款第二项规定，未按照规定归集公共信用信息的；

（二）违反本办法第十八条第一款规定，在相关活动中不查询公共信用信息的；

（三）违反本办法第十九条规定，未建立本单位公共信用信息查询制度规范，未建立或者长期保存查询日志的。

行政机关及其工作人员有下列行为之一，造成不良后果的，由所在单位或者上级主管部门对直接负责的主管人员和其他直接责任人员给予警告、记过或者记大过处分；情节较重的，给予降级或者撤职处分；情节严重的，给予开除处分：

（一）违反本办法第二十九条第二款规定，未按照规定处理异议申请的；

（二）违反本办法第三十一条规定，未履行保密义务的。

**第三十三条 （市信用中心的法律责任）**

市信用中心及其工作人员有下列情形之一的，由市社会信用管理部门责令限期改正，予以警告；给信息主体造成损失的，依法承担民事责任；构成犯罪的，依法追究刑事责任：

（一）违反本办法第十四条规定，归集禁止采集的自然人信息的；

（二）违反本办法第二十六条规定，未履行信息安全职责的；

（三）违反本办法第二十七条第一款规定，未删除查询期限届满的失信信息的；

（四）违反本办法第二十九条第一款、第三十条规定，未按照规定处理异议申请，或者未进行异议标注的；

（五）违反本办法第三十一条规定，未履行保密义务的。

**第三十四条 （其他主体的法律责任）**

违反本办法第二十条第二款规定，伪造、变造信息主体授权证明，获取他人非公开信息的，由市社会信用管理部门予以警告；给信息主体造成损失的，依法承担民事责任；构成犯罪的，依法追究刑事责任。

信用服务机构违反本办法第二十条第二款规定，伪造、变造信息主体授权证明，获取他人非公开信息的，或者违反本办法第三十一条规定，未履行保密义务的，由市社会信用管理部门予以警告，并通报信用服务行业协会。已经开通市信用平台批量查询权限的，由市信用中心予以取消。给信息主体造成损失的，依法承担民事责任；构成犯罪的，依法追究刑事责任。

公共企事业单位违反本办法第二十九条第二款规定，未按照规定处理异议申请，或者违反本办法第三十一条规定，未履行保密义务的，由市社会信用管理部门采取约谈等方式进行劝诫，情节严重的，予以警告；给信息主体造成损失的，依法承担民事责任；构成犯罪的，依法追究刑事责任。

# 第七章 ‖ 附则

**第三十五条 （有关用语的含义）**

本办法所称公共企事业单位，是指提供水、电、燃气、交通、医疗等与人民群众利益相关的社会公共服务的企业或者事业单位。

**第三十六条 （参照适用）**

本市行政区域内行业协会以及其他社会组织所产生或者获取的信用信息的归集和使用方式，参照本办法执行。

**第三十七条 （施行日期）**

本办法自 2016 年 3 月 1 日起施行。

# 江苏省企业信用征信管理暂行办法

## （江苏省人民政府令第 38 号）

《江苏省企业信用征信管理暂行办法》已于 2007 年 9 月 11 日经省人民政府第 98 次常务会议讨论通过，现予发布，自 2007 年 11 月 1 日起施行。

省长　梁保华

二○○七年九月十三日

## 江苏省企业信用征信管理暂行办法

### 第一章 ‖ 总则

**第一条**　为了促进和规范企业信用征信，完善企业信用管理制度，营造社会信用环境，维护社会经济秩序，推进诚信江苏建设，根据有关法律、法规，结合本省实际，制定本办法。

**第二条**　本办法所称企业信用征信，是指企业信用征信机构（以下简称征信机构）通过采集、加工企业信用信息，提供关于企业信用状况的调查、评估或者评级报告等信用产品的活动。

本办法所称企业信用信息，是指企业在从事生产经营和服务活动中形成的，能够用以分析、判断企业信用状况的信息。

**第三条**　本办法适用于本省行政区域内企业信用信息的采集、加工、使用及其监督管理。

**第四条**　省人民政府信用管理机构负责对全省企业信用征信工作的指导和监督管理。设区的市人民政府信用管理机构负责本辖区内企业信用征信工作的指导和监督管理。

省、设区的市人民政府其他有关部门按照各自职责，协同做好企业信用征信工作的指导和监督管理。

**第五条** 企业信用征信实行特许经营。特许经营权授予办法由省信用管理机构制定，报省人民政府批准。

**第六条** 征信机构应当通过合法的途径采集企业信用信息，客观记录信用信息，科学、公正制作企业信用产品。

## 第二章 ‖ 企业信用信息的采集

**第七条** 企业信用信息主要包括下列内容：

（一）识别信息：主要指企业名称、地址、经济类别、法定代表人，注册资金、股东情况、对外投资，经营范围、特许经营的产品等；

（二）信贷信息：主要指企业因与金融机构发生信贷关系而形成的履约信息；

（三）公共信息：主要指企业财务经营状况、纳税、质量安全、进出口、社会保险、劳动用工、薪酬支付、安全生产、环境保护、公用服务事业缴费等记录，以及行政机关、司法机关或者行使公共管理职能的组织等掌握并依法公开的且与企业信用相关的其他信息；

（四）其他与企业信用相关的信息。

**第八条** 省、设区的市设立公共信用信息中心，负责建立全省企业基础信用信息数据库和信息系统，对企业信用信息进行归集、处理和发布，实现政府部门信息的交换和共享，提供信息查询服务。

**第九条** 行政机关、司法机关、行使公共管理职能的组织、公用事业单位、行业组织应当及时、准确、完整地向公共信用信息中心提供企业信用信息，但涉及国家秘密和商业秘密的除外。

具体提供信息的范围、时间、方式、格式等，由省信用管理机构商有关信息提供单位后，报省政府确定。

企业基础信用信息数据库与其他数据库之间可以交换信息数据，使用通过交换获取的数据，应当遵守国家有关规定。

**第十条** 征信机构可以从公共信用信息中心获取企业信用信息。

征信机构可以自行采集企业信用信息。

禁止以欺骗、盗窃、胁迫、利用计算机网络侵入或者其他不正当手段采集企业信用信息。

征信机构应当及时对信息进行更新和维护，不得编造、篡改企业信用信息。

信息提供者应当保证所提供的信息客观、真实、准确。

## 第三章 ‖ 企业信用信息的加工和使用

**第十一条** 征信机构根据企业信用信息，加工制作企业信用报告或者企业信用评估报告。

征信机构制作信用评估报告，应当以科学、合理的评估指标体系和标准为依据，保证评估结果的公正。

**第十二条** 征信机构提供和使用企业信用信息、企业信用报告以及企业信用评估报告，应当得到被征信企业同意。法律、法规、规章另有规定从其规定。

征信机构不得擅自向其他任何单位和个人披露企业信用信息、提供企业信用报告以及企业信用评估报告。

**第十三条** 征信机构提供的企业信用报告和企业信用评估报告，作为用户判断被征信企业信用状况的参考依据。

**第十四条** 征信机构应当根据被征信企业的要求，为其提供下列信息的查询服务：

（一）本企业信用信息及其来源；

（二）获取本企业信用报告或者信用评估报告的用户。

**第十五条** 企业信用征信实行有偿服务。

征信机构提供企业信用报告和企业信用评估报告的收费标准，由省价格主管部门会同省信用管理机构确定。

司法机关、行政机关在办理案件、行政管理过程中需要使用企业信用信息的，可以向征信机构无偿查询。

**第十六条** 鼓励企业和其他组织在项目合作开发、商业投资、商务采购、经营决策等活动中使用信用产品，查验对方的信用状况。

**第十七条** 行政机关、行政事务执行机构以及其他承担公共管理职能的组织在政府采购、公共财政项目招标、工程（设备）项目招投标、资格资质认定等活动中，应当要求行政相对人提供信用产品。

**第十八条** 征信机构应当建立严格的管理制度，采取必要的技术措施，保证企业信用信息系统的运行安全和信息安全。

**第十九条** 征信机构在征信活动中，对涉及商业秘密的企业信用信息负有保密义务，不得向任何单位和个人提供，但法律、法规另有规定或者被征信企业同意提供的除外。

征信机构在信息的采集、信用产品的制作过程中，发现对国家利益和公共安全有影响的重大信息，应当采取相应的保密措施，并及时向信用管理机构和有关部门报告。

**第二十条** 征信机构与被征信企业存在资产关联或者其他利害关系，可能影响征信活动公正性的，征信机构不得提供有关该企业信用状况的信用产品。

## 第四章 ‖ 异议信息的处理

**第二十一条** 被征信企业或者用户认为企业信用信息有错误的，可以向征信机构书面提出异议申请，要求予以更正。

异议申请人应当就异议内容提供相关证据。

**第二十二条** 异议信息是自行采集的，征信机构应当在收到异议申请之日起 20 日内，按照下列规定处理：

（一）异议信息经核实确有必要更正的，应当及时予以更正，并告知异议申请人以及被征信企业；

（二）异议信息经核实无须更正或者无法核实的，可以对异议信息不作修改，但应当告知异议申请人。异议信息无法核实的不得披露。

异议信息不是自行采集的，征信机构应当通知信息提供单位进行核实。信息提供单位应当在 10 日内作出答复。

异议信息处理期限内，该信息暂不披露和使用。

**第二十三条** 企业信用信息提供单位和个人发现其所提供的企业信用信息错误的，应当及时书面通知征信机构。征信机构应当在接到通知后 2 日内对相关信息予以更正。

**第二十四条** 企业信用信息被更正的，征信机构应当无偿向被征信企业提供一份更正后的企业信用报告，并及时更正根据异议信息制作的信用产品。

**第二十五条** 征信机构在收到异议申请之日起 20 日内不作处理的，异议申请人可以申请信用管理机构对异议申请作出处理，信用管理机构应当在收到申请之日起 30 日内作出处理决定。

## 第五章 ‖ 监督管理

**第二十六条** 征信机构应当将下列事项报信用管理机构备案：

（一）征信机构对企业信用信息的采集、加工和使用的方法、标准，以及业务操作规则；

（二）保证企业信用信息系统安全运行的规章制度；

（三）依法需要备案的其他事项。

信用管理机构应当为征信机构保守商业秘密。

第二十七条　征信机构应当通过营业场所公示等方式向社会公开下列事项，并接受社会监督：

（一）企业信用信息的采集规范和披露时限；

（二）获得企业信用报告和企业信用评估服务的方式；

（三）企业信用报告和企业信用评估服务的收费标准；

（四）异议处理程序；

（五）依法需要公开的其他事项。

第二十八条　征信机构应当在每年第一季度，将上一年度企业信用征信业务开展情况和本年度企业信用征信业务调整情况，向信用管理机构报告。

第二十九条　征信机构发生企业信用信息系统重大运行故障、信用信息严重泄露等情况时，应当及时作出处理，并向信用管理机构及相关部门报告。

第三十条　鼓励信用服务行业组织制定并推行行业规范，为会员提供业务指导和服务，发挥行业自律作用。

第三十一条　信用管理机构可以会同信用服务行业组织建立信用产品使用情况反馈机制，了解市场对征信机构和征信活动的评价和需求，引导信用服务行业发展。

第三十二条　征信机构发生解散、被撤销、破产等营业终止事项时，应当按照以下方式处理企业信用信息数据库：

（一）移交省信用管理机构；

（二）在省信用管理机构的监督下，转让给其他合法征信机构；

（三）在省信用管理机构的监督下销毁。

## 第六章 ‖ 法律责任

第三十三条　征信机构违反本办法规定，有下列行为之一的，由信用管理机构责令改正，给予警告，并可处 1000 元以上 1 万元以下罚款：

（一）未及时、准确录入企业信用信息的；

（二）未向被征信企业提供查询服务的；

（三）未按照第二十六条规定备案或者未按照第二十八条报告相关情况的；

（四）未按照本办法第二十七条规定公开有关事项的。

第三十四条　征信机构违反本办法规定，虚构、篡改企业信用信息或者未按照规定处理异议信息的，由信用管理机构责令改正，给予警告，并可处 5000 元以上 2 万元以下罚款；造成损害的，依法承担民事责任；构成犯罪的，依法追究刑事责任。

第三十五条　征信机构违反本办法规定，有下列行为之一的，由信用管理机构责令改正，并可处 5000 元以上 3 万元以下罚款；造成损害的，依法承担民事责任；构成犯罪的，依法追究刑事责任：

（一）以欺骗、盗窃、胁迫、利用计算机网络侵入或者其他不正当手段采集企业信用信息的；

（二）擅自向其他单位或者个人提供企业信用报告、企业信用评估报告或者披露企业信用信息；

（三）在征信活动中泄露被征信企业的商业秘密。

**第三十六条** 行政机关、行使公共管理职能的组织及其工作人员，违反本办法规定，不提供企业信用信息、提供虚假信息或者不及时处理异议信息，造成企业损失的，由其所在单位或者上级机关予以通报；对直接负责的主管人员和其他直接责任人员，视情节轻重给予警告、记过、记大过的处分。

## 第七章 ‖ 附则

**第三十七条** 企业基础信用信息数据库收集信贷信息，应当遵守国家有关规定。

信贷征信机构从事企业社会征信活动，应当遵守本办法。

**第三十八条** 本办法自 2007 年 11 月 1 日起施行。

# 江苏省个人信用征信管理暂行办法

## （江苏省人民政府令第 37 号）

《江苏省个人信用征信管理暂行办法》已于 2007 年 9 月 11 日经省人民政府第 98 次常务会议讨论通过，现予发布，自 2007 年 11 月 1 日起施行。

省长　梁保华

二〇〇七年九月十三日

## 江苏省个人信用征信管理暂行办法

### 第一章 ‖ 总则

**第一条**　为了规范个人信用征信活动，保障个人信用征信机构客观、公正地提供个人信用征信服务，保证个人信用信息的准确、安全以及正当使用，保护当事人的合法权益，根据有关法律、法规，结合本省实际，制定本办法。

**第二条**　本办法所称个人信用征信，是指个人信用征信机构（以下简称征信机构）对个人信用信息进行采集、储存、加工、使用等活动；所称个人信用信息，是指自然人在社会与经济活动中形成的履行义务记录和相关数据。

**第三条**　本办法适用于本省行政区域内个人信用信息的采集、加工、使用及其监督管理。

**第四条**　省人民政府信用管理机构负责对全省个人信用征信工作的指导和监督管理。设区的市人民政府信用管理机构负责对本辖区内个人信用征信工作的指导和监督管理。

省、设区的市人民政府其他有关部门按照各自职责，协同做好个人信用征信工作的指导和监督管理。

**第五条**　个人信用征信实行特许经营。特许经营权授予办法由省信用管理机构制定，报省人民政府批准。

第六条　征信机构应当通过合法的途径采集个人信用信息，客观记录信用信息，科学、公正制作个人信用产品。

## 第二章 ‖ 个人信用信息的采集

第七条　个人信用信息包括下列内容：

（一）据以识别个人身份以及反映个人家庭、职业等情况的个人基本信息；

（二）个人与金融机构、住房公积金管理机构发生信贷关系而形成的个人信贷信息；

（三）个人与商业机构、公用事业单位发生赊购关系而形成的个人履约信息；

（四）行政机关、司法机关、行使公共管理职能的组织等在行使职权过程中形成的与个人信用相关的信息；

（五）其他与个人信用有关的信息。

第八条　行政机关、司法机关、行使公共管理职能的组织、公用事业单位、行业组织在个人信用信息生成之后，应当及时、准确、完整地向省政府指定的个人基础信用信息数据库提供。

具体提供信息的范围、时间、方式、格式等，由省信用管理机构商有关信息提供单位后，报省政府确定。

个人基础信用信息数据库应当对行政机关、司法机关、行使公共管理职能的组织、公用事业单位、行业组织提供信息查询服务。

第九条　征信机构可以从省政府指定的个人基础信用信息数据库获取个人信用信息。

征信机构可以自行采集个人信用信息。

第十条　采集个人信用信息，应当征得被征信人的书面同意，但有下列情形除外：

（一）在信用交易活动中受侵害一方当事人提供且属实的对方不良信用信息；

（二）鉴证、评估、经纪、咨询等中介服务行业的执业人员，因违反诚实信用原则受到行业组织惩戒的记录；

（三）行政机关、司法机关、行使公共管理职能的组织等在行使职权过程中形成的与个人信用相关的信息；

（四）其他已经依法公开的个人信用信息。

第十一条　禁止采集下列个人信息，但本人自愿提供的除外：

（一）民族、种族、宗教信仰、政治信仰；

（二）身体形态、基因、血型、疾病和病史等可能影响被征信人正常生活的信息；

（三）其他与个人信用无关或者法律、法规禁止采集的个人信息。

**第十二条** 本办法第十一条规定禁止采集的个人信息除本人自愿提供外，禁止录入个人基础信用信息数据库。

**第十三条** 征信机构所采集的个人信用信息应当是对客观事实准确的记录，个人信用信息的来源应当合法。

禁止以欺骗、盗窃、胁迫、利用计算机网络侵入或者其他不正当手段采集个人信用信息。

**第十四条** 被征信人可以向个人基础信用信息数据库查询本人的信用信息。

## 第三章 ‖ 个人信用信息的加工

**第十五条** 征信机构应当建立个人信用信息数据库和信息系统，及时、准确地录入个人信用信息，不得虚构或者篡改。

**第十六条** 征信机构应当制定信息匹配规则，采用有效的个人身份识别标志匹配所采集的个人信用信息，确保信息录入的准确性。

**第十七条** 征信机构根据个人信用信息制作个人信用报告、个人信用评估报告等信用产品。

个人信用报告应当客观反映个人信用信息，不得进行推断和评估。

个人信用评估报告应当以科学、合理的评估指标体系和标准为依据，保证评估结果的公正。

**第十八条** 征信机构应当建立管理制度，采取必要的技术措施，保证个人信用信息数据库的运行安全和个人信用信息的保密安全。

征信机构应当对个人信用信息数据库进行加密备份，防止信息丢失。

征信机构应当设置个人信用信息系统访问权限，记录系统访问日志，防止系统被越权访问或者越权处理。

## 第四章 ‖ 个人信用信息的使用

**第十九条** 征信机构提供和使用个人信用信息，应当得到被征信人同意。法律、法规、规章另有规定从其规定。

**第二十条** 未经被征信人同意，征信机构不得在个人信用报告或者个人信用评估报告中，披露本办法第十一条规定的禁止采集但由被征信人自愿提供的个人信息。

第二十一条　个人不良信用信息的披露或者使用期限，最长为自不良信用行为终止之日起 7 年。法律、法规另有规定的，从其规定。

征信机构不得在个人信用报告或者个人信用评估报告中披露或者使用超过规定期限的债务拖欠信息、行业惩戒、行政处分或者行政处罚记录以及除犯罪记录以外的其他不良信用信息。

第二十二条　征信机构不得向用户以外的单位或者个人披露个人信用报告、个人信用评估报告以及其中反映的个人信用信息。

第二十三条　征信机构提供的个人信用报告和个人信用评估报告，作为用户判断被征信人信用状况的参考依据。

第二十四条　征信机构应当根据被征信人的要求，为其提供下列信息的查询服务：

（一）本人的信用信息；

（二）本人信用信息的来源；

（三）获取本人信用报告或者信用评估报告的用户。

第二十五条　个人信用征信实行有偿服务。

征信机构提供个人信用报告和个人信用评估报告的收费标准，由省价格主管部门会同省信用管理机构确定。

司法机关、行政机关在办理案件、行政管理过程中需要使用个人信用信息的，可以向征信机构无偿查询。

## 第五章 ‖ 异议信息的处理

第二十六条　被征信人或者用户认为个人信用信息有错误的，可以向征信机构书面提出异议申请，要求予以更正。

异议申请人应当就异议内容提供相关证据。

第二十七条　异议信息是自行采集的，征信机构应当在收到异议申请之日起 20 日内，按照下列规定处理：

（一）异议信息经核实确有必要更正的，应当及时予以更正，并告知异议申请人以及被征信人；

（二）异议信息经核实无须更正或者无法核实的，可以对异议信息不作修改，但应当告知异议申请人。异议信息无法核实的不得披露。

异议信息不是自行采集的，征信机构应当通知信息提供单位进行核实。信息提供单位应当在 10 日内作出答复。

异议信息处理期限内，该信息暂不披露和使用。

第二十八条　向征信机构提供个人信用信息的单位和个人，发现其所提供的个人信用信息错误的，应当及时书面通知征信机构。征信机构应当在接到通知后 2 日内对相关信息予以更正。

第二十九条　个人信用信息被更正的，征信机构应当给被征信人无偿提供一份更正后的个人信用报告，并及时更正根据异议信息制作的信用产品。

第三十条　征信机构在收到异议申请之日起 20 日内不作处理的，异议申请人可以申请信用管理机构对异议申请作出处理，信用管理机构应当在收到申请之日起 30 日内作出处理决定。

## 第六章 ‖ 监督管理

第三十一条　征信机构应当将下列事项报信用管理机构备案：

（一）征信机构采集、加工、处理个人信用信息的方法、标准，以及业务操作规则；

（二）保证个人信用信息系统安全运行的规章制度；

（三）依法需要备案的其他事项。

信用管理机构应当为征信机构保守商业秘密。

第三十二条　征信机构应当通过营业场所公示等方式向社会公开下列事项，并接受社会监督：

（一）个人信用信息的采集规范和披露时限；

（二）获得个人信用报告和个人信用评估服务的方式；

（三）个人信用报告和个人信用评估服务的收费标准；

（四）异议处理程序；

（五）依法需要公开的其他事项。

第三十三条　征信机构应当在每年第一季度向信用管理机构报告上一年度的下列情况：

（一）个人信用信息采集、加工和使用情况；

（二）个人信用信息系统运行和信用信息安全保密、数据维护等相关规章制度的制定和执行情况；

（三）个人信用信息采集、查询和评估服务的情况；

（四）异议处理和答复情况。

第三十四条　征信机构发生个人信用信息系统重大运行故障、个人信用信息严重泄露等情况时，应当及时作出处理，并向信用管理机构及相关部门报告。

第三十五条 任何单位和个人认为征信机构的征信活动侵犯其合法权益，或者存在其他违法行为的，可以向信用管理机构投诉或者举报。

信用管理机构应当自受理投诉或者举报之日起 30 日内作出处理和答复。

第三十六条 征信机构发生解散、被撤销、破产等营业终止事项时，应当按照以下方式处理个人信用信息数据库：

（一）移交省信用管理机构；

（二）在省信用管理机构的监督下，转让给其他合法征信机构；

（三）在省信用管理机构的监督下销毁。

## 第七章 ‖ 法律责任

第三十七条 征信机构违反本办法规定，有下列行为之一的，由信用管理机构责令改正，给予警告，并可处 1000 元以上 1 万元以下罚款：

（一）未及时、准确录入个人信用信息的；

（二）未向被征信人提供查询服务的；

（三）未按照第三十一条规定备案或者未按照第三十三条报告相关情况的；

（四）未按照第三十二条规定公开有关事项的。

第三十八条 征信机构违反本办法规定，有下列行为之一的，由信用管理机构责令改正，给予警告，并可处 5000 元以上 2 万元以下罚款；造成损害的，依法承担民事责任；构成犯罪的，依法追究刑事责任：

（一）采集本办法第十条规定情形以外的信息而未征得被征信人同意的；

（二）采集禁止采集的个人信息的；

（三）虚构、篡改个人信用信息，或者擅自录入禁止录入信息的；

（四）未及时处理异议信息、更正信用产品造成损失的。

第三十九条 征信机构违反本办法规定，有下列行为之一的，由信用管理机构责令改正，并可处 5000 元以上 3 万元以下罚款；造成损害的，依法承担民事责任；构成犯罪的，依法追究刑事责任：

（一）以欺骗、盗窃、胁迫、利用计算机网络侵入或者其他不正当手段采集个人信用信息的；

（二）未经被征信人同意擅自向其他单位和个人提供个人信用报告、个人信用评估报告或者披露个人信用信息的；

（三）在个人信用报告中披露或者使用有关不得披露和使用的信息的。

第四十条 行政机关、行使公共管理职能的组织及其工作人员，违反本办法规定，不提供个人信用信息、提供虚假信息或者不及时处理异议信息的，由其所在单位或者上级机关予以通报；对直接负责的主管人员和其他直接责任人员，视情节轻重，给予警告、记过、记大过的处分。

## 第八章 ‖ 附则

**第四十一条** 个人基础信用信息数据库采集信贷信息，应当遵守国家有关规定。信贷征信机构从事个人社会征信业务，应当遵守本办法。

**第四十二条** 本办法自 2007 年 11 月 1 日起施行。

# 浙江省企业信用信息征集和发布管理办法

（浙江省人民政府令第 194 号）

《浙江省企业信用信息征集和发布管理办法》已经省人民政府第 42 次常务会议审议通过，现予公布，自 2005 年 9 月 1 日起施行。

省长　吕祖善

二〇〇五年八月一日

## 浙江省企业信用信息征集和发布管理办法

### 第一章 ‖ 总则

**第一条**　为了加强企业信用信息征集和发布管理，维护国家利益、社会公共利益和企业的合法权益，根据有关法律、法规的规定，结合本省实际，制定本办法。

**第二条**　本省行政区域内企业信用信息的收集、发布、使用等活动，适用本办法。法律、法规另有规定的，从其规定。

**第三条**　本办法所称企业信用信息，是指各级行政主管部门以及经依法授权或者受委托承担行政管理职能的组织（以下统称行政机关）在履行职责过程中生成的与企业信用状况有关的记录，以及按约定方式向企业、行业协会、社会中介机构和其他组织收集的反映企业信用状况的记录。

本办法所称企业，是指经过工商注册登记的从事生产经营和服务活动的各类经济组织。

**第四条**　企业信用信息征集和发布活动应当遵循合法、公开、公正、准确、及时的原则，依法保护国家秘密和商业秘密。

**第五条**　县级以上人民政府应当加强对企业信用信息征集和发布工作的领导。

省发展改革行政主管部门负责全省企业信用信息征集和发布的综合管理工作，其所属的省企业信用信息发布查询机构具体办理企业信用信息征集和发布的工作。

市、县（市、区）人民政府确定的部门负责本行政区域企业信用信息征集和发布的综合管理工作。

各级经贸、外经贸、工商、财政、税务、质量技监、食品药品监管、统计、农业、林业、海洋与渔业、民政、劳动保障、安全监管、环保、信息产业、科技、文化、出版、广电、公安、物价、建设、交通等行政主管部门以及海关、检验检疫、证券、银行、保险等管理机构在各自职责范围内共同做好企业信用信息征集和发布的相关工作。

**第六条** 省企业信用信息发布查询机构应当通过计算机网络等手段征集和公布全省企业信用信息，实现行政机关信息互联和共享，为行政管理提供信用信息服务，并为社会无偿提供相关信息查询服务。

省企业信用信息发布查询机构应当做好企业信用信息的整理、存储、维护、数据安全等工作。

## 第二章 ‖ 企业信用信息的征集

**第七条** 下列市、县（市、区）人民政府行政主管部门或管理机构应当在各自职责范围内及时向省级行政主管部门或管理机构报送相关企业信用信息；省级行政主管部门或管理机构将本部门信息汇总后提供给省企业信用信息发布查询机构：

（一）工商部门提供企业工商登记注册基本资料及变更记录、年检结果、工商行政处罚情况等信息；

（二）税务部门（包括地税和国税部门）提供企业税务登记、欠缴税款、偷逃税款及税务行政处罚情况等信息；

（三）质量技监部门提供企业组织机构代码、强制性产品认证、产品执行标准、国家免检产品、中国名牌产品以及质量技术监督行政处罚情况等信息；

（四）经贸部门提供对企业的行政许可和行政处罚情况等信息；

（五）安全监管部门提供企业安全事故及有关的行政处罚情况等信息；

（六）统计部门提供对企业的统计行政处罚情况等信息；

（七）环保部门提供污染严重企业、环境污染事故、环保行政处罚情况等信息；

（八）民政部门提供对福利企业的年审结果及行政处罚情况等信息；

（九）劳动保障部门提供企业用工和社会保险基本情况、劳动保障行政处罚情况等信息；

（十）建设、交通部门提供有关企业资质、质量或安全事故责任及行政处罚情况等信息；

（十一）发展改革部门提供企业招投标违规记录及行政处罚情况等信息；

（十二）信息产业部门提供有关企业资质认定、专项技术认定及行政处罚情况等信息；

（十三）科技部门提供科技成果鉴定、高新技术企业认定、知识产权保护及行政处罚情况等信息；

（十四）农业、林业、海洋与渔业部门提供对有关企业的行政处罚情况等信息；

（十五）物价部门提供价格行政处罚情况等信息；

（十六）食品药品监管部门提供药品和医疗器械以及保健食品的行政许可事项、质量检查结果、有关行政处罚情况等信息；

（十七）文化、出版、广电部门提供有关企业许可证发放及行政处罚情况等信息；

（十八）公安部门提供有关企业公共安全方面的资质、许可及行政处罚情况等信息；

（十九）外经贸部门提供对外贸易经营者备案登记及变更情况、企业对外承包工程和劳务合作经营资格及年审结果、有关行政处罚情况等信息；

（二十）海关机构提供企业分类管理、海关管理等级、走私违规及行政处罚情况等信息；

（二十一）检验检疫机构提供企业进出口商品免验及行政处罚情况等信息；

（二十二）证券监管机构提供证券公司和股票上市交易企业履行诚信责任情况及行政处罚情况等信息；

（二十三）银行监管机构提供商业银行以及其他金融机构履行诚信责任情况及行政处罚情况等信息；

（二十四）保险监管机构提供保险公司履行诚信责任情况及行政处罚情况等信息；

（二十五）其他行政机关提供的相关企业信用信息。

**第八条**　省级行政主管部门或管理机构提供的企业信用信息应当包括下列内容：

（一）企业的名称、住所、法定代表人、组织机构代码等基本情况；

（二）需记录的信用信息具体内容；

（三）行政主管部门或管理机构依法作出的结论意见或者决定；

（四）需要提交的其他材料。

相关省级行政主管部门或管理机构应当负责制定本系统有关企业信用信息的具体项目、范围和报送办法。

省级行政主管部门或管理机构应当加强本系统的信息化建设，完善信息处理平台，提高对企业信用信息的征集和利用水平。

**第九条**　企业、行业协会、社会中介机构以及其他组织按约定的方式提供企业信用信息。

**第十条** 提供信息的单位所提供的企业信用信息应当具有合法性和准确性。

**第十一条** 提供信息的单位应当于每季度第一个月的前 10 日内追加或更新一次信息，具备条件的行政机关应当实时更新信息数据。

## 第三章 ‖ 企业信用信息的分类和发布

**第十二条** 企业信用信息分为基本信息和提示信息。

**第十三条** 下列信息记入基本信息：

（一）企业登记注册的基本情况；

（二）企业法定代表人及股票上市交易企业董事、高级管理人员的基本情况；

（三）企业的资质等级；

（四）企业取得的专项行政许可；

（五）行政机关依法对企业进行专项或周期性检验、检测、检疫（含年检年审）的结果；

（六）行政机关依法登记的其他有关企业身份的情况。

前款规定的信息包括登记、变更、注销或者撤销的内容。

**第十四条** 下列信息记入提示信息：

（一）企业发生的重大质量、安全生产事故及诉讼事件；

（二）对企业发生法律效力的行政处罚记录；

（三）对企业和企业法定代表人发生法律效力的刑事责任追究记录；

（四）经依法确认的企业扰乱市场经济秩序、危害交易安全的其他严重违法、失信行为的记录。

下列信息根据需要也可记入提示信息：

（一）企业劳动用工和工资支付情况；

（二）企业的纳税和社会保险费缴纳情况；

（三）企业经营和财务情况；

（四）产品、服务、管理体系认证通过情况；

（五）产品获得"中国驰名商标"、"中国名牌"称号的情况；

（六）产品获得国家免检（验）证书的情况。

本条所列信息，属于企业提供的，提供信息的企业应当提交相关的证明材料并对材料的真实性承担法律责任。

**第十五条** 省企业信用信息发布查询机构对按照本办法征集的企业信用信息应当

根据前两条的规定进行分类并按照统一标准、平等披露的原则向社会公开发布，但涉及国家秘密、商业秘密的信息除外。

前款所称国家秘密的认定按照《中华人民共和国保守国家秘密法》及其实施办法的规定进行；商业秘密是指不为公众所知悉、能为权利人带来经济利益、具有实用性并经权利人采取保密措施的技术信息和经营信息，包括设计、程序、产品配方、制作工艺、制作方法、管理诀窍、客户名单、货源情况、产销策略、招投标中的标底及标书内容等信息。

**第十六条** 各行政机关将本系统的信息提交省企业信用信息发布查询机构的同时，可以通过本系统的政务网站或者新闻媒体向社会公布。

**第十七条** 企业信用信息公开发布后供公众查询的期限分别确定为：

（一）基本信息，至企业终止为止；

（二）提示信息为3年；

（三）企业自愿公示的信息，至企业要求终止公示止；

（四）法律、法规、规章另有规定的，按其规定的期限执行。

企业信用信息查询的期限自信息公开发布之日起计算。

发布期限届满后，省企业信用信息发布查询机构终止公开发布，转为长期保存信息。

**第十八条** 行政机关在有关的核准登记、资质认定、年检年审、招标投标、政府采购、示范推荐等管理活动中，可以使用企业信用信息记录。省企业信用信息发布查询机构应当及时提供有关信息。

**第十九条** 任何组织和个人可以到省企业信用信息发布查询机构或者通过政府网站，查询公开发布的企业信用信息。具体查询办法由省发展改革行政主管部门另行制定。

## 第四章 ‖ 企业信用信息征集和发布的监督

**第二十条** 省发展改革行政主管部门应当加强对企业信用信息的征集和发布活动的指导、协调和监督检查。

除法律、法规、规章和国家有明确规定外，行政机关及其所属的机构不得组织或者变相组织企业信用评比活动。

社会中介机构向社会提供企业信用状况调查评估等服务的，应当按照有关规范进行，并对调查评估的真实性、可靠性负责。

**第二十一条** 企业认为省企业信用信息发布查询机构公布的信用信息有差错的，

可以向省企业信用信息发布查询机构提出异议。省企业信用信息发布查询机构应当及时与提供信息的单位核实；提供信息的单位应当在 10 个工作日内作出书面答复；确有错误的应当立即改正并予以公告。

**第二十二条** 任何单位和个人可以通过书面或者网络等形式向有关行政机关投诉企业失信行为。有关行政机关应当依法处理。投诉属实的，有关行政机关应当将处理结果记入该企业信用信息；投诉情况不属实且属诬告性质的，投诉者应当依法承担相应的法律责任，其中，投诉者是企业的，有关行政机关应当将其诬告的事实记入该企业信用信息。

省企业信用信息发布查询机构接到有关单位和个人对企业失信行为的投诉，应当在接到投诉后 5 个工作日内转交有关行政机关调查处理，并将转交情况告知投诉人。

**第二十三条** 省企业信用信息发布查询系统的安全管理应当按照国家有关计算机信息系统安全保护工作的有关规定执行。

# 第五章 ‖ 法律责任

**第二十四条** 提供信息的省级有关部门违反本办法规定拒绝或者无故拖延向省企业信用信息发布查询机构提供企业信用信息的，由省发展改革行政主管部门责令其限期改正；逾期不改正的，由省发展改革行政主管部门上报省人民政府给予书面通报批评。

**第二十五条** 提供信息的单位故意或者因重大过失向省企业信用信息发布查询机构提供虚假信息的，由省发展改革行政主管部门或者省级有关行政主管部门予以警告并责令其改正，对直接负责的主管人员和其他直接责任人员由行政监察机关给予行政处分或者纪律处分；提供虚假信息给有关企业造成损失的，应当依法承担赔偿责任。

**第二十六条** 企业、行业协会、社会中介机构和其他组织未按约定如实提供相关企业信用信息的，依法承担相应的民事责任。

**第二十七条** 省企业信用信息发布查询机构及其工作人员违反本办法规定，有下列行为之一的，由省发展改革行政主管部门责令其限期改正，对直接负责的主管人员和其他直接责任人员根据情节轻重给予纪律处分：

（一）擅自披露或者泄露涉及国家秘密和商业秘密的企业信用信息的；

（二）捏造或擅自更改企业信用信息的；

（三）未在规定期限内转交单位或个人投诉材料的；

（四）违反国家有关计算机信息系统安全保护工作有关规定的；

（五）其他违反法律、法规、规章的行为。

## 第六章 ‖ 附则

**第二十八条** 社会中介机构对企业生产经营活动中有关信用信息的征集、披露、评估等活动的管理办法另行制定。

**第二十九条** 本办法自 2005 年 9 月 1 日起施行。

# 安徽省企业信用信息征集和使用管理暂行办法

（安徽省人民政府令第 188 号）

《安徽省企业信用信息征集和使用管理暂行办法》已经 2005 年 11 月 9 日省人民政府第 28 次常务会议通过，现予公布，自 2006 年 1 月 1 日起施行。

省长　王金山

二〇〇五年十二月六日

## 安徽省企业信用信息征集和使用管理暂行办法

### 第一章 ‖ 总则

**第一条** 为了规范企业信用信息征集和使用，促进企业信用信息建设，根据国家有关规定，结合本省实际，制定本办法。

**第二条** 本办法适用于本省行政区域内企业信用信息的征集、使用及其监督管理。本办法所称企业信用信息，是指与企业信用状况有关的记录。

**第三条** 企业信用信息征集和使用，应当遵循合法、公开、公正和准确、及时的原则，维护社会公共利益和企业的合法权益。

**第四条** 省人民政府发展改革行政主管部门负责本省行政区域内企业信用信息征集和使用的综合监督管理工作，其所属的省联合征信机构依照本办法规定开展企业信用信息征集和使用活动。

县级以上地方人民政府有关行政机关应当依照本办法规定，做好企业信用信息的征集、汇总和报送等工作。

**第五条** 省联合征信机构应当通过计算机网络归集和发布本省企业信用信息，实现行政机关信息互联和共享，为行政管理提供基础信息服务，并为社会无偿提供有关信息查询服务。

## 第二章 ‖ 企业信用信息征集

**第六条** 省联合征信机构负责征集企业的下列信用信息：

（一）行政机关、司法机关和具有行政管理职能的事业单位在履行职责过程中掌握的企业信用信息；

（二）金融机构在业务活动中获得的企业信用信息；

（三）行业组织和中介机构在开展服务活动中获得的企业信用信息；

（四）省人民政府要求征集的企业其他信用信息。

**第七条** 市、县下列行政机关应当在各自职责范围内逐级向省相应行政机关报送有关企业信用信息，省有关行政机关应当将本系统有关企业信用信息汇总后提交省联合征信机构：

（一）工商行政管理部门提供企业登记注册基本资料和奖惩记录等信息；

（二）国家税务、地方税务机关提供企业税务登记、欠缴税款、偷逃税款和奖惩记录等信息；

（三）质量技术监督行政主管部门提供企业组织机构代码、强制性产品认证、产品执行标准、国家免检产品、质量检查结果和奖惩记录等信息；

（四）安全生产监督管理部门提供企业安全生产事故和奖惩记录等信息；

（五）国有资产监督管理机构提供国有企业资产变动和奖惩记录等信息；

（六）国土资源行政主管部门提供企业用地、开发利用矿产资源及有关行政处罚情况等信息；

（七）旅游行政主管部门提供旅游服务企业行政许可、质量监督和奖惩记录等信息；

（八）中小企业行政主管部门提供中小企业经营和奖惩记录等信息；

（九）环境保护行政主管部门提供企业环境监测记录、环境污染事故和奖惩记录等信息；

（十）劳动保障行政主管部门提供企业用工、工资支付、社会保险基本情况和奖惩记录等信息；

（十一）建设、交通、水行政主管部门提供有关企业资质、招标投标、质量管理或者安全事故责任及奖惩记录等信息；

（十二）科技行政主管部门提供企业科技成果鉴定、高新技术企业认定和奖惩记录等信息；

（十三）商务行政主管部门提供企业从事内外贸易经营和奖惩记录等信息；

（十四）价格行政主管部门提供企业价格行政处罚情况等信息；

（十五）食品药品监督行政主管部门提供企业行政许可、药品和医疗器械产品执行标准、质量检查结果和奖惩记录等信息；

（十六）农业、林业行政主管部门提供有关企业经营和奖惩记录等信息；

（十七）民政行政主管部门提供福利企业经营和奖惩记录等信息；

（十八）文化行政主管部门提供文化经营企业行政许可和奖惩记录等信息；

（十九）公安机关提供企业公共安全行政许可和奖惩记录等信息；

（二十）海关提供企业分类管理、海关管理等级、走私违规和奖惩记录等信息；

（二十一）出入境检验检疫机构提供企业进出口商品免检和奖惩记录等信息；

（二十二）其他行政机关提供省人民政府规定的有关企业信用信息。

**第八条** 省人民政府发展改革行政主管部门应当会同省有关行政机关确定和公布企业信用信息征集的具体项目、范围、标准及报送的具体办法。

省有关行政机关应当加强本系统的信息化建设，完善信息处理措施，提高对企业信用信息的征集和利用水平。

**第九条** 提供信息的单位应当对其提供的企业信用信息的合法性、真实性负责，并及时更新和维护信息数据；其提供的信息直接来源于企业的，该信息真实性由企业负责。

**第十条** 省联合征信机构应当做好企业信用信息数据库的整理、储存、维护和数据安全等工作，并根据征集的企业信用信息及时更新企业信用信息数据库。

省联合征信机构接受、传输企业信用信息时，发现有错误的，应当及时告知提供信息的单位予以更正。

## 第三章 ‖ 企业信用信息分类和使用

**第十一条** 企业信用信息分为基本信息和提示信息。

**第十二条** 下列信息记入基本信息：

（一）企业登记注册的基本情况；

（二）企业法定代表人及上市公司董事、监事、经理及有关高级管理人员的基本情况；

（三）企业的资质等级；

（四）企业取得的专项行政许可；

（五）行政机关依法对企业进行专项或者周期性检验、检测、检疫的结果；

（六）行政机关依法登记的有关企业身份的其他情况。

前款规定的信息包括登记、变更、注销或者撤销的内容。

**第十三条** 下列信息记入提示信息：

（一）企业发生的重大质量、安全生产事故以及诉讼案件；

（二）对企业发生法律效力的行政处罚；

（三）对企业和企业法定代表人发生法律效力的刑事责任追究；

（四）经依法确认的企业扰乱市场经济秩序、危害交易安全的其他严重违法、失信行为。

下列信息根据企业的要求，可记入提示信息：

（一）企业劳动用工和工资支付情况；

（二）企业的纳税和社会保险费缴纳情况；

（三）企业经营和财务情况；

（四）产品、服务、管理体系认证通过情况；

（五）产品获得"中国驰名商标"、"中国名牌产品"称号的情况；

（六）产品获得国家免检证书的情况。

**第十四条** 省联合征信机构对按照本办法征集的企业信用信息，应当根据前两条的规定进行分类，并按照统一标准、平等披露的原则向社会公布。但是，涉及国家秘密、商业秘密的信息除外。

**第十五条** 省有关行政机关将本系统有关企业信用信息提交省联合征信机构的同时，可以通过互联网或者其他途径向社会公布。

**第十六条** 企业信用信息公布的期限分别为：

（一）基本信息，至企业终止为止；

（二）提示信息为 3 年；

（三）企业自愿公布的信息，至企业要求终止公布为止；

（四）法律、法规和规章另有规定的，按其规定的期限执行。

企业信用信息的公布期限，自该信息公布之日起计算。企业信用信息公布期限届满后，省联合征信机构终止公布，转为长期保存信息。

**第十七条** 行政机关实施行政许可、招标投标、政府采购等，可以使用企业信用信息记录。省联合征信机构应当及时提供有关信息。

**第十八条** 任何单位和个人可以到省联合征信机构、省有关行政机关或者通过其网站，无偿查询公布的企业信用信息。

## 第四章 ‖ 监督管理

**第十九条** 省人民政府发展改革行政主管部门应当加强对企业信用信息征集和使

用活动的指导、协调和监督检查。

第二十条　企业认为省联合征信机构公布的本企业信用信息有错误的，可以要求省联合征信机构予以更正。省联合征信机构应当及时与提供信息的单位核实，提供信息的单位应当在 10 个工作日内做出书面答复；确有错误的，应当立即更正，并予以公告。

省联合征信机构在企业要求更正信息期间，不得对外发布该信息。

第二十一条　任何单位和个人对企业失信行为，可以向有关行政机关投诉。有关行政机关应当依法处理。投诉情况属实的，有关行政机关应当将处理结果记入该企业信用信息；投诉情况不实且属诬告性质的，投诉者应当依法承担相应的法律责任，其中投诉者是企业的，有关行政机关应当将其诬告的事实记入该企业信用信息。

有关单位和个人向省联合征信机构投诉企业失信行为的，省联合征信机构应当在接到投诉后 5 个工作日内转交有关行政机关调查处理，并将转交情况告知投诉者。

## 第五章 ‖ 法律责任

第二十二条　省有关行政机关违反本办法规定，拒绝或者无故拖延向省联合征信机构提供企业信用信息的，由省人民政府发展改革行政主管部门责令限期改正；逾期不改正的，由省人民政府发展改革行政主管部门报请省人民政府给予通报批评。

第二十三条　省联合征信机构和有关行政机关及其工作人员有下列行为之一的，由省人民政府发展改革行政主管部门或者省有关行政机关责令改正。对直接负责的主管人员和其他直接责任人员依法给予行政处分；构成犯罪的，依法追究刑事责任：

（一）擅自公布或者泄露涉及国家秘密、商业秘密的企业信用信息的；

（二）提供虚假企业信用信息的；

（三）擅自对企业信用信息进行修改或者拒绝更正错误信息的；

（四）违反法律、法规和规章的其他行为。

第二十四条　省人民政府发展改革行政主管部门工作人员在企业信用信息征集和使用管理工作中，玩忽职守、滥用职权、徇私舞弊的，依法给予行政处分；构成犯罪的，依法追究刑事责任。

## 第六章 ‖ 附则

第二十五条　本办法自 2006 年 1 月 1 日起施行。

# 福建省公共信用信息管理暂行办法

（福建省人民政府令第 165 号）

《福建省公共信用信息管理暂行办法》已经 2015 年 6 月 17 日省人民政府第 42 次常务会议通过，现予公布，自 2015 年 8 月 1 日起施行。

省长　苏树林

2015 年 6 月 24 日

## 福建省公共信用信息管理暂行办法

### 第一章 ‖ 总则

**第一条**　为了规范公共信用信息的征集、披露和使用，加强公共信用信息的管理，全面推进社会信用体系建设，为构建"信用福建"营造良好的社会信用环境，根据有关法律法规，结合本省实际，制定本办法。

**第二条**　在本省行政区域内从事公共信用信息征集、披露、使用及其监督管理活动，应当遵守本办法。

**第三条**　本办法所称公共信用信息，是指行政机关以及法律、法规授权具有管理公共事务职能的组织（以下统称有关机关和组织），在履行职责过程中产生和掌握的反映自然人、法人和其他组织信用状况的数据和资料。

本办法所称自然人，是指企业法定代表人、企业主要经营管理者、个体工商户以及具有专业执业资格且实际从业人员等。

**第四条**　公共信用信息的征集、披露、使用及其监督管理工作，应当遵循合法、客观、公正、及时原则，保守国家秘密，保护商业秘密和个人隐私。

**第五条**　县级以上人民政府应当加强对公共信用信息工作的领导，建立完善公共信用信息管理工作协调机制，协调解决公共信用信息工作中的重大问题。

省人民政府负责组织编制全省社会信用体系建设规划并向社会公布；设区市人民政府应当根据全省社会信用体系建设规划，编制本行政区域社会信用体系建设规划并向社会公布。

省、设区市人民政府应当建立完善公共信用信息系统，并保障所需经费。

第六条　省人民政府发展改革部门、中国人民银行福州中心支行是全省公共信用信息工作主管部门，负责全省公共信用信息的征集、披露、使用的指导和监督管理工作，并承担省社会信用体系建设领导小组的日常工作。

设区市、县（市、区）可参照前款规定确定公共信用信息工作主管部门，行使本行政区域的公共信用信息管理工作职能。

第七条　有关机关和组织是公共信用信息征集、披露、使用的责任主体。

有关机关和组织应当制定具有本行业特点的公共信用信息管理制度，明确本单位信用信息工作的职能机构和责任人员，负责采集、整理、保存、加工履行职责过程中生成或者获取的公共信用信息。

第八条　省和设区市的公共信用信息平台分别与同级有关机关和组织的行业信用信息系统互联互通或者数据共享，实现全省公共信用信息跨地区、跨行业共享使用，并向社会提供相关信息查询服务。

第九条　在公共信用信息的征集、披露、使用及其监督管理活动中，行政机关应当与司法机关建立协作机制，实现信息共享。

## 第二章 ‖ 公共信用信息征集

第十条　省公共信用信息工作主管部门根据法律、行政法规和国家标准，制定本省公共信用信息技术规范。

第十一条　公共信用信息实行目录管理。公共信用信息目录由省公共信用信息工作主管部门组织编制并公布。有关机关和组织应当按照公共信用信息目录，向公共信用信息平台提供信息。

第十二条　自然人信用信息、法人和其他组织信用信息，包括基本信息、良好信息、提示信息和警示信息。

基本信息是指自然人、法人和其他组织的身份及具有从事特定活动资质的相关信息。

良好信息是指自然人、法人和其他组织在特定领域具有超出普通个体一般水平能力或者有作出贡献行为的信息，包括省级以上政府或者部门授予的荣誉、在公益慈善事业中作出贡献的信息以及在分类管理中的优良等级评价。

提示信息是指尚未违反法律法规，有可能对交易对手、交易行为等产生风险的信用信息。

警示信息是指自然人、法人和其他组织违反法律规定而产生的不良信息。

**第十三条** 公共信用信息工作主管部门可以依法从有关机关和组织征集自然人的信用信息，其内容主要包括：

（一）基本信息，包括身份识别信息和职业信息；

（二）良好信息；

（三）提示信息；

（四）警示信息，欠税、刑事犯罪、行政处罚、民事判决执行以及其他依法可以记入的不良信息。

前款规定的信息还应当包括登记、变更、注销或者撤销的内容。

**第十四条** 有关机关和组织不得采集个人的宗教信仰、基因、指纹、血型、疾病和病史以及法律、行政法规禁止采集的其他个人信息。

除明确告知信息主体提供该信息可能产生不利后果，并取得其书面同意外，有关机关和组织不得采集个人的收入、存款、有价证券、商业保险、不动产的信息和纳税数额信息。

**第十五条** 法人和其他组织基本信息主要包括：

（一）工商登记信息、税务登记信息、组织机构代码登记信息；

（二）股权结构信息，董事、监事、经理及其他主要经营管理者信息，法人分支机构信息，进出口信息；

（三）主要产品、品牌、商标注册信息、专利权拥有情况；

（四）取得的行政许可、认证认可和资质信息；

（五）经营、财务状况；

（六）其他基本信息。

前款规定的信息包括登记、变更、注销或者撤销的内容。

**第十六条** 法人和其他组织警示信息主要包括：

（一）对法人和其他组织产生不良影响的法院生效的判决、裁定、调解和执行信息；

（二）偷税、逃避追缴欠税、骗取出口退税、抗税信息；

（三）违反劳动用工及社会保险规定信息；

（四）产品质量、安全生产、环境污染等事故信息；

（五）行政事业性收费、政府性基金欠缴信息；

（六）受到行政处罚、行政强制的信息；

（七）其他警示信息。

**第十七条** 有关机关和组织采集公共信用信息，应当以最终发生法律效力的文书为依据，主要包括：

（一）经工商行政管理部门核准的市场主体登记注册文书；

（二）各级行政主管部门依法做出的行政许可、资质审核文件；

（三）各级行政主管部门依法做出并已产生法律效力的处罚决定、处理文书；

（四）有关机关和组织发布或者公告的等级评价、表彰决定；

（五）司法机关或者仲裁机构作出的已产生最终法律效力的法律文书；

（六）其他合法有效的证明文件。

前款规定的具备法律效力的文书由信用信息采集人员核实。

**第十八条** 有关机关和组织提供的公共信用信息，除载明信用信息内容的详细要素外，还应当包含提交信息单位的名称、提交时间以及所提交信息的公开属性。

**第十九条** 有关机关和组织应当对其提供的公共信用信息的真实性负责。

自然人、法人和其他组织直接申报的公共信用信息，法律法规未要求接受申报的机关和组织对申报信息的实质内容进行核实的，其真实性由自然人、法人和其他组织负责。

公共信用信息工作主管部门不直接采集公共信用信息，不得擅自更改公共信用信息。

**第二十条** 有关机关和组织应当及时准确地向上一级有关机关和组织以及同级公共信用信息工作主管部门提供公共信用信息，保证实时更新；对无法实时更新的，应当至少每月更新 1 次。

## 第三章 ‖ 公共信用信息披露

**第二十一条** 公共信用信息披露期限按照下列规定设定：

（一）基本信息披露期限至法人和其他组织终止之后满 3 年或者自然人死亡；

（二）良好信息有有效期的，披露期限与该有效期一致；

（三）良好信息无有效期的，披露期限至该良好信息被取消之日止；

（四）提示信息或者警示信息披露期限自不良行为或者事件终止之日起 5 年。

法律、法规、规章另有规定的，从其规定。

披露期限届满后，公共信用信息平台的应用系统自动解除记录并转为档案保存。

**第二十二条** 有关机关和组织采集公共信用信息，应当明确所采集信息的公开属性。

公共信用信息的公开属性分为社会公开、授权查询和政务共享；社会公开是指无须经信息主体同意即可在公共媒体上向社会公众发布；授权查询是指须经由信息主体授权同意才能被查询知悉；政务共享是指在有关机关和组织间共享查询。

**第二十三条** 有关机关和组织可以通过公共信用信息交换平台查询政务共享的信用信息，因履行职责需要查询法人和其他组织非公开、非共享的信息，应当经查询单位负责人批准并加盖公章后，按照公共信用信息工作主管部门规定的程序查询。

自然人信用信息不予公开和共享，只通过授权查询方式披露，法律、法规、规章另有规定的除外。

**第二十四条** 已实现省级行业集中的机关和组织应当通过行业信用信息系统与省级公共信用信息平台实现交换共享。尚未实现省级行业集中的机关和组织应当通过行业信用信息系统与同级公共信用信息平台的交换系统，及时向同级的公共信用信息工作主管部门或者上一级行业主管部门提供信用信息，实时更新信息数据；条件尚不具备的，应当于每个月的前10日内更新1次。

**第二十五条** 省、设区市公共信用信息工作主管部门通过公共信用信息平台向社会披露公共信用信息中属于社会公开的部分。

有关机关和组织可以通过本行业信用信息系统向社会披露其所采集的相关信用信息，但不得披露从公共信用信息工作主管部门获取的非本单位或者本行业提供共享的公共信用信息。

**第二十六条** 公民、法人和其他组织可以直接通过登录"信用福建"网站，或者向公共信用信息工作主管部门查询属性为社会公开的公共信用信息。

查询属性为社会公开以外的公共信用信息，应当经被查询的自然人、法人和其他组织书面同意后，向公共信用信息工作主管部门查询。

法人和其他组织查询自身非公开的信用信息，应当出具书面证明，向公共信用信息工作主管部门查询，或者登录"信用福建"网站经电子身份认证后查询。

自然人查询本人信用信息的，可出具本人有效身份证明，向公共信用信息工作主管部门查询，也可直接通过登录"信用福建"网站查询。

**第二十七条** 对应当经过授权或者批准方可查询的公共信用信息，公共信用信息工作主管部门应当如实记录查询情况，并自该记录生成之日起保存3年。

**第二十八条** 公共信用信息工作主管部门的工作人员不得越权查询公共信用信息。

有关机关和组织、公共信用信息工作主管部门及其工作人员不得披露或者泄露涉及国家秘密、商业秘密、个人隐私的公共信用信息。

## 第四章 ‖ 公共信用信息评价和使用

**第二十九条**　建立自然人、法人和其他组织的综合信用评价制度，综合信用评价结果在省公共信用信息平台上进行公示。

**第三十条**　省人民政府发展改革部门、中国人民银行福州中心支行是综合评价业务主管部门。

综合评价的认定标准及办法由省人民政府发展改革部门、中国人民银行福州中心支行制定。综合评价的有关工作可委托第三方信用服务机构等市场中介组织承担。

**第三十一条**　自然人、法人和其他组织信用的综合评价分为守信和失信，失信分为一般失信、严重失信。

**第三十二条**　经综合评价，被认定为守信的自然人、法人和其他组织名单以及被认定为严重失信的法人和其他组织名单，在省公共信用信息平台上予以公示。

**第三十三条**　守信激励是指有关机关和组织对守信的自然人、法人和其他组织在一定时间内参与特定经济社会活动的权限给予一定程度的优先权。

失信惩戒是指有关机关和组织对失信的自然人、法人和其他组织，在一定时间内参与特定经济社会活动的权限进行一定程度的约束限制。

守信激励措施和失信惩戒措施根据公共信用信息综合评价的标准及办法具体实施。

**第三十四条**　对经综合评价，被认定为守信的法人和其他组织，有关机关和组织在行政管理或者公共服务中可以给予以下守信激励：

（一）在日常监管中，免除检查或者减少检查频次；

（二）在政府性资金支持等选择性扶持政策的执行时，优先安排扶持措施或者加大扶持力度；

（三）推荐其参加县级以上人民政府及其有关行政主管部门依法组织的各项荣誉评选；

（四）在公共传播媒体上进行宣传报道；

（五）法律、法规、规章规定可以实施的其他激励措施。

**第三十五条**　对经综合评价，被认定为一般失信的法人和其他组织，有关机关和组织在行政管理或者公共服务中给予以下失信惩戒：

（一）在日常监管中，增加检查频次；

（二）在政府性资金支持等选择性扶持政策的执行时，置后安排扶持措施或者减少扶持力度；

（三）1 年内不得享受县级以上人民政府相关优惠政策，并不得参加县级以上人民政府及其有关行政主管部门依法组织的各类认定认证和荣誉评选，其法定代表人或者负责人不得参加县级以上人民政府及其有关行政主管部门依法组织的各项荣誉评选；

（四）法律、法规、规章规定可以实施的其他惩戒措施。

**第三十六条** 对经综合评价，被认定为严重失信的法人和其他组织，有关机关和组织在行政管理或者公共服务中给予以下失信惩戒措施：

（一）在日常监管中，列为重点监督检查对象，进行重点专项监督检查；

（二）在政府性资金支持等选择性扶持政策的执行时，取消其申请资格；

（三）3 年内不得享受县级以上人民政府相关优惠政策，并不得参加县级以上人民政府及其有关行政主管部门依法组织的各类认定认证和荣誉评选，其法定代表人或者负责人不得参加县级以上人民政府及其有关行政主管部门依法组织的各项荣誉评选；

（四）法律、法规、规章规定可以实施的其他惩戒措施。

**第三十七条** 对经综合评价，被认定为守信的自然人，有关机关和组织在行政管理或者公共服务中可以给予以下守信激励：

（一）推荐其参加县级以上人民政府及其有关行政主管部门依法组织的各项荣誉评选；

（二）在公共传播媒体上进行宣传报道；

（三）法律、法规、规章规定可以实施的其他激励措施。

**第三十八条** 对经综合评价，被认定为一般失信的自然人，1 年内不得参加县级以上人民政府及其有关行政主管部门依法组织的各项荣誉评选。

**第三十九条** 对经综合评价，被认定为严重失信的自然人，3 年内不得参加县级以上人民政府及其有关行政主管部门依法组织的各项荣誉评选。

## 第五章 ‖ 信用修复与异议处理

**第四十条** 自然人、法人和其他组织的失信行为具备整改纠正条件的，有关机关和组织在采集记录失信信息的同时应当书面通知当事人。

**第四十一条** 被认定为失信的自然人、法人和其他组织在 45 日内主动整改纠正失信行为的，可以按规定程序向原信用信息记录的机关和组织申请信用记录修复。法律、法规、规章对信用修复另有规定的，从其规定。

**第四十二条** 受理信用修复的有关机关和组织应当在收到信用修复申请之日起 20 个工作日内核查申请人的整改情况，对符合要求的整改行为办理信用修复。

受理信用修复的有关机关和组织在作出信用修复决定后，应当向同级公共信用工作主管部门或者上级行业主管部门备案，同时将修复办理结果通知申请人，并抄送同级公共信用信息工作主管部门。

**第四十三条** 自然人、法人和其他组织认为公共信用信息工作主管部门披露的公共信用信息与事实不符，或者依照有关法律、法规规定不得披露的，可以向公共信用信息工作主管部门提出书面异议申请，并提交证据。

**第四十四条** 公共信用信息工作主管部门收到异议申请后，应当在3个工作日内进行核查，因工作失误造成错误的应当立即更正，并将更正结果在2个工作日内告知申请人。

对非因工作失误造成的异议信息，公共信用信息工作主管部门应当通知提供该信息的有关机关和组织核查。有关机关和组织自收到核查通知之日起20个工作日内回复更正的核查结果，公共信用信息工作主管部门应当在2个工作日内将核查结果告知申请人。

**第四十五条** 公共信用信息工作主管部门处理异议申请期间，应当暂停披露该异议信息。对无法核实真实性的异议信息，公共信用信息工作主管部门应当予以删除，并注明删除理由。

有关机关和组织发现信用信息变更、失效或者错误的，应当及时修改，并在修改之日起7个工作日内向公共信用信息工作主管部门报送修改后的信用信息，公共信用信息工作主管部门应当在7个工作日内对相关信息予以更正或者删除。

有关机关和组织未按照规定核查异议信息并将处理结果告知公共信用信息工作主管部门的，公共信用信息工作主管部门不再向社会提供该信息的查询。

## 第六章 ‖ 法律责任

**第四十六条** 有关机关和组织未依照本办法规定报送公共信用信息的，由相应的上级主管部门书面催报。经催报仍不按要求提供的，由其主管部门给予通报批评。

下级公共信用信息系统平台未依照本办法规定向上级公共信用信息系统平台报送公共信用信息的，由上级公共信用信息工作主管部门书面催报。经催报仍不能按要求提供的，由同级人民政府给予通报批评。

**第四十七条** 公共信用信息工作主管部门、有关机关和组织在披露公共信用信息时违反本办法规定的，由同级人民政府通报批评；情节严重的，由行政监察部门对直接负责的主管人员和其他直接责任人员依法给予处分。

**第四十八条** 公共信用信息工作主管部门、有关机关和组织及其工作人员，在公共信用信息管理工作中违反本办法规定，有下列情形之一的，由主管部门或者行政监察部门责令改正；情节严重的，对直接负责的主管人员和其他直接责任人员依法给予处分；构成犯罪的，依法追究刑事责任：

（一）以不正当手段采集公共信用信息的；

（二）篡改、虚构公共信用信息的；

（三）违反规定披露或者泄露公共信用信息的；

（四）未按规定处理和答复异议信息的。

## 第七章 ‖ 附则

**第四十九条** 本办法自 2015 年 8 月 1 日起施行。

# 山东省公共信用信息管理办法

（山东省人民政府令第 314 号）

《山东省公共信用信息管理办法》已经 2018 年 2 月 24 日省政府第 2 次常务会议通过，现予公布，自 2018 年 5 月 1 日起施行。

省长　龚正

2018 年 3 月 9 日

## 山东省公共信用信息管理办法

### 第一章 ‖ 总则

**第一条**　为了规范公共信用信息管理，实现公共信用信息的公开和共享，推进社会信用体系建设，根据《中华人民共和国政府信息公开条例》《企业信息公示暂行条例》等法律、法规和国务院有关规定，结合本省实际，制定本办法。

**第二条**　本办法适用于本省行政区域内公共信用信息的归集、应用和信息主体的权益保护等活动。

**第三条**　本办法所称公共信用信息，是指行政机关、司法机关和法律法规授权的具有管理公共事务职能的组织（以下统称信息提供主体），在依法履职、提供服务过程中产生或者获得的，反映自然人、法人和其他组织（以下统称信息主体）信用状况的数据和资料。

**第四条**　公共信用信息工作应当遵循合法、安全、准确、及时的原则，维护信息主体的合法权益，不得泄露国家秘密，不得侵犯商业秘密和个人隐私。

**第五条**　县级以上人民政府应当建立健全公共信用信息工作协调机制，协调解决公共信用信息工作中的重大问题，将公共信用信息工作经费纳入同级财政预算，对公共信用信息工作实行绩效考核。

第六条　县级以上人民政府发展改革部门是公共信用信息工作的主管部门，指导、管理、监督本行政区域内公共信用信息工作。

信息提供主体按照各自职责做好公共信用信息管理的相关工作。

第七条　省、设区的市人民政府明确的公共信用信息工作机构，在公共信用信息工作主管部门的指导下，具体负责公共信用信息的归集、应用和信息主体的权益保护等工作；负责公共信用信息平台和信用官方网站的建设、运营和维护。

第八条　县级以上人民政府及其有关部门应当推进信用记录、信用报告等信用产品和服务的推广应用，加强诚信宣传教育，弘扬诚信文化，营造良好的社会诚信氛围。

## 第二章 ‖ 公共信用信息的归集

第九条　公共信用信息归集实行目录管理，公共信用信息的提供单位、信息事项、公开属性、有效期限等要素由公共信用信息目录规定。

公共信用信息目录由公共信用信息工作主管部门编制、修订和公布。目录根据政府工作部门权力清单、责任清单等内容进行动态调整。

第十条　信息提供主体应当建立本部门、本行业公共信用信息系统，在履行职责、提供服务过程中，依法采集、客观记录反映信息主体信用状况的数据和资料。

第十一条　信息提供主体应当按照省公共信用信息工作主管部门制定的公共信用信息数据标准和技术规范，在信息形成之日起7个工作日内，向公共信用信息平台报送。法律、法规另有规定的，从其规定。

第十二条　设区的市公共信用信息工作机构应当将归集的公共信用信息实时向省公共信用信息平台报送。已经实现本行业全省信息数据集中的，由省信息提供主体向省公共信用信息平台报送本行业全省公共信用信息。

省公共信用信息平台与国家企业信用信息公示系统（山东）的涉企信息应当实时双向推送和互联共享。

第十三条　公共信用信息包括年满18周岁的自然人、法人和其他组织的基本信息、失信信息和其他信息。

第十四条　法人和其他组织的基本信息包括下列内容：

（一）名称、法定代表人或者负责人、统一社会信用代码等注册登记备案信息；

（二）资格、资质等行政许可信息；

（三）产品、服务、管理体系等方面的认证认可信息；

（四）动产抵押登记、股权出质登记、知识产权出质登记、商标注册等信息；

（五）其他反映法人和其他组织基本情况的信息。

自然人的基本信息包括下列内容：

（一）姓名、身份证号码；

（二）就业状况、学历、婚姻状况；

（三）职业资格、执业许可等信息；

（四）其他反映自然人基本情况的信息。

**第十五条**  法人和其他组织的失信信息包括下列内容：

（一）税款、社会保险费欠缴信息；

（二）人民法院发布的失信被执行人信息；

（三）行政事业性收费、政府性基金欠缴信息；

（四）在行政管理活动中提供虚假材料、违反告知承诺制度的信息；

（五）适用一般程序作出的行政处罚信息、行政强制执行信息；

（六）发生产品质量、安全生产、食品药品安全、环境污染等责任事故被监管部门处理的信息；

（七）被列入企业经营异常名录和严重违法失信企业名单等信息；

（八）被监管部门处以行业禁入的信息；

（九）法定抽查检查未通过的结果信息；

（十）国家和本省规定的其他失信信息。

自然人的失信信息除前款第二、四、五、八项所列信息外，还包括下列内容：

（一）税款欠缴信息；

（二）参加国家或者本省组织的统一考试作弊信息；

（三）在学术研究、职称评定等工作中弄虚作假信息；

（四）企业的法定代表人及其主要经营人员通过注销工商登记逃避行政处罚信息；

（五）国家和本省规定的其他失信信息。

**第十六条**  自然人、法人和其他组织的其他信息包括下列内容：

（一）各级人民政府及其部门授予的表彰、奖励等信息；

（二）参与各级人民政府及其部门开展的志愿服务、慈善捐赠活动等信息；

（三）国家和本省规定的其他信息。

**第十七条**  信息提供主体应当建立公共信用信息审查机制，在向公共信用信息平台报送前按照国家和省的要求核实采集的公共信用信息，并对其提供的公共信用信息的真实性、准确性、安全性负责。不得篡改、虚构信用信息，不得报送涉及国家秘密的信息。

**第十八条**  禁止归集自然人的宗教信仰、基因、指纹、血型、疾病和病史信息以及法律、法规禁止归集的其他自然人信息。

第十九条　公共信用信息工作机构应当在 3 个工作日内对收到的公共信用信息完成比对、录入工作；不符合要求的，反馈给信息提供主体复核处理后重新报送。

## 第三章 ‖ 公共信用信息的应用

第二十条　公共信用信息通过社会公开、授权查询、政务共享等方式披露。

公共信用信息工作主管部门应当会同信息提供主体，按照国家和省的规定，在公共信用信息目录中明确各类公共信用信息的披露方式。

第二十一条　依法应当公开的公共信用信息通过"信用中国（山东）"官方网站和信息提供主体对外发布信息的平台向社会公开。

依法可以授权查询的信息，自然人、法人或者其他组织可以向公共信用信息工作机构或者信息提供主体查询。查询他人信息的，应当提供信息主体的授权证明、约定的查询用途、有效身份证件或者证明文件；查询自身信息的，应当出示有效身份证件或者证明文件。

第二十二条　行政机关和法律法规授权的具有管理公共事务职能的组织，应当根据政府公共信用信息应用目录，在公共信用信息平台查询信息主体的信用状况，并依法将其作为实施行政管理的必要条件或者参考依据。

政府公共信用信息应用目录由县级以上公共信用信息工作主管部门编制，并向社会公布。

第二十三条　行政机关和法律法规授权的具有管理公共事务职能的组织，应当建立健全本单位公共信用信息查询制度，建立查询日志，记载查询人员姓名、查询时间、内容以及用途。查询日志应当长期保存。

第二十四条　公共信用信息工作主管部门应当组织相关部门对信用状况良好的自然人、法人和其他组织采取联合激励措施，对信用状况不良的自然人、法人和其他组织采取联合惩戒措施。

联合奖惩制度的具体办法由省公共信用信息工作主管部门会同相关部门制定，报省人民政府批准后实施。

第二十五条　在同等条件下，对信用状况良好的自然人、法人和其他组织，行政机关和法律法规授权的具有管理公共事务职能的组织应当在法定权限范围内按照下列规定给予激励：

（一）在实施行政许可中给予优先办理、简化程序等便利服务措施；

（二）在财政性资金项目安排、招商引资配套优惠政策等方面列为优先选择对象；

（三）在媒体推介、荣誉评选等活动中列为优先选择对象；

（四）在有关公共资源交易活动中依法依约采取信用加分等措施；

（五）国家和本省规定的其他激励措施。

**第二十六条** 对信用状况不良的自然人、法人和其他组织，行政机关和法律法规授权的具有管理公共事务职能的组织可以依法采取下列惩戒措施：

（一）在行政监管中列为重点核查对象；

（二）取消已经享受的绿色通道、容缺受理等行政便利措施；

（三）限制申请财政资金或者政策支持；

（四）国家和本省规定的其他惩戒措施。

**第二十七条** 信用服务机构符合下列条件的，经公共信用信息工作主管部门同意，可以批量查询授权查询类公共信用信息：

（一）获得信息主体授权；

（二）具备有效的征信资质或者相关许可；

（三）与公共信用信息工作机构签订保密协议；

（四）公共信用信息工作主管部门规定的其他条件。

**第二十八条** 鼓励自然人、法人和其他组织在市场交易、企业治理、行业管理、社会公益等活动中查询使用公共信用信息，防范交易风险。

鼓励信用服务机构查询使用公共信用信息，向社会提供多元化服务产品，促进信用服务市场发展。

## 第四章 ‖ 信息主体的权益保护

**第二十九条** 负有公共信用信息管理职责的行政机关和法律法规授权的具有管理公共事务职能的组织以及信用服务机构应当严格执行国家信息系统安全保护的有关规定，建立健全信息安全管理制度和应急处理制度，确保公共信用信息归集、披露和应用全过程安全。

**第三十条** 公共信用信息工作机构、信息提供主体、信用服务机构以及其他查询使用公共信用信息的单位和个人，不得实施下列行为：

（一）篡改、虚构、违规删除公共信用信息；

（二）越权查询公共信用信息；

（三）擅自将公共信用信息提供给第三方使用；

（四）泄露未经授权公开的公共信用信息；

（五）泄露涉及国家秘密、商业秘密、个人隐私的公共信用信息；

（六）利用所查询公共信用信息从事非法活动；

（七）违反信息安全管理有关规定；

（八）法律、法规和规章禁止的其他行为。

**第三十一条** 信息提供主体发现提供的信用信息错误、失效或者发生变更的，应当及时更正，并按照本办法第十一条规定向公共信用信息平台报送。

**第三十二条** 失信信息的披露期限为 5 年，自失信行为终止之日起计算，国家和省另有规定的除外。披露期限届满，公共信用信息工作机构应当将该信息从公开或者查询界面删除。

信息主体可以书面申请公共信用信息工作机构删除本人的表彰奖励、志愿服务、慈善捐赠等信息。公共信用信息工作机构应当在收到申请之日起 3 个工作日内删除相关信息，并告知信息主体。

**第三十三条** 自然人、法人和其他组织认为公共信用信息平台披露的自身信用信息有下列情形之一的，可以向公共信用信息工作机构提出异议申请：

（一）公共信用信息记载存在错误、遗漏的；

（二）依照有关法律、法规不应当公开的；

（三）失信信息已经超过披露期限但是未从公开或者查询界面删除的。

**第三十四条** 公共信用信息工作机构应当在收到异议申请之日起 3 个工作日内进行信息核查。

公共信用信息平台记载的信息与信息提供主体提供的信息不一致的，应当予以更正，并在 2 个工作日内书面通知异议申请人。

公共信用信息平台记载的信息与信息提供主体提供的信息一致的，公共信用信息工作机构应当在 2 个工作日内将异议申请转至信息提供主体。信息提供主体应当在收到转来的异议申请之日起 5 个工作日内进行核查，并将核查结果告知公共信用信息工作机构。公共信用信息工作机构应当在 2 个工作日内将处理结果通知异议申请人。

**第三十五条** 异议申请处理期间或者信息主体对异议处理结果有异议的，公共信用信息工作机构应当对该信息予以标注。

## 第五章 ‖ 法律责任

**第三十六条** 违反本办法规定的行为，法律、法规已规定法律责任的，依照其规定执行；法律、法规未规定法律责任的，依照本办法规定执行。

**第三十七条** 行政机关、法律法规授权的具有管理公共事务职能的组织、公共信用信息工作机构及其工作人员违反本办法规定，有下列行为之一，造成不良后果的，责令限期改正；逾期不改正的，对直接负责的主管人员和其他直接责任人员给予处分；

构成犯罪的，依法追究刑事责任：

（一）未按照本办法规定报送公共信用信息的；

（二）归集禁止采集的自然人信息的；

（三）篡改、虚构、违规删除公共信用信息的；

（四）未建立本单位公共信用信息查询制度规范，未建立或者未长期保存查询日志的；

（五）越权查询公共信用信息的；

（六）擅自将公共信用信息提供给第三方使用的；

（七）泄露涉及国家秘密、商业秘密、个人隐私以及未经授权公开的公共信用信息的；

（八）未履行安全管理职责的；

（九）其他滥用职权、玩忽职守、徇私舞弊的行为。

**第三十八条** 信用服务机构以及其他查询使用公共信用信息的单位和个人违反本办法规定，有下列行为之一的，由公共信用信息工作主管部门责令限期改正；情节严重的，对单位处 5 万元以上 10 万元以下罚款，对个人处 1000 元以上 1 万元以下罚款；给信息主体造成损失的，依法承担民事责任；构成犯罪的，依法追究刑事责任：

（一）篡改、虚构、违规删除公共信用信息的；

（二）越权查询公共信用信息；

（三）擅自向第三方提供使用公共信用信息的；

（四）泄露涉及国家秘密、商业秘密、个人隐私以及未经授权公开的公共信用信息的；

（五）利用所查询公共信用信息从事非法活动的；

（六）不按照规定查询应用公共信用信息的其他行为。

## 第六章 ‖ 附则

**第三十九条** 本省行政区域内行业协会以及其他社会组织在工作中产生或者获取的公共信用信息的归集和应用，参照本办法执行。

**第四十条** 本办法自 2018 年 5 月 1 日起施行。

# 湖北省行政机关归集和披露企业信用信息试行办法

（湖北省人民政府令第 280 号）

《湖北省行政机关归集和披露企业信用信息试行办法》已经 2005 年 8 月 29 日省人民政府常务会议审议通过，现予公布，自 2006 年 4 月 1 日起施行。

省长　罗清泉
二〇〇五年九月二十七日

## 湖北省行政机关归集和披露企业信用信息试行办法

**第一条**　为推动社会信用制度建设，建立健全企业信用信息体系，为社会提供公正、规范、快捷的企业信用信息服务，根据有关法律、法规，制定本办法。

**第二条**　行政机关及法律法规授权的组织（以下简称行政机关）对企业有关信用的信息进行归集、披露、使用等活动，适用本办法。

金融机构依照法律、法规及国家其他有关规定，归集和披露企业有关信用信息。

**第三条**　本办法所称企业信用信息，是指国家机关和相关组织履行职责过程中产生的涉及企业的基本状况、经营活动诚信状况的记录。

**第四条**　企业信用信息的归集和披露，应当遵循合法、客观、公正、及时、便民原则，保障国家安全、公共利益，保护企业商业秘密和个人隐私，维护社会主义市场经济秩序。

归集和披露的企业信用信息，应当真实可靠，且应当是公开做出的、已经发生法律效力的决定。信息提供者对其提供的信息的真实性承担法律责任。

**第五条**　企业信用信息的归集和披露，实行分级分类管理。企业信用信息资源实行行政机关之间互联共享。

**第六条**　县以上人民政府负责行政机关企业信用信息数据库建设的组织、协调工作，将企业信用信息数据库的建立和运行纳入本级政府信息化建设发展规划。工商行政管理机关会同有关行政机关负责建立企业信用信息数据库，其他行政机关负责建立与本机关职责相关的企业信用信息数据库，依法归集和披露企业信用信息，并为社会提供信息查询服务。发展改革、经济管理、信息产业等行政主管部门依职责负责信用信息数据库的整体发展规划、业务协调和技术指导。

**第七条** 行政机关向其他国家机关和组织征集企业信用信息时，其他国家机关和组织在职责范围内予以支持配合。

**第八条** 企业信用信息数据库由 A 类信息、B 类信息和 C 类信息系统构成。

**第九条** 下列信息记入 A 类信息系统：

（一）企业登记注册的依法应当公开的基本情况；

（二）企业取得的资质（格）等专项行政许可情况；

（三）企业通过国际或国家标准认证的情况；

（四）依法对企业进行周期性检查的结果；

（五）法律法规规定企业应当向社会公开的企业经营、财务状况；

（六）其他有关企业身份的情况。

前款规定的信息包括变更、注销或者撤销的情况。

**第十条** 下列信息记入 B 类信息系统：

（一）获得"守合同重信用企业"称号的；

（二）获得"中国驰名商标"或"湖北省著名商标"称号的；

（三）获得"中国名牌"或"湖北省精品名牌"称号的；

（四）获得"AAA"金融信用等级的；

（五）获得"诚信纳税人"称号的；

（六）获得"价格计量信得过单位"称号的；

（七）产品被列入国家免检范围的；

（八）获得省级以上先进企业、环境保护模范和被命名为"清洁无害工厂"称号的；

（九）企业法定代表人获得省级以上五一劳动奖章、优秀中国特色社会主义建设者、优秀企业家称号的；

（十）县以上人民政府认为可以记入的其他良好信用信息。

**第十一条** 下列信息记入 C 类信息系统：

（一）对企业发生法律效力的较大数额的没收、罚款，责令停产停业，吊销许可证、营业执照的行政处罚记录；

（二）对企业发生法律效力的、被依法实施降低资质等级或者未通过周期性检查的记录；

（三）对企业发生法律效力的刑事诉讼判决记录；企业拒不执行的对其发生法律效力的行政、民事判决或裁定；仲裁裁决和银行同业公会制裁记录；

（四）经依法确认的企业其他扰乱经济、社会秩序的严重违法行为的记录。

**第十二条** 企业法定代表人、主要负责人的下列信息，记入 C 类信息系统：

（一）对本企业严重违法行为负有直接责任的；

（二）正在被执行刑罚的；

（三）因犯有贪污贿赂罪、侵犯财产罪或者破坏社会主义市场经济秩序罪，被判处刑罚，执行期满未逾 5 年的；

（四）担任因经营不善被依法破产清算企业的法定代表人或负有直接责任的其他负责人，自该企业破产清算完结之日起未逾 3 年的；

（五）个人负债数额较大，经人民法院判决或裁定后到期未清偿的；

（六）法律、法规、规章规定不能担任企业法定代表人、主要负责人的其他情形。

前款表述的主要负责人，是指有限责任公司的董事、监事、总经理、副总经理、财务部门负责人，不具备企业法人条件的企业的负责人及其他企业担任同类职务的工作人员。

企业发现其法定代表人、主要负责人具有第一款规定的情形，主动依法解除其法定代表人、主要负责人职务的；或被有关国家机关责令改正，在 60 天以内解除其法定代表人、主要负责人职务的，不记入 C 类信息系统。

有证据证明企业明知其法定代表人、主要负责人具有第一款规定的情形的，不适用第三款的规定。

**第十三条** 行政机关在其职责范围内，按照统一的规定和标准，采取电子或纸质文档等方式，及时、准确地向同级企业信用信息数据库提交真实、合法、完整的企业信用信息。金融、海关等中央在鄂机构应将其认为可以披露的企业信用信息传送给企业信用信息数据库。

提供企业信用信息的机关应当及时追加和更新企业信用信息。

**第十四条** 省级行政机关根据职责范围，确定向省企业信用信息数据库提供的信用信息具体项目、范围和标准，告知省工商行政管理局，并向省政府法制办公室备案。

**第十五条** 提供的信用信息应当包括下列内容：

（一）提供信息的单位名称；

（二）企业的名称和代码；

（三）需记录的信用信息内容。

除前款规定外，提供记入 B 类或 C 类信息系统的信息，还应当同时提供下列材料：

（一）提供记入 B 类信息系统的信息，应同时注明该企业是否申请或同意行政机关向社会披露本企业的 B 类信息。

（二）提供记入 C 类信息系统的信息，应同时提供下列纸质或者电子文档：

1. 移送信息的通知书；

2. 行政机关的相关决定；

3. 人民法院的判决、裁定；

4. 仲裁机构的裁决；

5. 上述决定、判决、裁定、裁决执行情况的说明以及需要提供的其他材料。

第十六条　企业可以申请相关行政机关向企业信用信息数据库和有关数据库提供其自身或其他企业的符合提供范围的信用信息，受理申请的行政机关审查核实后决定是否采信。

第十七条　企业信用信息记录期限按照下列规定设定：

（一）A 类信息系统中的信息，记录期限至企业终止为止；

（二）B 类信息系统中的信息，记录期限为企业受到表彰、获取称号的有效期满后3 年；

（三）C 类信息系统中的信息，记录期限不超过 3 年。法律、法规或者规章对企业的 C 类信息记录期限有明确规定的，从其规定。

前款规定的记录期限届满后，系统自动解除记录并转为档案保存。

第十八条　行政机关向社会披露企业信用信息时，应当依照法律法规和规章的规定，遵循公平、公正、真实原则，按照统一的标准公开披露。

第十九条　企业信用信息数据库的 A 类信息和 C 类信息，依法无偿向社会披露；企业书面申请或同意行政机关向社会披露本企业 B 类信息的，企业信用信息数据库应依照本规定归集，并无偿向社会披露。

第二十条　行政机关对于企业因严重违法受到处理的信息，在提供给企业信用信息数据库的同时，可以向社会披露。

第二十一条　依照本办法及有关规定，任何组织和个人可以通过信息网络或凭有效证明材料向企业信用信息数据库查询披露的相关信息。

第二十二条　企业信用信息数据库归集到的下列信息仅供本级政府及信息提供机关工作需要查询，不对社会开放：

（一）本办法第九条第一款第五项之外的企业的经营财务状况；

（二）企业用工情况；

（三）企业的纳税和社会保险费缴纳情况；

（四）企业报请行政机关审批、核准、登记、认证时提交的有关资料；

（五）企业法定代表人、主要负责人的基本情况；

（六）有关行政机关会同政府法制工作机构确定可以记入的其他信息。

第二十三条　本办法第二十二条规定的有权机关在出现以下情形之一时，可向企业信用信息数据库查询本办法第二十二条规定所列有关信息：

（一）政府决策需要了解有关情况的；

（二）依法对企业实施行政许可的；

（三）依法查处企业违法行为的；

（四）依法对企业的经营活动实施监管，必须了解有关信息的其他情况。

向企业信用信息数据库查询本办法第二十二条规定所列有关信息，必须事先经查询人所在机关的主要负责人批准。

未经批准，行政机关及其工作人员不得将本机关掌握或通过企业信用信息数据库获得的本办法规定所列信息公开披露或提供给其他单位和个人。

第二十四条　行政机关在实施日常监督管理、行政许可以及周期性检查和表彰评优等工作中，应当将企业信用信息记录作为日常管理的依据或参考。

第二十五条　行政机关对于没有违法行为记录或有多项 B 类信息记录的企业，给予鼓励：

（一）减少对其经营活动的日常监督检查和专项检（抽）查；

（二）在周期性检（审）验中，可减化程序或予以免检（审）；

（三）在政府采购时，同等条件下优先考虑；

（四）法律、法规、规章规定的其他鼓励措施。

第二十六条　行政机关使用企业的信用信息，应当符合法律、法规、规章规定的目的，不得滥用，不得限制企业的合法经营活动。

第二十七条　企业认为行政机关提供的本企业信息与事实不符，可以向提供信息记录的行政机关申请变更或者撤销记录。行政机关应当自收到申请之日起 15 个工作日内将处理结果回复申请人。对信息确有错误以及被决定或者裁决撤销记录的，行政机关应当在决定或裁决生效之日起 5 个工作日内变更或者撤销企业信用信息数据库该记录。因违法提供或披露错误信息给当事人造成损害的，有关行政机关应当依法承担责任。

第二十八条　行政机关应当根据本办法的要求，制定关于提供、追加、更新、维护、管理、使用企业信用信息的内部工作程序和管理制度以及相应的责任追究制度。

第二十九条　行政机关执行本办法的情况，作为对该机关落实政务公开、依法行政工作考核内容。

监察机关、政府法制工作机构及相关行政机关负责对本办法的执行情况进行检查和监督。

第三十条　行政机关及其工作人员玩忽职守提供了不真实的信息，或利用工作之便，违法提供、更新、披露、使用企业信用信息，侵犯企业合法权益，损害企业信誉，情节严重或造成不良后果的，依法追究行政责任和民事责任；构成犯罪的，依法追究刑事责任。

第三十一条　本办法中的企业信用信息是指在我省各级工商行政管理机关依法登记，领取了营业执照，并能够独立承担民事责任的经济组织的信用信息。金融企业的信用信息由国家授权的管理部门负责归集、披露。

经工商行政管理机关核准登记注册的其他单位和个人有关信用信息的归集、披露等活动，适用本办法。

其他行政机关对由本机关批准设立的中介机构、其他经济组织有关信用信息的归集、披露等活动，适用本办法。

第三十二条　本省各级行业协会归集和披露企业信用信息的活动，参照本办法执行。

第三十三条　征信中介机构对企业在经营活动中的有关信用信息进行归集、披露、评估等活动的管理办法另行制定。

第三十四条　企业信用信息归集、披露和查询的具体规定由省工商行政管理局会同有关部门另行制定。国家法律法规对企业信用信息的披露有专门规定的，从其规定。

第三十五条　本办法自 2006 年 4 月 1 日起施行。

# 海南省征信和信用评估管理暂行规定

（海南省人民政府令第 197 号）

《海南省征信和信用评估管理暂行规定》已经 2005 年 11 月 14 日海南省人民政府第 75 次常务会议审议通过，现予公布，自 2006 年 3 月 1 日起施行。

省长　卫留成

二〇〇五年十二月七日

## 海南省征信和信用评估管理暂行规定

### 第一章 ‖ 总则

**第一条**　为了规范信用服务活动和信用信息管理，保障信用活动当事人的合法权益，营造社会信用环境，促进守信，惩戒失信，根据国家有关规定，结合本省实际，制定本规定。

**第二条**　在本省范围内从事征信和信用评估活动，提供、披露和处理信用信息，以及进行相关的信用监督管理活动，适用本规定。

前款所称信用评估，是指向社会提供的信用评估服务。

**第三条**　省人民政府设立信用活动综合监督管理机构（以下简称省信用综合监管机构），负责对全省征信和信用评估活动进行监督管理。市、县、自治县人民政府确定的部门，负责对本行政区域内的征信和信用评估活动进行监督管理。

政府有关部门根据各自的职责，对有关信用服务活动进行监督管理。

**第四条**　从事征信和信用评估活动，应当遵循合法、客观、公正的原则。

**第五条**　采集、提供、披露企业、个人的信用信息，不得泄露国家秘密、商业秘密，应当尊重个人隐私，保证信息真实、准确。

**第六条**　公共信用信息应当依法公开，促进信用信息资源社会共享。

**第七条** 鼓励信用服务行业组织制定并推行行业规范，为会员提供业务指导和服务，实行行业自律。

**第八条** 行政机关应当采取措施，鼓励守信者，惩戒失信者。

# 第二章 ‖ 征信

**第九条** 设立海南省公共征信机构（以下简称公共征信机构），负责征集公共信用信息，建立涵盖个人、企业的全省公共信用信息基础数据库和公共信用信息系统，实现国家机关和有关组织信息互联和共享，并为社会提供信息查询服务。

**第十条** 本省行政机关、行使公共管理职能的组织以及有关国家机关在依法履行职责中产生的有关个人和企业信用的信息，应当依照有关规定提交公共征信机构，由其负责整理和维护。

公共信用信息提交、整理、维护和使用的具体办法，由省信用综合监管机构拟定，报省人民政府批准。

**第十一条** 公共征信机构依照本规定第九条、第十条规定征集、整理公共信用信息，不适用本章第十二条、第十五条的规定。

公共征信机构向社会直接采集个人或者企业的信用信息，应当遵守本章的规定。

**第十二条** 征信机构经被征信个人的书面同意，可以采集下列个人信用信息：

（一）姓名、性别、出生日期、身份证号码、居住地址、学历、职业、工作单位等基本信息；

（二）收入、储蓄、纳税数额、房地产、有价证券、机动车等资产信息；

（三）个人与金融机构以及其他商业机构发生的信贷、赊购等商业交易信息；

（四）个人与公用事业服务机构发生的服务缴费信息；

（五）反映个人信用状况的其他信息。

**第十三条** 征信机构采集下列信用信息，不需取得被征信个人的同意：

（一）行政机关、司法机关在行使职权过程中形成的依法可以公开的个人公共记录信息；

（二）已经依法公开的个人信用信息。

**第十四条** 征信机构采集下列企业信用信息，不需征得被征信企业的同意：

（一）工商登记、税务登记、组织机构代码登记，获得的资质、资格认定和商标、产品认定等方面的基本信息；

（二）资产负债、损益和现金流量等经营财务信息；

（三）赊购、履约情况等商业交易信息；

（四）行政机关、司法机关等在行使职权中形成的依法可以公开的企业公共记录信息；

（五）反映企业信用状况的其他信息。

**第十五条** 征信机构采集下列企业信用信息，需征得被征信企业的书面同意：

（一）未依法公开的企业存贷、纳税信息；

（二）涉及企业商业秘密的信用信息；

（三）法律、法规规定应当征得企业同意方可采集的其他信用信息。

**第十六条** 法律、法规禁止采集的信用信息，征信机构不得采集。

**第十七条** 征信机构可以通过下列途径采集信用信息：

（一）向被征信的个人、企业（以下统称被征信人）直接采集；

（二）向掌握被征信人信用信息的单位、个人采集；

（三）从合法公开的信息中采集；

（四）通过法律、法规未禁止的其他途径采集。

提供信用信息的单位、个人（以下统称信息提供人）在提供应当征得被征信人同意方可采集的信用信息之前，应当查验征信机构是否取得被征信人的书面同意。

征信机构可以依照约定向信息提供人支付一定的费用或者报酬。

**第十八条** 征信机构不得以欺骗、窃取、贿赂、利诱、胁迫、侵入计算机网络等非法或者不正当方式和手段，采集被征信人的信用信息。

**第十九条** 征信机构应当将采集的信用信息及时、准确地录入信用信息数据库，保持信息的原始完整性，不得虚构或者篡改。

征信机构应当对信用信息数据库进行备份保管。

**第二十条** 征信机构制作信用报告，应当客观反映被征信人的信用信息，不得进行推断，并应符合行业规范。

**第二十一条** 征信机构提供信用服务的收费，除事业性收费外，实行政府指导价，具体标准由省价格行政管理部门会同省信用综合监管机构核定。

公共征信机构提供信用服务只能收取成本费用。

**第二十二条** 征信机构应当在当年第一季度，将上一年度业务开展情况和本年度业务调整情况，向省信用综合监管机构报告。

## 第三章 ‖ 信用评估

**第二十三条** 信用评估机构应当符合下列条件：

（一）有与信用评估业务相适应的信用、财务、投资、档案等方面的专业管理和分析人员；

（二）有科学、规范和符合国际惯例的信用评估标准和程序；

（三）有严格的信息档案管理、安全防范制度和必要的设施。

**第二十四条** 信用评估机构应当依法办理工商登记，并在取得工商营业执照之日起 30 日内向省信用综合监管机构备案。

信用评估机构备案应当提供下列材料：

（一）工商营业执照（复印件）；

（二）股权结构、组织结构说明；

（三）高级管理人员的信用状况证明和相关业务专业人员的基本情况；

（四）信用评估业务范围、评估标准、评估程序以及信息安全防范制度、措施情况；

（五）主要硬件设施情况。

前款备案内容发生重大变更时，应当自变更之日起 30 日内，将变更内容报省信用综合监管机构备案。

省信用综合监管机构应当依法向社会公布经备案的信用评估机构，并公开有关备案信息。

**第二十五条** 信用评估机构可以接受企业、个人的委托，对委托人的信用状况进行评估；也可以主动对特定评估对象的信用状况进行评估。

**第二十六条** 信用评估机构在进行评估时，应当对取得的被评估人信用信息进行核实，保证信息的真实性和合法性。

**第二十七条** 信用评估机构出具的信用评估报告应当客观、公正，不得做出虚假评估。

信用评估报告应当包括下列内容：

（一）被评估人的基本情况；

（二）评估所依据的主要信息；

（三）评估所依据的标准、方法；

（四）评估结论或者等级；

（五）其他需要载明的内容。

**第二十八条** 信用评估收费实行政府指导价，具体标准由省价格行政管理部门会同省信用综合监管机构核定。

**第二十九条** 信用评估机构应当在当年第一季度，将上一年度业务开展情况和本年度业务调整情况，向省信用综合监管机构报告。

## 第四章 ‖ 信用信息管理、披露与异议处理

**第三十条** 征信机构、信用评估机构使用互联网采集、传输信用信息的，应当采取保密措施，保护数据安全。

征信机构、信用评估机构应当建立严格的管理制度，采取必要的技术措施，保证信用信息系统的运行安全。

征信机构、信用评估机构应当建立信用信息数据库内部运行和外部访问的监控制度，防范非法入侵。

**第三十一条** 征信机构可以向下列机构、个人提供信用查询服务：

（一）与被征信人存在信贷、赊购、缴费、债务、投资、租赁、担保、雇佣、保险等关系，为完成双方约定的事务需要了解、使用对方信用信息的机构或者个人；

（二）被征信人授权查询的机构或者个人；

（三）法律、法规、规章规定的其他机构或者个人。

国家机关依职权需要了解被征信人信用信息的，征信机构有义务提供查询。

**第三十二条** 未经被征信人和征信机构同意，信用报告使用者不得擅自向其他单位、个人披露信用报告内容。

**第三十三条** 信用评估机构接受委托做出的信用评估报告，可以依照委托协议的约定予以披露。未经委托人书面同意，信用评估机构不得擅自披露。

信用评估机构主动做出的信用评估报告，包含需经被评估人同意方可使用和披露的信用信息的，应当取得被评估人书面同意后方可披露；不包含需经被评估人同意方可使用和披露的信用信息的，信用评估机构可以自行决定有偿提供或者无偿发布。

前款规定的信用评估报告，应当向被评估人无偿提供 1 份。

**第三十四条** 征信机构、信用评估机构不得通过信用报告、信用评估报告或者其他形式，披露下列信用信息：

（一）涉及国家秘密的；

（二）涉及商业秘密、个人隐私且未经被征信人书面同意披露的；

（三）超过法定保存和披露期限的；

（四）法律、法规规定禁止披露的其他信息。

国家机关依法向征信机构、信用评估机构查询前款规定的信息，依照有关规定办理。

**第三十五条** 征信机构、信用评估机构可以长期保存和依法披露被征信人的信用信息，但除犯罪记录以外的其他不良信息，自不良信用行为或者事件终了之日起已超

过 5 年的，应予清除，不得再披露或者使用。法律、法规另有规定的，依照其规定。

**第三十六条** 征信机构、信用评估机构对其保存和持续披露的信用信息，应当及时更新。

**第三十七条** 征信机构、信用评估机构应当对信用信息被使用的情况进行记录。

信用信息的使用记录应当包括信用信息被使用的时间、使用人等情况的完整记录。

信用信息使用记录保存时间不得少于 2 年。

**第三十八条** 被征信人、被评估人有权向征信机构、信用评估机构查询本人、本企业的信用信息及其来源、信用信息使用记录，征信机构、信用评估机构应当提供查询。

**第三十九条** 有下列情形之一的，被征信人、被评估人可以提出异议，要求更正：

（一）征信机构、信用评估机构保存、披露的信用信息不准确、不完整、不相关或者已经过时的；

（二）被征信人、被评估人认为信用报告、信用评估报告与事实不符的。

**第四十条** 征信机构、信用评估机构对处于异议处理期的披露信息应当予以标注。异议人提供充足证据的，征信机构、信用评估机构应当立即暂停披露有关的信用信息。

**第四十一条** 征信机构、信用评估机构应当自接到异议和更正申请之日起 10 日内，完成对异议信息的核实，并做出更正或者不予更正的书面答复，送交异议人。信用报告、信用评估报告已被更正的，应当同时附送更正后的文本。不予更正的，应当说明理由。

异议信息确实有误，但因技术原因暂时无法更正的，征信机构、信用评估机构应当对该异议信息作特殊标注，以有别于其他异议信息。

**第四十二条** 征信机构、信用评估机构在核实异议信息时需要信息提供人协助的，信息提供人应当予以协助。

信息提供人对有关异议信息不协助核实，征信机构、信用评估机构又无法自行核实的，不得再保存和披露该信息。

**第四十三条** 征信机构、信用评估机构不依照规定处理异议信息或者异议人对处理结果不满意的，可以向省信用综合监管机构投诉。

**第四十四条** 法律、法规、规章和省政府对查询和公开公共信用信息另有规定的，依照其规定。

征信机构、信用评估机构需要采集有关政府信息的，有关单位应当按照政府信息公开的有关规定，提供采集便利。

## 第五章 ‖ 鼓励与惩戒

**第四十五条** 本省各级行政机关应当加强指导，提倡、鼓励和促进企业和其他组织在项目合作开发、商业投资、商务采购、经营决策等商务活动中使用信用报告、信用评估报告等信用产品，查验对方的信用状况。

**第四十六条** 本省各级行政机关、行使公共管理职能的组织，应当对下列企业、个人的信用状况进行严格审查，根据需要使用信用报告、信用评估报告，并优先安排或者选择信誉良好的企业、个人：

（一）申请参加政府组织的信贷、产品推介活动或者招商活动的；

（二）参加政府采购、政府投资项目等招标投标活动的；

（三）拟与本单位订立委托、服务合同的；

（四）拟与本单位进行其他合作的。

**第四十七条** 行政执法机构在实施监督检查时，对于没有失信和违法记录的企业，可以在法律、法规规定的权限范围内对其实行一定范围和期限的免检、免审；对于有多项失信和违法记录的企业，应当加强日常监督检查，列为检查或者抽查重点，并不得将其列入各类免检、免审范围。

**第四十八条** 有严重不良信用记录的个人或者有严重不良信用记录企业的负责人，自不良信用行为或者事件终了之日起 5 年内，不得聘任为本省国有企业、国有控股企业的负责人、董事等高层管理人员。

法律、法规、规章对有失信行为的企业及其法定代表人、主要负责人在登记注册、资质等级评定、任职资格等方面有限制性规定的，应当严格执行。

**第四十九条** 未经依法登记擅自从事征信、信用评估业务活动的，由工商行政管理部门依法处理。

信用评估机构未依照本规定进行备案的，由省信用综合监管机构处以 5000 元以上 3 万元以下的罚款。

**第五十条** 征信机构、信用评估机构有下列行为之一的，由省信用综合监管机构或者其依法委托的机构责令改正，并处以 1000 元以上 2 万元以下的罚款，法律、法规对处罚另有规定的依照其规定：

（一）未经被征信人同意采集限制采集的信用信息的；

（二）虚构、篡改个人信用信息，或者擅自录入禁止录入的信息的；

（三）不按照公开的评估标准和程序进行评估，或者对取得的信用信息内容不进行核实而进行评估，造成评估结论失实的；

（四）违反规定提供和披露信用报告、信用评估报告，或者涉及个人隐私的其他信用信息的；

（五）未按规定向被征信人、被评估人提供查询服务的；

（六）未按规定处理异议信息的。

第五十一条　征信机构、信用评估机构有下列行为之一的，由省信用综合监管机构或者其依法委托的机构责令改正，并处以 5000 元以上 3 万元以下的罚款，法律、法规对处罚另有规定的依照其规定；构成犯罪的，依法追究刑事责任：

（一）采集禁止采集的信用信息的；

（二）以欺骗、窃取、贿赂、利诱、胁迫、侵入计算机网络等非法或者不正当方式和手段采集信用信息的；

（三）违反规定披露涉及国家秘密、商业秘密的信用信息的；

（四）出具虚假的信用报告或者信用评估报告的；

（五）因疏于防范和管理造成信用信息数据库被非法入侵，致使信用信息泄露的。

第五十二条　征信机构、信用评估机构工作人员有下列行为之一的，由省信用综合监管机构或者其依法委托的机构给予警告，可并处 1000 元以上 1 万元以下的罚款；构成犯罪的，依法追究刑事责任：

（一）虚构、篡改信用信息的；

（二）擅自披露知悉的信用信息的。

第五十三条　信用信息提供人故意向征信机构、信用评估机构提供虚假信用信息的，由省信用综合监管机构或者其依法委托的机构处以 1000 元以上 5000 元以下的罚款。

第五十四条　被征信人、被评估人故意向征信机构、信用评估机构提供自身的虚假信用信息的，由省信用综合监管机构或者其依法委托的机构处以 3000 元以上 1 万元以下的罚款。

第五十五条　信用信息使用人有下列情形之一的，由省信用综合监管机构或者其依法委托的机构处以 3000 元以上 1 万元以下的罚款：

（一）提供虚假身份或者虚假信息使用目的的；

（二）违法使用、披露所获得的信用信息的。

第五十六条　行政机关工作人员虚构、篡改信用信息，或者擅自提供、披露知悉的信用信息的，依照有关规定给予行政处分；构成犯罪的，依法追究刑事责任。

第五十七条　信用活动当事人侵犯他人民事权利，给他人造成损害的，依法承担民事责任。

## 第六章 ‖ 附则

**第五十八条**　本规定实施前已依法登记设立的信用评估机构，应当在本规定实施之日起 30 日内，向省信用综合监管机构办理备案手续。

**第五十九条**　资信调查机构、信用管理咨询服务机构等专业信用信息服务机构，参照适用本规定关于信用评估机构的规定。

**第六十条**　本规定具体应用中的问题，由省信用综合监管机构负责解释。

**第六十一条**　本规定自 2006 年 3 月 1 日起施行。

# 重庆市企业信用信息管理办法

## （重庆市人民政府令第308号）

《重庆市企业信用信息管理办法》已经2016年11月23日市人民政府第148次常务会议通过，现予公布，自2017年3月1日起施行。

市长　黄奇帆

2016年12月12日

## 重庆市企业信用信息管理办法

**第一条** 为了规范企业信用信息的归集、公示和使用，强化企业信用约束，推进社会信用体系建设，根据《中华人民共和国政府信息公开条例》和国务院《企业信息公示暂行条例》等法律法规，结合本市实际，制定本办法。

**第二条** 本市行政区域内依法登记注册的各类企业及其分支机构、个体工商户、农民专业合作社和其他经济组织（以下统称企业）信用信息的归集、公示、使用及其相关管理活动，适用本办法。

社会征信机构从事与企业有关的征信业务及其相关活动不适用本办法。

**第三条** 本办法所称企业信用信息，是指各级行政机关，法律、法规、规章授权的具有管理公共事务职能的组织和依法受委托的组织（以下统称各级行政机关）在依法履行职责过程中产生的能够反映企业信用状况的信息，以及企业在生产经营活动中形成的信息。

**第四条** 企业信用信息的归集、公示和使用，应当遵循合法、公正、真实、准确、及时的原则，依法维护国家利益、社会利益和企业合法权益，保护国家秘密、商业秘密和个人隐私。

各级行政机关和企业对其公示的企业信用信息的真实性、及时性负责。

**第五条** 市、区县（自治县）人民政府加强对企业信用信息工作的组织领导，建立工作协调机制，研究解决重大问题。

发展改革部门负责企业信用信息工作的统筹、协调、指导和监督。

工商行政管理部门负责企业信用信息的归集工作，推进企业信用信息的公示、使用工作。

各级行政机关按照职责分工负责有关行业、领域的企业信用信息管理工作，是有关行业、领域内企业信用信息采集、提供、公示和使用的责任主体。

第六条 有关行业协会应当加强行业自律，引导企业依法诚信经营，督促企业履行信用信息公示义务，推进行业诚信建设。

第七条 本市建立统一的数据交换共享平台、重庆市法人信息数据库和企业信用信息公示平台，实现企业信用信息的统一归集、公示和共享共用。企业信用信息公示平台包括信用重庆网站和国家企业信用信息公示系统（重庆）。

市发展改革部门、市工商行政管理部门等有关部门按照市政府确定的职责分工分别负责数据交换共享平台、信用重庆网站和重庆市法人信息数据库、国家企业信用信息公示系统（重庆）的建设和维护。

第八条 市发展改革部门、市工商行政管理部门应当会同其他行政机关制定数据交换标准。各级行政机关应当按照数据交换标准提供企业信用信息；工商行政管理部门应当将企业信用信息记于企业名下并归集到重庆市法人信息数据库。

第九条 各级行政机关采集、提供的在依法履行职责过程中产生的企业信用信息，包括以下内容：

（一）行政许可信息，包括许可名称、具体事项、许可时间、有效期限和延续、变更、撤回、撤销、注销等信息；

（二）行政登记信息，包括登记名称、具体事项、登记时间、有效期限和延续、变更、注销等信息；

（三）行政征收信息，包括征收名称、征收执行情况等信息；

（四）行政给付信息，包括给付名称、给付内容、给付形式等信息；

（五）行政命令信息，包括命令名称、命令内容、命令执行情况等信息；

（六）行政确认信息，包括确认名称、确认内容、确认时间等信息；

（七）行政奖励信息，包括奖励名称、奖励内容、奖励时间等信息；

（八）行政处罚信息，包括处罚的决定机关、违法行为名称、违法事实、处罚依据、处罚种类、处罚数额、处罚日期、处罚决定书文号和生效日期，以及执行处罚决定等信息；

（九）行政强制执行信息，包括执行的实施机关、违法行为类型、违法事实、执行依据、执行种类、执行日期、执行决定书文号和生效日期，以及其他执行相关信息；

（十）其他依法应当归集的信息。

市发展改革部门、市工商行政管理部门应当会同其他行政机关，按照前款规定的信息范围及内容编制企业信用信息目录。各级行政机关应当按照企业信用信息目录采集有关行业、领域的企业信用信息。

根据工作需要，市发展改革部门、市工商行政管理部门可以会同其他行政机关对企业信用信息的具体内容进行调整。

**第十条** 各级行政机关采集、提供的企业信用信息内容不包含过程性信息，不得附加信用评价意见。

法律、行政法规和国家规定不予归集的企业信用信息不得纳入企业信用信息目录。

**第十一条** 市工商行政管理部门应当与司法机关、仲裁机构建立企业信用信息采集机制，归集涉及企业信用的下列信息：

（一）企业及其投资人、实际控制人、法定代表人、公司高管人员犯罪的信息；

（二）企业侵犯劳动者合法权益被判决、裁定、裁决履行义务的信息；

（三）企业不执行生效判决、裁定、裁决文书和调解书的信息；

（四）其他能够反映企业信用状况的信息。

**第十二条** 各级行政机关应当自企业信用信息产生之日起 7 个工作日内将信息通过数据共享交换平台提供给工商行政管理部门，由工商行政管理部门于 20 个工作日内（含各级行政机关归集信息至工商行政管理部门的 7 个工作日）归集到重庆市法人信息数据库。

法律、行政法规和国家规定对归集时限另有规定的，从其规定。

**第十三条** 各级行政机关采集、提供企业信用信息分为主动公开的信息、依申请公开的信息。

主动公开的信息是指依法通过政府公报、政府网站、新闻发布会以及报刊、广播、电视等方式发布的信息和依据《中华人民共和国政府信息公开条例》和国务院《企业信息公示暂行条例》等法律法规规定应当主动公开的其他信息。前述以外的信息属于依申请公开的信息。

**第十四条** 各级行政机关提供企业信用信息时，应当按照本办法第十三条规定的信息分类，注明信息类别。

对主动公开的企业信用信息，通过企业信用信息公示平台自动加载予以公示。对依申请公开的企业信用信息，各级行政机关不得公示。

主动公开的企业信用信息公示时间不超过 5 年。具体公示时间由各级行政机关根据工作需要依法确定，并向社会公布。

**第十五条** 企业应当于每年 1 月 1 日至 6 月 30 日，通过国家企业信用信息公示系统（重庆）向社会公示企业年度报告。

企业年度报告内容包括：

（一）企业通信地址、邮政编码、联系电话、电子邮箱等信息；

（二）企业开业、歇业、清算等存续状态信息；

（三）企业投资设立企业、购买股权信息；

（四）企业为有限责任公司或者股份有限公司的，其股东或者发起人认缴和实缴的出资额、出资时间、出资方式等信息；

（五）有限责任公司股东股权转让等股权变更信息；

（六）企业网站以及从事网络经营的网店的名称、网址等信息；

（七）企业从业人数、资产总额、负债总额、对外提供保证担保、所有者权益合计、营业总收入、主营业务收入、利润总额、净利润、纳税总额信息。

前款第七项规定的信息由企业选择是否向社会公示。

**第十六条** 企业应当自下列信息形成之日起20个工作日内通过国家企业信用信息公示系统（重庆）向社会公示：

（一）有限责任公司股东或者股份有限公司发起人认缴和实缴的出资额、出资时间、出资方式等信息；

（二）有限责任公司股东股权转让等股权变更信息；

（三）行政许可取得、变更、延续信息；

（四）知识产权出质登记信息；

（五）受到行政处罚的信息；

（六）其他依法应当公示的信息。

**第十七条** 自然人、法人或者其他组织对公示的企业信用信息有异议的，可以向信息提供单位或者企业信用信息公示平台建设维护单位提交异议申请，并提供相关证明材料。信息提供单位应当在接到异议申请之日起15个工作日内作出处理，并答复申请人。

企业信用信息公示平台应当公布信息提供单位的名称、联系方式等，为异议申请提供便利。

**第十八条** 信息提供单位确认或者发现企业信用信息错误的，应当在5个工作日内予以更正，并将更正信息通过数据共享交换平台提供给工商行政管理部门予以归集。

**第十九条** 自然人、法人或者其他组织可以通过企业信用信息公示平台，免费查询企业信用信息。

自然人、法人或者其他组织查询依申请公开的企业信用信息的，应当经信息提供单位同意；信息提供单位认为申请公开的企业信用信息涉及商业秘密、个人隐私的，应当征求相关方意见后依法作出处理。

第二十条　各级行政机关应当共享企业信用信息。法律、行政法规和国家规定对有条件共享或者不予共享另有规定的，从其规定。

各级行政机关通过共享方式获取的企业信用信息，只能用于本部门履行职责需要，不得直接或者以改变数据形式等方式提供给第三方，也不得用于或者变相用于其他目的。

第二十一条　各级行政机关及其相关单位在下列工作中，应当查询企业信用信息，并将其作为重要考量因素：

（一）给予财政补贴；

（二）下达财政性资金项目；

（三）政府采购；

（四）国有投资项目工程招投标；

（五）给予政策性扶持；

（六）出让国有土地；

（七）授予基础设施和公用事业特许经营权；

（八）授予荣誉称号；

（九）法律法规规定的其他工作。

第二十二条　各级行政机关应当建立守信激励和失信惩戒机制，运用信用激励和约束手段，加大对守信行为的激励和失信行为的惩戒。对有严重失信行为的企业依法采取限制或者禁入的惩戒措施。

守信激励和失信惩戒的具体制度由各级行政机关根据工作需要依法制定，并向社会公布。

第二十三条　数据共享交换平台、重庆市法人信息数据库、企业信用信息公示平台的建设维护单位承担数据安全责任，建立信息安全管理制度，加强平台和数据库安全防护，保障企业信用信息数据安全。

各级行政机关应当加强企业信用信息归集、公示和使用过程中数据安全保障工作，落实数据安全防护措施。

第二十四条　各级行政机关在企业信用信息归集、公示和使用过程中不得有下列行为：

（一）不按照规定采集、提供、归集、公示和使用企业信用信息；

（二）篡改、虚构企业信用信息；

（三）违反规定披露或者泄露不应公开的企业信用信息；

（四）不按照规定进行信息更正；

（五）利用企业信用信息非法牟利；

（六）泄露涉及国家秘密、商业秘密、个人隐私的信息；

（七）法律法规禁止的其他行为。

**第二十五条**　违反本办法规定，企业未依照第十五条、第十六条规定公示企业信用信息的，由工商行政管理部门责令其限期履行，并依法予以处理。

**第二十六条**　违反本办法规定，各级行政机关有第二十四条规定情形之一的，由上级主管部门责令改正，并给予通报批评；情节严重的，对有关负责人和其他直接责任人依法给予处分；涉嫌犯罪的，移送司法机关依法处理。

**第二十七条**　自然人、法人或者其他组织非法获取企业信用信息，或者将获取的企业信用信息用于非法用途的，应当依法追究法律责任。

**第二十八条**　在市外依法登记注册但在本市行政区域内经营的各类企业，企业信用信息的归集、公示和使用及其相关管理活动，参照本办法执行。

**第二十九条**　本办法自 2017 年 3 月 1 日起施行。

# 贵州省企业信用信息征集和使用管理办法

（贵州省人民政府令第 136 号）

《贵州省企业信用信息征集和使用管理办法》已经 2012 年 11 月 30 日省人民政府第 68 次常务会议通过，现予公布，自 2013 年 3 月 1 日起施行。

代省长　陈敏尔
2012 年 12 月 30 日

## 贵州省企业信用信息征集和使用管理办法

（根据 2018 年 9 月 27 日贵州省人民政府令第 186 号
《贵州省人民政府关于修改和废止部分省政府规章的决定》修正）

**第一条**　为增强企业信用和信用风险防范意识，规范企业信用信息的征集、公开、使用及管理活动，推进社会信用建设，根据有关法律、法规规定，结合本省实际，制定本办法。

**第二条**　在本省行政区域内对企业信用信息的征集、公开、使用及管理，适用本办法。

本办法所称的企业信用信息是指企业身份基本信息、企业守信信息和企业失信信息。

**第三条**　企业信用信息的征集、公开、使用及管理，遵循合法、客观、准确、及时和谁提供谁负责的原则，依法保护国家秘密、商业秘密和个人隐私。

**第四条**　省人民政府建立贵州省社会信用体系建设联席会议制度。联席会议根据工作需要确定成员单位，协调解决全省企业信用信息征集、公开、使用及管理中的重大事项。

省市场监督管理部门是企业信用信息公开单位，建立国家企业信用信息公示系统（贵州）和贵州省企业公共信用信息平台，负责企业信用信息的征集、公开和管理工作。

贵州省社会信用体系建设联席会议成员单位（以下称联席会议成员单位）是企业信用信息的提供单位，向企业信用信息公开单位提供本系统全省范围内的企业信用信息，并可以公开其职责范围内的企业信用信息。联席会议成员单位应当加强企业信用信息互联互通、资源共享。

**第五条** 联席会议成员单位提供企业信用信息的标准、内容、方式等，由联席会议确定。

**第六条** 贵州省企业信用信息建设作为县级以上人民政府信息化建设内容，经费预算列入本级政府信息产业发展专项资金。

**第七条** 企业身份基本信息主要包括下列内容：

（一）获得行政许可审批事项信息；

（二）年度报告等监督管理情况信息；

（三）法定代表人或者主要负责人、主要经营管理者、企业投资人等相关人员的身份信息；

（四）依法公开的企业经营管理信息、财务信息；

（五）其他依法应当公示的信息。

**第八条** 企业守信信息主要包括下列内容：

（一）产品或者服务质量良好的信息；

（二）银行信用良好的信息；

（三）纳税信用良好的信息；

（四）受到县级以上人民政府以及省级以上政府部门表彰的信息；

（五）在生产经营活动中通过国家或者省级各类认证的信息；

（六）企业的其他守信信息。

**第九条** 企业失信信息主要包括下列内容：

（一）因违法行为未通过专项或者周期性检验的信息；

（二）在生产经营及管理活动中，企业被处以较大数额罚款、责令停产停业、暂扣或者吊销许可证、暂扣或者吊销执照等行政处罚的信息；

（三）拒不执行发生法律效力的判决、裁定或者裁决、行政复议决定的信息；

（四）企业及其法定代表人、主要负责人因经济犯罪被刑事处罚的信息；

（五）企业应当依法参加社会保险而未参加或者企业被依法认定拖欠社会保险费、职工工资，经责令改正而拒不改正的信息；

（六）企业严重违反环境保护、价格法律、法规、规章的信息；

（七）已在银行信贷中存在的失信信息；

（八）企业偷税、逃税、骗税、抗税的信息；

（九）挂靠或者出借、出让企业资质被查处的信息；

（十）企业的其他失信信息。

第十条　联席会议成员单位应当及时更新企业信用信息数据。企业信用信息提供单位应当自信息产生之日起20个工作日内归集到国家企业信用信息公示系统（贵州）。

第十一条　企业可以通过提交书面材料或者电子数据等形式主动向企业信用信息公开单位申报企业信用信息，并保证信息的真实性、准确性。企业信用信息公开单位应当对企业主动申报的企业信用信息进行审查并及时更新。

第十二条　企业信用信息公开单位应当完整保存企业信用信息原始数据，不得擅自更改、删除。

第十三条　依法应当公开的企业信用信息由企业信用信息公开单位主动公开，涉及国家秘密、商业秘密和个人隐私的除外。

企业信用信息公开单位在公开企业信用信息前，应当依照《中华人民共和国保守国家秘密法》以及其他法律、法规和国家有关规定对拟公开的企业信用信息进行审查。

企业信用信息公开单位对企业信用信息不能确定是否可以公开时，应当依照法律、法规和国家有关规定报有关主管部门或者同级保密行政管理部门确定。

第十四条　公民、法人或者其他组织根据自身生产、生活、科研等特殊需要向企业信用信息公开单位申请获取企业信用信息的，应当采用书面形式（包括数据电文形式）；采用书面形式确有困难的，申请人可以口头提出，由受理该申请的企业信用信息公开单位代为填写申请。

申请应当包括下列内容：

（一）申请人的姓名或者名称、联系方式；

（二）申请公开的企业信用信息的内容描述；

（三）申请公开的企业信用信息的形式要求。

第十五条　对申请公开的企业信用信息，企业信用信息公开单位根据下列情况分别作出答复：

（一）属于公开范围的，应当告知申请人获取该企业信用信息的方式和途径；

（二）属于不予公开范围的，应当告知申请人并说明理由；

（三）依法不属于企业信用信息公开单位公开或者该企业信用信息不存在的，应当告知申请人；

（四）申请内容不明确的，应当告知申请人作出更改、补充。

企业信用信息公开单位收到申请，能够当场答复的，应当当场予以答复。不能当场答复的，应当自收到申请之日起15个工作日内予以答复；如需延长答复期限的，应当经企业信用信息公开单位负责人同意，并告知申请人，延长答复的期限最长不得超过 15 个工作日。申请公开的企业信用信息涉及第三方权益的，企业信用信息公开单位征求第三方意见所需时间不计算在答复期限内。

**第十六条** 企业信用信息公开单位认为申请公开的企业信用信息涉及商业秘密、个人隐私，公开后可能损害第三方合法权益的，应当书面征求第三方的意见；第三方不同意公开的，不得公开。但是，企业信用信息公开单位认为不公开可能对公共利益造成重大影响的，应当予以公开，并将决定公开的企业信用信息内容和理由书面通知第三方。

**第十七条** 依法征集的企业信用信息按以下期限公开：

（一）企业身份基本信息、企业守信信息记于企业名下长期公开；

（二）企业失信信息公开至失信行为被公开后满 5 年。

企业主动申报的信用信息，公开期限从其约定。

**第十八条** 企业信用信息提供单位或者公开单位发现公开的企业信用信息与实际情况不一致的，应当及时进行核实并予以修正。

**第十九条** 企业认为公开的信用信息与实际情况不一致的，可以向企业信用信息公开单位提出请求核实的书面申请，并提供相关证据。

企业信用信息公开单位应当自接到书面申请之日起 20 个工作日内进行核实，与实际情况一致的，书面答复申请人并说明理由；与实际情况不一致的，应当及时予以修正。

**第二十条** 其他单位和个人发现公开的企业信用信息与实际情况不一致的，可以向企业信用信息公开单位反映。企业信用信息公开单位应当按照第十九条第二款的规定办理。

**第二十一条** 在对不一致信息进行核实期间，企业信用信息公开单位可以根据需要决定是否暂停公开企业信用信息。

**第二十二条** 公民、法人或者其他组织可以通过国家企业信用信息公示系统（贵州）免费查询、使用企业信用信息。

**第二十三条** 在行政管理、资质认证认可、表彰评优、资金扶持、征信评估等活动中，应当充分使用企业信用信息。

**第二十四条** 对同时具备第八条第一、二、三项以上的守信信息内容，并且没有第九条任何一项失信信息的守信的企业，给予以下鼓励：

（一）在资质认证认可、表彰评优、资金扶持、落实国家优惠政策等活动中，给予优先安排；

（二）向社会公开企业守信情况；

（三）法律、法规规定的其他鼓励措施。

**第二十五条** 对具有失信信息记录的企业，可以采取以下措施：

（一）不授予该企业及其法定代表人、主要负责人有关荣誉称号；

（二）向社会公开企业失信情况；

（三）法律、法规规定的其他措施。

第二十六条　行政机关在日常监督管理工作中，可以综合考虑企业的信用状况，适当调整监督检查的频次和内容。

第二十七条　企业信用信息提供单位未在规定时间内提供、更新企业信用信息，未及时处理不一致信息，或者提供虚假企业信用信息的，由行政监察机关责令限期改正；造成严重后果的，依法追究主管人员和直接责任人员的行政责任。

第二十八条　企业信用信息公开单位未依法公开征集到的企业信用信息，未及时处理不一致信息的，由行政监察机关责令限期改正；造成严重后果的，依法追究主管人员和直接责任人员的行政责任。

第二十九条　在使用和管理企业信用信息过程中，损害企业合法权益并造成严重后果的，依法承担责任。

第三十条　企业申报虚假信用信息的，记入企业失信信息，并予以公开；造成不良社会影响或者其他严重后果的，由申报企业承担法律责任。

第三十一条　任何单位和个人可以对企业信用信息的征集、公开、使用及管理工作进行监督，企业信用信息提供单位和公开单位应当主动接受监督。

第三十二条　国家机关工作人员在征集、公开、使用、管理企业信用信息工作中玩忽职守、徇私舞弊、滥用职权，尚未构成犯罪的，依法给予行政处分。

第三十三条　对个体工商户及其他经济组织信用信息的征集、公开、使用及管理，参照本办法的有关规定执行。

第三十四条　法律、法规、规章对企业信用信息的征集、公开、使用及管理另有规定的，从其规定。

第三十五条　本办法自 2013 年 3 月 1 日起施行。

# 陕西省企业信用监督管理办法

## （陕西省人民政府令第 200 号）

《陕西省企业信用监督管理办法》已经省政府 2017 年第 5 次常务会议通过，现予公布，自 2017 年 6 月 1 日起施行。

省长　胡和平

2017 年 4 月 18 日

## 陕西省企业信用监督管理办法

**第一条**　为了规范企业信用监督管理活动，根据《企业信息公示暂行条例》《陕西省公共信用信息条例》等有关法律法规，结合本省实际，制定本办法。

**第二条**　本办法所称企业，是指在工商行政管理部门注册登记的法人企业和非法人企业，包括有限责任公司、股份有限公司、非公司企业法人、合伙企业、个人独资企业及其分支机构。

本办法所称企业信用信息，是指能够反映企业信用状况的相关数据和资料，主要包括企业基本信息、经营管理信息、财务信息、社会评价信息、行政机关监管信息、法院判决和执行信息等。

本办法所称企业信用监督管理，是指以促进企业守法诚信经营、提升企业信用水平为目的，由政府主导、社会参与征集、共享、公示和应用企业信用信息，评价企业信用状况，激励守信企业，惩戒失信企业等监督管理活动。

**第三条**　企业信用监督管理活动应当遵循合法、客观、公开、公正的原则。

**第四条**　县级以上人民政府应当加强对社会信用体系建设的领导，将信用体系建设经费纳入本级财政预算，统筹推进信用信息公开、共享和应用，完善、落实信用协同监管和联合奖惩制度。

**第五条**　县级以上人民政府社会信用体系建设主管部门，负责指导、协调本行政区域内的企业信用监督管理活动。

县级以上人民政府相关工作部门按照各自职责，做好企业信用监督管理工作。

实行垂直管理的行政机关和行使管理公共事务职能的组织根据职责，做好企业信用监督管理工作。

第六条　公民、法人或者其他组织参与企业信用监督管理，协助相关部门开展企业信用信息公开共享、失信投诉举报等活动。

第七条　行业协会、商会等行业自治组织结合各自特点，制定诚信自律规约，建立会员企业信用档案，构建与政府、市场、社会联动的信用奖惩机制，推动行业诚信建设。

第八条　企业应当建立内部信用管理制度，强化契约精神，依法诚信经营，将信用教育作为企业员工培训的重要内容，积极履行社会责任。

第九条　陕西省公共信用信息平台是全省信用信息共享的统一平台。

省人民政府社会信用体系建设主管部门，指导和监督公共信用信息平台的建设和运行。

县级以上人民政府负责信用信息工作的部门，做好本行政区域内企业信用信息的征集共享和应用服务等工作。

第十条　各地各部门已建、在建、拟建的相关信息系统应当与省公共信用信息平台互联互通，实现企业信用信息共享共用。

全省各级行政机关和行使管理公共事务职能的组织，在履行职责过程中产生的企业信用信息，应当在规定时限内全面、完整地向省公共信用信息平台提供，并及时更新。

第十一条　鼓励征信机构建立企业征信系统，依法征集企业在市场交易和社会活动中的信用信息，实现与省公共信用信息平台的交换共享。

其他企业事业单位、社会组织等按照约定方式，向省公共信用信息平台提供企业信用信息。

第十二条　县级以上人民政府及其工作部门，在行政管理和公共服务工作中，应当主动查询使用省公共信用信息平台共享的企业信用信息。

公民、法人或者其他组织可以通过"信用陕西"网站或者"国家企业信用信息公示系统（陕西）"查询企业信用信息。

第十三条　各级行政机关和行使管理公共事务职能的组织，在市场监管和公共服务过程中，根据本领域实际，制定企业信用标准，科学评价企业在本领域内的信用状况，实行分类监管：

（一）对本领域内符合一定条件的信用优良企业，可以在日常检查、专项检查、随机抽查中优化检查频次；

（二）对有不良信用记录或者不履行信用承诺的企业，应当作为监督抽查、执法检查和日常巡查的重点，严格监管；

（三）对违法失信情节严重的企业，按照本办法第二十一条的规定执行。

**第十四条** 企业可以自主委托依法设立的第三方社会信用服务机构，按照全省统一的企业信用评价标准和规范，对本企业的整体信用状况进行综合分析，评定信用等级，评价结果的有效期为一年。

企业综合信用等级评价的标准和规范、信用评价业务管理办法由省人民政府社会信用体系建设主管部门制定。

企业综合信用等级具体划分见附表。

**第十五条** 各级行政机关和行使管理公共事务职能的组织，应当将第三方社会服务机构评定的企业综合信用等级，作为信用监督管理工作的重要依据：

（一）在行业领域信用分类监管评价中，企业综合信用等级应当作为考核指标，综合信用等级未达到 B 级以上的企业，不得评定为各行业领域的优良等次。

（二）在行政管理和公共服务工作中，企业综合信用等级和各行业领域信用等级，同时作为加强和优化企业信用监管的重要手段。

（三）在政府采购、政府购买服务、政府与社会资本合作、公共资源交易、重大项目招投标等涉及公共利益的重大经济活动中，企业综合信用等级应当作为重要决策参考。

**第十六条** 省人民政府社会信用体系建设主管部门应当通过"信用陕西"网站，建立全省统一的企业失信投诉网络服务平台，公布投诉举报电话，受理社会公众对企业失信行为的投诉和举报。

**第十七条** 各级行政机关和行使管理公共事务职能的组织，应当建立行业红、黑名单制度，通过省公共信用信息平台实现信息共享，跨地区、跨部门、跨领域对企业信用表现进行综合评判，实行联合奖惩。

**第十八条** 企业连续三年无不良信用记录，且有下列情形之一的，列入"红名单"：

（一）获得省、部级以上荣誉称号或者表彰奖励的；

（二）在某一领域信用分类中被行业主管部门列为最高等级的；

（三）综合信用等级达到 A 级以上的；

（四）其他在本行业信用工作中有突出成绩，行业主管部门认为应当列入的。

以上列入"红名单"企业的事由或者条件发生重大变更的，应当及时移除。

**第十九条** 各级行政机关和行使管理公共事务职能的组织，对列入"红名单"的企业，可以采取下列联合激励措施：

（一）在实施财政性资金项目安排、招商引资配套优惠政策等各类政府优惠政策中，优先考虑诚信企业，加大扶持力度；

（二）在有关公共资源交易活动中，依法依约对诚信企业采取信用加分等措施；

（三）金融机构、商业销售机构等市场服务机构在经营服务活动中，对诚信企业根据实际情况给予优惠或者便利；

（四）法律、法规规定的其他激励扶持措施。

**第二十条** 企业有下列失信行为，造成较大社会危害，或者严重侵犯他人合法权益的，作为严重失信企业列入"黑名单"：

（一）生产销售有毒有害食品、假劣药品、伪劣产品的；

（二）未依法纳税以及拒缴、拖欠依法依规应缴政府性基金的；

（三）采购、使用、销售不合格产品，或者发生过产品质量、安全生产、环境污染等责任事故的；

（四）不签订或者不履行劳动合同、拖欠工资以及违反社会保险、员工休假制度等侵害劳动者合法权益的；

（五）不依法招标投标的；

（六）有能力履约无正当理由拒不履约、商业贿赂、非法集资、无证经营等扰乱市场经济秩序的；

（七）商业欺诈、虚假广告宣传的；

（八）逾期不执行人民法院生效的民事判决、裁定、调解协议的；

（九）其他违反诚实信用原则的。

**第二十一条** 对列入"黑名单"的企业，各地、各有关部门应当将其列为重点监管对象，及时公开披露相关信息，便于市场识别失信行为，防范信用风险，并依法依规采取下列联合惩戒措施：

（一）加强日常监管，提高监督检查频次；

（二）禁止参与评优评先；

（三）限制取得政府资金支持；

（四）限制新增项目、用地；

（五）限制参加政府投资项目招投标活动和政府采购活动；

（六）限制参与基础设施、公用事业特许经营或者受让收费公路权益；

（七）法律、法规规定的其他惩戒措施。

对有履行能力但拒不履行的严重失信企业法定代表人或者主要负责人，根据国家有关规定，可以实施限制出境、购买不动产、乘坐飞机、乘坐高等级列车和席次、旅游度假、入住星级以上宾馆及其他高消费行为等措施。

第二十二条　社会信用体系建设主管部门、相关行政机关及其工作人员应当依法公开、共享、查询企业信用信息，不得泄露国家秘密、商业秘密和个人隐私等信息。

第二十三条　企业认为通过省公共信用信息平台共享、公开的信息与事实不符，或者侵犯其商业秘密、个人隐私，可以向信用信息工作部门提出书面异议，信用信息工作部门应当及时核实并作出处理。

第二十四条　列入"黑名单"的企业，纠正失信行为后一年内未再发生失信行为的，可以向相关行政机关提出信用修复申请。

相关行政机关应当在收到信用修复申请后10个工作日内，完成核查并决定是否移出"黑名单"。社会信用体系建设主管部门按照相关行政机关的处理意见，及时将修改情况录入公共信用信息平台。

第二十五条　任何单位和个人都有权对信用监督管理活动进行监督，有权向主管部门投诉或者举报。主管部门应当自收到投诉或者举报之日起15个工作日内作出处理或者答复。

第二十六条　第三方社会信用服务机构违反本办法规定，非法开展企业综合信用等级评价业务活动，或者在企业综合信用等级评价业务活动中徇私舞弊、弄虚作假的，由征信业监督管理部门依法予以处罚。

企业或个人故意提供虚假信用信息，给其他社会主体造成损失的，应当依法承担责任。

第二十七条　行政机关及其他相关组织有下列情形之一的，由行政监察部门责令改正，并对直接负责的主管人员和其他直接责任人员依法给予行政处分：

（一）违反本办法规定，未公开、共享、使用信用信息的；

（二）违反本办法规定，对严重违法失信主体未采取相应限制或禁止措施的；

（三）违反本办法规定，泄露企业信息的；

（四）其他违反本办法规定的行为。

第二十八条　社会信用体系建设主管部门及其工作人员，在企业信用监督管理工作中，玩忽职守、徇私舞弊、弄虚作假、滥用职权造成严重后果的，由行政监察部门责令改正，并对直接负责的主管人员和其他直接责任人员依法给予行政处分；构成犯罪的，依法追究刑事责任。

第二十九条　非企业主体的事业单位、农民专业合作社、个体工商户及其他社会组织的信用监督管理活动，参照本办法执行。

第三十条　本办法自2017年6月1日起施行。

# 甘肃省消防安全信用信息管理规定

（甘肃省人民政府令第 141 号）

《甘肃省消防安全信用信息管理规定》已经 2017 年 12 月 25 日省人民政府第 174 次常务会议审议通过，现予公布，自 2018 年 3 月 1 日起施行。

省长　唐仁健

2018 年 1 月 9 日

## 甘肃省消防安全信用信息管理规定

**第一条**　为了加强社会消防安全信用体系建设，提高全社会的消防安全诚信意识和抗御火灾的整体能力，根据《中华人民共和国消防法》和有关法律、法规，结合我省实际，制定本规定。

**第二条**　本省行政区域内消防安全信用信息的收集、审核、发布、共享、使用及相关管理活动，适用本规定。

法律、法规等已有规定的，依照其规定执行。

**第三条**　本规定所称消防安全信用信息，是指在消防安全领域内，县级以上人民政府有关部门及经依法授权或者受委托承担行政管理职责的组织，在履行职责过程中形成用以分析、判断机关、团体、企业、事业单位和个人信用状况及评价其信用价值的各项信息。

**第四条**　消防安全信用信息包括良好信息和不良信息。

良好信息是指遵守消防安全法律、法规，自觉维护消防安全工作秩序的信息。

不良信息是指违反消防安全法律、法规受到行政处罚的信息，或者单位发生较大以上火灾的信息。

**第五条**　消防安全信用信息的收集、认定、发布、共享和使用，遵循合法、公正、客观、准确、及时的原则，依法保守国家秘密、商业秘密和个人隐私。

**第六条**　市（州）、县（市、区）人民政府公安机关消防机构应当结合消防行政许可、消防监督检查、火灾事故调查和各类执法检查、督查等工作，准确、及时地收集消防安全信用信息。

第七条　县级以上人民政府住房和城乡建设、工商行政管理、质量技术监督、安全生产监督等行政主管部门及经依法授权或者受委托承担行政管理职责的组织，负责收集其主管行业、系统的消防安全信用信息，并对其提供的信用信息的真实性、准确性、完整性、时效性、合法性负责。同级公安机关消防机构对提供的信用信息进行审核。

第八条　省级公安机关消防机构统一建立和维护消防安全信用信息管理平台，并对信用信息进行汇总、比对、审核、发布。

消防安全信用信息管理平台应当逐步实现与全省社会信用信息平台的对接。

第九条　消防安全信用信息应当在消防安全信用信息管理平台公布，供有关部门和社会公众查询。

消防安全良好信息公布内容应当包括信息主体名称、执法检查记录等。

消防安全不良信息公布内容应当包括违法主体名称、违法事实、处罚决定和公布期限等。

第十条　下列消防安全不良信息的公布期限为六个月至十二个月：

（一）依法应当进行消防设计备案和竣工验收消防备案的建设工程，未进行消防设计备案或者竣工验收消防备案的；

（二）消防设施、器材或者消防安全标志的配置、设置不符合国家标准、行业标准，或者未保持完好有效的；

（三）损坏、挪用或者擅自拆除、停用消防设施、器材的；

（四）占用、堵塞、封闭疏散通道、安全出口或者有其他妨碍安全疏散行为的；

（五）埋压、圈占、遮挡消火栓或者占用防火间距的；

（六）占用、堵塞、封闭消防车通道，妨碍消防车通行的；

（七）人员密集场所在门窗上设置影响逃生和灭火救援障碍物的；

（八）对火灾隐患经公安机关消防机构通知后不及时采取措施消除的；

（九）违规进入生产、储存易燃易爆危险品场所或者违规使用明火作业，或者在具有火灾、爆炸危险的场所吸烟、使用明火，情节较轻的；

（十）电器产品、燃气用具的安装、使用及其线路、管路的设计、敷设、维护保养、检测不符合消防技术标准和管理规定，逾期不改正的；

（十一）不履行组织、引导在场人员疏散义务，情节较轻的；

（十二）不履行消防安全职责逾期不改正的；

（十三）法律、法规规定的其他消防安全不良信息。

**第十一条** 下列消防安全不良信息的公布期限为一年至三年：

（一）依法应当进行消防验收的建设工程，未经消防验收或者消防验收不合格，擅自投入使用的；

（二）建设工程投入使用后经公安机关消防机构依法抽查不合格，不停止使用的；

（三）公众聚集场所未经消防安全检查或者经检查不符合消防安全要求，擅自投入使用、营业的；

（四）建设单位要求建筑设计单位或者建筑施工企业降低消防技术标准设计、施工的；

（五）建筑设计单位不按照消防技术标准强制性要求进行消防设计的；

（六）建筑施工企业不按照消防设计文件和消防技术标准施工，降低消防施工质量的；

（七）工程监理单位与建设单位或者建筑施工企业串通，弄虚作假，降低消防施工质量的；

（八）消防产品质量认证、消防设施检测等消防技术服务机构出具虚假文件的；

（九）擅自拆封或者使用被公安机关消防机构查封的场所、部位的；

（十）不执行公安机关消防机构作出的停产停业、停止使用、停止施工决定，经催告，逾期仍不履行义务且无正当理由的；

（十一）单位存在重大火灾隐患逾期不改的；

（十二）一年内受到公安机关消防机构三次（含）以上行政处罚的；

（十三）依法应当经公安机关消防机构进行消防设计审核的建设工程，未经依法审核或者审核不合格，擅自施工的；

（十四）消防设计经公安机关消防机构依法抽查不合格，不停止施工的；

（十五）生产、经营、存储易燃易爆危险品场所与居住场所设置在同一建筑物内或者未与居住场所保持安全距离，或者生产、经营、存储其他物品的场所与居住场所设置在同一建筑物内不符合消防技术标准的；

（十六）违反有关消防技术标准和管理规定生产、储存、运输、销售、使用、销毁易燃易爆危险品，或者非法携带易燃易爆危险品进入公共场所、乘坐公共交通工具的；

（十七）阻碍消防车、消防艇执行任务，或者阻碍公安机关消防机构的工作人员依法执行职务的；

（十八）违规进入生产、储存易燃易爆危险品场所或者违规使用明火作业，或者在具有火灾、爆炸危险的场所吸烟、使用明火，情节严重的；

（十九）指使或者强令他人违反消防安全规定，冒险作业的；

（二十）谎报火警、过失引起火灾，或者故意破坏、伪造火灾现场的；

（二十一）火灾发生后阻拦报警，或者负有报告职责的人员不及时报警的；

（二十二）扰乱火灾现场秩序，或者拒不执行火灾现场指挥员指挥，影响灭火救援的；

（二十三）不履行组织、引导在场人员疏散义务，情节严重的；

（二十四）生产、销售假冒伪劣消防产品，受到行政处罚的；

（二十五）人员密集场所使用不合格、国家明令淘汰的消防产品逾期不改正的；

（二十六）单位发生较大以上火灾的；

（二十七）法律、法规规定的其他消防安全不良信息。

前款第（一）项至第（十二）项所列消防安全不良信息，同时上报全国信用信息平台进行公布。

**第十二条** 消防安全不良信息公布后，已整改并消除违法行为的，可缩短公布期限，最短不得少于三个月；拒不整改的，可延长公布期限，最长不得超过三年。

**第十三条** 消防安全不良信息公布后，相应的行政处罚决定经行政复议、行政诉讼及行政执法监督被依法变更、撤销的，或者公布期届满的，省级公安机关消防机构应当及时变更或者撤销该不良信息；在全国信用信息平台公布的，由省级公安机关消防机构及时提出撤销申请。

**第十四条** 县级以上人民政府及有关行政主管部门，应当依据国家有关法律、法规，建立消防安全信用信息互认机制，在市场监管和公共服务过程中，深化消防安全信用信息的共享应用；应当建立消防安全守信激励和失信惩戒机制，依法对消防安全守信行为和失信行为给予激励和惩戒。

**第十五条** 县级以上人民政府公安机关消防机构和消防安全信用信息收集机构的工作人员，在消防安全信用信息管理工作中滥用职权、玩忽职守、徇私舞弊的，依照有关规定追究责任。

**第十六条** 本规定自 2018 年 3 月 1 日起施行。

# （二） 市级政府制定公布的地方政府规章

# 沈阳市企业信用信息归集和使用管理办法

## （沈阳市人民政府令第 19 号）

《沈阳市企业信用信息归集和使用管理办法》业经 2010 年 11 月 24 日市人民政府第 44 次常务会议讨论通过，现予发布，自 2011 年 1 月 1 日起施行。

市长　陈海波

二〇一〇年十二月一日

## 沈阳市企业信用信息归集和使用管理办法

**第一条**　为了加强企业信用信息管理，增强企业信用意识，营造诚实守信的市场环境，推进社会信用体系建设，根据国家、省有关规定，结合本市实际，制定本办法。

**第二条**　本办法所称企业信用信息，是指本市行政机关和有关单位（以下称信息提供单位）在依法履行职责过程中产生的，及企业在经营活动和社会活动中形成的，能反映企业信用状况的信息。

**第三条**　在本市行政区域内，市级行政机关对企业信用信息的归集、公布和使用，适用本办法。

**第四条**　市发展和改革委员会是本市企业信用信息的主管部门，负责企业信用信息的监督和管理。

**第五条**　市信用信息征集机构，负责全市的企业信用信息的归集、处理、公布，为社会提供服务。

市和区、县（市）行政机关和有关单位在履行职责过程中依法归集和企业自主申报的信用信息应当及时、准确、完整地向市信用信息征集机构提供。

**第六条** 企业信用信息的归集、发布和使用，应当遵循客观、准确、公正、及时和谁提供谁负责的原则，依法保护国家利益、社会公共利益和企业合法权益，不得妨害公共安全和社会秩序，不得泄露企业商业秘密。

**第七条** 企业信用信息由企业身份信息、企业业绩信息、企业提示信息和企业警示信息构成。

**第八条** 下列信息记入企业身份信息：

（一）企业登记注册的名称、登记注册类型、注册地址、经营地址、成立日期；

（二）企业法定代表人、股东成员、经营范围；

（三）企业资本情况、增值税纳税人类型、组织代码；

（四）企业取得的专项行政许可、资质等级；

（五）企业纳税等情况；

（六）行政机关依法对企业进行专项或周期性检验的结果；

（七）其他应当记入企业身份信息的信息。

**第九条** 下列信息记入企业业绩信息：

（一）企业及其主要负责人受到各级行政机关或行业组织的表彰、授予的荣誉称号；

（二）企业在信贷、履约、纳税和产品质量等方面诚信经营的信息；

（三）其他应当记入企业业绩信息的信息。

**第十条** 下列信息记入企业提示信息：

（一）企业因违法行为受到警告、罚没和责令停产停业行政处罚；

（二）企业未通过法定的专项或周期性检验；

（三）企业生产或销售的批次产品不符合产品标准和卫生标准、被依法检验定为不合格；

（四）企业未按照规定与劳动者签订劳动合同，未依法履行合同；

（五）企业有制假售假行为；

（六）企业拖欠税款、税务非正常户、发票流失；

（七）企业逃废各类债务；

（八）企业拖欠水、电、气费；

（九）企业拖欠法定社保费、住房公积金；

（十）企业排污超标；

（十一）其他应当记入企业提示信息的信息。

**第十一条** 下列信息记入企业警示信息：

（一）企业偷、逃、骗、抗税款；

（二）企业法定代表人、负责人因违法行为构成犯罪被追究刑事责任；

（三）企业被撤销或者吊销许可证、营业执照；

（四）企业因同一类违法行为受到两次以上行政处罚；

（五）企业产品不符合产品标准和卫生标准而造成不良后果；

（六）企业恶意逃废债务、骗汇；

（七）企业合同欺诈、商业欺诈；

（八）企业出具虚假资信、审计和有关证明文件；

（九）企业未按规定参加社会保险、故意拖欠保费；

（十）企业未按规定建立住房公积金账户、故意欠缴住房公积金；

（十一）企业拒不履行法院生效判决、裁定；

（十二）企业排污严重超标；

（十三）其他应当记入企业警示信息的信息。

**第十二条** 市信用信息征集机构应当通过政府网站或者政府指定的其他媒体，定期向社会公开企业信用信息。

**第十三条** 企业信用信息披露，应当客观、准确、公正，保证所披露信息的合法性、真实性。

**第十四条** 单位或者个人可以通过市信用信息征集机构取得相关企业信用信息。

**第十五条** 行政机关在作出下列行政决策前，应当根据需要使用相关企业信用信息：

（一）政府采购、项目招投标和征地审批；

（二）资质认定、年审、年检、评奖；

（三）审批财政支持的项目及其资金补助；

（四）向企业出借资金或者物品；

（五）与企业签订合同；

（六）审查股票、债券发行；

（七）其他需要使用企业信用信息的。

**第十六条** 企业身份信息中的信息记录期限至企业终止为止；企业业绩信息、企业提示信息、企业警示信息中的信息记录期限为 5 年，5 年之后自动解除记录并转为永久保存信息。

**第十七条** 信息提供单位提交的信息确有错误的，该信息提供单位应当在知道之日起 3 个工作日内向市信用信息征集机构提出修改、删除的书面意见，市信用信息征集机构应当在收到书面意见后 3 个工作日内更正该信息。

企业认为市信用信息征集机构发布的信用信息与事实不符的，可向市信用信息征集机构提出书面异议申请，市信用信息征集机构可暂停发布该异议信息，并在接到异议申请后3个工作日内向信息提供单位核实，信息提供单位应当在5个工作日内向市信用信息征集机构作出书面答复。市信用信息征集机构在收到该书面答复后3个工作日内完成信息更正，并告知该企业。

**第十八条** 企业应当对所提交的本企业信用信息真实性负责。对申报虚假信息的企业，市信用信息征集机构将依据有关规定将该行为记入警示信息，造成不良社会影响或其他严重后果的，由企业自行承担相应责任。

**第十九条** 行政机关和市信用信息征集机构及工作人员玩忽职守以及滥用职权，违法公布、利用企业信用信息，侵犯企业合法权益，损害企业信誉的，依法追究行政责任；涉嫌构成犯罪的，移送司法机关依法追究刑事责任。

**第二十条** 本办法自2011年1月1日起施行。

# 沈阳市严重失信企业联合惩戒办法

（沈阳市人民政府令第 67 号）

《沈阳市严重失信企业联合惩戒办法》业经 2016 年 12 月 27 日市人民政府第 40 次常务会议讨论通过，现予以发布，自 2017 年 5 月 1 日起施行。

市长　姜有为

2017 年 3 月 10 日

## 沈阳市严重失信企业联合惩戒办法

**第一条**　为了加快推进本市社会信用体系建设，改善信用环境，根据有关法律、法规的规定，结合本市实际，制定本办法。

**第二条**　本市行政区域内对严重失信企业的联合惩戒，适用本办法。法律、法规另有规定的，从其规定。

**第三条**　市发展和改革主管部门具体负责全市严重失信企业联合惩戒的指导、协调和监督工作。

市和区、县（市）行政机关和有关组织，按照职责和权限具体执行本办法，依法对严重失信企业实施联合惩戒。

**第四条**　实施严重失信行为联合惩戒依据的信用记录应当依法征集，并以国家企业信用信息公示系统和市信用信息平台的信用记录为准。

**第五条**　按照本市企业信用信息归集和使用的有关规定，企业失信信用信息分为提示信用信息和警示信用信息。

提示信用信息是指由行政机关和有关组织，在依法履职过程中产生或者获取，可能对企业信用状况有负面影响、涉及企业生产经营活动中违法违规的行为信息。

警示信用信息是指按照企业失信状况在负面影响或者违法违规性质上超过提示信用信息的行为信息。

**第六条**　企业有下列行为之一的，应当记入企业提示信用信息：

（一）企业因违法行为受到警告、罚没和责令停产停业行政处罚；

（二）企业未通过法定的专项或者周期性检验；

（三）企业生产或者销售的批次产品不符合产品标准和卫生标准、被依法检验定为不合格；

（四）企业未按照规定与劳动者签订劳动合同，未依法履行合同；

（五）企业有制假售假行为；

（六）企业是税务非正常户、拖欠税款或者发票流失；

（七）企业逃废各类债务；

（八）企业拖欠水、电、气费；

（九）企业拖欠法定社保费、住房公积金；

（十）企业排污超标；

（十一）其他依法应当记入企业提示信息的信息。

**第七条** 企业有下列行为之一的，应当记入企业警示信用信息：

（一）企业偷、逃、骗、抗税款；

（二）企业法定代表人、负责人因违法行为构成犯罪被追究刑事责任；

（三）企业被撤销或者吊销许可证、营业执照；

（四）企业因同一类违法行为受到两次以上行政处罚；

（五）企业产品不符合产品标准和卫生标准而造成不良后果；

（六）企业恶意逃废债务、骗汇；

（七）企业合同欺诈、商业欺诈；

（八）企业出具虚假资信、审计和有关证明文件；

（九）企业未按照规定参加社会保险、故意拖欠保费；

（十）企业未按照规定建立住房公积金账户、故意欠缴、少缴住房公积金；

（十一）企业拒不履行法院生效判决、裁定；

（十二）企业排污严重超标；

（十三）其他依法应当记入企业警示信息的信息。

**第八条** 企业有下列情形之一的，应当认定为严重失信企业，纳入严重失信企业名单：

（一）企业在市信用信息平台有同一行政机关和有关组织五条以上或者不同行政机关和有关组织八条以上提示信用信息的；

（二）企业在市信用信息平台有同一行政机关和有关组织两条以上或者不同行政机关和有关组织三条以上警示信用信息的；

（三）企业经国家企业信用信息公示系统认定具有严重失信行为的；

（四）企业被列入国家、省、市典型失信案件名单的；

（五）经市发展和改革主管部门、各级行政机关和有关组织共同认定为严重失信企业的；

（六）依法应当列入严重失信企业名单的其他情形。

**第九条** 市和区、县（市）行政机关和有关组织在办理行政许可、采购招标、评先评优、信贷支持、资质等级评定、安排和拨付有关补贴资金等工作时，应当依法查询失信企业数据库，并按照各自职能分工对严重失信企业采取以下惩戒措施：

（一）向社会公开失信信息；

（二）撤销相关荣誉称号，取消参加评先评优资格；

（三）限制申请财政性资金项目，取消享受财政补贴资格；

（四）在办理资质评定、申报、验证、年检中，依法予以严格限制或者取消有关申请资格；

（五）限制新增项目审批和核准、用地审批等；

（六）限制上市融资、发行债券、对外担保，禁止参股设立银行、证券、保险、信用担保、小额贷款公司等机构；

（七）鼓励银行机构按照贷款风险成本差别定价的原则，提高贷款利率或者拒绝贷款，鼓励保险经营机构提高保费标准；

（八）依法限制企业的法定代表人或者主要负责人再担任其他公司的高级管理人员；

（九）根据《最高人民法院关于限制被执行人高消费及有关消费的若干规定》，对失信企业及其法定代表人或者主要负责人高消费行为予以限制；

（十）法律、法规、规章规定的其他惩戒方式。

**第十条** 严重失信企业信用记录期限为失信行为认定之日起五年。按照"谁认定谁负责"的原则进行管理，直至被列入失信事由消失或者履行解除程序。

**第十一条** 严重失信企业名单应当通过"信用沈阳"网站或者新闻媒体，向全社会公布。

严重失信企业名单的公布，应当客观、准确、公正，保证所公布信息的合法性、真实性。

**第十二条** 企业对严重失信行为认定或者惩戒决定有异议的，可以向作出认定或者决定的行政机关和有关组织申请异议处理。

行政机关和有关组织应当自受理异议处理申请之日起15个工作日内作出异议处理决定，并将处理结果回复申请人。

**第十三条** 企业能主动纠正严重失信行为，有下列情形之一的，可以从严重失信企业名单中解除：

（一）企业已履行义务，修复不良信用记录的；

（二）企业对失信行为作出实质性改正，信用意识明显增强，失信风险显著降低的；

（三）具有其他应当解除因素的情形。

**第十四条** 企业从严重失信名单上解除的相关程序：

（一）企业提出书面申请，经原信息提供单位审核，市发展和改革主管部门核准后予以解除；

（二）原信息提供单位提出书面申请，市发展和改革主管部门审核后予以解除；

（三）出现其他可以从严重失信名单上解除因素的，市发展和改革主管部门应当依据相关规定予以解除。

**第十五条** 企业信用修复并不去除市信用信息平台发布的真实的未过期的失信记录。

**第十六条** 企业信用修复结果发布生效后，行政机关和有关组织不再对该企业采取惩戒措施。

**第十七条** 市和区、县（市）行政机关和有关组织应当建立健全责任追究制度。违反本办法规定，有下列行为之一，造成国家损失、侵害企业合法权益等严重后果的，由有关部门依法追究相关单位负责人和直接责任人的责任：

（一）因提供或者披露错误信息给企业造成损害的；

（二）对企业失信行为认定错误而不及时改正造成损害的；

（三）因不应用企业失信行为信息而导致决策或者工作失误并造成严重后果的。

**第十八条** 鼓励企业、个人和其他组织在开展信用交易或者其他活动过程中，查询失信企业数据库，降低信用风险。

**第十九条** 对事业单位和社会组织失信的联合惩戒，参照本办法执行。

**第二十条** 本办法自 2017 年 5 月 1 日起施行。

# 长春市房地产开发企业信用评价暂行办法

## （长春市人民政府令第 46 号）

《长春市房地产开发企业信用评价暂行办法》业经 2013 年 12 月 11 日市政府第 11 次常务会议通过，现予发布，自 2014 年 1 月 20 日起施行。

市长　姜治莹

二〇一三年十二月十一日

## 长春市房地产开发企业信用评价暂行办法

**第一条**　为推进房地产市场信用体系建设，提高房地产开发企业综合素质，构建诚实守信的市场环境，促进房地产市场健康发展，根据国家和省、市有关规定，结合本市实际，制定本办法。

**第二条**　在本市城市规划区内国有土地上从事房地产开发经营活动的房地产开发企业的信用评价，适用本办法。

**第三条**　本办法所称房地产开发企业信用评价是指运用定量与定性的分析方法，对房地产开发企业依法经营和诚信执业等情况的信用状况进行评价。

**第四条**　房地产开发企业信用评价坚持依法、公开、公平、公正的原则，实行统一标准、信息共享、权威发布的运作方式，并建立相应激励和惩戒机制。

**第五条**　市房地产主管部门负责房地产开发企业信用评价的管理工作。

市房地产开发经营管理机构受市房地产主管部门委托，负责房地产开发企业信用评价的日常管理工作。

市发展和改革、国土资源、城乡规划、建设、环境保护、工商、税务、公用、园林绿化、公安、人防、信访等有关部门应当按照各自职责，依法做好房地产开发企业信用评价工作。

**第六条**　房地产开发企业信用评价，实行房地产开发企业信用评价指标体系制度。房地产开发企业信用评价指标主要包括下列内容：

（一）企业客观信用能力。主要包括经营年限、注册资本、开发能力、人员素质、财务信用能力等。

（二）企业经营信用情况。主要包括开发前期信用、建设阶段信用、销售（租赁）阶段信用、前期物业管理信用等。

（三）企业诚实履约信用情况。主要包括对所有者信用、对员工信用、对消费者信用、对合作方信用，以及环保节能、安全生产、遵纪守法、取得的社会荣誉等。

**第七条** 信用评价指标的具体内容及评分标准，由市房地产开发经营管理机构制定，并向社会公布。

市房地产开发经营管理机构每年可根据实际情况，对信用评价指标的具体内容及评分标准进行适当调整，并向社会公布。

**第八条** 房地产开发企业信用评价基础分值为一百分。

房地产开发企业信用评价等级根据信用评价指标所形成的信用评价分值，分为AAA级信用企业、AA级信用企业、A级信用企业和B级信用企业四个等级。

（一）AAA级信用企业为信用优秀企业，即信用评价分值高于（等于）一百三十分的企业；

（二）AA级信用企业为信用一般企业，即信用评价分值低于一百三十分高于（等于）一百分的企业；

（三）A级信用企业为信用较差企业，即信用评价分值低于一百分，高于（等于）七十分的企业；

（四）B级信用企业为信用差企业，即信用评价分值低于七十分的企业。

**第九条** 房地产开发企业有下列情形之一的，信用评价分值一次性降为零分：

（一）发生重大安全责任事故的；

（二）发生重大质量问题的；

（三）有重大偷、逃、抗税行为的；

（四）经依法确认，在贷款、担保或者其他融资活动中出现重大违约行为的；

（五）经核实存在严重侵害公众利益行为，引发投诉或者上访，拒不配合调查取证，拒不改正、消除影响的；

（六）出现其他违法、违规行为，情节严重且拒不改正的。

**第十条** 实行房地产开发企业信用修复制度。

房地产开发企业对存在的问题进行整改并消除已造成的社会影响的，由房地产开发企业提出申请，经市房地产开发经营管理机构认定后，可以恢复所扣分值的百分之五十至百分之八十。

**第十一条** 市房地产开发经营管理机构应当以长春房地产业信息网作为统一工作

平台，开展房地产开发企业信用评价工作。

**第十二条** 房地产开发企业信用评价按年度评定，并按照下列程序进行：

（一）信息采集。基本信息由房地产开发企业每月通过统计报表、项目手册、年度财务报表等方式录入网络评价数据库；市房地产主管部门及市发展和改革、国土资源、城乡规划、建设、环境保护、公用、园林绿化、公安、人防、信访等有关部门通过日常监管确认并记录的与房地产开发企业信用有关的各类信息，及时录入网络评价数据库，形成综合信用数据。

（二）综合评价。市房地产开发经营管理机构根据信息采集所形成的综合信用数据，按信用评价指标做出相应地加分或者减分，生成房地产开发企业综合信用评价结果。

（三）年度排名。市房地产开发经营管理机构每年年底按照信用评价总分由高到低的顺序进行房地产开发企业年度信用预排名，并在长春房地产业信息网和媒体上向社会公示，公示期为七天。公示期满，综合社会各方面反馈意见后最终确定房地产开发企业年度信用排名，并向社会公布。

**第十三条** 建立房地产开发企业申诉受理制度。房地产开发企业对评价结果持有异议的，可向市房地产主管部门提出书面申诉，由市房地产主管部门依据相关法律法规对申诉内容进行核实、处理并做出书面答复。

**第十四条** 在本市从事房地产开发的中、省直，外埠房地产开发企业应当参加本市的房地产开发企业信用评价。信用评价情况同时通报企业注册所在地房地产开发主管部门。

**第十五条** 有关部门应当将房地产开发企业信用评价结果作为土地招标、拍卖、挂牌、项目招投标、行政审批、日常监管的重要依据，建立相应激励和惩戒机制，对企业实行综合分类管理。

**第十六条** 对房地产开发企业按照下列规定进行综合分类管理：

（一）AAA级信用企业，实行信誉管理，可以免予常规检查，在开发经营活动中给予相关支持，简化审批程序。

（二）AA级信用企业，实行正常管理。

（三）A级信用企业，责令整改，整改期内实行重点监管，可约谈企业负责人，严格审核土地竞买资格，整改不彻底的，不得参加新的开发项目招投标，不得申报资质晋级初审。

（四）B级信用企业，实行重点监管，不得参加土地竞买及新的开发项目招投标；情节严重的，建议由有关部门依法降低资质等级，或者吊销资质证书。

**第十七条** 建立房地产开发企业主要经营管理人员信用档案管理制度。

被评为 B 级信用企业的法定代表人、总经理及直接主管责任人员不良信用情况，记入房地产开发企业主要经营管理人员不良信用档案，存留期三年。存留期内不得在本市其他房地产开发企业担任同类职务。

房地产开发企业因存在严重不良行为被吊销资质证书的，企业法定代表人、总经理及直接主管责任人员的有关情况记入房地产开发企业主要经营管理人员不良信用档案，存留期五年。存留期内不得在本市其他房地产开发企业担任同类职务。

**第十八条** 市房地产主管部门及房地产开发经营管理机构工作人员在房地产开发企业信用评价工作中玩忽职守、徇私舞弊、滥用职权，尚不构成犯罪的，给予处分；构成犯罪的，依法追究刑事责任。

**第十九条** 本办法自 2014 年 1 月 20 日起施行。

# 苏州市企业信用信息管理办法

（苏州市人民政府令第 78 号）

《苏州市企业信用信息管理办法》已经 2004 年 7 月 14 日市政府第 31 次常务会议讨论通过，现予发布。

市长　杨卫泽
二〇〇四年七月二十一日

## 苏州市企业信用信息管理办法

### 第一章 ‖ 总则

**第一条**　为加强社会信用建设，规范企业市场行为，增强全社会的信用观念，推进本市企业信用信息公开、共享以及社会化服务，改善苏州投资环境，促进经济和社会发展，根据有关法律、法规的规定，结合我市实际，制定本办法。

**第二条**　本市行政区域内经工商行政管理机关核准登记的企业以及吊销、注销的企业，其信用信息的征集、披露、使用和管理适用本办法。

**第三条**　本办法所称企业信用信息，是指国家机关和有关单位在依法履行职责过程中产生的关于各类企业的信用记录，以及企业自身经营活动中发生的与信用有关的信息。

前款所称企业，是指在本市行政区域内从事经营活动的企业法人和其他经济组织。

国家机关主要是指工商、财政、国家税务、地方税务、劳动和保障、质量技术监督、药品监督管理、建设、环保、水利（水务）、广电、公安、物价、房管、卫生、城管、海关、人民银行等政府有关部门以及人民法院。

有关单位是指法律、法规授权和行政机关依法委托承担行政管理职能的事业单位和社会团体等组织。

第四条　苏州市人民政府信息管理机构（以下简称信息管理机构）负责对本行政区域内企业信用信息管理工作的指导、组织和协调。

第五条　苏州市企业信用信息服务中心（以下简称信用信息中心），具体负责企业信用信息的采集、披露、使用、管理工作，并承担苏州市企业信用信息系统的建立、日常维护和管理。

第六条　依据本办法建立的苏州市企业信用信息系统，通过计算机网络归集、整合和公布企业信用信息，实现国家机关和有关单位的信息互联和共享，为行政管理提供基础信息服务，并为社会提供信息查询服务。

第七条　企业信用信息的征集、披露、使用、管理，应当遵循客观、公平、公正和规范的原则；应当保守国家秘密和商业秘密，保护个人隐私。

## 第二章 ‖ 企业信用信息的征集

第八条　企业信用信息的征集是指信用信息中心对企业信用信息进行采集、分类、整理、储存，形成企业信用信息系统的活动。

第九条　企业信用信息的征集，包括信息提供单位提供和企业自行申报两种方式。

信息提供单位是本办法第三条第三款、第四款所指的国家机关和有关单位。信息提供单位通过计算机网络，根据市政府确定的具体项目、范围及标准，及时、准确地向信用信息中心提供真实、合法、完整的企业信用信息。

企业可以自行向信用信息中心申报关于本企业资质等级、产品及管理体系认证、商标注册及认定、银行资信等级、企业或者产品获得的合法荣誉以及其他请求记录的信息。企业自行申报信用信息，应当向信用信息中心提供原始的证明材料。

第十条　企业信用信息征集的范围：

（一）企业基本情况：注册号，组织机构代码，企业名称，法定代表人，住所，注册资本，经营范围，经营方式，企业类型，行业，登记注册机关，成立日期，经营期限，开户银行及账号、是否增值税一般纳税人，税务登记证号，核算方式，税务登记验证和换证情况，纳税人性质和税务管理状态，企业联合年检情况，进出口经营资格等；

（二）企业经营情况：资产总额，负债总额，所有者权益，实收资本，产值，营业额，税后利润，亏损额等；

（三）企业资信情况：资质认证，资格认定，金融机构对企业的信用评级情况等；

（四）企业获得行政许可以及实施行政许可的相关信息；

（五）所有进入企业信用信息数据库的不良信用记录；

（六）企业同意披露或者法律、法规未禁止披露的其他信用信息；

（七）提供单位按规定提供的其他信息。

**第十一条** 信息提供单位依法收集的企业信用信息，应当在信用信息生效之日起15个工作日内提供给信用信息中心。已提供并公示的信用信息变更或者失效的，原信息提供单位应当在信息变更或者失效之日起15个工作日内提供修改、删除的意见。

**第十二条** 企业信用信息的录入、更改、增加、删除，必须以具有法律效力的文书为依据。

信用信息中心不得擅自更改企业信用信息。

## 第三章 ‖ 企业信用信息的披露

**第十三条** 企业信用信息披露包括企业信用信息的公示和企业信用信息的查询。

企业信用信息公示，是指信用信息中心将信息提供单位所提供的企业信用信息经过整合后，按照信用信息管理的有关规定，将重要信用信息予以公布的行为。

企业信用信息查询，是指社会公众可以按照信用信息管理的有关规定，通过查询途径获取所需相关的企业信用信息的行为。

**第十四条** 企业信用信息通过苏州市企业信用信息网或者其他方式向社会披露。任何单位和个人均可直接查阅公示信息，或者按照信用信息查询的有关规定，通过苏州市企业信用信息网查询相关的企业信用信息。

**第十五条** 企业信用信息公示的范围：

（一）良好信用记录：重大奖励，"重合同守信用"资料，驰名、著名及知名商标资料，市级以上名牌产品资料、国家免检产品资料、劳动保障信誉等级A级、法定代表人荣誉记录等；

（二）一定期限内的不良信用记录：被吊销许可证、营业执照，偷逃骗抗税，制假售假，恶意逃废债务，利用合同诈骗，不正当竞争，拖欠职工工资、社会保险费和违法使用童工，侵犯消费者合法权益等违法情况及受行政处罚情况；

（三）企业环境行为定级信息；

（四）企业同意披露或者法律、法规未禁止披露的其他信用信息。

**第十六条** 企业信用信息查询范围包括身份信息、良好信息、提示信息和警示信息。

**第十七条** 身份信息包括下列内容：

（一）企业登记注册的基本情况；

（二）企业取得的专项行政许可；

（三）企业的资质等级；

（四）行政机关依法对企业进行专项或者周期性检验的结果；

（五）行政机关依法登记的其他有关企业身份的情况。

前款规定的信息包括登记、变更、注销或者撤销的内容。

**第十八条** 良好信息包括下列内容：

（一）企业及其法定代表人或者主要负责人受到县级以上行政机关有关表彰的情况；

（二）被评为各级"重合同守信用企业"称号的；

（三）被认定为"中国驰名商标"、"江苏省著名商标"和"苏州市知名商标"的；

（四）被认定为"中国名牌"、"江苏名牌"和"苏州名牌"的；

（五）被金融机构评定为"AAA"信用等级的；

（六）企业环境行为被环保部门定为绿色或蓝色的；

（七）被劳动保障行政部门评定为劳动保障信誉等级 A 级的；

（八）被税务机关评定为 A 级纳税信用企业的；

（九）通过各类质量标准认证以及产品被列入国家免检范围的；

（十）被行政机关认可在一定期限内免于行政检查的；

（十一）县级以上行政机关和有关单位认为可以记入的企业信用的其他良好信息。

**第十九条** 提示信息包括下列内容：

（一）企业因违法行为受到警告、罚款、没收违法所得和非法财物、责令停产停业以及暂扣营业执照、许可证行政处罚的；

（二）企业申请直接关系公共安全、人身健康、生命财产安全行政许可事项时，隐瞒有关情况或者提供虚假材料的；

（三）企业未通过法定的专项或者周期性检验的；

（四）企业所生产的产品无相关执行标准的；

（五）企业环境行为被环保部门定为黄色的；

（六）企业欠缴规费的；

（七）县级以上行政机关和有关单位认为应当通报的企业其他违法行为。

**第二十条** 警示信息包括下列内容：

（一）企业因违法行为受行政机关吊销许可证、营业执照处罚的；

（二）企业被责令停产停业行政处罚两次以上或在两年内因同一类违法行为再次受到罚款、没收行政处罚的；

（三）企业以欺骗、贿赂等不正当手段取得直接关系公共安全、人身健康、生命财产安全行政许可事项的；

（四）企业因违法构成犯罪，被追究刑事责任的；

（五）企业环境行为被环保部门定为红色或黑色的；

（六）企业拖欠职工工资、社会保险费数额较大以及违法使用童工的；

（七）拒不履行法院生效判决文书的；

（八）企业其他扰乱市场经济秩序的严重违法行为。

**第二十一条** 警示信息还包括企业法定代表人和主要负责人的下列内容：

（一）对本企业严重违法行为负有直接责任的；

（二）正在被执行刑罚的；

（三）因犯有贪污、贿赂罪、侵占财产、挪用财产罪或者破坏其他社会经济秩序罪，被判处刑罚执行期满未逾 5 年，或者因犯其他罪被判处刑罚执行期满未逾 3 年，以及因犯罪被判处剥夺政治权利执行期满未逾 5 年的；

（四）企业法定代表人或者董事、经理对企业因经营不善破产负有个人责任，自该企业破产清算完结之日起未逾 3 年的；

（五）个人负债数额较大，到期未清偿的；

（六）法律、法规、规章规定不能担任企业法定代表人、主要负责人的其他情形。

**第二十二条** 属于依法限制企业有关注册登记、对外投资、行政许可以及资质等级评定等方面的提示信息和警示信息，公示期限为 2 年。法律、法规、规章明确规定限制期限的，公示期限从其规定。公示期限届满，信用信息中心将不再作为信用信息对外公布，但社会公众可以通过查询获得相关信息。

**第二十三条** 对于企业非故意性的轻微违法行为，经企业书面申请，并经相关行政管理部门审核认可，可以不记入提示信息。

对因违法、失信行为已造成信用缺失的，企业可以通过采取实质性整改措施进行信用修复，经相关行政管理部门审核认可，信用信息中心可以对其缩短网上发布提示信息和警示信息的期限，但提示信息最少不得少于 6 个月，警示信息最少不得少于 1 年。

**第二十四条** 披露企业信用信息应当符合法律、法规、规章的规定，对属于国家秘密、商业秘密、个人隐私以及法律、法规、规章规定不得公开的其他内容，不得披露。

## 第四章 ‖ 企业信用信息的异议处理

**第二十五条** 企业和其他利害关系人认为信用信息中心披露的有关信用信息有差异的，可以书面形式向信用信息中心提出异议，也可以直接向信息提供单位提出变更或者撤销记录的申请。

**第二十六条** 信用信息中心应当自收到异议申请书之日起 15 个工作日内核实相关信息的准确性。若与提供的原信息不一致的，应当立即予以更正；若与提供的原信息一致的，应当书面告知异议人向信息提供单位申请更正，并同时抄告信息提供单位。

信息提供单位应当自收到异议人更正申请书之日起或者自收到信用信息中心抄告通知书之日起 15 个工作日内做出相应的处理，并书面答复申请人，同时抄告信用信息中心。信用信息中心按照信息提供单位的书面答复处理。

**第二十七条** 对信息确有错误以及被决定或者裁决撤销记录的，信息提供单位应当及时变更或者解除该记录；因重大信息错误给企业造成损害的，企业可以依法要求责任单位消除影响、赔礼道歉，并承担赔偿责任。

## 第五章 ‖ 企业信用信息的使用

**第二十八条** 信息提供单位可以通过政务专网登录企业信用信息系统，提供或者查询信息，实现企业信用信息的互通与共享。

信息提供单位使用企业信用信息实行等级制度，并应当遵守法律、法规、规章的有关规定，不得滥用，不得违法限制企业经营活动。

其他单位和个人查询企业信用信息，按照物价部门核定的价格实行有偿使用。

**第二十九条** 行政机关和有关单位在日常监督管理、企业资质等级评定以及周期性检验和表彰评优等工作中，应当按照企业信用信息的记录，作为依法管理的依据。

**第三十条** 行政机关和有关单位对没有任何提示信息、警示信息或者有多项良好信息记录的企业，可以采取下列相应的激励措施：

（一）可以减少对其经营活动的日常监督检查和专项检查、抽查；

（二）在周期性检验、审验中，当年度予以免检、免审；

（三）在政府招投标时，同等条件下给予优先考虑；

（四）法律、法规、规章规定的其他激励措施。

**第三十一条** 行政机关和有关单位对有提示信息、警示信息记录的企业，应当加强日常监督管理，必要时可以实施下列信用监督：

（一）进行重点检查或者抽查；

（二）不将该企业列入各类免检、免审范围；

（三）不授予该企业及其法定代表人、主要负责人有关荣誉或者称号；

（四）不予出具股份有限公司上市所需的合法经营证明；

（五）在政府招投标时，不予纳入或者取消其供应商资格。

除前款规定外，法律、法规、规章对企业及其法定代表人、主要负责人有限制登记注册、对外投资、行政许可、资质等级评定等规定的，从其规定。

第三十二条　在县级以上人民政府组织的各类表彰评优、政府招投标等活动中，企业应当提供由信用信息中心提供的信用记录报告或者合法的信用评估机构提供的信用报告。

## 第六章 ‖ 罚则

第三十三条　企业违反本办法规定，申报信用信息弄虚作假，造成严重后果或者其他不良影响的，由信用信息中心将该行为记入提示或者警示信息。

第三十四条　信息提供单位违反本办法规定，不按时提供或者变更企业信用信息，或者因工作差错提供错误信息，造成当事人直接损害的，由信息管理机构提请有权部门对负有直接责任的主管人员和其他直接责任人员依法给予行政处分。

第三十五条　信用信息中心违反本办法，在采集、披露、使用和管理企业信用信息中出现差错或者失误，对企业造成重大影响或者损害的，由信息管理机构提请有权部门对负有直接责任的主管人员和其他直接责任人员依法给予行政处分。

第三十六条　信息管理机构、信用信息中心和信息提供单位的工作人员滥用职权、玩忽职守、徇私舞弊的，由其所在单位或者上级主管机关依法给予行政处分；构成犯罪的，依法追究刑事责任。

## 第七章 ‖ 附则

第三十七条　对外国企业常驻代表机构、外商投资企业驻苏办事处等单位的有关信用信息的征集、披露、使用和管理等活动，参照本办法。

个体工商户的信用信息管理参照本办法。

第三十八条　本办法自 2004 年 9 月 1 日起施行。

# 无锡市个人信用信息征集管理办法

## （无锡市人民政府令第 132 号）

《无锡市个人信用信息征集管理办法》已经 2012 年 11 月 14 日市人民政府第 8 次常务会议审议通过，现予公布，自 2013 年 2 月 1 日起施行。

市长　朱克江

2012 年 12 月 3 日

## 无锡市个人信用信息征集管理办法

### 第一章 ‖ 总则

**第一条** 为了加强个人信用信息征集和应用管理，保护个人信用信息的安全，维护国家利益、社会公共利益和被征信人的合法权益，依据有关法律、法规，结合本市实际，制定本办法。

**第二条** 本市行政区域内个人信用信息征集和相关管理活动适用本办法。

**第三条** 本办法所称个人信用信息，是指自然人在社会与经济活动中形成的能够反映个人信用状况的信息。

本办法所称个人信用信息征集，是指归集、加工、使用和更正个人信用信息等活动。

**第四条** 个人信用信息征集遵循客观、公正、准确和谁提供谁负责的原则，依法维护个人的合法权益、保护个人隐私。

**第五条** 市经济和信息化委员会是本市信用管理部门，负责全市个人信用信息征集工作的指导、协调和监督管理。

有关部门应当按照各自职责，协同做好个人信用信息征集管理工作。

**第六条** 市人民政府设立的公共信用信息中心（以下简称市信用中心）负责本市

个人信用基础数据管理系统的建设、维护和管理，并按照本办法规定进行个人信用信息的征集。

**第七条** 依法设立的个人信用信息征信机构（以下简称征信机构）应当通过合法的途径征集个人信用信息。

**第八条** 市个人信用基础数据管理系统（以下简称个人信用数据系统）是全市个人信用信息归集、整理、储存、使用并实现共享服务的核心平台，是政府综合管理个人信用信息、提升公共服务水平的主要载体。

征信机构个人信用数据系统是本机构管理个人信用信息的重要载体。

## 第二章 ‖ 归集与加工

**第九条** 个人信用信息包括下列内容：

（一）个人基本信息：姓名、性别、出生日期、身份证号、户籍所在地住址、居所、工作单位、学历等身份识别信息与职业信息；

（二）个人信贷信用信息：经行业主管部门或者行业协会披露的，个人与金融机构、住房公积金管理中心在贷款、贷记卡、担保等活动中形成的信息；

（三）个人商业信用信息：个人与商业机构、公用事业单位发生商品交易和服务关系形成的个人赊购、缴费等信息；

（四）个人社会公共信用信息：行政机关、司法机关、行使公共管理职能的组织在行使职权过程中形成的个人信息；

（五）法律、法规规定的其他与个人信用有关的信息。

**第十条** 禁止归集下列个人信息，但本人自愿提供的除外：

（一）民族、种族、宗教信仰、政治信仰；

（二）身体形态、基因、血型、疾病和病史等可能影响被征信人正常生活的信息；

（三）其他与个人信用无关或者法律、法规禁止归集的个人信息。

**第十一条** 市信用中心应当及时归集行政机关、司法机关、行使公共管理职能的组织、公用事业单位、行业组织（以下统称信息提供单位）履行职务所形成的个人信用信息，并可以通过约定方式归集金融机构在金融活动中掌握的个人信用信息。

信息提供单位在个人信用信息生成之后，应当及时、准确、完整地向市信用中心提供。

**第十二条** 信息提供单位提供个人信息的具体范围、时间、方式和格式等由信用管理部门根据有关规定，会同信息提供单位另行确定。

**第十三条** 征信机构可以通过下列方式归集个人信用信息：

（一）以约定方式从市信用中心归集；

（二）以约定方式向被征信人归集；

（三）从媒体公开报道的信息中归集。

禁止以欺骗、盗窃、胁迫、利用计算机网络侵入等不正当手段归集个人信用信息。

**第十四条** 市信用中心不得对归集的个人信用信息进行加工，不得进行个人信用状况评级或者作出主观性评价。

**第十五条** 征信机构应当根据个人信用信息加工制作个人信用报告或者个人信用评估报告。

征信机构制作的个人信用评估报告应当以评估指标体系和标准为依据，保证评估结果的公正。

## 第三章 ‖ 储存与管理

**第十六条** 个人信用信息应当及时、准确地录入个人信用数据系统储存、管理，不得虚构或者篡改。

**第十七条** 信息提供单位应当对其提供的个人信用信息真实性负责；市信用中心和征信机构对其归集的个人信用信息真实性负责。

**第十八条** 除犯罪记录以外，其他与个人信用有关的行业惩戒、行政处罚、行政处分等不良信用信息，储存期限为自不良信用行为终止之日起7年。法律、法规另有规定的，从其规定。

**第十九条** 市信用中心和征信机构应当建立严格的管理制度，采取必要的技术措施，保证个人信用信息的保密与安全。

## 第四章 ‖ 使用与更正

**第二十条** 下列单位和个人（以下简称用户）可以按照以下规定查询个人信用信息：

（一）经被征信人授权查询的单位或者个人，可以持书面授权书、单位机构代码证或者个人身份有效证件，在授权范围内查询被征信人的信用信息；

（二）依法履行职务的司法机关、行政机关，可以持机关证明无偿查询相关个人信用信息。

被征信人可以持本人身份有效证件查询本人信用信息。

**第二十一条** 用户获取的个人信用信息不得披露或者提供给其他任何单位和个人，

不得利用个人信用信息牟利。

**第二十二条**　市信用中心和征信机构不得向被征信人和用户以外的单位或者个人提供个人信用信息查询，法律、法规另有规定的，从其规定。

**第二十三条**　市信用中心提供的个人信用信息应当保持内容的原始性和完整性；征信机构出具的个人信用报告或者个人信用评估报告应当客观、公正。

**第二十四条**　个人信用信息是用户判断被征信人信用状况的参考依据。

**第二十五条**　被征信人或者用户认为个人信用信息有错误的，可以向归集该个人信用信息的市信用中心和征信机构书面提出异议申请，要求予以更正，并就异议内容提供相关证据。

**第二十六条**　市信用中心和征信机构应当自受理异议申请之日起 20 日内，按照下列规定处理：

（一）异议信息经核实确有必要更正的，应当予以更正，并书面告知异议申请人和被征信人；

（二）异议信息经核实无须更正的，可以对异议信息不作修改，但应当书面告知异议申请人；

（三）异议信息无法核实的，应当从个人信用数据系统中删除、记录删除原因，并书面告知异议申请人。

**第二十七条**　异议申请人逾期未收到答复，或者经答复仍认为有错误的，可以申请信用管理部门对异议信息作出处理。

信用管理部门应当自收到申请之日起 30 日内作出处理决定，并书面答复异议申请人。

**第二十八条**　异议信息无法核实的不得披露；异议信息处理期限内，该信息暂不披露和使用。

## 第五章 ‖ 法律责任

**第二十九条**　行政机关、行使公共管理职能的组织及其工作人员，违反本办法规定，有下列行为之一的，由其所在单位或者上级机关予以通报，并视情节轻重对直接负责的主管人员和其他直接责任人员给予警告、记过、记大过的处分：

（一）未按照规定提供个人信用信息或者提供虚假信息的；

（二）擅自对个人信用状况评级或者作出主观性评价的；

（三）未按照规定提供查询服务的；

（四）利用个人信用信息牟利的；

（五）未按照规定处理异议信息的；

（六）其他滥用职权、徇私舞弊、玩忽职守的行为。

**第三十条** 征信机构违反本办法规定，有下列行为之一的，由信用管理部门责令改正，给予警告，并可以处 5000 元以上 2 万元以下罚款；造成损害的，依法承担民事责任：

（一）违反第十条规定，归集禁止归集的个人信息的；

（二）未按照第十五条规定加工制作个人信用报告、个人信用评估报告的；

（三）违反第十六条规定，虚构、篡改个人信用信息的；

（四）未按照第二十六条规定处理异议信息造成损失的。

**第三十一条** 征信机构违反本办法第十三条第二款规定，以其他不正当手段归集个人信用信息，或者违反第二十二条规定，向被征信人和用户以外的单位或者个人提供个人信用信息查询的，由信用管理部门责令改正，并可以处 5000 元以上 3 万元以下罚款；造成损害的，依法承担民事责任。

**第三十二条** 征信机构违反本办法第十六条规定，未及时、准确录入个人信用信息，或者未按照第二十条规定向用户提供查询服务的，由信用管理部门责令改正，给予警告，并可以处 1000 元以上 1 万元以下罚款。

**第三十三条** 违反本办法其他规定，法律、法规已有处罚规定的，从其规定；构成犯罪的，依法追究刑事责任。

## 第六章 ‖ 附则

**第三十四条** 本办法自 2013 年 2 月 1 日起施行。

# 无锡市企业信用信息征集管理办法

## （无锡市人民政府令第 133 号）

《无锡市企业信用信息征集管理办法》已经 2012 年 11 月 14 日市人民政府第 8 次常务会议审议通过，现予公布，自 2013 年 1 月 1 日起施行。

市长　朱克江

2012 年 12 月 3 日

## 无锡市企业信用信息征集管理办法

### 第一章 ‖ 总则

**第一条**　为了加强企业信用信息征集管理，完善企业信用管理制度，增强企业信用观念，营造企业信用环境，推进社会信用体系建设，根据有关法律、法规，结合本市实际，制定本办法。

**第二条**　本市行政区域内企业信用信息征集和相关管理活动适用本办法。

本办法所称企业信用信息，是指企业在从事生产经营和服务活动中形成的，能够用以分析、判断企业信用状况的信息。

本办法所称企业信用信息征集，是指归集、加工、披露、使用和更正企业信用信息等活动。

**第三条**　企业信用信息征集遵循客观、公正、准确和谁提供谁负责的原则，依法维护企业的合法权益、保护国家秘密和企业商业秘密。

**第四条**　各级人民政府应当加强对企业信用信息征集管理工作的领导和综合协调，确保企业信用信息征集工作健康发展。

**第五条**　市经济和信息化委员会是本市信用管理部门，负责全市企业信用信息征集管理工作的指导、协调和监督管理。

有关部门应当按照各自职责，协同做好企业信用信息征集管理工作。

**第六条** 市人民政府设立的公共信用信息中心（以下简称市信用中心）负责本市企业信用基础数据管理系统的建设、维护和管理，并按照本办法规定进行企业信用信息的征集工作。

**第七条** 依法设立的企业信用信息征信机构（以下简称征信机构）应当通过合法的途径征集企业信用信息，并开展企业信用信息征信活动。

**第八条** 鼓励企业积极参与企业信用信息征集的有关活动。

鼓励项目开发、商业投资、商务采购、经营决策等活动使用企业信用信息。

## 第二章 ‖ 归集与加工

**第九条** 归集企业信用信息主要包括企业的识别信息、信贷信息、公共信息和其他与企业信用相关的信息。

归集企业信用信息的具体目录，由信用管理部门根据有关规定另行制定。

**第十条** 行政机关、司法机关、行使公共管理职能的组织、公用事业单位、行业组织（以下统称信息提供单位）应当及时、准确、完整地向市信用中心提供企业信用信息，但涉及国家秘密和商业秘密的除外。

**第十一条** 下列信息提供单位应当向市信用中心提供其履行职责中形成的相关企业奖励、行政处罚和其他企业信用信息：

（一）工商部门提供企业工商注册基本资料、年检情况、抵押登记、工商案件和驰名、著名、知名商标等信息；

（二）质量技术监督部门提供企业组织机构代码、各类行政许可、省名牌产品、质量抽查等信息；

（三）税务部门提供企业税务登记、企业纳税信用等级、欠缴税款等信息；

（四）公安部门提供旅馆行业相关资质、行政许可等信息；

（五）环保部门提供企业危险废弃物经营许可、辐射安全许可、环境行为等信息；

（六）人力资源和社会保障部门提供企业劳动合同签订、履行和企业支付、拖欠工资等信息；

（七）建设部门提供有关企业资质等信息；

（八）食品药品监督部门提供药品企业生产、经营许可和药品安全信用等级评定等信息；

（九）出入境检验检疫部门提供企业出口商品免验、注册登记、出口危险品包装许可、出口食品生产企业备案等信息；

（十）金融部门提供企业贷款卡发放信息、金融资信等级、金融违法等信息；

（十一）安全生产监督部门提供企业安全生产、经营管理等信息。

经信、发改、民政、信电、科技、农业、商务、物价、统计、文化、海关、粮食、交通、教育、卫生、市政园林部门和司法机关等其他信息提供单位，应当按照约定向市信用中心提供有关企业信用信息。

**第十二条** 市信用中心除归集信息提供单位提供的企业信用信息外，可以通过下列方式自行归集企业信用信息：

（一）直接从涉及本市企业信用信息的其他信息系统中归集；

（二）以约定方式从金融机构在金融活动中掌握的企业信用信息中归集；

（三）以约定方式从征信机构获取的企业信用信息中归集；

（四）以约定方式直接向企业或者企业交易对象归集。

**第十三条** 征信机构可以通过下列方式自行归集企业信用信息：

（一）从媒体公开报道的信息中归集；

（二）以约定方式从市信用中心归集；

（三）以约定方式直接向企业或者企业交易对象归集。

禁止以欺骗、盗窃、胁迫、利用计算机网络侵入等不正当手段归集企业信用信息。

**第十四条** 信息提供单位应当对其提供的企业信用信息真实性负责。

市信用中心和征信机构对其自行归集的企业信用信息真实性负责。

**第十五条** 市信用中心应当保持其归集的企业信用信息内容原始性和完整性，不得对企业信用状况进行评级或者作出主观性评价。

**第十六条** 征信机构应当根据企业信用信息加工制作企业信用报告或者企业信用评估报告。

征信机构制作信用评估报告应当以评估指标体系和标准为依据，保证评估结果的公正。

## 第三章 ‖ 披露与使用

**第十七条** 下列企业信用信息可以向社会公开披露：

（一）企业名称、地址、法定代表人、类型、经营范围、注册资金等基本情况；

（二）报经审批、核准、登记、认证、年检的结果；

（三）诉讼判决、裁定、决定；

（四）罚款、没收违法所得或者非法财物、责令停产停业、吊销许可证或者执照等行政处罚；

（五）法律、法规规定应当公开的其他企业信用信息。

**第十八条** 下列单位和个人（以下简称用户），可以按照以下规定查询企业信用信息：

（一）信息提供单位和以约定方式提供信息的单位，持单位证明查询其提供的企业信用信息；

（二）经被查询企业授权的单位或者个人，持书面授权书、单位机构代码证或者个人身份有效证件，查询授权范围内的企业信用信息；

（三）依职权进行案件调查的司法机关和行政机关，持相关证明，无偿查询相关企业信用信息；

（四）法律、法规规定其他可以查询的单位或者个人，按照规定程序，查询有关企业信用信息。

被征信企业可以持证明查询本企业信用信息。

**第十九条** 市信用中心、征信机构不得向第十八条规定的用户以外的单位和个人提供企业信用信息。

除向社会公开的企业信用信息外，用户获取的企业信用信息不得披露或者提供给其他任何单位和个人，不得利用企业信用信息牟利。

**第二十条** 行政机关、行使公共管理职能的组织、行业组织，应当对信用记录保持良好的企业给予支持和鼓励，并在评优表彰、资格资质认定、项目（设备）招标、政府采购、政府奖励和资金扶持等活动中，使用市信用中心出具的企业信用信息查询意见表，或者征信机构出具的企业信用报告；未经企业同意，不得将所使用的企业信用信息查询意见表或者企业信用报告向其他单位、个人披露。

**第二十一条** 市信用中心、征信机构在企业信用信息提供活动中，对涉及商业机密和个人隐私的信息负有保密义务，但法律、法规另有规定或者经被征信企业同意提供的除外。

**第二十二条** 市信用中心、征信机构应当对企业信用信息使用的情况进行记录，并保存 2 年。

企业信用信息使用记录应当包括企业信用信息使用时间、对象等情况。

**第二十三条** 市信用中心、征信机构应当建立严格的管理制度，采取必要的技术措施，保证企业信用信息的安全。

## 第四章 ‖ 异议信息处理

**第二十四条** 被征信企业或者用户认为企业信用信息有错误的，可以向归集该企业信用信息的市信用中心、征信机构书面提出异议申请，要求予以更正，并就异议内容提供相关证据。

**第二十五条** 市信用中心应当自收到异议申请之日起 20 个工作日内，按照下列规定处理：

（一）自行归集的信息有异议的，经核实确有必要更正的，应当及时予以更正，并书面告知异议申请人以及被征信企业；

（二）自行归集的信息有异议的，经核实无须更正或者无法核实的，可以对异议信息不作修改，但应当书面告知异议申请人；

（三）信息提供单位提供的信息有异议的，应当及时通知信息提供单位进行核实，提出答复意见，并根据答复意见答复异议申请人，更正信息系统中的异议信息。

信息提供单位应当自收到异议信息核实通知之日起 10 日内作出书面答复。

**第二十六条** 征信机构应当自收到异议申请之日起 20 日内对异议信息进行核实，并书面答复异议申请人以及被征信企业。

**第二十七条** 异议申请人逾期未收到答复，或者经答复仍认为有错误的，可以申请信用管理部门对异议信息作出处理。

信用管理部门应当自收到申请之日起 30 日内作出处理决定，并书面答复异议申请人。

**第二十八条** 异议信息无法核实的不得披露；异议信息处理期限内，该信息暂不披露和使用。

## 第五章 ‖ 法律责任

**第二十九条** 行政机关、行使公共管理职能的组织及其工作人员，违反本办法规定，有下列行为之一的，由其所在单位或者上级机关予以通报，并视情节轻重对直接负责的主管人员和其他直接责任人员给予警告、记过、记大过的处分：

（一）未按照规定提供企业信用信息或者提供虚假信息的；

（二）擅自对企业信用状况评级或者作出主观性评价的；

（三）未按照规定披露企业信用信息的；

（四）未按照规定提供查询服务的；

（五）利用企业信用信息牟利的；

（六）未按照规定处理异议信息的；

（七）其他滥用职权、徇私舞弊、玩忽职守的行为。

**第三十条** 征信机构违反本办法第十六条规定加工制作企业信用报告、企业信用评估报告，或者未按照第二十六条规定处理异议信息的，由信用管理部门责令改正，给予警告，并可以处 5000 元以上 2 万元以下罚款；造成损害的，依法承担民事责任。

第三十一条　征信机构违反本办法规定，有下列行为之一的，由信用管理部门责令改正，给予警告，并可以处 1000 元以上 1 万元以下罚款：

（一）未按照第十七条规定向社会公开披露企业信用信息的；

（二）未按照第十八条第一款规定向用户提供查询服务的；

（三）未按照第二十二条规定保存企业信用信息使用情况记录的。

第三十二条　征信机构违反本办法规定，有下列行为之一的，由信用管理部门责令改正，并可以处 5000 元以上 3 万元以下罚款；造成损害的，依法承担民事责任：

（一）违反第十三条第二款规定，以其他不正当手段归集企业信用信息的；

（二）违反第十九条第一款规定，擅自向用户以外的单位和个人提供企业信用信息查询的；

（三）违反第二十一条规定，在企业信用信息提供活动中泄露企业商业秘密的。

第三十三条　违反本办法其他规定，法律、法规已有行政处罚规定的，从其规定；构成犯罪的，依法追究刑事责任。

# 第六章 ‖ 附则

第三十四条　本办法自 2013 年 1 月 1 日起施行。

# 杭州市公共信用信息管理办法

## （杭州市人民政府令第 295 号）

《杭州市公共信用信息管理办法》已经 2016 年 8 月 16 日市人民政府第 66 次常务会议审议通过，现予公布，自 2016 年 10 月 1 日起施行。

市长　张鸿铭

2016 年 8 月 28 日

## 杭州市公共信用信息管理办法

### 第一章 ‖ 总则

**第一条**　为了规范公共信用信息的归集和应用，实现公共信用信息资源共享，促进社会信用体系建设，根据有关法律、法规的规定，结合本市实际，制定本办法。

**第二条**　本市行政区域内公共信用信息的归集、应用和相关管理活动，适用本办法。

**第三条**　本办法所称公共信用信息，是指行政机关和法律法规规章授权的具有管理公共事务职能的组织以及公共企事业单位、群团组织等（以下统称信息提供主体），在履行职责、提供服务过程中产生或者掌握的，可用于识别自然人、法人和其他组织（以下统称信息主体）信用状况的数据和资料。

**第四条**　公共信用信息的归集、应用和相关管理活动，应当遵循合法、安全、及时、准确的原则，保障信息主体的合法权益，保守国家秘密，保护商业秘密和个人隐私。

**第五条**　市公共信用信息平台（以下简称市信用平台）是本市公共信用信息归集、发布和查询的统一平台。

各区、县（市）应当建设本地公共信用信息平台或者数据库，并与市信用平台实现数据共享和对接。

公共信用信息平台建设工作应当纳入杭州市社会信用体系建设发展规划、杭州市智慧政务建设发展规划。

第六条　市发展和改革部门是公共信用信息工作的主管部门（以下简称市公共信用信息主管部门），负责本办法的组织实施。

杭州市信用中心（以下简称市信用中心）在市公共信用信息主管部门的指导、监督下，具体负责公共信用信息的归集、整理、发布等工作；负责市信用平台、"信用杭州"网站的建设、运行和维护；为行政管理和社会应用提供信用信息服务。

市有关职能部门和各区、县（市）人民政府，根据各自职责做好公共信用信息管理工作。

第七条　市和区、县（市）人民政府可以将公共信用信息归集和应用的情况，列为对本级政府有关部门和下一级政府考核的内容。

## 第二章 ‖ 公共信用信息的归集

第八条　本办法第三条规定的信息提供主体应当按照规定向市信用平台提供公共信用信息。

第九条　公共信用信息包括本市年满 18 周岁的自然人、法人和其他组织的基本信息、失信信息和其他信息。

第十条　法人和其他组织的基本信息包括：

（一）名称、统一社会信用代码、法定代表人或者负责人、股东或者合伙人基本情况等登记注册信息；

（二）董事、监事、高级管理人员和分支机构信息；

（三）资格、资质等行政许可信息；

（四）产品、服务、管理体系获得的认证认可信息；

（五）其他反映法人和其他组织基本情况的信息。

自然人的基本信息包括：

（一）姓名、身份证号码；

（二）学历、就业状况、婚姻状况；

（三）职业资格、执业许可等信息；

（四）其他反映自然人基本情况的信息。

第十一条　法人和其他组织的失信信息包括：

（一）税款、社会保险费、公积金欠缴信息；

（二）行政事业性收费、公用事业费、政府性基金欠缴信息；

（三）适用一般程序作出的生效行政处罚信息，行政强制执行信息；

（四）提供虚假材料、违反告知承诺制度的信息；

（五）采用虚构劳动关系、提供虚假资料等手段骗取社会保险待遇信息；

（六）发生产品质量、安全生产、食品安全、环境污染等责任事故被监管部门处理的信息；

（七）被监管部门处以行业禁入的信息；

（八）国家和本省、市规定的其他失信信息。

自然人的失信信息除前款所列第三、四、七项外，还包括下列信息：

（一）税款、公用事业费欠缴信息；

（二）以欺诈、伪造证明材料或者其他手段骗取社会保险待遇信息；

（三）乘坐公共交通工具时冒用他人证件、使用伪造证件乘车等逃票信息；

（四）参加国家或者地方组织的统一考试作弊的信息；

（五）国家和本省、市规定的其他失信信息。

**第十二条**　自然人、法人和其他组织的其他信息包括：

（一）各级人民政府及其部门、群团组织授予的表彰、奖励等信息；

（二）参与各级人民政府及其部门、群团组织开展的志愿服务、慈善捐赠活动等信息；

（三）国家和本省、市规定的其他信息。

**第十三条**　公共信用信息根据国家有关规定实行统一代码管理，自然人使用身份证号码作为其识别代码，法人和其他组织使用统一社会信用代码作为其识别代码。

**第十四条**　公共信用信息实行目录管理，由市公共信用信息主管部门会同信息提供主体，每年度编制并公布。公共信用信息目录包括归集内容、归集格式、提供周期、提供方式、开放等级等。

**第十五条**　信息提供主体应当按照公共信用信息目录，及时、准确地向市信用平台提供公共信用信息，并对其提供的信息的真实性、合法性、时效性负责。

**第十六条**　禁止归集自然人的宗教信仰、基因、指纹、血型、疾病和病史信息以及法律法规禁止采集的其他信息。

未经自然人书面同意，不得采集其收入、存款、有价证券、商业保险、不动产等信息。

## 第三章 ‖ 公共信用信息的应用

**第十七条**　公共信用信息按照其开放等级进行分类应用。开放等级分为以下三类：

（一）社会公开信息，指根据《中华人民共和国政府信息公开条例》规定应当主动公开的信息；或者政府部门根据行政管理需要公开的信息。

（二）授权查询信息，指经信息主体的授权可以查询的信息。

（三）政府内部应用信息，是指不得擅自向社会提供，仅供行政机关和法律法规规章授权的具有管理公共事务职能的组织，在履行职责过程中查询和使用的信息。

公共信用信息的开放等级由市公共信用信息主管部门会同信息提供主体在公共信用信息目录中予以明确。

第十八条　行政机关和法律法规规章授权的具有公共事务管理职能的组织，在履行有关法定职责时，应当查询公共信用信息，掌握信息主体的信用状况，并依法将其作为实施行政管理的必要条件或者参考依据。

行政机关和法律法规规章授权的具有公共事务管理职能的组织，应当确定与本单位职责相关联的公共信用信息应用清单。市公共信用信息主管部门应当对各部门的公共信用信息应用清单进行汇总，编制并公布政府公共信用信息应用目录。

第十九条　行政机关和法律法规规章授权的具有公共事务管理职能的组织，应当凭市公共信用信息主管部门的授权，登录市信用平台进行查询。

市信用平台可以采用服务接口方式，向行政机关和法律法规规章授权的具有公共事务管理职能的组织内部业务系统提供公共信用信息查询共享服务。

行政机关和法律法规规章授权的具有公共事务管理职能的组织，应当建立本单位公共信用信息查询制度，设定本单位查询人员的权限和查询程序。

第二十条　鼓励自然人、法人和其他组织在开展金融活动、市场交易、劳动用工、社会公益等活动中应用公共信用信息。

鼓励社会征信机构和其他依法设立的信用服务机构应用公共信用信息，开发和创新信用服务产品，扩大信用服务产品的使用范围。

鼓励行业协会、商会应用公共信用信息，完善行业内部信用信息采集、共享机制，将严重失信行为记入会员信用档案。

第二十一条　社会公开信息可以通过"信用杭州"网站、"中国杭州"政府门户网站、浙江政务服务网杭州门户、移动终端应用软件等方式进行查询，或者在专门服务窗口查询。

授权查询信息在专门服务窗口查询，查询者应当提供信息主体的书面授权证明和本人有效身份证明；信息主体本人查询的，应当提供本人有效身份证明。

提供查询服务不得收取费用。具体查询办法由市公共信用信息主管部门另行制定并公布。

第二十二条　社会征信机构和其他依法设立的信用服务机构，符合下列条件的，经市公共信用信息主管部门同意，可以批量查询公共信用信息：

（一）具备有效的征信资质或者相关许可；

（二）获得信息主体授权；

（三）签订保密协议；

（四）不影响市信用平台安全；

（五）市公共信用信息主管部门认为需要符合的其他合理条件。

**第二十三条** 行政机关、法律法规规章授权的具有公共事务管理职能的组织，在履行法定职责时，对信用状况良好的自然人、法人和其他组织，依法采取优先办理、简化程序或者优先选择、重点扶持等激励措施；对信用状况不良的，应当加强日常监管，依法实施行政性约束和联合惩戒措施。

信用奖惩的具体办法由市公共信用信息主管部门另行制定并公布。有关部门可以共同制定守信联合激励和失信联合惩戒措施。

## 第四章 ‖ 公共信用信息的维护

**第二十四条** 失信信息的公开和查询期限为 5 年，自失信行为或者事件终止之日起计算，国家或者本省、市另有规定的除外。期限届满，市信用中心应当将该信息从公开和查询界面删除，转为档案保存。

**第二十五条** 信息主体可以要求市信用中心删除本人的表彰奖励、志愿服务、慈善捐赠信息，或者要求改变其开放等级。市信用中心应当在收到通知之日起 2 个工作日内删除信息或者改变其开放等级，并告知信息提供单位。

**第二十六条** 信息主体认为市信用平台中有关其自身的信息存在错误、遗漏或者不当公开的，或者失信信息超过公开和查询期限仍未删除的，可以向市信用中心提出异议申请，并提供相关证明材料。

**第二十七条** 市信用中心在收到异议申请后，应当进行核查；如果有必要，应当将异议申请材料移交信息提供主体进行核查。经核查确有错误或者遗漏的，市信用中心及信息提供主体应当及时修正，并由市信用中心通知信息主体。

异议处理应当在 30 日内办理完毕。

**第二十八条** 异议处理期间，市信用中心应当对异议信息作出"异议正在处理"的标注，并暂停使用该信息。异议处理完毕后，取消标注。

信息主体对异议处理结果仍有异议的，可以申请异议标注，市信用中心应当在收到异议标注申请后，对异议信息作出"申请人存疑"的标注并载明原因，信息仍可使用。

异议标注期间，信息主体可以提出撤销异议标注申请，市信用中心应当在收到异议标注撤销申请后撤销标注。

第二十九条　信息主体在其失信信息公开和查询有效期内，纠正其失信行为、减轻或者消除不良行为后果的，可以向市信用中心申请信用修复。

对符合信用修复规定的，市信用中心应当予以书面确认，并应当及时采集修复后的信息，将原始失信记录转为档案保存。

信用修复的具体规定由市公共信用信息工作主管部门另行制定并公布。

第三十条　自然人、法人和其他组织认为有关信息主体存在本办法规定的失信行为的，可以向有关行政主管部门或者市信用中心举报。有关行政主管部门或者市信用中心收到举报后应当告知信息主体。所举报的失信行为经核实真实有效的，录入该信息主体的信用记录。有关行政主管部门或者市信用中心应当对举报人信息做好严格保密工作。

任何单位或者个人不得实施恶意举报行为，经查实属恶意举报的，依法追究法律责任，并记入其信用记录。

## 第五章 ‖ 公共信用信息的安全

第三十一条　市公共信用信息主管部门、市信用中心和信息提供主体应当加强公共信用信息保密管理，对涉及国家秘密、商业秘密、个人隐私以及依法不得公开的公共信用信息，不得向任何单位和个人开放和披露。

第三十二条　根据本办法规定应用公共信用信息的任何单位和个人，未经授权不得擅自将授权查询信息、政府内部应用信息提供给第三方使用。

第三十三条　市公共信用信息主管部门和市信用中心应当加强公共信用信息档案管理，对市信用平台中信息录入、删除、更改、查询，以及进行异议、举报和修复处理等，应当如实记录实施该行为的人员、日期、原因、内容和结果等日志信息，并长期保存。

对经授权查询公共信用信息的，市信用中心应当如实记录查询情况，并长期保存。

第三十四条　市信用中心应当严格执行国家计算机信息系统安全保护的有关规定，建立健全信息安全管理制度，实行信息系统安全保护等级认定和测评工作，确保公共信用信息的安全和信用平台的稳定运行。

## 第六章 ‖ 法律责任

第三十五条　自然人、法人和其他组织认为公共信用信息归集、应用及相关管理活动中的行政行为侵犯其合法权益的，可以依法申请行政复议或者提起行政诉讼。

**第三十六条** 行政机关、法律法规规章授权的具有管理公共事务职能的组织及其工作人员有下列行为之一的，由所在单位或者上级主管部门对直接负责的主管人员和其他直接责任人员依法给予行政处分；给信息主体造成损失的，依法承担民事责任；构成犯罪的，依法追究刑事责任：

（一）未按照规定归集公共信用信息，造成不良后果的；

（二）越权查询公共信用信息，造成不良后果的；

（三）未按照规定处理异议申请、修复申请的；

（四）违反规定公开、泄露或者使用公共信用信息的；

（五）篡改、虚构公共信用信息的；

（六）其他在公共信用信息管理工作中滥用职权、玩忽职守、徇私舞弊的行为。

**第三十七条** 单位和个人有下列行为之一的，由公共信用信息主管部门予以警告；给信息主体造成损失的，依法承担民事责任；构成犯罪的，依法追究刑事责任：

（一）伪造、变造信息主体授权证明获取信息的；

（二）未经信息主体同意向第三方提供授权查询信息的；

（三）采取删除、屏蔽、断开链接等手段破坏信用平台的；

（四）采取复制、下载、截留等手段非法获取公共信用信息的；

（五）非法出售公共信用信息的；

（六）其他危害信用平台安全、侵害信息主体合法权益的违法行为。

## 第七章 ‖ 附则

**第三十八条** 本办法所称的自然人，包括个体工商户。

**第三十九条** 法院、检察院在行使司法职权中产生和掌握的信息主体的失信信息的归集和管理，由市公共信用信息主管部门和法院、检察院具体协商确定。

**第四十条** 本办法自 2016 年 10 月 1 日起施行。

# 宁波市企业信用监管和社会责任评价办法

## （宁波市人民政府令第 192 号）

《宁波市企业信用监管和社会责任评价办法》已经 2011 年 12 月 2 日市人民政府第 114 次常务会议审议通过，现予发布，自 2012 年 3 月 1 日起施行。

市长　刘奇

二○一一年十二月二十一日

## 宁波市企业信用监管和社会责任评价办法

### 第一章 ‖ 总则

**第一条** 为了提高企业信用水平，改善政府服务，规范企业社会责任评价，促进企业与社会、环境全面协调和可持续发展，根据有关法律、法规规定，制定本办法。

**第二条** 本市行政区域内企业信用信息记录、共享、监管、运用和企业社会责任评价管理，适用本办法。

**第三条** 企业信用监管和社会责任评价应当遵循客观、规范、公平、公开、公正的原则，依法维护国家利益、社会利益和企业合法权益。

社会责任评价实行政府主导、企业自主、社会参与、评价机构独立评价的工作机制。

**第四条** 市和县（市）区人民政府负责统筹、协调推进全市企业信用体系与企业社会责任制度建设。

**第五条** 市工商行政管理部门受市人民政府委托，承担全市企业信用信息数据库管理工作，负责全市企业信用信息记录、共享、运用的综合管理，协助做好企业社会责任评价工作。县（市）工商行政管理部门负责本行政区域企业信用信息记录、共享、运用的综合管理工作。

市和县（市）区人民政府设立或者确定的企业社会责任评价机构负责本行政区域内的企业社会责任评价工作。

各级行政管理部门以及依法授权承担公共事务管理职能的组织应当依照各自职责对企业信用和履行社会责任情况实施监督、管理与服务。

工商业联合会、行业协会和其他行业组织协助推进企业信用和社会责任建设。

## 第二章 ‖ 信息记录与共享

**第六条**　工商、发展和改革、财政、税务、经济和信息化、对外经济贸易、科学技术、人力资源与社会保障、安全生产、食品药品、卫生、环境保护、贸易、公安、交通运输、质量技术监督、住房与建设、规划、国土资源、城市管理、文化广电新闻出版、农业、海洋与渔业、水利、旅游、口岸、民政等行政管理部门以及依法授权承担公共事务管理职能的组织（以下统称企业信用信息提供单位），对在依法履行职责过程中获取的企业信用信息，应当进行客观、准确、全面的记录，并按照《宁波市政府信息资源共享管理办法》的有关要求对企业信用信息资源实行共享。

人民银行、国家税务、海关、出入境检验检疫、海事等国家垂直管理机构和人民法院等司法机关，可以按照约定与市工商行政管理部门进行有关企业信用信息资源的共享与管理合作。

**第七条**　企业信用信息记录范围包括：

（一）本市依法登记注册的企业信用信息；

（二）在本市开展经营活动的非本市企业信用信息。

本市依法登记注册的企业在本市设有分支机构的，分支机构的信用信息应当与其企业信用信息合并记录。

**第八条**　市工商行政管理部门应当会同市信息化行政管理部门制定《宁波市行政机关共享企业信用信息目录体系》，作为全市行政机关共享企业信用信息和业务协同的基础。列入《宁波市行政机关共享企业信用信息目录体系》的企业信用信息，必须实行共享。

企业信用信息提供单位应当对所拥有的企业信用信息资源进行分类整理，确定可以共享的内容及共享条件，按照《宁波市行政机关共享企业信用信息目录体系》规定的内容向工商行政管理部门提供本单位记录的企业信用信息，并确保信息真实、可靠、完整、适时。

**第九条**　工商行政管理部门负责整合企业信用信息提供单位提供的信息，纳入企业信用信息数据库。

工商行政管理部门整合的企业信用信息应当与企业信用信息提供单位提供的信息内容一致，不得篡改、虚构或者有选择性地整合信息。

**第十条** 工商行政管理部门和企业信用信息提供单位应当建立企业信用信息安全管理制度，保障企业信用信息的安全。

**第十一条** 除了涉及国家秘密、商业秘密、个人隐私和按照国家有关规定不得公开的企业信用信息以外，工商行政管理部门和企业信用信息提供单位应当通过互联网等公共媒体，向社会公开企业的基本信用信息。

公民、法人和其他组织可以通过市人民政府企业信用监管网站免费查询企业的基本信用信息。

## 第三章 ‖ 企业信用监管

**第十二条** 企业信用信息提供单位应当建立本单位、本系统的企业信用管理体系，确定分类等级标识。

企业信用等级除法律、法规另有规定外，分为 A、B、C、D 四类进行分类等级标识：A 类表示信用风险很小；B 类表示信用风险较小；C 类表示信用风险较大；D 类表示信用风险很大。

企业信用信息提供单位应当根据管理实际需要，细化规定 A、B、C、D 四类企业信用状况的具体内容，并逐步实现动态监管、及时更新有关企业信用信息。

**第十三条** 各级行政管理部门以及依法授权承担公共事务管理职能的组织履行法定监督管理、检查职责时，应当结合企业信用状况实施分类管理，确定合理的监督检查频率。除法律法规和国家部门另有规定的以外，应当根据企业的信用等级和行业特征设置 A、B、C、D 四类进行监管，提高监管效果：

（一）A 类管理。实施低频率管理。适用于等级标识为 A 类的企业。对该类企业应当减少或者免除日常监督检查，可以实行跨年度监督检查；

（二）B 类管理。实施较低频率管理。适用于等级标识为 B 类的企业。对该类企业应当每年进行监督检查，监督存在问题的整改情况；

（三）C 类管理。实施较高频率管理。适用于等级标识为 C 类的企业。对该类企业应当每年进行不少于 2 次的监督检查，重点监督违法失信行为的整改情况和了解依法需要关注的问题；

（四）D 类管理。实施高频率管理。适用于等级标识为 D 类或者列入国家规定的重点监控行业的企业。对该类企业应当加强日常监督检查或者增加抽查频率进行重点监管，及时监督违法失信行为的整改情况和了解依法需要关注的问题。

第十四条　市工商行政管理部门根据各个企业信用信息提供单位确认的信用状况，合成确定企业的综合信用等级标识。

企业综合信用等级标识分为 A、B、C、D 四类。企业综合信用等级标识确定的具体办法由市工商行政管理部门另行制定、公布。

企业综合信用等级在企业信用信息提供单位之间进行实时共享，并在市人民政府企业信用监管网站及其他公共媒体上予以公示，接受公众的咨询、评议和监督。

第十五条　企业可以通过数字证书在互联网上登陆市人民政府企业信用监管网站获取自身所有的信用信息，并可以通过数字证书产生的随机号授权他人查询本企业的信用信息。

第十六条　企业认为市人民政府企业信用监管网站或者有关管理部门采集、保存、对外提供的企业信用信息存在错误、遗漏的，有权向有关管理部门提出异议，要求更正。

有关管理部门收到异议后，应当在收到异议之日起 20 个工作日内进行核查和处理，并将处理结果答复企业。

## 第四章 ‖ 社会责任评价与促进

第十七条　市和县（市）区企业社会责任评价机构应当利用本市企业信用信息数据库的有关信用信息数据，结合企业类型、规模、所在的行业发展特点等因素，展开企业社会责任评价工作。

第十八条　企业社会责任评价机构根据企业信用状况对企业履行社会责任情况分别进行依申请评价和主动评价。

对企业综合信用等级标识为 A 类、B 类、C 类的企业，依据企业的申请由企业社会责任评价机构对其履行社会责任情况作出评价，公布评价结果；

对企业综合信用等级标识为 D 类的企业，企业社会责任评价机构可以纳入主动评价的范围，适时进行评价并向社会公布评价结果。

第十九条　企业申请社会责任评价的，应当向企业社会责任评价机构提交有关材料，并对其申请材料内容的真实性负责。

第二十条　评价企业履行社会责任状况，主要是对企业发展、劳动关系、环境关系、社会关系、组织关系、企业文化以及企业职工满意度和社会公认度等方面的内容进行全面评价。

第二十一条　企业社会责任评价的具体标准按照本市《企业社会责任评价准则》的规定执行。

　　《企业社会责任评价准则》由市企业社会责任评价机构、市工商行政管理部门、市经济和信息化管理部门会同有关行业协会和专家起草，并应当广泛征求企业和企业利益相关者的意见。

　　《企业社会责任评价准则》起草完成后，按照地方标准管理有关规定报市标准化行政主管部门批准，并向社会公布。

　　**第二十二条**　企业社会责任评价机构对依申请评价的，分别评出不达标、达标和优秀三个评价等级。

　　企业社会责任评价机构主动评价的，分别评出不达标或者社会责任严重缺失二个评价等级。

　　依申请评价的，企业社会责任评价等级每次的有效期为 2 年。每次评价等级有效期届满前 6 个月内，符合条件的企业可以提出重新评价申请。

　　**第二十三条**　企业社会责任评价机构对依申请评价的，应当按照下列程序进行：

　　（一）受理申请；

　　（二）核实企业信用状况，按管理职责分工提交有关管理部门进行审核；

　　（三）组织进行职工、客户满意度和社会公认度测评，按照《企业社会责任评价准则》提出初步评价意见；

　　（四）审核初步评估意见并拟定评价等级；

　　（五）向社会公示拟定的评价等级，征求意见；

　　（六）确定评价等级，向企业送达评价结果。

　　**第二十四条**　对依申请评价的，企业有下列情形之一的，企业社会责任评价机构应当作出不予受理的决定：

　　（一）发生一般以上生产安全死亡事故的；

　　（二）因违反劳动与社会保障法律法规而引发职工群体性事件的；

　　（三）发生重大恶性刑事案件的；

　　（四）因违反有关行政管理法律法规而受到重大行政处罚的。

　　前款重大恶性刑事案件、重大行政处罚的标准，按照省、市有关规定执行。

　　**第二十五条**　企业社会责任评价机构应当自受理企业社会责任评价申请之日起 7 日内作出准予受理的决定。不予受理的，应当说明理由，并告知企业可以在 20 日内向企业社会责任评价机构申请复核。

　　**第二十六条**　企业社会责任评价机构主动评价的，应当按照下列程序进行：

　　（一）在企业综合信用等级标识为 D 类的企业中选择确定拟主动评价的企业；

　　（二）核实企业信用状况，按管理职责分工提交有关管理部门进行审核；

　　（三）按照《企业社会责任评价准则》提出初步评价意见；

（四）按照有关规定审核初步评价意见并确定评价等级；

（五）向社会公示拟定的评价等级，征求意见；

（六）向社会公布评价结果。

**第二十七条** 企业社会责任评价机构可以组建评价专家组承担企业社会责任评价工作。评价专家组成员由企业社会责任评价机构从企业社会责任评价专家库中随机选择确定。

**第二十八条** 企业认为评价结果不合理或者不符合实际情况的，可以在 15 日内向企业社会责任评价机构申请复核评价结果。

企业社会责任评价机构应当重新组建评价专家组进行复核评价。

评价专家组应当充分听取企业的陈述，按照评价标准作出最终复核评价决定。

**第二十九条** 获得达标、优秀评价等级的企业，有下列情形之一的，经企业社会责任评价机构确认，应当降低或者撤销其评价等级：

（一）评价中提供虚假情况和资料，或者与评价机构工作人员串通作弊，致使评价情况失实的；

（二）涂改、伪造、出租、出借评价等级证书的；

（三）受到较大数额罚款、没收非法所得，限期停业整顿、吊销行政许可证等行政处罚的；

（四）其他违反法律法规规定情形的。

被降低评价等级的企业在 2 年内不得提出评价申请，被撤销评价等级的企业在 3 年内不得提出评价申请。

企业社会责任评价机构应当以书面形式将降低或者撤销评价等级的决定告知企业并向社会公告。

**第三十条** 企业社会责任评价机构应当制定企业社会责任评价的有关工作制度和管理规定，公正、独立、客观地开展评价活动，采取合理、有效措施保证评价质量，并接受有关管理部门的监督、检查。

**第三十一条** 企业可以按照《企业社会责任评价准则》的要求，结合本企业实际，制定推进企业社会责任的规划、年度计划。

鼓励企业通过互联网、报纸等公共媒体公开发布履行社会责任年度报告。

**第三十二条** 鼓励企业行业协会建立行业性企业社会责任评价制度、参与企业社会责任评价标准起草，开展企业社会责任知识普及、培训、咨询等活动。

企业社会责任评价机构可以委托行业协会对企业履行社会责任的情况进行评议。

**第三十三条** 企业利益相关者和消费者可以对企业履行社会责任情况进行监督，举报企业在履行社会责任中的不良行为。

企业社会责任评价机构应当对企业履行社会责任状况的举报案件及时提出处理意见，并告知举报人。

## 第五章 ‖ 成果运用

**第三十四条** 市、县（市）工商行政管理部门应当定期对本行政区域内企业信用监管总体状况进行汇总、分析、评估，提出有关工作建议，向本级人民政府报告。

企业社会责任评价机构应当定期对企业履行社会责任总体状况进行分析，提出有关工作建议，向本级人民政府报告，并逐步建立企业社会责任评价年度报告公开发布制度。

**第三十五条** 企业社会责任评价机构应当定期向社会公布获得优秀、达标、不达标评价等级的企业名录和社会责任严重缺失企业名录。

对获得不达标评价等级的企业、社会责任严重缺失企业，有关行政管理部门可以对其法定代表人或者负责人进行约谈。

**第三十六条** 市和县（市）区人民政府设立最具社会责任企业奖，对获奖企业给予奖励。

最具社会责任企业奖在社会责任评价等级为优秀的企业中通过公开评选方式产生。

**第三十七条** 对综合信用等级标识为 A 类或者社会责任评价等级为优秀的企业，有关管理部门应当实施下列激励措施：

（一）在法定权限范围内减免税收；

（二）优先享受科学技术、社会保障、节约能源、环境保护等方面的政府资金补贴；

（三）在产业发展、建设用地使用权供应等公共资源配置方面给予适当扶持；

（四）在政府采购和政府投资项目招标中作为重要的评审因素；

（五）优先推荐、安排其企业法定代表人或者主要负责人参加各类先进评比、享受有关政治待遇；

（六）法律、法规、规章和规范性文件规定的其他激励措施。

**第三十八条** 对综合信用等级标识为 D 类或者社会责任评价不达标的企业、社会责任严重缺失企业，有关管理部门应当在法定权限范围内采取下列制裁措施：

（一）依法从重实施行政处罚；

（二）取消评选相关荣誉的资格；

（三）不得减免税收和政府非税收入，不得享受各类政府资金补贴或者参与政府采购和政府投资项目投标；

（四）在产业发展、建设用地使用权供应等公共资源配置方面进行限制；

（五）向社会发出消费、用工、投资等方面的风险警示；

（六）法律、法规、规章规定的其他制裁措施。

**第三十九条** 对综合信用等级标识为 D 类或者社会责任严重缺失企业，金融机构可以降低其授信等级、保险机构可以不予办理除法定强制保险外的商业保险业务，并可以将其法定代表人或者主要负责人列入不良信用名单。

**第四十条** 有关部门组织的涉及企业的各类考核、评价，应当充分运用企业信用监管和社会责任评价结果，不得进行重复评价，不得增加企业不合理的负担。

企业综合信用等级标识为 A 类或者企业社会责任评价等级为优秀的，其评价结果应当作为评选本市创建和谐企业先进单位的主要依据。

**第四十一条** 国内外征信机构需要了解、评估本市企业的信用和履行社会责任状况的，可以要求市工商行政管理部门和市企业社会责任评价机构提供有关企业的信用和履行社会责任状况的证明。

对符合有关条件的国内外征信机构，市工商行政管理部门和市企业社会责任评价机构应当免费提供本市有关企业信用和履行社会责任状况的证明。

市企业社会责任评价机构提供的评价结果可以作为国内外征信机构评估本市有关企业社会责任的依据。

## 第六章 ‖ 法律责任

**第四十二条** 企业信用信息提供单位未按本办法规定向工商行政管理部门和企业社会责任评价机构提供企业信用信息的，由工商行政管理部门和企业社会责任评价机构书面通知其限期提供；逾期不提供的，由本级人民政府给予通报批评或者对责任人给予行政处分。

**第四十三条** 企业信用信息提供单位、工商行政管理部门或者企业社会责任评价机构及其工作人员有下列行为之一的，由本级人民政府责令其限期改正，并对责任人给予行政处分；造成损害的，依法承担民事责任；构成犯罪的，依法追究刑事责任：

（一）披露或者泄露涉及国家秘密、商业秘密和个人隐私的企业信用信息的；

（二）伪造、更改和提供虚假企业信用信息的；

（三）使用企业信用信息进行营利活动的；

（四）对企业综合信用等级标识为 A 类或者企业社会责任评价等级为优秀的企业，未按规定采取激励措施的；

（五）对企业综合信用等级标识为 D 类或者社会责任评价不达标的企业、社会责严重缺失企业，未按规定采取制裁措施的；

（六）其他滥用职权、玩忽职守、徇私舞弊的。

## 第七章 ‖ 附则

**第四十四条** 企业信用监管与社会责任评价工作经费列入各级政府预算，不得向企业收取任何费用。

**第四十五条** 本办法所称下列用语的含义如下：

（一）企业信用监管，是指各级行政管理部门以及依法授权承担行政管理职能的组织以信息技术为支撑，通过信用信息记录、信用监管评价、信用信息公示等方式，以激励、限制、惩戒等手段对企业经营行为实施监督管理。

（二）企业信用信息，是指各级行政管理部门以及依法授权承担公共管理职能的组织在履行职能过程中形成的用于识别企业身份、反映企业经营状况、履行法定义务等信用状况以及反映与企业经营决策相关的企业法定代表人、主要负责人的有关数据和资料，包括基础信息、良好信息和提示信息。

（三）市人民政府企业信用监管网站，是指宁波市人民政府设在互联网上网址为www. nbcredit. net 的网站。

（四）企业社会责任，是指企业在追求自身发展的同时，对国家和社会全面发展、自然环境和资源保护，以及对股东、债权人、职工、客户、消费者、供应商、社区等利益相关者所应承担的各项责任。

（五）和谐企业，是指劳动关系和谐稳定、生产与环境协调发展、可持续竞争力强、履行社会责任达到规定标准的企业。

**第四十六条** 本市创建和谐企业先进单位的评选标准参照《企业社会责任评价准则》执行。

**第四十七条** 工商行政管理部门、企业社会责任评价机构可以参照本办法的规定对个体工商户和有关执业人员进行信用信息管理和社会责任评价。

**第四十八条** 本办法自 2012 年 3 月 1 日起施行。

# 福州市公共信用信息管理暂行办法

（福州市人民政府令第74号）

《福州市公共信用信息管理暂行办法》经 2017 年 11 月 6 日市政府第 32 次常务会议通过，现予公布，自 2018 年 1 月 1 日起施行。

市长　尤猛军

2017 年 11 月 17 日

## 福州市公共信用信息管理暂行办法

### 第一章 ‖ 总则

第一条　为了规范公共信用信息的征集、披露和使用，加强公共信用信息的管理，实现公共信用信息资源共享，营造良好的社会信用环境，根据《中华人民共和国政府信息公开条例》《福建省公共信用信息管理暂行办法》等规定，结合我市实际，制定本办法。

第二条　在本市行政区域内从事公共信用信息的征集、披露、使用及其监督管理活动，适用本办法。

第三条　本办法所称公共信用信息，是指国家机关、法律法规授权的具有管理公共事务职能的组织以及公共企事业单位、群团组织等（以下简称信息提供主体），在其履行职责、提供服务过程中产生或者获取的，可用于识别自然人、法人和其他组织（以下简称信息主体）信用状况的数据和资料。

前款所称公共企事业单位，是指提供教育、医疗卫生、计划生育、供水、供电、供气、环保、公共交通等与人民群众利益相关的社会公共服务的企业或者事业单位。

第四条　公共信用信息的征集、披露、使用及其监督管理活动，应当遵循合法、客观、公正、及时、安全的原则，保障信息主体的合法权益，保守国家秘密，保护商业秘密和个人隐私。

**第五条** 建立覆盖全面、稳定、统一且唯一的社会信用代码一码制度和社会信用记录关联制度。

公共信用信息的征集、使用应当以统一社会信用代码作为关联匹配信息主体信用信息的标识。

社会信用代码一码制度，是指以登记管理部门赋予的唯一机构编码为基础的法人和其他组织统一社会信用代码制度和以公民身份证号为基础的自然人统一社会信用代码制度，在本市行政区域内活动的港澳台侨胞和外籍人士的统一社会信用代码另行确定。

社会信用记录关联制度，是指法人和其他组织的信用信息与其法定代表人、财务负责人及其他主要管理人员的自然人信用信息直接关联，记入上述人员的个人信用记录。

**第六条** 各县（市）区人民政府应当加强对公共信用信息工作的领导，建立完善公共信用信息管理工作协调机制，协调解决公共信用信息工作中的重大问题。

**第七条** 福州市发展和改革委员会（以下简称市发改委）是全市公共信用信息工作的主管部门，负责牵头制定相关政策的实施细则，提出信用信息工作的具体要求，推动公共信用信息平台的建设。

各县（市）区公共信用信息工作主管部门，行使本行政区域的公共信用信息管理工作职能。

**第八条** 福州市信用信息中心（以下简称市信用信息中心）负责全市公共信用信息平台和信用信息资源库的建设和管理，做好信用信息目录梳理、数据归集、整理、信用查询服务等日常性工作。

**第九条** 信息提供主体是公共信用信息征集、披露、使用的责任主体。信息提供主体应当制定具有本行业特点的公共信用信息管理制度，明确本单位信用信息工作的职能机构和责任人员，负责征集、整理、保存、提供履行职责过程中生成或者获取的公共信用信息。

**第十条** 市公共信用信息平台是本市社会信用体系建设的基础平台，对接福建省信用信息共享平台和同级信息提供主体的行业信用信息系统等，实现公共信用信息跨部门、跨行业、跨地区交换共享，并向社会提供相关信息查询服务。

市信用信息中心负责落实市公共信用信息平台与福建省信用信息共享平台和同级信息提供主体的行业信用信息系统的互联互通或者数据共享。

**第十一条** 各级财政部门应当将社会信用体系建设专项经费纳入财政预算。

市和各县（市）区人民政府可以将公共信用信息征集、披露和使用的情况，列入对本级政府有关部门和下一级政府考核的内容。

## 第二章 ‖ 公共信用信息的征集

**第十二条** 本市公共信用信息实行目录管理，目录的产生应当经过下列程序：

（一）信息提供主体根据职责和有关规定负责编制本部门的公共信用信息目录，通过"信用福州"网站或其他适当方式向社会公开征求意见；拟纳入目录的事项存在较大分歧意见或者可能造成较大社会影响的，该单位应当组织论证，听取相关群体代表、专家等方面的意见；

（二）市信用信息中心汇总梳理信息提供主体提出的本行业公共信用信息目录，形成本市公共信用信息目录草案；

（三）市信用信息中心将目录草案提交福州市社会信用体系建设领导小组办公室（以下简称市信用办）审核确定后提请市人民政府审定，并及时向社会发布。

公共信用信息目录是各信息提供主体向市公共信用信息平台提供信息的重要依据，各信息提供主体应按照目录要求和相关规范向市公共信用信息平台提供相关领域的公共信用信息。

建立公共信用信息目录动态调整机制，根据相关法律法规变化、行政审批制度改革及机构职能调整等情况，及时调整公共信用信息目录。

**第十三条** 公共信用信息包括本市具有完全民事行为能力的自然人、法人和其他组织的基本信息、良好信息、提示信息和警示信息。信息提供主体应当根据公共信用信息目录和本行业有关规定，提供以下四类信用信息事项，并标明信息类别。

（一）基本信息，是指自然人、法人和其他组织的身份及具有从事特定活动资质的相关信息。

（二）良好信息，是指自然人、法人和其他组织在特定领域具有超出普通个体一般水平能力或者有做出贡献行为的信息，包括市级以上政府或者部门授予的荣誉、在公益慈善事业中做出贡献的信息以及在分类管理中的优良等级评价。

（三）提示信息，是指尚未违反法律法规，有可能对交易对手、交易行为等产生风险的信用信息。

（四）警示信息，是指自然人、法人和其他组织违反法律规定而产生的不良信息。

**第十四条** 市信用信息中心可以依法从信息提供主体征集自然人的信用信息，其内容主要包括：

（一）基本信息，包括：姓名、身份证号码；学历、就业状况、婚姻状况；职业资格、执业许可等身份识别信息和职业信息；

（二）良好信息，包括：市级以上政府或部门授予的荣誉、在公益慈善事业中做出贡献信息以及在分类管理中的优良等级评价等；

（三）提示信息，包括：贷款、贷记卡逾期记录；水、电和通信欠费记录以及其他有可能对交易对手、交易行为等产生风险的信用信息；

（四）警示信息，包括：民事判决、刑事犯罪、行政处罚等违反法律规定而产生的不良信息。

前款规定的信息还应当包括登记、变更、注销或者撤销的内容。

**第十五条** 法人和其他组织的信用信息包括：

（一）基本信息，包括：工商登记信息、税务登记信息、统一社会信用代码，股权结构信息，主要经营管理者信息，主要产品、品牌、知识产权信息，取得的行政许可和资质等信息；

（二）良好信息，包括：法人组织受表彰或取得荣誉的信息，认证认可信息，评价结果为优良的法人组织信息，守信"红名单"等信息；

（三）提示信息，包括：周期或专项抽查检查结果不合格的信息，年检不合格或异常信息，欠费违约信息（指拖欠法定缴费、职工工资，逾期未偿还银行贷款、公用事业单位产品或服务费用等违约信息），情节轻微免于行政处罚的信息等；

（四）警示信息，包括：对法人和其他组织产生不良影响的法院生效的判决、裁定、调解和执行信息，偷税、逃避追缴欠税、骗取出口退税、抗税信息，违反劳动用工及社会保险规定信息，产品质量、安全生产、环境污染等事故信息，行政事业性收费、政府性基金欠缴信息，行政处罚、行政强制的信息，失信"黑名单"等信息。

前款规定的信息还应当包括登记、变更、注销或者撤销的内容。

**第十六条** 信息提供主体征集公共信用信息，应当以最终发生法律效力的文书为依据，主要包括：

（一）经市场监督管理部门核准的市场主体登记注册文书；

（二）各级行政主管部门依法做出的行政许可、资质审核文件；

（三）各级行政主管部门依法做出并已产生法律效力的处罚决定、处理文书；

（四）有关机关和组织发布或者公告的等级评价、表彰决定；

（五）司法机关或者仲裁机构做出的已产生最终法律效力的法律文书；

（六）其他合法有效的证明文件。

前款规定的具备法律效力的文书由信用信息征集人员核实。

**第十七条** 信息提供主体不得征集个人的宗教信仰、基因、指纹、血型、疾病和病史以及法律、行政法规禁止征集的其他个人信息。

除明确告知信息主体提供该信息可能产生不利后果，并取得其书面同意外，信息提供主体不得征集个人的收入、存款、有价证券、商业保险、不动产的信息和纳税数额信息。

**第十八条** 信息提供主体提交的公共信用信息应当包括下列内容：

（一）信息提供主体名称及提交时间；

（二）信息主体的基本信息；

（三）需记录的公共信用信息内容（包括信息分类、公开属性、记录期限等）；

（四）信息提供主体的结论意见或者决定；

（五）其他做出结论意见或者决定的单位名称、做出的结论意见或者决定以及时间。

**第十九条** 信息提供主体应当对其提供的公共信用信息的合法性、真实性、时效性负责。

自然人、法人和其他组织直接申报的公共信用信息，法律法规未要求接受申报的机关和组织对申报信息的实质内容进行核实的，其真实性由该自然人、法人和其他组织负责。

市信用信息中心不直接征集公共信用信息，不得擅自更改公共信用信息。

**第二十条** 已实现市级行业集中的信息提供主体应当通过行业信用信息系统与市公共信用信息平台实现交换共享。尚未实现市级行业集中的信息提供主体应当通过行业信用信息系统与市级公共信用信息平台的交换系统，及时向市信用信息中心或上一级行业主管部门提供信用信息，实时更新信用信息数据；对无法实时更新的，应当于每个月的前 10 日内更新 1 次。

## 第三章 ‖ 公共信用信息的披露

**第二十一条** 公共信用信息披露期限按照下列规定设定：

（一）基本信息披露期限至法人和其他组织终止之后满 3 年或者自然人死亡；

（二）良好信息有有效期的，披露期限与该有效期一致；

（三）良好信息无有效期的，披露期限至该良好信息被取消之日止；

（四）提示信息或者警示信息披露期限自不良行为或者事件终止之日起 5 年。法律、法规、规章另有规定的，从其规定。

披露期限届满后，市公共信用信息平台自动解除记录并转为档案保存，不再提供查询、不再作为信用评级和使用依据。

**第二十二条** 信息提供主体提供的公共信用信息，应当明确公共信用信息的公开属性。公共信用信息按照其开放等级分为以下三类：

（一）社会公开，是指根据《中华人民共和国政府信息公开条例》规定应当主动公开的信息；或者政府部门根据行政管理需要公开的信息。

（二）授权查询，是指须经由信息主体授权同意才能被查询知悉。

（三）政务共享，是指不得擅自向社会提供，供国家机关和法律法规授权的具有管理公共事务职能的组织，在履行职责过程中查询和使用的信息。

第二十三条 市信用信息中心应当建立公共信用信息查询制度规范，设定各信息提供主体查询人员的权限和查询程序，并建立查询日志，记载查询人员姓名、查询时间、内容及用途。查询日志应当长期保存。

第二十四条 有关机关和组织因履行职责需要可以查询法人和其他组织非公开、非共享的信息，查询应当符合规定程序。

自然人信用信息不予公开和共享，只通过授权查询方式披露，法律、法规和规章另有规定的除外。

第二十五条 市信用信息中心应当制定并公布服务规范，并在市民服务中心和行政服务中心设置公共信用信息查询窗口或自助查询终端，向社会提供便捷的查询服务。

第二十六条 公民、法人和其他组织可以直接登录"信用福州"网站，或者向市信用信息中心查询属性为社会公开的公共信用信息。

查询属性为社会公开以外的公共信用信息，应当经被查询的自然人、法人和其他组织书面同意后，向市信用信息中心查询。

法人和其他组织查询自身非公开的信用信息，应当出具书面证明，向市信用信息中心查询，或者登录"信用福州"网站经电子身份认证和授权认证后查询。

自然人查询本人信用信息的，可出具本人有效身份证明，向市信用信息中心查询，也可直接通过登录"信用福州"网站查询。

第二十七条 对应当经过授权或者批准方可查询的公共信用信息，市信用信息中心应当如实记录查询情况，并自该记录生成之日起保存3年。

第二十八条 市信用信息中心的工作人员不得越权查询公共信用信息。

## 第四章 ‖ 公共信用信息的使用

第二十九条 建立自然人、法人和其他组织的信用"红黑名单"制度，"红黑名单"在"信用福州"网站上进行公示。

信用"红黑名单"的具体管理办法另行制定并公布。

第三十条 信息提供主体在履行法定职责时，对守信"红名单"的自然人、法人和其他组织，依法采取优先办理、简化程序或者优先选择、重点扶持等激励措施；对失信"黑名单"的自然人、法人和其他组织，在市场监管和公共服务的市场准入、资质认定、行政审批、政策扶持等方面实施信用分类管理，结合监管对象的失信类别和程度，实施跨行业、跨部门、跨地区的联合惩戒措施。

各行业的守信激励措施和失信惩戒措施的具体办法由相关主管部门另行颁布实施。

第三十一条　市信用信息中心应对全市公共信用信息数据资源进行梳理分类、挖掘利用，为政府转变职能，实行分类监管，强化事中事后监管提供相关服务。

第三十二条　有关机关和组织在依法履行下列职责时，应当查询和使用公共信用信息：

（一）发展改革、食品药品、产品质量、环境保护、安全生产、建设工程、交通运输、市场监督管理、社团管理、治安管理、人口管理、知识产权等领域的监管事项；

（二）政府采购、政府购买服务、招标投标等事项；

（三）国有土地出让、政策扶持、科研管理等事项；

（四）居住证管理、落户管理和居民身份证异地受理；

（五）国家工作人员招录、职务任用、职务晋升；

（六）表彰奖励；

（七）依法需要查询和使用公共信用信息的其他行政管理事项。

第三十三条　鼓励自然人、法人和其他组织在开展金融活动、市场交易、劳动用工、社会公益等活动中应用公共信用信息。

鼓励社会征信机构和其他依法设立的信用服务机构应用公共信用信息，开发和创新信用服务产品，扩大信用服务产品的使用范围。

鼓励行业协会、商会应用公共信用信息，完善行业内部信用信息征集、共享机制，将严重失信行为记入会员信用档案。

## 第五章 ‖ 信用修复与异议处理

第三十四条　自然人、法人和其他组织的失信行为具备整改纠正条件的，信息提供主体在征集记录失信信息的同时应当书面和短信通知当事人；被认定为失信的自然人、法人和其他组织可以按信息提供主体规定的整改时间和程序向信息提供主体申请信用记录修复。法律、法规、规章对信用修复另有规定的，从其规定。

第三十五条　信息提供主体应当在收到信用修复申请之日起20个工作日内核查申请人的整改情况，对整改后符合要求的申请人办理相应的信用修复。在做出信用修复决定后，应将修复办理结果通知申请人，并向市信用办或者上级行业主管部门备案。

第三十六条　信息主体的公共信用信息向市公共信用信息平台归集后，据以认定其失信状态的具体行政行为被行政机关撤销或者被复议机关决定撤销、人民法院判决撤销的，原失信信息提供单位应当及时书面告知市信用信息中心，市信用信息中心应当在收到该书面告知之日起的 3 个工作日内在数据库中删除该信息。

第三十七条　信息主体认为"信用福州"网站披露的公共信用信息与事实不符，或者依照有关法律法规规定不得披露的，可以向市信用信息中心查询窗口或"信用福州"网站提出异议申请，并提交相关证据材料。

市信用信息中心负责为"信用福州"网站实现网上异议处理提供技术支撑。

第三十八条　市信用信息中心在收到异议申请后，应当在 3 个工作日内进行核查，因工作失误造成错误的应当立即更正，并将更正结果在 2 个工作日内告知申请人。

对非工作失误造成的异议信息，市信用信息中心应当在收到异议申请之日起的 3 个工作日内转交信息提供主体核查；信息提供主体应当在收到转交的异议申请之日起 20 个工作日内做出是否更正的决定并告知市信用信息中心，市信用信息中心应当在收到信息提供主体核查结果之日起 2 个工作日内将核查结果告知申请人。

第三十九条　信息提供主体发现信用信息变更、失效或者错误的，应当及时修改，并在修改之日起 7 个工作日内向市信用信息中心报送修改后的信用信息；市信用信息中心应当在收到信息提供主体修改结果之日起 7 个工作日内对相关信息予以更正或者删除。

信息提供主体未按照规定核查异议信息并将处理结果报送市信用信息中心的，市信用信息中心不再向社会提供该信息的查询。

## 第六章 ‖ 公共信用信息的安全管理

第四十条　信息提供主体应当根据有关规定要求，制定关于提交、维护、管理、使用公共信用信息的内部工作程序、管理制度以及相应的行政责任追究制度。

第四十一条　信息提供主体在开展公共信用信息的征集、披露和使用等活动时，对涉及国家秘密、商业秘密、个人隐私以及依法不得公开的公共信用信息，不得向任何单位及个人开放和披露。

第四十二条　应用公共信用信息的任何单位和个人，未经授权不得将授权查询信息、政务共享信息提供给第三方使用。

第四十三条　市信用信息中心应当加强公共信用信息档案管理，对市公共信用信息平台中信息录入、删除、更改、查询，以及进行异议和修复处理等，应当如实记录实施该行为的人员、日期、原因、内容和结果等日志信息，并长期保存。

第四十四条　市信用信息中心应当严格执行国家计算机信息系统安全保护的有关

规定，建立健全信息安全管理制度，实行信息系统安全保护等级认定和测评工作，确保公共信用信息的安全和信用平台的稳定运行。

## 第七章 ‖ 监督与法律责任

**第四十五条** 信息提供主体征集、披露和使用公共信用信息情况将根据市社会信用体系建设有关目标绩效考核办法，纳入绩效考核。

**第四十六条** 公共信用信息工作主管部门、市信用信息中心、有关机关和组织其工作人员，在公共信用信息管理工作中违反本办法规定，有下列情形之一的，由主管部门或者行政监察部门责令改正；情节严重的，对直接负责的主管人员和其他直接责任人员依法给予处分；构成犯罪的，依法追究刑事责任：

（一）以不正当手段采集公共信用信息的；

（二）篡改、虚构公共信用信息的；

（三）违反规定披露或者泄露公共信用信息的；

（四）未按规定处理和答复异议信息的；

（五）其他在公共信用信息管理或服务工作中滥用职权、玩忽职守、徇私舞弊的行为。

**第四十七条** 单位和个人有下列行为之一的，由公共信用信息主管部门责令改正；给信息主体造成损失的，依法承担民事责任；构成犯罪的，依法追究刑事责任：

（一）伪造、变造信息主体授权证明获取信息的；

（二）未经信息主体同意向第三方提供授权查询信息的；

（三）采取删除、屏蔽、断开链接等手段破坏信用信息平台的；

（四）采取复制、下载、截留等手段非法获取公共信用信息的；

（五）非法出售公共信用信息的；

（六）其他危害信用平台安全、侵害信息主体合法权益的违法行为。

## 第八章 ‖ 附则

**第四十八条** 各县（市）区人民政府，各行业主管部门可以根据本办法制定相应的实施细则。

**第四十九条** 本办法自 2018 年 1 月 1 日起施行。

# 福州市社会信用管理办法

## （福州市人民政府令第 76 号）

《福州市社会信用管理办法》经 2019 年 5 月 24 日市政府第 10 次常务会议通过，现予公布，自 2019 年 8 月 1 日起施行。

市长　尤猛军

2019 年 6 月 28 日

# 福州市社会信用管理办法

## 第一章 ‖ 总则

**第一条**　为了完善社会主义市场经济体制，创新社会治理机制，提升信用监管效能，提高社会信用水平，根据有关法律、法规，结合本市实际，制定本办法。

**第二条**　在本市行政区域内从事社会信用信息的归集、采集、披露、共享、使用和监督管理，信用激励与约束，信息主体权益保护，信用服务机构规范与发展等活动，适用本办法。

法律法规另有规定的，从其规定。

**第三条**　本办法所称社会信用，是指具有完全民事行为能力的自然人、法人和非法人组织（以下统称信息主体），在社会和经济活动中遵守法定义务或者履行约定义务的状态。

本办法所称社会信用信息，是指可用以识别、分析、判断信息主体守法、履约状况的客观数据和资料，包括国家机关、法律法规授权的具有管理公共事务职能的组织以及公共企事业单位、群团组织在其履行职责、提供服务过程中产生或者获取的公共信用信息和信用服务机构以及其他企事业单位在生产经营活动中产生、采集或者获取的市场信用信息。

第四条 社会信用体系建设应当坚持统筹规划、有序推进、整合资源、信息共享、强化应用的原则。

社会信用信息的归集、采集、披露、共享、使用和监督管理等活动，应当遵循合法、客观、必要、及时的原则，确保信息安全，不得侵犯国家秘密、商业秘密、个人隐私和知识产权。

第五条 市、县（市）区人民政府应当将社会信用体系建设纳入国民经济和社会发展规划，保障工作经费，统筹推进本行政区域内社会信用体系建设相关工作，协调解决社会信用体系建设相关重大问题。

第六条 市、县（市）区社会信用主管部门负责本行政区域内社会信用工作的政策制定、综合协调和监督管理。其他有关部门应当在各自职责范围内做好社会信用体系建设相关工作。

第七条 各级国家机关应当根据国家和福建省总体部署，完善社会信用体系建设运行机制和信用信息系统信息归集功能，配合国家有关部门做好信用信息互联互通和信息共享工作，建立区域信用合作机制，加强重点领域跨区域联合激励和惩戒。

第八条 本市应当建立公共信用信息和市场信用信息的互通、共享机制，鼓励市公共信用信息平台与金融机构、信用服务机构、行业协会与商会等，在充分保护信息主体商业秘密、个人隐私的前提下，实现公共信用信息与市场信用信息的共建共享，满足社会应用需求。

## 第二章 ‖ 归集、采集与披露

第九条 公共信用信息的归集、披露、使用及其监督管理活动，按照《福州市公共信用信息管理暂行办法》的有关规定执行。

第十条 企事业单位、行业协会等可以依法记录自身业务活动中产生的社会信用信息，或者根据管理和服务需要依法记录其会员、入驻经营者等的社会信用信息。

鼓励信息主体以声明、自主申报、社会承诺等形式向市公共信用信息平台、信用服务机构、行业协会等提供自身社会信用信息，并保证社会信用信息的合法、真实、完整。

采集市场信用信息涉及征信业务的，还应当遵守征信管理等相关法律、法规的规定。

第十一条 归集、采集社会信用信息，涉及自然人信息的，应当经信息主体本人同意，但是依照法律、行政法规规定公开的信息除外。

不得采集自然人的收入、存款、有价证券、商业保险、不动产的信息和纳税数额信息，但是明确告知信息主体提供该信息可能产生的不利后果并取得其书面同意的除外。

禁止采集自然人的宗教信仰、基因、指纹、血型、疾病和病史信息以及法律、行政法规规定禁止采集的其他个人信息。

**第十二条** 国家机关、公共信用信息工作机构和其他企事业单位等应当履行以下信息安全管理职责：

（一）建立信息安全管理机制，确定责任人员；

（二）建立信息查询制度规范，明确本单位工作人员的查询权限和查询程序；

（三）建立信息管理保密审查制度；

（四）遵守国家和本省有关信息安全的其他规定。

**第十三条** 信息主体享有查询自身社会信用信息的权利。

行政机关、司法机关可以依法查询社会信用信息。行政机关查询社会信用信息应当遵循合理行政的原则，根据行政管理的需要确定关联的社会信用信息查询事项，并向社会公布。

未经本人书面授权，不得查询信息主体非公开的社会信用信息。法律、行政法规另有规定的除外。

## 第三章 ‖ 激励与约束

**第十四条** 鼓励各级国家机关、法律法规授权的具有管理公共事务职能的组织，在行政管理和公共服务事项中，查询使用公共信用信息或者购买信用服务，识别、分析、判断信息主体信用状况，开展信用分类管理和第三方信用评估。

各级国家机关、法律法规授权的具有管理公共事务职能的组织应当根据《福州市信用红黑名单管理暂行办法》的规定，认定和发布诚信典型"红名单"和失信主体"黑名单"，并在行政管理和公共服务事项中查询使用"红黑名单"信息。

**第十五条** 各级国家机关、法律法规授权的具有管理公共事务职能的组织应当严格依照法律法规和国家有关规定，在职责范围内编制或联合编制守信主体激励措施清单以及失信主体惩戒措施清单，列明措施的具体事项、实施手段、实施主体、实施依据等内容，并向社会公布。未经公布的激励或者惩戒措施，不得实施。

对信息主体采取的激励与惩戒措施应当与信息主体信用行为的性质、情节和社会影响程度相适应，不得超越法定条件、处罚种类和幅度，并告知实施的依据和理由。

**第十六条** 对被纳入红名单的守信主体，各级国家机关可以采取以下激励措施：

（一）在办理行政许可过程中，对诚信典型和连续三年无不良信用记录的申请人，可根据实际情况实施"绿色通道"和"容缺受理"等便利服务措施；

（二）在实施财政性资金项目安排、招商引资配套优惠政策等各类政府优惠政策中，优先考虑守信主体，加大扶持力度；

（三）在教育、就业、创业、社会保障等领域对守信主体给予重点支持和优先便利；

（四）在公共资源交易中，依法依约对守信主体给予信用加分；

（五）对于符合一定条件的守信主体，在日常检查、专项检查中优化检查频次；

（六）鼓励有关部门和单位开发守信激励产品，对守信主体给予优惠和便利；

（七）国家和省规定可以采取的其他措施。

**第十七条** 对被纳入黑名单的失信主体，各级国家机关应当严格依照法律、法规和国家有关规定，在法定权限范围内就相关联的事项可以采取以下惩戒措施：

（一）限制进入相关市场和行业；

（二）限制高消费行为；

（三）限制任职资格；

（四）限制开展相关金融业务；

（五）限制申请财政性资金项目；

（六）限制参与有关公共资源交易活动；

（七）限制参与基础设施和公用事业特许经营；

（八）撤销和限制获得相关荣誉称号；

（九）法律、法规和国家有关规定可以采取的其他惩戒措施。

**第十八条** 严重失信主体是法人、非法人组织的，有关部门可以依照法律、法规和国家有关规定，在记录该单位严重失信信息时，标明对该严重失信行为负有责任的法定代表人、主要负责人和其他直接负责人的信息。

**第十九条** 鼓励金融机构对其认定的信用状况良好的守信主体在融资授信、利率费率、还款方式等方面给予优惠或者便利；鼓励金融机构按照风险定价方法，对失信主体提高贷款利率和财产保险费率，或者限制向其提供贷款、保荐、承销等服务。

## 第四章 ‖ 信用修复与权益保护

**第二十条** 本办法所称信用修复是指失信主体在一定期限内，主动纠正自身的失信行为，依法依规提高履约践诺能力，获得社会的信任和谅解，积极改善自身信用状况的过程。

本办法所指的信用修复实施主体是指依法依规对失信主体的违法违规行为进行认定和失信信息进行归集的国家机关、法律法规授权的具有管理公共事务职能的组织等。

第二十一条 失信主体可以通过纠正失信行为、公开作出信用承诺、参加信用修复专题培训、提交第三方信用报告和接受第三方信用协调监管等多种方式弥补失信过错。

同时符合下列条件的，失信主体可以通过"信用福州"网站异议修复渠道申请信用修复：

（一）主动纠正了自身存在的失信行为，且其不良社会影响已基本消除；

（二）作出不再发生类似失信行为的信用承诺，得到信用修复实施主体认可；

（三）自觉接受信用修复实施主体监督检查及诚信约谈；

（四）被信用修复实施主体处罚的，主动履行了相关的行政处罚决定。

第二十二条 有以下情形之一的，不予信用修复：

（一）严重危害人民群众身体健康和生命安全的；

（二）严重破坏市场公平竞争秩序和社会正常秩序的；

（三）拒不履行法定义务，严重影响司法机关、行政机关公信力的；

（四）拒不履行国防义务，拒绝、逃避兵役，拒绝、拖延民用资源征用或者阻碍对被征用的民用资源进行改造，危害国防利益，破坏国防设施的；

（五）法律、法规、规章规定的其他不得修复的情形。

第二十三条 信用修复实施主体在信用修复过程中如发现失信主体存在弄虚作假、故意隐瞒事实、未能履行信用修复承诺等行为并经核实确认后，应当及时终止其信用修复程序或撤销其信用修复结果。

第二十四条 信息主体有权知晓与其社会信用信息相关的归集、采集、使用等情况，以及信用报告载明的信息来源和变动理由。

第二十五条 信息主体认为社会信用信息的归集、采集、披露、共享和使用，存在错误、遗漏等情形或者侵犯其商业秘密、个人隐私等合法权益的，有权依法提出异议，要求更正。

## 第五章 ‖ 规范和支持信用服务行业发展

第二十六条 鼓励行政机关在重点行业管理中引入信用服务机构参与信用监管，为行业信用档案建设、备案、资质准入提供基础社会信用信息查询和核查服务；鼓励信用服务机构向行政机关、行业协会等定期提供行业信用分析报告，提供信用信息查询等服务。

第二十七条 信用服务机构应当遵循客观、公正和审慎的原则，建立机构及其从业人员的基本行为准则和业务规范，强化自律约束，全面提升诚信经营水平。

信用服务机构向信息主体提供相关信用服务的，不得将该服务与信息主体的社会信用信息采集相捆绑，强迫或者变相强迫信息主体接受。

第二十八条　信用行业协会应当加强行业自律管理，组织制定并推行行业规范，编制行业统计报告，开展宣传培训、政策建议以及行业信息发布等，提升行业服务能力和公信力。

第二十九条　支持高等院校开设信用管理专业，培养信用服务专业人才；支持信用服务机构引进国内外高层次信用服务人才。

## 第六章 ‖ 社会信用环境建设

第三十条　各级国家机关应当健全权力运行制约和监督体系，加强自身信用建设和对本单位工作人员的守信教育。本市国家机关工作人员应当依法办事、诚实守信，在社会信用体系建设中做好示范。

第三十一条　有关部门应当以培育和践行社会主义核心价值观为根本，根据本行政区域诚信教育规划，开展社会公德、职业道德、家庭美德和个人品德教育。

第三十二条　有关部门应当结合精神文明、道德模范的评选和各行业的诚信建设创建活动，树立诚信典型。鼓励报纸、广播、电视、网络等媒体多渠道宣传诚信典型，及时曝光重点领域严重失信行为和事件。

鼓励各类媒体广泛宣传本市开展守信联合激励和失信联合惩戒的做法和经验，注重挖掘失信主体接受信用监管、修复自身信用状况的典型案例。

鼓励信用服务机构、社会信用专家、志愿工作者通过进社区、进校园、进企业等形式，开展诚信文化宣传和信用知识教育。

## 第七章 ‖ 法律责任

第三十三条　国家机关、法律法规授权的具有管理公共事务职能的组织的工作人员，在社会信用信息归集、采集、使用以及实施信用激励和约束措施等过程中违反本办法规定，滥用职权、玩忽职守、徇私舞弊的，由有关机关根据情节轻重依法给予行政处分；构成犯罪的，依法追究刑事责任。

国家机关及其工作人员未履行本办法规定的职责的，由其上级主管部门或者市社会信用主管部门依照管理权限进行约谈，根据情节轻重给予责令改正、警告、通报批评。

第三十四条　违反国家规定，非法获取、窃取、提供、出售个人社会信用信息的，依法给予行政处罚；构成犯罪的，依法追究刑事责任。

## 第八章 ‖ 附则

**第三十五条** 各县（市）区人民政府可以根据本办法制定相应的实施细则。

**第三十六条** 本办法自 2019 年 8 月 1 日起施行。

# 郑州市企业信用信息管理办法

## （郑州市人民政府令第 212 号）

《郑州市企业信用信息管理办法》业经 2014 年 12 月 3 日市人民政府第 17 次常务会议审议通过，现予公布，自 2015 年 3 月 1 日起施行。

市长　马懿

2014 年 12 月 20 日

## 郑州市企业信用信息管理办法

### 第一章 ‖ 总则

**第一条** 为加强企业信用信息管理，健全社会信用体系，实现企业信用信息共享，根据有关法律、法规规定，结合本市实际，制定本办法。

**第二条** 本办法所称企业信用信息，是指国家机关、依法具有管理公共事务职能的组织及其他公共服务单位，在依法履行职责或者提供服务过程中形成的，以及企业在生产经营活动中形成的，反映企业信用状况的信息。

**第三条** 本办法适用于本市行政区域内企业信用信息的征集、信用评价、公开、查询与使用。

金融信用信息基础数据库信息的采集、整理、保存、加工和提供，不适用本办法。

**第四条** 企业信用信息管理是社会信用体系建设的重要组成部分。市、县（市、区）人民政府应当将社会信用体系建设列入本地区经济社会发展规划，所需经费纳入同级财政预算。

**第五条** 市、县（市、区）人民政府鼓励、引导市场信用服务机构依法开展企业信用服务，培育、规范信用服务市场，建立健全守信激励、失信惩戒制度和机制，推广信用信息、信用评价等信用服务的应用，提高社会管理和公共服务水平。

第六条　市社会信用行政部门是本市企业信用信息管理的主管部门。市社会信用管理机构具体承担日常监督管理工作。

县（市、区）人民政府确定的社会信用行政部门负责本行政区域企业信用信息管理工作。

第七条　企业信用信息管理应当遵循客观、公正、公平、审慎的原则，确保企业信用信息的准确性、合法性、及时性和完整性，保守国家秘密、商业秘密，保护个人隐私。

第八条　市社会信用行政部门应当按照法律、法规规定和国家有关标准，制定本市企业信用信息技术规范和管理制度。

## 第二章 ‖ 企业信用信息的征集

第九条　企业信用信息主要包括下列内容：

（一）工商登记、税务登记、组织机构代码登记的信息；

（二）股权结构、组织架构、分支机构信息；

（三）企业投资、资产负债、损益的信息；

（四）股东、法定代表人、董事、监事、经理及其他主要经营管理人员履行职务的相关信息；

（五）行政事业性收费、公用事业收费、政府性基金的欠缴信息；

（六）劳动用工和工资支付、社会保险费缴纳的信息；

（七）行政许可、认证、商标注册、专利的信息；

（八）荣誉信息；

（九）非银行融资、债务履行的信息；

（十）履行已生效的司法裁判文书、仲裁裁决和行政复议决定的信息；

（十一）未通过法定专项或者定期检验的信息；

（十二）偷税、逃避追缴欠税、骗取出口退税、抗税的信息；

（十三）行政处罚、行政强制及其他行政违法信息；

（十四）产品质量、生产安全、环境污染等责任事故信息；

（十五）因违反有关规定受到财政、审计、监察等机关处理信息；

（十六）法律、法规、规章规定的其他企业信用信息。

第十条　本市推行统一的社会信用代码制度。

归集企业信用信息以组织机构代码、公民身份证号码为识别基准。

第十一条　市、县（市、区）社会信用行政部门负责征集企业信用信息。

国家机关、依法具有管理公共事务职能的组织及其他公共服务单位，应当按照规定向同级社会信用行政部门提供企业信用信息。

**第十二条** 市、县（市、区）社会信用行政部门可以调查、补充征集必要的企业信用信息。

有关单位和个人应当予以配合，并对其提供的企业信用信息的真实性负责。

**第十三条** 本市建立统一的企业信用信息数据库、网络平台。

本市国家机关、依法具有管理公共事务职能的组织及其他公共服务单位建立的本系统、本单位企业信用信息原始数据库，应当与本市统一企业信用信息数据库互联对接。

**第十四条** 市场信用服务机构可以通过下列渠道采集企业信用信息，并按规定及时更新维护：

（一）企业、企业交易对方或者行业协会提供的信息；

（二）政府及其部门依法公开的信息；

（三）已生效的司法裁判文书、仲裁裁决和行政复议决定载明的信息；

（四）法律、法规、规章规定的其他渠道。

**第十五条** 征集、采集企业信用信息不得有下列行为：

（一）伪造、篡改企业信用信息；

（二）以利用计算机网络侵入或者其他不正当手段获取企业信用信息；

（三）法律、法规、规章禁止的其他采集、征集行为。

## 第三章 ‖ 信用评价

**第十六条** 依法设立的市场信用服务机构从事企业信用评价，应当按照规定向市社会信用行政部门备案。备案时应当提供下列材料：

（一）企业信用评价标准和程序；

（二）信息处理程序和安全防范制度；

（三）高级管理人员和专业人员依法取得的从业资格。

市社会信用行政部门应当将备案的市场信用服务机构在本市统一企业信用信息网络平台予以公告。

**第十七条** 市场信用服务机构接受委托开展企业信用评价，应当与委托人签订书面委托评价协议，可以按约定收取报酬。

**第十八条** 企业信用评价按照下列程序进行：

（一）依法采集企业信用信息；

（二）对企业信用信息按照标准和规范进行分析、评判；

（三）集体合议；

（四）出具企业信用评价报告。

从事企业信用评价应当遵循有关法律、法规、规章规定和市社会信用行政部门制定的技术规范，查询本市统一企业信用信息数据库。

**第十九条** 企业信用评价报告应当载明下列事项：

（一）被评价企业的基本情况；

（二）评价依据的事实、理由；

（三）评价的基本程序；

（四）评价所依据的标准、规范；

（五）企业信用评价结论；

（六）需要载明的其他事项。

市场信用服务机构作出的企业信用评价报告，应当有评价人员、合议人员签字，加盖本机构印章。

**第二十条** 政府采购和享受政府贴息、补助资金等使用财政性资金的项目，应当经市场信用服务机构对相关企业进行企业信用评价。

承担前款企业信用评价的市场信用服务机构，由社会信用行政部门通过招投标方式确定，在本市统一企业信用信息网络平台予以公布。

**第二十一条** 行政机关、行业协会在本系统、本行业内组织开展企业信用评价，应当采用本市统一企业信用信息数据库中的企业信用信息。

## 第四章 ‖ 企业信用信息公开、查询与使用

**第二十二条** 本办法第九条规定的企业信用信息，应当在本市统一企业信用信息网络平台向社会公开，但查询本办法第九条第（三）项、第（四）项、第（九）项企业信用信息的，应当持被查询企业书面同意证明向市社会信用行政部门提出申请。

企业信用信息涉及国家秘密、商业秘密、个人隐私的，依照法律、法规规定执行。

**第二十三条** 国家机关在政府采购、招标投标、行政审批、资质审核、市场准入、评比表彰等事项中，应当查询、使用本市统一企业信用信息数据库中的企业信用信息。

鼓励公民、法人或者其他组织使用企业信用信息。

**第二十四条** 企业信用信息良好的，国家机关可以依法采取相应的激励措施或者给予优惠待遇。

企业信用信息不良的，国家机关可以依法采取下列措施：

（一）列为日常监督检查的重点；

（二）不予认定有关荣誉或者称号；

（三）在行政审批、资质等级评定、财政性资金使用等事项中，从严审查，限期禁入；

（四）在办理国家优惠扶持事项时，予以必要限制；

（五）纳入失信黑名单予以披露；

（六）依法可以采取的其他措施。

**第二十五条** 对企业信用信息有异议的，可以向市社会信用行政部门提出异议信息处理的书面申请，并提交相关证据。

市社会信用行政部门应当自收到异议信息处理申请之日起 20 日内进行核实，并将核实结果告知申请人。企业信用信息确实有误的，应当及时更正。

**第二十六条** 下列企业信用信息的公开和查询期限应当遵守下列规定：

（一）本办法第九条第（一）项、第（二）项、第（三）项、第（四）项、第（八）项，至相关企业信用信息变更或者企业终止；

（二）本办法第九条第（十）项、第（十一）项、第（十二）项、第（十三）项、第（十四）项、第（十五）项，自行为或者事件终止之日起为 5 年；

（三）本办法第九条第（五）项、第（六）项、第（七）项、第（九）项，按法律、法规有关规定执行。

## 第五章 ‖ 服务与监督

**第二十七条** 市、县（市、区）社会信用行政部门和有关行业主管部门应当健全企业信用信息数据库系统，维护企业信用信息安全，为社会公众提供及时、便利的服务。

**第二十八条** 社会信用行政部门应当加强对市场信用服务机构的指导和监督，定期组织企业信用信息业务培训。

**第二十九条** 市、县（市、区）社会信用行政部门实施监督管理，可以采取下列方式：

（一）对市场信用服务机构的企业信用信息采集、使用等相关情况进行现场检查；

（二）抽查市场信用服务机构出具的企业信用信息评价报告；

（三）查阅、复制与被调查事项有关的文件、资料；

（四）检查企业信用信息系统；

（五）对有关单位或者个人进行询问。

有关单位和个人应当予以配合，如实提供相关材料，不得隐瞒、拒绝和阻碍。

**第三十条** 社会信用行政部门应当建立投诉举报制度。

单位和个人认为市场信用服务机构在从事企业信用服务活动中侵犯其合法权益或者存在其他违法行为的，可以向社会信用行政部门进行投诉和举报。社会信用行政部门应当自受理投诉或举报之日起 30 日内作出答复。

## 第六章 ‖ 法律责任

**第三十一条** 市场信用服务机构有下列行为之一的，由市、县（市、区）社会信用行政部门或者其委托的社会信用管理机构责令限期改正，按照下列规定处以罚款，并纳入企业失信记录：

（一）有本办法第十五条规定行为之一的，处以 2000 元以上 5000 元以下罚款；

（二）未按照本办法第十八条规定进行企业信用评价的，处以 1000 元以下罚款；

（三）出具虚假企业信用评价报告的，处以 5000 元以上 10000 元以下罚款。

**第三十二条** 企业向社会信用行政部门提供虚假企业信用信息的，由市、县（市、区）社会信用行政部门予以警告，纳入企业失信记录。

**第三十三条** 市、县（市、区）行政机关未按照有关规定向社会信用行政部门提供企业信用信息的，由同级社会信用行政部门书面催告；经书面催告仍未按时提供的，由同级人民政府给予通报批评，责令改正。

**第三十四条** 社会信用行政部门、社会信用管理机构及其工作人员违反本办法规定，有下列情形之一的，由监察部门或者有管理权限的机关对直接责任人员依法给予行政处分：

（一）以非法手段或者其他不正当方式征集企业信用信息的；

（二）伪造、篡改企业信用信息的；

（三）因故意或者重大过失提供虚假企业信用信息的；

（四）违反规定泄露或者披露企业信用信息的；

（五）未按照规定公开应当公开的企业信用信息或者违反规定公开不应当公开的企业信用信息的；

（六）违反规定允许他人查询企业信用信息的；

（七）其他玩忽职守、滥用职权或者徇私舞弊的行为。

## 第七章 ‖ 附则

**第三十五条** 事业单位、社会团体及其他社会组织的信用信息征集、信用评价、公开、查询与使用，适用本办法有关企业信用信息管理的规定。

**第三十六条** 本办法自 2015 年 3 月 1 日起施行。2007 年 10 月 20 日市人民政府公布的《郑州市企业信用信息管理办法》（市人民政府令第 168 号）同时废止。

# 武汉市公共信用信息管理办法

## （武汉市人民政府令第 272 号）

《武汉市公共信用信息管理办法》已经 2016 年 6 月 12 日市人民政府第 176 次常务会议审议通过，现予公布，自 2016 年 9 月 1 日起施行。

市长　万勇

2016 年 7 月 20 日

## 武汉市公共信用信息管理办法

### 第一章 ‖ 总则

**第一条**　为了规范公共信用信息的归集、披露和使用，优化公共信用信息服务，营造诚信环境，促进"信用武汉"建设，根据国务院制发的《社会信用体系建设规划纲要（2014—2020 年）》等规定，结合本市实际，制定本办法。

**第二条**　本市行政区域内公共信用信息的归集、披露、使用和监督管理，适用本办法。

**第三条**　本办法所称公共信用信息，是指本市行政机关（含依据法律法规行使公共事务管理职能的组织，下同）、群团组织等（以下统称信源单位），在履行职责过程中形成的反映自然人、法人和其他组织信用状况的数据和资料。

本市司法机关在履行职责过程中形成的反映自然人、法人和其他组织信用状况的数据和资料，参照公共信用信息进行管理。

**第四条**　公共信用信息的归集、披露、使用和监督管理，应当遵循合法、安全、及时、准确、公正的原则，不得泄露国家秘密，不得侵犯商业秘密和个人隐私。

**第五条**　市、区人民政府（含武汉东湖新技术开发区、武汉经济技术开发区、市东湖生态旅游风景区、武汉化学工业区管委会，下同）建立公共信用信息管理工作协调机制，协调解决公共信用信息管理工作中的重大问题，将公共信用信息管理工作经费纳入财政预算，对公共信用信息的归集、披露、使用和监督管理实行绩效考核。

**第六条** 市发展改革部门是本市公共信用信息的主管部门，负责全市公共信用信息归集、披露、使用的统筹协调和监督管理。

各区人民政府确定的公共信用信息主管部门负责本区域公共信用信息归集、披露、使用的统筹协调和监督管理。

**第七条** 本市建立市信用信息公共服务平台，作为全市公共信用信息归集、披露、使用的载体，提供公共信用信息查询、异议处理等服务，实现公共信用信息跨区域、跨部门、跨系统共享。

**第八条** 信源单位应当制定公共信用信息管理制度，明确本单位负责公共信用信息工作的机构和责任，建立本单位公共信用信息数据库，负责记录、汇集、整理、保存、报送本单位在履行职责过程中产生和掌握的公共信用信息。

**第九条** 本市公共信用信息实行目录管理。市公共信用信息主管部门应当按照本市政务数据目录编制标准和规范以及国家、省信用信息有关标准和规范，组织编制武汉市公共信用信息目录，制定公共信用信息的分类方式、披露方式、归集时限、交换方式、数据标准格式等规范要求。

信源单位应当按照武汉市公共信用信息目录和相关规范要求，制定本单位的公共信用信息目录。

**第十条** 公共信用信息的归集、披露和使用应当以统一社会信用代码作为关联匹配自然人、法人和其他组织信用信息的标志。其中，自然人的统一社会信用代码为身份证号码；法人和其他组织的统一社会信用代码为登记管理部门赋予的法定身份识别码。

## 第二章 ‖ 信息归集

**第十一条** 公共信用信息包括法人和其他组织（以下统称单位）、年满18周岁自然人的基本信息、失信信息和其他信息。

**第十二条** 单位基本信息包括下列内容：

（一）名称、统一社会信用代码、分支机构等登记注册信息；

（二）法定代表人或者负责人及其他主要经营管理者信息；

（三）取得的资格、资质等行政许可信息；

（四）产品、服务、管理体系认证认可信息；

（五）年检、年度报告、年审、检验、检疫及备案信息；

（六）行业主管部门认定的信用等级信息；

（七）其他反映单位基本情况的信息。

自然人基本信息包括下列内容：

（一）姓名、身份证号码；

（二）学历、就业状况；

（三）取得的职称、资格、资质等信息；

（四）其他反映自然人基本情况的信息。

**第十三条** 单位失信信息包括下列内容：

（一）税款、社会保险费欠缴信息；

（二）行政事业性收费、政府性基金欠缴信息；

（三）提供虚假材料、违反告知承诺制度的信息；

（四）适用一般程序做出的行政处罚信息，行政强制执行信息；

（五）发生产品质量、安全生产、食品安全、环境污染等责任事故被监管部门处理的信息；

（六）被监管部门处以行业禁入的信息；

（七）法定代表人或者负责人及其他主要经营管理者在履行职责过程中受到刑事处罚、行政处罚、行业禁入处理的信息；

（八）监管部门在监督检查过程中确定的失信信息，被纳入经营异常名录和严重违法失信企业名单等信息；

（九）国家、省和本市规定的其他失信信息。

自然人失信信息包括下列内容：

（一）提供虚假材料、违反告知承诺制度的信息；

（二）适用一般程序做出的行政处罚信息，行政强制执行信息；

（三）被监管部门处以行业禁入的信息；

（四）监管部门在监督检查过程中确定的失信信息；

（五）税款欠缴信息；

（六）国家、省和本市规定的其他失信信息。

**第十四条** 单位、自然人的其他信息包括下列内容：

（一）信源单位给予的表彰、奖励等信息；

（二）参与信源单位开展的志愿服务、慈善捐赠活动等信息；

（三）生效刑事判决信息、涉及财产纠纷的民商事生效法律文书信息、不执行生效法律文书的信息，但依法不得公开的信息除外；

（四）国家、省和本市规定的其他信息。

第十五条　市信用信息公共服务平台不得归集自然人的宗教信仰、基因、指纹、血型、疾病和病史以及法律、法规规定禁止采集的其他信息。

第十六条　公共信用信息应当以产生法律效力的文书为依据，主要包括：

（一）行政机关依法做出的行政许可、资质审核文件；

（二）行政机关依法做出的行政处罚决定、行政强制执行文书等处理文书；

（三）有关单位发布或者公告的等级评价、表彰奖励决定；

（四）司法机关或者仲裁机构做出的已经产生法律效力的法律文书；

（五）其他合法有效的证明文件。

前款规定的产生法律效力的文书由信源单位负责核实。

第十七条　公共信用信息的归集遵循"谁产生、谁提供、谁负责"的原则。市级信源单位负责汇集本单位相关公共信用信息；各区公共信用信息主管部门负责汇集本区域公共信用信息。

第十八条　市公共信用信息主管部门应当会同市网络信息主管部门确定公共信用信息的标准、格式、汇集时限等工作要求，"云端武汉"平台应当按照相关工作要求及时汇集公共信用信息。

信源单位应当及时将公共信用信息汇集到"云端武汉"平台，"云端武汉"平台应当与市信用信息公共服务平台对接，并将汇集的公共信用信息实时推送到市信用信息公共服务平台。

## 第三章 ‖ 信息披露

第十九条　单位公共信用信息通过公开、共享或者查询方式披露。

自然人公共信用信息通过共享或者查询方式披露，法律、法规另有规定的，从其规定。

公共信用信息的具体披露方式，依照武汉市公共信用信息目录确定的披露方式执行。

第二十条　失信信息和其他信息中的不良记录披露期限为 5 年，自不良记录形成之日起算。

第二十一条　下列公共信用信息属于公开信息，市信用信息公共服务平台应当通过"信用武汉"网向社会予以公布：

（一）信源单位已经依法通过政务网站、政府公报、新闻发布会、互联网以及报刊、广播、电视等方式发布的；

（二）依据法律、法规和规章规定应当主动公开的其他信息。

前款规定以外的公共信用信息，属于非公开信息。

第二十二条　本市单位因履行管理职责，需要共享公共信用信息的，应当按照政务数据共享的有关规定向市网络信息主管部门和市公共信用信息主管部门提出使用申请，明确共享的内容、用途、方式和安全责任，审核通过后方能使用相关信息。

第二十三条　市信用信息公共服务平台应当制定并公布服务规范，通过服务窗口、平台网站、移动终端应用软件等方式向社会提供便捷的查询服务。

查询本人非公开信息的，应当提供本人有效身份证明；查询他人非公开信息的，应当提供查询人有效身份证明和被查询人的授权证明。法律、法规对信息查询另有规定的，从其规定。

在确保信息安全的前提下，市信用信息公共服务平台可以通过开设端口等方式，为信用服务机构提供适应其业务需求的批量查询服务。

市信用信息公共服务平台应当制订公共信用信息查询管理制度，明确查询公共信用信息的条件和程序，报市公共信用信息主管部门批准后实施。

## 第四章 ‖ 信息使用

第二十四条　信源单位在履行职责时，应当将单位或者自然人的信用状况作为实施管理活动的重要参考依据，执行信用评价制度，拓展信用评价结果的应用范围，提高社会管理和公共服务水平。

鼓励自然人和单位在开展金融活动、市场交易、行业管理、社会公益等活动中使用公共信用信息，防范交易风险，促进行业自律；鼓励信用服务机构使用公共信用信息，加工信用产品，为社会提供信用服务；鼓励跨区域公共信用信息交换、共享和应用。

第二十五条　对于信用状况良好的单位、自然人，行政机关在同等条件下，可以依法采取下列激励措施：

（一）在办理行政许可过程中，实施"绿色通道"和"容缺受理"等便利服务措施；

（二）在实施财政性资金项目安排、招商引资配套优惠政策等各类政府优惠政策中，优先考虑，加大扶持力度；

（三）在有关公共资源交易活动中，依法依约采取信用加分等措施；

（四）在日常检查、专项检查中优化检查频次；

（五）国家、省和本市规定可以采取的其他激励措施。

第二十六条　对于信用状况不良的单位、自然人，行政机关可以依法采取下列惩戒措施：

（一）在日常监管中列为重点监管对象，增加检查频次，加强现场核查等；

（二）在行政许可、年检验证等工作中，列为重点核查对象；

（三）取消或者减少已经享受的行政便利化措施；

（四）限制申请财政性资金项目，限制参与有关公共资源交易活动，限制参与基础设施和公用事业特许经营；

（五）限制参加各类表彰奖励活动；

（六）限制担任企业法定代表人、负责人或者高级管理人员；

（七）国家、省和本市规定可以采取的其他惩戒措施。

市公共信用信息主管部门应当组织相关部门通过信息共享，对严重失信的单位、自然人采取联合惩戒措施。联合惩戒制度的具体管理办法由市公共信用信息主管部门会同相关部门制定，报市人民政府批准后实施。

**第二十七条** 建立跨地区的信用体系建设合作机制，对诚信典型和严重失信主体，实施跨地区联合激励和惩戒。

# 第五章 ‖ 权益保护

**第二十八条** 市信用信息公共服务平台应当建立内部信息安全管理制度规范，明确岗位职责，设定工作人员的查询权限和查询程序，保障市信用信息公共服务平台正常运行和信息安全。

市信用信息公共服务平台应当建立公共信用信息归集和查询日志并长期保存。公共信用信息归集和查询日志应当如实记录信息归集和查询情况，信息归集记录包括提供信息单位、提供时间、提供方式和信息类别等内容；信息查询记录包括查询人、查询时间、查询方式、查询事由以及查询次数等内容。

**第二十九条** 单位、自然人可以要求市信用信息公共服务平台删除本单位、本人的表彰奖励、志愿服务、慈善捐赠等信息。市信用信息公共服务平台应当在收到申请之日起2个工作日内删除相关信息，并告知相关信源单位。

**第三十条** 单位、自然人认为市信用信息公共服务平台披露的公共信用信息与事实不符，或者依照有关法律、法规、规章规定不得披露的，可以向市信用信息公共服务平台提出书面异议，并提供相关证明材料。

**第三十一条** 市信用信息公共服务平台应当自收到异议申请之日起2个工作日内，进行信息比对。

市信用信息公共服务平台记载的信息与信源单位提供的信息确有不一致的，市信用信息公共服务平台应当予以更正，并将更正结果在5个工作日内告知申请人。

市信用信息公共服务平台记载的信息与信源单位提供的信息一致的，市信用信息公共服务平台应当将异议申请转至信源单位，由信源单位组织核查；信源单位应当自收到核查通知之日起 10 个工作日内书面回复核查结果，市信用信息公共服务平台应当自收到回复之日起 5 个工作日内将核查结果告知申请人。信源单位未按照规定核查异议信息或者未按时将核查结果告知市信用信息公共服务平台的，市信用信息公共服务平台不再向社会披露该信息。

第三十二条 市信用信息公共服务平台处理异议申请期间，对异议信息应当予以标注。对经核查无法确定其真实性的信息，市信用信息公共服务平台应当予以删除并记录删除原因。

第三十三条 信源单位发现由其提供的公共信用信息变更、失效或者错误的，应当及时修改并在 5 个工作日内向市信用信息公共服务平台发送修改后的公共信用信息，市信用信息公共服务平台应当在 5 个工作日内对相关信息予以更正或者删除。

第三十四条 公共信用信息主管部门、网络信息主管部门、信源单位、市信用信息公共服务平台、"云端武汉"平台及其工作人员不得实施下列行为：

（一）越权查询公共信用信息；

（二）篡改、虚构、违规删除公共信用信息；

（三）泄露未经授权公开的公共信用信息；

（四）泄露涉及国家秘密、商业秘密、个人隐私的公共信用信息；

（五）法律、法规和规章禁止的其他行为。

公共信用信息主管部门、网络信息主管部门、信源单位、市信用信息公共服务平台、"云端武汉"平台应当建立公共信用信息安全管理制度，采取有效措施，确保公共信用信息的安全。

第三十五条 公共信用信息主管部门和市信用信息公共服务平台应当建立公共信用信息投诉和举报制度，公布举报电话和电子信箱，接受举报和投诉。

## 第六章 ‖ 法律责任

第三十六条 市级信源单位未按本办法规定向"云端武汉"平台提供公共信用信息的，由市网络信息主管部门书面督促其提供；经督促仍不提供的，提请市人民政府给予通报批评，并可暂停其共享公共信用信息的资格。

区公共信用信息主管部门未按本办法规定向"云端武汉"平台提供公共信用信息的，由市公共信用信息主管部门书面督促其提供；经督促仍不提供的，提请市人民政府给予通报批评，并可暂停其共享公共信用信息的资格。

**第三十七条** 公共信用信息主管部门、网络信息主管部门、信源单位、市信用信息公共服务平台、"云端武汉"平台及其工作人员，在公共信用信息管理工作中有下列情形之一，依法给予行政处分；构成犯罪的，依法追究刑事责任：

（一）以不正当手段采集公共信用信息的；

（二）篡改、虚构公共信用信息的；

（三）违反规定披露或者泄露公共信用信息的；

（四）未按规定处理和答复信息异议的；

（五）滥用职权、玩忽职守、徇私舞弊的其他行为。

## 第七章 ‖ 附则

**第三十八条** 本办法自 2016 年 9 月 1 日起施行。

# 广州市公共信用信息管理规定

（广州市人民政府令第 166 号）

《广州市公共信用信息管理规定》已经 2019 年 4 月 26 日市人民政府第 15 届 71 次常务会议通过，现予公布，自 2019 年 8 月 1 日起施行。

市长　温国辉

2019 年 5 月 23 日

## 广州市公共信用信息管理规定

### 第一章 ‖ 总则

**第一条**　为了规范公共信用信息的归集、披露和使用，保障公共信用信息安全，保护自然人、法人和非法人组织的合法权益，优化营商环境，营造诚实守信的社会环境，根据《中华人民共和国政府信息公开条例》等有关法律、法规，结合本市实际，制定本规定。

**第二条**　本规定所称的公共信用信息，是指本市行政机关、法律法规授权的具有管理公共事务职能的组织（以下统称信息提供单位）在履行职责、提供公共服务过程中产生或者获取并经法定形式确认的，可用于识别自然人、法人或者非法人组织（以下统称信息主体）信用状况的数据和资料。

**第三条**　本市行政区域内公共信用信息的归集、披露、使用、修复及其管理活动，适用本规定。

市公共信用信息主管部门向人民法院、海关等国家机关以及公用事业单位主动采集的信用信息以及上述单位按照有关规定共享的信用信息，参照适用本规定。

**第四条**　公共信用信息的归集、披露和使用等活动应当遵循合法、安全、及时、准确的原则，保障信息主体的合法权益，不得泄露国家秘密，不得侵犯商业秘密和个人隐私。

**第五条** 市、区人民政府应当加强对本行政区域公共信用信息工作的组织领导，将所需经费纳入财政预算，并将公共信用信息情况纳入本市社会信用体系和市场监管体系建设。

市、区人民政府应当通过社会信用体系建设协调机制，研究、协调公共信用信息管理工作中的重大问题。

**第六条** 市负责发展改革工作的部门是本市公共信用信息工作的主管部门，统筹规划、综合协调、指导监督本市公共信用信息的归集、披露、使用、修复及其监督管理等工作，并负责组织实施本规定。

市负责政务信息化工作的部门统筹指导市公共信用信息管理系统的建设、管理、维护，制定统一的公共信用信息数据格式、数据接口等技术标准以及公共信用信息归集管理规范。

有关行政管理部门应当依照各自职责，配合做好公共信用信息管理工作。

**第七条** 本市建立市公共信用信息管理系统，统一归集覆盖全市自然人、法人和非法人组织的公共信用信息，并通过信用广州网统一向社会披露。

市公共信用信息管理系统应当依托全市统一的政务信息共享平台，与金融信用信息基础数据库、企业信用信息公示系统等相关信用信息系统对接，实现公共信用信息跨部门、跨行业、跨地区交换共享。

## 第二章 ‖ 公共信用信息的归集

**第八条** 公共信用信息实行目录管理。公共信用信息目录由市负责政务信息化工作的部门会同市负责发展改革工作的部门编制、更新，征求相关单位意见后，报市人民政府批准并向社会公布。

公共信用信息目录应当包括公共信用信息的提供单位、信息类别、信息主题、指标项、披露方式、披露期限等内容。

公共信用信息的信息类别分为基础信息、守信信息、失信信息和提示信息。

公共信用信息的披露方式包括公示、查询和政务共享。

**第九条** 本市建立覆盖全面、稳定、统一且唯一的公共信用代码一码制度。

自然人公共信用信息的归集以居民身份证号码或者其他有效身份证件号码作为关联匹配信用信息的唯一标识；法人和非法人组织公共信用信息的归集以统一社会信用代码作为关联匹配信用信息的唯一标识。

**第十条** 信息主体的基础信息包括下列内容：

（一）自然人的姓名、居民身份证号码或者其他有效身份证件号码；

（二）法人和非法人组织的名称、法定代表人或者负责人姓名、统一社会信用代码。

**第十一条** 信息主体的守信信息包括下列内容：

（一）行政机关、法律法规授权的具有管理公共事务职能的组织授予的表彰、奖励等信息；

（二）行政机关、法律法规授权的具有管理公共事务职能的组织评定的信用优秀等级的信息；

（三）遵守向行政机关、法律法规授权的具有管理公共事务职能的组织作出的信用承诺的信息；

（四）慈善捐赠活动等信息；

（五）参与行政机关、法律法规授权的具有管理公共事务职能的组织开展的志愿服务等信息；

（六）法律、法规、规章规定的其他守信信息。

**第十二条** 信息主体的失信信息包括下列内容：

（一）适用一般程序作出的行政处罚信息；

（二）被行政机关、法律法规授权的具有管理公共事务职能的组织依法强制执行的信息；

（三）人民法院生效裁判判决有罪的信息；

（四）拒不执行人民法院、仲裁机构生效法律文书，依法进入强制执行程序的信息；

（五）行政机关、法律法规授权的具有管理公共事务职能的组织评定的不良信用信息；

（六）向行政机关、法律法规授权的具有管理公共事务职能的组织提供虚假材料的信息；

（七）无正当理由欠缴水、电、燃气等公用事业费，数额较大，经催告后超过六个月仍未缴纳的信息；

（八）违反向行政机关、法律法规授权的具有管理公共事务职能的组织作出的信用承诺的信息；

（九）被行政机关、法律法规授权的具有管理公共事务职能的组织依法处以行业禁入的信息；

（十）法律、法规、规章规定的其他失信信息。

**第十三条** 信息主体有下列情形之一，被信息提供单位依法处理，并且符合本规定第十二条规定的，纳入失信信息：

（一）欠缴税款、社会保险费、行政事业性收费、政府性基金的；

（二）发生产品质量、安全生产、食品安全、环境污染等责任事故的；

（三）负责行政审批技术审查的机构出具不真实或者严重错误的咨询服务成果的；

（四）乘坐公共交通工具时冒用他人证件、使用伪造证件乘车、霸占他人座位等妨碍公共交通秩序或者影响安全行驶的；

（五）以欺诈、伪造证明材料或者其他手段骗取社会保险、社会救助、社会优待等待遇的；

（六）符合出院或者转诊标准无正当理由滞留医疗机构、影响正常医疗秩序等行为的；

（七）参加国家、省或者本市组织的统一考试作弊的信息；

（八）法律、法规、规章规定的其他失信行为。

**第十四条** 自然人的提示信息包括下列内容：

（一）就业状况、学历状况、婚姻状况；

（二）职业水平评价、行政许可等信息；

（三）被行政机关、法律法规授权的具有管理公共事务职能的组织约谈的记录；

（四）不动产登记、动产抵押登记、股权出质登记、商标注册、知识产权出质登记等信息；

（五）市场信用服务机构、行业协会以及信息主体向信息提供单位提供的信息；

（六）法律、法规、规章规定的其他反映信息主体履约能力的信息。

**第十五条** 法人和非法人组织的提示信息包括下列内容：

（一）行政许可信息；

（二）产品、服务、管理体系获得的认证认可信息；

（三）因串通投标、弄虚作假骗取中标等违法行为被依法暂停投标资格或者暂停承接工程的信息；

（四）被行政机关、法律法规授权的具有管理公共事务职能的组织约谈的记录；

（五）不动产登记、动产抵押登记、股权出质登记、商标注册、知识产权出质登记等信息；

（六）市场信用服务机构、行业协会以及信息主体向信息提供单位申报的信息；

（七）异常经营名录信息；

（八）法律、法规、规章规定的其他反映信息主体履约能力的信息。

**第十六条** 有关行政管理部门应当根据管理职责建立公务员、企业法定代表人及相关责任人、律师、教师、医师、执业药师、评估师、税务师、注册消防工程师、注册结构工程师、注册造价工程师、注册会计师、审计人员、房地产中介从业人员、保险经纪人、认证和检验检测从业人员、金融从业人员、导游、社会工作师等重点人群职业信用档案。

重点人群职业信用档案应当包括下列内容：

（一）从事的工作岗位、职务等信息；

（二）职业资格证书信息；

（三）年度考核结果信息；

（四）第三方评价信息；

（五）本规定第十一条至第十四条规定的与其任职表现有关的信息；

（六）法律、法规、规章规定的其他职业信用信息。

**第十七条**　信息提供单位应当按照公共信用信息目录以及标准规范要求，记录、存储其在履行职责或者提供公共服务过程中产生或者获得的公共信用信息，并及时、准确、完整地向市公共信用信息管理系统报送。

鼓励信息主体以声明、自主申报、信用承诺、签订共享协议等形式，向信息提供单位提供自身信用信息，并对其所提供信息的真实性、准确性负责。

鼓励市场信用服务机构、行业协会在征得信息主体同意后，向信息提供单位提供其依法记录、采集的市场信用信息，并对其所提供信息的真实性、准确性负责。

**第十八条**　信息提供单位应当实时向市公共信用信息系统报送信息。

不具备实时报送条件的，信息提供单位应当自信息生成之日起3个工作日内通过其他有效方式向市公共信用信息管理系统报送信息。

信息提供单位提供的信息依法变更或者撤销的，应当按照前两款规定的时限报送变化或者撤销的信息。

有关行业信用信息系统已与市公共信用信息管理系统实现互联共享的，信息提供单位无需重复报送信息。

**第十九条**　负责市公共信用信息管理系统建设、运行和维护的机构（以下简称系统管理工作机构）应当自收到报送的公共信用信息之日起3个工作日内完成比对、录入工作；不符合要求的，反馈给信息提供单位复核处理后重新报送。

**第二十条**　信息提供单位应当在报送之前核查信息的真实性、完整性，并定期自查，发现信息不真实或者不完整的，应当及时更正。

系统管理工作机构应当建立市公共信用信息管理系统的信息核查机制，发现信息不真实或者不完整的，应当在3个工作日内告知信息提供单位。被告知单位应当在收到通知之日起5个工作日内更正，并将结果反馈系统管理工作机构。

## 第三章 ‖ 公共信用信息的披露和使用

**第二十一条** 公共信用信息应当通过信用广州网和相关信息平台向社会公示，并符合《中华人民共和国政府信息公开条例》的规定。

自然人的公共信用信息可以通过查询、政务共享的方式披露，一般不对外公示。法律、法规、规章另有规定的除外。

**第二十二条** 信息主体提供有效身份证明的，有权查询自身公共信用信息。

行政机关、法律法规授权的具有管理公共事务职能的组织应当按照合理行政的原则依法查询公共信用信息。

查询他人非公示的公共信用信息的，应当取得信息主体的书面授权并约定用途。法律、法规另有规定的除外。

社会征信机构和其他依法设立的市场信用服务机构取得信息主体的书面授权并约定用途的，可以批量查询非公示的公共信用信息。

**第二十三条** 公共信用信息可以通过信用广州网和公共信用信息查询窗口进行免费查询。具体查询办法由市负责发展改革工作的部门会同市负责政务信息化工作的部门制定，并向社会公布。

市公共信用信息管理系统应当记录信息查询情况，并自该记录生成之日起保存3年。

**第二十四条** 公共信用信息的公示期限按照下列规定设定：

（一）基础信息、守信信息有有效期的，公示期限与有效期一致；无有效期的，公示期限至信息被取消之日止。

（二）失信信息、提示信息的公示期限自信息产生之日起3年。法律、法规、规章另有规定的，从其规定。

除法律、法规另有规定外，公共信用信息公示期限届满的，转为档案保存，但可以查询。

**第二十五条** 行政机关、法律法规授权具有管理公共事务职能的组织应当在开展下列工作时，根据履行职责需要查询、共享和使用公共信用信息：

（一）行政许可、资质等级评定、国有土地出让、政府采购、政府投资项目招标、财政资金扶持、专项资金安排、表彰奖励等；

（二）环境保护、安全生产、工程建设、产品质量、食品药品、医疗卫生、社会保障、教育科研、人力资源、商贸流通、股权投资、融资担保等领域的监督管理；

（三）人员招录、任用等内部管理；

（四）需要查询、共享或者使用公共信用信息的其他事项。

**第二十六条** 信息提供单位应当依法建立本领域的守信激励主体名单和严重失信主体名单，并按照规定向社会公示。

公示守信激励主体名单或者严重失信主体名单，应当客观、准确、公正，同时公示名单的有效期、相应的激励或者惩戒措施、信用修复、名单退出的程序等内容。

对尚未达到严重失信主体认定标准的失信主体，信息提供单位应当将其作为诚信状况重点关注对象，加强监管。

**第二十七条** 对列入守信激励主体名单的信息主体，行政机关、法律法规授权具有管理公共事务职能的组织可以依照法律、法规和国家有关规定采取下列激励措施：

（一）在行政管理或者公共服务过程中，给予简化程序、优先办理等便利措施；

（二）在给予财政资金扶持、招商引资配套优惠等政府优惠政策中，予以优先考虑；

（三）在政府采购、政府投资项目招标、国有土地出让等活动中，同等条件下列为优先选择对象；

（四）在公共资源交易中，给予信用加分、提升信用等次；

（五）在日常监督管理、专项检查中优化检查方式或者检查频次；

（六）在人员招录、任用、职称评定、考核评优等工作中，同等条件下列为优先选择对象；

（七）在教育、就业、积分入户、住房保障、创业等领域给予优先考虑或者重点支持；

（八）在信用广州网或者相关媒体上进行宣传推介；

（九）法律、法规、规章规定的其他激励措施。

**第二十八条** 对列入严重失信主体名单的信息主体，行政机关、法律法规授权具有管理公共事务职能的组织应当建立书面警示、约谈告诫机制，督促修复失信行为，并可以依照法律、法规和国家有关规定采取下列惩戒措施：

（一）在办理行政许可、资质资格评定、年检验证等工作中，列为重点核查对象，在行政许可和项目审批、核准中予以审慎考虑；

（二）在日常监管中列为重点监管对象，增加检查频次；

（三）取消已经享受的行政便利措施；

（四）限制享受财政资金扶持或者补贴；

（五）限制参加政府采购、政府投资项目招标、国有土地出让等活动；

（六）限制参加政府组织的表彰奖励活动；

（七）撤销荣誉称号；

（八）法律、法规规定的其他惩戒措施。

行政机关、法律法规授权具有管理公共事务职能的组织采取前款规定的惩戒措施时，应当与信息主体失信行为的性质、情节和社会危害程度相适应。

第二十九条　列入严重失信主体名单的法人或者非法人组织，其失信信息应当标明法定代表人、主要负责人和直接责任人的信息，并纳入法定代表人、主要负责人和直接责任人的个人信用档案。

对列入严重失信主体名单的法人或者非法人组织的法定代表人、主要负责人和直接责任人，行政机关、具有管理公共事务职能的组织可以依照法律、法规规定的条件和程序撤销其荣誉称号、取消其评先评优资格或者限制其相关行业任职资格。

第三十条　本市建立行政机关、法律法规授权具有管理公共事务职能的组织、人民法院、市场主体共同参与的跨部门、跨地区的公共信用联合激励和联合惩戒机制。

联合激励和联合惩戒机制的具体办法由市负责发展改革工作的部门另行制定，并向社会公布。

第三十一条　鼓励自然人、法人和非法人组织在开展市场交易、企业管理、行业治理、融资信贷、社会公益等活动中查询、使用公共信用信息。

鼓励行业协会在行业自律管理中，查询、使用公共信用信息，并建立行业守信激励和失信惩戒机制。

鼓励市场信用服务机构查询、使用公共信用信息，开发和创新信用产品，扩大信用产品的使用范围。

## 第四章 ‖ 信息安全和权益保障

第三十二条　系统管理工作机构应当建立市公共信用信息管理系统安全管理制度，完善身份认证、存取访问控制和授权管理机制，执行国家计算机信息系统保护有关规定，保证系统正常运行和数据安全。

信息提供单位应当落实安全管理制度，完善本单位的信息安全技术措施，保障信息数据安全。

第三十三条　市负责发展改革、政务信息化工作的部门，系统管理工作机构，信息提供单位等行政机关、法律法规授权的具有管理公共事务职能的组织不得实施下列行为：

（一）超越履行职责的范围查询、共享或者使用公共信用信息；

（二）篡改、虚构或者违反规定删除公共信用信息；

（三）泄露依法不得公示的公共信用信息；

（四）泄露涉及国家秘密、商业秘密、个人隐私的公共信用信息；

（五）法律、法规和规章禁止的其他行为。

**第三十四条** 信息主体有权知晓其公共信用信息的归集、披露和使用情况，以及上述信息的来源和提供单位等情况。

严重失信主体名单向社会公示前，信息提供单位应当告知信息主体列入严重失信主体名单的理由和依据，信息主体有权提出异议。

行政机关、法律法规授权具有管理公共事务职能的组织采取失信惩戒措施时，应当告知信息主体惩戒的理由、依据。

**第三十五条** 信息主体可以向信息提供单位或者系统管理工作机构提出申请，删除其表彰奖励、志愿服务、慈善捐赠等信息。

信息提供单位收到申请的，应当在 1 个工作日内出具信息处理意见书，将需要删除的信息告知系统管理工作机构和申请人。系统管理工作机构应当在收到申请或者信息提供单位出具的信息处理意见书之日起 2 个工作日内删除相关信息，并告知申请人。

**第三十六条** 自然人、法人和非法人组织认为市公共信用信息管理系统记载的公共信用信息存在下列情形的，可以向系统管理工作机构书面提出异议申请，并提供相关证明材料：

（一）存在错误或者遗漏的；

（二）公示的公共信用信息涉及其商业秘密、个人隐私的；

（三）超过公示期限仍在公示的；

（四）违反法律、法规规定的其他情形。

**第三十七条** 系统管理工作机构应当在受理异议申请时对信息予以异议标注，自受理之日起 2 个工作日内完成核查工作并按照下列规定处理：

（一）发现记载的信息与信息提供单位所报送的信息一致的，将异议申请转交信息提供单位处理；

（二）发现记载的信息与信息提供单位所报送的信息确有不一致的，按照本规定第三十八条的规定处理，并告知异议申请人。

信息提供单位应当自收到转来的异议申请之日起 10 个工作日内完成核查，作出异议处理决定书并告知申请人和系统管理工作机构。情况复杂的，经单位负责人批准可以延长处理期限，但延长期限不得超过 10 个工作日。延长核查期限应当及时告知申请人和系统管理工作机构。

**第三十八条** 系统管理工作机构收到信息提供单位异议处理决定书或者经核查确认异议信息存在下列情形之一的，应当按照下列规定处理：

（一）信息存在错误的，予以更正；

（二）信息存在遗漏的，予以补充；

（三）公示的公共信用信息涉及商业秘密、个人隐私的，依照《中华人民共和国政府信息公开条例》的规定处理；

（四）信息超过公示期限仍在公示的，停止公示。

经核查，确认异议信息不存在本规定第三十六条规定情形的，应当维持信息原状，并取消异议标注。

申请人对异议处理结果不服的，可以向市负责发展改革工作的部门申请复核。市负责发展改革工作的部门应当自受理之日起5个工作日内将复核结果告知申请人。

异议申请处理期间，系统管理工作机构或者市场信用服务机构出具公共信用信息查询结果或者信用报告时，应当对存在异议的信息予以标注。

**第三十九条** 信息主体通过主动履行法定或者约定义务、参加信用修复培训、提交信用报告、参与社会公益服务等方式纠正其失信行为、消除不利影响的，可以在失信信息披露3个月后，向信息提供单位或者系统管理工作机构申请在失信信息中标注信用修复情况。

信息主体提出信用修复申请时，应当公开做出信用修复承诺并提供相关证明材料。

信息提供单位应当制定本领域失信行为信用修复的具体办法，明确信用修复的条件、方式、程序以及证明材料，并向社会公布。

**第四十条** 向系统管理工作机构提出信用修复申请的，系统管理工作机构应当自收到申请之日起2个工作日内转交信息提供单位处理。

信息提供单位应当自收到信用修复申请或者系统管理工作机构转交的信用修复申请之日起10个工作日内处理；情况复杂的，经单位负责人批准可以延长处理期限，但延长期限不得超过20个工作日。

申请符合信用修复有关规定的，信息提供单位应当作出信用修复书面决定，送达申请人并告知系统管理工作机构；系统管理工作机构自收到书面决定之日起3个工作日内在失信信息中予以标注，并附相关证明文件。

信用修复后，信息主体不具备列入严重失信主体名单条件的，信息提供单位应当及时将其移出名单，不再作为惩戒对象。

# 第五章 ‖ 法律责任

**第四十一条** 市负责发展改革、政务信息化工作的部门违反本规定，有下列行为之一的，由上级行政机关或者有关部门责令改正、通报批评；情节严重的，对直接负责的主管人员和其他直接责任人员依法给予处分：

（一）未按照本规定第八条规定编制、更新公共信用信息目录的；

（二）实施本规定第三十三条规定行为的；

（三）未按照本规定第三十八条规定处理异议复核申请的；

（四）有其他不履行或者不正确履行职责行为的。

**第四十二条** 系统管理工作机构违反本规定，有下列行为之一的，由上级行政机关或者有关部门责令改正、通报批评；情节严重的，对直接负责的主管人员和其他直接责任人员依法给予处分：

（一）未按照本规定第十九条规定录入公共信用信息的；

（二）未按照本规定第二十条规定核实公共信用信息的；

（三）未按照本规定第三十二条规定建立、落实安全管理制度，造成重大安全事故的；

（四）实施本规定第三十三条规定行为的；

（五）未按照本规定第三十五条规定删除信息的；

（六）未按照本规定第三十六条至第三十八条规定处理异议申请的；

（七）未按照本规定第三十九条、第四十条规定处理信用修复申请的；

（八）有其他不履行或者不正确履行职责行为的。

**第四十三条** 信息提供单位违反本规定，有下列行为之一的，由市负责发展改革工作的部门责令改正、通报批评；情节严重的，由任免机关按照管理权限对直接负责的主管人员和其他直接责任人员依法给予处分：

（一）未按照本规定第十六条规定建立重点人群职业信用档案的；

（二）未按照本规定第十七条、第十八条规定记录、存储、报送公共信用信息的；

（三）未按照本规定第二十条规定核实公共信用信息的；

（四）未按照本规定第二十六条规定建立、公示守信激励主体名单、严重失信主体名单的；

（五）未按照本规定第三十二条规定建立、落实安全管理制度，造成重大安全事故的；

（六）实施本规定第三十三条规定行为的；

（七）未按照本规定第三十四条规定告知信息主体列入严重失信名单的理由和依据的；

（八）未按照本规定第三十五条规定处理删除信息申请的；

（九）未按照本规定第三十六条至第三十八条规定处理异议申请的；

（十）未按照本规定第三十九条、第四十条规定处理信用修复申请的；

（十一）有其他不履行或者不正确履行职责行为的。

其他行政机关、法律法规授权的具有管理公共事务职能的组织实施本规定第三十三条规定行为的，由市负责发展改革工作的部门责令改正、通报批评；情节严重的，由任免机关按照管理权限对直接负责的主管人员和其他直接责任人员依法给予处分。

**第四十四条**　自然人、法人或者非法人组织违反本规定，有下列行为之一的，由系统管理工作机构纳入其失信信息并在 5 年内不再受理其公共信用信息查询申请；给信息主体造成损失的，依法承担民事责任；构成犯罪的，依法追究刑事责任：

（一）伪造、变造信息主体授权证明的；

（二）违反约定用途使用所查询信息的；

（三）以其他非法或者不正当手段获取、传播、使用公共信用信息的。

## 第六章 ‖ 附则

**第四十五条**　本规定自 2019 年 8 月 1 日起施行。

# 深圳市个人信用征信及信用评级管理办法

（深圳市人民政府令第 106 号）

《深圳市个人信用征信及信用评级管理办法》已经市政府三届 42 次常务会议审议通过，现予发布，自 2002 年 1 月 1 日起实施。

市长　于幼军
二〇〇一年十二月十八日

## 深圳市个人信用征信及信用评级管理办法

**第一条**　为了建立深圳市（以下简称"本市"）个人信用制度，规范个人信用征信及评级活动，防范信用风险，保障当事人的合法权益，根据有关法律、法规的规定，结合实际，制定本办法。

**第二条**　在本市范围内征集和利用个人信用信息适用本办法。

本办法所指的个人，是指具有完全民事行为能力的自然人。

**第三条**　本办法下列用语的含义是：

（一）征信机构，是指依照本办法批准成立，征集个人信用信息，向商业银行及其他个人信用信息使用人提供个人信用信息咨询及评级服务的法人单位；

（二）个人信用征信，是指征信机构经过与商业银行及其他提供信息单位的约定，把分散在各商业银行和社会有关方面的个人信用信息，进行采集、储存，形成个人信用信息数据库的活动；

（三）个人信用评级，是指征信机构对征集到的个人信用信息依据征信机构的信用评级标准进行个人信用等级评定的活动；

（四）个人信用信息，是指个人的商业信用记录及对判断个人信用状况可能有影响的其他信息。

**第四条**　征信机构、提供信息单位和个人信用信息使用单位及其工作人员对征集、利用个人信用信息过程中获得的个人信息应当保密，不得向第三人泄露，不得超越本办法规定的使用范围及工作职责范围利用所获得的个人信用信息。

第五条　任何单位从事个人信用征信及评级业务，须经深圳市人民政府和中国人民银行深圳市中心支行批准，并依法办理工商登记手续。

个人不得从事个人信用征信及评级业务。

第六条　本市成立个人信用征信及评级监督委员会，负责对个人信用征信及评级业务的监督管理。

个人信用征信及评级监督委员会的组成、职责和议事规则由市人民政府另行规定。

第七条　征信机构征集个人信用信息应当征得本人的同意，但依法公开的个人信用信息除外。

第八条　征信机构征集的个人信用信息限于可能影响个人信用状况的下列信息：

（一）个人身份情况：姓名、性别、出生日期、身份证号、户籍所在地住址、居所、婚姻状况、家庭成员状况、收入状况、工作单位、职业、学历等；

（二）商业信用记录：在各商业银行的个人贷款及偿还记录，个人信用卡使用等有关记录，在商业银行发生的其他信用行为记录，以及个人与其他商业机构发生的信用交易记录；

（三）社会公共信息记录：个人纳税、参加社会保险以及个人财产状况及变动等记录；

（四）特别记录：有可能影响个人信用状况的涉及民事、刑事、行政诉讼和行政处罚的记录。

第九条　征信机构征得本人同意后征集个人信用信息，应当通过与提供信息单位约定的方式向提供信息单位征集个人信用信息。

征信机构与提供信息单位的约定应当报市个人信用征信及评级监督委员会备案。

提供信息单位应当按照约定为征信机构提供个人信用信息。

提供信息单位对其所提供信息的真实性负责。

第十条　征信机构征集个人信用信息应当按照客观、公正的原则进行，保持提供信息单位所提供信息的原始完整性，不得有选择性地征集个人信用信息。

第十一条　个人信用评级报告应当按照征信机构的信用评级标准客观、公正地作出。

征信机构的信用评级标准应当报经深圳市个人信用征信及评级监督委员会同意。

第十二条　征信机构可以向下列对象提供个人信用咨询服务：

（一）正在受理本人金融业务申请的金融机构或与本人发生信用交易的商业机构；

（二）本人授权的其他自然人或法人；

（三）依职权进行调查的司法机关和税务机关；

（四）法律、法规规定的其他机关。

**第十三条** 征信机构按有偿使用原则提供个人信用咨询服务，但有下列情形之一的不得收费：

（一）依职权调查的司法机关和税务机关；

（二）法律、法规规定不得收费的其他使用人。

征信机构提供服务的收费标准应当报市物价部门核定。

**第十四条** 本办法第十二条第（一）、第（二）项规定的使用人使用个人信用信息仅以了解个人的信用状况为限。

禁止使用人利用所获取的个人信息从事了解个人信用状况以外的活动。

**第十五条** 征信机构应当向个人提供本人信用信息查询。

个人凭居民身份证向征信机构查询本人的个人信用信息。

**第十六条** 个人认为本人信用信息有错误的，可以向征信机构提出更正申请。

征信机构接到个人要求更正的申请后，应当进行核对，经核对与提供信息单位提供的原信息不一致的，应当即时更正；与提供信息单位提供的原信息一致的，应当告知本人向提供信息单位申请更正。

个人应当自征信机构告知之日起的 5 个工作日内向提供信息单位提交信息更正书面申请，提供信息单位应当自接到个人信息更正申请之日起的 10 个工作日内做出书面答复。

**第十七条** 对个人向提供信息单位申请更正的信用信息，征信机构按提供信息单位的书面答复处理；提供信息单位逾期不答复的，个人仍认为信息有错误的，可以向征信机构提交书面异议报告，征信机构应当将异议报告列入个人信用信息。

征信机构在个人申请更正信息期间，不得对外发布本人的信息报告；个人逾期未向提供信息单位提交信息更正要求的，视为本人对信息无异议，征信机构可以对外公布该信息。

**第十八条** 征信机构可长期保存个人信用信息。但个人信用信息中的特别记录，保存期限最长不得超过七年，法律、法规另有规定的除外。

个人信用信息的保存期限，自该信息被征集之日起计算。

**第十九条** 征信机构应当对个人信用信息被使用的情况进行记录，并列入个人信用信息数据库。

个人信用信息的使用记录应当包括个人信用信息被使用的时间、对象等情况的完整记录。

个人信用信息使用记录应当自该记录生成之日起保存二年。

**第二十条** 征信机构应当负责对个人信用信息数据库系统和资料进行维护和管理，

根据征集的个人信用信息及时更新个人信用信息数据库。

**第二十一条** 征信机构征集、传输个人信用信息应当通过专用网络传输，不得利用公众互联网进行。

征信机构通过专用网络接受、传输个人信用信息时，发现有错误的，应当及时告知提供信息单位予以纠正。

**第二十二条** 有下列行为之一的，有关责任单位或个人应当依法承担民事责任：

（一）征信机构及其工作人员违反保密义务，向当事人以外的第三人泄露个人信用信息的；

（二）个人信用信息使用人或其工作人员，泄露个人信息或超越使用范围使用个人信用信息的；

（三）征信机构擅自对提供信息单位提供的个人信用信息进行修改，改变个人信用等级的。

**第二十三条** 征信机构征集、传输、整理个人信用信息、开展个人信用评级或对外提供信用信息服务，有违反本办法规定行为的，由深圳市人民政府会同中国人民银行深圳市中心支行予以通报批评，并责令限期改正。

提供信息单位有违反本办法第四条、第九条规定行为的，由深圳市人民政府或中国人民银行深圳市中心支行按照职权范围予以通报批评，并责令限期改正。

对上述违法行为的直接责任人依法给予行政处分；构成犯罪的，依法追究刑事责任。

**第二十四条** 本办法由深圳市人民政府负责解释。

**第二十五条** 本办法自 2002 年 1 月 1 日起实施。

# 深圳市企业信用征信和评估管理办法

## （深圳市人民政府令第122号）

《深圳市企业信用征信和评估管理办法》已经市政府三届六十九次常务会议审议通过，现予发布，自2003年1月1日起施行。

市长 于幼军
二○○二年十一月十九日

# 深圳市企业信用征信和评估管理办法

## 第一章 ‖ 总则

**第一条** 为建立深圳市的企业信用制度，增强企业信用意识和风险防范意识，规范企业信用征信和评估活动，保障当事人的合法权益，根据有关法律、法规的规定，结合实际，制定本办法。

**第二条** 在本市范围内征集、利用企业信用信息，开展企业信用评估、咨询服务等活动适用本办法。

本办法所指的企业，是指经工商行政管理部门依法注册登记的法人或非法人营利性经济组织。

**第三条** 本市建立以政府设立的企业信用信息中心和市场化的评估机构为主体的征信机构体系，征集企业信用信息，对社会开展企业信用信息查询，并由评估机构开展企业信用评估等服务活动。

**第四条** 征集和披露企业信用信息应当维护国家和社会的利益，不得征集和披露妨碍公共安全和社会秩序的信息。

征集和披露企业信用信息应当维护企业的合法权利，不得损害企业的商业秘密、竞争地位和其他合法利益。

第五条 企业信用征信和信息披露活动应当遵循客观、公正的原则，征信机构不得征集或者披露虚假信息，提供信息单位不得提供虚假信息。

企业信用评估活动应当遵循市场经济的规律，按照独立、公正和审慎的原则开展活动。

第六条 征信机构、提供信息单位和企业信用信息使用人及其工作人员对征集、利用企业信用信息过程中获得的企业信息，除依法可以公开的信息外，应当保密，不得超越本办法规定的使用范围及工作职责范围利用所获得的企业信用信息。

第七条 政府鼓励企业建立企业内部信用管理制度，加强企业内部信用管理，防范企业自身风险，预防客户信用风险。

第八条 市政府有关部门会同征信机构、企业组成企业信用征信及评估监督委员会，负责对企业信用征信及评估业务的监督管理。

企业信用征信及评估监督委员会的组成、职责和议事规则由市政府另行规定。

政府鼓励评估机构建立行业组织，进行自律监管。

## 第二章 ‖ 征信机构

第九条 市政府设立深圳市企业信用信息中心（以下简称信用中心），依照本办法规定征集企业信用信息，并对社会提供查询服务。

第十条 设立评估机构应当采取有限责任公司或者股份有限责任公司的形式，并经工商行政管理部门依法核准登记。

设立评估机构应当具备下列条件：

（一）符合公司法人的一般条件；

（二）有与信用评估业务相适应的具有档案管理、数据处理、数量分析能力的专业人员；

（三）有严格的信息档案管理制度、保密措施和安全防范措施。

第十一条 依法成立的评估机构可以从事下列业务：

（一）主动或者接受委托开展企业信用征信活动；

（二）依据所征集的企业信用信息为企业提供信用评估服务；

（三）提供所征集的企业信用信息的查询服务；

（四）为企业提供信用管理咨询服务；

（五）其他企业信用评估咨询服务。

第十二条 信用中心按有偿原则为社会提供有关信用信息服务，但对通过互联网查询公开披露的信用信息的，不得收费。

信用中心的具体收费范围由市政府另行规定，其收费标准按规定报价格主管部门核定。

评估机构的收费由其按照市场原则自行定价。

## 第三章 ‖ 信息征集

**第十三条** 信用中心征集本市企业的下列信用信息：

（一）本市政府机关、司法机关及具有行政管理职能的事业单位掌握的企业信用信息；

（二）本市金融机构在金融活动中获得的企业信用信息；

（三）本市行业组织、公用事业单位及中介组织在开展服务活动中获得的企业信用信息；

（四）市政府授权征集的其他企业信用信息。

**第十四条** 评估机构可以通过下列方式征集企业信用信息：

（一）向信用中心征集企业信用信息；

（二）直接向被征信企业或被征信企业的交易对象征集企业信用信息；

（三）从公开媒体的有关报道征集企业信用信息；

（四）法律、法规允许的其他方式。

评估机构征集未依法公开的企业信用信息应当征得被征信企业的同意。

**第十五条** 政府机关、司法机关有义务向信用中心提供本办法规定的企业信用信息，但涉及国家秘密的信息除外，具体信息目录由市政府另行规定。

金融机构可以向信用中心提供企业信用信息，但涉及企业逃废银行债务的信息必须提供。

任何单位或者个人在自身经营活动中获得的其他单位或者个人的信息，未经当事人同意，不得向任何第三方提供，法律、法规和本办法另有规定的除外。

**第十六条** 征信机构在征信活动中应当保持提供信息单位所提供信息内容的原始完整性。

提供信息单位对其向信用中心提供的信息的真实性负责；提供信息单位为政府机关的，其所提供的信息直接来源于企业的，信息的真实性由企业负责；评估机构对其自行征集的信息的真实性负责。

**第十七条** 信用中心向政府机关、金融机构征集、传输企业信用信息应当通过政府专用网络传输，经网络安全主管部门批准，也可以利用公众互联网传输数据。

**第十八条** 征信机构应当负责对企业信用信息数据库系统和资料进行维护和管理，

根据征集的企业信用信息及时更新企业信用信息数据库。

信用中心接受、传输企业信用信息时，发现有错误的，应当及时告知提供信息单位予以纠正。

**第十九条** 征信机构应当向被征信企业提供本单位信用信息查询，被征信企业凭本企业的工商执照向征信机构查询。

**第二十条** 被征信企业认为本企业信用信息有错误的，可以向征信机构提出更正申请。

征信机构接到企业要求更正的申请后，应当进行核对，经核对与提供信息单位提供的原信息不一致的，应当即时更正；与提供信息单位提供的原信息一致的，应当告知企业向提供信息单位申请更正。

企业应当自征信机构告知之日起的 5 个工作日内向提供信息单位提交信息更正书面申请，提供信息单位应当自接到企业信息更正申请之日起的 10 个工作日内做出书面答复。

**第二十一条** 对企业向提供信息单位申请更正的信用信息，征信机构按提供信息单位的书面答复处理；提供信息单位逾期不答复的，企业仍认为信息有错误的，可以向征信机构提交书面异议报告，征信机构应当将异议报告列入企业信用信息。

征信机构在企业申请更正信息期间，不得对外发布该异议信息；企业逾期未向提供信息单位提交信息更正要求的，视为无异议。

**第二十二条** 征信机构应当对企业信用信息被使用的情况进行记录，并自该记录生成之日起保存 2 年。

企业信用信息的使用记录应当包括企业信用信息被使用的时间、对象等情况的完整记录。

## 第四章 ‖ 信息披露

**第二十三条** 信用中心征集的下列企业信用信息可以通过互联网或其他途径向社会公开披露：

（一）企业基本情况：名称、住所、法定代表人、类型、经营范围、注册资本等；

（二）企业报请政府审批、核准、登记、认证、年检的结果；

（三）对企业发生法律效力的民事、刑事、行政诉讼判决或裁定和商事仲裁裁决记录；

（四）对企业发生法律效力的责令停产停业、吊销许可证或执照、较大数额罚款、没收等重大行政处罚的记录。

信用中心披露被征信企业因偷税漏税、走私骗汇、逃废银行债务、经济诈骗等违法活动而受到刑事、行政处罚的信息应当包括被处罚企业的名称、法定代表人、主要责任人、违法事项、处罚日期和具体处罚。

第二十四条 信用中心征集的下列企业信用信息应当依照本办法的规定向本市有关政府机关披露：

（一）企业的经营财务状况；

（二）企业用工情况；

（三）企业的纳税和社会保险费缴纳情况；

（四）企业报请政府机关审批、核准、登记、认证时提交的有关资料；

（五）企业法定代表人及董事、高级管理人员的工作经历、学习经历等基本情况。

信用中心向其他单位或者个人披露前款规定的企业信用信息，应当征得被征信企业的同意。

第二十五条 信用中心披露企业信用信息应当将每个企业的信用记录单独披露，不得将不同企业的同类信息集中披露。

信用中心披露企业信用信息时，应当平等披露，对所有企业信息的公开披露应当按照统一的标准披露。

第二十六条 政府机关向信用中心查询本办法第二十四条规定的企业信用信息，应当出于以下情形之一，并经所在机关主要负责人批准：

（一）依法对企业进行有关审批、核准、登记、认证等活动；

（二）依法查处企业违法行为；

（三）依法对企业经营活动进行监管必需查询的其他情况。

第二十七条 政府机关通过互联网、新闻媒体或其他途径自行披露依法可以公开披露的企业信用信息，应当依照本办法第二十五条的规定进行，但同一政府机关的同一次行政行为涉及多个企业的情况除外。

未经批准，政府机关工作人员不得将本机关掌握或通过信用中心获得的企业信用信息公开披露或者提供给其他单位或者个人。

第二十八条 评估机构可以向被征信企业的交易对象或拟交易对象披露被征信企业的信息，但被征信企业要求保密的信息除外。

评估机构披露被征信企业要求保密的信息，应当征得被征信企业的同意。

被征信企业对评估机构的征信委托，视为前款所指被征信企业的同意。

第二十九条 企业可以自行决定本企业信用信息的披露范围和方式，法律、法规及本办法另有规定的除外。

股份有限公司应当按照《中华人民共和国公司法》的规定进行披露，上市股份有限公司还应当按照证券监督管理机构的有关规定进行披露。

行业组织可以行业公约的形式约定行业组织成员企业信用信息披露的范围和方式。

**第三十条** 企业信用信息披露的最长期限依照下述规定执行:

(一)企业被注销、吊销营业执照的记录为 5 年;

(二)企业破产记录为 10 年;

(三)企业逃废债记录为 10 年;

(四)企业法定代表人、董事、主要股东或其他高级管理人员被处禁止从事某行业的处罚记录,为禁入期限届满后 2 年;

(五)行政、刑事处罚记录为 3 年,法律、法规、规章另有规定的除外。

企业信用信息的披露期限,除前款另有规定之外,自该信息被首次披露之日起计算。

## 第五章 ‖ 信用评估

**第三十一条** 评估机构可自主或根据企业或者其他人的委托,对企业的信用状况进行评估或者评级。

评估机构应当按照本机构的评估标准客观、公正地作出企业的信用评估报告。

信用中心不得对企业的信用状况进行评级或作出其他主观性评价。

**第三十二条** 评估机构的评估标准应当按照科学、公正的原则确定,制定评估办法并向被评估企业解释或说明。

评估机构的评估办法应当包括评估程序、评估标准的说明和信用等级的评级、复议、跟踪制度等内容。

**第三十三条** 评估机构做出的信用评估报告应当包括下列内容:

(一)被评估企业的基本情况;

(二)被评估企业信用状况的评价或者以数字或字母形式表示的企业信用等级;

(三)评估所依据的评估办法;

(四)评估所依据的主要信息;

(五)评估机构信用评估标准要求的其他内容;

(六)委托评估企业要求的其他内容。

**第三十四条** 评估机构可以接受个人或企业的委托对企业进行信用评估。

评估机构受委托对企业进行信用评估,未经被评估企业的同意不得使用被评估企业未公开的信息进行信用评估,但被评估企业为委托企业的除外。

**第三十五条** 评估机构可以根据市场需求,自行对某类市场主体、某一行业、某一地区或某企业的信用状况，根据本机构的评估标准进行信用评级或作出相应的信用状况宏观分析报告，但必须依据已经合法公开的信息。

**第三十六条** 评估机构受委托作出的信用评估报告的披露，按照评估机构和委托方的委托协议规定进行披露。

评估机构依据本办法第三十五条作出的信用评估报告可以自行决定有偿或无偿发布，但对被评估主体、行业、地区或企业应当无偿提供相关报告；有偿使用报告的企业或者个人不得将信用评估报告提供给其他企业或者个人使用。

**第三十七条** 评估机构作出的信用评估报告仅供报告使用人参考。

## 第六章 ‖ 法律责任

**第三十八条** 信用中心及其工作人员有下列行为之一的，由市工商行政管理部门责令改正，并由市监察部门依法追究有关责任人的行政责任：

（一）违反本办法规定，征集和披露企业信用信息的；

（二）擅自对企业信用信息进行修改的；

（三）拒绝被征信企业查询本企业信息的。

信用中心及其工作人员的上述行为造成企业损失的，应当依法承担民事责任。

**第三十九条** 评估机构违反本办法规定，有下列行为之一的，由工商行政管理部门责令改正，并依法予以处罚；给当事人造成损失的，应当依法承担民事责任：

（一）未经工商行政管理部门核准登记擅自从事企业信用评估业务的；

（二）未经企业同意征集企业非法定公开信用信息的；

（三）擅自对提供信息单位提供的企业信用信息内容进行修改的；

（四）未经企业同意披露企业非法定公开信用信息或信用评估报告的；

（五）披露未经证实或虚假的企业信用信息的；

（六）违反评估办法，改变企业信用等级的；

（七）拒绝被征信企业查询本企业信用信息或拒绝向被评估企业提供评估报告的。

**第四十条** 企业及其工作人员，违反本办法规定泄露或提供企业信用信息的，应当对受损害的企业或征信机构依法承担民事责任。

企业信用信息使用人或其工作人员，违反本办法规定，泄露企业信用信息或超越使用范围使用企业信用信息的，应当对受损害的企业或征信机构依法承担民事责任。

**第四十一条** 行政机关及其工作人员，违反本办法规定使用企业信用信息或者提供虚假信息的，由监察部门会同有关主管部门予以通报，并依法追究直接责任人的行政责任。

第四十二条　征信机构违反本办法规定有下列行为之一的，由市政府计算机安全管理主管部门责令限期改正，并依法进行处罚：

（一）未经批准利用公众互联网传输所征集企业信用信息的；

（二）未制定并执行信息数据库安全管理措施的。

# 第七章 ‖ 附则

第四十三条　本办法下列用语的含义为：

（一）征信，是指依照本办法采集、传输、存储、加工、整理企业信用信息的活动；

（二）征信机构，是指依照本办法设立的信用中心和评估机构；

（三）评估机构，是指依照本办法设立并开展企业信用征信，为企业或者个人提供企业信用管理、咨询和评估等服务的法人中介组织；

（四）企业信用信息，是指企业的基本登记信息、商业信用记录及对判断企业信用状况可能有影响的其他信息。

第四十四条　个体工商户、民办非企业单位及其他中介机构的信用信息征集和信用评估参照本办法执行。

企业法定代表人、董事、高级管理人员个人信用信息的征集、评估和披露依照《深圳市个人信用征信和信用评级管理办法》的规定执行，本办法另有规定的除外。

第四十五条　本办法自 2003 年 1 月 1 日起施行。

# 深圳市公共信用信息管理办法

## （深圳市人民政府令第 297 号）

《深圳市公共信用信息管理办法》已于 2017 年 5 月 12 日经深圳市人民政府六届七十七次常务会议审议通过，现予公布，自 2017 年 10 月 1 日起施行。

代市长　陈如桂

2017 年 8 月 10 日

## 深圳市公共信用信息管理办法

### 第一章 ‖ 总则

**第一条**　为推动社会信用体系建设，营造社会诚信环境，建立信用奖惩机制，规范公共信用信息的管理，推进深圳质量、标准、品牌、信誉建设，构建以信用为核心的新型市场监管体系，根据国务院《社会信用体系建设规划纲要（2014—2020 年）》《关于建立完善守信联合激励和失信联合惩戒制度加快推进社会诚信建设的指导意见》《企业信息公示暂行条例》等规定，结合本市实际，制定本办法。

**第二条**　本办法适用于本市公共信用信息的归集、披露、使用和监督管理活动。

**第三条**　本办法所称公共信用信息，是指国家机关、群团组织以及依据法律法规行使公共事务管理职能的组织，在履行职务过程中依法产生或者获取并经法定形式确认，可以用于识别公民、法人和其他组织信用状况的数据和资料。

**第四条**　公共信用信息归集、披露、使用和监督管理活动，应当遵循合法、客观、完整、准确、及时的原则，依法维护国家利益、社会公共利益和信息主体的合法权益，不得泄露国家秘密，不得侵害商业秘密和个人隐私。

**第五条**　市人民政府（以下简称市政府）应当建立完善全市统一的公共信用信息管理系统（以下简称公共信用系统），归集、存储、整合本市自然人、法人和其他组织的公共信用信息，并统一向社会披露。

各区人民政府（含新区管理机构，以下统称区政府）、市政府各部门应当按照"共建共享"原则，通过公共信用系统加强本地区、本部门公共信用信息的归集和使用。

各区政府、市政府各部门应当在本单位门户网站推广公共信用信息查询。

**第六条** 市社会信用体系建设统筹小组统筹协调全市社会信用体系建设工作。市社会信用体系建设统筹小组办公室（以下简称市信用办），具体负责全市社会信用体系建设日常工作，并指导市电子政务资源机构、市公共信用机构开展公共信用信息管理工作。

**第七条** 市电子政务资源机构负责本市公共信用信息的归集、交换、共享，以及公共信用系统的建设、运行和维护。

市公共信用机构负责本市公共信用信息管理、披露和应用及全市公共信用系统的业务管理，承担公共信用信息以外的必要的信用信息采集、分析和应用，协助研究拟定我市公共信用信息业务标准及公共信用建设相关政策规定。

**第八条** 信息提供单位应当制定本单位公共信用信息管理制度，按照本市公共信用信息资源目录（以下简称信用目录）向市电子政务资源机构报送相关信息，并依法做好信息的记录、维护、异议处理及信息安全等工作。

信息提供单位可以对公共信用系统的建设和维护提出意见和建议。

## 第二章 ‖ 信用目录

**第九条** 公共信用信息根据信用目录进行归集。

信用目录实行动态管理，由市信用办定期会同市电子政务资源机构、市公共信用机构依据法律、法规、规章和国家信用标准编制并公布实施。

**第十条** 信用目录应当包括公共信用信息的识别标识码、具体数据项、数据格式、数据源、公开属性和披露期限等内容。

法人和其他组织的统一社会信用代码是其信用记录的识别标识码，个人身份证件号码是自然人信用记录的识别标识码。

在实施统一社会信用代码过渡期内，没有赋予统一社会信用代码的法人和其他组织以组织机构代码作为识别标识码。

**第十一条** 法人和其他组织信用目录包括下列类别：

（一）基本信息：包括登记许可、资质资格及与身份有关的其他信息；

（二）监管信息：包括行政处罚或者处分、行政强制、欠缴税款、欠缴公积金、欠缴社会保险费、劳动监察及法律、法规、规章规定的其他监管信息；

（三）涉诉涉裁信息：包括发生法律效力的司法判决、裁定、决定，劳动争议仲裁裁决；

（四）其他信息：包括依法保留的中央和各省市评比、达标、表彰等奖励信息，信用承诺情况，补缴税款、公积金、社会保险费等信用修复信息，以及反映信息主体信用状况的其他信息。

**第十二条** 自然人信用目录包括下列类别：

（一）基本信息：包括姓名、身份证号码、就业状况、资质资格及与身份有关的其他信息；

（二）监管信息：包括行政处罚或者处分、行政强制、欠缴税款及法律、法规、规章规定的其他监管信息；

（三）涉诉涉裁信息：包括发生法律效力的司法判决、裁定、决定，劳动争议仲裁裁决；

（四）其他信息：包括依法保留的中央和各省市评比、达标、表彰等奖励信息，补缴税款等信用修复信息，以及反映信息主体信用状况的其他信息。

**第十三条** 信用目录不得包括个人的宗教信仰、基因、指纹、血型、疾病和病史信息以及法律、行政法规规定禁止收集的其他个人信息。

信用目录不得包括个人的收入、存款、有价证券、商业保险、不动产信息和纳税数额信息。但是，明确告知信息主体提供该信息可能产生不利后果，并取得其书面同意归集的除外。

## 第三章 ‖ 信息归集

**第十四条** 市电子政务资源机构应当按照信用目录归集信息提供单位的公共信用信息。

市电子政务资源机构应当将归集的公共信用信息完整、准确、及时、便利地共享给市公共信用机构。

**第十五条** 信息提供单位应当实时向市电子政务资源机构报送信用信息。

不具备实时报送条件的，信息提供单位应当自信息生成之日起 7 个工作日内通过其他有效方式向市电子政务资源机构报送。

信息提供单位提供的信息依法变更或者撤销的，应当按照本条前两款规定的时限报送变化或者撤销的信息。

**第十六条** 信息提供单位对其提供信息的真实性、完整性、准确性负责，不得隐匿、虚构、篡改。

信息提供单位所提供的信息直接来源于信息主体申报且未经修改的，信息的真实性、完整性、准确性由信息主体负责。

**第十七条** 信息提供单位向公共信用系统提供自然人公共信用信息的，应当以书面或者数据电文形式告知信息主体本人，但依法公开的信息除外。

## 第四章 ‖ 信息披露

**第十八条** 市公共信用机构应当制定并公布服务规范，按照统一格式向社会披露公共信用信息。

**第十九条** 公共信用信息分为直接查询信息和授权查询信息。直接查询信息是指信息提供单位已经依法通过政府公报、广播电视、报刊杂志、互联网、新闻发布会等形式发布或者依法应当主动公开的信息。

直接查询信息以外的信息属于授权查询信息。

**第二十条** 对直接查询信息，市公共信用机构应当通过官方网站、服务窗口或者其他方式向社会披露。

**第二十一条** 对授权查询信息，信息主体本人查询的，应当提供有效身份证明；信息主体以外的其他人查询的应当提供查询人的有效身份证明和信息主体的书面授权证明。

上述证明材料经市公共信用机构核实后，在市公共信用机构服务窗口申请查询。

**第二十二条** 市公共信用机构应当利用先进的信息化技术不断创新披露方式，方便社会查询。

**第二十三条** 市公共信用机构可以在保证信息安全的前提下为商业征信机构、金融机构、行业协会商会等组织提供适应其业务需求的批量查询服务。

**第二十四条** 市公共信用机构应当对授权查询公共信用信息的情况进行记录，并自该记录生成之日起保存5年。

查询记录应当包括查询时间、查询人信息、授权人信息、书面授权书等内容。

**第二十五条** 公共信用信息披露期限按照下列规定执行，但是国家、广东省、本市另有规定的除外：

（一）基本信息在有效期内披露；

（二）监管信息、涉诉涉裁信息披露期限为5年，从信息首次披露之日起计算。

公共信用系统记录的信息披露期限届满或者失效的，不再公开披露。

## 第五章 ‖ 信息使用

**第二十六条** 公共信用信息查询和使用应当遵循依法、合理的原则，不得以非法或者不正当手段获取、传播、使用公共信用信息。

**第二十七条** 国家机关、群团组织和法律法规授权具有公共事务管理职能的组织应当建立公共信用信息应用清单，在实施行政审批、政府采购、招标投标、政府资金扶持、人员招录、表彰奖励、监督检查以及其他监管服务职能时，应当查询并使用相关主体的公共信用信息，褒扬激励守信行为，优化行政监管安排，提供公共服务便利，依法依规加强对失信行为的行政性约束和惩戒，推进公共信用信息的综合应用。

鼓励组织和个人在市场交易活动中主动查询公共信用信息，了解交易对象的信用情况，提高风险防范能力。

**第二十八条** 建立失信联合惩戒机制，对有下列情形之一且在信息披露有效期内的信息主体，应当依法实施失信联合惩戒：

（一）严重危害人民群众身体健康和生命安全的行为，包括食品药品、生态环境、工程质量、安全生产、消防安全、强制性产品认证等领域的严重失信行为；

（二）被监管部门责令限期拆除违法建筑但拒不拆除或者逾期不拆除，或者被监管部门作出其他责令改正决定但拒不改正或者逾期不改正的；

（三）违反特区技术规范等严重危害深圳质量和标准的行为；

（四）故意侵犯知识产权，严重违反知识产权法律法规的行为，包括假冒专利、侵犯著作权、侵犯商标权和技术秘密等严重违法失信行为；

（五）严重违反商事登记有关法律法规规定的行为，包括无证照经营、被吊销营业执照或者许可证、被列入经营异常名录或者永久性经营异常名录的，被列入行业黑名单或者严重违法失信企业名单的；

（六）严重破坏市场公平竞争秩序和社会正常秩序的行为，包括逃税骗税、恶意欠薪、非法集资、制售假冒伪劣产品、虚假广告、严重破坏网络空间传播秩序、聚众扰乱社会秩序等严重失信行为；

（七）法律、法规、规章和国家文件规定应当纳入联合惩戒的其他情形。

对前款所列行为负有责任的自然人，包括企业法定代表人、负责人、股东，投资人和其他相关人员，也应当依法纳入联合惩戒对象范围。

在规定期限内纠正失信行为、消除不良影响的，不再作为联合惩戒对象。

**第二十九条** 本市国家机关、群团组织和法律法规授权具有公共事务管理职能的组织应当对联合惩戒对象依法依规采取行政性约束和惩戒，具体措施包括：

（一）商事登记机关依法不予受理商事登记申请；

（二）相关行业主管部门依法不予行政许可审批、限制资质资格；

（三）依法限制参与政府资金扶持、表彰奖励；

（四）依法限制参与政府采购、建设工程招投标资格；

（五）依法在人员招录等内部管理活动中进行限制；

（六）依法列入日常监督检查重点名单；

（七）依法限制出境、限制乘坐高级交通工具、限制购买不动产及其他高消费等；

（八）法律、法规和规章规定其他惩戒措施。

**第三十条**　相关企事业单位、社会团体应当配合相关主体根据本办法第二十九条第（七）项规定依法采取的惩戒措施，对有履行能力但拒不履行的严重失信主体实施限制出境和限制购买不动产、乘坐飞机、乘坐高等级列车和席次、旅游度假、入住星级以上宾馆及其他高消费等行为。

**第三十一条**　鼓励行业协会商会按照行业标准、行规、行约等，视情节轻重对失信会员实行警告、行业内通报批评、公开谴责、不予接纳、劝退等惩戒措施。

**第三十二条**　支持商业征信机构采集严重失信行为信息，纳入信用记录和信用报告。

支持商业银行、证券期货经营机构、保险公司等金融机构按照风险定价原则，对严重失信主体提高贷款利率和财产保险费率，或者限制向其提供贷款、保荐、承销、保险等服务。

**第三十三条**　本市国家机关、群团组织和法律法规授权具有公共事务管理职能的组织应当分别建立本单位失信联合惩戒措施清单，并报送至市信用办汇总。

失信联合惩戒清单应当包括惩戒对象、惩戒措施、法律依据、实施惩戒部门等内容。

**第三十四条**　本市国家机关、群团组织和法律法规授权具有公共事务管理职能的组织应当按照联合惩戒清单，将公共信用系统信息查询使用嵌入审批、监管工作流程中，并依托公共信用系统，加强失信联合惩戒信息数据交换共享，建立失信联合惩戒的发起与响应机制。

**第三十五条**　市区政府部门应当对列入经营异常名录或者标记为经营异常状态、列入严重违法企业名单的商事主体，进行重点监督管理或者实施有针对性监督检查。

**第三十六条**　鼓励商事主体、社会组织向社会公开承诺诚实守信、合法经营。

市公共信用机构应当将商事主体、社会组织信用承诺情况进行披露。

**第三十七条**　市公共信用机构和信息提供单位可与商业征信机构、金融机构、行业协会商会等组织合作，依法对公共信用信息进行研究、开发和应用。

第三十八条　市公共信用机构应当推动建立健全相关主体公共信用综合评价体系，促进公共信用信息的分级分类管理和合理精准应用。具体办法由市公共信用机构牵头另行制定。

第三十九条　市公共信用机构应当建立健全跨地区、跨部门的公共信用体系建设合作交流机制，加强与其他省市信用信息管理机构、港澳等境外信用信息评价机构的合作，加强公共信用信息共享、信用评价结果互认和信用奖惩联动。

# 第六章 ‖ 信息监管

第四十条　市电子政务资源机构应当采用互联网先进技术措施，及时维护、升级公共信用系统，保证系统的正常运行并与信息提供单位、信息查询使用者实现互联互通。

信息提供单位应当按规定准确、及时提供公共信用信息。

市电子政务资源机构、市公共信用机构应当建立公共信用信息共享协作机制，促进公共信用信息管理应用准确、及时、顺畅、便利。

第四十一条　市电子政务资源机构应当会同市公共信用机构建立健全公共信用系统安全管理制度，建立身份认证、存取访问控制和授权管理机制，严格执行国家计算机信息系统保护有关规定，保障公共信用系统正常运行和数据安全。

信息提供单位应当落实安全管理制度，完善本单位的信息安全技术措施，保障信息数据安全。

第四十二条　信息提供单位通过公共信用系统提供信用信息的，应当定期自查，发现信息不完整、不准确或者不及时的，应及时更正。

市电子政务资源机构应当对更正信息的情况进行记录。

第四十三条　市公共信用机构、电子政务资源机构应当建立公共信用信息核查机制，对公共信用信息的完整、准确、及时情况进行核查。

市公共信用机构发现信息不真实或者不完整的，应当及时告知市电子政务资源机构；市电子政务资源机构收到市公共信用机构告知或者自我核查发现所归集的信息不真实或者不完整的，应当在 5 个工作日内告知信息提供单位，被告知单位应当在收到通知之日起5 个工作日内更正，并将结果反馈给市公共信用机构或者电子政务资源机构。

第四十四条　对披露的公共信用信息有异议的，可以向市公共信用机构提出书面异议申请，并提交相关证据。

市公共信用机构应当在收到异议申请之日起 3 个工作日内进行信息比对，发现披露的信息与公共信用系统记载的信息不一致的，应当予以更正并通知异议申请人；披露的信息与公共信用系统记载的信息一致的，应当转送市电子政务资源机构处理，并将转送情况告知异议申请人。

市电子政务资源机构自收到转送的异议申请之日起 3 个工作日内进行信息比对，发现公共信用系统记载的信息与信息提供单位提供的信息不一致的，应当予以更正并通知异议申请人；公共信用系统记载的信息与信息提供单位提供的信息一致的，应当转送信息提供单位处理，并将转送情况告知异议申请人。

信息提供单位应当在收到转送的异议申请之日起 3 个工作日内进行核查，异议成立的，应当予以更正，并同时告知市公共信用机构、电子政务资源机构和异议申请人；异议不成立的，应当书面答复异议申请人，并同时告知市公共信用机构、电子政务资源机构。

上述时限确有特殊情况需延长的，应当经本单位主要负责人批准后，延长 3 个工作日。

第四十五条　信息主体对异议处理结果不服的，可向原异议处理单位申请复核一次。原异议处理单位应当在 5 个工作日之内将复核结果告知信息主体。

第四十六条　有下列情形之一的，市公共信用机构应当对该信息予以标注：

（一）异议正在处理；

（二）信息主体对异议复核结果仍有异议。

信息提供单位未按照本办法规定时限核查异议信息并将处理结果告知市公共信用机构或者电子政务资源机构的，处理时限届满后应当向社会中止提供该信息的查询。

第四十七条　市信用办应当组织有关部门对公共信用系统的建设、运行、维护和信息归集、披露、使用等相关工作进行监督检查。

各行业行政主管部门应当加强对本行业、本系统相关工作的指导检查。

第四十八条　市绩效办、信用办应当会同市公共信用机构、电子政务资源机构加强对公共信用信息提供、使用、异议处理和信用联合激励惩戒情况的绩效考核。

## 第七章 ‖ 法律责任

第四十九条　市公共信用机构及其工作人员违反本办法规定，有下列情形之一的，由主管部门或者行政监察部门责令改正；情节严重的，对直接负责的主管人员和其他直接责任人员依法给予处分；涉嫌犯罪的，依法追究刑事责任：

（一）未按本办法规定披露公共信用信息的；

（二）造成公共信用系统重大安全事故的；

（三）违反规定泄露、隐匿、虚构或者篡改公共信用信息的；

（四）未按规定处理异议申请的。

**第五十条**　市电子政务资源机构及其工作人员违反本办法规定，有下列情形之一的，由主管部门或者行政监察部门责令改正；情节严重的，对直接负责的主管人员和其他直接责任人员依法给予处分；涉嫌犯罪的，依法追究刑事责任：

（一）未按本办法规定归集公共信用信息的；

（二）未按本办法规定向市公共信用机构提供公共信用信息的；

（三）造成公共信用系统重大安全事故的；

（四）违反规定泄露、隐匿、虚构或者篡改公共信用信息的；

（五）未按规定处理异议申请的。

**第五十一条**　信息提供单位及其工作人员违反本办法规定，有下列情形之一的，由主管部门或者行政监察部门责令改正；情节严重的，对直接负责的主管人员和其他直接责任人员依法给予处分；涉嫌犯罪的，依法追究刑事责任：

（一）未按本办法规定报送公共信用信息的；

（二）报送信息时泄露、隐匿、虚构或者篡改公共信用信息的；

（三）造成公共信用系统重大安全事故的；

（四）未按规定处理异议申请的。

**第五十二条**　信息查询人或者社会信用服务机构有以下行为之一的，市公共信用机构从该行为发生之日起 5 年内禁止其查询授权查询的公共信用信息；涉嫌犯罪的，依法追究刑事责任：

（一）伪造、变造信息主体授权证明获取他人非公开信息的；

（二）泄露国家秘密、商业秘密、个人隐私的；

（三）以其他非法或者不正当手段获取、传播、使用公共信用信息的。

信用服务机构有上述行为之一的，由市公共信用机构通报社会信用服务相关行业协会，已开通批量查询权限的，由市公共信用机构予以取消。

**第五十三条**　国家机关、群团组织和法律法规授权具有公共事务管理职能的组织及其工作人员违反本办法规定，有下列情形之一且造成不良后果的，由主管部门或者行政监察部门责令改正；情节严重的，对直接负责的主管人员和其他直接责任人员依法给予处分；涉嫌犯罪的，依法追究刑事责任：

（一）违反本办法规定，在相关活动中不查询和使用公共信用信息的；

（二）违反本办法规定，不实行联合惩戒和行政性约束的。

## 第八章 ‖ 附则

**第五十四条**　市公共信用机构可以按照平等互助、共建共享的原则与企事业、社会团体等单位建立公共信用信息以外的必要的信用信息采集、应用、管理机制。

**第五十五条** 涉密公共信用信息的归集、查询、管理按照《保密法》等法律法规执行。

**第五十六条** 本办法自 2017 年 10 月 1 日起施行。

# 珠海经济特区横琴新区诚信岛建设促进办法

（珠海市人民政府令第 99 号）

《珠海经济特区横琴新区诚信岛建设促进办法》已经 2014 年 2 月 17 日珠海市人民政府八届 33 次市政府常务会议审议通过，现予公布，自 2014 年 4 月 28 日起施行。

市长　何宁卡

2014 年 3 月 28 日

## 珠海经济特区横琴新区诚信岛建设促进办法

### 第一章 ‖ 总则

**第一条**　为促进横琴新区政务诚信、商务诚信、社会组织及个人诚信的诚信岛建设，根据有关法律、法规，结合横琴新区实际，制定本办法。

**第二条**　横琴新区社会诚信体系建设适用本办法。

**第三条**　横琴新区管委会推动实施横琴新区诚信体系建设，企业、社会组织、个人应当参与横琴新区诚信体系建设。

**第四条**　横琴新区建立信用信息共享平台，实现行业和部门间信用信息的互通共享。

**第五条**　横琴新区加强对商事主体的诚信监管，重点加强政务、食品药品、建设工程、旅游服务等领域的诚信建设。

**第六条**　鼓励社会主体诚实守信，惩戒失信行为。

### 第二章 ‖ 诚信机制建设

**第七条**　横琴新区管委会成立横琴新区诚信岛建设领导机构（以下简称领导机

构），指导与协调横琴新区诚信体系建设。

第八条　横琴新区管委会组建信用信息中心，负责征集管委会及横琴新区的国家机关、事业单位、企业、社会组织、个人的信用信息，分类建立信用信息数据库，并对信用信息依法公开。

第九条　信用信息数据库包括管委会信用信息数据库、企业信用信息数据库、社会组织信用信息数据库及个人信用信息数据库。

信用信息中心重点征集企业和社会组织的市场准入、经营活动、商业信贷、产品和工程质量、食品药品安全、知识产权保护方面的信用信息及重点涉信人群的执业资格、个人信贷、违法犯罪记录等相关信息。

第十条　信用信息中心负责建设与维护诚信岛信用网，作为信用信息公开的平台。

信用信息包括公开信息、依申请公开信息和不公开信息，信用信息公开目录由管委会依法确定。

除涉及国家机密、商业秘密和个人隐私的信用信息外，均应依法公开。

第十一条　横琴新区建立信用信息联动共享机制，逐步实现与本市、国内其他区域及港澳地区的信用信息共享。

横琴新区管委会、横琴新区的国家机关、金融机构，法律、法规授权承担公共事务管理职能的组织及行业协会等应当依法提供相关信用信息数据，并获得相应的共享信用信息的权利。

第十二条　横琴新区管委会培育、引进信用评级服务机构，推进信用信息评级报告等信用服务产品的使用。

横琴新区管委会制定信用评级服务机构基本行为准则，规范征信机构及其从业人员准入标准，加强对信用评级服务机构的监管。

第十三条　横琴新区管委会在政府采购、重大建设工程招投标、资金扶持、土地使用权出让、规划行政许可、评优评先、中小企业贷款担保、科技发展基金申请、国有企业产权交易等领域，应当率先逐步使用信用信息评级报告。

鼓励市场主体在银行信贷、建设工程招投标等领域使用信用信息数据库的信用记录或信用信息评级报告。

第十四条　横琴新区实行综合执法，并可以聘请港澳人士担任专业顾问。

横琴新区应当加强食品药品、安全生产、环境保护领域的执法力量。

第十五条　横琴新区建立诚信预警机制，对发生食品药品安全事件、产品质量事件等，进行信息预警发布。

第十六条　引导和支持行业协会诚信自律机制的建设，鼓励行业协会制定行业诚信标准，规范企业诚信行为。

第十七条　横琴新区实行失信行为的联惩机制，建立信用黑名单制度，对列入信用黑名单的主体进行惩戒。

第十八条　横琴新区设立举报热线，24 小时接受举报不诚信行为。举报经查证属实的，给予举报人适当的奖励。

第十九条　横琴新区管委会应加强信用管理专业人才的引进、培养，推动诚信市场专业化和规范化发展。

教育机构、新闻媒体应当积极宣传和推动社会诚信教育。

## 第三章 ‖ 政务诚信

第二十条　横琴新区管委会通过政务信息公开等方式，构建权力阳光运行机制，提升管委会的社会公信力，以政务诚信带动社会诚信。

第二十一条　横琴新区管委会应当完善行政决策机制，规范决策程序，健全决策制度，强化决策责任，提高决策的科学化、民主化水平。

第二十二条　横琴新区管委会应当进一步加强政府诚信法制建设，完善法治政府建设制度，建立法治政府指标体系，不断提高依法行政的能力。

第二十三条　横琴新区各行政部门应当将部门职责、重大公共政策、重要事项和重大问题、目标任务及完成情况，通过网络等方式向社会公开。

第二十四条　横琴新区的国家机关、金融机构，法律、法规授权承担公共事务管理职能的组织应当及时、客观、完整地披露行政事业性收费的项目、依据、标准信息等政务信用信息，接受公众和社会舆论监督。

政务信用信息应当按照国家和省的要求在诚信岛信用网依法公开。

第二十五条　横琴新区管委会定期对各行政职能部门的社会诚信体系建设相关工作进行考核，考核应当纳入绩效考核体系。

## 第四章 ‖ 商务诚信

第二十六条　横琴新区建立商务信用信息公开、索票索证、商品溯源、商品出入境监管、横琴诚信店、先行赔付、建设工程实名制等制度，逐步实现商务诚信。

第二十七条　信用信息中心应当将在横琴新区登记或从事商业活动的商事主体的基础信息、良好信用信息、提示信用信息和警示信用信息在诚信岛信用网及时公开，但涉及国家机密、商业秘密的信息除外。

在诚信岛信用网公开的具体信息范围由横琴新区管委会确定。

第二十八条　经营者采购商品时，应当查验供货者的许可证件和合格证明文件，向供货方索取有关票证并建立台账，以确保商品来源渠道合法。

横琴新区管委会鼓励和支持已建立完整商品溯源体系的经营者进驻横琴新区开展经营活动。

第二十九条　为确保商品质量，境内外符合国家技术规范的强制性要求以及我国与出口国（地区）签订协议规定的检验要求的商品可以优先进入横琴。

第三十条　横琴新区消费者委员会负责引导食品药品、建材、旅游等各行业协会建立行业诚信守则。

第三十一条　横琴新区消费者委员会负责横琴诚信店评审、授予和撤销，并负责制定横琴诚信店标识的规格、样式及悬挂标准。

第三十二条　横琴诚信店是横琴新区经营者的重要诚信认证标识。横琴诚信店名录应当在诚信岛信用网公示。

第三十三条　商户符合下列条件并提出申请的，由横琴新区消费者委员会授予"横琴诚信店"标识：

（一）接受横琴新区消费者委员会制定的有关先行赔付制度有关条款。

（二）在横琴新区消费者委员会年度记录中无经营者处理不当的投诉记录。

（三）在商品销售、旅游及餐饮等服务行业为消费者提供准确的信息，以及完善的售后服务。

（四）在交易中保障消费者的个人隐私。

（五）为消费者提供真实完整的票据。

（六）经营者有符合公平交易、守法经营规则的经营守则，并对外公开。

第三十四条　在横琴诚信店购买商品或接受服务，因质量问题发生纠纷并向横琴新区消费者委员会投诉的，经横琴新区消费者委员会核实确认后予以先行赔付。

第三十五条　横琴新区消费者委员会每年对横琴诚信店实行年度考核并在诚信岛信用网公开考核结果。

第三十六条　对考核不合格的，横琴新区消费者委员会应撤销所授横琴诚信店标识，并于撤销之日起两年之内不得再次授予。

第三十七条　横琴新区消费者委员会负责横琴诚信店品牌的监督和推广，应通过诚信岛信用网等途径向消费者推荐横琴诚信店品牌。

横琴新区管委会应当给予横琴诚信店鼓励和支持政策。

第三十八条　横琴新区实行建设工程实名制。建设单位应当在建筑物明显部位设置永久性标牌，标明开工和竣工日期、建设、勘察、设计、施工、监理单位的名称和主要责任人姓名。

永久性标牌的规格、样式与位置标准由建设行政管理部门负责监制。

建设工程竣工后，建设单位在质量保证期内出现质量问题的，建设单位及其主要责任人除依法承担法律责任外，应当列入信用黑名单。

## 第五章 ‖ 社会组织诚信

**第三十九条** 横琴新区促进社会组织健康发展，通过社会组织自律与外部监管，实现社会组织诚信。

**第四十条** 社会组织应当制定章程，建立完善的财务、人事、印章、档案管理、重大事项报告、法定代表人离任审计等管理制度。

**第四十一条** 社会组织在开展信用等级评定工作时，不得以收费额为信用等级评定标准。

**第四十二条** 公益性质的非营利社会组织应当向信用信息中心提供收费信息、接受捐赠和资助的信息、年度财务报告、年度审计报告等相关信用信息。

鼓励社会组织向信用信息中心提供前款所列信息。

## 第六章 ‖ 个人诚信

**第四十三条** 个人信用档案包括个人基础信息、个人良好信用信息、个人不良信用信息。

**第四十四条** 信用信息中心探索对横琴新区户籍人口以及在横琴新区内连续居住或提供劳务六个月以上的自然人建立个人信用档案，惩戒失信行为，引导个人守信履约，实现个人诚信。

**第四十五条** 信用信息中心应当加强征集导游、监理工程师、城市规划师、建筑设计师、市政工程相关行业的工程师与设计师、房地产估价师、会计师、审计师、造价师、律师、医师、药学技术人员等重点涉信人群的信用信息。

## 第七章 ‖ 惩戒措施

**第四十六条** 企业、社会组织及个人符合以下条件之一的，列入信用黑名单：
（一）企业环境保护信用评价为红黄牌。
（二）在质量保证期内出现重大质量事故的建设单位及其主要负责人。
（三）认定为拖欠或者欠缴劳动者工资福利、社会保险等两个月以上。

（四）认定为偷税、抗税、骗税，或因拖欠税款被税务机关公告。

（五）被出入境检验检疫机构列入黑名单。

（六）被人民法院纳入失信被执行人名单。

（七）因违法、违规行为被行政处罚的。

（八）被追究刑事责任。

（九）法律、法规、规章规定可以记录的其他失信行为信息。

信用黑名单应当在诚信岛信用网依法公开。

第四十七条　列入信用黑名单的企业、社会组织和个人，不得享受横琴新区的奖励、优惠政策。

第四十八条　列入信用黑名单的企业、社会组织和个人的信息，自第四十六条规定的行为（事件）终止之日起持续披露3年。公开发布期限届满，应当终止公开发布，转为档案保存。

第四十九条　违反本办法，不提供或不及时提供信用信息、提供虚假信用信息，或提供信用信息不完整的，予以通报，并在诚信岛信用网公示。信用信息使用者非法披露信用信息、非法利用信用信息牟利的，对直接责任人员依法处理，并在诚信岛信用网予以公示。

第五十条　信用信息的披露、查询、使用、异议处理等内容，根据本办法另行制定实施细则。

## 第八章 ‖ 附则

第五十一条　本办法所称社会组织，是指除政府、企业之外的社会组织。

第五十二条　本办法由横琴新区管委会负责解释。

第五十三条　本办法自2014年4月28日起施行。

# 汕头经济特区公共信用信息管理办法

## （汕头市人民政府令第 185 号）

《汕头经济特区公共信用信息管理办法》已经 2018 年 11 月 28 日汕头市人民政府第十四届 37 次常务会议讨论通过，现予公布，自 2019 年 2 月 1 日起施行。

市长　郑剑戈

2018 年 12 月 18 日

## 汕头经济特区公共信用信息管理办法

### 第一章 ‖ 总则

**第一条**　为了规范公共信用信息的归集、披露、使用和管理，促进社会信用体系建设，根据有关法律法规，结合汕头经济特区（以下简称特区）实际，制定本办法。

**第二条**　特区范围内公共信用信息的归集、披露、使用和管理活动，适用本办法。

**第三条**　本办法所称公共信用信息，是指行政机关、司法机关和依法授权的具有管理公共事务职能的组织以及提供水、电、燃气等社会公共服务的公共企事业单位（以下简称信息提供单位），在履行职责、提供服务过程中产生或者获取的，可用于识别和反映自然人、法人和其他组织（以下简称信息主体）信用状况的数据和资料。

**第四条**　公共信用信息归集、披露、使用和管理，应当遵循合法、客观、安全、准确、及时的原则，保障信息主体的合法权益，保守国家秘密，保护商业秘密和个人隐私。

**第五条**　依托市政务信息资源共享平台建立的市公共信用信息大数据系统（以下简称市信用平台）是本市公共信用信息归集、披露的统一平台。

**第六条**　市人民政府应当加强对公共信用信息工作的领导，建立完善公共信用信息管理工作协调机制。

市发展和改革部门为市公共信用信息工作主管部门，负责本办法的组织实施；负责落实市信用平台的建设、运行和维护等日常管理工作。

信息提供单位按照各自职责，制定本单位公共信用信息管理制度，负责做好本单位公共信用信息的记录、维护、报送、异议处理以及信息安全等工作。

市电子政务主管部门负责市政务信息资源共享平台的技术指导和管理工作，配合市公共信用信息工作主管部门及相关信息提供单位做好公共信用信息管理有关工作。

**第七条** 各级人民政府及其工作部门应当加强对公共信用信息查询和使用的推广，构建守信联合激励和失信联合惩戒机制，提高社会治理能力和公共服务水平。

## 第二章 ‖ 信息归集

**第八条** 公共信用信息归集实行动态目录管理，由市公共信用信息主管部门定期会同相关单位组织编制并公布实施。

**第九条** 信息提供单位应当根据公共信用信息目录要求和相关标准向市政务信息资源共享平台实时提供本单位产生或者获取的公共信用信息。市政务信息资源共享平台按照共享交换机制将归集的公共信用信息完整、准确、及时地共享给市信用平台。

信息提供单位暂不具备实时报送条件的，应当按要求及时向市政务信息资源共享平台提供相关信息，并通过系统改造，逐步实现数据实时自动报送和动态更新维护。

**第十条** 公共信用信息实行统一代码管理。自然人的身份证号码为其识别代码，法人和其他组织的统一社会信用代码为其识别代码。

**第十一条** 公共信用信息包括年满十八周岁的自然人、法人和其他组织的基本信息、失信信息和其他信息。信息提供单位提供的公共信用信息，应当标明信息类别。

**第十二条** 法人和其他组织的基本信息包括：

（一）名称、法定代表人或者负责人、统一社会信用代码等登记注册信息；

（二）资格、资质等行政许可信息；

（三）产品、服务、管理体系获得的认证认可信息；

（四）其他反映法人和其他组织基本情况的信息。

自然人的基本信息包括：

（一）姓名、身份证号码；

（二）学历、就业状况、婚姻状况；

（三）职业资格、执业许可等信息。

**第十三条** 法人和其他组织的失信信息包括：

（一）人民法院发布的"失信被执行人"信息；

（二）税款、社会保险费、公积金欠缴信息；

（三）行政事业性收费、政府性基金欠缴信息；

（四）提供虚假材料、违反告知承诺制度的信息；

（五）适用一般程序作出的生效行政处罚信息，行政强制执行信息；

（六）被监管部门作出责令改正决定但拒不改正或者逾期不改正的信息；

（七）发生产品质量、安全生产、食品安全、环境污染等责任事故被监管部门处理的信息；

（八）被监管部门处以行业禁入的信息；

（九）国家、省和市规定的其他失信信息。

自然人的失信信息除包括前款第一项、第四项、第五项、第六项、第八项所列信息外，还包括：

（一）税款欠缴信息；

（二）以欺诈、伪造证明材料或者其他手段骗取社会保险待遇、最低生活保障等信息；

（三）参加国家、省、市组织的统一考试作弊的信息；

（四）国家、省和市规定的其他失信信息。

**第十四条**　信息主体的其他信息包括：

（一）获得各级人民政府及其部门授予的表彰、奖励等信息；

（二）参与各级人民政府及其部门开展的志愿服务、慈善捐赠活动等信息；

（三）信息主体作出的信用承诺；

（四）国家、省和市规定的其他信息。

**第十五条**　禁止伪造、变造公共信用信息。

禁止归集自然人的宗教信仰、基因、指纹、血型、疾病和病史信息以及法律、法规规定禁止采集的其他自然人信息。

未经自然人书面同意，不得采集其收入、存款、有价证券、商业保险、不动产等信息。

## 第三章 ‖ 信息披露

**第十六条**　公共信用信息的披露方式包括公开、授权查询和政务共享。信息提供单位提供的公共信用信息，应当按照开放程度和相关规范标明披露方式。

自然人的公共信用信息除法律、法规明确规定予以公开外，仅通过授权查询和政务共享的方式披露。

第十七条　依法应当公开的公共信用信息以及行政机关根据行政管理需要公开的公共信用信息，通过"信用中国（广东汕头）"网站（以下简称信用网站）向社会公开。

第十八条　以授权查询方式披露的公共信用信息，可以通过信用网站查询或者向市公共信用信息主管部门申请查询。此类信息的查询按下列规定执行：

（一）查询自身公共信用信息的，应当提供有效身份证明申请查询，或者登录信用网站经电子身份实名认证后查询；

（二）查询他人公共信用信息的，应当提供被查询信息主体书面授权及有效身份证明申请查询，或者登录信用网站经电子身份实名认证和授权认证后查询。

第十九条　市公共信用信息主管部门应当为行政机关和依法授权的具有管理公共事务职能的组织提供适应履行其工作职能需要的公共信用信息政务共享服务。

政务共享信息不得用于履行本单位职责需要以外的用途。

第二十条　行政机关和依法授权的具有管理公共事务职能的组织在实施日常监管、行政许可、政府采购、招标投标、财政资金扶持、工作人员招录、表彰奖励以及其他管理、服务职能时，应当依法查询相关主体的公共信用信息，并将其信用状况作为实施管理、服务的参考依据。

行政机关和依法授权的具有管理公共事务职能的组织应当建立本单位公共信用信息查询制度，设定本单位查询人员的权限和查询程序，并建立查询日志，记载查询人员姓名、查询时间、内容及用途。查询日志应当长期保存。

第二十一条　公共信用信息的披露期限按照以下规定执行，国家和省对披露期限另有规定的，从其规定：

（一）基本信息的披露期限至信息主体死亡或者终止之日起满三年；

（二）失信信息的披露期限至失信行为或者事件认定之日起满三年；

（三）其他信息的披露期限至该信息失效之日止。

披露期限届满或者失效后，公共信用信息转为档案保存，不再提供查询、不再作为信用评级和使用依据。

## 第四章 ‖ 信息使用

第二十二条　对信用状况良好的信息主体，行政机关和依法授权的具有管理公共事务职能的组织可以按照国家、省有关规定在行政许可、财政性资金项目支持、公共资源交易等方面采取激励措施。

第二十三条　鼓励市场主体向社会公开承诺诚实守信、合法经营，并在开展金融活动、市场交易、劳动用工、行业管理、社会公益等活动中查询使用公共信用信息。

鼓励信用服务机构查询使用公共信用信息，开发和创新信用服务产品，扩大信用服务产品的使用范围。

**第二十四条** 对信用状况不良的信息主体，行政机关和依法授权的具有管理公共事务职能的组织可以依法采取相应的约束和惩戒措施，包括：

（一）在日常监管中列为重点监管对象，增加检查频次，加强现场核查等；

（二）在行政许可等工作中，列为重点审核对象；

（三）取消已经享受的行政便利化措施；

（四）限制申请财政性资金等政策扶持；

（五）限制参与政府采购、政府投资项目招标投标及有关公共资源交易活动；

（六）限制参与政府及其部门组织的各类表彰奖励活动；

（七）国家和省规定的其他措施。

**第二十五条** 鼓励行业协会商会建立健全行业标准和行规、行约，引导会员诚信经营，对诚信会员实施奖励、表彰，对失信会员视情节轻重实行警告、行业内通报批评、公开谴责、不予接纳、劝退等惩戒措施。

**第二十六条** 市相关行业管理部门应当在国家和省出台守信联合激励和失信联合惩戒合作备忘录和措施清单的基础上，及时梳理并编制本市联合奖惩措施清单，并报市公共信用信息工作主管部门。

联合奖惩措施清单应当包括奖惩对象、奖惩措施、法律依据、实施奖惩部门等内容。

**第二十七条** 行政机关和依法授权的具有管理公共事务职能的组织应当对照联合奖惩措施清单，将公共信用信息查询使用嵌入审批、监管工作流程中，并依托市信用平台，加强联合奖惩信息数据交换共享，建立守信联合激励和失信联合惩戒的发起与响应机制。

## 第五章 ‖ 异议处理与信用修复

**第二十八条** 信息主体对市信用平台披露的公共信用信息有异议的，可以向市公共信用信息主管部门提出异议申请，并提交证据。

**第二十九条** 市公共信用信息主管部门应当在接到申请人提交的异议申请后三个工作日内进行核实，决定是否受理并告知申请人。

对决定受理的申请，按下列程序办理：

（一）经核查属于市信用平台本身技术问题或者操作原因造成差错的，及时予以更正，市公共信用信息主管部门应当于受理申请之日起三个工作日内将处理意见反馈申请人。

（二）经核查不属于市信用平台本身技术问题或者操作原因造成差错的，市公共信用信息主管部门应当于受理申请之日起三个工作日内向信息提供单位发出协查函，提请协助开展核查。

（三）信息提供单位自收到协查函之日起十个工作日内完成核查并反馈处理意见；情况复杂的，经单位负责人批准，核查期限可适当延长，但延长时限不得超过十个工作日，延长核查期限原因及时告知市公共信用信息主管部门并由其转告申请人。信息提供单位核查确认有误的，重新报送更正后的信息；确认无误的，提供该核查结果的证明材料。

（四）市公共信用信息主管部门在收到核查结果书面意见后三个工作日内将处理意见反馈申请人，并根据核查结果对异议信息进行调整处理。

联合惩戒措施在信息核实期间暂不执行。

**第三十条**　信息主体在一定期限内主动纠正违法失信行为、消除不利影响的，可以向失信行为的认定单位提出信用修复申请；经审核同意的，该失信信息不再列为公开披露对象或者作为失信惩戒依据。但属于国家、省认定的严重失信行为的，不予信用修复。

相关行业管理部门应当依据国家和省的有关规定并结合本地区、本行业业务要求确定信用修复适用范围，报市公共信用信息主管部门。

**第三十一条**　失信行为的认定单位应当在接到信用修复申请后三个工作日内进行核实并决定是否受理。对决定受理的申请，应当在十个工作日内进行审核，作出信用修复决定意见书并答复申请人，同时报市公共信用信息主管部门；情况复杂的，经单位负责人批准，审核时限可适当延长，但延长时限不得超过十个工作日，延长作出修复决定原因及时告知申请人。

市公共信用信息主管部门在收到信用修复决定意见书后三个工作日内完成后续修复处理工作，移除或者屏蔽相关信息。

**第三十二条**　信息提供单位发现所提供的信息存在错误的，应当及时告知市公共信用信息主管部门进行更正。政务共享信息查询单位对获取的共享信息有疑义或者发现有明显错误的，应当及时反馈市公共信用信息主管部门和信息提供单位予以校核。

## 第六章 ‖ 监督管理

**第三十三条**　市公共信用信息主管部门、市电子政务主管部门和信息提供单位应当执行信息系统安全等级保护制度，建立健全信息安全管理制度，保障市信用平台正常运行和公共信用信息数据安全。

第三十四条　市公共信用信息主管部门应当加强对公共信用信息归集、披露和使用活动进行监督检查，对存在问题及时提出整改、处理意见，并进行整改监督；发现重大违法问题，应当依法采取措施并及时向市人民政府和上级部门报告。

第三十五条　市公共信用信息主管部门、市电子政务主管部门、信息提供单位、政务共享信息查询单位及其工作人员，有下列行为之一的，由有权机关对直接负责的主管人员和其他直接责任人员给予处分；构成犯罪的，依法追究刑事责任：

（一）未按规定报送、归集、披露、使用公共信用信息以及处理异议和修复申请，造成不良后果；

（二）伪造、变造公共信用信息；

（三）泄露涉及国家秘密、商业秘密和个人隐私的信息；

（四）其他危害信用平台安全、侵害信息主体合法权益的行为。

## 第七章 ‖ 附则

第三十六条　与公众利益密切相关的企事业单位和社会组织，在提供社会公共服务过程中形成的信用信息，其管理活动参照本办法执行。

第三十七条　本办法自 2019 年 2 月 1 日起施行。

# 南宁市企业信用信息征集和发布管理办法

## （南宁市人民政府令第 11 号）

《南宁市企业信用信息征集和发布管理办法》已于 2007 年 12 月 29 日经市第十二届人民政府第三十三次常务会议审议通过，现予公布，自 2008 年 3 月 1 日起施行。

市长　陈向群

二〇〇八年一月十一日

# 南宁市企业信用信息征集和发布管理办法

## （根据 2010 年 10 月 26 日《南宁市人民政府关于修改〈南宁市企业信用信息征集和发布管理办法〉的决定》修正）

## 第一章 ‖ 总则

**第一条** 为建立诚信南宁，改善企业经营环境，推进企业信用信息公开、共享，根据有关法律、法规，结合本市实际，制定本办法。

**第二条** 本市行政区域内企业信用信息的征集、整理、披露、使用、咨询及管理等活动，适用本办法。

**第三条** 企业信用信息征集和发布管理活动应当遵循合法、公正、客观、准确的原则，依法保护国家机密、商业秘密和个人隐私，不得侵害企业合法权益。

**第四条** 市信用体系建设管理机构负责组织、管理和监督全市企业信用信息征集和发布活动。

行政机关、司法机关、金融管理机构应当在各自的职权范围内，依法监督企业信用信息的公开活动。

**第五条** 市人民政府依法设立的企业信用信息征集机构负责企业信用信息的征集、整理、存储、发布、日常维护、数据安全等工作，提供企业信用信息服务，实现全市企业信用信息资源的互联共享。

## 第二章 ‖ 征集

**第六条** 市企业信用信息征集机构征集的企业信用信息包括：

（一）企业登记注册的基本情况；

（二）企业经营状况；

（三）其他影响企业信用的重要信息。

**第七条** 行政机关以及其他具有行政管理职能的组织应当在各自职责范围内，依照本办法的规定向市企业信用信息征集机构提供有关信息：

（一）工商部门提供企业登记注册基本资料、商标、变更登记、年检情况、抵押登记、合同履行、工商案件及其他奖惩记录等信息；

（二）统计部门提供企业资产、负债、所有者权益、经营状况、统计违法及其他奖惩记录等信息；

（三）质监部门提供企业组织机构代码、质量认证、生产许可、执行标准、国家免检、名优产品、地理标志保护、监督抽查、质量违法处理及其他奖惩记录等信息；

（四）经济主管部门提供企业在技术创新、技术改造、经营管理中产生的奖惩记录等信息；

（五）安全生产监督管理部门提供企业安全生产条件、安全生产许可、安全质量标准认证、安全生产违法行为以及相关奖惩记录等信息；

（六）税务部门提供企业税务登记、纳税申报、税收违法行为（包括偷税、逃税、欠税、抗税、骗税等）、稽查、企业纳税信用等级及其他奖惩记录等信息；

（七）环保部门提供企业有关建设项目的环保审批、环保设施竣工验收记录、企业清洁生产、污染物排放、环境违法以及有关奖惩、环保认证等记录信息；

（八）民政部门提供福利企业年检年审及其他奖惩记录等信息；

（九）劳动和社会保障部门提供企业与劳动者签订和履行劳动合同情况、工资支付、社会保险费缴纳以及其他奖惩记录等信息；

（十）建设主管部门提供有关企业质量安全事故责任及其他奖惩记录等信息，定期提供有关建设资质信息；

（十一）政府集中采购机构提供有关企业招投标违规记录及其他奖惩记录等信息；

（十二）卫生部门提供医疗机构资质等级、食品生产经营单位卫生监督量化等级以及奖惩等信息；

（十三）科技部门提供技术鉴定、知识产权保护及其他奖惩记录等信息；

（十四）国土资源部门提供企业土地使用有关情况、企业违反土地、矿产资源法律法规受处罚情况及其他奖惩记录等信息；

（十五）农、林等部门提供农林产品生产经营企业执行质量安全标准及其他奖惩记录等信息；

（十六）商务部门提供进出口企业代码、核定经营商品经营资格及进出口许可证、资格证书年审、整顿规范市场经济秩序及其他奖惩记录等信息；

（十七）物价部门提供价格违法及其他奖惩记录等信息；

（十八）交通、公安部门提供车辆年检、缴费中的特别记录及其他奖惩记录等信息；

（十九）食品药品监督部门提供药品生产、经营企业许可证证号、批准文号、食品药品质量违法及其他奖惩记录等信息；

（二十）文化部门提供有关企业经营许可证及其他奖惩记录等信息。

其他行政机关及具有行政管理职能的组织提供与自身业务相关的企业信用信息。

法律法规对企业信用信息公开事项另有规定的，从其规定。

第八条　海关、出入境检验检疫部门、金融管理机构等垂直管理部门和司法机关按照约定提供相关的企业信用信息。

第九条　行业组织参照行政机关提供信息的内容及方式提供相关的企业信用信息。

中介机构按照约定提供企业信用信息。

第十条　信息提供单位应当对所提供的企业信用信息的合法性、真实性、准确性负责，建立长期保存的信用信息原始资料档案，并及时更新和维护信用信息数据。

信息提供单位依法收集的企业信用信息，应当在生效之日起 7 日内提供给市企业信用信息征集机构。已提供的信用信息变更或者失效的，信息提供单位应当及时提供变更或删除的意见。

## 第三章 ‖ 发布

第十一条　市企业信用信息征集机构应当按照统一标准、平等披露的原则向社会发布企业信用信息，但涉及国家机密、商业秘密和个人隐私的信息除外。

第十二条　下列企业信用信息应当向社会公开：

（一）企业基本信息：登记注册记录；

（二）企业诚信信息：驰名或著名商标记录，金融支持记录，专项许可记录，产品免检、认证记录，企业及企业负责人受表彰记录及其他荣誉记录；

（三）企业警示信息：未通过依法检验审核的记录，行业协会对企业不正当竞争处理的记录，行政机关依法认定的违法事实记录，行政处罚记录和刑事责任追究记录；

（四）企业自愿公示并经审定的信息。

市企业信用信息征集机构应当在收到前款规定的信用信息之日起 5 日内通过信息发布平台向社会发布。

**第十三条** 下列限制公开的企业信用信息，按规定程序经市企业信用信息征集机构批准后可以查询：

（一）企业的纳税信息；

（二）企业的资产、负债、经营状况等信息；

（三）企业的信贷信息；

（四）其他不宜公开发布的企业信用信息。

**第十四条** 查询限制公开的企业信用信息，限于以下情形：

（一）企业可以查询本企业的信用信息；

（二）经当事企业授权查询当事企业的信用信息；

（三）经资质认定的信用评级机构以及其他组织经市企业信用信息征集机构批准可以查询当事企业的信用信息；

（四）行政机关、司法机关以及法律法规规定有权查询的其他部门，因履行职责需要，可以持有效证明查询指定企业的信用信息。

查询限制公开的企业信用信息应当承担保密义务。

**第十五条** 企业信用信息公开发布的期限设定如下：

（一）企业基本信息，至企业终止为止；

（二）企业诚信信息，有效期内有效；未规定有效期的 3 年内有效；

（三）企业警示信息，至警示解除日；未规定解除期限的，期限为 3 至 5 年；

（四）企业自愿公示的信息，至企业要求终止公示止；

（五）法律、法规另有规定的，按规定的期限执行。

企业信用信息公开发布的期限自发布之日起计算。

公开发布期限届满后，解除公开发布记录，转为长期保存信息。

**第十六条** 市企业信用信息征集机构可以按规定向企业或者信用评级机构提供信用信息有偿服务。但对依职权调查的司法机关和法律、法规规定不得收费的其他使用人不得收费。

## 第四章 ‖ 管理

**第十七条** 市信用体系建设管理机构应当加强对企业信用信息的征集和发布活动的指导、协调和监督管理，负责对信息提供单位的信息提供和管理情况进行检查。

第十八条　公民、法人或者其他组织认为市企业信用信息征集机构记录或发布的信用信息有误的，可以提出异议申请，并提供相关依据，市企业信用信息征集机构应当受理，并自受理申请之日起十个工作日内会同信息提供单位核实，确有错误的，予以更正并进行公示；核实无误的，予以维持，并书面告知异议申请人。

市企业信用信息征集机构受理异议申请期间认为需要停止公开该信息的，或者异议申请人申请停止公开，市企业信用信息征集机构认为其要求合理的，可以暂停公开。

第十九条　市企业信用信息查询系统的安全管理应当符合国家有关计算机信息系统安全保护工作的有关规定。

## 第五章 ‖ 法律责任

第二十条　信息提供单位违反本办法规定拒绝或者拖延向市企业信用信息征集机构提供企业信用信息或者异议信息答复的，由市信用体系建设管理机构责令其限期改正；拒不改正的，由市信用体系建设管理机构提请监察部门追究直接责任人的行政责任。

第二十一条　信息提供单位故意或因重大过失向市企业信用信息征集机构提供虚假或者伪造企业信用信息给有关企业造成损失的，信息提供单位应当依法承担赔偿责任。信息提供单位可以根据情节轻重，对直接责任人员给予行政处分，并依法追偿损失。

第二十二条　企业信用信息使用者超越范围使用企业信用信息，或泄露企业限制公开的信用信息的，应当依法承担法律责任；给企业造成损失的，应当依法予以赔偿。

第二十三条　市企业信用信息征集机构及其工作人员违反本办法规定，有下列行为之一的，由其所在单位或监察部门责令限期改正，对直接负责的主管人员和其他直接责任人员依法给予行政处分；构成犯罪的，移送司法机关追究刑事责任：

（一）擅自披露或者泄露涉及商业秘密和个人隐私的企业信用信息的；

（二）擅自对企业信用信息进行修改、删除的；

（三）对企业信用信息提出的异议申请未及时进行受理或核查的；

（四）违反国家有关计算机信息系统安全保护规定造成严重后果的；

（五）其他违反法律、法规、规章规定的行为。

## 第六章 ‖ 附则

第二十四条　本办法自 2008 年 3 月 1 日起施行。

# 南宁市个人信用信息征集使用管理办法

## （南宁市人民政府令第 22 号）

《南宁市个人信用信息征集使用管理办法》已经 2014 年 4 月 9 日市十三届人民政府第 66 次常务会议审议通过，现予公布，自 2014 年 6 月 1 日起施行。

市长　周红波

2014 年 4 月 24 日

## 南宁市个人信用信息征集使用管理办法

### 第一章 ‖ 总则

**第一条**　为加强个人信用信息征集和使用的管理，保护个人隐私和个人信用信息的安全，维护国家利益、社会公共利益，根据有关法律、法规，结合本市实际，制定本办法。

**第二条**　本办法所称个人信用信息，是指市人民政府设立的信用信息征集服务机构（以下简称市信用信息征集服务机构）采集的，自然人在经济活动和社会活动中形成的，能够反映其诚实守信、遵纪守法等状况的信息。

企业的董事、监事、高级管理人员与其履行职务相关的信息，不作为个人信用信息。

**第三条**　本市行政区域内的个人信用信息的采集、整理、保存、使用及监督管理等活动，适用本办法。

从事经营性征信业务的征信机构对个人信用信息的采集、整理、保存、加工和提供活动适用《征信业管理条例》。

**第四条**　个人信用信息采集、整理、保存、使用及监督管理等活动应当遵循合法、公正、客观、准确、保密的原则。

**第五条** 市信用体系建设管理机构负责全市个人信用信息征集活动的组织、管理和监督。

县（区）、开发区承担信用体系建设管理的机构负责协调、监督辖区范围内的个人信用信息征集活动。

市信用信息征集服务机构负责本市信用信息系统的管理和维护，并按照本办法规定进行个人信用信息的采集、整理、保存、数据维护以及提供查询服务等工作。

## 第二章 ‖ 征集

**第六条** 个人信用信息征集的范围包括下列内容：

（一）个人基本信息：姓名、性别、出生日期、身份证号、户籍所在地住址、居所、工作单位等信息；

（二）个人社会公共信用信息：行政机关、人民法院、行使公共管理职能的组织在履行职务的过程中形成的个人信用信息；

（三）个人商业信用信息：个人与公用事业服务机构因赊购关系而形成的个人赊购、缴费信息，以及个人与金融机构、住房公积金管理中心等机构因信贷、担保关系而形成的信贷信息；

（四）法律、法规、规章规定的其他与个人信用有关的信息。

前款信息录入市信用信息系统数据库，录入信用信息的种类和目录，由市信用体系建设管理机构编制，并向社会公布。

**第七条** 禁止采集下列个人信息：

（一）民族、家庭出身、宗教信仰、基因、指纹、血型、疾病和病史等信息；

（二）法律、法规规定应当保密或者禁止采集的其他个人信息。

**第八条** 市信用信息征集服务机构应当及时归集行政机关、人民法院、具有公共管理职能的组织、公用事业服务机构（以下统称信息提供单位）履行职务所形成的个人信用信息。

信息提供单位应当及时向市信用信息征集服务机构报送本单位掌握的个人信用信息，并对所提供信息的合法性、真实性、准确性负责。

**第九条** 市信用信息征集服务机构除从信息提供单位归集个人信用信息外，还可以约定方式向个人、行业协会、金融机构以及经营征信业务的征信机构采集个人信用信息。

鼓励个人主动向市信用信息征集服务机构提供本人的信用信息。主动提供本人信用信息的，应当提供相关证明材料。

**第十条** 市信用信息系统应当根据国家有关计算机信息系统安全保护的有关规定，进行建设和安全管理。

市信用信息征集服务机构应当建立市信用信息系统内部运行和外部访问的监控制度，保证个人信用信息系统的运行安全。

## 第三章 ‖ 使用

**第十一条** 单位和个人（以下统称为信用信息使用人）可以按照以下规定查询个人信用信息：

（一）信息主体可以持有效身份证件查询本人信用信息。

（二）单位或者个人经信息主体授权，可以查询信息主体的信用信息。

（三）行政机关、司法机关、具有公共管理职能的组织，因履行职责需要可以持本单位出具的证明文件查询相关个人的社会公共信用信息。

**第十二条** 市信用信息征集服务机构应当根据信息主体授权或者相关单位履职范围以及本办法的规定提供个人信用信息查询服务，并应当保持所提供信息内容的原始性和准确性。

**第十三条** 信息主体以外的信用信息使用人应当承担保密义务，禁止超越授权或者履职范围使用个人信用信息，不得通过非法的途径利用个人信用信息牟利。

**第十四条** 市信用体系建设管理机构可以根据《政府信息公开条例》的有关规定，公布个人信用信息。

## 第四章 ‖ 管理

**第十五条** 市信用体系建设管理机构应当制定个人信用信息的数据征集标准和信用信息系统的操作规范，负责对信息提供单位的信息提供和管理情况进行检查。

县（区）、开发区承担信用体系建设管理的机构应当积极协调、监督辖区范围内的个人信用信息数据录入上传工作，配合做好全市个人信用体系建设工作。

**第十六条** 信息提供单位应当制定相关个人信用信息的采集、报送和安全管理等方面的内部管理制度和操作规程，确保个人信用信息的及时、准确报送。

**第十七条** 市信用信息系统对个人信用信息的保存期限为 5 年，自与该信用信息相关的行为或者事件处理完毕之日起开始计算。

**第十八条** 市信用信息征集服务机构应当对个人信用信息被查询的时间、使用人等情况保留完整的记录，相关文档应当建立档案并至少保存 5 年。

第十九条　信息主体认为市信用信息征集服务机构征集的本人信用信息有误的，可以向市信用信息征集服务机构提出异议申请，并提供相关证据。

第二十条　市信用信息征集服务机构应当自受理异议申请之日起10个工作日内会同信息提供单位核实，并按照下列规定处理：

（一）信用信息有错误的，应当予以更正并书面答复异议申请人；

（二）信用信息无误的，应当书面答复异议申请人。

异议申请处理期间，市信用信息征集服务机构应当对相关信息作出存在异议的标注。

第二十一条　经信息提供单位核实，已录入市信用信息系统的个人信用信息不准确、不完整或者错误的，市信用信息征集服务机构应当予以更正或者删除，并通知信息主体和信息使用人。

## 第五章 ‖ 法律责任

第二十二条　信息提供单位拒绝或者拖延向市信用信息征集服务机构提供个人信用信息，或者未按照要求配合异议信息核实工作的，由市信用体系建设管理机构责令限期改正；拒不改正的，由市信用体系建设管理机构提请有关部门追究直接责任人的行政责任。

第二十三条　个人信用信息使用人超越授权范围或者履职范围使用个人信用信息、通过非法的途径利用个人信用信息牟利的，应当依法承担法律责任；给当事人造成损失的，应当依法予以赔偿。

第二十四条　市信用信息征集服务机构、信息提供单位及其工作人员有下列行为之一的，由相关部门对直接负责的主管人员和其他直接责任人员依法给予行政处分；给当事人造成损失的，应当依法予以赔偿；涉嫌犯罪的，移送司法机关追究刑事责任：

（一）窃取或者以其他方式非法获取个人信用信息的；

（二）擅自公布或者泄露个人信用信息的；

（三）擅自对个人信用信息进行增减、删除或者篡改、伪造的；

（四）出售个人信用信息的；

（五）违反国家有关计算机信息系统安全保护规定造成严重后果的；

（六）其他违反法律、法规、规章规定的行为。

第二十五条　信用体系建设管理机构及其工作人员滥用职权、玩忽职守、徇私舞弊，不依法履行监督管理职责，或者泄露国家秘密、信息主体信息的，依法给予行政处分；给当事人造成损失的，应当依法予以赔偿；涉嫌犯罪的，移送司法机关追究刑事责任。

## 第六章 ‖ 附则

**第二十六条**　本办法自 2014 年 6 月 1 日起施行。

# 成都市企业信用信息管理办法

## （成都市人民政府令第 181 号）

《成都市企业信用信息管理办法》已经 2013 年 12 月 16 日市政府第 27 次常务会议讨论通过，现予公布。

市长　葛红林

2014 年 1 月 3 日

# 成都市企业信用信息管理办法

## 第一章 ‖ 总则

**第一条**（目的依据）

为完善企业信用管理制度，营造企业信用环境，推进社会信用体系建设，根据《中华人民共和国政府信息公开条例》、《四川省行政机关征集与披露企业信用信息管理办法》等有关法律、法规、规章，结合成都市实际，制定本办法。

**第二条**（适用范围）

本市行政区域内企业信用信息的征集、发布、使用、管理等活动，适用本办法。

**第三条**（术语含义）

本办法所称企业信用信息，是指信息提供单位在依法履行职责过程中产生的，以及企业在经营活动和社会活动中形成的，能够用以分析、判断企业信用状况的信息。

本办法所称企业包括在本市行政区域内从事经营活动及社会活动的市场主体和其他组织。

本办法所称信息提供单位是指相关行政机关、司法机关、行使公共管理职能的组织以及社会团体、行业组织等单位。

**第四条**（信息管理）

市人民政府建立成都市企业信用信息系统，通过全市统一的数据交换平台征集、共享企业信用信息，由门户网站成都信用网向社会发布。

信息提供单位应当建立健全本系统或本行业内的企业信用信息管理和评价制度。

**第五条**（管理机构）

市工商行政管理机关受市人民政府委托，管理市企业信用信息管理中心。市企业信用信息管理中心负责本市企业信用信息系统的建设、维护、管理，并按照本办法规定进行企业信用信息的征集、发布、使用。

各区（市）县人民政府应当建立健全企业信用信息征集管理机制，并提供工作保障。

**第六条**（协调机构）

市和区（市）县人民政府建立企业信用信息系统联席会议制度。联席会议由信息提供单位和有关单位组成并受同级人民政府委托，对企业信用体系建设、管理和应用中的重大问题进行组织协调和研究解决。

市企业信用信息管理中心以及区（市）县人民政府确定的企业信用信息管理机构承担联席会议办公室的日常工作。

**第七条**（工作原则）

企业信用信息的征集、发布活动，应当遵循合法、公正、客观、独立、准确、及时的原则，依法维护国家利益、社会利益和企业合法权益，保护国家秘密、商业秘密和个人隐私。

**第八条**（信用共建）

鼓励企业积极参与企业信用信息征集的有关活动。

鼓励项目开发、商业投资、商务采购、经营决策等活动使用企业信用信息。

## 第二章 ‖ 征集

**第九条**（信息征集）

企业信用信息的征集是指对企业信用信息进行采集、接收、整理、储存等活动。

**第十条**（信息来源）

企业信用信息的来源主要为信息提供单位提交、市企业信用信息管理中心自行采集和企业自主申报。

信息提供单位应当建立健全本系统或本行业内的企业信用信息档案，应当确定专门机构和人员负责提供信用信息。

**第十一条**（信息内容）

信息提供单位和市企业信用信息管理中心依据国家标准、行业管理规范和有关规定，确定成都市企业信用信息系统数据采集目录。信息提供单位应当在每月前十个工作日内根据数据采集目录向市企业信用信息管理中心提供企业信用信息；特殊情况急需记录或更新的，应当即时提交或更新。

市企业信用信息管理中心可以自主采集能够用以分析、判断企业信用状况的信息。

企业可以自主申报能够用以分析、判断本企业信用状况的其他信用信息。

**第十二条**（信息分类）

企业信用信息分为基本信息、业绩信息、提示信息、预警信息和警示信息。

**第十三条**（基本信息）

企业基本信息包括下列信息：

（一）企业登记注册的基本情况；

（二）企业取得的行政许可情况；

（三）企业的资质等级情况；

（四）企业纳税、社会保险费缴纳、公积金缴存等基本情况；

（五）行政机关依法对企业进行专项或周期性审验的结果；

（六）企业的商标、专利等知识产权情况；

（七）其他基本情况。

前款规定的信息包括登记、变更、注销或撤销等内容。

**第十四条**（业绩信息）

企业业绩信息包括下列信息：

（一）企业获得区（市）县级以上人民政府及市级以上行政机关奖励表彰和政策性资金扶持的，企业法定代表人、主要负责人受到区（市）县级以上人民政府及市级以上行政机关奖励表彰的；

（二）企业被税务部门评定为纳税信用等级 A 级的；

（三）被认定为驰名商标、著名商标、知名商标或获得中国名牌、四川名牌的；

（四）企业通过质量标准认证的；

（五）企业获得"守合同、重信用"称号的；

（六）企业获得行业协会表彰的；

（七）其他业绩情况。

**第十五条**（提示信息）

企业提示信息包括下列信息：

（一）行政机关对企业的监管等级信息；

（二）企业因违法行为受到行政处罚的；

（三）企业生产或销售的商品被依法检验确定为不合格的；

（四）企业被限制设立分支机构的；

（五）企业被依法认定发生安全事故的；

（六）企业被依法认定拖欠税款的；

（七）企业被依法认定拖欠社会保险费的；

（八）企业拖欠物业专项维修资金，数额较大的；

（九）企业未按规定建立住房公积金或拖欠职工住房公积金的；

（十）企业被人民法院或仲裁机构依法认定拖欠工资，数额较大的；

（十一）企业被人民法院或仲裁机构依法认定拖欠水、电、气等费用，数额较大的；

（十二）企业在责令改正期限内未改正违法违规行为的；

（十三）企业、企业法定代表人涉嫌犯罪的；

（十四）法律、法规、规章规定可以记入提示信息的其他行为。

**第十六条** （预警信息）

企业预警信息包括下列信息：

（一）企业未在法定期限内参加专项或周期性检验、检测、检疫（含年检年审）的；

（二）企业取得的许可证件（审批文件）失效或过期的；

（三）企业被依法采取行政强制措施的；

（四）逾期未执行行政处罚的；

（五）企业已进入吊销程序的；

（六）法律、法规、规章规定可以记入预警信息的其他行为。

**第十七条** （警示信息）

企业警示信息包括下列信息：

（一）企业一年内因同类违法行为受到两次以上行政处罚的；

（二）企业未通过法定的专项或者周期性审验、检测、检疫（含年检年审）的；

（三）企业被行政机关撤销或吊销许可证、营业执照的；

（四）企业或其法定代表人被实施市场禁入的；

（五）企业被依法认定为偷、逃、骗税款，数额巨大的；

（六）企业被依法认定发生重大安全、质量、环境污染责任事故的；

（七）企业被强制执行人民法院或仲裁机构生效裁决文书的；

（八）企业被依法认定为拒绝参加社会保险或故意拖欠社会保险费，情节严重的；

（九）企业拖欠物业专项维修资金，数额巨大的；

（十）企业收到催建通知后仍未按规定建立住房公积金或拖欠职工住房公积金一年

以上的;

（十一）企业因违法行为，被追究刑事责任的;

（十二）企业被依法认定严重侵犯消费者合法权益的;

（十三）其他扰乱市场经济秩序、危害交易安全的严重违法行为。

企业法定代表人、主要负责人的下列信息，记入企业警示信息:

（一）正在被执行刑罚的;

（二）因犯有贪污贿赂罪、侵犯财产罪或者破坏社会主义市场经济秩序罪，被判处刑罚，执行期满未逾五年或者因其他犯罪被判处刑罚，执行期满未逾三年以及因犯罪被判处剥夺政治权利，执行期满未逾五年的;

（三）担任因经营不善破产清算的企业的法定代表人或者董事、经理，并对该企业的破产负有个人责任，自该企业破产清算完结之日起未逾三年的;

（四）不履行人民法院或仲裁机构生效裁决文书所确定的债务的;

（五）企业法定代表人、主要负责人的其他严重违法情形。

## 第三章 ‖ 发布

**第十八条**（发布范围）

企业的基本信息、业绩信息、预警信息、警示信息通过成都信用网向社会发布。企业可以向市企业信用信息管理中心申请公开发布其在信用信息系统中的提示信息。

**第十九条**（发布期限）

企业信用信息发布期限按照下列规定设定，法律、法规、规章另有规定的，从其规定:

（一）基本信息发布期限为永久;

（二）业绩信息、预警信息、警示信息和依申请发布的提示信息发布期限为三年，但有有效期限的除外。

前款规定的发布期限届满后，系统自动解除发布。

**第二十条**（预警解除）

在预警信息发布有效期内，企业已主动配合行政机关、履行法定义务，可以提前解除预警。对符合解除条件的，预警信息的提供单位应当及时解除预警信息的发布。

**第二十一条**（数据更正）

信息提供单位提交的信息确有错误的，该信息提供单位应当在知道之日起三个工作日内予以更正。

企业认为企业信用信息系统发布的信用信息与事实不符的，可向市企业信用信息管理中心提交异议申请。市企业信用信息管理中心在接到异议申请后两个工作日内告知信息提供单位，信息提供单位应当在五个工作日内进行核实，对需要更正的信息完成更正；信息无误的，向市企业信用信息管理中心提交书面处理意见，并由市企业信用信息管理中心告知该企业。

# 第四章 ‖ 使用

第二十二条（信息查询）

社会公众可通过成都信用网免费查询企业的基本信息、业绩信息、预警信息和警示信息。企业可查询本企业提示信息。

联席会议组成单位可通过企业信用信息系统共享企业的基本信息、业绩信息、预警信息、提示信息和警示信息，但不得将提示信息公开披露给其他单位或个人，法律、法规、规章规定可以公开披露的除外。

企业基础信用报告应当根据信用信息系统的信息对企业的信用状况做出客观描述。企业可自行或授权第三方向市企业信用信息管理中心申请出具本企业基础信用报告。行政机关、行使公共管理职能的组织根据行政管理或社会公共服务的需要，可以委托市企业信用信息管理中心出具企业基础信用报告。

第二十三条（信息应用）

行政机关、行使公共管理职能的组织在日常监督管理，政府采购、招标投标等公共资源交易，以及项目审批、专项资金安排、政府资金补贴等涉及公共利益的领域和重点工作中，应当查询成都市企业信用信息系统，并将企业信用记录（或企业基础信用报告）作为决策的依据。

行政机关、行使管理公共事务职能的组织对有提示信息、预警信息、警示信息的企业，视其情节采取下列措施：

（一）作为日常监督管理的重点；

（二）三年内不授予荣誉称号，已经授予的荣誉称号予以撤销；

（三）三年内限制或者取消其参加政府采购、政府投资项目资格；

（四）取消企业法定代表人评优评先资格；

（五）在招标文件中设置明确的限制性条款，依法禁止参加重大项目招投标；

（六）取消其财政补贴资格和政府补贴扶持（拨付财政性补贴资金）等优惠政策；

（七）在办理资质评定、申报、升级、验证、年检等事项中，依法对其做出相关限制，或者依法取消有关申请资格；

（八）法律、法规、规章规定的其他措施。

信息提供单位应当根据需要按照法律、法规、规章的规定使用企业信用信息，但不得利用企业信用信息牟利或违法限制、干扰企业的正常经营活动。

## 第五章 ‖ 责任

**第二十四条** （企业责任）

企业对自主申报信息的真实性负责。企业申报虚假信息的，市企业信用信息管理中心有权终止其申报资格，撤销虚假信息的发布，并将该行为记入警示信息。虚假申报行为造成不良社会影响或其他严重后果的，由企业承担相应法律责任。

**第二十五条** （信息提供单位责任）

信息提供单位应当对所提交信用信息的真实性、及时性、准确性、完整性负责。信息提供单位未真实、及时、准确、完整地提交信用信息的，由本级人民政府或联席会议办公室给予通报批评，造成社会负面影响和企业重大损失的，由监察部门会同有关部门予以相应处理，并依法追究直接责任人的行政责任；构成犯罪的，依法追究刑事责任。

信息提供单位在信用信息管理工作中，有下列情形的，由主管部门或者监察部门责令改正；情节严重的，对直接负责的主管人员和其他直接责任人员依法给予行政处分；构成犯罪的，依法追究刑事责任：

（一）以不正当手段采集信用信息的；

（二）篡改、虚构信用信息的；

（三）违反规定披露或者泄露信用信息的；

（四）未按规定答复异议申请的。

**第二十六条** （市企业信用信息管理中心责任）

市企业信用信息管理中心应当对其自行采集信用信息的真实性、准确性负责。对自行采集的信息未作审查的，造成社会严重负面影响和企业重大损失的，应当视情节追究行政责任或刑事责任。市企业信用信息管理中心在信用信息管理工作中有第二十五条第二款所列行为的，参照第二十五条的规定处理。

## 第六章 ‖ 附则

**第二十七条** （施行日期）

本办法自 2014 年 3 月 1 日起施行，《成都市企业信用信息征集和使用管理办法》（市政府令第 157 号）同时废止。

# 鞍山市企业信用信息管理暂行办法

## （鞍山市人民政府令第 141 号）

《鞍山市企业信用信息管理暂行办法》业经 2004 年 9 月 23 日鞍山市第十三届人民政府第 30 次常务会议通过，现予公布，自 2005 年 1 月 1 日起施行。

市长　张杰辉

二〇〇四年十月九日

## 鞍山市企业信用信息管理暂行办法

### 第一章 ‖ 总则

**第一条**　为了加强企业信用信息建设和管理，实现企业信用信息资源共享，促进企业诚信经营，规范企业市场行为，推动企业信用制度建设，根据有关法律、法规的规定，结合我市实际，制定本办法。

**第二条**　本市行政区域内企业信用信息的征集、整理、披露、查询、修改、删除等活动，适用本办法。

**第三条**　本办法所称企业信用信息，是指本市行政机关、司法机关及经法律、法规授权的具有行政管理职能的组织依法履行职责过程中获取的企业信用信息记录、企业商业性活动中的信用记录，以及对判断企业信用状况可能有影响的其他信息。

**第四条**　鞍山市企业信用信息管理机构（以下简称信用管理机构）负责组织、协调有关行政机关、司法机关、组织（以下统称信息提供单位）和企业开展企业信用信息的征集、整理、披露、查询、修改、删除和日常管理。

**第五条**　企业信用信息的征集、整理、披露、查询、修改、删除等活动，应当遵循客观、规范、公平、公正的原则，有利于保护国家秘密、商业秘密。

## 第二章 ‖ 征集与整理

**第六条** 企业信用信息的征集包括信息提供单位提供和企业自行申报两种方式。

（一）信息提供单位依据本办法所附《鞍山市企业信用信息征集目录》向信用管理机构提供企业信用信息。

（二）企业自行申报的信用信息主要包括企业资质、产品及管理体系认证、商标注册、银行资信等级、企业或产品获得的合法荣誉、质量信誉保证能力、产品采标等情况。

**第七条** 信息提供单位可通过网络或书面的方式，向信用管理机构提供企业信用信息。通过网络方式提供信息的，可即时传送；通过书面方式传送信息的，信息提供单位应当在每月的第一周向信用管理机构传送上月的信息，有法律诉讼时效的处罚信息，待诉讼期满后传送。

**第八条** 信息提供单位对企业信用信息的录入、修改、删除及报送应实行专人操作，专人负责。信息提供单位的信息操作员需在信用管理机构备案，并接受信用管理机构的定期培训；信息提供单位如需更换信息操作员，应告知信用管理机构。

**第九条** 信息提供单位和企业应当客观、真实、准确地提供信用信息，并对所提供的信用信息独立承担法律责任。

**第十条** 企业自行申报信用信息，必须向信用管理机构提供原始的证明材料。

## 第三章 ‖ 披露与查询

**第十一条** 企业可公开的信用信息统一由信用管理机构通过政府网站对外披露。信用管理机构披露信息应按照分级、有序、渐进的原则进行，不得披露法律、法规禁止披露的信息。

**第十二条** 信用管理机构披露的企业信用信息包括下列内容：

（一）企业名称、法定代表人姓名、企业住所、注册资本、经营范围等企业基本情况；

（二）重合同守信用资料、资质认证、资格认定等企业资信情况；

（三）重大奖励，驰名、著名和重点保护商标及所获名牌产品和质量管理奖等企业荣誉记录；

（四）经核实的企业不良记录；

（五）企业同意披露或法律、法规未禁止披露的其他信用信息。

第十三条　信息提供单位可以通过信息平台实现资源共享，免费查询企业的相关信息。

第十四条　企业可以通过申请的用户名和密码在政府网站上免费查看本企业的全部信用信息。

第十五条　企业可以自行决定本企业信用信息的披露范围和方式，法律、法规及本办法另有规定的除外。

第十六条　除公开披露的信息外，信息使用者可以凭被查询企业的有效证明到信用管理机构查询不公开的信息，法律、法规另有规定的除外。

## 第四章 ‖ 修改与删除

第十七条　信息提供单位和信用管理机构如需修改或删除企业信用信息，必须以具备法律效力的文书为准。

具备法律效力的文书主要包括：

（一）经工商行政管理机关核准的企业登记注册文书、审核的企业年检报告书等；

（二）经法定部门审核的年度企业财务会计报表及出具的审计报告等；

（三）县级以上行政管理机关依法做出并已产生法律效力的处罚决定书、处理文书等；

（四）县级以上国家机关、事业单位、社会团体依法评定或授予的资格、资质证书等；

（五）司法机关做出的已产生法律效力的判决书、裁定书；

（六）其他有效证明文件。

不具备法律效力或正在查处的涉及企业信用的相关材料，一律不作为企业信用记录的依据。

第十八条　信息提供单位和信用管理机构修改或删除企业信用信息的程序：

（一）已经与信用管理机构联网的信息提供单位，凭原始资料，经本单位主管领导签字，自行即时修改或删除；

（二）未与信用管理机构联网的信息提供单位，应当在信息变更或失效之日起 5 个工作日内，以书面形式报信用管理机构，由信用管理机构核实后予以修改、删除。

第十九条　企业对本单位的信用信息有异议，可向信用管理机构提出修改或删除有关信息的书面申请，但应当同时提供经有关部门确认的相关原始凭证或法律文书。

第二十条　企业信用信息应长期保存。但企业不良信用信息在信用管理机构的最长保存期限为两年，法律、法规另有规定的除外。

## 第五章 ‖ 法律责任

**第二十一条** 违反本办法，有下列行为之一的，由信用管理机构责令其改正；情节严重的，提请同级监察部门或主管行政机关给予通报批评，对直接负责的主管人员和其他责任人员给予行政处分：

（一）拒绝或拖延向信用管理机构提供企业信用信息的；

（二）擅自更改企业信用信息或提供虚假企业信用信息，侵犯企业合法权益的；

（三）拒绝或拖延办理企业信用信息查询的。

**第二十二条** 信息提供单位和信用管理机构工作人员，违反本办法规定，泄露企业信用信息，给企业造成损失的，应当依法承担民事责任；构成犯罪的，应当依法追究刑事责任。

## 第六章 ‖ 附则

**第二十三条** 本办法自 2005 年 1 月 1 日起施行。

附 录

# 附录1　地方信用综合立法征求意见稿

## 山东省社会信用条例（草案征求意见稿）

为了规范社会信用信息管理，保障信用主体合法权益，完善社会信用体系，营造良好的营商环境，提升全社会信用水平，根据有关法律、行政法规，结合本省实际，省发展和改革委员会起草了《山东省社会信用条例（草案征求意见稿）》。为提高立法质量，现向社会公开征求意见。公众可以通过以下途径和方式提出意见和建议：

一、登录山东省司法行政网"首页－政府法治服务－山东省法规规章草案意见征集"在线提出意见。

二、发送电子邮件：lifaerchu@ 163. com。

三、通过信函方式将意见寄至山东省司法厅，地址：济南市历下区经十路15743号，邮编250011，并请在信封右上角注明"《山东省社会信用条例（草案征求意见稿）》征求意见"字样。

意见反馈截止时间为2019年5月29日。

附件：山东省社会信用条例（草案征求意见稿）

山东省司法厅<br>2019 年 4 月 29 日

## 山东省社会信用条例（草案征求意见稿）

### 第一章　┃　总则

**第一条【立法目的】**　为了规范社会信用信息管理，保障信用主体合法权益，完善社会信用体系，营造良好的营商环境，提升全社会信用水平，根据有关法律、行政法规，结合本省实际，制定本条例。

**第二条【适用范围】** 本省行政区域内社会信用信息的采集、归集、披露、应用、管理，信用主体权益保护与奖惩，信用服务行业规范与发展，社会信用环境建设等活动，适用本条例。

**第三条【相关定义】** 本条例所称社会信用，是指具有完全民事行为能力的自然人、法人和其他组织（以下统称信用主体）在社会和经济活动中遵守法定义务或者履行约定义务的行为和状态。

本条例所称社会信用信息，是指可以用以识别、分析、判断信用主体守法、履约状况的客观数据和资料。

**第四条【遵循原则】** 社会信用建设应当坚持政府主导、社会共建、信息共享、强化应用的原则。

社会信用信息的采集、归集、披露、应用和管理等活动，应当遵循合法、准确、及时、必要的原则，确保信息安全，不得泄露国家秘密，不得侵犯商业秘密和个人隐私。

**第五条【政府职责】** 县级以上人民政府应当加强对社会信用工作的领导，将社会信用体系建设纳入国民经济和社会发展规划，设立专项资金，统筹推进本行政区域社会信用工作。

**第六条【部门职责】** 省、设区的市人民政府发展改革部门和县（市、区）人民政府确定的主管社会信用工作的部门（以下统称社会信用主管部门）负责本行政区域内社会信用工作的综合协调和监督管理。

有关部门和单位按照各自职责做好社会信用建设的相关工作。

**第七条【信用基础建设】** 省、设区的市社会信用主管部门统筹建设信用信息平台，汇集社会信用信息，实现社会信用信息跨部门、跨领域、跨地区互联互通、共享共用。

省、设区的市社会信用信息工作机构具体负责信用信息平台的运行和维护工作，提供社会信用信息应用和服务。

**第八条【社会共建】** 鼓励和支持社会各方参与社会信用建设，提高守法履约意识，弘扬诚信文化，共同推动守信联合激励和失信联合惩戒，营造守信光荣、失信可耻的社会氛围。

## 第二章 ‖ 社会信用信息的归集

**第九条【信用信息分类】** 社会信用信息分为公共信用信息和市场信用信息。

公共信用信息是指国家机关、法律法规授权具有管理公共事务职能的组织以及社会团体等在依法履行公共职责、提供公共服务过程中产生或者获取的社会信用信息。

市场信用信息是指信用服务机构、行业协会商会或其他组织在生产经营活动中产生或者获取的社会信用信息。

**第十条【公共信用信息目录管理】** 公共信用信息实行目录管理，公共信用信息目录应当包括提供单位、统一社会信用代码、信息事项、数据标准、披露方式、有效期限等要素。

省人民政府社会信用主管部门根据合法、审慎、必要的原则，会同有关部门编制公共信用信息目录，并适时调整，经省人民政府批准后，向社会公布。

公共信用信息目录草案应当向社会公开征集意见，其中具体项目可能减损信用主体权利或者增加信用主体义务、社会影响较大的，省人民政府社会信用主管部门应当会同有关部门组织评估，听取相关群体代表、专家等方面的意见。

**第十一条【公共信用信息采集】** 国家机关、法律法规授权具有管理公共事务职能的组织以及社会团体等应当依法采集、客观记录信用主体的公共信用信息。公共信用信息记录内容主要包括：

（一）公共管理和服务中反映信用主体基本情况的登记类信息；

（二）行政许可、行政处罚、行政强制、行政征收、行政奖励等行政行为中反映信用主体信用状况的信息；

（三）法律法规授权具有管理公共事务职能的组织以及社会团体在依法履行公共职责、提供公共服务过程中产生或者掌握的信息主体受表彰奖励以及参加社会公益、志愿服务等信息；

（四）拒不执行判决、裁定等生效法律文书的信息；

（五）其他法律、法规和国家规定应当记录的信息。

**第十二条【公共信用信息归集】** 国家机关、法律法规授权具有管理公共事务职能的组织以及社会团体等应当按照公共信用信息目录及时、准确、完整地采集本行业、本领域公共信用信息，并向政务信息资源共享交换平台报送。政务信息资源共享交换平台应当将归集的公共信用信息及时与信用信息平台共享。

公共信用信息的具体归集程序和办法，由省人民政府组织制定，并向社会公布。

**第十三条【公共信用信息审查机制】** 国家机关、法律法规授权具有管理公共事务职能的组织以及社会团体等应当建立公共信用信息审查机制，在向政务信息资源共享交换平台报送前按照国家和省的要求核实采集的公共信用信息，并对其提供的公共信用信息的真实性、准确性、安全性负责。

**第十四条【市场信用信息采集】** 信用服务机构、行业协会商会或者其他组织可以依法记录自身业务活动中产生的市场信用信息，或者根据管理和服务需要，依法采集其会员、入驻经营者、服务对象等的市场信用信息。

鼓励信用主体以声明、自主申报、社会承诺等形式，向信用信息平台、信用服务机构、行业协会商会或其他组织提供自身市场信用信息，并保证信息的合法、真实、完整。

**第十五条【市场信用信息采集原则】** 信用服务机构、行业协会商会或者其他组织采集市场信用信息，涉及个人信息的，应当经信用主体本人同意，但是依照法律、行政法规规定公开的信息除外。

**第十六条【公共信用信息与市场信用信息共享融合】** 支持信用信息平台与信用服务机构、行业协会商会或者其他组织，依照法律规定或者协议约定，实施信用信息双向推送、互联共享，确保信用评价结果更加全面、公正、客观。

**第十七条【禁止采集】** 禁止采集自然人的宗教信仰、基因、指纹、血型、疾病和病史信息以及法律、行政法规规定禁止采集的其他个人信息。

不得采集自然人的收入、存款、有价证券、商业保险、不动产和纳税数额等信息，但是明确告知信用主体提供该信息可能产生的不利后果并取得其书面同意的除外。

## 第三章 ‖ 社会信用信息的披露

**第十八条【信用信息披露】** 公共信用信息通过社会公开、授权查询、政务共享等方式披露。

鼓励信用服务机构、行业协会商会或者其他组织依法公开其所记录的不涉及国家秘密、商业秘密、个人隐私的市场信用信息。

**第十九条【信用信息查询途径】** 信用主体享有查询自身社会信用信息的权利。

从事社会信用信息管理、服务的单位和组织，应当制定并公布社会信用信息查询服务规范，通过平台网站、移动终端、服务窗口等途径向社会提供便捷的查询服务。

未经信用主体书面授权，不得查询其非公开的社会信用信息。法律、行政法规另有规定的除外。

**第二十条【政务应用】** 国家机关、法律法规授权具有管理公共事务职能的组织以及社会团体等应当根据履行职责的需要，在以下工作中查询使用社会信用信息或者购买信用服务，建立健全本行业信用记录，实施信用分级分类管理：

（一）实施行政许可、行政处罚、行政强制、监督检查；

（二）政府采购、招标投标、资金和项目支持、国有土地使用权出让、资质认证、科研管理等；

（三）国家工作人员招录、职务职级任免和升降、岗位聘用；

（四）表彰奖励；

（五）其他日常管理工作。

**第二十一条【鼓励社会应用】** 鼓励自然人、法人和其他组织在市场交易、企业治理、行业管理、融资信贷、社会公益等活动中查询使用社会信用信息或者购买信用服务。

**第二十二条【信用信息安全建设】** 从事社会信用信息管理、服务的单位和组织，应当加强社会信用信息安全防护，建立健全安全管理、查询使用、应急处理和责任追究等制度，保障社会信用信息采集、归集、披露、应用和管理全过程的安全。

**第二十三条【信用信息工作禁止行为】** 从事社会信用信息管理、服务的单位和组织及其工作人员，不得实施下列行为：

（一）篡改、虚构、违规删除社会信用信息；

（二）泄露未经授权公开的社会信用信息；

（三）泄露涉及国家秘密、商业秘密、个人隐私的社会信用信息；

（四）擅自将社会信用信息提供给第三方使用；

（五）法律、法规禁止的其他行为。

## 第四章 ‖ 守信激励和失信惩戒

**第二十四条【信用联合奖惩机制】** 建立跨部门、跨领域、跨地区的守信联合激励和失信联合惩戒机制，依法加强对守信行为的褒扬和激励，对失信行为的约束和惩戒。

省人民政府社会信用主管部门会同有关部门依照法律、法规和国家有关规定，编制信用奖惩措施清单，明确守信联合激励和失信联合惩戒的依据、措施等具体事项。信用奖惩措施清单实施动态管理，并向社会公布。

**第二十五条【行政性激励措施】** 对信用状况良好的信用主体，国家机关、法律法规授权的具有管理公共事务职能的组织和社会团体在法定权限范围内可以采取以下激励措施：

（一）在行政管理和公共服务过程中，实施绿色通道、容缺受理、程序简化等行政便利化措施；

（二）在财政性资金分配、评优评先中，同等条件下列为优先选择对象；

（三）在公共资源交易中，给予提升信用等次等措施；

（四）在教育、医疗、就业、社会保障等民生领域，给予重点支持和优先便利；

（五）在日常监管中，优化检查频次；

（六）在信用门户网站或者相关媒体上宣传推介；

（七）国家和本省规定的其他措施。

**第二十六条【失信惩戒原则】** 国家机关、法律法规授权的具有管理公共事务职能的组织对信用主体实施信用惩戒措施的，应当与信用主体违法、违约行为的性质、情节和社会危害程度相适应，不得超越法定的许可条件、处罚种类和幅度，并告知实施的依据和理由。

未经公布的失信惩戒措施，不得实施。

**第二十七条【一般失信惩戒措施】** 对违反法定义务和约定义务的失信主体，国家机关、法律法规授权的具有管理公共事务职能的组织在法定权限范围内就相关联的事项可以采取以下惩戒措施：

（一）在实施行政许可等工作中，列为重点审查对象，不适用告知承诺等简化程序；

（二）在财政资金资助等政策扶持中，作相应限制；

（三）在行政管理中，限制享受相关便利化措施；

（四）在公共资源交易中，给予降低信用等次；

（五）在日常监管中，列为重点监管对象，增加监管频次，加强现场检查；

（六）法律、法规规定的其他措施。

**第二十八条【严重失信主体名单认定标准】** 信用主体有以下行为之一的，国家机关、法律法规授权的具有管理公共事务职能的组织应当依照法律法规以及国家和省有关规定，将其纳入严重失信主体名单：

（一）严重危害人民群众身体健康和生命安全的行为；

（二）严重破坏市场公平竞争秩序和社会正常秩序的行为；

（三）拒不履行法定义务，严重影响司法机关、行政机关公信力的行为；

（四）拒不履行国防义务，危害国防利益，破坏国防设施等行为。

**第二十九条【严重失信主体名单认定程序】** 国家机关、法律法规授权的具有管理公共事务职能的组织认定严重失信主体名单时，应当以书面方式履行事前告知程序；有异议的，由认定机关或者组织核查处理。

国家机关、法律法规授权的具有管理公共事务职能的组织应当及时将严重失信主体名单报送上级主管部门和同级政务信息资源共享交换平台。

**第三十条【严重失信惩戒措施】** 对纳入严重失信主体名单的信用主体，国家机关、法律法规授权的具有管理公共事务职能的组织应当依照法律、行政法规的规定，就相关联的事项采取以下惩戒措施：

（一）限制或者禁止进入相关市场和相关行业；

（二）限制相关任职资格，取消评先评优资格或者撤销既得荣誉；

（三）限制开展相关金融业务；

（四）限制享受相关公共政策；

（五）限制参与由财政资金安排的基础设施建设和公共事业特许经营活动；

（六）限制参加政府采购，政府投资项目招标投标，国有土地招标、拍卖、挂牌等公共资源交易活动；

（七）限制高消费；

（八）法律、行政法规规定的其他措施。

第三十一条 【惩戒措施到人】　严重失信主体是法人、其他组织的，在记录该单位严重失信信息时，应当标明对该严重失信行为负有责任的法定代表人、主要负责人和其他直接责任人的信息。有关部门依法对该单位的法定代表人、主要负责人和其他直接责任人采取相应的联合惩戒措施。

第三十二条 【市场性奖惩措施】　鼓励市场主体在经济活动中根据信用主体的信用状况，对守信主体采取优惠便利、增加交易机会等降低市场交易成本的措施；对失信主体采取取消优惠、提高保证金、减少赊销额度等增加市场交易成本的措施。

第三十三条 【行业协会诚信自律】　本省各行业协会商会应当加强行业信用管理建设，开展信用等级分类和信用评价，依据章程对守信主体采取重点推荐、提升会员级别等激励措施，对失信主体采取业内警告、通报批评、降低会员级别、取消会员资格等惩戒措施。

## 第五章 ‖ 信用主体权益保护

第三十四条 【信用主体权益保护】　从事社会信用信息管理、服务的单位和组织应当建立健全信用主体权益保护制度，建立完善信用信息异议处理和信用修复等机制，保护信用主体合法权益。

第三十五条 【信用主体知情权】　信用主体有权知晓其社会信用信息的采集、使用等情况，以及其信用报告载明的信息来源和变动理由。

向信用主体提供相关服务的，不得将服务与信用主体信用信息的采集相关联，不得强迫或者变相强迫信用主体接受关联业务。

第三十六条 【到期消除权】　信用主体失信信息披露有效期限为五年，自失信行为或者事件被认定之日起计算，法律、法规和国家另有规定的除外。

失信信息披露期限届满的，从事社会信用信息管理、服务的机关和单位应当将该信息从公示网站、查询界面撤除删除，转档保存，不得对外公示或者提供查询，并不再作为失信惩戒依据。

**第三十七条【信用信息异议权】** 信用主体认为社会信用信息的披露存在以下情形的，可以向从事社会信用信息管理、服务的单位和组织提出异议：

（一）信息存在错误、遗漏的；

（二）侵犯其商业秘密、个人隐私或其他合法权益的；

（三）不符合严重失信名单具体条件而被列入严重失信名单或者未被移出严重失信名单的；

（四）信息超过本条例规定期限仍在披露的；

（五）依照有关法律、法规不得公开的。

受理异议单位应当按照相关规定对异议申请进行核查和处理，并将处理结果及时通知异议申请人。

**第三十八条【失信信息撤销】** 据以认定信用主体失信状态的具体行为被有关机关撤销的，原失信信息提供单位应当撤销相关信息，并及时向信用信息归集单位和使用单位共享更新信息，相关单位应当在收到更新信息之日起一个工作日内撤销该信息。

信用主体可以书面申请信用信息工作机构删除本人的表彰奖励、志愿服务、慈善捐赠等信息。信用信息工作机构应当在收到申请之日起一个工作日内删除相关信息，并转档保存。

**第三十九条【失信信息修复权】** 在失信信息披露期限内，信用主体主动纠正其失信行为，消除不良影响的，可以按照规定向作出失信行为认定的单位、信用信息工作机构提出信用修复申请。符合信用修复规定的，受理单位应当及时作出信用修复决定。

鼓励信用主体通过参加志愿服务、慈善捐赠等社会公益服务活动修复自身信用。

**第四十条【隐私权保护】** 任何单位和个人不得记录、采集、归集、披露、使用信用主体与国家和社会公共利益无关的个人隐私信息。

任何单位和个人需要获取他人个人信息的，应当依法或者依约取得并确保信息安全，不得非法采集、加工、使用、传播他人的个人信息，不得非法买卖、提供或者公开他人的个人信息。

## 第六章 ‖ 信用服务行业规范和发展

**第四十一条【信用服务产业发展】** 县级以上人民政府应当将信用服务行业发展纳入社会信用体系建设规划，出台相关扶持政策，支持信用服务机构为社会提供信用产品及服务，规范和培育信用服务市场。

鼓励信用服务机构开发具有自主知识产权的信用产品，开拓信用信息应用和信用服务领域，为政府部门、市场主体、社会组织和个人提供多样化、定制化的信用产品服务。

**第四十二条【信用服务机构监管】**　县级以上人民政府社会信用主管部门对信用服务机构实施分类监管，建立信用承诺制度和信用服务机构及其从业人员信用记录制度。

**第四十三条【信用服务机构合规经营】**　信用服务机构收集、处理社会信用信息、提供信用产品，应当遵循客观、公正、审慎和安全的原则，依照法律、法规规定接受监督管理。

信用服务机构在境内采集的社会信用信息的整理、保存和加工，应当在境内进行；向境外组织或者个人提供信用信息，应当遵守法律、行政法规的规定。

**第四十四条【禁止行为】**　信用服务机构对在业务开展过程中知悉的国家秘密、商业秘密、个人隐私和其他个人信息负有保密义务，不得妨碍国家安全、公共安全和公共利益，不得损害信用主体的合法权益。

信用服务机构不得通过虚假宣传、承诺等级等方式承揽业务，不得对信用主体进行恶意评级。

**第四十五条【信用行业自律管理】**　信用服务行业协会、商会等行业组织应当加强行业自律管理，推动行业标准、技术规范和管理规范的制定，编制行业统计报告，开展宣传培训、政策建议以及行业信息发布等活动，提升行业服务能力和公信力。

**第四十六条【信用专业人才培养】**　支持省内高校开设信用管理专业，加强与信用服务机构合作，培养信用服务专业人才。支持省内高校、研究机构等单位加强社会信用体系建设理论研究。

## 第七章 ‖ 社会信用的环境建设

**第四十七条【政务诚信建设】**　国家机关、法律法规授权的具有管理公共事务职能的组织应当加强政务诚信建设，健全权力运行制约和监督体系，建立政务信用记录，依法兑现政策承诺，履行合同义务，在社会信用建设中发挥示范表率作用。

国家机关、法律法规授权的具有管理公共事务职能的组织应当加强对本单位工作人员的守信教育，建立工作人员信用档案制度。

**第四十八条【司法公信建设】**　司法机关应当加强司法公信建设，强化内部监督，完善制约机制，推进司法公开，维护公平正义，提高司法的公信力。

第四十九条【信用承诺制度】 鼓励和引导市场主体向社会作出公开信用承诺，信用承诺纳入市场主体信用记录，接受社会监督。

国家机关、法律法规授权的具有管理公共事务职能的组织，应当在行政许可、公共资源交易等工作中建立健全信用承诺审批制度，构建以信用监管为核心的新型监管机制，提高行政效率，优化营商环境。

第五十条【基层信用建设】 各级人民政府及有关部门应当结合本地特色，开展信用示范城市、信用乡镇（街道）、信用村居（社区）、信用户等创建活动，营造知信、用信、守信的社会环境。

支持有条件的设区的市、县（市、区）人民政府多渠道筹集设立诚信基金，褒扬激励诚信典型，积极营造诚实守信的社会氛围。

第五十一条【诚信教育】 教育部门和各级各类学校应当结合思想教育课程，在教育教学中增加诚信教育内容，多形式开展诚信教育活动，提高青少年的诚信意识。

第五十二条【诚信文化宣传】 各级各部门应当加强诚信文化宣传，结合精神文明建设、道德模范的评选和诚信示范企业创建等活动，树立诚信典范，弘扬诚实守信的社会主义核心价值观。

鼓励各类媒体宣传诚实守信的典型，曝光各种失信行为和事件。本省报纸、广播、网络、电视等媒体应当在公益广告中增加诚实守信内容的宣传。

## 第八章 ‖ 法律责任

第五十三条【法律责任指引性规定】 违反本条例规定的行为，法律、法规已规定法律责任的，从其规定；法律、法规未规定法律责任的，依照本条例规定执行。

第五十四条【国家机关法律责任】 国家机关、法律法规授权具有管理公共事务职能的组织、信用信息工作机构及其工作人员违反本条例规定，有下列行为之一的，对直接负责的主管人员和其他直接责任人员依法给予处分；构成犯罪的，依法追究刑事责任：

（一）未按照规定履行社会信用信息采集、归集、披露、应用和管理职责的；

（二）未按照规定履行异议信息处理、失信信息撤销、信用修复职责的；

（三）篡改、虚构、泄露、窃取和违法买卖信用信息的；

（四）未按照规定履行信用信息安全保护职责的；

（五）泄露涉及国家秘密、商业秘密和个人隐私的社会信用信息的；

（六）未根据履职需要查询信用信息、使用信用报告；

（七）未按照规定落实守信联合激励和失信联合惩戒措施的；

（八）其他滥用职权、徇私舞弊、玩忽职守的行为。

**第五十五条【信用服务机构法律责任】** 信用服务机构、行业协会、其他企业事业单位和组织及其工作人员违反本条例规定，有下列行为之一的，由县级以上人民政府社会信用主管部门或者法律、法规规定的部门责令限期改正，没收违法所得，对单位并处五万元以上十万元以下罚款，情节严重的，处十万元以上三十万元以下罚款；对个人并处一万元以上三万元以下罚款，情节严重的，处三万元以上十万元以下罚款；构成犯罪的，依法追究刑事责任：

（一）违法采集、归集信用信息的；

（二）篡改、虚构、泄露、窃取和违法买卖信用信息的；

（三）未按照规定对异议信息进行核查和处理；

（四）未经许可或者授权查询个人隐私、商业秘密等信息；

（五）擅自将社会信用信息提供给第三方使用；

（六）通过虚假宣传、承诺等级等方式承揽业务，对信用主体进行恶意评级的；

（七）违反本条例规定，侵害信用主体合法权益的其他行为。

**第五十六条【民事责任】** 违反本条例规定，在社会信用信息采集、归集、披露、应用和管理过程中侵犯信用主体合法权益的，应当依法承担相应的民事责任。

## 第九章 ‖ 附则

第五十七条 本条例所称信用服务机构，是指依法设立，向社会提供信用产品，从事信用管理、信用咨询、信用风险控制等相关经营活动的专业服务机构。

第五十八条 征信业的监督管理，按照法律、行政法规有关规定执行。

第五十九条 本条例自　　　年　　月　　　日起施行。

# 广东省社会信用条例（草案修改征求意见稿）

为促进地方立法的民主化、公开化，充分了解民情、反映民意，现将《广东省社会信用条例（草案修改征求意见稿）》在本网站登出。敬请社会各界人士提出宝贵意见，有关修改意见建议请向广东省人大常委会法制工作委员会经济法规处反馈（截止时间：2020 年 7 月 10 日）。

地址：广州市中山一路 64 号　邮编：510080

传真：020 – 37866802

电子邮箱：jjfgc@ gdrd. cn

## 广东省社会信用条例　（草案修改征求意见稿）

### 第一章 ‖ 总则

**第一条 【立法目的】**　为了规范社会信用管理，维护信用主体合法权益，促进社会信用体系建设，营造良好的营商环境和诚实守信的社会环境，根据有关法律、行政法规，结合本省实际，制定本条例。

**第二条 【适用范围】**　本省行政区域内社会信用信息的归集、采集、披露和应用，守信激励与失信惩戒，信用主体权益保护，信用服务行业规范与发展等活动，适用本条例。

法律、行政法规另有规定的，从其规定。

**第三条 【基本概念】**　本条例所称社会信用，是指信用主体在社会和经济活动中履行法定义务和约定义务的状态。信用主体包括具有完全民事行为能力的自然人、法人和非法人组织。

本条例所称社会信用信息，是指可以用于识别、分析、判断信用主体社会信用的客观数据和资料，包括公共信用信息与市场信用信息。

本条例所称公共信用信息，是指国家机关以及法律、法规授权的具有管理公共事务职能的组织等在依法履行职责、提供服务过程中产生或者获取的社会信用信息。

本条例所称市场信用信息，是指市场信用服务机构、信用服务行业组织以及其他企业事业单位、社会组织在生产经营和社会服务活动中产生或者获取的社会信用信息。

**第四条 【基本原则】** 社会信用体系建设应当遵循以下原则：

（一）政府推动、社会共建；

（二）健全法制、规范发展；

（三）统筹规划、分步实施；

（四）重点突破、强化应用。

**第五条 【信息安全】** 社会信用信息的归集、采集、披露和应用等活动，应当遵循合法、正当、审慎、必要的原则，不得危害国家安全、泄露国家秘密，不得侵犯公共利益、商业秘密和个人隐私。

社会信用信息归集、采集、披露和应用主体应当建立信息安全管理和保密制度，履行信息安全管理职责。

社会信用信息系统应当符合国家计算机信息系统安全等级保护要求，具备安全监控和备份功能。

**第六条 【政府职责】** 县级以上地方人民政府应当将社会信用体系建设纳入国民经济和社会发展规划，统筹推进本行政区域内社会信用体系建设工作，协调解决社会信用体系建设重大问题，并将社会信用体系建设工作纳入目标责任制考核体系。

**第七条 【部门职责】** 省人民政府社会信用主管部门负责制定全省公共信用信息归集、披露和应用等方面的管理规范和政策措施。

县级以上地方人民政府社会信用主管部门负责本行政区域内社会信用体系建设的综合协调和监督管理工作。

县级以上地方人民政府政务服务数据管理部门按照公共信用信息归集目录组织归集公共信用信息，为公共信用信息平台提供数据支撑。

县级以上地方人民政府其他有关部门在职责范围内推进本行业、本领域的社会信用体系建设工作。

**第八条 【公共信用信息平台与运行机构】** 公共信用服务机构负责公共信用信息平台的建设、运营和维护，提供公共信用信息披露、应用和异议受理、信用修复受理等服务。

省公共信用信息平台统一承担与国家公共信用信息共享平台互联互通和信息共享，社会信用体系建设政策发布、公共信用信息公开公示、提供公共信用服务、支撑公共信用信息应用等工作。

省公共信用信息平台包括公共信用信息管理系统、公共信用信息主题数据库、信用门户网站、移动客户端等形式和载体。

## 第二章 ‖ 社会信用环境建设

**第九条 【政务诚信建设】** 各级人民政府应当全面提高政府诚信施政、诚信作为、诚信执法能力和意识，增强决策透明度，保持政策稳定性，提升政府公信力。

各级人民政府及其相关部门在招商引资、政府采购、招标投标以及与社会资本开展合作项目等工作中，应当兑现依法作出的政策承诺，履行合同义务。

国家机关以及法律、法规授权的具有管理公共事务职能的组织及其工作人员应当依法办事、诚实守信，在社会信用体系建设中做好示范。

开展公职人员诚信、守法和道德教育，将信用知识纳入领导干部和机关工作人员培训课程，加强公职人员诚信管理和教育。

**第十条 【司法公信建设】** 司法机关应当公正司法，依法履行职能，公开执法办案的制度规范、程序时限和办案进展等信息；定期发布重大失信典型案例，依法披露失信被执行人信息，依法防范和查处虚假诉讼。

建立司法执法人员执法档案，将司法执法人员徇私枉法、不履行或者不正确履行职责等不良记录纳入执法档案。

建立律师、公证员、基层法律服务工作者、法律援助人员、司法鉴定人员等司法相关从业人员信用档案，记录其执业信用信息。

**第十一条 【信用监管】** 各级人民政府应当建立以社会信用为基础的新型监管机制，形成以信用承诺、信息公示、协同注册、合同监督为核心运行机制的信用监管体系，提高行政效能。

支持行政机关在行政许可等事项中实行信用承诺制，并将信用承诺履行情况作为事中事后监管的依据。

鼓励市场主体主动向社会作出信用承诺。支持行业协会商会建立健全行业内信用承诺制度，加强行业自律。

**第十二条 【信用合作】** 国家机关以及法律、法规授权的具有管理公共事务职能的组织可以在生态环境、食品安全、产品质量、旅游等重点领域开展跨地区的信用体系建设合作机制，推进社会信用信息共享、失信行为认定标准和信用评价结果互认。

**第十三条 【诚实守信教育】** 各级人民政府应当在社会公德、职业道德、家庭美德和个人品德教育中加强诚信教育。

县级以上地方人民政府教育主管部门应当将诚实守信作为学生的素质教育重要内容，将诚信教育融入学校的教育教学过程。

各级各类政务服务窗口在办理注册、审批、备案等相关业务时，适时免费开展法律知识和信用知识教育，提高经营者依法诚信经营意识。

**第十四条【诚信文化宣传】** 各级人民政府及其有关部门应当加强诚信文化宣传，开展诚信主题活动，表彰诚信先进典型，弘扬诚实守信的传统文化和现代契约精神。

报刊、广播、电视和网络等媒体应当开展诚实守信公益宣传和失信案例警示教育，普及信用知识。

鼓励信用服务行业组织、信用行业从业人员以及专家、志愿者通过进社区、进企业等形式，开展诚信文化宣传和信用知识教育。

## 第三章 ‖ 社会信用信息管理

**第十五条【公共信用信息归集目录】** 公共信用信息的归集，实行以统一社会信用代码为基础的目录管理。自然人以公民身份号码等为其社会信用代码；法人和非法人组织使用统一社会信用代码。

省人民政府社会信用主管部门应当根据国家有关规定和标准会同有关部门编制公共信用信息归集目录，并向社会公布。

编制、调整公共信用信息归集目录，应当向社会公开征求意见；存在较大分歧或者可能造成较大社会影响的，省人民政府社会信用主管部门还应当会同有关部门组织听证或者其他评估活动，听取有关群体代表、专家意见。

**第十六条【公共信用信息内容】** 信用主体的下列信息应当纳入公共信用信息归集目录：

（一）行政管理和公共服务中反映信用主体基本情况的登记类信息；

（二）在接受行政管理和公共服务的过程中作出的信用承诺信息以及信用承诺的履行情况信息；

（三）受到表彰奖励以及参加公益活动、志愿服务、见义勇为、慈善捐赠等信息；

（四）行政处罚、行政强制、行政许可、行政确认、行政给付、行政裁决、行政监督检查等行政行为中反映信用主体信用状况的信息；

（五）有缴纳能力而拒不缴纳税款、社会保险费用、住房公积金、行政事业性收费、政府性基金的信息；

（六）有履行能力而拒不履行生效法律文书确定义务的信息；

（七）提供虚假材料、隐瞒真实情况，侵害社会管理秩序和社会公共利益的信息；

（八）刑事处罚信息；

（九）国家规定的其他信息。

第十七条【公共信用信息归集要求】 国家机关以及法律、法规授权的具有管理公共事务职能的组织等公共信用信息提供单位，应当按照公共信用信息归集目录以及相关标准规范要求记录、存储公共信用信息，并及时、准确、完整地将其归集到省、地级以上市人民政府政务服务数据管理部门。

第十八条【重大突发社会安全事件信息归集要求】 因维护国家安全和社会公共秩序，处置重大突发社会安全事件，需要归集信用主体信息的，信用主体应当按照规定如实向国家机关以及法律、法规授权的具有管理公共事务职能的组织提供信息。

第十九条【市场信用信息采集要求1】 市场信用服务机构、信用服务行业组织以及其他企业事业单位、社会组织，依法记录自身业务活动中产生的市场信用信息，根据服务和管理的需要依法依约记录其会员、入驻经营者等的市场信用信息，建立市场信用信息数据库。

鼓励信用主体以声明、自主申报、社会承诺、签订共享协议等形式，向市场信用服务机构、信用服务行业组织以及其他企业事业单位、社会组织提供自身的社会信用信息。

第二十条【市场信用信息采集要求2】 采集市场信用信息，涉及自然人个人信息的，应当经信用主体同意，并告知信用主体采集内容、采集方式、信息用途以及信用主体所享有的权利和应当承担的义务。依照法律、行政法规规定应当公开的信息除外。

采集市场信用信息，不得采集自然人的收入、存款、有价证券、商业保险、不动产信息和纳税数额信息。但是，明确告知信用主体提供该信息可能产生的不利后果、取得信用主体书面同意并约定用途的除外。

采集市场信用信息，禁止采集自然人的宗教信仰、基因、指纹、血型、疾病、病史信息以及法律、行政法规规定禁止采集的其他信息。

第二十一条【社会信用信息披露】 公共信用信息可以通过公开、共享、查询方式进行披露。

市场信用信息可以通过依法公开、信用主体主动公布、信用服务机构依法提供或者约定的其他方式进行披露。

第二十二条【公共信用信息公开】 自然人的公共信用信息中的姓名、出生日期、身份证件号码、住址、电话号码等个人信息，不得公开；依照法律、行政法规规定应当公开的除外。

法人和非法人组织的公共信用信息，应当公开；依照法律、行政法规规定不得公开的除外。

第二十三条【公共信用信息共享】 国家机关以及法律、法规授权的具有管理公共事务职能的组织因履行法定职责需要，可以依法通过共享方式获得相关公共信用信息。

通过共享方式获得的信息不得超出履行职责的范围使用，不得擅自公开。

**第二十四条【公共信用信息查询】** 公共信用服务机构应当通过门户网站、移动客户端、查询窗口等渠道向社会提供便捷的查询服务，建立查询日志。

查询日志应当记载查询主体、时间和内容等，并长期保存。

**第二十五条【信用信息应用】** 国家机关以及法律、法规授权的具有管理公共事务职能的组织根据履行职责的需要，按照有关规定可以在以下工作中查询使用社会信用信息：

（一）实施行政许可、监督管理、资质等级评定；

（二）政府采购、招标投标、财政资金补助；

（三）国家工作人员招录；

（四）表彰奖励；

（五）其他需要查询使用社会信用信息的工作。

**第二十六条【信息安全管理禁止行为】** 任何单位和个人不得有以下行为：

（一）窃取或者以其他非法方式获取社会信用信息；

（二）越权查询使用社会信用信息；

（三）篡改、虚构、隐匿、违规删除社会信用信息；

（四）泄露未经授权公开的社会信用信息；

（五）泄露涉及国家秘密、商业秘密、个人隐私的社会信用信息；

（六）非法出售或者非法向他人提供社会信用信息；

（七）法律、法规禁止的其他行为。

## 第四章 ‖ 守信激励与失信惩戒

**第二十七条【信用分级监管】** 县级以上地方人民政府社会信用主管部门和有关行业主管部门可以根据法律、法规和国家规定对市场主体开展信用评价，并根据信用评价结果实施差别化的分级分类监管。

**第二十八条【奖惩办法】** 省人民政府有关行业主管部门可以制定本行业、本领域的守信激励和失信惩戒办法，规定守信激励和失信惩戒的对象、措施等内容，并向社会公布。

起草守信激励和失信惩戒办法，起草部门应当征求省人民政府社会信用主管部门的意见。

**第二十九条【守信激励措施】** 根据国家和省的有关规定，对履行法定义务和约定义务的守信主体，国家机关以及法律、法规授权的具有管理公共事务职能的组织在法定权限范围内，可以采取下列激励措施：

（一）在行政许可中，予以容缺受理、优先办理、简化程序等便利服务措施；

（二）在公共资源交易中，同等条件下列为优先选择对象或者予以信用加分、提升信用等次；

（三）参与政府投资或者政府与社会资本合作的建设项目的，予以减免保证金；

（四）在行政检查中，优化检查方式或者减少检查频次；

（五）在政府优惠政策实施中，同等条件下列为优先选择对象或者予以重点支持；

（六）在信用门户网站或者相关媒体上进行宣传推介；

（七）国家和省规定的其他措施。

**第三十条【失信惩戒措施】** 根据国家和省的有关规定，对不履行法定义务或者不履行约定义务的失信主体，国家机关以及法律、法规授权的具有管理公共事务职能的组织在法定权限范围内，可以采取下列惩戒措施：

（一）约谈告诫；

（二）在实施行政许可等工作中，列为重点审查对象，不适用容缺受理、优先办理、简化程序等便利服务措施；

（三）在公共资源交易中，予以信用减分、降低信用等次；

（四）参与政府投资或者政府与社会资本合作的建设项目的，予以提高保证金比例；

（五）在日常监督管理中，列为重点监管对象，增加检查频次；

（六）限制享受政府优惠政策支持和参与表彰奖励；

（七）国家和省规定的其他措施。

**第三十一条【惩戒的恰当性】** 对信用主体采取惩戒措施，应当与信用主体失信行为相关联，与信用主体失信行为的性质、情节和社会影响程度相适应。

属于轻微偶发失信行为，并及时改正或者采取补救措施，没有造成社会危害后果和较大风险的，可以免于失信惩戒。

**第三十二条【联合奖惩机制】** 省人民政府社会信用主管部门会同有关部门根据法律、法规和国家有关规定，编制联合激励和惩戒措施清单，明确守信联合激励和失信联合惩戒的实施主体、实施对象、实施依据、实施手段、具体事项等内容，报省人民政府批准后向社会公布，并根据需要适时调整。

县级以上地方人民政府应当建立跨部门、跨领域、跨地区的守信联合激励和失信联合惩戒的发起与响应机制，加强对守信主体的激励、奖励和对失信主体的约束、惩戒。

第三十三条 【联合奖惩对象】 守信联合激励和失信联合惩戒对象名单执行国家统一标准。国家没有统一标准的，省各行业主管部门根据履行社会治理、市场监管和公共服务等职责的需要，可以制定守信联合激励和失信联合惩戒对象认定标准，经征求省人民政府社会信用主管部门和社会公众意见后，按照程序报批后实施。

县级以上国家机关以及法律、法规授权具有管理公共事务职能的组织，根据国家或者省统一标准认定守信联合激励和失信联合惩戒对象名单。

将信用主体列入失信联合惩戒对象名单的，应当列明理由、依据、移出条件和救济途径，制作决定书，并告知信用主体。

第三十四条 【严重失信行为】 下列严重失信行为纳入失信联合惩戒范围：

（一）严重损害自然人身体健康和生命安全的行为；

（二）严重破坏市场公平竞争秩序和社会正常秩序的行为；

（三）有履行能力但是拒不履行、逃避执行，情节严重的行为；

（四）拒不履行国防义务，危害国防利益，破坏国防设施的行为；

（五）法律、法规规定的其他严重失信行为。

第三十五条 【特别惩戒措施】 对被列入失信联合惩戒对象名单的信用主体，国家机关除可以采取本条例第三十条规定的惩戒措施，还可以根据法律、法规的规定就相关联的事项采取以下惩戒措施：

（一）限制进入相关行业；

（二）限制相关任职资格；

（三）撤销相关荣誉称号；

（四）法律、法规规定的其他措施。

第三十六条 【失信责任人的惩戒】 法人和非法人组织被列入失信联合惩戒对象名单的，应当标明法定代表人、主要负责人和其他负有直接责任人员、实际控制人的信息。

国家机关以及法律、法规授权的具有管理公共事务职能的组织，应当按照国家和省的有关规定对前款规定的法定代表人、主要负责人和其他负有直接责任人员、实际控制人采取惩戒措施。

第三十七条 【行业组织信用奖惩】 鼓励行业组织加强行业信用管理，与信用服务机构进行合作，开展业内信用等级分类和信用评价；依据组织章程等对守信主体采取重点推荐、提升会员级别等激励措施，对失信主体采取业内警告、通报批评、降低会员级别、取消会员资格等惩戒措施。

行业组织开展信用奖惩应当遵循公平、公正和公开原则，明确奖惩的依据和措施等，保障行业组织成员的合法权益。

第三十八条 【市场性信用奖惩】 鼓励市场主体根据交易对象的信用状况，对守信主体采取优惠便利、增加交易机会、降低市场交易成本等激励措施，对失信主体采取取消优惠、提高保证金、增加交易成本等惩戒措施。

鼓励在社会保障卡、市民卡等公共服务凭证中，根据凭证持有人的信用状况加载相关企业事业单位在交通出行、文旅消费、医疗就诊等方面提供的便利和优惠。

# 第五章 ‖ 信用主体权益保护

**第三十九条【知情权】** 信用主体有权获取自身社会信用信息的归集、采集、披露和应用情况，以及其信用报告载明的信息的来源和变动情况。

**第四十条【查询权】** 信用主体享有查询自身社会信用信息的权利。

信用主体每年有权从公共信用服务机构获取不限次数的免费查询服务，从采集其市场信用信息的市场信用服务机构获取不低于一定次数的信用报告免费查询服务。

查询非公开的社会信用信息的，应当取得信用主体的授权并约定用途。法律、行政法规另有规定的除外。

**第四十一条【信息不公开权】** 信用主体申请不公开自身表彰奖励、志愿服务或者慈善捐赠信息的，应当不予公开。

**第四十二条【信息采集归集自主权】** 向信用主体提供服务的，不得将提供服务与社会信用信息采集、归集相捆绑，不得强迫或者变相强迫信用主体接受。

**第四十三条【披露期限限制】** 公共信用信息中的失信信息披露期限不得超过五年。法律、法规和国家另有规定的除外。

失信信息披露期限自失信行为认定之日起计算。但是，失信行为处于持续状态的，失信信息披露期限自失信行为终止之日起计算。

失信信息在披露期限届满后，不得再行披露。

**第四十四条【主动纠错】** 公共信用信息错误、失效或者发生变更的，公共信用信息提供单位应当自发现相关情况之日起三个工作日内进行修改，并向省、地级以上市人民政府政务服务数据管理部门提供修改后的信息。

市场信用信息错误、失效或者发生变更的，采集信息的单位发现相关情况后，应当根据有关法律、法规的规定或者与信用主体的约定进行修改和处理。

**第四十五条【异议权】** 信用主体认为自身社会信用信息的归集、采集、披露和应用，存在错误、遗漏或者侵犯其合法权益的，有权提出异议。

**第四十六条【公共信用信息异议处理】** 信用主体向公共信用信息提供单位提出异议的，按照国家和省规定的程序办理。

信用主体向公共信用服务机构提出异议的，公共信用服务机构应当在收到异议材料之日起一个工作日内作出异议标注，并按照下列规定进行处理：

（一）属于公共信用服务机构更正范围的，公共信用服务机构应当自收到异议材料之日起五个工作日内作出是否更正的决定，并告知异议提出人。

（二）属于公共信用信息提供单位更正范围的，公共信用服务机构应当自收到异议材料之日起三个工作日内转交公共信用信息提供单位办理；公共信用信息提供单位应当自收到转交的异议材料之日起五个工作日内作出是否更正的决定，并告知公共信用服务机构；公共信用服务机构应当自收到公共信用信息提供单位的决定之日起三个工作日内将其告知异议提出人。

已共享到其他系统、网站的公共信用信息，按照前款规定进行更正后，有关单位应当自收到更正信息之日起三个工作日内进行调整。

异议处理需要进行检验、检测、检疫、鉴定或者专家评审的，所需时间不计入异议申请办理时间。

信用主体对异议处理结果不服的，可以向上一级行政机关提出复核。

**第四十七条 【公共信用信息信用修复】** 公共信用信息中的失信信息在披露期限内，信用主体纠正失信行为、消除不良影响的，可以按照规定通过作出信用承诺、完成信用整改、通过信用核查、接受专题培训、提交信用报告、参加公益慈善等方式开展信用修复，向公共信用服务机构或者作出失信行为认定的单位申请信用修复。

受理单位收到信用修复申请资料后，应当按照法律、法规以及国家规定的程序审核并向信用主体反馈审核结果。符合信用修复规定的，受理单位应当在职权范围内予以修复，并告知信用主体。修复完成后，应当按照程序及时终止实施惩戒措施。

法律、法规、规章规定不予修复的，从其规定。

**第四十八条 【救济权利】** 信用主体认为公共信用信息的归集、披露、应用以及激励惩戒等相关活动中的行政行为侵犯其合法权益的，可以向有关主管部门投诉，也可以依法申请行政复议或者提起行政诉讼。

**第四十九条 【市场信用信息的异议处理与信用修复】** 市场信用服务机构、信用行业组织以及其他企业事业单位、社会组织，应当建立市场信用信息异议处理渠道，明确异议处理规则并向社会公开。

鼓励市场信用服务机构、信用行业组织以及其他企业事业单位、社会组织建立健全与市场信用信息相关的信用修复制度。

## 第六章 ‖ 信用服务行业规范与发展

**第五十条 【政府扶持】** 县级以上地方人民政府应当支持和规范市场信用服务机

构发展，制定促进信用服务产业发展的政策和措施，鼓励社会资本进入信用服务市场。

**第五十一条【市场信用服务机构】** 市场信用服务机构主要从事征信、信用评级、信用保险、信用担保、履约担保、信用管理咨询及培训等信用相关经营活动，为社会提供信用产品和服务。

**第五十二条【信用服务产品】** 鼓励和支持市场信用服务机构利用大数据、云计算、人工智能、区块链等现代技术开发具有自主知识产权的信用产品，拓展信用应用服务领域，为政府部门、市场主体、社会组织和个人提供多样化、定制化、专业化的信用产品和服务。

鼓励在市场交易、企业管理、行业自律、融资信贷等活动中查询社会信用信息和使用信用报告等信用产品。

**第五十三条【公共信用信息有序开放】** 省、地级以上市人民政府社会信用主管部门应当有序扩大公共信用信息对社会的开放，优化信用服务行业的发展环境。

市场信用服务机构可以向省或者地级以上市人民政府社会信用主管部门提出批量查询公共信用信息申请，经核查符合批量查询条件的，与社会信用主管部门就查询范围、使用方式、信息用途等事项协商一致，并签订保密协议后，可以批量查询公共信用信息。

**第五十四条【行业自律管理】** 信用服务行业组织应当加强行业自律管理，制定行业标准、技术规范和管理规范，编制行业统计报告，开展宣传培训，提出政策建议，发布行业信息。

**第五十五条【专业人才培养】** 鼓励开展信用理论研究和学术交流，引进国内外高层次信用服务专业人才。

鼓励和支持高等院校、职业院校开设信用管理相关专业，开展信用管理培训，培养信用服务专业人才。

## 第七章 ‖ 法律责任

**第五十六条【法律责任1】** 信用服务机构、行业协会商会、其他企业事业单位和社会组织及其工作人员违反本条例规定，有下列行为之一的，由县级以上地方人民政府社会信用主管部门或者法律、法规规定的部门责令改正，对单位处五万元以上五十万元以下的罚款；对直接负责的主管人员和其他直接责任人员处一万元以上十万元以下的罚款；有违法所得的，没收违法所得：

（一）违反第二十条规定，采集禁止采集的个人信息或者未经同意采集个人信息的；

（二）违反第二十六条第一项规定，窃取或者以其他非法方式获取社会信用信息的；

（三）违反第二十六条第四项至第六项规定，泄露、非法出售或者非法向他人提供社会信用信息的；

（四）违反第四十二条规定，强迫或者变相强迫信用主体接受信息采集的。

**第五十七条【法律责任2】** 国家机关和法律、法规授权的具有管理公共事务职能的组织及其工作人员违反本条例规定，有下列行为之一的，由相关主管部门责令改正；情节严重的，对直接负责的主管人员和其他直接责任人员依法给予处分或者移送有关国家机关处理：

（一）未按照规定履行归集、披露公共信用信息职责的；

（二）未按照规定建立信息安全管理和保密制度，履行信息安全管理职责的；

（三）未按照规定履行异议处理、信用修复职责的；

（四）未落实或者违法实施社会信用奖惩措施的；

（五）其他滥用职权、徇私枉法、玩忽职守的行为。

**第五十八条【法律责任3】** 在社会信用信息采集、归集、披露和应用等过程中，损害信用主体合法权益的，应当依法承担民事责任；构成犯罪的，依法追究刑事责任。

## 第八章 ‖ 附则

**第五十九条【施行日期】** 本条例自　　　年　　　月　　　日起施行。2007 年 7 月 27 日广东省第十届人民代表大会常务委员会第三十三次会议通过的《广东省企业信用信息公开条例》同时废止。

# 贵州省社会信用条例（草案）（征求意见稿）

为推进社会信用体系建设，提高社会信用水平，增强诚信意识，创新社会治理机制，完善社会主义市场经济体制，省人大常委会拟制定《贵州省社会信用条例》。省十三届人大常委会第十次会议已对《贵州省社会信用条例（草案）》进行了初次审议，现将草案征求意见稿公布，公开征求修改意见和建议。欢迎全省各级国家机关、社会团体、企业事业组织以及公民个人积极提出修改意见和建议，为省人大常委会制定好该条例提供参考。

修改意见和建议请于 2019 年 7 月 4 日前以传真、电子邮件、信函等方式提出。

联系地址：贵州省人大常委会法制工作委员会法规一处

邮政编码：550004

联系电话（传真）：（0851）86890210

电子邮箱：fgyc@ gzrd. gov. cn

贵州省人大常委会法制工作委员会

2019 年 6 月 4 日

# 贵州省社会信用条例（草案）（征求意见稿）

## 第一章 ‖ 总则

**第一条** 为了推进社会信用体系建设，提高社会信用水平，增强诚信意识，创新社会治理机制，完善社会主义市场经济体制，根据有关法律、法规的规定，结合本省实际，制定本条例。

**第二条** 本省行政区域内社会信用信息的采集、归集、共享、公开、使用和监督管理，信用激励与惩戒，信用主体权益保护，信用服务行业规范与发展，社会信用环境建设等活动，适用本条例。

法律、法规另有规定的，从其规定。

第三条　本条例所称社会信用，是指具有完全民事行为能力的自然人、法人和非法人组织（本条例统称信用主体）在社会和经济活动中遵守法定义务或者履行约定义务的行为和状态。

第四条　社会信用体系建设应当遵循政府推动、社会共建、信息共享、强化应用和保护合法权益的原则。

第五条　县级以上人民政府应当加强对社会信用工作的领导，将社会信用体系建设纳入国民经济和社会发展规划，统筹推进本行政区域社会信用体系建设工作，编制社会信用体系建设规划或者实施方案，明确工作机构，充实专职人员，保障工作经费，将社会信用工作纳入相关目标绩效管理考评。

县级以上人民政府社会信用主管部门负责本行政区域社会信用统筹规划、综合协调和监督管理工作，归集和管理社会信用信息，依法提供社会信用信息服务。

县级以上人民政府各有关部门和单位应当在各自职责范围内，做好社会信用相关工作。

征信业监督管理机构依照法律、法规的规定，做好征信相关业务的监督管理工作。

第六条　推动建立区域信用合作机制，推进与其他省（自治区、直辖市）的社会信用信息共享和信用评价结果互认，加强跨区域信用联合激励惩戒。

第七条　省人民政府社会信用主管部门组织加强贵州信用云建设和应用，整合社会信用信息资源，建立跨部门、跨领域、跨地区的社会信用信息共享机制，提供信用查询、区域信用监测、信用风险预警等信用大数据服务。

第八条　县级以上人民政府社会信用主管部门应当建立健全信用监督机制，指导并督促行业主管部门和有关单位编制公共信用信息目录、认定守信联合激励和失信联合惩戒名单，指导行业主管部门信用联合激励惩戒工作，对联合激励惩戒措施实施情况进行监督检查。

第九条　鼓励和支持社会各方共同参与社会信用体系建设，加强合作，共同推动守信联合激励和失信联合惩戒，积极参与诚信教育和信用监督活动，弘扬守信光荣、失信可耻的社会风气。

第十条　社会信用信息的采集、归集、共享、公开、使用和监督管理等活动，应当遵循合法、客观、必要的原则，确保信息安全，不得侵犯国家秘密、商业秘密和个人隐私。

任何组织和个人不得非法收集、使用、加工、保存、传输社会信用信息，不得非法买卖、提供或者公开社会信用信息。

## 第二章 ‖ 社会信用信息

**第十一条** 本条例所称社会信用信息，是指可用于识别、分析、判断信用主体守法或者履约状况的客观数据和资料，包括公共信用信息和市场信用信息。

公共信用信息是指行政机关、司法机关、法律法规授权的组织等公共信用信息提供单位，在依法履职、提供服务过程中产生、采集或者获取的，可用于识别信用主体信用状况的数据和资料。

市场信用信息是指信用服务机构、行业协会商会、有关企业事业单位和组织等市场信用信息提供单位，在生产经营和社会服务活动中产生、采集或者获取的，可用于识别信用主体信用状况的数据和资料。

公共信用信息提供单位和市场信用信息提供单位统称社会信用信息提供单位。

**第十二条** 省人民政府社会信用主管部门会同标准化行政主管部门，组织制定社会信用信息采集、保存、共享、公开、使用和信用评价、信用分类管理等标准。鼓励和支持社会各方共同参与社会信用标准的制定工作。

**第十三条** 省人民政府社会信用主管部门应当按照国家标准，依托贵州省数据共享交换平台，建设、运行和维护省级信用信息共享平台，实现省级信用信息共享平台与各行业信用信息系统的开放共享。

各市（州）人民政府社会信用主管部门建设、运行和维护省级信用信息共享分平台，依法归集本行政区域内有关部门、行业和组织产生的社会信用信息。各级行业主管部门负责本行业信用信息系统的建设、运行和维护，做好相关领域社会信用信息采集、归集、共享、公开、使用和监督管理。

县级以上人民政府及其有关部门应当建立公共信用信息和市场信用信息的共享融合机制，鼓励行政机关与企业事业单位等开展信息合作，实现公共信用信息和市场信用信息的共同应用。

**第十四条** 鼓励信用主体以声明、自主申报、社会承诺等形式，向社会信用主管部门、信用服务机构、行业协会商会等提供自身社会信用信息，并保证信息的合法、真实、完整。

**第十五条** 公共信用信息实行目录管理制。县级以上人民政府社会信用主管部门负责汇总行业主管部门和有关单位编制的公共信用信息目录，向社会公开征求意见后，报同级人民政府批准并向社会公布。

行业主管部门和有关单位提出增加或者撤出公共信用信息目录事项的，应当说明理由；对可能减损信用主体权利或者增加信用主体义务、社会影响较大的事项，县级以上人民政府社会信用主管部门应当组织行业主管部门和有关单位调查核实并听取相关群体代表、专家等方面的意见。

公共信用信息提供单位应当按照公共信用信息目录，及时向同级人民政府社会信用主管部门报送信息，并对报送信息的合法性、真实性、完整性负责。

第十六条　下列信息应当纳入公共信用信息目录：

（一）公共管理和服务中反映信用主体基本情况的登记类信息；

（二）行政许可、行政处罚、行政强制、行政确认、行政检查、行政征收、行政给付、行政裁决及其他行政行为中反映信用主体信用状况的信息；

（三）人民法院依法纳入失信被执行人名单的信息；

（四）国家机关、法律法规授权的组织，在履行职责过程中产生或者掌握的信用主体受表彰奖励以及参加社会公益、志愿服务等信息；

（五）依法列入、移出经营异常名录或者被标记为经营异常状态、恢复为正常状态的信息；

（六）依法列入、移出严重失信主体名单，或者被认定为严重失信主体的信息；

（七）其他依法应当纳入目录管理的信息。

法律、法规对部分违法事项纳入公共信用信息目录已作出规定的，该法律、法规规定的其他违法事项不得纳入公共信用信息目录。

第十七条　公共信用信息公开方式分为主动公开和依申请公开。属于依法应当主动公开的，公共信用信息提供单位依照国家和本省规定，通过新闻发布会、互联网、报刊、广播和电视等方式发布；属于依申请公开的，公共信用信息提供单位应当依法通过安排查阅相关资料、提供查询信息复制件等方式公开。

第十八条　市场信用信息提供单位可以依法记录自身业务活动中产生的市场信用信息，或者根据管理和服务需要，按照合法、客观、必要和自愿的原则，依法采集其会员、入驻经营者等的市场信用信息。

第十九条　采集市场信用信息，涉及自然人信息的，应当经本人同意并约定用途，未经本人同意，不得采集。法律、法规另有规定的除外。

不得采集自然人的收入、存款、有价证券、商业保险、不动产和税费缴纳的信息，但是明确告知其提供该信息可能产生的不利后果并取得其书面同意的除外。法律、法规另有规定的，从其规定。

不得非法采集、归集自然人的宗教信仰、基因、指纹、血型、疾病和病史信息以及法律、法规规定禁止采集的其他个人信息。

第二十条　企业应当按照法律、法规的规定，通过企业信用信息公示系统主动填报企业年度报告，并对信息的真实性、有效性负责。

第二十一条  信用主体享有查询自身社会信用信息的权利。

未经信用主体书面授权，不得查询信用主体非公开的社会信用信息。法律、法规另有规定的除外。

国家机关、法律法规授权的组织可以依法查询与管理事项相关联的社会信用信息。

第二十二条  行政机关根据履行职责的需要，在下列工作中查询信用主体社会信用信息或者使用信用报告、评级报告等信用产品：

（一）实施行政许可；

（二）实施较大数额罚款；

（三）政府采购、招标投标、资金和项目支持、国有土地使用权出让、资质认证、项目审批、科研管理等；

（四）表彰奖励；

（五）其他需要查询社会信用信息或者使用信用产品的事项。

其他国家机关、法律法规授权的组织，参照前款规定查询社会信用信息或者使用信用产品。

第二十三条  县级以上人民政府社会信用主管部门应当制定并公布信用信息共享平台服务规范，设置公共信用信息查询窗口，并与有关部门加强合作，推动设置综合查询窗口，提供社会信用信息查询服务。

信用主体可以通过各级信用门户网站、企业信用信息公示系统或者通过社会信用信息提供单位查询相应的社会信用信息资料。

法律、法规对社会信用信息查询另有规定的，从其规定。

第二十四条  社会信用主管部门、社会信用信息提供单位应当履行下列信用信息安全管理职责：

（一）建立信用信息安全管理和应急处理机制，确定责任人员；

（二）建立信用信息查询制度规范，明确本单位工作人员的查询权限和程序；

（三）建立信用信息管理保密审查制度；

（四）确保数据保存设备符合国家有关计算机系统安全要求，保障数据和信息安全；

（五）遵守国家和本省有关信息安全的其他规定。

第二十五条  社会信用主管部门、公共信用信息提供单位的工作人员不得实施下列行为：

（一）越权查询公共信用信息；

（二）篡改、虚构、窃取、违法买卖和违规删除公共信用信息；

（三）泄露未经授权公开的公共信用信息；

（四）泄露涉及国家秘密、商业秘密、个人隐私的公共信用信息；

（五）法律、法规禁止的其他行为。

## 第三章 ‖ 信用激励与惩戒

**第二十六条** 建立行政机关、司法机关、法律法规授权的组织共同参与的社会信用联合激励惩戒机制。鼓励社会各方依法参与社会信用联合激励惩戒。

省人民政府社会信用主管部门建设、运行和维护社会信用联合奖惩平台，负责社会信用联合激励惩戒的管理和监督工作，其他有关部门和单位负责社会信用联合激励惩戒的发起、响应和反馈工作，依法加强对守信行为的褒扬和激励，对失信行为的约束和惩戒。

**第二十七条** 社会信用主管部门应当会同其他有关部门和单位，依照法律、法规和有关规定编制并公布社会信用激励惩戒措施清单，明确社会信用联合激励惩戒的具体事项。

**第二十八条** 对有关部门确定的信用状况良好的行政相对人、诚实守信道德模范、优秀青年志愿者等信用主体，行政机关、法律法规授权的组织以及其他组织等在法定权限范围内可以采取下列激励措施：

（一）在行政管理和公共服务过程中，根据实际情况给予优先办理、简化程序等便利服务措施；

（二）在财政性资金和项目支持中，在同等条件下列为优先选择对象；

（三）在公共资源交易中，给予信用加分、减免相关费用等；

（四）在教育、就业、创业、社会保障等领域，给予重点支持和优先便利；

（五）国家和本省规定可以采取的其他措施。

**第二十九条** 行政机关、法律法规授权的组织对信用主体实施信用惩戒措施的，应当与信用主体失信行为的性质、情节、社会危害程度相适应，并告知实施的依据和理由。

未经公布的信用惩戒措施，不得实施。

**第三十条** 省级行业主管部门或者有关部门可以根据履行市场监管、社会治理和公共服务等职责的需要，按照国家有关规定确定严重失信行为的认定标准，但应当征求社会公众意见，向社会履行告知义务。

县级以上国家机关、法律法规授权的组织，可以根据严重失信行为认定标准公布严重失信主体名单，同时公开名单的列入、移出条件和救济途径。

信用主体有下列行为之一的，应当列入严重失信主体名单：

（一）食品药品、生态环境、工程质量、安全生产、消防安全、交通安全、旅游服务、儿童用品、强制性产品认证等领域严重损害社会公共安全和公共利益或者人民群众身体健康和生命财产安全的行为；

（二）贿赂、重大税收违法、恶意逃废债务、恶意拖欠货款或者服务费、恶意欠薪、非法集资、合同欺诈、传销、无证照经营、制售假冒伪劣产品和故意侵犯知识产权、出借和借用资质投标、围标串标、虚假广告、侵害消费者或者证券期货投资者合法权益、严重破坏网络空间传播秩序、聚众扰乱社会秩序等严重破坏市场公平竞争秩序和社会正常秩序的行为；

（三）司法机关、行政机关作出判决或者决定后，有履行能力但拒不履行、逃避执行等严重影响司法机关、行政机关公信力的行为；

（四）拒不履行国防义务，拒绝、逃避兵役，拒绝、拖延民用资源征用或者阻碍对被征用的民用资源进行改造，危害国防利益，破坏国防设施等行为；

（五）使用违法、违规手段骗取、套取国家财政资金等危害国家利益的行为；

（六）恶意拖欠应向国家缴纳各项费用的行为；

（七）国家和本省按照相关程序认定的其他严重失信行为。

**第三十一条** 对被纳入严重失信主体名单的法人、非法人组织，在记录该单位严重失信信息时，应当标明对该严重失信行为负有责任的法定代表人、主要负责人、实际控制人和其他直接责任人的信息。有关部门应当依法对该单位的法定代表人、主要负责人、实际控制人和其他直接责任人采取相应的联合惩戒措施。

**第三十二条** 对被纳入严重失信主体名单的信用主体，行政机关、法律法规授权的组织应当依照法律、法规的规定，就相关联的事项采取下列惩戒措施：

（一）限制进入相关市场；

（二）限制进入相关行业；

（三）限制获取相关任职资格；

（四）限制开展相关金融业务；

（五）限制参与基础设施和公共事业特许经营活动；

（六）限制参加政府采购，政府投资项目招标投标，国有土地招标、拍卖、挂牌等公共资源交易活动；

（七）限制享受相关优惠政策；

（八）限制获得相关荣誉称号；

（九）法律、法规规定的其他措施。

**第三十三条** 对违反法定义务或者未履行约定义务的非严重失信主体，行政机关、法律法规授权的组织在法定权限范围内就相关联的事项可以采取下列惩戒措施：

（一）在实施行政许可等工作中，列为重点审查对象，不适用简化程序；

（二）在财政资金资助等政策扶持中，作相应限制；

（三）在行政管理中，限制享受相关便利化措施；已经享受便利化措施的，予以取消；

（四）在公共资源交易中，给予信用减分、不得减免相关费用；

（五）在日常监管中，列为重点监管对象，增加检查频次；

（六）法律、法规规定的其他措施。

## 第四章 ‖ 信用主体权益保护

**第三十四条**　以公民身份号码制度为基础，推进自然人统一社会信用代码制度建设。以互联网、邮寄递送、电信、金融账户等领域为重点，按照有关规定推进实名登记制度，准确记录自然人社会信用信息。

**第三十五条**　信用主体有权知晓其社会信用信息的采集、使用等情况，以及其信用报告载明的信息来源和变动理由。

自然人有权每年从采集、归集其社会信用信息的机构各免费获取两次本人的信用报告。

向信用主体提供相关服务的，不得将该服务与其无关的社会信用信息采集相捆绑，强迫或者变相强迫信用主体接受服务。

**第三十六条**　失信信息的展示期限为三年，社会信用主管部门、社会信用信息提供单位应当在展示期内提供失信信息查询服务。期限届满后，社会信用主管部门、社会信用信息提供单位应当屏蔽并不再提供查询服务。法律、法规和国家另有规定的除外。

前款规定的期限自失信行为或者事件终止之日起计算。

**第三十七条**　信用主体认为信用信息共享平台提供的社会信用信息存在错漏、超过失信信息展示期限仍未屏蔽等情形，或者侵犯其合法权益的，可以向社会信用主管部门或者社会信用信息提供单位提出异议，要求更正。

社会信用主管部门应当在收到异议和更正申请之日起两日内作出异议标注，并作出以下处理：

（一）异议信息属于信用信息共享平台在信息归集过程中造成的，应当在收到申请之日起五日内作出是否更正的决定；

（二）异议信息属于社会信用信息提供单位更正范围的，应当在收到申请之日起三日内转交社会信用信息提供单位办理，社会信用信息提供单位应当在收到转交的申请之日起五日内作出是否更正的决定并书面告知社会信用主管部门，社会信用主管部门应当在三日内将处理结果告知异议提出者；作出不予更正决定的，应当说明理由。

法律、法规对处理时限另有规定的，从其规定。

**第三十八条** 在失信信息展示期限内，信用主体通过主动履行义务、申请延期履行义务、提供证据并自主解释等方式减少失信损失、消除不良影响的，原失信信息提供单位应当向社会信用主管部门出具信用修复同意书，社会信用主管部门应当在收到同意书之日起三日内在查询界面上屏蔽该失信信息。

法律、法规对处理时限另有规定的，从其规定。

**第三十九条** 信用主体的公共信用信息向信用信息共享平台归集后，据以认定其失信状态的具体行为被行政机关撤销或者被复议机关决定撤销、人民法院判决或者裁定撤销的，原失信信息提供单位应当及时书面告知社会信用主管部门，社会信用主管部门应当在收到该书面告知之日起三日内在数据库中删除该信息。

法律、法规对处理时限另有规定的，从其规定。

## 第五章 ‖ 信用服务行业规范与发展

**第四十条** 本条例所称信用服务机构是指依法设立，从事信用评级、信用管理、信用咨询、信用风险控制等相关经营性活动的中介服务机构。

**第四十一条** 培育和发展信用服务行业，重点引进资信评级、信用保险、信用管理咨询等信用服务行业及大数据企业，推进信用服务行业集聚化发展。

鼓励和支持信用服务机构利用大数据、区块链等技术开发具有自主知识产权的信用产品，推动信用产品广泛运用。

鼓励市场主体在经济活动中使用社会信用信息、信用评分和信用评价结果，根据信用主体的信用状况，对信用状况良好的信用主体采取优惠便利、增加交易机会等降低市场交易成本的措施；对失信主体采取取消优惠、提高保证金等增加市场交易成本的措施。

鼓励金融机构对信用状况良好的信用主体在融资授信、利率费率、还款方式等方面给予优惠或者便利；按照风险定价方法，对失信主体提高贷款利率和财产保险费率，或者限制向其提供贷款、保荐、承销、保险等服务。

**第四十二条** 各级行政机关应当建立健全信用报告制度，在政府采购、招标投标、资金支持等工作中推广使用信用报告，支持发展信用服务市场。

鼓励在重点行业管理中引入信用服务机构参与信用监督管理，为行业信用档案建设、备案、资质准入提供社会信用信息查询和核查服务，提供行业信用状况监测报告。

第四十三条　信用服务机构应当率先开展信用承诺并公示，加强信用服务机构从业人员信用建设。

信用服务机构收集、处理市场信用信息、提供信用产品，应当遵循客观、公正和审慎的原则，不得非法归集市场信用信息和虚假评价，依法接受监督管理。

信用服务机构在境内采集的市场信用信息的整理、加工和保存，应当在境内进行；向境外组织或者个人提供市场信用信息，应当遵守我国有关法律、法规的规定。

信用服务机构对知悉的国家秘密、商业秘密、个人隐私负有保密义务，不得妨碍国家安全、公共安全和公共利益，不得损害信用主体合法权益。

第四十四条　行业协会商会应当加强行业信用管理建设，遵守行业信用规则和职业道德准则，组织制定并推行行业规范。

鼓励行业协会商会与信用服务机构合作，按照自愿原则，开展业内信用等级分类和信用评价，依据章程对信用状况良好的信用主体采取重点推荐、表彰评优、提升会员级别等激励措施，对失信主体采取业内警告、通报批评、降低会员级别、取消会员资格等惩戒措施。

第四十五条　行业主管部门应当建立健全本行业信用信息记录，实现与信用信息共享平台信息共享，根据行业信用建设和信用监督管理需要，支持信用服务机构开展大数据分析、风险提示、预警监测、信用管理培训等工作，建立完善信用监督管理制度。

第四十六条　社会信用主管部门依法对信用服务机构实施分类监督管理，建立信用服务机构准入与退出机制。

社会信用主管部门对信用服务机构信用承诺履行情况进行年度检查、舆情监测，对有违法违规行为的信用服务机构和从业人员，依照法律、法规和国家有关规定开展联合惩戒。

## 第六章 ‖ 社会信用环境建设

第四十七条　建立健全信用承诺制度，将信用承诺和履行状况纳入信用主体信用信息记录，接受社会监督，建立完善信用主体自我约束、自我管理机制。

建立市场准入前信用承诺制度，鼓励市场主体在市场准入前向社会作出公开承诺，违法失信经营后自愿接受约束和惩戒。

第四十八条　有关部门应当制定诚信教育规划，结合精神文明建设、道德模范评选和诚信示范企业创建等活动，开展社会公德、职业道德、家庭美德和个人品德教育，树立诚信典范，弘扬诚实守信的传统文化。

教育部门应当结合思想教育课程开展诚信教育。鼓励和支持大专院校开设信用管理专业，加强与信用服务机构合作，培养信用服务专业人才。

广播、电视、报刊、网络等媒体应当通过新闻报道、专题专栏、公益广告等形式，宣传和普及社会信用知识，弘扬诚信文化，营造诚信的舆论环境和社会氛围。

**第四十九条** 县级以上人民政府及其有关部门应当以食品药品、安全生产、交通安全、医疗卫生、工程建设、知识产权、旅游服务、儿童用品等国家确定的领域为重点，以公务员、教师、律师、医师、执业药师、导游、企业法定代表人及相关责任人等国家确定的人群为主要对象，建立健全信用档案，实施失信联合惩戒。

**第五十条** 县级以上人民政府应当加强政务诚信建设，记录政府和工作人员的诚信履职情况。上级人民政府定期对下级人民政府和派出机构开展政务诚信考核，鼓励新闻媒体和社会公众监督政府行为。

各级人民政府应当建立干部诚信档案制度，将诚信记录作为干部考核、任用和奖惩的重要依据。

**第五十一条** 县级以上人民政府及其有关部门应当加强扶贫领域信用建设，建立扶贫信用档案，将扶贫信用信息纳入信用信息共享平台，实行守信激励和失信惩戒。

**第五十二条** 县级以上人民政府及其有关部门应当加强生态环境领域信用建设，建立生态环境信用档案，建立健全生态环境信用评价制度和严重失信主体名单制度，将生态环境信用评价信息和失信信息，纳入信用信息共享平台，实行守信激励和失信惩戒。

## 第七章 ‖ 法律责任

**第五十三条** 社会信用主管部门、公共信用信息提供单位及其工作人员违反本条例规定，有下列行为之一的，由具有管辖权的县级以上人民政府社会信用主管部门或者法律、法规规定的部门责令改正；情节严重的，由有关部门对直接负责的主管人员和其他直接责任人员依法给予处理：

（一）未按照规定编制公共信用信息目录的；

（二）未依法履行报送、归集和公示公共信用信息职责的；

（三）未根据履职需要查询公共信用信息的；

（四）越权查询公共信用信息的；

（五）篡改、虚构、泄露、窃取、违法买卖和违规删除公共信用信息的；

（六）未依法履行异议信息处理、信用修复职责的；

（七）未依法采取守信联合激励和失信联合惩戒措施的；

（八）未建立社会信用信息安全管理和应急处理制度，未履行保障信息安全职责的；

（九）泄露信用主体的商业秘密或者个人隐私，导致信用主体权益受损的；

（十）法律、法规规定应当处理的其他行为。

**第五十四条** 市场信用信息提供单位及其工作人员违反本条例规定，有下列行为之一的，由具有管辖权的县级以上人民政府社会信用主管部门或者法律、法规规定的部门责令限期改正，没收违法所得，对单位并处 2 万元以上 20 万元以下罚款，对个人并处 2000 元以上 2 万元以下罚款；逾期不改正的，责令停业整顿，或者由有关部门依法予以处理：

（一）采集禁止采集的自然人、法人和非法人组织的市场信用信息，或者未经同意违法归集自然人市场信用信息的；

（二）将市场信用信息采集与其他服务捆绑，强迫或者变相强迫信用主体接受服务的；

（三）未履行保密义务以及超出法定或者约定范围公布、应用市场信用信息的；

（四）篡改、虚构、泄露、窃取市场信用信息的；

（五）违法提供或者出售市场信用信息的；

（六）违反本条例规定，造成信用主体权益损失的其他行为。

**第五十五条** 违反本条例规定的其他行为，法律、法规已有处理规定的，从其规定。

## 第八章 ‖ 附则

**第五十六条** 省人民政府可以根据本条例有关规定制定具体实施办法。

**第五十七条** 本条例自 年 月 日起施行。

# 附录 2  社会信用体系建设政策文件名录

## 一、国务院发布的规范性文件

1. 国务院关于同意调整社会信用体系建设部际联席会议职责和成员单位的批复（国函〔2012〕88 号）

2. 国务院关于印发《社会信用体系建设规划纲要（2014—2020 年）的通知》（国发〔2014〕21 号）

3. 国务院关于批转发展改革委等部门法人和其他组织统一社会信用代码制度建设总体方案的通知（国发〔2015〕33 号）

4. 国务院关于建立完善守信联合激励和失信联合惩戒制度加快推进社会诚信建设的指导意见（国发〔2016〕33 号）

5. 国务院关于加强政务诚信建设的指导意见（国发〔2016〕76 号）

## 二、最高人民法院发布的规范性文件

1. 最高人民法院、中国证券监督管理委员会关于加强信用信息共享及司法协助机制建设的通知（法〔2014〕312 号）

2. 最高人民法院关于限制被执行人高消费及有关消费的若干规定（法释〔2015〕17 号）

3. 最高人民法院关于公布失信被执行人名单信息的若干规定（法释〔2017〕7 号）

## 三、中央办公厅及相关党的机构发布的规范性文件

1. 关于加快推进失信被执行人信用监督、警示和惩戒机制建设的意见（中办发〔2016〕64 号）

2. 中共中央办公厅、国务院办公厅印发《关于进一步加强科研诚信建设的若干意见》（厅字〔2018〕23 号）

3. 中央文明办、最高人民法院、公安部等关于印发《"构建诚信惩戒失信"合作备忘录》的通知（文明办〔2014〕4 号）

4. 中央文明委关于推进诚信建设制度化的意见（文明委〔2014〕7 号）

## 四、国务院办公厅、部委、直属机构、直属事业单位发布的规范性文件

（一）国务院办公厅

1. 国务院办公厅转发发展改革委等部门关于加强中小企业信用担保体系建设意见的通知（国办发〔2006〕90 号）

2. 国务院办公厅关于加强个人诚信体系建设的指导意见（国办发〔2016〕98 号）

3. 国务院办公厅关于建立国务院社会信用体系建设部际联席会议制度的通知（国办函〔2007〕43 号）

4. 国务院办公厅关于加快推进社会信用体系建设构建以信用为基础的新型监管机制的指导意见（国办发〔2019〕35 号）

（二）国家发展和改革委员会

1. 关于对炼油领域严重违法违规和失信行为开展专项治理工作的通知（发改办运行〔2018〕25 号）

2. 关于开展交通出行领域严重失信行为专项治理工作的通知（发改办运行〔2018〕958 号）

3. 关于开展 2015 年度企业债券信用评级机构信用评价工作的通知（发改办财金〔2016〕1287 号）

4. 关于公布 2015 年度企业债券信用评级机构信用评价结果的通知（发改办财金〔2016〕2221 号）

5. 关于开展 2016 年度企业债券信用评级机构信用评价工作的通知（发改办财金〔2017〕1355 号）

6. 关于做好《关于加强和规范守信联合激励和失信联合惩戒对象名单管理工作的指导意见》贯彻落实工作的通知（发改办财金〔2018〕87 号）

7. 关于公布 2016 年度企业债券主承销商信用评价结果的通知（发改办财金〔2018〕112 号）

8. 关于公布 2016 年度企业债券信用评级机构信用评价结果的通知（发改办财金〔2018〕113 号）

9. 关于充分发挥信用服务机构作用加快推进社会信用体系建设的通知（发改办财金〔2018〕190 号）

10. 关于进一步完善行政许可和行政处罚等信用信息公示工作的指导意见（发改办财金〔2018〕424 号）

11. 关于做好联合惩戒案例归集和信息共享工作的通知（发改办财金〔2018〕475

号）

12. 关于对失信主体加强信用监管的通知（发改办财金〔2018〕893 号）

13. 关于公布 2017 年度企业债券主承销商和信用评级机构信用评价结果的通知（发改办财金〔2018〕1644 号）

14. 关于推动开展综合信用服务机构试点工作的通知（发改办财金〔2018〕1343 号）

15. 国家发展改革委办公厅、人民银行办公厅关于印发第二批社会信用体系建设示范城市（区）名单的通知（发改办财金〔2019〕849 号）

16. 国家发展改革委办公厅、国家税务总局办公厅关于加强个人所得税纳税信用建设的通知（发改办财金规〔2019〕860 号）

17. 印发《关于对电力行业严重违法失信市场主体及其有关人员实施联合惩戒的合作备忘录》的通知（发改运行〔2017〕946 号）

18. 印发《关于对石油天然气行业严重违法失信主体实施联合惩戒的合作备忘录》的通知（发改运行〔2017〕1455 号）

19. 印发《关于对运输物流行业严重违法失信市场主体及其有关人员实施联合惩戒的合作备忘录》的通知（发改运行〔2017〕1553 号）

20. 关于加强和规范涉电力领域失信联合惩戒对象名单管理工作的实施意见（发改运行规〔2018〕233 号）

21. 关于对盐行业生产经营严重失信者开展联合惩戒的合作备忘录（发改经体〔2017〕1164 号）

22. 关于加强对外经济合作领域信用体系建设的指导意见（发改外资〔2017〕1893 号）

23. 关于印发《关于对对外经济合作领域严重失信主体开展联合惩戒的合作备忘录》的通知（发改外资〔2017〕1894 号）

24. 关于印发国家发展改革委、人民银行、中央编办关于在行政管理事项中使用信用记录和信用报告的若干意见的通知（发改财金〔2013〕920 号）

25. 关于对重大税收违法案件当事人实施联合惩戒措施的合作备忘录（发改财金〔2014〕3062 号）

26. 国家发展改革委、中国人民银行关于同意沈阳等 11 个城市创建社会信用体系建设示范城市工作方案的复函（发改财金〔2015〕1667 号）

27. 关于印发《失信企业协同监管和联合惩戒合作备忘录》的通知（发改财金〔2015〕2045 号）

28. 关于对违法失信上市公司相关责任主体实施联合惩戒的合作备忘录（发改财金

〔2015〕3062 号）

29. 关于印发对失信被执行人实施联合惩戒的合作备忘录（发改财金〔2016〕141
号）

30. 国家发展改革委、中国人民银行关于同意北京市海淀区等 32 个城市（城区）
创建社会信用体系建设示范城市（城区）工作方案的复函（发改财金〔2016〕769 号）

31. 关于对安全生产领域失信生产经营单位及有关人员开展联合惩戒的合作备忘录
（发改财金〔2016〕1001 号）

32. 关于印发《关于对纳税信用 A 级纳税人实施联合激励措施的合作备忘录》的
通知（发改财金〔2016〕1467 号）

33. 印发《关于对环境保护领域失信生产经营单位及其有关人员开展联合惩戒的合
作备忘录》的通知（发改财金〔2016〕1580 号）

34. 关于对食品药品生产经营严重失信者开展联合惩戒的合作备忘录（发改财金
〔2016〕1962 号）

35. 关于实施优秀青年志愿者守信联合激励加快推进青年信用体系建设的行动计划
（发改财金〔2016〕2012 号）

36. 关于对海关高级认证企业实施联合激励的合作备忘录（发改财金〔2016〕
2190 号）

37. 关于对严重质量违法失信行为当事人实施联合惩戒的合作备忘录（发改财金
〔2016〕2202 号）

38. 关于对电子商务及分享经济领域炒信行为相关失信主体实施联合惩戒的行动计
划（发改财金〔2016〕2370 号）

39. 关于对财政性资金管理使用领域相关失信责任主体实施联合惩戒的合作备忘录
（发改财金〔2016〕2641 号）

40. 关于对统计领域严重失信企业及其有关人员开展联合惩戒的合作备忘录（发改
财金〔2016〕2796 号）

41. 印发《关于对重大税收违法案件当事人实施联合惩戒措施的合作备忘录
(2016 版)》的通知（发改财金〔2016〕2798 号）

42. 关于对严重违法失信超限超载运输车辆相关责任主体实施联合惩戒的合作备忘
录（发改财金〔2017〕274 号）

43. 关于对农资领域严重失信生产经营单位及其有关人员开展联合惩戒的合作备忘
录（发改财金〔2017〕346 号）

44. 关于对海关失信企业实施联合惩戒的合作备忘录（发改财金〔2017〕427 号）

45. 关于对涉金融严重失信人实施联合惩戒的合作备忘录（发改财金〔2017〕454

号）

46. 关于在电子认证服务行业实施守信联合激励和失信联合惩戒的合作备忘录（发改财金〔2017〕844 号）

47. 关于印发《关于对房地产领域相关失信责任主体实施联合惩戒的合作备忘录》的通知（发改财金〔2017〕1206 号）

48. 印发《关于对保险领域违法失信相关责任主体实施联合惩戒的合作备忘录》的通知（发改财金〔2017〕1579 号）

49. 关于对国内贸易流通领域严重违法失信主体开展联合惩戒的合作备忘录（发改财金〔2017〕1943 号）

50. 关于对严重拖欠农民工工资用人单位及其有关人员开展联合惩戒的合作备忘录（发改财金〔2017〕2058 号）

51. 关于印发首批社会信用体系建设示范城市名单的通知（发改办财金〔2017〕2158 号）

52. 印发《关于对安全生产领域守信生产经营单位及其有关人员开展联合激励的合作备忘录》的通知（发改财金〔2017〕2219 号）

53. 印发《关于对出入境检验检疫企业实施守信联合激励和失信联合惩戒的合作备忘录》的通知（发改财金〔2018〕176 号）

54. 印发《关于对家政服务领域相关失信责任主体实施联合惩戒的合作备忘录》的通知（发改财金〔2018〕277 号）

55. 印发《关于对慈善捐赠领域相关主体实施守信联合激励和失信联合惩戒的合作备忘录》的通知（发改财金〔2018〕331 号）

56. 印发《关于对婚姻登记严重失信当事人开展联合惩戒的合作备忘录》的通知（发改财金〔2018〕342 号）

57. 关于对失信被执行人实施限制不动产交易惩戒措施的通知（发改财金〔2018〕370 号）

58. 印发《关于对交通运输工程建设领域守信典型企业实施联合激励的合作备忘录》的通知（发改财金〔2018〕377 号）

59. 关于在一定期限内适当限制特定严重失信人乘坐火车推动社会信用体系建设的意见（发改财金〔2018〕384 号）

60. 关于在一定期限内适当限制特定严重失信人乘坐民用航空器推动社会信用体系建设的意见（发改财金〔2018〕385 号）

61. 关于加强对电子商务领域失信问题专项治理工作的通知（发改财金〔2018〕716 号）

62. 印发《关于对旅游领域严重失信相关责任主体实施联合惩戒的合作备忘录》的通知（发改财金〔2018〕737 号）

63. 印发《关于对严重危害正常医疗秩序的失信行为责任人实施联合惩戒合作备忘录》的通知（发改财金〔2018〕1399 号）

64. 印发《关于对科研领域相关失信责任主体实施联合惩戒的合作备忘录》的通知（发改财金〔2018〕1600 号）

65. 印发《关于对政府采购领域严重违法失信主体开展联合惩戒的合作备忘录》的通知（发改财金〔2018〕1614 号）

66. 印发《关于对知识产权（专利）领域严重失信主体开展联合惩戒的合作备忘录》的通知（发改财金〔2018〕1702 号）

67. 印发《关于对社会保险领域严重失信企业及其有关人员实施联合惩戒的合作备忘录》的通知（发改财金〔2018〕1704 号）

68. 关于印发《关于对会计领域违法失信相关责任主体实施联合惩戒的合作备忘录》的通知（发改财金〔2018〕1777 号）

69. 印发《关于对统计领域严重失信企业及其有关人员开展联合惩戒的合作备忘录（修订版）》的通知（发改财金〔2018〕1862 号）

70. 印发《关于对文化市场领域严重违法失信市场主体及有关人员开展联合惩戒的合作备忘录》的通知（发改财金〔2018〕1933 号）

71. 国家发展改革委、人民银行关于加强和规范守信联合激励和失信联合惩戒对象名单管理工作的指导意见（发改财金规〔2017〕1798 号）

72. 印发《关于对公共资源交易领域严重失信主体开展联合惩戒的备忘录》的通知（发改法规〔2018〕457 号）

（三）科学技术部

关于印发《国家科技计划（专项、基金等）严重失信行为记录暂行规定》的通知（国科发政〔2016〕97 号）

（四）工业和信息化部

1. 食品工业企业诚信体系建设工作指导意见（工信部联消费〔2009〕701 号）

2. 食品工业企业诚信体系建设工作部门联席会议制度（工信部消费〔2010〕549 号）

3. 食品工业企业诚信体系建设工作实施方案（2010 年—2012 年）（工信部消费〔2010〕549 号）

4. 工业和信息化部关于做好电信业务经营不良名单和失信名单管理工作的通知（工信部信管〔2018〕54 号）

（五）民政部

1. 关于推进行业协会商会诚信自律建设工作的意见（民发〔2014〕225号）

2. 民政部办公厅关于印发《社会组织统一社会信用代码实施方案（试行）》的通知（民办函〔2015〕468号）

3. 关于已登记管理的社会组织统一社会信用代码处理方式的通知（民办函〔2016〕52号）

4. 民政部办公厅关于全面推进社会组织统一社会信用代码制度建设有关事项的通知（民办函〔2017〕84号）

5. 关于推进社会组织统一社会信用代码制度建设和信息共建共享有关事项的通知（民办函〔2017〕324号）

6. 民政部办公厅关于报送社会组织活动异常名录和严重违法失信名单信息的通知（民办函〔2018〕34号）

（六）司法部

司法部关于加快建立律师诚信制度的通知（司发通〔2002〕30号）

（七）财政部

1. 财政部关于在政府采购活动中查询及使用信用记录有关问题的通知（财库〔2016〕125号）

2. 财政部关于加强会计人员诚信建设的指导意见（财会〔2018〕9号）

（八）人力资源和社会保障部

1. 劳动保障部办公厅关于推行企业劳动保障诚信制度的指导意见（劳社厅发〔2003〕21号）

2. 关于加强人力资源服务机构诚信体系建设的通知（人社部发〔2012〕46号）

3. 人力资源社会保障部关于印发《企业劳动保障守法诚信等级评价办法》的通知（人社部规〔2016〕1号）

4. 人力资源社会保障部关于确定"全国人力资源诚信服务示范机构"的通知（人社部函〔2018〕1号）

5. 关于进一步推进人力资源服务机构诚信服务主题创建活动的通知（人社厅发〔2017〕37号）

（九）生态环境部

关于加强企业环境信用体系建设的指导意见（环发〔2015〕161号）

（十）自然资源部

关于印发《测绘地理信息行业信用管理办法》和《测绘地理信息行业信用指标体系》的通知（国测管发〔2015〕57号）

（十一）住房和城乡建设部

1. 住房城乡建设部办公厅关于印发失信被执行人信用监督、警示和惩戒机制建设分工方案的通知（建办厅〔2017〕32号）

2. 关于建立房地产企业及执（从）业人员信用档案系统的通知（建住房函〔2002〕192号）

3. 建设部关于加快推进建筑市场信用体系建设工作的意见（建市〔2005〕138号）

4. 建设部关于印发《建筑市场诚信行为信息管理办法》的通知（建市〔2007〕9号）

5. 住房城乡建设部关于印发建筑市场信用管理暂行办法的通知（建市〔2017〕241号）

6. 关于对建筑市场诚信体系建设有关情况进行调研的通知（建市招函〔2013〕53号）

（十二）交通运输部

1. 交通运输部办公厅关于印发《水路运输市场信用信息管理办法（试行）》的通知（交办水〔2017〕128号）

2. 交通运输部办公厅关于印发《公路水路行业安全生产信用管理办法（试行）》的通知（交办安监〔2017〕193号）

3. 交通运输部办公厅、国家发展改革委办公厅关于印发《"信用交通省"建设指标体系（2018年版）》的通知（交办政研〔2018〕57号）

4. 交通运输部办公厅关于印发《2018年交通运输信用体系建设工作要点》的通知（交办政研函〔2018〕234号）

5. 交通运输部关于加强交通运输行业信用体系建设的若干意见（交政研发〔2015〕75号）

6. 关于印发建立公路建设市场信用体系的指导意见的通知（交公路发〔2006〕683号）

7. 关于印发公路建设市场信用信息管理办法的通知（交公路发〔2009〕731号）

8. 关于印发公路施工企业信用评价规则的通知（交公路发〔2009〕733号）

9. 关于印发《水运工程建设市场信用信息管理办法（试行）》的通知（交水发〔2008〕510号）

（十三）水利部

1. 水利部、国家发展和改革委员会关于加快水利建设市场信用体系建设的实施意见（水建管〔2014〕323号）

2. 水利部关于印发《水利建设市场主体信用评价管理暂行办法》的通知（水建管

〔2015〕377 号）

（十四）农业农村部

1. 农业部办公厅关于建立农资和农产品生产经营主体信用档案的通知（农办质〔2017〕30 号）

2. 农业部关于加快推进农产品质量安全信用体系建设的指导意见（农质发〔2014〕16 号）

（十五）商务部

1. 商务部办公厅关于开展商务诚信建设试点工作的通知（商办秩函〔2012〕776 号）

2. 关于规范行业信用评价试点工作的通知（商信用字〔2008〕2 号）

3. 商务部办公厅关于印发《商务领域信用信息系统安全管理规定》的通知（商信用字〔2008〕3 号）

4. 关于进一步做好行业信用评价工作的意见（商信用字〔2015〕1 号）

5. 关于印发《商务部 保监会共同推动信用保险、信用销售健康发展备忘录》的通知（商秩字〔2009〕8 号）

6. 商务部办公厅关于在商务领域开展"诚信经营"示范创建活动的意见（商秩字〔2009〕10 号）

7. 商务部、财政部、人民银行、银监会、保监会关于推动信用销售健康发展的意见（商秩发〔2009〕88 号）

8. 商务部关于进一步推进商务领域信用建设的意见（商秩发〔2009〕234 号）

9. 商务部关于印发《商务信用联合惩戒对象名单管理办法》的通知（2019 年 7 月）

10. 商务部关于加快推进商务诚信建设工作的实施意见（商秩函〔2014〕772 号）

11. 关于《商务信用联合奖惩对象名单管理细则（征求意见稿）》公开征求意见的通知（商秩司函〔2018〕642 号）

12. 商务部关于"十二五"电子商务信用体系建设的指导意见（商电发〔2011〕478 号）

13. 商务部等 9 部门关于印发《对外投资合作和对外贸易领域不良信用记录试行办法》的通知（商合发〔2013〕第 248 号）

（十六）文化和旅游部

1. 国家旅游局办公室关于加强旅游诚信建设实施失信联合惩戒的通知（旅办发〔2016〕296 号）

2. 文化和旅游部关于印发《全国文化市场黑名单管理办法》的通知（文旅市发

〔2018〕30 号）

3. 文化和旅游部关于印发《旅游市场黑名单管理办法（试行）》的通知（文旅市场发〔2018〕119 号）

（十七）国家卫生健康委员会

1. 国家人口计生委关于全面推进诚信计生工作的通知（人口政法〔2010〕55 号）

2. 卫生部办公厅关于开展科研诚信宣传教育活动的通知（卫办科教函〔2010〕716 号）

3. 关于印发医学科研诚信和相关行为规范的通知（国卫科教发〔2014〕52 号）

（十八）中国人民银行

1. 中国人民银行办公厅关于印发《征信投诉办理规程》的通知（银办发〔2014〕73 号）

2. 中国人民银行办公厅关于加强征信系统查询用户信息管理的通知（银办发〔2017〕164 号）

3. 中国人民银行、信息产业部关于商业银行与电信企业共享企业和个人信用信息有关问题的指导意见（银发〔2006〕112 号）

4. 中国人民银行关于印发《征信机构监管指引》的通知（银发〔2015〕336 号）

5. 中国人民银行关于印发《企业征信机构备案管理办法》的通知（银发〔2016〕253 号）

6. 中国人民银行关于加强征信合规管理工作的通知（银发〔2016〕300 号）

7. 中国人民银行关于进一步加强征信信息安全管理的通知（银发〔2018〕102 号）

（十九）海关总署

1. 海关总署关于实施法人和其他组织统一社会信用代码有关事项的公告（海关总署公告〔2015〕46 号）

2. 海关总署关于实施法人和其他组织统一社会信用代码制度有关事宜的公告（海关总署公告〔2016〕32 号）

（二十）国家税务总局

1. 国家税务总局关于发布《纳税信用管理办法（试行）》的公告（国家税务总局公告〔2014〕40 号）

2. 国家税务总局关于发布《纳税信用评价指标和评价方式（试行）》的公告（国家税务总局公告〔2014〕48 号）

3. 国家税务总局关于完善纳税信用管理有关事项的公告（国家税务总局公告〔2016〕9 号）

4. 国家税务总局关于发布《涉税专业服务信用评价管理办法（试行）》的公告

（国家税务总局公告〔2017〕48号）

5. 国家税务总局关于纳税信用评价有关事项的公告（国家税务总局公告〔2018〕8号）

6. 国家税务总局关于发布《从事涉税服务人员个人信用积分指标体系及积分记录规则》的公告（国家税务总局公告〔2018〕50号）

7. 国家税务总局关于发布《重大税收违法失信案件信息公布办法》的公告（国家税务总局公告〔2018〕54号）

（二十一）国家市场监督管理总局

关于进一步加强道德诚信建设推进食品安全工作的意见（食安办〔2012〕24号）

（二十二）国家体育总局

体育总局关于印发《体育市场黑名单管理办法》的通知（体规字〔2018〕7号）

（二十三）国家统计局

国家统计局关于发布《统计上严重失信企业信息公示暂行办法》的公告（国家统计局公告〔2014〕3号）

（二十四）中国银行保险监督管理委员会

1. 中国保监会、国家发展改革委关于印发《中国保险业信用体系建设规划（2015—2020年）》的通知（保监发〔2015〕16号）

2. 关于进一步加强银行业诚信建设的通知（银监办发〔2016〕89号）

（二十五）中国证券监督管理委员会

关于在一定期限内适当限制特定严重失信人乘坐火车和民用航空器实施细则（证监会公告〔2018〕9号）

## 五、中央层面代表性群团组织发布的规范性文件

共青团中央、国家发展改革委、中国人民银行关于印发《青年信用体系建设规划（2016－2020年）》的通知（中青联发〔2016〕12号）

## 六、省级地方发布的规范性文件

（一）北京市

1. 北京市人民政府关于加快社会信用体系建设的实施意见（京政发〔2015〕4号）

2. 北京市人民政府关于建立完善信用联合奖惩制度加快推进诚信建设的实施意见（京政发〔2017〕15号）

3. 北京市社会信用体系建设方案（京政办发〔2005〕68号）

4. 北京市人民政府办公厅关于印发《北京市社会信用体系建设三年重点工作任务

（2015—2017 年）》的通知（京政办发〔2015〕24 号）

5. 北京市人民政府办公厅关于印发《北京市加强企业信用体系建设第二阶段行动计划（2016—2018 年）》的通知（京政办发〔2016〕27 号）

6. 关于建立北京市社会信用体系建设联席会议制度的通知（京信息办发〔2008〕43 号）

7. 北京市经济和信息化委员会关于印发"十二五"时期北京市社会信用体系建设重点任务的通知（京经信委发〔2012〕69 号）

8. 北京市经济和信息化委员会关于印发 2012 年北京市社会信用体系建设重点任务的通知（京经信委发〔2012〕70 号）

9. 北京市民政局关于印发《北京市社会组织信用信息管理暂行办法》的通知（京民社发〔2016〕62 号）

10. 关于进一步加强人力资源服务机构诚信建设的通知（京人社市场发〔2017〕143 号）

11. 关于印发《北京市工程建设领域农民工工资支付不良信用信息管理办法》的通知（京人社监发〔2018〕205 号）

12. 北京市商务委员会 北京市财政局关于开展信用消费试点工作的通知（京商务秩字〔2011〕14 号）

13. 北京市商务委员会关于印发《北京市商务领域不良信用记录名单管理办法（试行）》的通知（京商务秩字〔2017〕25 号）

14. 关于印发《北京市养老服务机构信用信息管理使用办法》的通知（京民福发〔2018〕419 号）

15. 北京市水务局关于印发《北京市水利建设市场主体信用评价管理办法（试行）》的通知（京水务建管〔2013〕35 号）

16. 北京市水务局关于加强北京市水利建设市场主体信用信息应用及管理工作的通知（京水务建管〔2014〕53 号）

17. 北京市水务局关于印发《北京市水利建设市场主体信用动态评价管理暂行办法（试行）》的通知（京水务建管〔2018〕1 号）

18. 北京市住房和城乡建设委员会关于印发《北京市工程监理企业及注册监理工程师市场行为信用评价暂行管理办法》的通知（京建发〔2012〕28 号）

19. 北京市住房和城乡建设委员会关于印发《北京市建设工程质量检测机构市场行为信用评价暂行管理办法》的通知（京建发〔2012〕29 号）

20. 北京市住房和城乡建设委员会关于印发《关于贯彻执行〈北京市建筑起重机械租赁企业备案和信用评价管理办法（试行）〉的补充规定》的通知（京建发〔2016〕

6 号）

21. 北京市住房和城乡建设委员会关于修改《北京市物业服务企业信用信息管理办法》等规范性文件的通知（京建发〔2017〕13 号）

22. 关于修订《北京市建筑起重机械租赁企业备案和信用评价管理办法（试行）》的通知（京建发〔2017〕26 号）

23. 北京市住房和城乡建设委员会、北京市经济和信息化委员会关于加强物业服务信用信息管理的通知（京建发〔2018〕407 号）

24. 关于发布《北京市公路施工企业信用评价实施细则（试行）》的通知（京交路建发〔2011〕125 号）

25. 关于发布《北京市公路项目主要从业人员信用评价实施细则（试行）》的通知（京交路建发〔2012〕143 号）

26. 北京市交通委员会路政局关于印发《北京市公路设计企业信用评价实施细则（试行）》的通知（京交路发〔2014〕135 号）

27. 关于发布北京市公路建设从业单位信用奖惩办法的通知（京交路法制发〔2011〕163 号）

28. 北京市工商行政管理局关于开展 2014—2015 年度"守合同重信用"企业推荐工作的通知（京工商发〔2016〕8 号）

29. 北京市商务委员会等部门关于印发《关于对双积分信用优良企业实施联合激励的若干措施》的通知（市服务业扩大开放办字〔2017〕8 号）

30. 关于印发《中关村国家自主创新示范区企业信用星级评定管理办法》的通知（中科园发〔2010〕47 号）

31. 中关村科技园区管理委员会、中国人民银行营业管理部、北京市经济和信息化委员会关于印发《关于进一步加强中关村国家自主创新示范区信用体系建设的意见》的通知（中科园发〔2015〕13 号）

（二）天津市

1. 天津市社会信用体系建设实施方案（津政发〔2003〕027 号）

2. 天津市人民政府关于印发天津市市场主体信用信息公示管理暂行办法的通知（津政发〔2014〕23 号）

3. 天津市人民政府关于印发《天津市社会信用体系建设规划（2014—2020 年）》的通知（津政发〔2015〕15 号）

4. 天津市人民政府办公厅关于印发天津市市场主体信用风险分类和市场监管随机抽查联合检查两个暂行办法的通知（津政办发〔2015〕31 号）

5. 天津市人民政府办公厅关于贯彻落实法人和其他组织统一社会信用代码制度建

设总体方案的意见（津政办发〔2015〕89号）

6. 天津市人民政府办公厅关于印发《贯彻落实天津市社会信用体系建设规划（2014—2020年）责任分工》的通知（津政办发〔2016〕1号）

7. 天津市人民政府办公厅关于延长天津市市场主体信用风险分类和市场监管随机抽查联合检查两个暂行办法有效期的通知（津政办发〔2017〕74号）

8. 市发展改革委、人民银行天津分行、市金融局、市工业和信息化委、市市场监管委、市文明办关于印发《天津市社会信用体系建设2015—2016年重点工作任务》的通知（津发改财金〔2015〕1152号）

9. 市发展改革委、人民银行天津分行关于印发《天津市2018年社会信用体系建设工作要点》的通知（津发改财金〔2018〕418号）

10. 市发展改革委关于做好天津市工程建设项目告知（信用）承诺失信企业名单管理工作的通知（津发改信用〔2018〕877号）

11. 市发展改革委印发《关于在天津市工程建设项目审批、核准和备案阶段实行告知（信用）承诺制的办法（试行）》的通知（津发改规〔2018〕10号）

12. 市教委关于在政府采购活动中查询和使用信用记录的通知（津教委财〔2016〕33号）

13. 天津市民政局关于做好我市社会组织信用体系建设工作的通知（津民发〔2018〕51号）

14. 关于印发《天津市用人单位劳动监察守法信用等级管理办法（试行）》的通知（津人社局发〔2012〕39号）

15. 关于印发《天津市用人单位劳动监察守法信用等级评价标准（试行）》的通知（津人社局发〔2012〕40号）

16. 市人力社保局关于印发天津市用人单位劳动保障守法信用等级评价管理办法的通知（津人社规字〔2017〕9号）

17. 市国土房管局关于加强住房保障家庭不良信用记录管理有关问题的通知（津国土房保办〔2013〕331号）

18. 市国土房管局关于印发天津市物业服务企业信用信息管理办法的通知（津国土房物〔2014〕62号）

19. 市国土房管局关于公布第二批物业服务企业信用信息等级的通知（津国土房物〔2014〕287号）

20. 市国土房管局关于加强信用等级管理的通知（津国土房物〔2015〕12号）

21. 市国土房管局关于公布2015年首批物业服务企业信用等级的通知（津国土房物〔2015〕235号）

22. 市国土房管局关于做好 2015 年首批物业服务企业信用等级管理工作的通知（津国土房物〔2015〕281 号）

23. 市国土房管局关于公布 2015 年度物业服务企业信用等级的通知（津国土房物〔2016〕20 号）

24. 市国土房管局关于公布 2016 年度物业服务企业信用等级的通知（津国土房物函字〔2017〕1058 号）

25. 市国土房管局关于公布 2017 年度物业服务企业信用等级的通知（津国土房物函字〔2018〕690 号）

26. 关于印发《天津市建筑市场各方主体信用信息归集标准》的通知（津建筑〔2008〕880 号）

27. 关于印发《天津市建筑市场信用信息管理办法》的通知（津建筑〔2008〕212 号）

28. 市建设交通委关于印发《天津市建筑施工企业信用等级评定办法》的通知（津建筑〔2013〕664 号）

29. 关于印发《天津市城市轨道交通工程施工总承包企业信用等级评定实施细则（试行）》的通知（津建筑〔2015〕20 号）

30. 市建委关于印发《天津市建筑劳务企业信用评价办法（试行）》的通知（津建筑〔2015〕81 号）

31. 关于印发《天津市建设工程监理企业信用评价办法（试行）》的通知（津建筑〔2015〕225 号）

32. 关于 2014 年度天津市建筑施工总承包企业信用等级评定结果的公示（津建筑〔2015〕300 号）

33. 市建委关于印发天津市建筑市场主体信用奖惩办法的通知（津建筑〔2016〕511 号）

34. 市建委关于印发《天津市建设工程监理企业信用评价办法》的通知（津建筑〔2016〕663 号）

35. 市建委关于印发《天津市工程建设项目招标代理机构信用评价办法》的通知（津建筑〔2016〕664 号）

36. 市建委关于印发《天津市工程造价咨询企业信用评价办法》的通知（津建筑〔2017〕35 号）

37. 市建委关于印发《天津市勘察设计企业信用评价办法（试行）》的通知（津建筑〔2017〕464 号）

38. 市建委关于印发《天津市房地产开发企业信用管理办法（试行）》的通知（津

建筑〔2017〕537 号）

39. 市建委关于印发《天津市建筑施工企业信用评价指标体系和评分标准（2016年修订版）》的通知（津建筑函〔2016〕247 号）

40. 市建委关于 2016 年度天津市建设工程监理企业信用等级评定结果的公告（津建筑函〔2017〕127 号）

41. 天津市交通运输委员会关于贯彻落实《天津市社会信用体系建设规划（2014—2020 年）责任分工》的意见（津交发〔2016〕106 号）

42. 天津市交通运输委员会关于印发加强信用体系建设实施意见的通知（津交发〔2016〕336 号）

43. 天津市交通运输委员会印发天津市交通运输委员会关于落实《天津市"信用交通省"创建工作实施方案》任务分工的通知（津交发〔2018〕5 号）

44. 市水务局关于天津市水利工程建设施工及监理企业信用评价工作的通知（津水基〔2013〕15 号）

45. 市水务局关于做好市场主体信用评价赋分工作的通知（津水基〔2014〕5 号）

46. 关于印发天津市"守合同重信用"企业管理规范的通知（津工商市字〔2013〕2 号）

47. 关于印发《天津市商品交易市场信用分类监管实施办法》的通知（津工商市字〔2008〕15 号）

48. 关于认真做好商品交易市场信用分类监管信息基础工作的通知（津工商市字〔2008〕18 号）

49. 关于印发《天津市商品交易市场场内经营者信用评价实施办法（试行）》的通知（津工商市字〔2008〕19 号）

50. 关于印发《天津市商品交易市场场内经营者信用监管评价标准及评分细则（试行）》的通知（津工商市字〔2008〕23 号）

51. 关于印发天津市 2012 年度"守合同重信用"企业认定工作方案的通知（津工商市字〔2012〕5 号）

52. 关于印发《市场主体信用分类监管试行办法》的通知（津工商企管字〔2008〕5 号）

53. 市安全监管局关于印发《天津市安全生产信用信息公示管理暂行办法》的通知（津安监管法〔2014〕65 号）

54. 市安全监管局关于做好安全生产信用信息公示工作的通知（津安监管法〔2014〕66 号）

55. 市市场监管委关于做好 2015 年度企业质量信用报告工作的通知（津市场监管

质管〔2015〕16 号）

56. 天津市市场和质量监督管理委员会关于做好 2017 年度企业质量信用报告工作的通知（津市场监管质管〔2017〕10 号）

57. 市市场监管委关于认定 2014—2015 年度天津市"守合同重信用"企业的通知（津市场监管市〔2016〕8 号）

58. 市市场监管委关于印发天津市食品销售经营许可信用承诺审批实施办法的通知（津市场监管食通〔2018〕9 号）

59. 市市场监管委关于加强国家企业信用信息公示系统应用和管理的实施意见（津市场监管企〔2018〕20 号）

60. 市市场监管委关于印发天津市"守合同重信用"企业公示管理办法的通知（津市场监管规〔2017〕3 号）

61. 天津市市场和质量监督管理委员会关于印发天津市市场主体信用风险分类修复程序规定的通知（津市场监管规〔2018〕3 号）

62. 关于印发《关于建立和加强信用档案工作的意见》的通知（津档〔2003〕23 号）

63. 关于推进天津市民营中小企业信用体系建设的意见（津银发〔2014〕191 号）

64. 关于联合开展天津市中小企业外部信用评级工作的通知（津中小企〔2008〕31 号）

65. 关于做好中小企业信用担保机构免征营业税申报工作的通知（津中小企〔2009〕21 号）

66. 关于进一步加强我市中小企业信用担保体系建设工作的意见（津中小企〔2011〕15 号）

67. 关于继续开展中小企业信用担保机构免征营业税申报工作的通知（津中小企〔2012〕20 号）

（三）河北省

1. 河北省人民政府关于加快河北省社会信用体系建设的指导意见（冀政发〔2013〕90 号）

2. 河北省人民政府关于印发《河北省社会信用体系建设规划（2014—2020 年）》的通知（冀政发〔2015〕4 号）

3. 河北省人民政府关于加强政务诚信建设的实施意见（冀政发〔2017〕10 号）

4. 河北省人民政府办公厅关于印发《河北省社会信用体系建设意见（试行）》的通知（冀政办〔2007〕31 号）

5. 河北省人民政府办公厅关于认真做好行政许可和行政处罚等信用信息公示工作

的通知（冀政办字〔2015〕159号）

6. 河北省人民政府关于建立完善守信联合激励和失信联合惩戒制度加快推进社会诚信建设的实施意见（冀政办字〔2016〕160号）

7. 河北省人民政府关于加强诚信政府建设的指导意见（冀政办字〔2017〕91号）

8. 河北省人民政府办公厅关于加强个人诚信体系建设的实施意见（冀政办字〔2017〕91号）

9. 河北省发展和改革委员会等九部门关于全面加强电子商务领域诚信建设的实施意见（冀发改财金〔2017〕1022号）

10. 关于印发《河北省招标代理机构信用评价办法》的通知（冀发改招标〔2015〕527号）

11. 关于印发《河北省企业环境信用评价管理办法（试行）》的通知（冀环办字函〔2017〕748号）

12. 河北省交通运输厅关于印发《河北省公路设计企业信用评价实施细则》的通知（冀交基〔2014〕509号）

13. 河北省交通运输厅关于印发《河北省水运工程设计和施工企业信用评价实施细则》的通知（冀交基〔2015〕567号）

14. 关于印发《河北省公路建设市场信用档案管理办法（试行）》的通知（冀交基字〔2007〕506号）

15. 关于印发《河北省建筑市场信用信息管理暂行办法》的通知（冀建法〔2007〕560号）

16. 关于印发《河北省住房城乡建设行业社会信用体系建设工作方案》的通知（冀建法〔2014〕16号）

17. 关于试行建筑业企业信用综合评价的通知（冀建市〔2010〕641号）

18. 关于做好全省建筑业企业信用综合评价体系信息采集录入的通知（冀建市〔2011〕423号）

19. 关于加强进冀建筑业企业信用管理的通知（冀建市〔2012〕211号）

20. 关于河北省建筑业企业信用综合评价平台应用有关工作的通知（冀建市〔2013〕10号）

21. 关于规范进冀建筑业企业市场进入备案信用管理的通知（冀建市〔2013〕12号）

22. 关于启用河北省建筑业企业信用综合评价平台的通知（冀建市〔2013〕28号）

23. 关于试行河北省建筑施工与监理企业工程质量信用评价的通知（冀建质〔2013〕50号）

24. 关于印发《河北省省直医疗保险定点医疗机构信用等级管理办法（试行）》、《河北省省直医疗保险定点零售药店信用等级管理办法（试行）》的通知（冀劳社办〔2005〕216号）

25. 关于印发《河北省医疗保险定点医疗机构信用等级管理办法（试行）》、《河北省医疗保险定点零售药店信用等级管理办法（试行）》的通知（冀劳社〔2004〕86号）

26. 关于落实企业环境保护信息报送制度共建河北省社会信用体系工作的情况通报（冀环办发〔2011〕264号）

27. 关于印发《河北省建立重点产品生产企业质量信用档案实施方案》的通知（冀质监函〔2011〕764号）

28. 河北省财政厅、河北省中小企业局关于印发《河北省省级中小企业信用担保资金管理办法》的通知（冀财企〔2011〕29号）

29. 河北省中小企业局关于促进中小企业信用担保体系建设的实施意见（冀企改〔2004〕3号）

（四）山西省

1. 山西省人民政府关于加快社会信用体系建设的指导意见（晋政发〔2013〕18号）

2. 山西省人民政府关于印发《山西省社会信用体系建设规划（2014—2020年）》的通知（晋政发〔2014〕40号）

3. 山西省人民政府关于印发《山西省公共信用信息管理办法（试行）》的通知（晋政发〔2015〕21号）

4. 山西省建立完善守信联合激励和失信联合惩戒制度加快推进社会诚信建设实施方案（晋政发〔2017〕3号）

5. 山西省人民政府办公厅关于印发《山西省企业信用信息归集记录办法》和《山西省企业信用信息公布办法》的通知（晋政办发〔2007〕71号）

6. 山西省人民政府办公厅关于加快"信用山西"建设努力创造诚信守约信用环境的实施意见（晋政办发〔2007〕112号）

7. 山西省人民政府办公厅关于印发山西省社会信用体系建设"十二五"规划的通知（晋政办发〔2012〕31号）

8. 山西省人民政府办公厅关于加快建立企业信用信息互联互通交换共享机制推进企业信用体系建设的意见（晋政办发〔2015〕96号）

9. 山西省人民政府办公厅关于印发《山西省企业信用行为联合奖惩办法（试行）》的通知（晋政办发〔2015〕101号）

10. 山西省人民政府办公厅关于印发《国家企业信用信息公示系统（山西）管理

暂行办法》的通知（晋政办发〔2017〕88号）

11. 山西省人民政府办公厅关于开展社会信用体系建设考核工作的通知（晋政办发〔2018〕90号）

12. 山西省科技厅关于印发《山西省科技计划项目信用管理和科研不端行为处理办法》的通知（晋科计发〔2013〕4号）

13. 山西省住房和城乡建设厅关于印发《省外入晋建筑业企业信用保证金管理办法》的通知（晋建财字〔2011〕100号）

14. 山西省住房和城乡建设厅关于印发《房地产企业资质动态考核及信用评价管理办法（试行）》的通知（晋建房字〔2014〕45号）

15. 山西省交通运输厅关于印发公路施工企业信用评价实施细则的通知（晋交建管〔2010〕789号）

16. 山西省工商行政管理局关于印发《关于建立企业信用承诺制度的实施意见》的通知（晋工商办字〔2015〕204号）

17. 山西省工商行政管理局"守合同重信用企业"公示办法（晋工商合信字〔2016〕179号）

18. 山西省粮食局关于印发《山西省粮食经营者信用评价办法（试行）》的通知（晋粮检字〔2018〕8号）

（五）内蒙古自治区

1. 内蒙古自治区人民政府关于加快社会信用体系建设的意见（内政发〔2015〕146号）

2. 内蒙古自治区人民政府关于建立完善守信联合激励和失信联合惩戒制度加快推进社会诚信建设的实施意见（内政发〔2017〕27号）

3. 内蒙古自治区人民政府印发关于加强政务诚信建设的实施方案（内政发〔2017〕123号）

4. 内蒙古自治区人民政府办公厅关于切实加强企业信用信息监管推进社会诚信体系建设的通知（内政办发〔2014〕117号）

5. 内蒙古自治区人民政府办公厅关于印发自治区"十三五"时期社会信用体系建设规划的通知（内政办发〔2016〕107号）

6. 内蒙古自治区发展和改革委员会关于加强交通出行领域信用建设的实施意见（内发改财金字〔2017〕240号）

7. 关于印发自治区科技厅推进行政许可和行政处罚等信用信息公示实施方案的通知（内科发政字〔2016〕7号）

8. 关于反馈"十三五"时期科研信用体系建设工作思路和意见的函（内科发函

〔2016〕31 号）

9. 内蒙古自治区公安厅关于贯彻落实《内蒙古自治区公共信用信息管理办法》加强社会信用体系建设工作的通知（内公办〔2018〕106 号）

10. 内蒙古自治区关于实施社会组织统一社会信用代码制度改革有关事项的通知（内民政发〔2016〕41 号）

11. 关于印发《内蒙古自治区民政厅行政许可和行政处罚等信用信息公示工作实施方案》的通知（内民政发〔2016〕54 号）

12. 关于抓紧做好存量社会组织统一社会信用代码赋码换证工作的通知（内民政发〔2016〕91 号）

13. 关于印发《司法行政信用体系建设工作任务分工方案》的通知（内司办发〔2017〕35 号）

14. 内蒙古自治区财政厅转发《财政部关于在政府采购活动中查询及使用信用记录有关问题的通知》的通知（内财购〔2016〕1336 号）

15. 关于印发《内蒙古自治区国土资源社会信用体系建设实施方案》的通知（内国土资发〔2017〕52 号）

16. 内蒙古自治区交通运输厅关于转发《交通运输部关于公布 2017 年度公路建设市场全国综合信用评价结果的公告》的通知（内交发〔2018〕639 号）

17. 内蒙古自治区交通运输厅关于印发《内蒙古自治区交通运输行业信用体系建设实施方案》的通知（内交发〔2018〕808 号）

18. 内蒙古自治区交通运输厅关于发布《内蒙古自治区公路工程施工企业信用评价实施细则》的通知（内交发〔2019〕22 号）

19. 内蒙古自治区交通运输厅关于发布《内蒙古自治区公路勘察设计企业信用评价实施细则》的通知（内交发〔2019〕23 号）

20. 内蒙古自治区水利厅关于抓紧建立健全信用信息档案有关事宜的通知（内水建〔2016〕103 号）

21. 关于做好行政许可和行政处罚信用信息公示工作的通知（内商秩字〔2017〕215 号）

22. 关于做好商务领域企业信用体系建设工作的通知（内商秩字〔2017〕755 号）

23. 关于建立自治区商务领域企业信用"红黑名单"制度的通知（内商秩字〔2017〕756 号）

24. 关于印发《内蒙古自治区 2017 年"信用消费进万家"主题日活动实施方案》的通知（内商秩字〔2017〕911 号）

25. 商贸、海关、旅游关于继续做好"双随机、一公开"商务领域企业信用体系

建设和"双公示"有关工作的通知（内商秩字〔2018〕760号）

26. 商贸、海关、旅游关于转发《关于抓紧落实当前社会信用体系建设重点工作的通知》的通知（内商秩字〔2018〕1071号）

27. 关于建立商务领域企业信用承诺制度的通知（内商秩字〔2018〕1188号）

28. 内蒙古质监局关于进一步完善全国企业质量信用档案数据库建设工作的通知（内质监质发〔2015〕317号）

29. 内蒙古质监局关于印发《内蒙古质监局关于市场主体信用信息公示工作实施办法》的通知（内质监政发〔2017〕87号）

30. 内蒙古质监局关于继续推进企业质量信用等级评定工作的通知（内质监质函〔2015〕215号）

31. 内蒙古质监局关于做好2015年度企业质量信用报告有关工作的通知（内质监质函〔2015〕261号）

32. 内蒙古质监局关于报送《自治区社会信用体系建设"十三五"专项规划质监部门要点》的函（内质监质函〔2016〕111号）

33. 关于印发内蒙古质监局2016年社会信用体系建设工作任务分解表的通知（内质监质函〔2016〕290号）

34. 内蒙古质监局关于进一步完善企业质量信用档案数据库的通知（内质监质函〔2016〕390号）

35. 内蒙古质监局转发质检总局办公厅关于做好2017年度企业质量信用报告有关工作的通知（内质监质函〔2017〕179号）

36. 内蒙古质监局关于进一步规范企业质量信用档案数据库信息报送工作的通知（内质监质函〔2018〕44号）

37. 内蒙古自治区食品药品监督管理局关于印发《内蒙古自治区食品药品行业信用评价管理办法（试行）》的通知（内食药监综〔2018〕28号）

38. 自治区工商局关于对列入经营异常名录市场主体实施信用约束的通知（内工商外字〔2016〕35号）

39. 关于行政许可和行政处罚等信用信息公示工作自查情况的报告（内新广发〔2017〕253号）

（六）辽宁省

1. 中共辽宁省委、辽宁省人民政府关于加快推进诚信辽宁建设的意见（辽委发〔2014〕15号）

2. 辽宁省人民政府关于批转省发展改革委等部门法人和其他组织统一社会信用代码制度建设工作方案的通知（辽政发〔2015〕33号）

3. 辽宁省人民政府关于建立完善守信联合激励和失信联合惩戒制度加快推进社会诚信建设的实施方案（辽政发〔2016〕77号）

4. 关于印发辽宁省加强政务诚信建设的实施方案（辽政发〔2017〕19号）

5. 辽宁省人民政府办公厅关于成立辽宁省人民政府、国家开发银行信用建设领导小组的通知（辽政办发〔2004〕38号）

6. 辽宁省人民政府办公厅转发省中小企业厅等部门关于加快中小企业信用担保体系建设意见的通知（辽政办发〔2007〕70号）

7. 辽宁省人民政府办公厅关于在重点建设工程项目招标投标领域推行企业信用报告制度的通知（辽政办明电〔2010〕30号）

8. 关于印发《辽宁省信用服务机构备案管理办法》的通知（辽发改财金〔2008〕1021号）

9. 关于开展辽宁省职业培训（鉴定）信用管理系统试点运行工作的通知（辽人社〔2012〕318号）

10. 关于开展全省建筑设计企业勘察设计信用评价工作的通知（辽住建〔2015〕63号）

11. 关于印发《辽宁省公路建设市场信用信息管理实施细则（试行）》的通知（辽交建发〔2010〕353号）

12. 关于印发《辽宁省水运工程建设市场信用信息管理实施细则（试行）》的通知（辽交建发〔2010〕354号）

13. 关于印发《辽宁省公路施工企业信用评价规则（试行）》的通知（辽交建发〔2010〕375号）

14. 关于运行辽宁省公路建设市场信用信息管理系统的通知（辽交建发〔2011〕78号）

15. 辽宁省交通厅关于公布2013年我省公路施工企业信用评价结果的通知（辽交建发〔2014〕173号）

16. 辽宁省交通厅关于公路施工企业年度信用等级评价参评范围及标准补充说明的通知（辽交基建发〔2015〕444号）

17. 辽宁省交通厅关于公布2014年全省公路工程重点项目设计和施工企业信用评价结果的通知（辽交基建发〔2015〕163号）

18. 辽宁省交通厅关于印发《辽宁省水运工程设计和施工企业信用评价实施细则（试行）》的通知（辽交基建发〔2015〕171号）

19. 辽宁省交通厅关于公布2015年度全省公路重点项目从业设计和施工企业信用评价结果的通告（辽交基建发〔2016〕149号）

20. 辽宁省交通厅关于公布 2015 年度全省水运工程从业设计和施工企业信用评价结果的通告（辽交基建发〔2016〕150 号）

21. 辽宁省交通厅关于公布 2016 年度全省公路重点项目从业设计和施工企业信用评价结果的通告（辽交基建发〔2017〕129 号）

22. 辽宁省交通厅关于公布 2016 年度我省水运工程从业设计和施工企业信用评价结果的通告（辽交基建发〔2017〕130 号）

23. 辽宁省交通厅关于公布辽宁省 2016 年度公路水运工程监理市场信用评价结果的通知（辽交质安发〔2017〕113 号）

24. 关于成立社会信用体系建设工作领导小组的通知（辽卫办发〔2016〕212 号）

25. 关于加强商业领域信用信息系统管理工作的通知（辽商发〔2008〕77 号）

26. 辽宁省工商行政管理局关于公示 2013 年度省级"守合同重信用"企业的公告（辽工商发〔2014〕27 号）

27. 关于开展 2013—2014 年度省级"守合同重信用"企业公示工作的通知（辽工商发〔2015〕22 号）

28. 辽宁省工商局关于开展 2013 年度省级"守合同重信用"企业公示工作的通知（辽工商办发〔2014〕2 号）

29. 辽宁省工商局关于企业信用信息公示（过渡）系统异议信息处理工作的通知（辽工商办发〔2014〕6 号）

30. 关于印发《2013 年辽宁省知识产权信用工作要点》的通知（辽知发〔2013〕13 号）

（七）吉林省

1. 吉林省人民政府关于印发吉林省社会信用体系建设实施方案的通知（吉政发〔2014〕40 号）

2. 吉林省人民政府办公厅关于印发《吉林省企业信用联合奖惩实施办法（试行）》的通知（吉政办发〔2015〕10 号）

3. 吉林省人民政府办公厅关于印发吉林省公共信用信息管理暂行办法的通知（吉政办发〔2015〕51 号）

4. 吉林省人民政府办公厅关于印发吉林省政务诚信建设实施方案的通知（吉政办发〔2017〕75 号）

5. 吉林省司法厅关于开展司法鉴定诚信执业专项教育活动的通知（吉司鉴发〔2017〕16 号）

6. 关于公开选聘 2019—2021 年吉林省政府债券信用评级机构的公告（吉财公告〔2019〕4 号）

7. 关于在全省开展建筑施工企业及相关人员安全生产信用评价工作的通知（吉建安〔2011〕40号）

8. 吉林省住房和城乡建设厅关于建立吉林省建设工程电子招标投标系统信用信息数据库的通知（吉建招〔2014〕3号）

9. 吉林省住房和城乡建设厅关于印发《吉林省工程建设项目招标代理机构行业信用评价管理暂行办法》的通知（吉建招〔2014〕11号）

10. 关于印发《吉林省建设工程招标代理机构行业信用综合评价办法》的通知（吉建招〔2018〕2号）

11. 2018年度招标代理机构行业信用综合评价工作的通知（吉建招〔2019〕1号）

12. 吉林省住房和城乡建设厅关于印发《吉林省勘察设计单位信用评级管理办法（试行）》的通知（吉建设〔2014〕16号）

13. 吉林省住房和城乡建设厅关于落实勘察设计单位信用评级工作的通知（吉建设〔2014〕30号）

14. 关于做好2014年度建筑业企业信用综合评价工作的通知（吉建管〔2015〕4号）

15. 关于印发《吉林省建筑业企业信用综合评价办法》的通知（吉建管〔2017〕36号）

16. 关于开展2017年度建筑业企业信用综合评价工作的通知（吉建管〔2017〕37号）

17. 关于印发《吉林省建筑业企业信用综合评价办法》的通知（吉建管〔2018〕28号）

18. 关于开展2018年度建筑业企业信用综合评价工作的通知（吉建管〔2018〕29号）

19. 吉林省住房和城乡建设厅关于2014年度全省监理企业信用评价的公告（吉建质〔2015〕6号）

20. 关于印发《吉林省建设工程质量检测机构信用管理规定》的通知（吉建质〔2016〕4号）

21. 关于开展2018年度全省检测机构信用评价工作的通知（吉建质〔2019〕1号）

22. 关于开展2018年度监理企业信用评价的通知（吉建质〔2019〕2号）

23. 吉林省交通运输厅关于印发《吉林省公路水运工程试验检测信用评价实施细则》的通知（吉交发〔2009〕36号）

24. 关于印发《吉林省交通运输行业信用信息管理办法（试行）》的通知（吉交发〔2014〕62号）

25. 关于印发《吉林省公路建设项目设计、施工企业信用评价实施细则（试行）》的通知（吉交建管〔2017〕166 号）

26. 关于印发《吉林省普通国省干线公路养护工程设计、施工企业信用评价实施细则（试行）》的通知（吉公养管〔2017〕242 号）

27. 吉林省水利厅关于进一步加强水利施工企业信用档案备案管理工作的通知（吉水建管〔2011〕907 号）

28. 吉林省水利厅关于印发《吉林省水利工程建设施工企业信用评价实施意见（试行）》的通知（吉水建管〔2011〕1175 号）

29. 吉林省水利厅关于进一步加强全省水利施工企业信用管理工作的通知（吉水建管函〔2014〕12 号）

30. 吉林省新闻出版广电局行政许可和行政处罚等信用信息公示工作方案（吉新广局字〔2016〕127 号）

31. 关于印发《吉林省新闻出版广电局社会信用体系建设工作实施方案》的通知（吉新广法字〔2018〕6 号）

32. 关于印发《吉林省新闻出版广电行业信用管理实施细则》、《吉林省新闻出版广电局社会信用体系建设考评办法》和《吉林省新闻出版广电局行政处罚信息信用修复流程》的通知（吉新广法字〔2018〕7 号）

33. 吉林省安全生产监督管理局关于建立信用承诺制度的通知（吉安监管法规〔2017〕332 号）

34. 关于印发吉林省安全监管局社会信用体系建设工作实施方案的通知（吉安监管法规〔2018〕259 号）

35. 关于启用测绘地理信息市场信用信息平台的通知（吉测管字〔2012〕39 号）

36. 关于印发《吉林省测绘地理信息市场信用信息管理暂行办法》和《吉林省测绘地理信息市场信用评价标准（试行）》的通知（吉测管字〔2014〕47 号）

37. 关于做好全省测绘地理信息行业信用征集和发布工作的通知（吉测管字〔2017〕19 号）

38. 关于申请采用单一来源方式采购吉林省商务厅所属行业基础信用数据的函（吉商秩函〔2017〕12 号）

39. 关于省体育局信用信息公开情况的函（吉体政函〔2014〕5 号）

40. 关于印发《吉林省小额贷款公司信用信息管理指引》的通知（吉金办文〔2013〕241 号）

41. 关于印发《吉林省信用服务机构备案管理办法》的通知（吉金办文〔2013〕242 号）

（八）黑龙江省

1. 黑龙江省人民政府关于印发黑龙江省农村信用体系建设工作方案的通知（黑政发〔2014〕26号）

2. 黑龙江省人民政府关于印发黑龙江省政务诚信建设工作方案的通知（黑政发〔2017〕6号）

3. 黑龙江省人民政府关于建立完善守信联合激励和失信联合惩戒制度加快推进社会诚信建设的实施意见（黑政规〔2017〕5号）

4. 黑龙江省人民政府关于印发黑龙江省社会信用体系建设"十三五"规划的通知（黑政规〔2017〕19号）

5. 黑龙江省人民政府办公厅转发省中小企业局等部门关于加快全省中小企业信用担保体系建设意见的通知（黑政办发〔2007〕71号）

6. 黑龙江省人民政府办公厅关于在行政管理中实施信用记录核查的意见（黑政办发〔2013〕27号）

7. 黑龙江省人民政府关于印发黑龙江省个人诚信体系建设工作方案（黑政办规〔2017〕21号）

8. 黑龙江省人民政府办公厅关于加快推进我省农村信用体系建设的指导意见（黑政办规〔2017〕50号）

9. 关于转发《关于开展中小企业信用担保机构信息报送工作的通知》的通知（黑工信融发〔2011〕25号）

10. 关于加快完成统一社会信用代码新证书换发等工作的通知（黑民函〔2017〕23号）

11. 关于印发《黑龙江省企业环境信用评价暂行办法》的通知（黑环办〔2017〕263号）

12. 黑龙江省交通运输厅关于印发《全省公路水路行业安全生产信用管理办法（试行）》的通知（黑交规〔2018〕16号）

13. 黑龙江省交通运输厅《关于印发黑龙江省道路运输经营者信用评价实施办法的通知》的备案报告（黑交规备〔2017〕14号）

14. 黑龙江省道路运输管理局《关于黑龙江省道路旅客运输经营者信用评价标准及实施细则（试行）》的备案报告（黑交规备〔2018〕18号）

15. 关于对全省检测机构进行信用等级评价的通知（黑建协质〔2011〕1号）

16. 关于印发《黑龙江省物业服务企业信用等级评定暂行办法》的通知（黑建房〔2011〕14号）

17. 关于开展2010年度全省监理企业信用评价工作的通知（黑建建〔2011〕25

号）

18. 关于开展全省 2011 年度工程建设项目招标代理机构信用评价工作的通知（黑建招〔2012〕3 号）

19. 关于实施全省建设工程质量检测机构信用体系建设与管理工作的通知（黑建质〔2011〕2 号）

20. 关于 2010 年度房地产估价机构信用等级评价的通知（黑建函〔2011〕18 号）

21. 黑龙江省工商行政管理局关于做好 2015—2016 年度省级"守合同重信用"企业公示活动的通知（黑工商〔2017〕38 号）

22. 黑龙江省工商局关于转发《工商总局关于做好 2010—2011 年度"守合同重信用"企业公示工作的通知》的通知（黑工商发〔2012〕255 号）

23. 黑龙江省工商局关于印发《黑龙江省工商行政管理局企业信用分类监管实施办法》及《黑龙江省工商行政管理局个体工商户信用分类监管实施办法》的通知（黑工商发〔2013〕130 号）

24. 黑龙江省工商行政管理局关于印发《黑龙江省工商行政管理局关于开展投资性公司信用风险监管工作方案》的通知（黑工商发〔2016〕16 号）

25. 关于印发全面加强电子商务领域诚信建设的工作方案的通知（黑工商发〔2017〕72 号）

26. 黑龙江省统计局关于印发《黑龙江省统计局企业统计信用管理办法》的通知（黑统规〔2017〕4 号）

27. 黑龙江省统计局关于印发《黑龙江省统计局统计从业人员统计信用档案管理办法》的通知（黑统规〔2017〕5 号）

28. 黑龙江省《诚信旅游建设"红黑名单"管理办法（试行）》（黑旅发〔2018〕8 号）

29. 关于进一步做好行政许可和行政处罚等信用信息公示工作的通知（黑应急办发〔2018〕8 号）

30. 关于进一步做好小额贷款公司工商登记后置审批及信用监管工作的实施意见（黑金办发〔2016〕26 号）

31. 关于对全省室内装饰企业资质进行信用评价的通知（黑室协〔2011〕1 号）

（九）上海市

1. 上海市人民政府印发《关于加强本市社会诚信体系建设的意见》、《上海市 2003 年—2005 年社会诚信体系建设三年行动计划》的通知（沪府发〔2003〕49 号）

2. 上海市人民政府关于印发上海市社会信用体系建设 2013—2015 年行动计划的通知（沪府发〔2012〕75 号）

3. 上海市人民政府关于印发《上海市公共信用信息归集和使用管理试行办法》的通知（沪府发〔2014〕39 号）

4. 上海市人民政府关于印发《上海市社会信用体系建设"十三五"规划》的通知（沪府发〔2016〕81 号）

5. 上海市人民政府关于印发《关于本市加强政务诚信建设的实施意见》的通知（沪府发〔2017〕92 号）

6. 上海市人民政府办公厅转发市社会诚信体系建设联席会议办公室制订的《上海市社会诚信体系建设三年行动计划（2006 年—2008 年)》的通知（沪府办发〔2007〕10 号）

7. 上海市人民政府办公厅关于转发市经济信息化委制订的《上海市企业失信信息查询与使用办法》的通知（沪府办发〔2013〕7 号）

8. 上海市人民政府办公厅转发市食品安全委员会办公室关于本市食品安全信用体系建设若干意见的通知（沪府办发〔2013〕8 号）

9. 上海市人民政府关于加强中小企业信用制度建设的实施意见（沪信息委征〔2006〕350 号）

10. 上海市征信管理办公室关于印发《2011 年上海市社会诚信体系建设工作要点》的通知（沪经信征〔2011〕2 号）

11. 关于印发《养老机构失信信息归集和使用管理办法（试行)》的通知（沪民规〔2018〕20 号）

12. 上海民政局、上海市征信管理办公室、上海市经济和信息化委员会关于将婚姻信息失信行为纳入信用管理的通知（沪民婚发〔2016〕4 号）

13. 关于发布法律服务行业信用管理若干规定的通知（沪司规〔2016〕3 号）

14. 关于印发《上海市政府采购供应商登记及诚信管理办法》的通知（沪财发〔2017〕2 号）

15. 关于印发《上海市社会保险失信信息管理办法》的通知（沪人社规〔2018〕30 号）

16. 关于发布《上海市在沪建筑业企业诚信手册使用办法》的通知（沪建建〔2004〕319 号）

17. 关于印发《上海市建（构）筑物拆除施工企业信用信息管理实施办法（试行)》的通知（沪房管规范修〔2012〕17 号）

18. 上海市住房保障和房屋管理局关于印发《上海市物业服务企业和项目经理信用信息评价试行标准》的通知（沪房管规范物〔2012〕26 号）

19. 上海市住房保障和房屋管理局、上海市征信管理办公室关于推进本市住宅物业

使用领域信用信息管理工作若干问题的通知（沪房管规范物〔2015〕2号）

20. 上海市住房保障和房屋管理局关于印发《上海市物业服务企业和项目经理信用信息管理办法》的通知（沪房管规范物〔2015〕3号）

21. 安全监管局关于印发实施国家安监总局安全生产领域失信行为联合惩戒相关工作的规定的通知（沪安监行规〔2017〕5号）

22. 上海市质量技术监督局关于发布《上海市质量技术监督局质量信用信息管理办法》（沪质技监规〔2014〕189号）

23. 上海市食品药品监督管理局关于印发《上海市食品生产企业食品安全风险与信用分级监管办法》的通知（沪食药监规〔2017〕5号）

24. 上海市食品药品监督管理局关于印发《上海市食品药品生产经营者信用信息管理规定》的通知（沪食药监规〔2018〕2号）

25. 上海市统计局关于印发《上海市统计信用信息管理办法》的通知（沪统字〔2017〕20号）

26. 上海市气象局关于印发《上海市防雷服务企业信用管理暂行办法》的通知（沪气规发〔2017〕1号）

27. 上海市金融服务办公室关于印发《上海市融资性担保行业诚信档案管理暂行办法》的通知（沪金融办〔2016〕147号）

28. 上海市住房公积金管理委员会关于印发《上海市住房公积金失信行为名单管理办法》的通知（沪公积金管委会〔2017〕5号）

（十）江苏省

1. 中共江苏省委、江苏省人民政府关于加快推进诚信江苏建设的意见（苏发〔2007〕14号）

2. 江苏省人民政府关于加快推进社会信用体系建设的意见（苏政发〔2004〕93号）

3. 省政府关于印发《江苏省社会信用体系建设规划纲要（2015—2020年)》的通知（苏政发〔2015〕21号）

4. 省政府关于印发《江苏省加强政务诚信建设实施意见》、《江苏省关于建立完善守信联合激励和失信联合惩戒制度的实施意见》、《江苏省公共信用信息管理办法（试行)》等文件的通知（苏政发〔2018〕23号）

5. 省政府办公厅关于印发《江苏省公共信用信息归集和使用暂行办法》的通知（苏政办发〔2004〕114号）

6. 省政府办公厅印发《江苏省信用体系建设三年行动计划》（苏政办发〔2008〕8号）

7. 江苏省政府办公厅关于印发《江苏省社会法人失信惩戒办法（试行）》的通知（苏政办发〔2013〕99号）

8. 江苏省政府办公厅关于印发《江苏省自然人失信惩戒办法（试行）》的通知（苏政办发〔2013〕100号）

9. 江苏省政府办公厅关于印发江苏省行政管理中实行信用报告信用承诺和信用审查办法的通知（苏政办发〔2013〕101号）

10. 江苏省政府办公厅关于转发省信用办江苏省法人和其他组织统一社会信用代码制度实施办法的通知（苏政办发〔2017〕10号）

11. 江苏省全面加强电子商务领域诚信建设的实施意见（苏政办发〔2017〕144号）

12. 江苏省加强个人诚信体系建设的实施意见（苏政办发〔2017〕144号）

13. 关于开展炼油领域严重违法违规和失信行为专项治理的实施方案（苏发改能源发〔2018〕151号）

14. 江苏省民政厅、江苏省信用办关于印发《江苏省社会组织信用信息管理办法》的通知（苏民规〔2018〕2号）

15. 省水利厅关于印发《江苏省水利厅加强水利行业社会信用体系建设实施意见》的通知（苏水办〔2014〕15号）

16. 省水利厅关于印发《江苏省水利工程建设信用管理实施细则》的通知（苏水规〔2017〕1号）

17. 江苏省市场监管局《关于开展市场主体信用修复工作的实施意见》（苏市监办〔2019〕8号）

18. 关于印发《江苏省信用服务机构备案办法（试行）》的通知（苏信用办〔2008〕19号）

（十一）浙江省

1. 浙江省人民政府关于建设"信用浙江"的若干意见（浙政发〔2002〕15号）

2. 浙江省人民政府办公厅关于印发《浙江省企业信用联合奖惩实施办法（试行）》的通知（浙政办函〔2014〕61号）

3. 浙江省人民政府办公厅关于深入推进反走私领域企业守法诚信体系建设的意见（浙政办发〔2014〕135号）

4. 浙江省加强政务诚信的实施方案（浙政办发〔2017〕75号）

5. 浙江省加强个人诚信体系建设的实施方案（浙政办发〔2017〕75号）

6. 浙江省社会信用体系建设"十二五"规划（浙发改规划〔2012〕529号）

7. 浙江省发展改革委关于印发《浙江省公共信用修复管理暂行办法》的通知（浙

发改财金〔2018〕671号）

8. 浙江省民政厅、浙江省发展和改革委员会关于加强社会组织信用体系建设的通知（浙民民〔2013〕226号）

9. 浙江省民政厅关于印发《浙江省社会组织信用信息管理暂行办法》的通知（浙民民〔2014〕214号）

10. 关于全面推进社会组织统一社会信用代码制度改革的通知（浙民民〔2016〕20号）

11. 浙江省司法厅关于印发《浙江省律师诚信档案建设若干规定》的通知（浙司〔2014〕37号）

12. 关于印发《浙江省建筑市场公共信用信息管理办法》的通知（浙建〔2017〕20号）

13. 关于印发《浙江省物业服务企业信用信息管理办法》的通知（浙建〔2018〕19号）

14. 关于印发《浙江省水路运输诚信企业管理办法（试行）》的通知（浙交〔2007〕263号）

15. 关于印发《浙江省机动车驾驶培训教练员诚信考核办法（试行）》的通知（浙交〔2007〕327号）

16. 关于加强旅游市场信用体系建设的实施意见（浙旅管理〔2015〕158号）

17. 关于印发新修订的《浙江省工商行政管理机关企业信用监督管理办法》的通知（浙工商综〔2016〕48号）

（十二）安徽省

1. 中共安徽省委、安徽省人民政府关于进一步加强社会信用体系建设的意见（皖发〔2015〕16号）

2. 安徽省人民政府关于印发《安徽省重合同守信用单位认定暂行办法》的通知（皖政〔2002〕28号）

3. 安徽省人民政府关于印发《安徽省社会信用体系建设规划纲要（2015—2020年）》的通知（皖政〔2015〕88号）

4. 安徽省人民政府关于建立完善守信联合激励和失信联合惩戒制度加快推进社会诚信建设的实施意见（皖政〔2017〕24号）

5. 安徽省加强政务诚信建设实施方案（皖政〔2017〕109号）

6. 安徽省人民政府办公厅关于印发《安徽省公共信用信息征集共享使用暂行办法》的通知（皖政办〔2015〕47号）

7. 关于法人和其他组织统一社会信用代码制度的实施意见（皖政办〔2015〕48号）

8. 安徽省加强个人诚信体系建设实施方案（皖政办秘〔2017〕55号）

（十三）福建省

1. 福建省人民政府关于加强社会信用体系建设的实施意见（闽政〔2004〕10号）

2. 福建省人民政府关于印发《福建省社会信用体系建设规划（2015—2020年）》的通知（闽政〔2015〕11号）

3. 福建省建立完善守信联合激励和失信联合惩戒制度加快推进社会诚信建设的实施方案（闽政〔2017〕3号）

4. 福建省加强政务诚信建设实施方案（闽政〔2017〕40号）

5. 福建省人民政府办公厅关于印发《福建省企业信用信息征信管理暂行办法》的通知（闽政办〔2005〕151号）

6. 福建省人民政府办公厅关于进一步加强社会信用体系建设的实施意见（闽政办〔2008〕6号）

7. 福建省公共信用信息系统建设总体方案（闽政办〔2014〕109号）

8. 福建省人民政府办公厅关于在招商引资工作中依法履约诚信履约有关事项的通知（闽政办〔2017〕52号）

9. 福建省加强个人诚信体系建设实施方案（闽政办〔2017〕111号）

10. 福建省经济贸易委员会关于印发《福建省企业信用信息服务机构信息征集和披露管理试行办法》的通知（闽经贸企业〔2007〕928号）

11. 关于印发福建省食品工业企业诚信体系建设工作方案的通知（闽经贸消费〔2011〕404号）

12. 关于印发《福建省用能权交易市场信用评价实施细则（试行）》的通知（闽经信环资〔2018〕15号）

13. 福建省环保厅、中国人民银行福州中心支行、福建银监局、福建证监局、福建保监局关于加强绿色金融和环境信用评价联动助推高质量发展的实施意见（闽环保总队〔2018〕44号）

14. 福建省交通运输厅关于印发失信被执行人信用监督、警示和惩戒机制建设实施方案的通知（闽交政法〔2017〕5号）

15. 福建省交通运输厅关于印发《福建省交通建设市场信用信息管理实施细则》的通知（闽交建〔2017〕83号）

16. 福建省质量技术监督局关于印发《福建省质量诚信"红黑榜"发布工作机制（试行）》的通知（闽质监质〔2016〕17号）

17. 福建省质量技术监督局关于印发《福建省电梯维保质量安全诚信体系建设实施方案（试行）》的通知（闽质监特〔2016〕56号）

（十四）江西省

1. 江西省社会信用体系建设规划（2014—2020 年）（赣府发〔2014〕47 号）

2. 江西省人民政府关于印发江西省加强政务诚信建设实施方案的通知（赣府字〔2017〕94 号）

3. 江西省人民政府办公厅关于社会信用体系建设的实施意见（赣府厅发〔2007〕35 号）

4. 江西省人民政府办公厅关于印发《江西省公共信用信息归集和使用暂行办法》的通知（赣府厅发〔2008〕28 号）

5. 江西省人民政府办公厅关于推进企业信用监管制度改革的意见（赣府厅发〔2017〕92 号）

6. 江西省关于进一步明确省市社会信用体系建设任务分工的通知（赣府厅字〔2008〕187 号）

7. 江西省人民政府办公厅关于印发江西省加强个人诚信体系建设实施方案的通知（赣府厅字〔2018〕101 号）

8. 关于印发江西省社会信用体系建设"十二五"规划的通知（赣发改规划字〔2012〕2983 号）

9. 江西省发展改革委、人民银行南昌中心支行关于印发《2016 年江西省社会信用体系建设工作要点》的通知（赣发改财金〔2016〕801 号）

10. 江西省发展改革委关于印发《2017 年江西省社会信用体系建设工作要点》的通知（赣发改财金〔2017〕318 号）

11. 关于印发《江西省企业劳动保障守法诚信等级评价实施办法》的通知（赣人社发〔2016〕42 号）

12. 江西省交通运输厅关于印发《江西省水路运输市场信用信息管理实施细则（试行）》的通知（赣交运输字〔2018〕26 号）

13. 江西省社会信用体系建设工作联席会议办公室关于印发《2018 年江西省社会信用体系建设工作要点》的通知（2018 年 4 月 3 日）

（十五）山东省

1. 中共山东省委、省政府关于全面推进"诚信山东"建设的意见（鲁发〔2003〕8 号）

2. 山东省人民政府关于印发《山东省社会信用体系建设规划（2015—2020 年）》的通知（鲁政发〔2015〕22 号）

3. 山东省人民政府关于建立完善守信联合激励和失信联合惩戒制度加快推进社会诚信建设的实施意见（鲁政发〔2017〕44 号）

4. 山东省人民政府关于加强政务诚信建设的实施意见（鲁政发〔2018〕9号）

5. 山东省人民政府办公厅关于建立和完善信用担保体系促进中小企业发展的意见（鲁政办发〔2003〕1号）

6. 山东省人民政府办公厅关于加强个人诚信体系建设的通知（鲁政办发〔2018〕19号）

7. 山东省人民政府办公厅关于建立山东省社会信用体系建设联席会议制度的通知（鲁政办字〔2015〕113号）

8. 关于印发《2013年山东省食品工业企业诚信体系建设工作实施方案》的通知（鲁经信消字〔2013〕225号）

9. 山东省财政厅关于在财政专项资金管理领域实行信用负面清单制度的通知（鲁财预〔2014〕15号）

10. 山东省人力资源和社会保障厅关于印发山东省企业劳动保障守法诚信等级评价实施办法的通知（鲁人社规〔2017〕9号）

11. 山东省国土资源厅关于印发《山东省测绘地理信息市场信用信息管理暂行办法》的通知（鲁国土资发〔2012〕164号）

12. 山东省环境保护厅关于印发《山东省企业环境信用评价办法》的通知（鲁环发〔2016〕204号）

13. 山东省住房和城乡建设厅关于印发《山东省工程建设项目招标代理机构信用评价管理办法（试行）》的通知（鲁建招字〔2014〕3号）

14. 山东省住房和城乡建设厅关于印发《山东省物业服务企业信用档案与评级管理办法（试行）》的通知（鲁建物字〔2017〕16号）

15. 山东省住房和城乡建设厅关于印发《山东省建筑市场主体信用评价导则》的通知（鲁建建管字〔2019〕2号）

16. 山东省水利厅关于印发《山东省水利建设市场主体信用信息管理办法》的通知（鲁水规字〔2017〕7号）

17. 中共山东省委宣传部、山东省工商行政管理局、山东省互联网信息办公室、山东省新闻出版广电局关于印发《山东省大众传播媒介广告信用管理办法》的通知（鲁工商广字〔2015〕156号）

18. 山东煤矿安全监察局关于印发《山东煤矿安全生产诚信建设示范矿井评估办法》的通知（鲁煤监政法〔2013〕162号）

19. 山东省质量技术监督局关于印发《山东省质监局质量信用"红名单"管理办法（试行）》的通知（鲁质监质发〔2018〕10号）

20. 山东省人民防空办公室关于印发《山东省人民防空工程建设领域企业信用

"红黑名单"管理办法》的通知（鲁防发〔2018〕8 号）

（十六）河南省

1. 河南省人民政府关于加强全省社会信用体系建设的指导意见（豫政〔2006〕28 号）

2. 河南省人民政府关于建立健全中小企业信用担保体系的若干意见（豫政〔2009〕36 号）

3. 河南省人民政府关于加快推进全省社会信用体系建设的通知（豫政〔2009〕93 号）

4. 河南省人民政府关于加快推进社会信用体系建设的指导意见（豫政〔2014〕31 号）

5. 河南省人民政府关于批转省发展改革委等部门河南省法人和其他组织统一社会信用代码制度建设实施方案的通知（豫政〔2015〕80 号）

6. 河南省人民政府关于印发建立完善守信联合激励和失信联合惩戒制度加快推进社会诚信建设实施方案的通知（豫政〔2016〕65 号）

7. 河南省人民政府关于印发河南省加强政务诚信建设实施方案的通知（豫政〔2017〕21 号）

8. 河南省人民政府办公厅关于印发河南省农村信用社联合社市级机构组建实施方案的通知（豫政办〔2005〕27 号）

9. 河南省人民政府办公厅关于开展全省中小企业信用担保机构规范整顿工作的通知（豫政办〔2010〕132 号）

10. 河南省人民政府办公厅关于印发 2012 年河南省农村信用社改革发展专项工作方案的通知（豫政办〔2012〕56 号）

11. 河南省人民政府办公厅关于印发《河南省公共信用信息管理暂行办法》的通知（豫政办〔2014〕55 号）

12. 河南省人民政府办公厅关于印发河南省"十三五"社会信用体系建设规划的通知（豫政办〔2016〕210 号）

13. 河南省人民政府办公厅关于加强个人诚信体系建设的实施意见（豫政办〔2017〕70 号）

14. 关于印发《全面推进电子商务领域诚信建设实施方案》的通知（豫发改财金〔2017〕808 号）

15. 河南省财政厅关于在政府采购活动中使用供应商信用评估报告促进我省社会信用体系建设的实施意见（豫财购〔2010〕26 号）

16. 河南省财政厅关于印发《河南省会计人员诚信信息管理暂行办法》的通知

（豫财会〔2010〕35 号）

17. 河南省建设厅关于印发《河南省建筑市场诚信行为信息记录和公示管理办法》的通知（豫建〔2008〕63 号）

18. 关于印发《河南省信用建设示范单位评定实施意见（试行）》的通知（豫整规办〔2008〕18 号）

（十七）湖北省

1. 湖北省人民政府关于印发湖北省深化农村信用社改革试点实施方案的通知（鄂政发〔2005〕4 号）

2. 湖北省人民政府关于加快农村信用社改革和发展的意见（鄂政发〔2005〕20 号）

3. 关于印发《湖北省社会信用体系建设规划（2014—2020 年)》的通知（鄂政发〔2015〕3 号）

4. 湖北省人民政府关于建立完善守信联合激励和失信联合惩戒制度加快推进社会诚信建设的实施意见（鄂政发〔2017〕8 号）

5. 湖北省人民政府关于加强政务诚信建设的实施意见（鄂政发〔2017〕33 号）

6. 省人民政府办公厅关于贯彻实施《湖北省行政机关归集和披露企业信用信息试行办法》的通知（鄂政办发〔2006〕20 号）

7. 湖北省人民政府办公厅关于进一步加强信用环境建设改善金融服务的通知（鄂政办发〔2006〕85 号）

8. 湖北省企业信用体系建设工作实施方案（鄂政办发〔2007〕8 号）

9. 关于加快推进中小企业信用担保体系建设意见的通知（鄂政办发〔2008〕8 号）

10. 湖北省人民政府办公厅关于加强个人诚信体系建设的实施意见（鄂政办发〔2017〕95 号）

11. 省人民政府办公厅关于建立湖北省社会信用体系建设联席会议制度的通知（鄂政办函〔2012〕117 号）

（十八）湖南省

1. 湖南省人民代表大会常务委员会关于大力推进社会信用建设的决议（2009 年 11 月 27 日）

2. 关于印发湖南省社会信用体系建设规划的通知（湘政发〔2005〕9 号）

3. 湖南省人民政府关于印发《湖南省社会信用体系建设规划（2015—2020 年)》的通知（湘政发〔2015〕20 号）

4. 湖南省人民政府关于建立完善守信联合激励和失信联合惩戒制度加快推进社会

诚信建设的实施意见（湘政发〔2017〕5号）

5. 湖南省人民政府关于印发《湖南省"十二五"社会信用体系建设规划》的通知（湘政发〔2011〕48号）

6. 湖南省人民政府办公厅关于加强信用信息工作促进中小企业健康发展的意见（湘政办发〔2010〕19号）

7. 湖南省人民政府办公厅关于印发《湖南省诚信示范企业创建实施意见（暂行）》的通知（湘政办发〔2015〕62号）

8. 湖南省人民政府办公厅关于印发《湖南省行政许可和行政处罚等信用信息公示工作实施方案》的通知（湘政办发〔2015〕105号）

9. 湖南省人民政府办公厅关于印发《湖南省在行政管理事项中使用信用记录和信用报告等信用产品的实施方案》的通知（湘政办发〔2016〕83号）

10. 湖南省人民政府办公厅关于印发《湖南省政务领域信用信息记录征集管理暂行办法》的通知（湘政办发〔2017〕3号）

11. 湖南省人民政府办公厅关于加快建立守信激励和失信惩戒机制有关事项的通知（湘政办函〔2007〕105号）

12. 湖南省经济和信息化委员会关于印发《湖南省经信领域信用体系建设"十三五"规划》的通知（湘经信法规〔2017〕213号）

13. 关于印发《湖南省经济和信息化委员会在行政管理事项中使用信用记录和信用报告等信用产品的暂行办法》的通知（湘经信法规〔2017〕260号）

14. 湖南省商务厅、湖南省财政厅关于加强支持小微企业出口信用保险工作的通知（湘商财〔2012〕28号）

15. 湖南省商务厅、湖南省财政厅关于出口信用保险有关事项的通知（湘商财〔2013〕107号）

16. 湖南省财政厅关于做好政府采购有关信用主体标识码登记及在政府采购活动中查询使用信用记录有关问题的通知（湘财购〔2017〕2号）

17. 湖南省环境保护厅关于印发《湖南省企业环境信用评价管理办法》的通知（湘环发〔2015〕1号）

18. 湖南省环境保护厅关于印发《湖南省环境影响评价机构信用管理办法（试行）》的通知（湘环发〔2016〕22号）

19. 关于印发《湖南省房地产行业信用信息管理办法》的通知（湘建房〔2011〕196号）

20. 湖南省住房和城乡建设厅关于进一步加强全省房地产市场提示、警示信用信息有关工作的通知（湘建房〔2014〕11号）

21. 湖南省住房和城乡建设厅关于印发《湖南省建筑市场信用管理暂行办法》的通知（湘建建〔2018〕152 号）

22. 湖南省住房和城乡建设厅关于印发《湖南省房屋建筑和市政基础设施工程施工招标投标信用评价管理暂行办法》的通知（湘建监督〔2018〕104 号）

23. 关于印发《湖南省水运工程建设市场信用信息管理办法实施细则（试行）》的通知（湘交基建〔2011〕290 号）

24. 关于印发《湖南省公路建设市场信用信息管理实施细则（试行）》的通知（湘交基建〔2011〕358 号）

25. 湖南省交通运输厅关于印发湖南省公路水运工程监理信用评价实施细则的通知（湘交基建〔2018〕23 号）

26. 湖南省交通运输厅关于印发《湖南省公路水运工程设计企业信用评价实施细则（试行）》的通知（湘交计统〔2017〕97 号）

27. 关于印发《湖南省药品医疗器械生产经营企业质量信用等级评估实施办法（试行）》和《湖南省药品医疗器械生产经营企业质量信用信息采集与披露管理办法（试行）》的通知（湘食药监办〔2011〕12 号）

28. 关于继续实行《湖南省旅行社信誉等级评估制度》的通知（湘旅〔2015〕30 号）

（十九）广东省

1. 关于加强我省信用建设工作的通知（粤府〔2002〕24 号）

2. 广东省人民政府关于印发《广东省社会信用体系建设规划（2014—2020 年）》的通知（粤府〔2014〕45 号）

3. 广东省人民政府关于印发广东省加强政务系统诚信建设实施方案的通知（粤府〔2017〕140 号）

4. 关于全面推进我省企业信用信息网建设的意见（粤府办〔2003〕89 号）

5. 关于加快我省中小企业信用担保体系建设的意见（粤府办〔2004〕76 号）

6. 关于进一步加强中小企业信用担保体系建设意见的通知（粤府办〔2007〕101 号）

7. 印发广东省企业信用信息收集和公开管理规定的通知（粤府办〔2009〕114 号）

8. 广东省人民政府办公厅关于印发广东省加强个人诚信体系建设分工方案的通知（粤办函〔2017〕442 号）

9. 《广东省科学技术厅科技咨询专家信用管理实施细则（试行）》（粤科监审字〔2015〕198 号）

（二十）广西壮族自治区

1. 广西壮族自治区人民政府关于进一步加快社会信用体系建设的意见（桂政发〔2008〕52号）

2. 广西壮族自治区人民政府关于贯彻落实《社会信用体系建设规划纲要（2014—2020年）》的实施意见（桂政发〔2016〕6号）

3. 广西壮族自治区人民政府关于印发《广西建立完善守信联合激励和失信联合惩戒制度加快推进社会诚信建设的实施方案》、《广西加强政务诚信建设的实施方案》、《广西加强个人诚信体系建设的实施方案》和《广西全面加强电子商务领域诚信建设的实施方案》等广西推进社会信用体系建设有关文件的通知（桂政发〔2018〕3号）

4. 广西壮族自治区人民政府办公厅关于建立广西社会信用体系建设联席会议制度的通知（桂政办发〔2007〕155号）

5. 广西壮族自治区人民政府办公厅关于农村信用体系建设的实施意见（桂政办发〔2008〕187号）

6. 关于进一步做好食品工业企业诚信体系建设工作的意见（桂政办发〔2012〕72号）

7. 广西壮族自治区人民政府办公厅关于调整广西社会信用体系建设联席会议制度的通知（桂政办发〔2012〕301号）

8. 广西壮族自治区人民政府办公厅关于转发自治区科技厅广西科研诚信管理暂行办法的通知（桂政办发〔2018〕161号）

9. 广西壮族自治区人民政府办公厅关于加强市场主体信用监管的实施意见（桂政办发〔2019〕18号）

（二十一）海南省

1. 海南省人民代表大会关于加强信用建设的决定（2004年2月28日海南省人大常委会公告第7号）

2. 海南省人民政府印发关于加强中小企业信用担保体系建设意见的通知（琼府〔2008〕90号）

3. 海南省人民政府关于加强政务诚信建设的实施意见（琼府〔2017〕60号）

4. 海南省人民政府办公厅《关于加强我省企业信用信息网络系统信息采集发布工作的通知》（琼府办〔2004〕30号）

5. 海南省人民政府办公厅关于印发《在行政管理事项中使用信用记录和信用报告实施意见》的通知（琼府办〔2015〕180号）

6. 海南省人民政府办公厅转发国家发展改革委等部门关于失信企业协同监管和联合惩戒合作备忘录的通知（琼府办〔2015〕212号）

7. 海南省人民政府办公厅关于印发海南省推进行政许可和行政处罚等信用信息公示工作实施方案的通知（琼府办〔2016〕2 号）

8. 海南省人民政府办公厅关于印发《海南省社会信用体系建设"十三五"规划》的通知（琼府办〔2016〕255 号）

9. 海南省建立完善守信联合激励和失信联合惩戒制度加快推进社会诚信建设的实施方案（琼府办〔2017〕44 号）

10. 海南省加强个人诚信体系建设实施方案（琼府办〔2017〕101 号）

11. 海南省人民政府办公厅关于调整海南省社会信用体系建设联席会议牵头单位和成员单位的通知（琼府办〔2018〕38 号）

12. 海南省住房和城乡建设厅关于印发《海南省建筑企业诚信档案手册管理办法（试行）》的通知（琼建管〔2016〕43 号）

13. 海南省住房和城乡建设厅关于印发《海南省建筑市场诚信评价管理办法（试行）》的通知（琼建管〔2017〕12 号）

14. 关于印发《海南省交通运输厅公路施工企业信用评价实施细则（试行）（2015 年修订）》的通知（市交运建〔2015〕111 号）

15. 关于建立商品交易市场信用分类监管制度的实施意见（琼工商市字〔2008〕17 号）

（二十二）重庆市

1. 2003 年重庆市社会信用体系建设方案（渝府发〔2003〕43 号）

2. 重庆市人民政府关于推进网络交易市场诚信建设的意见（渝府发〔2015〕62 号）

3. 重庆市人民政府关于建立完善守信联合激励和失信联合惩戒制度加快推进社会诚信建设的实施意见（渝府发〔2017〕3 号）

4. 重庆市企业信用体系建设工作方案（渝办发〔2003〕193 号）

5. 2003 年重庆市个人信用体系建设工作方案（渝办发〔2003〕194 号）

6. 重庆市人民政府办公厅关于印发重庆市企业信用信息联合征集指标体系的通知（渝办发〔2005〕28 号）

7. 重庆市人民政府办公厅关于印发重庆市企业信用信息征集和公开管理办法的通知（渝办发〔2011〕41 号）

8. 重庆市人民政府办公厅关于印发重庆市企业信用信息征集目录的通知（渝办发〔2012〕271 号）

9. 重庆市人民政府办公厅关于印发重庆市企业信用体系建设工作实施方案（2013～2015 年）的通知（渝府办发〔2013〕35 号）

10. 重庆市人民政府办公厅关于加快推进全市社会信用体系建设的意见（渝府办发〔2014〕135 号）

11. 重庆市人民政府办公厅关于印发重庆市城乡规划诚信管理办法的通知（渝府办发〔2014〕154 号）

12. 重庆市人民政府办公厅关于做好国家企业信用信息公示系统先行建设工作的通知（渝府办发〔2016〕170 号）

13. 重庆市发展和改革委员会关于印发企业固定资产投资活动参与主体失信行为管理暂行办法的通知（渝发改投〔2015〕4 号）

14. 重庆市科学技术委员会关于印发《重庆市科学技术委员会科技计划信用管理办法（试行）》的通知（渝科委发〔2014〕57 号）

15. 重庆市教育委员会、重庆市高级人民法院关于限制失信被执行人子女就读高收费民办学校的通知（渝教计发〔2018〕5 号）

16. 重庆市财政局关于印发《重庆市政府采购供应商注册及诚信管理暂行办法》的通知（渝财采购〔2015〕45 号）

17. 重庆市人力资源和社会保障局关于加强人力资源服务机构诚信建设的通知（渝人社发〔2013〕252 号）

18. 重庆市人力资源和社会保障局关于印发重庆市企业劳动保障守法诚信等级评价暂行办法的通知（渝人社发〔2016〕212 号）

19. 重庆市人力资源和社会保障局关于印发重庆市用人单位劳动保障违法行为失信惩戒办法的通知（渝人社发〔2017〕236 号）

20. 关于印发《重庆市房地产开发行业信用体系建设与管理暂行办法》的通知（渝建发〔2013〕61 号）

21. 重庆市城市管理局关于发布《重庆市园林绿化市场信用管理办法》的通知（渝城管局〔2018〕10 号）

22. 重庆市交通委员会关于印发《重庆市公路水运工程建设市场信用管理办法（暂行）》的通知（渝文审〔2012〕63 号）

23. 关于印发《重庆市房地产开发行业信用体系建设与管理暂行办法》的通知（渝文审〔2013〕26 号）

24. 重庆市交通委员会关于印发《重庆市交通信用信息管理暂行规定》的通知（渝交委法〔2015〕40 号）

25. 重庆市交通委员会关于印发《重庆市超限运输信用管理办法》的通知（渝交管养〔2015〕90 号）

26. 重庆市交通委员会关于印发《道路运输行业相关信用管理实施细则（试行）》

的通知（渝交备〔2016〕218号）

27. 重庆市文化委员会、重庆市文化市场行政执法总队关于印发《重庆市文化市场红名单管理办法（试行）》的通知（渝文委规〔2017〕17号）

28. 重庆市文化委员会、重庆市文化市场行政执法总队关于印发《重庆市文化市场警示名单管理办法（试行）》的通知（渝文备〔2017〕1168号）

29. 重庆市环境保护局关于印发《重庆市环境影响评价机构信用评价管理办法（试行）》的通知（渝环发〔2013〕79号）

30. 重庆市质量技术监督局办公室关于印发《重庆市质量技术监督局工业企业质量信用等级评价管理试行办法》的通知（渝质监办发〔2017〕191号）

31. 重庆市园林局关于印发《重庆市城市园林绿化企业信用管理办法》的通知（渝园林发〔2014〕38号）

32. 重庆市金融工作办公室、中国人民银行重庆营业管理部关于开展小额贷款公司信用评级的通知（渝金发〔2014〕6号）

33. 重庆市社会信用体系建设联席会议办公室关于印发《重庆市公共信用信息目录（2018年版）》的通知（渝信用办发〔2018〕1号）

（二十三）四川省

1. 四川省人民政府关于进一步促进农村信用社改革发展的意见（川府发〔2005〕35号）

2. 四川省人民政府关于印发《四川省社会信用体系建设规划（2014—2020年）》的通知（川府发〔2014〕66号）

3. 四川省人民政府关于加快推进社会信用体系建设的意见（川府发〔2017〕11号）

4. 四川省人民政府关于加强政务诚信建设的实施意见（川府发〔2018〕7号）

5. 关于进一步加强四川省企业信用信息系统建设工作的意见（川办发〔2007〕56号）

6. 四川省人民政府办公厅贯彻《国务院办公厅关于社会信用体系建设的若干意见》的意见（川办发〔2007〕65号）

7. 四川省人民政府办公厅关于开展农村信用体系试验区建设的实施意见（川办发〔2011〕35号）

8. 四川省人民政府办公厅关于印发四川省社会信用体系建设纲要（2008—2012年）实施计划的通知（川办函〔2012〕67号）

9. 四川省人民政府办公厅关于印发《四川省法人和其他组织统一社会信用代码制度建设重点工作方案（2016—2017年）》的通知（川办函〔2016〕2号）

10. 四川省社会信用体系建设工作实施方案（川办发〔2016〕61 号）

11. 四川省建立完善守信联合激励和失信联合惩戒制度加快推进社会诚信建设实施方案（川办发〔2017〕11 号）

12. 加强个人诚信体系建设实施方案（川办发〔2018〕10 号）

13. 四川省人民政府办公厅关于印发四川省行政许可和行政处罚等信用信息公示工作实施方案的通知（川办函〔2016〕81 号）

14. 四川省人民政府办公厅关于建立四川省社会信用体系建设联席会议的通知（川办函〔2016〕158 号）

15. 四川省发展和改革委员会印发《关于加强政府出资产业投资基金信用信息登记管理的意见》的通知（川发改财金〔2017〕585 号）

16. 四川省发展和改革委员会转发《国家发展改革委办公厅关于进一步做好政府出资产业投资基金信用信息登记工作的通知》的通知（川发改财金〔2017〕599 号）

17. 四川省经济和信息化委员会关于加强我省中小企业信用担保体系建设工作的指导意见（川经信办〔2010〕306 号）

18. 四川省建设厅关于启用建筑业企业良好信用记录的通知（川建建发〔2008〕130 号）

19. 四川省住房和城乡建设厅关于印发《四川省房地产开发企业信用信息管理暂行办法》的通知（川建房发〔2016〕606 号）

20. 关于印发《四川省个体工商户信用分类监管（试行）办法》的通知（川工商办〔2007〕89 号）

（二十四）贵州省

1. 贵州省人民政府关于印发《贵州省社会信用体系建设规划纲要（2014—2020年)》的通知（黔府发〔2014〕25 号）

2. 贵州省人民政府关于加强政务诚信建设的实施意见（黔府发〔2017〕22 号）

3. 关于加强中小企业信用担保体系建设的意见（黔府办发〔2008〕129 号）

4. 贵州省人民政府办公厅关于转发省工商行政管理局贵州省守合同重信用单位确认办法的通知（黔府办发〔2012〕62 号）

5. 贵州省人民政府办公厅转发省经贸委等部门关于加强中小企业信用担保体系建设意见的通知（黔府办发〔2008〕129 号）

6. 贵州省社会信用体系建设工作方案（黔府办函〔2013〕11 号）

7. 贵州省发展和改革委员会关于规范政府出资产业投资基金设立和加强信用监管等相关工作的通知（黔发改财金〔2017〕612 号）

8. 贵州省交通厅关于加强贵州省交通建设从业单位信用信息管理的实施意见（黔

交建设〔2011〕20号）

9. 贵州省交通运输厅关于加强贵州省交通建设从业单位信用信息管理的实施意见（黔交建设〔2012〕267号）

10. 贵州省交通运输厅关于印发《贵州省水运工程勘察设计、施工及设备安装企业信用评价实施细则（试行）》的通知（黔交建设〔2017〕66号）

11. 贵州省交通运输厅关于印发《贵州省高速公路设计施工企业信用评价实施细则（试行）》的通知（黔交建设〔2016〕279号）

12. 贵州省水利厅转发省安委会办公室关于加强企业安全生产信用管理的意见的通知（黔水安监〔2018〕20号）

13. 贵州省工商行政管理局关于印发《贵州省工商行政管理系统市场主体信用分类监管暂行办法》的通知（黔工商诚〔2014〕7号）

14. 贵州省食品药品监督管理局关于发布《贵州省食品药品安全信用分级分类管理办法（试行）》的通知（2018年5月1日起施行）

15. 贵州省统计局关于印发《贵州省统计从业人员统计信用档案管理实施细则（试行）》的通知（黔统字〔2018〕64号）

16. 国家税务总局贵州省税务局关于发布《贵州省纳税信用管理实施办法（试行）》的公告（公告〔2018〕12号）

17. 贵州省社会信用体系建设联席会议办公室关于加强个人诚信体系建设的实施意见（2017年11月13日）

（二十五）云南省

1. 云南省人民政府关于贯彻落实社会信用体系建设规划纲要（2014—2020年）的实施意见（云政发〔2014〕66号）

2. 云南省人民政府印发云南省关于建立完善守信联合激励和失信联合惩戒制度加快推进社会诚信建设实施方案的通知（云政发〔2016〕97号）

3. 云南省人民政府印发关于加强政务诚信建设实施办法的通知（云政发〔2017〕66号）

4. 云南省人民政府办公厅关于印发《云南省农民工工资支付不良信用单位管理办法》的通知（云政办发〔2011〕115号）

5. 云南省人民政府办公厅关于加强个人诚信体系建设的实施意见（云政办发〔2017〕112号）

6. 云南省人民政府办公厅关于印发云南省市场主体信用信息管理暂行办法的通知（云政办函〔2017〕11号）

7. 云南省住房和城乡建设厅关于印发《云南省城乡规划编制机构及人员质量信用

评价办法》的通知（云南省住房和城乡建设厅公告〔2017〕55 号）

8. 关于印发《云南省水利建设市场主体信用信息管理办法》的通知（云南省水利厅公告〔2013〕23 号）

（二十六）西藏自治区

1. 西藏自治区人民政府关于推进信用担保体系建设的意见（藏政发〔2009〕51号）

2. 西藏自治区人民政府关于印发西藏自治区社会信用体系建设工作方案的通知（藏政发〔2013〕117 号）

3. 西藏自治区人民政府关于贯彻落实《社会信用体系建设规划纲要（2014—2020年）》的实施意见（藏政发〔2015〕34 号）

4. 西藏自治区人民政府关于建立完善守信联合激励和失信联合惩戒制度加快推进社会诚信建设的实施意见（藏政发〔2017〕25 号）

5. 西藏自治区人民政府关于建立社会信用体系建设联席会议制度的通知（藏政办发〔2013〕62 号）

6. 西藏自治区人民政府办公厅转发自治区社会信用体系建设联席会议办公室关于开展"金融信用县"创建工作意见的通知（藏政办发〔2014〕80 号）

（二十七）陕西省

1. 陕西省人民政府关于印发《陕西省中小企业信用担保业管理试行办法》的通知（陕政发〔2007〕58 号）

2. 陕西省人民政府关于落实《企业信息公示暂行条例》促进企业诚信建设的实施意见（陕政发〔2014〕38 号）

3. 陕西省人民政府关于建立完善守信联合激励和失信联合惩戒制度加快推进社会诚信建设的实施意见（陕政发〔2016〕53 号）

4. 陕西省人民政府关于印发陕西省"十三五"社会信用体系建设规划的通知（陕政发〔2017〕10 号）

5. 陕西省人民政府关于建立陕西省社会信用体系建设联席会议制度的通知（陕政字〔2007〕153 号）

6. 陕西省人民政府办公厅关于同意建立陕西省社会信用体系建设联席会议制度的函（陕政办函〔2017〕208 号）

7. 陕西省经济体制改革委员会办公室关于推动我省股份有限公司加快社会信用体系建设的通知（陕改办发〔2002〕87 号）

8. 陕西省股份有限公司实施"企业信用标识制度"的指导意见（陕改办发〔2002〕88 号）

9. 陕西省发展和改革委员会、中国人民银行西安分行关于印发《陕西省企业综合信用等级评价管理细则（试行）》的通知（陕发改财金〔2017〕1093号）

10. 陕西省经济贸易委员会、工商行政管理局、中国人民银行西安分行关于加强中小企业信用担保机构规范管理的通知（陕经贸发〔2003〕215号）

11. 陕西省民政厅关于在全省实施社会组织统一社会信用代码制度的通知（陕民发〔2016〕7号）

12. 关于印发《陕西省企业质量信用等级评价管理办法（试行）》的通知（陕质监质〔2006〕6号）

13. 关于印发《陕西省食品生产经营企业食品安全信用等级评定与分类监管办法》的通知（陕食药监发〔2017〕90号）

14. 关于印发《药品经营企业信用等级评定及分级分类监督管理办法（试行）》的通知（陕食药监发〔2017〕95号）

15. 陕西省工商行政管理局关于印发《陕西省守合同重信用企业公示办法》的通知（陕工商发〔2016〕47号）

16. 陕西省市场监督管理局印发《违法失信企业"黑名单"管理制度》（陕市监发〔2019〕106号）

（二十八）甘肃省

1. 甘肃省加快推进失信被执行人信用监督、警示和惩戒机制建设的实施意见（甘办发〔2016〕90号）

2. 甘肃省人民政府关于批转省发展改革委等部门《甘肃省法人和其他组织统一社会信用代码制度建设工作实施方案》的通知（甘政发〔2015〕89号）

3. 甘肃省人民政府关于印发甘肃省建立完善守信联合激励和失信联合惩戒制度加快推进社会诚信建设的实施方案的通知（甘政发〔2016〕83号）

4. 甘肃省人民政府印发《关于加强政务诚信建设的实施方案》的通知（甘政发〔2017〕48号）

5. 甘肃省人民政府办公厅关于做好企业信用信息公示与共享工作的通知（甘政办发〔2015〕179号）

6. 甘肃省人民政府办公厅甘肃省"十三五"社会信用体系建设规划的通知（甘政办发〔2016〕129号）

7. 甘肃省人民政府办公厅关于印发甘肃省加强个人诚信体系建设实施方案的通知（甘政办发〔2017〕161号）

8. 甘肃省人民政府办公厅关于转发《甘肃省中小企业信用体系建设实施方案》的通知（甘政办发〔2017〕198号）

9. 甘肃省食品药品监督管理局关于印发《甘肃省药品经营企业诚信经营监督管理办法（试行）》的通知（甘药监市〔2003〕173 号）

（二十九）青海省

1. 青海省人民政府关于加快全省社会信用体系建设的意见（青政〔2006〕27 号）

2. 青海省人民政府关于建立完善守信联合激励和失信联合惩戒制度加快推进社会诚信建设的实施意见（青政〔2016〕93 号）

3. 青海省人民政府关于青海省加强政务诚信建设的实施意见（青政〔2017〕47 号）

4. 青海省人民政府办公厅关于印发企业信用体系建设实施意见的通知（青政办〔2006〕100 号）

5. 青海省人民政府办公厅《关于我省社会信用体系建设的实施意见》（青政办〔2007〕153 号）

6. 青海省人民政府办公厅关于印发青海省农村信用体系建设监测考核管理办法的通知（青政办〔2012〕328 号）

7. 青海省人民政府办公厅关于印发《青海省社会法人信用行为联合奖惩暂行办法》的通知（青政办〔2015〕235 号）

8. 青海省人民政府办公厅关于全面加强电子商务领域诚信建设的实施意见（青政办〔2017〕197 号）

9. 青海省人力资源和社会保障厅关于印发《全省人力资源服务机构诚信体系建设实施方案》的通知（青人社厅发〔2013〕105 号）

（三十）宁夏回族自治区

1. 宁夏回族自治区人民政府关于印发《宁夏回族自治区星级信用市场认定管理办法》的通知（宁政发〔2013〕99 号）

2. 自治区人民政府关于印发《宁夏回族自治区社会信用体系建设规划（2015 年—2020 年）》的通知（宁政发〔2015〕65 号）

3. 宁夏回族自治区人民政府办公厅关于加快推进社会信用体系建设的意见（宁政办发〔2012〕14 号）

4. 宁夏回族自治区人民政府办公厅关于发布《宁夏回族自治区公共信用信息指导目录（2015 年）》的通知（宁政办发〔2015〕116 号）

5. 宁夏回族自治区人民政府办公厅关于在行政管理事项中使用信用记录和信用报告的实施意见（宁政办发〔2015〕146 号）

6. 宁夏回族自治区人民政府办公厅关于加快推进个人诚信体系建设的实施意见（宁政办发〔2017〕115 号）

7. 宁夏回族自治区住房和城乡建设厅关于印发《宁夏建筑行业信用体系管理办法（试行）》（修订稿）的通知（宁建发〔2011〕110 号）

8. 宁夏回族自治区人力资源和社会保障厅、宁夏回族自治区卫生和计划生育委员会关于印发《宁夏回族自治区医保服务医师诚信管理办法》的通知（宁人社发〔2014〕23 号）

9. 宁夏回族自治区交通运输厅关于印发《宁夏公路建设市场信用信息管理实施细则（修订）》的通知（宁交办发〔2014〕239 号）

10. 宁夏回族自治区交通运输厅关于印发《宁夏回族自治区水运工程设计和施工企业信用评价实施细则（试行）》的通知（宁交办发〔2015〕201 号）

11. 宁夏回族自治区药品统一招标采购领导小组办公室关于印发《宁夏回族自治区药品配送企业诚信积分管理办法（试行）》的通知（宁药招办发〔2014〕19 号）

（三十一）新疆维吾尔自治区

1. 新疆维吾尔自治区人民政府关于印发新疆维吾尔自治区加强政务诚信建设工作方案的通知（新政发〔2018〕2 号）

2. 新疆维吾尔自治区人民政府办公厅关于印发《新疆维吾尔自治区守合同重信用单位管理暂行办法》的通知（新政办发〔2007〕141 号）

3. 新疆维吾尔自治区人民政府办公厅关于加快推进自治区社会信用体系建设的实施意见（新政办发〔2011〕8 号）

4. 新疆维吾尔自治区人民政府办公厅关于印发新疆维吾尔自治区企业信用信息公示实施办法的通知（新政办发〔2015〕24 号）

5. 关于印发《自治区法人和其他组织统一社会信用代码制度建设实施方案》的通知（新政办发〔2016〕42 号）

6. 新疆维吾尔自治区人力资源和社会保障厅关于印发《新疆维吾尔自治区企业劳动保障守法诚信等级评价实施办法》的通知（新人社发〔2016〕157 号）

7. 新疆维吾尔自治区建设厅关于印发《新疆维吾尔自治区建设信用信息管理办法》的通知（新建科〔2005〕4 号）

8. 新疆维吾尔自治区建设厅关于印发《新疆维吾尔自治区勘察设计企业和城市规划编制单位信用信息管理实施细则》的通知（新建设〔2006〕11 号）

9. 新疆维吾尔自治区食品药品监督管理局关于印发《新疆维吾尔自治区外埠药品医疗器械销售人员信用档案建设管理办法（试行）》的通知（2007 年 6 月）

10. 新疆维吾尔自治区食品药品监督管理局关于印发《新疆维吾尔自治区保健食品生产企业安全信用分级管理办法（试行）》的通知（2012 年 8 月）

11. 新疆维吾尔自治区食品药品监督管理局关于印发《新疆维吾尔自治区医疗器械

经营企业信用分级监管规定（试行）》的通知（新食药监械〔2013〕94 号）

12. 新疆维吾尔自治区食品药品监督管理局关于印发《新疆维吾尔自治区食品药品企业信用管理办法（试行）》的通知（新食药监稽〔2015〕78 号）

## 七、信用城市（城区）发布的规范性文件

（一）首批社会信用体系建设示范城市

**1. 南京市**

（1）市政府关于印发《"建信用南京城，做诚信南京人"2008 年工作目标分解》的通知（宁政发〔2008〕112 号）

（2）市政府关于印发《"建信用南京城，做诚信南京人"2009 年工作目标分解》的通知（宁政发〔2009〕161 号）

（3）市政府批转人民银行南京分行营业管理部关于推进中小企业信用体系试验区建设的实施意见的通知（宁政发〔2011〕168 号）

（4）市政府关于印发南京市"十三五"社会信用体系建设规划的通知（宁政发〔2016〕219 号）

（5）市政府办公厅转发市旅游局《关于在全市开展诚信旅游工作的实施意见》的通知（宁政办发〔2006〕39 号）

（6）市政府关于印发《南京市电子商务企业信用管理办法（试行）》的通知（宁政规字〔2014〕9 号）

（7）关于印发南京市公共信用信息归集和使用管理暂行办法的通知（宁政规字〔2015〕21 号）

（8）市政府办公厅关于转发市信用办《"建信用南京城，做诚信南京人"2006 年工作目标分解》的通知（宁政办发〔2006〕125 号）

（9）南京市政府办公厅关于转发市信用办《政府公共管理中使用信用产品试行办法》的通知（宁政办发〔2006〕149 号）

（10）江苏省南京市人民政府办公厅关于转发市信用办《南京市社会信用体系建设实施意见》的通知（宁政办发〔2007〕112 号）

（11）市政府办公厅关于市"建信用南京城，做诚信南京人"工作领导小组更名及成员调整的通知（宁政办发〔2011〕169 号）

（12）市政府办公厅关于印发 2013 年南京市社会信用体系建设工作要点的通知（宁政办发〔2013〕66 号）

（13）市政府办公厅关于印发南京市创建国家信用示范城市行动计划的通知（宁政办发〔2015〕152 号）

（14）关于印发《2018年南京市水务局信用体系建设工作方案》的通知（宁水政〔2018〕518号）

（15）关于印发《南京市事业单位信用等级评价办法（试行）》的通知（宁编办字〔2017〕4号）

（16）关于印发《南京市社会法人和自然人守信联合激励和失信联合惩戒暂行办法》的通知（宁信用办〔2016〕15号）

（17）关于印发《南京市企业信用评价指导性标准和规范（试行）》的通知（宁信用办〔2017〕29号）

**2. 苏州市**

（1）苏州市人民政府关于进一步加强我市社会信用体系建设的实施意见的通知（苏府〔2012〕127号）

（2）苏州市政府关于印发《苏州市公共信用信息归集和使用管理办法（试行）》的通知（苏府〔2014〕115号）

（3）市政府关于印发《苏州市社会信用体系建设规划（2014—2020年）》的通知（苏府〔2015〕2号）

（4）苏州市行政管理中使用信用产品实施办法（试行）（苏府办〔2014〕194号）

（5）市政府办公室转发关于开展通信行业"诚信服务、满意消费"专项活动工作意见的通知（苏府办〔2013〕100号）

（6）苏州市政府办公室关于印发《苏州市社会法人失信惩戒办法（试行）》的通知（苏府办〔2014〕192号）

（7）市政府办公室关于印发《苏州市自然人失信惩戒办法（试行）》的通知（苏府办〔2014〕193号）

（8）关于印发《苏州市校外培训机构信用黑白名单管理办法（试行）》的通知（苏教民社〔2018〕19号）

（9）关于印发《苏州市科技信用管理办法（试行）》的通知（苏科规〔2015〕3号）

（10）关于组织开展苏州市中小学生诚信知识竞赛活动的通知（苏经信信用〔2017〕3号）

（11）关于印发《苏州市公共信用信息目录（2018年版）》的通知（苏经信信用〔2018〕6号）

（12）关于印发《苏州市基层法律服务诚信档案管理办法》的通知（苏司〔2017〕131号）

（13）关于印发苏州市市级政府采购信用记录查询和使用工作试行办法的通知（苏

财购〔2017〕11号）

（14）关于印发《苏州市企业环保信用修复管理办法》的通知（苏环法字〔2017〕11号）

（15）关于开展企业环保信用承诺试点工作的通知（苏环法字〔2018〕18号）

（16）关于印发《苏州市房地产开发企业信用管理办法》的通知（苏住建规〔2012〕14号）

（17）关于印发《苏州市建筑业企业信用管理办法（试行）》的通知（苏住建规〔2012〕17号）

（18）市住房城乡建设局关于印发《苏州市物业服务企业信用信息管理办法》的通知（苏住建规〔2013〕11号）

（19）《苏州市房地产经纪与信用管理办法（试行）》（苏住建规〔2015〕3号）

（20）市住房城乡建设局关于印发《直管公房承租人履约诚信监督管理规定》的通知（苏住建公〔2013〕10号）

（21）市住房城乡建设局关于印发《苏州市建筑企业信用修复管理办法（试行）》的通知（苏住建建〔2018〕28号）

（22）关于印发《苏州市水利工程建设信用管理暂行办法》通知（苏市水规〔2017〕1号）

（23）关于印发《苏州市水利工程建设项目招标投标信用管理实施细则》的通知（苏市水〔2016〕115号）

（24）关于印发《苏州市水利工程建设信用等级评价办法》的通知（苏市水〔2017〕154号）

（25）关于进一步加强履约考核与信用评价工作的通知（苏市水〔2018〕18号）

（26）关于印发《苏州市商务诚信体系建设实施方案》的通知（苏商秩序〔2017〕193号）

（27）苏州市文化综合监管失信联合惩戒办法（苏文规字〔2017〕5号）

（28）关于印发《行政相对人信用"红黑名单"管理办法（试行）》的通知（苏文规字〔2018〕3号）

（29）关于推进苏州市卫生计生社会信用体系建设的实施意见（苏卫计办〔2017〕26号）

（30）关于印发《苏州市医疗机构依法执业信用承诺制度实施意见》的通知（苏卫计监督〔2016〕23号）

（31）关于印发苏州市企业安全生产诚信体系建设实施方案的通知（苏安监办〔2015〕16号）

（32）关于印发《苏州市工商部门市场主体信用信息监督管理暂行办法》的通知（苏工商〔2017〕7号）

（33）关于印发《苏州市价格信用记分管理规定（试行）》的通知（苏价市字〔2017〕36号）

（34）关于印发苏州市统计局关于建立完善守信联合激励和失信联合惩戒制度工作方案的通知（苏统〔2017〕81号）

（35）关于开展"诚信建设万里行"相关活动的通知（苏信用办〔2018〕4号）

（36）关于做好"诚信建设万里行"相关工作的通知（苏信用办〔2018〕5号）

（37）关于印发《苏州市公共信用信息交换目录（2018年版）》的通知（苏信用办〔2018〕8号）

（38）关于印发《苏州市电力用户信用等级评价与分类管理办法（试行）》的通知（苏信用办〔2018〕9号）

（39）苏州市住房公积金个人失信惩戒实施细则（苏房金规〔2015〕11号）

（40）关于印发《苏州市住房公积金单位失信惩戒实施细则（试行）》的通知（苏房金规〔2016〕11号）

**3. 宿迁市**

（1）关于印发《宿迁市社会信用体系建设2013—2015年行动计划》的通知（宿政发〔2013〕120号）

（2）关于印发《宿迁市创建国家社会信用体系建设示范城市工作方案》的通知（宿政发〔2015〕141号）

（3）关于对严重失信社会法人和自然人实施联合惩戒措施的合作备忘录（宿政办发〔2016〕110号）

（4）关于全面加强电子商务领域诚信建设的实施意见（宿政办发〔2017〕106号）

（5）关于加强个人诚信体系建设的实施意见（宿政办发〔2017〕107号）

（6）市政府办公室关于转发宿迁市社会信用体系建设领导小组办公室对守信社会法人和自然人实施联合激励措施合作备忘录的通知（宿政办发〔2018〕6号）

（7）市政府办公室关于印发宿迁市信用承诺简化审批试点实施方案的通知（宿政办发〔2018〕9号）

（8）关于印发《宿迁市文明交通失信行为信用等级评价实施办法（试行）》的通知（宿公通〔2014〕42号）

（9）关于印发《宿迁市文明交通失信行为信用等级评价实施办法（修订）》的通知（宿公通〔2017〕39号）

（10）关于建立公务员诚信档案的通知（宿人社发〔2017〕131号）

（11）关于印发《宿迁市人力资源社会保障建立严重欠薪失信行为联动惩戒机制实施办法》的通知（宿人社发〔2017〕190 号）

（12）关于印发"诚信 + 人社"建设实施方案的通知（宿人社发〔2017〕195 号）

（13）关于加强城市管理领域信用"红黑名单"管理工作若干事项的通知（宿城管发〔2017〕14 号）

（14）市政府办《关于对严重失信社会法人和自然人实施联合惩戒措施的合作备忘录》实施细则（试行）（宿交发〔2017〕128 号）

（15）市工商局关于印发严重违法失信企业名单管理工作规范的通知（宿工商〔2017〕30 号）

（16）市工商局关于印发黑名单管理实施细则的通知（宿工商〔2017〕37 号）

（17）宿迁市邮政管理局关于印发《宿迁市快递业信用体系建设实施方案》的通知（宿邮管〔2018〕37 号）

### 4. 杭州市

（1）杭州市加强政务诚信建设的实施方案（杭政函〔2017〕130 号）

（2）杭州市人民政府办公厅关于进一步加强中小企业信用担保体系建设的若干意见（杭政办〔2008〕13 号）

（3）杭州市人民政府办公厅关于深入推进反走私领域企业守法诚信体系建设的意见（杭政办函〔2015〕49 号）

（4）杭州市人民政府办公厅关于印发杭州市社会信用体系建设"十三五"规划的通知（杭政办函〔2016〕117 号）

（5）杭州市加强个人诚信体系建设的实施方案（杭政办函〔2017〕95 号）

（6）关于印发《关于鼓励在行政管理过程中购买信用服务的实施意见》的通知（杭发改法规〔2017〕211 号）

（7）杭州市民政局关于印发《杭州市社会组织信用信息管理暂行办法》的通知（杭民发〔2018〕189 号）

（8）杭州市财政局关于印发《杭州市政府采购供应商注册及诚信管理实施办法》的通知（杭财采监〔2015〕8 号）

（9）关于进一步开展用人单位劳动保障诚信评价工作的通知（杭劳社监〔2009〕348 号）

（10）杭州市文化广电新闻出版局关于印发《杭州市文化市场信用分级分类管理办法实施方案（试行）》的通知（杭文广新文管〔2017〕3 号）

（11）关于印发《杭州市统计局关于在全市开展统计诚信单位创建活动的意见》的通知（杭统〔2013〕103 号）

（12）关于印发《杭州市企业环境行为信用等级评价管理办法（试行）》的通知（杭环发〔2016〕44号）

（13）关于印发《杭州市市政养护市场诚信信息管理办法》、《杭州市市政养护市场诚信评价标准》的通知（杭城管委〔2018〕19号）

（14）关于印发《杭州市建设市场主体信用管理办法》的通知（杭建市发〔2009〕111号）

（15）关于印发《杭州建设信用网操作规程》的通知（杭建市发〔2010〕573号）

（16）关于印发《杭州市商品专业市场经营者信用分类监管评价标准及评分细则（试行）》和《杭州市商品专业市场经营者信用评价评分标准（试行）》的通知（杭工商市〔2010〕168号）

（17）杭州市创建全国信用示范城市工作方案（杭信用〔2015〕4号）

（18）杭州市信用红黑名单发布制度（杭信办〔2016〕6号）

（19）杭州市气象局关于印发《杭州市防雷装置检测机构信用等级评定管理办法（试行）》的通知（杭气发〔2017〕41号）

### 5. 温州市

（1）温州市人民政府关于印发《温州市失信黑名单管理办法》的通知（温政发〔2016〕33号）

（2）温州市人民政府办公室关于印发《温州市信用信息管理暂行办法》、《温州市信用服务机构管理办法》、《温州市企业信用联合奖惩办法》、《温州市百佳诚信企业评选办法》等四项信用管理制度的通知（温政办〔2014〕141号）

（3）温州市人民政府办公室关于印发2015年温州市社会信用体系建设工作要点的通知（温政办〔2015〕22号）

（4）温州市人民政府办公室关于印发温州市创建全国社会信用体系建设示范城市工作实施计划的通知（温政办〔2015〕99号）

（5）温州市人民政府办公室关于印发2016年温州市社会信用体系建设工作要点的通知（温政办〔2016〕35号）

（6）温州市人民政府办公室关于印发2017年温州市社会信用体系建设工作要点的通知（温政办〔2017〕22号）

（7）关于印发温州市加强政务诚信建设实施方案的通知（温政办〔2017〕71号）

（8）温州市人民政府办公室关于印发2018年温州市社会信用体系建设工作要点的通知（温政办〔2018〕50号）

（9）温州市人民政府办公室关于开展守信激励创新试点工作的通知（温政办〔2018〕83号）

（10）温州市人民政府办公室关于印发温州市建筑市场公共信用信息管理办法的通知（温政办〔2018〕121 号）

（11）关于印发《温州市建筑市场信用评价管理实施办法》的通知（温住建发〔2015〕259 号）

（12）关于印发《温州市会计诚信体系建设实施方案》的通知（温财税〔2014〕372 号）

**6. 义乌市**

（1）义乌市创建国家社会信用体系建设示范城市工作方案（义政办发〔2015〕207 号）

（2）义乌市建筑市场信用信息管理和评价办法（试行）（义政办发〔2016〕33 号）

（3）义乌市社会法人守信激励和失信惩戒管理办法（义政办发〔2016〕107 号）

（4）义乌市个人信用管理办法（试行）（义政办发〔2017〕112 号）

（5）关于印发《义乌市科技领域企业信用联合奖惩实施细则》的通知（义科〔2016〕44 号）

（6）义乌市国土资源局关于印发《义乌市采矿权人信用信息管理制度》的通知（义土资发〔2015〕41 号）

（7）关于印发《义乌市造价中介机构企业信用信息管理与评价实施办法（试行）》的通知（义城管委〔2017〕226 号）

（8）义乌市住房和城乡建设局关于发布《义乌市建筑施工企业信用评价标准（2018 版）》的通知（义建局〔2018〕107 号）

（9）关于印发《义乌市建设工程勘察设计企业信用管理与评价实施办法（试行）》的通知（义建局〔2018〕146 号）

（10）关于印发《义乌市市政公用工程施工总承包企业信用评价标准（2019 版）》的通知（义建局〔2018〕149 号）

（11）关于印发《义乌市交通建设市场信用评价管理办法（试行）》的通知（义交〔2018〕64 号）

（12）关于印发《义乌市交通投资建设集团有限公司工程建设从业单位诚信履约考核办法（试行）》的通知（义交投〔2018〕18 号）

（13）关于印发《义乌市经营异常主体信用管理实施办法（试行）》的通知（义市监管〔2018〕189 号）

（14）关于印发《义乌市市场监督管理局食品生产经营企业信用管理办法（试行）》的通知（义市监管〔2017〕195 号）

（15）义乌市互联网租赁自行车信用积分考核暂行办法（试行）（义执法〔2018〕3号）

（16）义乌市信用评分办法（2018版）（义信用办〔2018〕15号）

**7. 厦门市**

（1）厦门市人民政府关于印发厦门市公共信用信息管理试行办法的通知（厦府〔2015〕307号）

（2）厦门市人民政府关于印发《社会信用体系建设规划（2015—2020年）》的通知（厦府〔2015〕354号）

（3）厦门市人民政府办公厅关于印发厦门市加强商事主体信用信息管理工作方案的通知（厦府办〔2015〕213号）

（4）市政府办公厅《关于印发厦门市生活垃圾违法行为信用修复办法的通知》（厦府办〔2018〕128号）

（5）市政府办公厅《关于印发厦门市大件垃圾管理办法的通知》（厦府办〔2018〕129号）

（6）厦门市人民政府办公厅关于印发《信用数据政务共享和市场化应用暂行办法》的通知（厦府办〔2018〕193号）

（7）厦门市人民政府办公厅关于印发厦门市商事主体登记及信用信息公示办法的通知（厦府办〔2018〕240号）

（8）厦门市卫生和计划生育委员会关于印发卫生计生系统社会信用体系建设2018年工作要点的通知（厦卫政法〔2018〕204号）

（9）厦门市卫生和计划生育委员会转发关于对政府采购领域严重违法失信主体开展联合惩戒的合作备忘录的通知（厦卫政法〔2019〕3号）

（10）厦门市卫生和计划生育委员会转发关于对社会保险领域严重失信企业及其有关人员实施联合惩戒的合作备忘录的通知（厦卫政法〔2019〕4号）

（11）厦门市教育局关于加强民办学校和教育类培训机构办学信用管理的通知（厦教法〔2018〕14号）

（12）厦门市民政局关于在全市社会组织实施信用承诺制的通知（厦民〔2017〕226号）

（13）厦门市民政局关于印发厦门市社会组织信用信息管理实施办法的通知（厦民〔2018〕166号）

（14）关于诚信用工企业承诺有关问题的通知（厦人社〔2011〕11号）

（15）厦门市规划委员会关于印发厦门市城乡规划建设市场信用管理办法的通知（厦规〔2015〕7号）

（16）厦门市规划委员会关于印发《厦门市规划管理过程中推行信用承诺制度的暂行办法》的通知（厦规〔2018〕197号）

（17）厦门市建设与管理局关于印发《厦门市建筑市场信用管理办法》的通知（厦建建〔2007〕111号）

（18）厦门市交通委员会关于印发《厦门市交通建设市场信用考核办法》的通知（厦交建〔2010〕81号）

（19）厦门市农业局关于印发《厦门市农产品质量安全信用体系建设实施方案》的通知（厦农〔2015〕32号）

（20）厦门市农业局关于建立农资和农产品生产经营主体信用档案的通知（厦农〔2017〕242号）

（21）厦门市商务局关于印发建立商贸流通信用承诺制度的实施意见的通知（厦商务〔2017〕320号）

（22）厦门市商务局关于进一步完善信用承诺制度的通知（厦商务〔2018〕86号）

（23）厦门市文化广电新闻出版局关于印发贯彻落实社会信用体系建设工作实施方案的通知（厦文广新〔2015〕285号）

（24）厦门市文化广电新闻出版局关于印发社会信用体系建设2018年工作要点的通知（厦文广新〔2018〕79号）

（25）关于印发《厦门市工商行政管理局企业信用信息管理暂行规定》的通知（厦工商综〔2010〕4号）

（26）关于印发《厦门市工商行政管理系统企业信用监督管理办法》的通知（厦工商综〔2013〕5号）

（27）厦门市检验检测中介机构信用信息采集和管理办法（厦质监〔2013〕27号）

（28）厦门市质量技术监督局关于推行质量信用承诺和信用审查制度有关事项的通知（厦质监〔2018〕38号）

（29）厦门市体育局关于印发《公共信用信息管理实施办法（试行）》的通知（厦体〔2017〕127号）

（30）厦门市体育局关于印发体育领域信用承诺制度的通知（厦体〔2017〕129号）

（31）厦门市体育局关于印发2018年社会信用体系建设工作要点的通知（厦体〔2018〕83号）

（32）厦门市安全生产监督管理局关于信用修复相关问题的通知（厦安监政法〔2018〕22号）

（33）厦门市市政园林局关于印发《厦门市燃气经营企业信用评价实施办法（试

行）》的通知（厦市政园林〔2017〕725号）

（34）厦门市金融工作办公室关于印发《厦门市地方金融机构失信"黑名单"制度（试行）》的通知（厦金融办〔2016〕100号）

（35）厦门市金融工作办公室关于对小额贷款公司和融资性担保机构开展企业信用评级有关事项的通知（厦金融办〔2018〕51号）

**8. 潍坊市**

（1）中共潍坊市委潍坊市人民政府关于建立失信联合惩戒制度加快推进社会诚信建设的意见（潍发〔2016〕30号）

（2）潍坊市人民政府关于印发《潍坊市社会信用体系建设规划（2016—2020年）》的通知（潍政发〔2016〕13号）

（3）潍坊市住房和城乡建设局关于加强全市建筑市场主体信用考核管理的通知（潍建发〔2016〕13号）

（4）潍坊市住房和城乡建设局关于印发《潍坊市市政施工企业信用评价管理暂行办法》的通知（潍建发〔2018〕9号）

（5）潍坊市住房和城乡建设局关于印发《潍坊市建筑业企业信用评价管理暂行办法》的通知（潍建发〔2018〕10号）

（6）潍坊市水利局关于印发《潍坊市社会资本参与水利工程（PPP）信用评价管理办法（试行）》的通知（潍水政字〔2017〕7号）

（7）关于印发《潍坊市食品药品安全信用分级分类管理实施细则（试行）》的通知（潍食药监发〔2016〕2号）

（8）关于做好信用"红黑名单"发布工作的通知（潍信用办〔2016〕4号）

（9）潍坊市公共资源交易管理办公室关于印发《潍坊市公共资源交易中介代理机构场内信用评价考核办法》的通知（潍交易办发〔2018〕4号）

**9. 威海市**

（1）威海市人民政府关于支持中小企业信用担保业健康发展的意见（威政发〔2009〕38号）

（2）威海市人民政府关于印发威海市食品安全信用监督管理办法的通知（威政发〔2013〕71号）

（3）威海市人民政府关于加快推进社会信用体系建设的实施意见（威政发〔2015〕17号）

（4）威海市人民政府关于印发威海市公共信用信息管理办法的通知（威政发〔2016〕27号）

（5）威海市人民政府关于印发威海市守信联合激励和失信联合惩戒办法的通知

（威政发〔2017〕18号）

（6）威海市人民政府办公室关于建立威海市社会信用体系建设联席会议制度的通知（威政办发〔2010〕58号）

（7）关于印发威海市创建全国社会信用体系建设示范城市实施方案的通知（威政办字〔2016〕62号）

（8）关于印发《威海市文广新局关于在行政管理中使用信用信息和信用报告的暂行办法》的通知（威文发〔2016〕65号）

（9）关于印发《威海市加强政务诚信建设任务分工方案》的通知（威信用办〔2018〕6号）

（10）《威海市公共信用信息异议处理和信用修复办法（试行）》（威信用办〔2018〕8号）

（11）关于在全市开展"海贝分"个人信用积分的试行意见（威信用办〔2018〕9号）

（12）威海市粮食局建立粮食市场主体信用承诺制度的实施意见（威粮产字〔2017〕24号）

（13）威海市粮食局关于印发《威海市粮食流通行业守法诚信评价实施办法（试行）》的通知（威粮产字〔2017〕25号）

## 10. 荣成市

（1）荣成市人民政府办公室印发关于建立和完善社会信用主体信用档案实施方案的通知（荣政办发〔2016〕16号）

（2）荣成市人民政府办公室关于印发荣成市信用服务机构管理暂行办法和荣成市信用报告备案管理暂行办法的通知（荣政办发〔2016〕17号）

（3）荣成市创建社会信用体系建设示范城市工作方案（荣政办发〔2016〕30号）

（4）荣成市社会信用体系建设规划（2016—2020年）（荣政办发〔2016〕31号）

（5）市委办公室市政府办公室关于印发《荣成市关于加强政务诚信建设的实施方案》的通知（荣政办发〔2017〕23号）

（6）市委办公室市政府办公室关于印发《荣成市关于加强个人诚信体系建设的实施方案》的通知（荣政办发〔2017〕23号）

（7）荣成市人社领域"红黑名单"管理办法（荣人社发〔2018〕10号）

（8）关于对房地产领域失信企业及其有关人员开展联合惩戒的合作备忘录（荣建字〔2017〕73号）

## 11. 惠州市

（1）惠州市人民政府关于印发《惠州市社会信用体系建设规划》的通知（惠府

〔2014〕154 号）

（2）惠州市人民政府关于印发《惠州市公共信用信息管理办法》的通知（惠府〔2015〕145 号）

（3）惠州市人民政府关于印发《惠州市建立完善守信联合激励和失信联合惩戒制度实施方案》的通知（惠府〔2018〕29 号）

（4）惠州市人民政府关于印发《惠州市全面推行建设工程项目"信用快审"承诺制改革实施方案》的通知（惠府〔2019〕18 号）

（5）惠州市人民政府关于印发《惠州市创建国家社会信用体系建设示范城市工作方案》的通知（惠府函〔2016〕431 号）

（6）广东省惠州市人民政府关于印发《惠州市加强政务诚信建设实施方案》的通知（惠府函〔2017〕499 号）

（7）惠州市人民政府办公室关于印发《惠州市加强个人诚信体系建设实施方案》的通知（惠府办〔2018〕3 号）

（8）关于印发《惠州市经济和信息化局关于工业和信息化企业联合奖惩红黑榜管理的实施细则》的通知（惠市经信〔2017〕436 号）

（9）惠州市交通运输局关于惠州市交通运输行业联合奖惩红黑榜管理实施细则（试行）（惠市交发〔2018〕733 号）

（10）关于印发《惠州市燃气行业诚信行为管理办法》的通知（惠市规建〔2013〕22 号）

（11）关于印发《惠州市质量技术监督局关于工业产品质量联合奖惩红黑榜管理的实施细则》的通知（惠质监〔2018〕173 号）

（12）惠州市联合奖惩红黑榜管理暂行办法（惠信用办函〔2016〕31 号）

**12. 成都市**

（1）成都市人民政府办公厅关于加快企业信用信息系统建设工作的通知（成府发〔2003〕38 号）

（2）成都市人民政府关于印发《成都市中介机构信用信息管理规定》的通知（成府发〔2007〕88 号）

（3）关于印发《成都市社会信用体系建设规划（2015—2020 年）》的通知（成府发〔2015〕14 号）

（4）成都市人民政府办公厅关于建立成都市企业信用信息系统联席会议制度的通知（成办发〔2006〕13 号）

（5）成都市人民政府办公厅关于印发《成都市加强个人诚信体系建设实施方案》的通知（成办发〔2019〕4 号）

（6）成都市人民政府办公厅关于印发《成都市公共信用信息管理暂行办法》的通知（成办函〔2017〕79号）

（7）成都市人民政府办公厅关于印发《成都市工程建设招标投标从业单位信用信息管理实施办法》的通知（成办函〔2016〕169号）

（8）关于印发《成都市勘察设计企业和施工图审查机构信用等级评价暂行办法》的通知（成建委〔2012〕296号）

（9）成都市建筑施工总承包企业和监理企业信用综合评价管理暂行办法（成建委〔2017〕67号）

（10）成都市城乡建设委员会关于印发《成都市房地产开发企业信用信息管理办法》的通知（成建委〔2017〕135号）

（11）成都市城乡建设委员会关于印发《成都市建筑工程勘察设计企业和施工图审查机构信用评价管理暂行办法》的通知（成建委〔2018〕473号）

（12）成都市城乡建设委员会关于印发《成都市预拌混凝土和预拌砂浆企业信用评价管理暂行办法》和启用《成都市预拌混凝土和预拌砂浆企业信用评价系统》的通知（成建委〔2018〕831号）

（13）关于印发《成都市规划管理局城乡规划信用管理规定》的通知（成规办〔2010〕166号）

（14）成都市规划管理局关于公布实施《成都市城市规划管理技术规定（2017）》（用地与建筑分册）的通知（成规办〔2017〕416号）

（15）成都市城乡房产管理局关于印发《成都市房地产行业信用记分标准》的通知（成房发〔2012〕147号）

（16）成都市城市管理委员会关于城市综合管理信用体系建设的工作意见（成城发〔2015〕70号）

（17）成都市城市管理委员会关于印发《成都市城市管理行业企业信用信息管理暂行办法》的通知（成城发〔2016〕122号）

（18）成都市城市管理委员会关于印发《成都市市政设施养护维修企业信用管理实施方案》的通知（成城发〔2017〕44号）

（19）关于印发《成都市药品和医疗器械生产企业质量安全信用管理实施办法》的通知（成食药监发〔2011〕14号）

（20）成都市人防办关于印发《成都市人防工程建设领域信用黑名单管理办法（试行）》的通知（成防办发〔2018〕53号）

（21）成都市社会信用体系建设领导小组关于印发《成都市关于对重大税收违法案件当事人实施联合惩戒措施的合作备忘录》、《成都市关于对纳税信用A级纳税人实施

联合激励措施的合作备忘录》的通知（成信领〔2017〕1号）

（22）成都市社会信用体系建设领导小组关于印发《成都市关于对失信被执行人实施联合惩戒的合作备忘录》的通知（成信领〔2017〕2号）

（二）第二批社会信用体系建设示范城市（城区）

### 1. 鞍山市

（1）鞍山市建立完善守信联合激励和失信联合惩戒制度加快推进社会诚信建设实施方案（鞍政发〔2017〕2号）

（2）鞍山市人民政府关于印发鞍山市加强政务诚信建设工作方案的通知（鞍政发〔2017〕35号）

（3）鞍山市人民政府办公厅关于印发鞍山市加快"信用鞍山"建设工作方案的通知（鞍政办发〔2010〕82号）

（4）鞍山市人民政府办公厅关于印发《鞍山市创建国家社会信用体系建设示范城市实施方案》的通知（鞍政办发〔2016〕87号）

（5）鞍山市法人和其他组织统一社会信用代码制度建设工作方案（鞍发改发〔2016〕353号）

（6）鞍山市住房和城乡建设委员会守信联合激励和失信联合惩戒措施清单（鞍住建发〔2017〕95号）

（7）鞍山市交通委信用体系建设工作方案（鞍交委发〔2017〕63号）

（8）关于印发鞍山市卫生计生行业信用"红黑名单"管理制度（试行）的通知（鞍卫办发〔2018〕8号）

（9）关于印发《鞍山市工商行政管理局守信联合激励和失信联合惩戒措施清单（2017版）》的通知（鞍工商发〔2017〕44号）

（10）关于印发《鞍山市食品药品行业失信企业评定和联合惩戒实施细则（试行）》的通知（鞍食药监应发〔2015〕106号）

### 2. 上海市浦东新区

（1）浦东新区人民政府办公室关于转发区经信委浦东新区社会诚信体系发展"十二五"规划的通知（浦府办〔2011〕57号）

（2）关于印发《浦东新区教育科研领域系列信用制度》的通知（浦教办〔2018〕54号）

（3）关于进一步加强社会组织自治自律和诚信建设的意见（浦民〔2015〕74号）

（4）关于浦东新区"诚信示范律师事务所"制度建设的实施意见（沪浦司发〔2015〕6号）

（5）关于进一步加强浦东新区法律服务行业诚信机制建设的通知（沪浦司发

〔2018〕19 号）

（6）关于印发《关于实施浦东新区劳动用工领域信用记录及红黑名单管理办法》的通知（浦人社〔2018〕124 号）

（7）关于印发《关于开展劳动保障守法诚信分级分类监管工作的实施方案》的通知（浦人社〔2018〕130 号）

（8）关于印发《浦东新区人力资源中介领域信用记录及红黑名单制度管理办法（试行）》的通知（浦人社〔2018〕135 号）

（9）关于印发《浦东新区工程建设和招标投标信用承诺管理办法（试行）》、《浦东新区工程建设和招标投标信用记录管理办法（试行）》、《浦东新区工程建设和招标投标信用"红黑名单"管理办法（试行）》、《浦东新区工程建设和招标投标信用分级分类管理办法（试行）》等四个文件的通知（浦建委建管〔2018〕39 号）

（10）关于印发《浦东新区推进农产品质量安全信用体系建设实施方案》的通知（浦农委 2018〕103 号）

（11）浦东新区环境保护和市容卫生管理局关于印发守信联合激励和失信联合惩戒实施细则的通知（浦环保市容〔2018〕744 号）

（12）关于印发浦东新区城管执法政务诚信实施方案的通知（浦城执法〔2018〕135 号）

（13）浦东新区安全监管局关于印发浦东新区安全生产领域失信行为联合惩戒和"黑名单"管理实施办法的通知（浦安监〔2017〕78 号）

（14）浦东新区安委会办公室关于印发浦东新区安全生产领域失信行为联合惩戒和"黑名单"管理实施办法的通知（浦安委办〔2018〕5 号）

（15）关于继续组织开展 2019 年度"放心餐厅""放心食堂""守信超市"和"放心肉菜示范超市"建设的通知（浦市监食监〔2019〕118 号）

### 3. 上海市嘉定区

（1）嘉定区创建社会信用体系建设示范城区实施方案（嘉委办发〔2016〕17 号）

（2）关于印发《关于加强区属企业信用体系建设的意见》的通知（嘉国资委〔2016〕13 号）

（3）嘉定区安全监管局关于印发《嘉定区开展安全生产领域失信行为联合惩戒工作实施细则》的通知（嘉安监〔2018〕41 号）

### 4. 无锡市

（1）中共无锡市委、无锡市人民政府关于进一步加快推进诚信无锡建设的意见（锡委发〔2018〕40 号）

（2）市政府关于加强政务诚信建设的实施意见（锡政发〔2018〕31号）

（3）无锡市企业失信行为联动惩戒实施办法（试行）（锡政办发〔2013〕263号）

（4）关于认真做好2019年度信用管理贯标和市级示范企业申报工作的通知（锡发改信用〔2019〕2号）

（5）关于印发《无锡市市政企业信用考核内容和计分方法（试行）》的通知（锡建城〔2018〕3号）

（6）关于印发《无锡市建筑业企业信用考核实施办法（试行）》的通知（锡建规发〔2018〕2号）

（7）关于印发《无锡市建设工程勘察设计企业信用管理办法（试行）》的通知（锡建规发〔2018〕3号）

（8）关于印发《无锡市水利工程建设诚信管理办法》的通知（锡水规〔2015〕1号）

（9）关于进一步加强我市水利工程建设诚信管理及履约考核工作的通知（锡水计〔2015〕25号）

（10）关于印发《无锡市商务领域企业失信惩戒实施办法（试行）》的通知（锡商规发〔2016〕303号）

（11）关于印发《无锡市医疗机构执业失信"黑名单"管理规定（试行）》的通知（锡卫规发〔2017〕4号）

（12）关于印发《无锡市医疗机构执业信用等级评定管理办法（试行）》的通知（锡卫规发〔2017〕5号）

（13）关于印发《2019年全市医疗卫生信用体系建设工作要点》的通知（锡卫监督〔2019〕15号）

（14）关于印发无锡市环保信用体系建设实施方案的通知（锡环法〔2015〕6号）

（15）《无锡市环保典型失信企业"黑名单"报送工作流程规范（试行）》（锡环法〔2016〕10号）

（16）关于进一步加强房地产评估管理推行房地产评估信用系统的通知（锡房联〔2012〕9号）

（17）关于印发《无锡市物业服务项目经理诚信管理办法（试行）》的通知（锡房规发〔2014〕2号）

（18）无锡市粮食局关于印发《无锡市粮油安全信用奖惩办法（试行）》的通知（锡粮〔2018〕23号）

（19）2017年加强市场主体信用体系建设的工作意见（锡工商〔2017〕59号）

（20）关于印发《无锡市机动车驾驶人文明交通信用管理实施细则》的通知（锡

信用办〔2016〕15号）

（21）关于印发《无锡市园林绿化施工养护企业信用管理办法》的通知（锡信用办〔2017〕21号）

**5. 合肥市**

（1）关于推进"信用合肥"建设的若干意见（合政〔2003〕122号）

（2）合肥市建立完善守信联合激励和失信联合惩戒制度加快推进社会诚信建设工作方案的通知（合政〔2017〕135号）

（3）关于社会信用体系建设的若干实施意见（合政办〔2007〕41号）

（4）合肥市人民政府办公厅关于印发合肥市创建社会信用体系建设示范城市工作方案的通知（合政办〔2015〕50号）

（5）合肥市人民政府办公厅关于印发合肥市公共信用信息征集和使用管理暂行办法的通知（合政办〔2016〕46号）

（6）合肥市人民政府办公厅关于印发合肥市社会法人守信联合激励与失信联合惩戒管理暂行办法的通知（合政办〔2016〕47号）

（7）合肥市人民政府办公厅关于印发合肥市信用城市建设工作方案的通知（合政办秘〔2014〕98号）

（8）合肥市人民政府办公厅关于转发市发展改革委等部门关于法人和其他组织统一社会信用代码制度的实施意见的通知（合政办秘〔2015〕189号）

（9）合肥市人民政府办公厅关于印发合肥市加强个人诚信体系建设工作方案的通知（合政办秘〔2017〕135号）

（10）关于我市申报国家信用城市建设试点工作有关情况的报告（发改财金〔2012〕907号）

（11）合肥市发展改革委关于合肥市社会信用体系建设工作自评报告（合发改财金〔2016〕408号）

（12）合肥市发展改革委、合肥市中级人民法院关于印发政府机构失信问题专项治理工作方案的通知（合发改财金〔2017〕542号）

（13）关于印发《合肥市勘察设计市场诚信行为管理暂行办法（试行）》的通知（合建〔2010〕81号）

（14）关于印发《合肥市建筑市场各方主体信用管理办法》的通知（合建建管〔2012〕7号）

（15）关于开展2019年学生资助诚信教育主题月活动的通知（合教秘〔2019〕195号）

（16）关于报送诚信承诺书的通知（合民〔2017〕285号）

（17）关于印发全市司法鉴定诚信建设年活动实施方案的通知（合司通〔2011〕14号）

（18）合肥市司法局、合肥市律师协会印发《关于组织开展律师行业"依法诚信规范执业示范岗"创建活动的实施方案》的通知（合司通〔2016〕37号）

（19）关于建立会计人员信用承诺制度的通知（合财会〔2017〕1165号）

（20）关于开展人力资源服务机构信用等级评定工作的通知（合人社秘〔2012〕40号）

（21）合肥市林业和园林局关于实行外地进肥园林绿化施工企业信用档案管理的通知（合林业园林〔2015〕13号）

（22）关于印发合肥市规划局社会信用体系建设实施方案的通知（合规〔2018〕67号）

（23）关于印发《合肥市物业服务企业及项目经理信用信息管理暂行办法》的通知（合房〔2015〕176号）

（24）合肥市畜牧水产局关于发布畜水产品质量诚信红黑榜名单的通知（合畜水〔2015〕2号）

（25）合肥市人防办工程建设领域项目信息公开和信用信息公开体系建设工作实施方案（合人防办〔2011〕111号）

（26）合肥市食品药品监督管理局关于做好全市信用创建第三方评估准备工作的通知（合食药监综〔2016〕284号）

（27）关于认真开展粮食经营活动守法诚信评价工作的通知（合粮仓〔2017〕219号）

（28）合肥市地震局关于加强信用体系建设工作的通知（合震〔2018〕51号）

（29）关于印发《政府采购实行诚信保证金管理暂行办法》的通知（合招督〔2009〕34号）

（30）关于印发《合肥招标投标中心诚信投标保证金管理暂行办法》的通知（合招法〔2011〕31号）

（31）关于印发《合肥市工商行政管理局企业信用分类管理工作实施意见》的通知（合工商〔2005〕179号）

（32）关于印发《合肥市工商局参与做好规范招投标活动推进建设项目信息公开和诚信体系建设工作实施方案》通知（合工商〔2009〕159号）

（33）关于印发《关于进一步加强合肥市公共资源交易诚信行为管理的通知》的通知（合公综〔2015〕30号）

（34）关于印发《合肥市建设工程施工企业合同履约行为信用评价暂行办法》的通

知（合公督〔2019〕65 号）

**6. 芜湖市**

（1）芜湖市人民政府关于印发芜湖市加强政务诚信建设实施办法的通知（芜政〔2018〕37 号）

（2）芜湖市人民政府关于建立完善守信联合激励和失信联合惩戒机制的实施意见（芜政〔2017〕50 号）

（3）芜湖市人民政府办公室关于进一步加强我市社会信用体系建设的意见（芜政办〔2007〕66 号）

（4）芜湖市人民政府办公室关于印发《芜湖市公共信用信息征集共享使用暂行办法》的通知（芜政办〔2016〕39 号）

（5）芜湖市人民政府办公室关于全面推进行政许可和行政处罚等信用信息公示工作的通知（芜政办秘〔2015〕253 号）

（6）芜湖市人民政府办公室关于印发芜湖市加强个人诚信体系建设实施方案的通知（芜政办秘〔2017〕235 号）

（7）芜湖市"十三五"社会信用体系建设规划（芜发改规划〔2016〕610 号）

（8）关于开展劳动保障守法诚信宣传教育活动的通知（芜人社秘〔2018〕332 号）

（9）关于印发《芜湖市食品药品质量安全诚信红黑名单制度（暂行）》的通知（芜食药监办〔2013〕45 号）

（10）市住房城乡建委关于印发《芜湖市建筑市场诚信突出问题专项治理两年行动实施方案》的通知（芜市建〔2014〕374 号）

（11）市住房城乡建委、市公管局、市交通运输局、市水务局、市信息办关于印发《芜湖市政府建设工程项目招标代理机构诚信评价及使用管理细则》的通知（芜市建〔2015〕58 号）

（12）市住房城乡建委关于建立《建筑工程市场主体红、黑名单制度的通知（试行）》（芜市建通知〔2014〕257 号）

（13）芜湖市社会信用体系建设工作领导小组办公室关于发布《芜湖市公共信用信息目录清单（2018 年版）》工作的通知（芜信用办〔2018〕31 号）

**7. 淮北市**

（1）关于加快推进失信被执行人监督、警示和惩戒机制建设的意见（淮办〔2017〕78 号）

（2）关于印发《关于对行政机关、党员和公职人员失信行为予以惩戒的办法》的通知（淮纪发〔2018〕15 号）

（3）安徽省淮北市企业信用信息管理办法（淮政〔2004〕112 号）

（4）淮北市人民政府关于印发《淮北市社会信用体系建设规划纲要（2016—2020年）》的通知（淮政〔2016〕75号）

（5）淮北市人民政府关于建立完善守信联合激励和失信联合惩戒制度加快推进社会诚信建设的实施意见（淮政〔2017〕18号）

（6）淮北市人民政府关于印发淮北市加强政务诚信建设实施方案的通知（淮政〔2017〕63号）

（7）淮北市人民政府办公室关于印发淮北市小微企业信用体系建设实施方案的通知（淮政办秘〔2015〕107号）

（8）淮北市人民政府办公室关于印发《淮北市信用信息征集共享使用实施细则（试行）》的通知（淮政办秘〔2015〕147号）

（9）关于印发《淮北市开展政府机构失信问题专项治理工作方案》的通知（淮发改贸服〔2017〕278号）

（10）淮北市发展改革委（市物价局）等部门关于全面加强电子商务领域诚信建设的实施意见（淮发改贸服〔2017〕555号）

（11）淮北市教育局2018年诚信建设工作意见（淮教〔2018〕20号）

（12）关于印发《淮北市工程建设领域守信联合激励工作措施》的通知（淮建〔2016〕309号）

（13）关于印发《淮北市科技信用体系建设工作制度》的通知（淮科计〔2017〕3号）

（14）关于进一步完善房地产开发企业信用管理的通知（淮房〔2017〕158号）

（15）淮北市食品药品监督管理局关于进一步加强食品药品社会信用体系建设的通知（淮食药监法〔2017〕111号）

（16）淮北市食品药品监督管理局关于电子商务领域诚信建设有关事项的通知（淮食药监法〔2017〕113号）

（17）关于印发推进全市社会组织自律与诚信建设制度化活动实施方案的通知（淮社管字〔2017〕13号）

（18）关于实行工程建设项目中标企业诚信承诺制度的通知（淮公管办〔2015〕16号）

（19）关于进一步加强银行业诚信建设的通知（淮北银监办便函〔2016〕125号）

（20）关于印发淮北市诚信红黑榜发布制度的通知（淮信用办〔2014〕3号）

（21）关于印发《淮北市公共信用信息共享服务平台授权管理办法（试行）》的通知（淮信用办〔2016〕9号）

（22）关于印发《淮北市市联合激励和失信联合惩戒措施清单（第二批）》的通知

（淮信用办〔2018〕46 号）

**8. 安庆市**

（1）关于印发《安庆市诚信文化进机关活动工作方案》的通知（宜文明办字〔2018〕18 号）

（2）安庆市人民政府关于印发《安庆市社会信用体系建设规划纲要（2015—2020年）》的通知（宜政秘〔2016〕10 号）

（3）安庆市人民政府关于建立完善守信联合激励和失信联合惩戒制度加快推进社会诚信建设的若干意见（宜政秘〔2017〕145 号）

（4）安庆市人民政府关于印发安庆市加强政务诚信建设实施方案的通知（宜政秘〔2017〕271 号）

（5）安庆市人民政府办公室关于印发安庆市加强个人诚信体系建设实施方案的通知（宜政办秘〔2017〕178 号）

（6）安庆市商务局《关于开展"诚信文化进机关、进市场"活动的通知》（安商务市场函〔2018〕117 号）

（7）关于印发《安庆市交通运输局加强交通运输企业安全生产诚信体系建设实施方案》的通知（宜交安〔2015〕26 号）

（8）关于印发《安庆市加强企业安全生产诚信体系建设实施方案》的通知（庆安办〔2015〕3 号）

（9）安庆市社会信用体系建设联席会议办公室关于印发《安庆市 2017 年度社会信用体系建设工作要点》的通知（宜信用〔2017〕5 号）

（10）安庆市社会信用体系建设联席会议办公室关于印发《安庆市 2018 年社会信用体系建设工作要点》的通知（宜信用〔2018〕13 号）

（11）安庆市社会信用体系建设联席会议办公室《关于开展 2018 年社会信用体系建设工作"回头看"》的通知（宜信用〔2018〕53 号）

**9. 福州市**

（1）福州市人民政府关于成立福州市企业信用信息建设领导小组的通知（榕政综〔2003〕80 号）

（2）福州市人民政府关于成立福州市"创建诚信一条街"工作领导小组的通知（榕政综〔2006〕118 号）

（3）福州市人民政府关于成立福州市社会信用体系建设工作领导小组的通知（榕政综〔2008〕223 号）

（4）福州市人民政府关于印发《福州市市场主体信用信息征集及公示办法》的通知（榕政综〔2014〕165 号）

（5）福州市社会信用体系建设规划（2016—2020 年）（榕政综〔2016〕176 号）

（6）福州市人民政府办公厅关于印发福州市"信用福州"网站内容保障任务分解表的通知（榕政办〔2017〕270 号）

（7）福州市人民政府办公厅关于印发《福州市信用红黑名单管理暂行办法》的通知（榕政办〔2017〕317 号）

（8）福州市经济和信息化委员会印发《关于推进失信被执行人信用监督、警示和惩戒机制建设的实施方案》的通知（榕经信综〔2017〕1838 号）

（9）福州市经济和信息化委员会印发《关于对电力行业严重违法失信市场主体及其有关人员实施联合惩戒实施细则（试行）》的通知（榕经信能源〔2018〕230 号）

（10）福州市教育局关于印发《学生信用管理制度（试行）》的通知（榕教思〔2017〕113 号）

（11）福州市教育局关于下发《福州市教师职业信用管理制度（试行）》的通知（榕教人〔2017〕147 号）

（12）关于开展行业协会、商会行业自律与诚信创建活动的通知（榕民〔2013〕586 号）

（13）关于在全市社会组织实施信用承诺制度的通知（榕民〔2017〕674 号）

（14）关于印发《福州市社会组织信用信息管理办法》的通知（榕民〔2017〕678 号）

（15）关于印发《福州市社会组织守信联合激励和失信联合惩戒工作方案》的通知（榕民〔2017〕681 号）

（16）福州市民政局关于进一步加强社会救助工作信用体系建设的实施意见（榕民〔2017〕1032 号）

（17）关于印发《关于对婚姻登记严重失信当事人开展联合惩戒的实施细则（试行）》的通知（榕民〔2019〕256 号）

（18）福州市城市管理委员会关于下发《对建筑工地施工噪声治理方面失信行为联合惩戒实施细则》的通知（榕城管委综〔2017〕379 号）

（19）福州市商务局关于建立信用承诺制度的通知（榕商务〔2018〕143 号）

（20）福州市医疗保障管理局关于印发《福州市医保信用"红黑名单"管理试行办法》的通知（榕医保文〔2018〕16 号）

（21）福州市卫生健康委员会关于印发《关于对严重危害正常医疗秩序的失信行为责任人开展联合惩戒实施细则（试行）》的通知（榕卫〔2019〕3 号）

（22）关于全面使用《诚信旅游服务管理系统》的通知（榕旅综〔2011〕74 号）

（23）关于印发福州市旅游企业安全生产诚信体系建设实施方案的通知（榕旅综

〔2015〕24 号）

（24）关于印发《福州市行政（市民）服务中心管委会 2019 年信用工作实施方案》的通知（榕行政〔2019〕42 号）

### 10. 莆田市

（1）莆田市人民政府办公室关于进一步加强社会信用体系建设的实施意见（莆政办〔2008〕20 号）

（2）莆田市人民政府办公室关于印发莆田市食品安全信用体系建设方案的通知（莆政办〔2008〕102 号）

（3）莆田市人民政府关于印发《〈莆田市社会信用体系建设规划（2015—2020 年）〉和〈莆田市社会信用体系建设规划（2015—2020 年）〉任务分工实施方案》的通知（莆政综〔2015〕115 号）

（4）莆田市建立完善守信联合激励和失信联合惩戒制度加快推进社会诚信建设的实施方案（莆政综〔2017〕56 号）

（5）莆田市人民政府关于加强市场监管领域失信企业联合惩戒的实施意见（莆政综〔2017〕120 号）

（6）莆田市人民政府关于印发莆田市加强政务诚信建设实施方案的通知（莆政综〔2018〕4 号）

（7）莆田市人民政府办公室关于印发莆田市加强个人诚信体系建设实施方案的通知（莆政办〔2018〕2 号）

（8）莆田市人民政府办公室关于成立创建全国社会信用体系建设示范城市领导小组的通知（莆政办网传〔2017〕52 号）

（9）莆田市发展和改革委员会关于在工程建设领域招标投标事项中使用信用报告的通知（莆发改〔2018〕236 号）

（10）莆田市对外贸易经济合作局企业安全生产信用体系建设工作方案（莆市外经〔2014〕24 号）

（11）莆田市环保局关于印发《莆田市企业环境信用修复规定》的通知（莆环保〔2011〕356 号）

（12）莆田市人民政府安全生产委员会关于印发莆田市企业安全生产诚信体系建设实施方案的通知（莆市安〔2015〕6 号）

（13）关于印发推进失信被执行人信用监督警示和惩戒机制建设实施方案的通知（莆市安监〔2017〕39 号）

（14）关于推进食品安全诚信体系建设开展食品流通经营主体红黑榜评选活动的意见（试行）（莆食药监食流〔2015〕207 号）

（15）莆田市粮食局关于印发《莆田市粮食企业经营活动守法诚信评价办法（试行）》的通知（莆粮〔2017〕136号）

（16）莆田市旅游局关于下发《关于建设"平安旅游，诚信旅游"的若干规定》的通知（莆政旅〔2015〕225号）

**11. 青岛市**

（1）关于进一步加强社会信用体系建设工作的实施意见（青政字〔2018〕28号）

（2）青岛市人民政府办公厅关于印发青岛市"十三五"社会信用体系建设规划的通知（青政办发〔2017〕11号）

（3）青岛市社会信用体系建设工作领导小组关于印发《青岛市公共信用信息管理暂行办法》的通知（青信用〔2016〕4号）

（4）青岛市社会信用体系建设工作领导小组关于印发《青岛市推进城市管理领域失信联合惩戒工作实施意见》的通知（青信用〔2018〕1号）

（5）关于印发《青岛市公共信用信息查询管理暂行办法》的通知（青信用办〔2017〕14号）

（6）关于进一步加快我市食品工业企业诚信体系建设工作的通知（青经信字〔2014〕84号）

（7）关于印发《青岛市诚信民间组织档案管理办法（试行）》的通知（青民管〔2003〕222号）

（8）关于深入开展民办非企业单位自律与诚信建设活动的意见（青民管〔2006〕59号）

（9）关于加强律师诚信制度建设的意见（青司发〔2003〕99号）

（10）关于全面推进诚信建设的意见（青司发〔2003〕136号）

（11）关于印发《青岛市财政局实施财政专项资金监督检查信用负面清单制度办法》的通知（青财办〔2015〕12号）

（12）关于印发《青岛市用人单位劳动保障守法诚信等级评价办法（试行）》的通知（青人社办发〔2013〕37号）

（13）关于加强我市勘察设计咨询业诚信体系建设的意见（青建发〔2005〕7号）

（14）关于进一步加强青岛市建筑市场主体信用考核管理的通知（青建管字〔2016〕62号）

（15）关于印发《市政施工企业信用考核办法》、《市政施工企业项目经理信用考核办法》、《市政监理企业信用考核办法》、《市政监理企业项目总监信用考核办法》的通知（青建规字〔2017〕4号）

（16）关于印发《青岛市商务诚信体系建设工作方案》的通知（青商市字〔2017〕

33 号）

（17）关于印发《青岛市文化市场诚信管理办法（试行）》的通知（青文执字〔2016〕17 号）

（18）关于印发《青岛市卫生计生委关于全市卫生计生系统社会信用体系建设的工作方案》的通知（青卫监督字〔2018〕9 号）

（19）青岛市卫生和计划生育委员会关于印发《青岛市卫生和计划生育委员会卫生计生信用信息管理办法（试行）》的通知（青卫监督字〔2018〕23 号）

（20）关于推进企业安全生产诚信体系建设工作的意见（青安监〔2014〕135 号）

（21）关于印发青岛市安全生产失信行为联合惩戒实施程序的通知（青安监〔2017〕246 号）

（22）关于在全市新设立企业实施信用承诺制度的通知（青工商信发〔2016〕44 号）

（23）青岛市住房公积金管理中心关于印发《青岛市住房公积金管理中心个人信用信息异议处理规程》的通知（青住金字〔2017〕62 号）

（24）关于建立诚信评价体系工作的通知（青粮〔2013〕146 号）

（25）青岛市物价局关于印发《价格信用信息管理办法》的通知（青价规〔2018〕6 号）

**12. 郑州市**

（1）郑州市人民政府关于印发《郑州市建立完善守信联合激励和失信联合惩戒制度加快推进社会诚信建设实施方案》的通知（郑政文〔2017〕128 号）

（2）郑州市人民政府关于印发《郑州市加强政务诚信建设实施方案》的通知（郑政文〔2017〕129 号）

（3）郑州市人民政府办公厅关于印发《郑州市公共信用信息管理暂行办法》的通知（郑政办〔2017〕80 号）

（4）郑州市人民政府办公厅关于印发《郑州市建筑施工企业信用信息管理办法（试行）》的通知（郑政办〔2017〕84 号）

（5）郑州市人民政府办公关于印发《郑州市在行政管理事项中使用信用产品实施办法》的通知（郑政办〔2017〕105 号）

（6）郑州市人民政府办公厅关于建立郑州市企业信用信息归集共享工作联席会议制度的通知（郑政办文〔2016〕63 号）

（7）郑州市人民政府办公厅关于印发《郑州市创建国家社会信用体系建设示范城市工作方案》的通知（郑政办文〔2016〕66 号）

（8）郑州市人民政府办公厅关于印发《郑州市在行政管理事项中使用信用记录和

信用产品实施办法》的通知（郑政办文〔2016〕88号）

（9）郑州市发展和改革委员会关于印发《郑州市政府投资项目咨询评估领域信用管理暂行办法（试行）》的通知（郑发改投资〔2018〕697号）

（10）河南省郑州市城乡建设委员会关于印发《郑州市建筑施工企业信用评价标准（试行）》的通知（郑建文〔2019〕26号）

（11）关于印发《郑州市信用修复管理暂行办法》的通知（郑信用办〔2018〕17号）

## 13. 武汉市

（1）市人民政府关于加快工商登记制度改革推进市场主体信用体系建设的意见（武政〔2014〕80号）

（2）武汉市人民政府关于印发《武汉市社会信用体系建设规划（2016—2020年）》的通知（武政〔2016〕16号）

（3）市人民政府办公厅关于印发《武汉市创建国家社会信用体系建设示范城市工作实施方案》的通知（武政办〔2016〕133号）

（4）市环保局关于印发《武汉市环境保护信用信息管理实施细则》的通知（武环规〔2018〕2号）

（5）武汉市旅游局关于印发《武汉市旅游业失信行为惩戒办法（试行）》的通知（武旅规〔2017〕1号）

（6）武汉市信用办关于印发《加快制定信用信息应用实施细则及联合联合奖惩措施清单》的通知（武信用办〔2018〕9号）

（7）市信用办关于印发《武汉市加强和规范信用红黑名单管理工作的实施意见》的通知（武信用办〔2018〕12号）

（8）武汉市在行政管理和公共服务领域使用信用记录和信用报告的实施意见（武信用文〔2017〕2号）

## 14. 宜昌市

（1）宜昌市人民政府办公室关于印发《宜昌市行政审批前置中介服务诚信管理办法》的通知（宜府办发〔2013〕38号）

（2）关于印发《宜昌市建立完善守信联合激励和失信联合惩戒制度加快推进社会诚信建设实施方案》及《宜昌市加强个人诚信体系建设实施方案》的通知（宜府办发〔2018〕76号）

（3）市住建委关于印发《宜昌市建设工程企业信用信息管理办法》的通知（宜市住建规〔2013〕1号）

（4）市住建委关于印发《宜昌市建筑市场信用管理办法》的通知（宜市住建规

〔2018〕1 号）

（5）市住建委关于印发《宜昌市住宅装饰装修"黑名单"管理制度》的通知（宜市住建文〔2017〕24 号）

（6）《宜昌市闲置土地信用黑名单管理办法》（宜土资规〔2017〕1 号）

（7）关于印发《宜昌市 2016 年社会信用体系建设工作要点》的通知（宜信用办〔2016〕5 号）

### 15. 咸宁市

（1）咸宁市人民政府关于印发《咸宁市 A 级信用企业培植工作实施方案》的通知（咸政发〔2007〕14 号）

（2）关于印发《咸宁市拖欠劳动者工资"黑名单"管理暂行办法》的通知（咸人社规〔2018〕1 号）

（3）关于印发《咸宁市用人单位劳动保障守法诚信等级评价暂行办法》的通知（咸人社文〔2018〕140 号）

（4）湖北省咸宁市食品药品监督管理局关于印发《湖北省咸宁市食品药品安全信用体系建设实施方案》和《湖北省咸宁市食品药品安全信用等级评定管理办法（试行）》的通知（咸食药监文〔2017〕25 号）

（5）关于印发《咸宁市创建价格信用体系工作的意见》的通知（咸价办〔2016〕78 号）

### 16. 泸州市

（1）关于《加快推进失信被执行人信用监督、警示和惩戒机制建设的实施意见的通知》（泸委办发电〔2018〕24 号）

（2）泸州市人民政府关于加快推进社会信用体系建设实施意见（泸市府发〔2016〕34 号）

（3）关于印发《泸州市社会信用体系建设规划（2017—2020 年）》的通知（泸市府发〔2017〕14 号）

（4）泸州市人民政府《关于建立完善守信联合激励和失信联合惩戒制度加快推进社会信用体系建设的实施意见》（泸市府发〔2017〕65 号）

（5）泸州市人民政府办公室关于印发《泸州市严重失信黑名单社会公示管理办法（试行）》的通知（泸市府办发〔2017〕45 号）

（6）泸州市人民政府办公室关于印发《泸州市法人和其他组织统一社会信用代码制度建设重点工作方案（2016—2017 年）》的通知（泸市府办函〔2016〕15 号）

（7）关于印发《加快推进全市人社领域社会信用体系建设实施方案》的通知（泸市人社发〔2018〕6 号）

（8）泸州市住房和城乡建设局关于进一步加强物业服务行业信用信息监管的通知（泸住建发〔2019〕99号）

（9）关于印发《泸州市水利行业诚信红黑榜管理实施细则》的通知（泸市水规〔2019〕1号）

（10）关于推动实施《泸州市旅游行业诚信建设"红黑榜"制度（试行）》的通知（泸外侨旅发〔2017〕295号）

（三）全国创建社会信用体系建设示范城市（城区）

### 1. 北京市海淀区

（1）北京市海淀区人民政府关于印发《海淀区社会信用体系建设工作方案（2014—2020年）》的通知（海政发〔2014〕29号）

（2）北京市海淀区人民政府关于印发《海淀区企业信用体系建设三年行动计划（2014—2016年）》的通知（海政发〔2014〕30号）

（3）北京市海淀区人民政府印发本区创建社会信用体系建设示范区工作方案的通知（海政发〔2017〕5号）

（4）北京市海淀区人民政府关于印发本区促进信用担保机构开展中小企业贷款担保业务暂行办法的通知（海行规发〔2009〕25号）

（5）北京市海淀区人民政府关于印发《海淀区企业信用体系建设支持办法》的通知（海行规发〔2011〕3号）

（6）北京市海淀区人民政府办公室印发本区行政许可和行政处罚等信用信息公示工作方案的通知（海政办发〔2017〕18号）

（7）关于印发《海淀区卫生和计划生育行业社会信用体系建设管理办法（试行）》的通知（海卫计发字〔2018〕46号）

### 2. 呼和浩特市

（1）呼和浩特市社会信用体系建设工作方案（呼政字〔2015〕365号）

（2）呼和浩特市人民政府办公厅关于印发呼和浩特市信用主体信用修复管理暂行办法的通知（呼政办发〔2018〕97号）

（3）呼和浩特市发展和改革委员会关于印发《呼和浩特市发展和改革委员会粮食经营活动守法诚信评价实施细则》的通知（呼发改粮监字〔2018〕421号）

（4）呼和浩特市民政局关于印发《呼和浩特市社会组织信用承诺制度》的通知（呼民政发〔2018〕169号）

（5）呼和浩特市民政局关于在全市社会组织中建立和实施信用承诺制度的通知（呼民政发〔2018〕170号）

（6）呼和浩特市司法局2018年上半年社会信用体系建设工作总结及下半年工作计

划（呼司发〔2018〕115 号）

（7）关于做好政府采购信用记录查询和使用工作的通知（呼财购〔2018〕17 号）

（8）关于政府采购信用承诺制度的通知（呼财购〔2018〕48 号）

（9）呼和浩特市卫生和计划生育委员会关于印发呼和浩特市卫生计生行业信用红黑名单管理规定的通知（2018 年 3 月）

（10）呼和浩特市卫生和计划生育委员会关于印发《呼和浩特市卫生计生信用分级分类监管制度》的通知（2018 年 3 月）

（11）呼和浩特市卫生和计划生育委员会关于建立守信激励和失信惩戒工作机制的实施方案（2019 年 1 月）

（12）关于印发《呼和浩特市商务领域企业诚信"红黑名单"制度（试行）》的通知（呼政商秩字〔2018〕9 号）

（13）呼和浩特市商务局关于建立和实施市场主体信用承诺制度的通知（呼政商秩字〔2018〕10 号）

（14）呼和浩特市食品药品监督管理局关于在行政许可中提交信用承诺书和信用产品等有关事宜的通知（呼食药监发〔2018〕1 号）

（15）呼和浩特市食品药品监督管理局关于印发《2017 年医疗器械生产、经营企业信用等级评定结果》的通知（呼食药监发〔2018〕51 号）

（16）关于定期报送信用"红黑名单"的通知（呼城管发〔2018〕238 号）

（17）呼和浩特市城市管理综合执法局关于明确社会信用体系建设组织机构及工作职责的通知（呼城管发〔2018〕444 号）

（18）关于安装和使用局诚信监督评价系统查询软件的通知（呼房发〔2018〕109 号）

（19）呼和浩特经济技术开发区管理委员会办公室关于开展涉金融等行业严重失信人员名单监管以及联合惩戒等管理工作的通知（呼开管办发〔2018〕16 号）

**3. 乌海市**

（1）乌海市教育局关于印发《乌海市教育系统社会信用体系建设工作方案》的通知（乌教发〔2017〕69 号）

（2）乌海市教育局关于实施信用承诺制度的通知（乌教发〔2017〕91 号）

（3）乌海市教育局关于印发《乌海市教育系统教职工信用分级分类管理办法（试行）》的通知（乌教发〔2017〕92 号）

（4）关于印发《乌海市劳动保障局"红黑名单"管理办法（试行）》的通知（乌人社发〔2017〕148 号）

（5）乌海市住房和城乡建设委员会关于印发《乌海市建筑市场社会信用体系建设

工作方案》的通知（乌建委政字〔2015〕105号）

（6）乌海市住房和城乡建设委员会关于印发《乌海市物业服务企业信用档案管理办法》的通知（乌建委政发〔2016〕59号）

（7）乌海市住房和城乡建设委员会关于印发《乌海市住房和建设委员会在行政管理中试行信用承诺实施办法》的通知（乌建委政发〔2017〕169号）

（8）乌海市住房和城乡建设委员会关于乌海市建筑市场施工企业"红黑名单"发布标准的通知（乌建委政发〔2017〕169号）

（9）乌海市住房和城乡建设委员会关于开展建筑市场信用体系建设管理工作的通知（乌建委政字〔2017〕29号）

（10）乌海市交通运输局关于印发《社会法人联合奖惩和分级管理实施细则（试行）》的通知（乌交〔2017〕495号）

（11）乌海市交通运输局关于印发《政务公开服务承诺制度》的通知（乌交〔2017〕496号）

（12）乌海市交通运输局关于印发《乌海市交通运输市场信用体系建设工作方案》的通知（乌交〔2017〕497号）

（13）乌海市交通运输局关于印发《乌海市交通运输领域"红黑名单"管理制度（试行）》的通知（乌交〔2017〕497号）

（14）乌海市水务局关于印发《实施行政许可和行政处罚等信用信息公示工作方案》的通知（乌水字〔2015〕121号）

（15）乌海市水务局关于报送《水利工程建设领域信用体系建设实施方案（2016年）》的函（乌水函〔2016〕30号）

（16）乌海市环境保护局关于开展乌海市2015年企业环境信用评价工作的通知（乌环办〔2016〕85号）

（17）乌海市环境保护局关于开展乌海市2017年企业环境信用评价工作的通知（乌环办〔2018〕30号）

（18）乌海市环境保护局关于印发2017年度全市企业环境信用评价等级的通知（乌环办〔2018〕115号）

（19）乌海市城市管理综合执法局关于印发《市城市管理综合执法局社会信用体系建设实施方案》的通知（乌城管发〔2018〕36号）

（20）乌海市城市管理综合执法局关于印发《市城市管理综合执法局行政处罚信息报送制度》的通知（乌城管发〔2018〕37号）

（21）乌海市城市管理综合执法局失信行为信息归集和使用实施办法（乌城管发〔2018〕40号）

（22）乌海市金融工作办公室关于印发《乌海市地方金融监管诚信"红黑名单"管理制度（试行）》的通知（乌金办发〔2017〕60号）

**4. 沈阳市**

（1）沈阳市人民政府关于批转市发展改革委等部门法人和其他组织统一社会信用代码制度建设工作方案的通知（沈政发〔2015〕51号）

（2）辽宁省人民政府关于印发辽宁省建立完善守信联合激励和失信联合惩戒制度加快推进社会诚信建设实施方案的通知（辽政发〔2016〕77号）

（3）沈阳市人民政府关于印发沈阳市加强政务诚信建设工作方案的通知（沈政发〔2017〕45号）

（4）沈阳市建设市场主体诚信行为激励和惩戒规定（沈政法备字〔2011〕第29号）

（5）沈阳市人民政府办公厅关于印发2015年社会信用体系建设工作要点的通知（沈政办发〔2015〕25号）

（6）沈阳市人民政府办公厅关于进一步加强政务诚信建设工作的实施意见（沈政办发〔2018〕117号）

（7）市发展改革委、建委、卫生计生委、水利局、交通局关于印发《沈阳市在工程建设招标投标领域应用信用报告管理暂行办法》的通知（沈发改发〔2017〕126号）

（8）市发展改革委等16个部门关于印发《沈阳市关于对严重失信企业开展联合惩戒的合作备忘录》的通知（沈发改发〔2018〕33号）

（9）关于印发《沈阳市社会组织信用信息管理暂行办法》的通知（沈民〔2015〕35号）

（10）市建委、市规划局、市房产局关于印发《沈阳市房地产开发企业信用管理暂行办法》的通知（沈建发〔2013〕204号）

（11）市房产局、市信用办关于印发《沈阳市物业服务企业和物业项目负责人信用信息管理办法》的通知（沈房发〔2017〕72号）

（12）市房产局、市信用办关于印发《沈阳市供热企业信用信息管理办法》的通知（沈房发〔2017〕73号）

（13）沈阳市安监局关于印发《沈阳市企业安全生产信用等级评价管理办法（试行）》的通知（沈安监发〔2013〕40号）

（14）沈阳市安监局关于印发《企业安全生产不良信用记录及公告制度（试行）》和《企业安全生产失信惩戒制度（试行）》的通知（沈安监发〔2015〕56号）

（15）沈阳市社会信用体系建设领导小组办公室关于印发《沈阳市开展守信联合激励和失信联合惩戒工作方案》的通知（2018年2月）

**5. 大连市**

（1）关于印发《全面推进"信用大连"建设工作方案》的通知（大委办发〔2010〕33 号）

（2）中共大连市委办公室、大连市人民政府办公室关于进一步加强科研诚信建设的实施意见（2019 年 2 月）

（3）大连市人民政府关于印发大连市公共信用信息管理办法的通知（大政发〔2016〕56 号）

（4）大连市人民政府关于印发大连市加强政务诚信建设实施方案的通知（大政发〔2017〕36 号）

（5）大连市人民政府关于建立完善守信联合激励和失信联合惩戒制度加快推进社会诚信建设的实施意见（大政发〔2017〕14 号）

（6）大连市人民政府办公厅关于印发大连市创建国家社会信用体系建设示范城市实施方案的通知（大政办发〔2016〕115 号）

（7）关于开展公共信用信息应用有关工作的通知（大发改诚推字〔2017〕172 号）

（8）关于印发《关于在失信被执行人领域加强信息共享和开展联合惩戒的实施细则》的通知（大发改信用字〔2018〕585 号）

（9）关于做好经信委系统行政许可和行政处罚等信用信息公示工作的通知（大经信发〔2016〕33 号）

（10）关于推进经信委系统诚信体系建设有关工作的通知（大经信发〔2017〕346 号）

（11）关于印发大连市司法局信用信息公示工作实施办法的通知（大司〔2016〕19 号）

（12）关于印发《大连市司法局法律服务守信红榜和失信黑名单信息发布制度》的通知（大司〔2016〕58 号）

（13）关于印发《大连市用人单位劳动保障守法诚信评价办法》的通知（大人社发〔2014〕23 号）

（14）关于印发《大连市人力资源社会保障信用体系建设规划（2017—2019 年）》的通知（大人社发〔2017〕286 号）

（15）关于印发大连市物业管理守信红榜和失信黑名单制度的通知（大国土房屋发〔2017〕133 号）

（16）大连市规划局关于印发《大连市规划局跨部门守信联合激励和失信联合惩戒制度（试行）》的通知（大规发〔2017〕21 号）

（17）关于印发市城建局诚信"红黑名单"和警示信息管理暂行办法的通知（大

连发〔2017〕134号）

（18）大连市城建局关于印发建立和完善守信联合激励和失信联合惩戒制度加快推进社会诚信建设的实施意见工作方案的通知（大连发〔2017〕135号）

（19）大连市林业局关于开展公共信用信息应用工作的通知（大林办字〔2017〕51号）

（20）关于印发大连市海洋与渔业局建立守信红榜和失信黑名单工作方案的通知（大海渔法函字〔2016〕20号）

（21）关于加强大连市境外投资企业信用管理的通知（大外经贸发〔2017〕39号）

（22）关于印发《大连市文化市场守信红榜和失信黑名单制度（试行）》的通知（大文广发〔2016〕100号）

（23）大连市食品药品监督管理局关于印发推进食品药品安全信用体系建设实施方案的通知（大食药监办发〔2017〕266号）

（24）关于印发建立企业安全生产诚信激励和失信惩戒制度的实施意见的通知（大安监政法〔2016〕215号）

（25）关于印发对企业安全承诺公告失信行为实施联合惩戒意见的通知（大安委〔2018〕7号）

（26）关于印发《大连市水运工程建设市场信用信息管理办法（试行）》的通知（大港口发〔2016〕68号）

（27）关于印发《大连市港口与口岸局港航信用体系建设工作方案》的通知（大港口发〔2016〕164号）

（28）关于贯彻落实在大连市重点建设工程项目招标投标领域实行企业信用报告制度的通知（大信办〔2012〕12号）

（29）关于印发大连市建立守信红榜和失信黑名单制度工作方案的通知（大信办字〔2016〕6号）

（30）关于印发《大连市典型守信行为和严重失信行为清单（2017版）》《大连市守信联合激励和失信联合惩戒措施清单（2017版）》的通知（大信办字〔2017〕10号）

（31）关于印发《大连市公共信用信息应用目录》的通知（大信办字〔2017〕11号）

（32）关于大连市打击电子商务领域严重失信问题专项治理工作的实施意见（大连市信用办〔2018〕2号）

## 6. 辽阳市

（1）关于印发《辽阳市加强政务诚信建设工作方案》的通知（辽市政发〔2017〕35号）

（2）关于印发《辽阳市建立完善守信联合激励和失信联合惩戒制度实施方案》的通知（辽市政发〔2018〕3号）

（3）关于印发《关于在市重点建设工程项目招标投标领域推行企业信用报告制度》的通知（辽市政办电〔2012〕38号）

（4）关于印发《关于在行政审批环节实行事前信用承诺制度》的通知（辽市发改发〔2017〕332号）

（5）关于落实国家发展改革委等部门（机构）对失信被执行人实施联合惩戒合作备忘录的通知（辽发改信用〔2016〕926号）

（6）辽阳市建立守信红榜和失信黑名单制度工作方案（辽市创建办发〔2016〕6号）

（7）关于印发《关于使用政府资金的依法招标项目中实行企业信用报告制度有关事项》的通知（辽市信办发〔2011〕7号）

（8）关于印发《关于对农资领域严重失信生产经营单位及其有关人员开展联合惩戒的合作备忘录》的通知（辽市信办发〔2018〕26号）

**7. 绥芬河市**

（1）关于印发绥芬河市关于在党政管理等领域实施信用管理的实施办法的通知（绥政办规〔2018〕2号）

（2）关于印发绥芬河市联合奖惩红黑榜管理暂行办法的通知（绥政办规〔2018〕3号）

（3）关于印发绥芬河市个人信用奖惩管理办法的通知（绥政办规〔2018〕5号）

（4）关于印发绥芬河市机关事业单位工作人员守信激励与失信惩戒试行办法的通知（绥政办规〔2018〕4号）

（5）关于印发绥芬河市公共信用信息公开共享暂行办法的通知（绥政办规〔2018〕6号）

（6）关于印发绥芬河市自然人和社会法人信用信息评价规定的通知（绥政办规〔2018〕7号）

（7）关于印发绥芬河市社会信用信息异议处理试行办法的通知（绥政办规〔2018〕8号）

（8）关于印发绥芬河市守信联合激励和失信联合惩戒暂行办法的通知（绥政办规〔2018〕9号）

（9）关于印发绥芬河市严重失信（"黑名单"）管理暂行办法的通知（绥政办规〔2018〕10号）

（10）关于印发绥芬河市物业服务企业信用信息管理办法的通知（绥政办规

〔2019〕2 号）

**8. 台州市**

（1）台州市人民政府办公室关于印发台州市创建全国社会信用体系建设示范城市工作实施计划的通知（台政办〔2016〕78 号）

（2）台州市人民政府办公室关于进一步提升进出口行业守法诚信体系建设水平的意见（台政办发〔2015〕24 号）

（3）台州市人民政府办公室关于印发台州市企业信用联合奖惩实施办法的通知（台政办发〔2015〕108 号）

（4）台州市人民政府办公室关于印发台州市进出口诚信企业培育管理办法的通知（台政办发〔2016〕51 号）

（5）台州市人民政府办公室关于印发台州市社会信用体系建设"十三五"规划的通知（台政办发〔2016〕82 号）

（6）关于印发《台州市失信黑名单制度建设工作方案》的通知（台发改法规〔2015〕179 号）

（7）关于印发《台州市物业服务企业信用等级评定办法（试行）》的通知（台城管〔2018〕26 号）

（8）关于印发《浙江省台州市住房公积金失信黑名单管理实施办法（试行）》的通知（台信用办发〔2017〕9 号）

（9）关于发布《台州市守信联合激励措施清单》、《台州市失信联合惩戒措施清单》的通知（台信用办〔2017〕14 号）

**9. 德州市**

（1）关于印发《德州市社会信用体系建设工作方案》的通知（德办字〔2015〕21 号）

（2）关于印发《德州市社会信用体系建设规划（2016—2020 年)》的通知（德政发〔2017〕2 号）

（3）德州市人民政府办公室关于印发建立完善守信联合激励和失信联合惩戒制度加快推进社会诚信建设的实施方案的通知（德政发〔2018〕8 号）

（4）关于加强政务诚信建设的实施方案的通知（德政发〔2018〕19 号）

（5）关于规范做好行政许可和行政处罚等信用信息公示工作的通知（德政办发〔2017〕15 号）

（6）关于开展人力资源服务机构诚信服务主题创建活动的通知（德人社字〔2017〕174 号）

**10. 南阳市**

（1）关于推进全市诚信建设制度化的实施意见（宛文明〔2015〕12 号）

（2）南阳市人民政府关于印发《南阳市社会信用体系建设工作方案》的通知（宛政〔2014〕67 号）

（3）关于在全市开展价格诚信创建活动实施意见的通知（宛政办〔2005〕68 号）

（4）南阳市人民政府办公室关于印发《南阳市创建全国社会信用体系建设示范城市工作方案》的通知（宛政办〔2016〕65 号）

（5）南阳市关于建立完善守信联合激励和失信联合惩戒制度加快推进社会诚信建设的实施方案（宛政办〔2016〕82 号）

（6）南阳市公共信用信息归集和使用管理暂行办法（宛政办〔2018〕33 号）

（7）南阳市林业局关于印发《建立诚信建设制度实施方案》的通知（宛林〔2015〕75 号）

（8）南阳市人民政府安全生产委员会关于印发《南阳市企业安全生产诚信体系建设实施方案》的通知（宛政安〔2016〕20 号）

（9）南阳市城乡规划局关于印发《南阳市城乡规划诚信管理暂行办法》的通知（宛规〔2016〕10 号）

（10）南阳市社会信用体系建设工作领导小组办公室《关于印发南阳市社会信用体系建设工作考核办法的通知》（宛信用办〔2016〕9 号）

**11. 黄石市**

（1）市人民政府关于印发《黄石市社会信用体系建设规划（2016—2020 年）》的通知（黄政发〔2017〕5 号）

（2）市人民政府办公室关于印发《黄石市会计信用等级管理试行办法》的通知（黄政办发〔2003〕77 号）

（3）黄石市人民政府办公室关于印发《黄石市金融信用环境建设工作实施意见》的通知（黄政办发〔2005〕126 号）

（4）市人民政府办公室关于印发《黄石市中小企业信用体系建设实施方案》的通知（黄政办发〔2006〕70 号）

（5）黄石市司法局关于对失信被执行人实施联合惩戒的实施细则（黄司办〔2016〕74 号）

（6）黄石市法律服务行业信用体系（2016—2020 年）建设规划（黄司办〔2016〕75 号）

（7）关于印发《2017 年工程建设领域社会信用体系建设工作方案》的通知（黄建办〔2017〕41 号）

（8）关于印发《黄石市建筑市场"黑名单"管理 试行办法》的通知（黄建办〔2015〕45号）

（9）关于印发《2018年工程建设领域社会信用体系建设工作方案》的通知（黄建办〔2018〕34号）

（10）关于印发《黄石市建筑市场信用管理工作实施方案（试行）》的通知（黄建管〔2007〕62号）

（11）关于印发《黄石市2017年社会信用体系建设工作要点》的通知（黄信用办〔2017〕4号）

（12）关于开展社会信用体系建设试点示范工作的通知（黄信用办〔2017〕5号）

（13）关于印发《黄石市信用"红黑名单"及联合奖惩对象管理制度》的通知（黄信用办〔2018〕6号）

### 12. 广州市

（1）广东省广州市人民政府关于印发《广州市食品安全信用信息管理办法》（穗府〔2007〕30号）

（2）广州市社会信用体系建设规划（2014—2020年）（穗府〔2014〕40号）

（3）广州市人民政府关于印发《广州市建立完善守信联合激励和失信联合惩戒机制实施方案》的通知（穗府〔2019〕1号）

（4）广州市人民政府关于印发《广州市政府信息共享管理规定实施细则》的通知（穗府规〔2016〕3号）

（5）广州市人民政府办公厅关于印发《广州市公共信用信息管理试行办法》的通知（穗府办〔2015〕54号）

（6）广州市发展改革委关于加强广州市公共资源交易信用管理的通知（穗发改〔2016〕298号）

（7）广州市住房和城乡建设委员会关于发布《广州市房地产中介信用管理暂行规定》的通知（穗建规字〔2017〕12号）

（8）关于印发《广州市知识产权局专利公共信用信息管理试行办法》的通知（穗知规字〔2016〕1号）

（9）广州市信用办关于印发广州市社会信用体系建设2018年工作计划的通知（穗信用办〔2018〕3号）

### 13. 深圳市

（1）深圳市企业信用信息系统建设工作方案（深府〔2002〕86号）

（2）深圳市社会信用体系建设工作方案（深办〔2012〕19号）

（3）深圳市人事局关于印发《深圳市人才市场信用管理办法》的通知（深人发

〔2006〕68 号）

（4）关于印发《深圳市关于对环境保护领域失信生产经营单位及其有关人员开展联合惩戒合作备忘录》的通知（深人环〔2018〕59 号）

（5）深圳市政府采购供应商诚信管理暂行办法（深财规〔2017〕8 号）

（6）深圳市财政委员会关于印发《深圳市政府采购供应商诚信管理暂行办法操作细则》的通知（深财购〔2017〕42 号）

（7）深圳市建筑施工企业诚信管理办法（深建规〔2012〕6 号）

（8）深圳市市场监督管理局关于发布诚信管理体系要求的通知（深市监标〔2017〕46 号）

（9）关于印发《深圳市关于对安全生产领域失信生产经营单位及其有关人员开展联合惩戒的合作备忘录》的通知（深安监管〔2017〕359 号）

**14．珠海市**

（1）珠海市人民政府关于印发《珠海市社会信用体系建设规划（2014—2020 年）》的通知（珠府〔2014〕114 号）

（2）珠海市人民政府关于印发《珠海市建立完善守信联合激励和失信联合惩戒制度实施方案》的通知（珠府函〔2018〕115 号）

（3）珠海市人民政府办公室关于印发《珠海市企业和社会组织信用信息管理办法》的通知（珠府办〔2013〕38 号）

（4）珠海市人民政府办公室关于印发《珠海市商事主体信用信息公示管理办法》的通知（珠府办〔2014〕32 号）

（5）珠海市社会信用体系建设三年（2015—2017）行动计划（珠府办函〔2015〕119 号）

（6）珠海市人民政府办公室关于印发《珠海市加强个人诚信体系建设实施方案的通知》（珠府办函〔2018〕213 号）

（7）关于印发《珠海市法律服务领域市场主体信用分类监管办法（试行）》的通知（珠司〔2019〕119 号）

（8）关于印发《珠海市代理记账机构信用"红黑名单"管理办法（试行）》的通知（珠财会〔2018〕21 号）

（9）珠海市住房和城乡规划建设局关于印发《珠海市建筑市场责任主体信用信息管理办法》的通知（珠规建建〔2013〕27 号）

（10）关于印发《珠海市建筑施工企业信用评价实施细则》的通知（珠规建建〔2015〕31 号）

（11）广东省珠海市住房和城乡规划建设局关于印发《珠海市物业服务企业信用信

息管理办法》的通知（珠规建房〔2017〕3号）

（12）关于印发《珠海市房地产经纪信用信息管理办法》的通知（珠规建房规〔2019〕1号）

（13）珠海市海洋农业和水务局关于印发《珠海市水利建设市场主体信用信息管理办法（试行）》的通知（珠海农水〔2018〕166号）

（14）关于印发《珠海市公共场所卫生监督信用"红黑名单"管理制度》的通知（珠卫计〔2018〕414号）

（15）珠海市市场监督管理局关于印发《珠海市食品药品安全"红黑名单"管理制度》的通知（珠市监〔2019〕23号）

（16）关于印发珠海市事业单位信用体系建设实施方案的通知（珠机编办〔2012〕号）

### 15. 汕头市

（1）汕头市人民政府印发《汕头市公务员信用守则》的通知（汕府〔2002〕49号）

（2）汕头市人民政府印发《汕头市中小企业信用担保机构管理暂行办法》的通知（汕府〔2004〕69号）

（3）汕头市人民政府关于印发《汕头市建立完善守信联合激励和失信联合惩戒制度的实施方案》的通知（汕府〔2018〕45号）

（4）汕头市人民政府办公室印发《汕头信用网企业不良记录管理办法》的通知（汕府办〔2002〕178号）

（5）汕头市人民政府办公室关于印发汕头市进一步加快信用村建设的指导意见的通知（汕府办〔2006〕147号）

（6）汕头市人民政府办公室关于印发《汕头市加强个人诚信体系建设实施方案》的通知（汕府办〔2018〕31号）

（7）关于印发《关于对农资领域严重失信生产经营单位及其有关人员开展联合惩戒的合作备忘录》的通知（发改财金〔2017〕346号）

（8）汕头市水务局关于印发《汕头市水务局水利建设市场主体信用信息管理办法（试行）》的通知（汕市水〔2017〕26号）

＊社会信用体系建设示范城市名单说明

1. 依据《国家发展改革委、中国人民银行关于同意沈阳等11个城市创建社会信用体系建设示范城市工作方案的复函》（发改财金〔2015〕1667号），确定辽宁省沈阳市，山东省青岛市，江苏省南京市、无锡市、宿迁市，浙江省杭州市、温州市、义乌市，安徽省合肥市、芜湖市，四川省成都市等11个城市为第一批创建社会信用体系建设示范城市。

2. 依据《国家发展改革委、中国人民银行关于同意北京市海淀区等32个城市（城区）创建社会信用体系建设示范城市（城区）工作方案的复函》（发改财金〔2016〕769号），确定北京市海淀区，内蒙古自治区呼和浩特市、乌海市，辽宁省大连市、鞍山市、辽阳市，黑龙江省绥芬河市，上海市浦东新区、嘉定区，江苏省苏州市，浙江省台州市，安徽省安庆市、淮北市，福建省福州市、厦门市、莆田市，山东省潍坊市、威海市、德州市、荣成市，河南省郑州市、南阳市，湖北省武汉市、咸宁市、宜昌市、黄石市，广东省广州市、深圳市、珠海市、汕头市、惠州市，四川省泸州市等32个城市（城区）为第二批创建社会信用体系建设示范城市（城区）。

3. 依据《国家发展改革委办公厅、人民银行办公厅关于印发首批社会信用体系建设示范城市名单的通知》（发改办财金〔2017〕2158号），确定江苏省南京市、苏州市、宿迁市，浙江省杭州市、温州市、义乌市，福建省厦门市，山东省潍坊市、威海市、荣成市，广东省惠州市，四川省成都市等12个城市为首批社会信用体系建设示范城市。

4. 依据《国家发展改革委办公厅、人民银行办公厅关于印发第二批社会信用体系建设示范城市（区）名单的通知》（发改办财金〔2019〕849号），确定辽宁省鞍山市，上海市浦东新区、嘉定区，江苏省无锡市，安徽省合肥市、芜湖市、淮北市、安庆市，福建省福州市、莆田市，山东省青岛市，河南省郑州市，湖北省武汉市、宜昌市、咸宁市，四川省泸州市等16个城市（区）为第二批社会信用体系建设示范城市（区）。

# 后 记

  "诚信"自古就是重要的治道规范。作为"五常之道"的重要构成，诚信在古代社会担负着指引和规束人们行为的重要功能。《贞观政要》更载：德礼诚信，国之大纲。然而，传统诚信却一直拘囿于道德场域，未能进入制度化视野。在全面推进依法治国和社会信用体系建设进入快车道的今日中国，对诚信立法现状进行梳理则显得尤为迫切和更具时代意义。

  自 2012 年始，笔者着手系统从事"社会诚信体系"等相关主题的研究，在学界较早提出"诚信法治"的主张，是法学理论领域率先从事"诚信"主题系统研究的首批研究者之一。至今为止累计发表该类主题文章 11 篇，被《中国社会科学文摘》和《法理学法史学》（人大复印报刊资料）全文转载 3 篇，转化为博士论文《规则之治：社会诚信体系治理模式研究》1 篇。该主题成果获得中国法学家论坛三等奖、京津沪渝法治论坛二等奖等学术奖项，先后获得 2015 年度国家社科基金项目"政府推进社会诚信体系建设的法治模式研究"（批准号：15CZZ018）和 2019 年度国家法治与法学理论研究项目"信用联合惩戒制度的合法性与有效性研究"（立项编号：19SFB2002）等国家级、省部级项目，向省级园林管理部门等政府机构提供信用体系建设的专家咨询建议被采纳应用，在社会诚信（信用）体系建设研究领域产生了广泛影响。

  随着社会信用体系建设实践进程的加快，笔者的研究领域也开始向信用信息、信用监管、信用激励、信用修复等信用法治的关键场域扩展。在搜集资料的过程中，研究团队发现信用立法开始呈现由创新尝试演变为制度扩散的发展趋势，这更让我们萌生了梳理信用立法现状、为社会主义核心价值观入法启发思路、为后续国家和地方信用立法提供借鉴的想法。研究以获取材料为基础，以知悉现状为前提。因此，本书也是上述国家社科基金项目、国家法治与法学理论研究项目的阶段性成果。

  自 2016 年始，研究团队着手诚信（信用）政策文件的收集工作；2017—2018 年，集中收集中央、省级、市级层面制定发布的诚信（信用）政策文件，形成了约 290 万字的诚信政策资料库，并开始考虑编排体系与出版事宜；2019 年，团队及时收集和增列新出台的诚信（信用）政策文件，将收集范围扩展到"（创建）社会信用体系建设示范城市"，至此形成约 310 万字的诚信（信用）法规政策数据库。截至 2020 年 4 月 27 日，数据库继续扩容，共整理出法规规章 63 件、地方信用综合立法征求意见稿 3 件、社会信用体系建设政策文件 1456 件。经过反复斟酌，在充分考虑效力位阶、制定发布机构等因素的基础上，本着精简有效的原则，分设正文和附录，将最初设想的国家篇和地方篇（省级、较大的市、信用示范城市）四卷本工具书整合成一本通览。在正文部分，篇章按 63 件法规规章的效力等级划分。在附录 2 "社会信用体系建设政策文件名录"部分，遵循三个原则排列 1456 件社会信用体系建设政策文件：一是按诚信（信用）政策文件制定发布机构的等级作总体排序；二是同一个机构或部门发布的文件先按等级、再按时间进行排序；三是单列信用城市（城区）的政策文件，突出特色。

在本书的编纂过程中，西南政法大学公共管理专业学术型研究生徐洁涵、邱钦沛、周孙艳、丁可可参与了部分编写工作，西南政法大学行政管理专业与公共事业管理专业的本科生朱钰、刘爽、范锡林、胡娇、伍娜娜、郑懿、罗丽梅、陈雨婷、但原、旷丹、李锦冬、涂洋、万芳、王鑫、向涵、肖桂林、肖仙芝、袁雨、翟琼、曾西娅、张思琪、张希希、张越等同学做了相应的资料收集工作。此外，社会科学文献出版社的芮素平老师对本书的编辑出版提供了宝贵意见和支持。

在此特别感谢以上参与资料收集与整理工作的各位人员，是他们认真负责的工作，才使得本书得以顺利成稿。更感谢爱人及家人的支持，正是他们的无私支持，才能使笔者全身心地投入自己热爱的工作。

同时，本书的出版还获得以下项目或中心的资助：重庆市十三五重点一级学科——西南政法大学公共管理学科资金项目、中央支持地方高校改革发展资金项目"行政管理双一流专业建设"、重庆市"三特"专业与学科群项目、重庆市本科一流专业建设项目、重庆市研究生联合培养基地"西南政法大学—重庆市教育矫治局公共管理硕士研究生联合培养基地"、重庆市教育矫治研究中心（司法部中国司法行政戒毒工作协会戒毒理论研究科研基地）。另外，本书还是笔者主持的重庆市研究生优质课程"公共管理前沿问题研究"的阶段性成果。

希望本书能够为从事信用治理、诚信法治等领域研究的学术共同体提供研究素材，为诚信（信用）理论体系的完善贡献力量；也更希望能够为信用国家立法和信用综合立法提供可行性的立法借鉴，将社会信用体系的建构更完美地融入法治建设。

由于时间、精力有限，本书难免存在纰漏，敬请各位专家批评指正，邮箱地址：

xzlyc0108@126.com。

　　工具书的编纂只是一个开始，我们还会在"社会诚信体系建设法治模式"的道路上继续研行，希望后续更为深入的研究可以弥补遗憾。

类延村

2020 年 4 月 28 日

图书在版编目（CIP）数据

中国诚信法律通览 / 类延村主编. -- 北京：社会
科学文献出版社，2020.6
ISBN 978 - 7 - 5201 - 6469 - 6

Ⅰ.①中…　Ⅱ.①类…　Ⅲ.①信用制度 - 法律 - 汇编
 - 中国　Ⅳ.①D922.282.9

中国版本图书馆 CIP 数据核字（2020）第 051685 号

## 中国诚信法律通览

主　　编／类延村

出 版 人／谢寿光
责任编辑／芮素平

出　　版／社会科学文献出版社·联合出版中心（010）59367281
　　　　　地址：北京市北三环中路甲 29 号院华龙大厦　邮编：100029
　　　　　网址：www. ssap. com. cn
发　　行／市场营销中心（010）59367081　59367083
印　　装／三河市东方印刷有限公司

规　　格／开　本：787mm × 1092mm　1/16
　　　　　印　张：36.75　字　数：733 千字
版　　次／2020 年 6 月第 1 版　2020 年 6 月第 1 次印刷
书　　号／ISBN 978 - 7 - 5201 - 6469 - 6
定　　价／298.00 元

本书如有印装质量问题，请与读者服务中心（010 - 59367028）联系